05 中国近现代财政学名作新编丛书

刘守刚　刘志广　主编

财政学原理

李权时　著

毕学进　整理

上海远东出版社

图书在版编目（CIP）数据

财政学原理 / 李权时著；毕学进整理. —上海：上海远东出版社，2022
（中国近现代财政学名作新编丛书）
ISBN 978 - 7 - 5476 - 1856 - 1

Ⅰ.①财… Ⅱ.①李…②毕… Ⅲ.①财政学 Ⅳ.①F810

中国版本图书馆 CIP 数据核字（2022）第 182551 号

责任编辑　陈占宏
封面设计　徐羽情

财政学原理

李权时　著　　毕学进　整理

出　　版　上海远东出版社
　　　　　（201101　上海市闵行区号景路 159 弄 C 座）
发　　行　上海人民出版社发行中心
印　　刷　上海信老印刷厂
开　　本　635×965　　1/16
印　　张　42.75
插　　页　1
字　　数　576,000
版　　次　2022 年 12 月第 1 版
印　　次　2022 年 12 月第 1 次印刷
ISBN 978 - 7 - 5476 - 1856 - 1 / F・706
定　　价　158.00 元

目　录

财政学原理　上卷

第一编　绪论

第三编　预决算论

财政学原理　下卷

第四编　岁入论（一名公共收入论）

第五编　公债论（包括战时财政论）

附录　国地财政划分问题

主编的话

为什么要新编这套近现代财政学名作？那个年代的财政学者的思考与努力，为什么在今天仍然值得我们重视？应该以什么样的原则来新编这套丛书？这是我们在新编这套丛书之前需要回答的问题，也希望借此使读者更好地理解我们新编这套丛书的初衷。

一

"财政是国家治理的基础和重要支柱"，财政学要完成这一使命，就要基于国家治理视角推进基础理论的创新。但基础理论创新从来不是"无中生有"或"前无古人"的事业，它必然有自己的发展历史与成长脉络。

对中国来说，推进国家治理体系和治理能力现代化所需要的财政学基础理论创新，主要针对的就是"二战"以后所形成的主流财政学的缺陷。这种财政学的核心概念和知识体系主要建立在新古典经济学这种选择范式经济学的基础之上，它以孤立个人主义作为方法论，以均衡分析和最优化分析为手段，将财政问题变成了一种工程技术问题，完全忽略了制度与历史等问题。可问题是，政府的财政行动兼具政治、经济、社会、法律与行政管理等多重属性，是在特定国际国内环境下人与人之间互动的产物，其中还始终伴随着各种价值判断和评估，这远非价值中立下的均衡分析和最优化分析所能适用的。此外，古今中外的历史都显示出，财政对国家和社会的演化产生了重要的决定作用，一国的财政史往往是其国家历史最为重要的组成部分，因此，财政社会学/财政政治学的研究都主张通过财政来探究国家的性质、前途和命运①。

在推进财政学基础理论创新时，我们要认识到，在财政学的研究传统或财政学思想史中，除今天主流财政学这种选择范式外，还存在基于欧陆传统的交换范式②，它将财政学看作是一个跨学科的研究领域，甚至是一个独立的学科。虽然当前我国财政学界对这一传统并不熟悉，但这一传统却是财政学最早传入中国时的主要传统，是从晚清至新中国成立前一直流行的传统。因此，从某种意义上说，我们今天推进国家治理视角下的财政学基础理论创新，就是要延续或回归这个在中国曾经存在并中断多年的传统，这也使中国学者的努力可以成为国际学术界自 20 世纪末以来重建财政学理论体系努力的一部分③。由于中国具有利用财政工具进行国家治理的悠久实践和思想传统，并且当前推进国家治理体系和治理能力现代化的努力所提供的鲜明的问题意识，将使中国学者有可能为财政学基础理论创新作出独特而重要的贡献。

<h1 style="text-align:center">二</h1>

虽然中国有丰富且源远流长的古典财政思想，但对近代中国来

---

① 财政社会学/财政政治学的上述主张可参见葛德雪：《财政问题的社会学研究路径》，载《财政理论史上的经典文献》，刘守刚译，上海财经大学出版社 2015 年版；熊彼特：《税收国家的危机》，刘志广、刘守刚译，载《税收哲人》附录，上海财经大学出版社 2018 年版。

② 关于财政学不同研究范式的辨析可参见马珺：《财政学研究的不同范式及其方法论基础》，载《财贸经济》2015 年第 7 期。

③ 其中典型的代表就是美国财政学者理查德·瓦格纳，他根据财政社会学和意大利财政学传统而创新财政基础理论，代表作为《财政社会学与财政理论》（中文版即将由上海财经大学出版社出版）。

说，财政学的发展却主要是"西学东移"①　的结果。自鸦片战争后，中国的古典财政思想从总体上并不适应现代要求，需要加以改造或发展。魏源（1794—1857）的财政思想，被称为"标志着我国传统的财政思想之历史变革的转折点"②。后来冯桂芬（1809—1874）等晚清学者继续呼吁"采西学"，但现代财政知识的传播在此时仍步履艰难。有些学者，因去国外考察后而由传统教条的卫道士变成现代财政知识的积极传播者，如王韬（1828—1897）；而有些人即使出使国外多次，也仍坚决反对西法，如刘锡鸿（？—1891）。就总体而言，到 19 世纪末期，中国引入和运用的是西方财政学知识，除马建忠（1845—1900）和严复（1854—1921）等少数人外，很少有人深入到财政理论的层面。对近现代财政理论的了解和理解的不足，也成为洋务运动派和维新运动派的重要局限。

在西方工业文明的冲击下，"近代中国人向西方学习的内容经历了一个由器物层次、制度层次到观念层次不断提升的曲折的历史过程"③。对财政理论的传播与研究正是这一过程的产物，近代留学生为此作出了卓越的贡献。其中，留日学生胡子清（1868—1946）于 1905 年在东京出版的《财政学》一书，被认为是中国学者出版的最早财政学著作④。不少留学生在留学期间系统学习了财政学，还有一些留学生的博士论文就是直接研究财政学或财政问题的，很多在国

---

①　与之对应的另一个概念是"西学东渐"，主要是指明末清初并且延续到清朝中叶，伴随着耶稣会士来华传教而展开的西方科技传入中国的历史事件，后来逐渐蜕变为"西学东源"，这使中国失去了通过吸纳西方近代科技来实现科技转型的机遇；而"西学东移"，主要是指晚清到民国随着中国睁眼看世界所带来的科技和近现代社会科学的引入。具体参见刘大椿等：《西学东渐》，中国人民大学出版社 2018 年版。

②　参见胡寄窗和谈敏：《中国财政思想史》，中国财经出版传媒集团、中国财政经济出版社 2016 年版，第 573 页。

③　邹进文：《近代中国经济学的发展：以留学生博士论文为中心的考察》，中国人民大学出版社 2016 年版，第 32 页。

④　参见许康和高开颜：《百年前中国最早的〈财政学〉及其引进者——湖南法政学堂主持人胡子清》，载《财政理论与实践》2005 年第 6 期。

外出版，取得了较高的国际学术地位①，一些留学生甚至直接师从当时国际著名的财政学家②。这些留学生回国后成为传播和研究财政理论的主体力量，虽然他们有的进入学界，有的进入政界，有的则辗转于学界和政界之间，但他们在繁忙的教学或政务之余，仍积极从事国外财政学著作的翻译，或者撰写了大量财政学教材与专著。从数据上看，自晚清以来，财政学方面的专著和译著占据了经济类出版物的主体地位，根据《民国时期总书目（1911—1949）：经济》，财政类出版物有 2 181 种，其中，财政类著作出版物为 1 090 种③。胡寄窗对 1901 年至 1949 年间自撰和翻译的经济著作刊行总数进行的多角度统计分析表明，按照学科分类，财政学排在第一位，位于经济学原理和货币学之前④。

　　近代留学生对财政学的学习、研究以及国内财政类著作的出版繁荣，直接反映了财政在从传统国家治理迈向现代国家治理的过程中所具有的重要作用，很多当时的财政学著作直接回应了现代国家建设面临的重大问题，其中很多是基础性问题，具有超越时代的价

---

　　① 在《近代中国经济学的发展：以留学生博士论文为中心的考察》一书的第四章，邹进文专门考察了近代留学生与财政学研究，其列出的留学生及其博士论文有：马寅初的《纽约市的财政》、朱进的《中国关税问题》、李权时的《中国中央和地方财政：中央、省、地方政府财政关系研究》、陈岱孙的《马萨诸塞州地方政府开支和人口密度的关系》、寿景伟的《中国的民主政治和财政：财政制度与思想发展研究》、尹文敬的《中国税制》、朱炳南的《经济剩余与税收》、陈友松的《中国教育财政之改进——关于其重建中主要问题的事实分析》、田炯锦的《英美地方财政的国家监督研究》、刘炳业的《德国、意大利、奥地利、捷克斯洛伐克和波兰的资本税（1919—1923）》和周舜莘的《资本税》；其中，马寅初的《纽约市的财政》在 1915 年的《美国政治与社会学学会年刊》中得到美国宾夕法尼亚大学帕特森的积极评论，朱进的《中国关税问题》被列为纽约哥伦比亚大学丛书，寿景伟的《中国的民主政治和财政：财政制度与思想发展研究》的英文版在 1970 年获得再版，等等，具体参见邹进文：《近代中国经济学的发展：以留学生博士论文为中心的考察》，中国人民大学出版社 2016 年版。

　　② 如马寅初、朱进和寿景伟都师从著名财政学家塞利格曼教授。

　　③ 参见北京图书馆：《民国时期总书目（1911—1949）：经济》，书目文献出版社 1993 年版。

　　④ 参见胡寄窗：《中国近代经济思想史大纲》，中国社会科学出版社 1984 年版。

值，他们对当时财政制度利弊的研究及对财政改革的思考，仍然值得今天的我们思考和借鉴。特别值得提及的是，那个古今中西交汇的年代也是财政学在我国的早期发展阶段，那批学者往往既有深厚的中国古典传统基础，又大胆吸收了来自西方特别是欧陆财政学的理论，从这些财政学著（译）作中，我们不仅可以看到学界先辈们接受、消化国外财政学思想的努力，还可以看到他们融通古今中外财政思想以构建中国特色财政学的努力。

三

虽然通过其他人的系统研究[①]，我们可以了解这一时期财政学著（译）作的一些基本情况，但每个人在做研究时，对思想与材料的取舍会有不同，原版原论始终是学术研究不可或缺的文献。这些年来国内也陆续再版了那个时期的部分财政学著作，但要么是单本（套）[②]，覆盖面非常有限；要么被纳入其他丛书当中[③]，学科特色难以凸显。同时，由于原本繁体竖排不大符合现代读者的阅读习惯，且很多著作出版时间已久、印数又非常有限，绝大部分图书馆所藏

[①] 　如邹进文：《民国财政思想史研究》，武汉大学出版社 2008 年版；邹进文：《近代中国经济学的发展：以留学生博士论文为中心的考察》，中国人民大学出版社 2016 年版；胡寄窗和谈敏：《中国财政思想史》，中国财经出版传媒集团、中国财政经济出版社 2016 年版；等等。另外，中国期刊网上还可以下载关于相关著作与学者思想的专业研究论文。

[②] 　如三联书店 2014 年再版的孙怀仁的《中国财政之病态及其批判》；中央财经大学整理、中央编译出版社 2015 年出版的《崔敬伯财政文丛》（三卷）；上海社会科学院出版社 2016 年再版的达尔顿《财政学原理》的中译本；河南人民出版社 2018 年再版的霍衣仙的《中国经济制度变迁史》（主要涉及历代田赋、税制和币制）；等等。

[③] 　主要是指商务印书馆近年来出版的《中华现代学术名著丛书》，目前已经出版了财政学著作 7 本，分别为马寅初的《财政学与财政——理论与现实》（2005）、罗玉东的《中国厘金史》（2010）、何廉和李锐的《财政学》（2011）、万国鼎的《中国田制史》（2011）、陈启修的《财政学总论》（2015）、陈友松的《中国教育财政之改进》（2017）和陈兆鲲的 The System of Taxation in China in the Tsing Dynasty, 1644—1911（《清代中国的税收制度》，2017）。

书目非常有限，且被纳入古籍或近代文献范围，借阅也存在诸多不便。因此，综合各方面的情况，我们认为仍有必要挑选这一时期的部分优秀著（译）作，以丛书的形式集中进行出版。

在选择书目时，我们主要考虑下面几个因素：一是对于近年来已经新编出版的著（译）作，本丛书不再将其纳入出版计划，这样本丛书与已再版的书目可以形成互补关系；二是主题涉及尽可能广泛，以反映该时期财政学研究的整体面貌，涉及对财政学基础理论的探讨、对当时国家面临的主要财政问题及通过财政改革推进国家治理体系建设的探讨，以及对国内外财政史的理论性探讨；三是著作出版期限为1900—1949年，特别是辛亥革命前后、北伐战争前后及抗日战争前后这几个时间点的著作；四是将译著也纳入新编丛书，该时期译著的原版主要来自日本、德国、英国和美国，它们既反映了当时国际上财政学研究的现状，也构成中国财政学思想变迁的重要组成部分。

在丛书整理出版时，除了将繁体变简体、竖排变横排外，我们尽可能保持书的原貌，以此为基础进行必要的校订，主要涉及专有名词、个别文字和标点符号的调整（详情请参见每本书的整理凡例）。另外，为方便读者更好地理解所选书目的学术贡献及其与同时代同主题著作的内在联系，整理者为每本著（译）作写出了导读，并对文中提及的部分史实与原理加以注释。

相对于这一时期数以千计的财政学出版物来说，本丛书所选择和能选择的书目是极为有限的，还有很多优秀的著（译）作未能被纳入进来。但我们并不将之视为遗憾，因为新编出版本丛书的主要目的就是要让大家关注并重视这一时期的财政学著（译）作，进而推动财政学的基础理论创新。如果能初步实现这一目的，我们也就心满意足了。

感谢上海远东出版社将本丛书列入出版社"十四五"期间重点出版计划，不惜成本支持学术事业。感谢上海财经大学公共经济与管理学院及弘信资本的高建明先生慷慨地为本丛书的出版提供资助。

感谢上海远东出版社曹建社长对本丛书的大力支持，他不仅亲自参与了丛书出版的策划，更是经常亲自过问并安排相关工作的进度与细节。感谢上海远东出版社诸位编辑悉心细致的工作，他们的精益求精为丛书增色不少。最后，我们要特别感谢丛书中各本书的整理者，他们在繁重的教学与科研之余，不计名利地加入到这一工作中来，用他们的辛勤付出共同支撑了本丛书的出版。

上海财经大学公共经济与管理学院　刘守刚
中共上海市委党校（上海行政学院）经济学教研部　刘志广

整理凡例

为了读者阅读与使用的方便，本书在整理时除了将字体从繁体改为简体、将排版从竖排且从右到左改为横排且从左到右外，尽量保持原貌。但在以下几个方面，整理者还是做了一些改变：

1. 将专有名词中人名、地名的译法，一律改为当前比较通用的译法（参见下面的对照表 1、表 2）。

2. 将因为排版变动原因而变化的表示方位的词加以改变，另外对今天在用法上跟过去不同的专有词汇，也加以普遍地调整（见表 3）。

3. 标点符号尽量使用原版，除了表 4 所列的两种调整，其他个别需要调整的地方，在改变之后用脚注加以说明。

4. 有必要改动的其他文字和数字，若只涉及个别调整而无普遍意义，则用脚注加以说明。

5. 本书所有的脚注，都由整理者添加。

6. 对于本书中显著的错、别、衍字，以〔　〕标明。

表 1　专有名词人名调整对照表

原译人名	现译人名	原文人名
毕士麦	俾斯麦克	Bismarck
亚丹斯密	亚当·斯密	Adam Smith
亚当·斯密	亚当·斯密	Adam Smith

（续表）

原译人名	现译人名	原文人名
塞氏	萨伊	Say
石拿风	色诺芬	Xenophon
太锡脱斯	塔西佗	Tacitus
舒通尼斯	苏维托尼乌斯	Suetonius
多麦斯阿奎那斯	托马斯·阿奎纳	Thomas Aquinas
句西阿狄尼	弗朗切斯科·圭契尔迪尼	Guicciardini
约翰波唐	让. 博丹	Jean Bodin
蒲瓦基尔培	布阿吉尔贝尔	Boisguillebert
凯耐	弗朗斯瓦·魁奈	François Quesnay
过耐	温森特·德·古尔内	Gournay
米拉婆	米拉波	Mirabeau
屠哥	杜尔哥	Turgot
阿白来黑脱	格奥尔格·冯·奥布雷希特	Obrecht
俾梭尔达	克里斯托夫·贝佐尔德	Christoph Besold
孟多麦斯	托马斯·孟	Thomas Mun
修姆旦维达	戴维·休谟	David Hume
罗氏	劳氏	Rau
吕嘉图但维达	大卫·李嘉图	David Ricardo
米尔杰姆斯	詹姆斯·穆勒	James Mill
罗修	威廉·罗雪尔	Wilhelm Roscher
斯泰因	洛伦茨·冯·施泰因	Lorenz von Stein
瓦格涅	阿道夫·瓦格纳	Adolph Wagner
毕古	庇古	Pigou
耶士	加斯顿·杰兹	G. Jèze
好白生	霍布森·约翰·阿特金森	J. A. Hobson

（续表）

原译人名	现译人名	原文人名
格兰斯顿	威廉·尤尔特·格莱斯顿	Gladstone
杰姆斯第一、杰姆斯第二	詹姆斯一世、詹姆斯二世	James Ⅰ Ⅱ
伊利萨白斯女王	伊丽莎白女王	—
查理第一、查理第一	查理一世、查理二世	Charles Ⅰ Ⅱ
克林威尔	奥利弗·克伦威尔	Oliver Cromwell
汉诺佛王	汉诺威王	George Elector of Hanover
威廉第三	威廉三世	William Ⅲ
乔治第三	乔治三世	George Ⅲ
亨利（理）第二、第三、第四	亨利二世、三世、四世	Henry Ⅳ
好装列	腓力四世	Philippe the Fair
路易第十、第十一	路易十世、十一世	—
斐列第六	腓力六世	—
好约翰	约翰二世（"好人"约翰）	John the Good
查理第五、第六、第七、第八	查理五世、六世、七世、八世	—
霍白斯	霍布斯	Hobbes
奥古斯得	奥古斯都	Augustus
铁坡利士	提比略	Tiberius
楷烈哥拉	卡利古拉	—
许谟	休谟	Hume
威廉配对	威廉·配第	Petty
赛力格孟	塞利格曼	Seligman
白斯太白尔	巴斯塔布尔	Bastable
毕脱	皮特	Pitt

表 2　地名及专有名词调整表

原译名	现译名	说明
佛劳郎斯	佛罗伦萨	地名写法变化
那拍尔斯王国 那不耳斯王国	那不勒斯王国	地名写法变化
斯都脱王朝统治时代	斯图亚特王朝统治时代	王朝名写法变化
英国宰相	英国首相	今天使用的翻译名词
都图王朝统治时代	都铎王朝统治时代	王朝名写法变化
波斯顿毁茶风潮	波士顿倾茶事件	今天历史学界使用的翻译名词
道扣来审计条例 （The Dockery Act）	多克里条例	今天历史学界使用的翻译名词
都尔	图尔	地名写法变化
阿林斯	奥尔良	地名写法变化
曲劳依	特鲁瓦	地名写法变化
佛郎	法郎	货币名写法变化
伊利诺州	伊利诺伊州	地名写法变化
斯干狄拿微亚半岛	斯堪的纳维亚半岛	地名写法变化
负达	沃州	地名写法变化
威尔斯	威尔士	地名写法变化
爱兰银行	爱尔兰银行	今天使用的翻译名词
英兰银行	英格兰银行	今天使用的翻译名词
限界	边际	今天经济学界使用的翻译名词
辨士	便士	货币名写法变化

表 3　文字用法调整表

原用词	现用词	说明
那么	那么	写法变化
名辞	名词	写法变化

（续表）

原用词	现用词	说明
除祛	除去	写法变化
澈底	彻底	写法变化
左列	下列	文字排版方式变化导致
如次	如下	文字排版方式变化导致
次列	下列	文字排版方式变化导致
他、她（表示物的第三人称）	它	本书所有的表示物的第三人称"他、她"即"它"，如"其他"，应为"其它"
智识	知识	写法变化
发见	发现	写法变化
挽近	晚近	写法变化
吾们、吾人	我们	写法变化
复次	再次	写法变化
身分	身份	写法变化
省分	省份	写法变化
销灭	消灭	写法变化
开消	开销	写法变化
计画	计划	写法变化
第2—4面	第2—4页	写法变化
古昔	古时	写法变化
甚么	什么	写法变化
账目	账目	写法变化
呵、咧	啊	语气助词
耶	呢	语气助词

表 4　标点符合调整表

原符号	调整后的符号	说明
「」""	《》	书名原来使用方括号和引号的，一律改为今天的书名号
，	、	名词表示并列列举关系的，逗号一律改为顿号

导　读

毕学进

一

　　自晚清西学甫入国人视野后，向西方学习救亡图存真理成为清末民初知识分子的普遍追求。他们或译传西著，或著书传播西学，以期从西方学理中找寻中国制度变迁的理论与实践蓝图，李权时的《财政学原理》即为其中之一。

　　李权时，字雨生，生于1895年，浙江镇海大碶漕头村人，幼时家境贫寒，但他勤奋好学，年少时即考入清华学堂，1918年毕业后赴美留学，于1920年获得芝加哥大学经济学硕士学位，随后进入哥伦比亚大学就读财政学，1922年获得该校博士学位，并于同年回国，历任上海商科大学、大夏大学、复旦大学、中国公学、暨南大学、交通大学、国力劳动大学等学校的教授，还担任复旦大学商学院院长。同时他还担任中国经济学社理论刊物《经济学季刊》总编辑、上海银行工会主办的《银行周报》社经理兼编辑。

　　李权时无疑是民国时期有重要影响的经济学家，与当年在北京大学任教的马寅初并称"南李北马"。他一生著作颇丰，其中财政学造诣尤为高深。他出版了多部财政学论著，影响较大的有《中国税制论》《自由贸易与保护关税》《遗产税问题》《中国税制论》《现行商税》《土地税》《中国关税问题》《财政学原理》等，而其中《财政学原理》分量最重，影响最广。

《财政学原理》分为上下两卷，由商务印书馆于 1931 年和 1935 年先后出版。该书的主要目的，是提倡国货教科书，并希冀形成国人自己的财政学术。李权时在序言中写道，"我写这本书的动机，一如我二年前写《经济学原理》的动机，是在于提倡国货教科书。……进一步则为自己监制或自己编述。再进一步则为自己能够精制以与洋货逐鹿于世界市场，或自己能够卓立一家以与世界学术界并驾齐驱。"李权时盼望其著成的《财政学原理》，能够对散见于《东方杂志》《复旦季刊》《万有文库》上的文献进行综合，并融合其自身的财政理念，进而构建国人自己的系统财政学。

二

《财政学原理》上下两卷共分绪论、岁出论、预决算论、岁入论和公债论五篇。本书还整理了李权时的博士论文《国地财政划分问题》（李权时在其博士论文基础上重新整理的版本）。

第一编为绪论。该部分首先介绍了财政的性质，指出，"财政就是一个政府理财之政策"。随后李权时比较了财政与私有经济的区别，并分析了财政的内容及其运用的原则，指出财政的内容或范围就是"实质的或经济的内容以及形式的或行政的内容"，提出财政的运用万不可与国民经济的原理原则相违悖。他同时还分析了财政学的概念，认为财政学应该成为一门独立的学科。最后他遍考中外，概述了中西财政学发展的脉络。

第二编为岁出论。该编首先指出，"公共经费"的术语过于繁琐，中国古人有"岁出"简雅之称，故以"岁出"替之。他认为岁出系全国国民消费的一部分，并从经济语境、政治语境、历史语境、财政语境四个视角对岁出进行了分类，并认为政府岁出对生产、分配皆具影响，指出岁出应该秉承政治原则、财政原则、国民经济原则和社会原则。

第三编为预决算论。该部分用详细的史料，回顾了英国、美国和法国三个国家的预决算史，并回顾了中国预决算的现状，指出中国预算监督的必要。

第四编为岁入论，这是全书最为丰富的内容。李权时在该编章节，首先批判了单一税制说，认为单一税论在理论上违反了社会原则，使税收缺乏调和性或补偿性，失去调节社会公平功用，因此在理论上和实践上并不可取。随后，李权时认为，税制结构可以分为享益税和能力税两类。其中，享益税系统包括规费类捐税、特别课赋或不动产改良税、间接消费税、营业税等类，能力税则包括所得税、财产税、直接消费税等类。该章基本围绕这两大岁入结构展开探讨，论述十分详尽。同时，在该编中，李权时还认为，课税原则应该秉承伦理原则（首要原则）、财政原则、行政原则、经济原则，并分析了租税逃逸转嫁的表现与原因，提出要从法律方面、政治和宗教方面、社会方面、经济方面、行政方面来进行规避。

第五编为公债论。该编指出，公债就是任何政府依契约借贷的行为。天灾倏临、战端忽启、建设经费浩大、政府弥补不敷政费是公债产生的四大原因。公债有外债和内债之别，外债利弊皆俱，中国只有善用外债，不滥募，不浪费，涓滴投资于生产事业，则可化弊为利。考虑到外债是由国家信用或国家租税进行担保，他建议中央政府应该要严格限制地方举借外债。内债可补用地方建设经费，中央政府可稍宽许募。同时，该章节还探讨了有奖公债等问题。同时对我国公债之历史和现状进行了概述，但未做评述。

附录为李权时在哥伦比亚大学获得博士学位的论文基础上整理而成的《国地财政划分问题》。该篇首先回顾了前清时代中央与地方间的财政关系，进而回溯了民国时代中央与地方间的财政关系，随后分析了晚近国地收支划分运动之经过。与此同时，该书还遍考法国、德国等西方国家国地财政之划分的制度设计，最后总结与国地收支划分问题有关的几个问题。李权时在该编提出了自己的国地财政划分主张，即中国应当采取地方自治，而不应中央集权。同时他设想了上级政府对于下级政府的补助费问题，指出这种制度"亦庶几乎可以稍合公平的原则"。最后他分析了地方各级政府间的收支划分问题，指出国家并未规划到省县市等各级地方政府间的划分，应引起重视。

<h1 style="text-align:center">三</h1>

作为一本系统的财政学论著，《财政学原理》的特征是十分明显的。李权时在该书中，古今俱论，中西兼考，使学理与实践并述。

该书的第一个特征是古今俱论。在绪论的财政学论中，李权时考察了中西财政学的发展脉络。如对中国的财政学发展脉络中，探讨了中国古代的财政学思想及其特征。对西方的考究中，提出西方财政学导源于希腊罗马时代，发展于德国的计臣学派的官房术，创立于及集大成于德国的经典学派的新旧财政学说。在预决算论中，李权时则详细考证了英、法、美三国预决算制度的演进史，指出，"立宪或民主国家人民代表的过问预算权，并不是一种天赋人权，乃是往往用革命流血或其他或温或厉的手段得来的。"李权时所描述的西方国家预决算制度的历史，与西方国家资本主义革命的历史并行交织，描绘了一副宏大的历史画卷。在岁入论中，李权时又详细考证了中西岁入的演进历史，指出，"神道设教时代，有神道设教时代的岁入制度；贵族专制时代，有贵族专制时代的岁入制度；民主时代，有民主的岁入制度；农业为主时代，有农业时代的岁入制度；工商业为主时代，有工商业时代的岁入制度。"进而得出一个政府岁入的变迁离不开其社会进化的阶段。在公债论中，李权时同样回溯了中国的公债制度沿革。为何李权时浓墨重彩地回顾历史？其中原因之一或为以史鉴今。李权时对中西财政史的回顾中，一个重要的结论是财政制度的变迁，不是自然形成的，而是流血与革命得来的，时人认为，"倘若这几句话用到本国来，那么我们要说国民革命的目的，在财政上讲来，是要从军阀手里夺到财政权或荷包权或预算权岁出的。"（章植：《新书介绍与批评：评李权时著〈财政学原理〉》，《经济学季刊》，1932 年第 3 卷第 1 期，第 241—259 页）

　　第二个特征是中西兼考。李权时在论述过程中，旁征博引，融会中西学说于一炉。他大量引用了西方学者的论著，如耳熟能详的亚丹斯密（亚当·斯密）、石拿风（色诺芬）、凯耐（弗朗斯瓦·魁奈）、屠哥（安·罗伯特·雅克·杜尔哥）、吕嘉图但维达（大卫·李嘉图）等，还有其导师赛力格孟（塞利格曼）等人，皆有所引。在论述中，李权时并非简单引用，而是有自己的思考。如在论述租税过程中，李权时指出，"租税是可以分为田租税、薪资税、利息税及利润税的。亚丹斯密在《原富论》里就是这种分法的，不过这四种租税泉源，一言以蔽之，可以说统统都是所得，那么这四种租税，彻底的讲起来，实在只有一种租税，就是所得税。"在谈论岁入的分类时，李权时遍考德国官房学派、斯密、亚当士、塞利格曼、达尔顿等人的争论，指出"赛氏的分类法较为可取"。在论述岁入的来源之时，李权时梳理了欧美学者历来对于单一税论的理论变化，指出"单一税违反课税须平等的原则"，进而提出了复合税制的设想。同时，李权时还用大量笔墨评析了中国本土的财政思想，如春秋战国时代诸子百家的财政争论，以及时人论著。如引用胡钧《中国财政史》一书，他认可胡钧氏将中国古代财政思想分为节用、生财、轻重、均税四端，同时又认为中国传统"财政学说还有一个特点，这就是（五）轻赋论"。同时，李权时还尝试融通中西，如他在评述无政府主义之时，认为俄国的巴苦宁及克鲁包脱金和中国的老庄鲍敬言等意类似，德国历史学派等干涉主义者的岁出影响生产论与中国古代则有管仲、桑弘羊等意意同，在考察美国预算制度之时，指出美国现在的预算制度有中国历代量入为出的意义。李权时这种解释尽管略显牵强，但从中国传统文化去解读西方财政思想，尝试对比比并融通中西的努力，应值得肯定。

第三个特征是理实具备。《财政学原理》论中有理，理中有实。如在论述补助费之时，李权时首先概述费宾社会主义者韦勃西达耐等人的理论，随后思考了中国实施补助费的实践。他在引述理论之时，指出中国"根据向来的习惯"可考虑实施补助费制度，并思考了中央将以何款来补助省地方、中央将以何种标准去补助省地方、补助费制应如何管理执行的实践问题。在论述租税的逃逸之时，李权时从理论上分析了逃税的政治心理、逃税的经济心理、逃税的冒险心理、逃税的模仿心理、逃税的自私心理、逃税的罪犯心理、逃税的公平心理等情况，进而在实践上提出了补救的方法。

四

前文已述，李权时著《财政学原理》的重要出发点，是提倡国货教科书。何谓国货？即国人自己的财政理论体系、知识体系和话语体系。民国时期，大量西学涌入国人视野，不少知识分子开始思考，西学是否完全适用于中国？一批知识分子尝试构建"中国财政学"，《财政学原理》即为其中之一。

构建中国财政学的第一种尝试，是术语的中国化。民国时期，尽管很多知识分子认识到中国财政学构建的必要性，但是还未完全脱离翻译时代，所以种种财政学上的名词，人异其辞，凌乱混杂，毫无标准。有鉴于此，李权时尝试对西方财政学术语进行中国化，其中最为明显的就是"岁入"和"岁出"术语的转化。李权时认为，一年政府的收入英文叫做 public income or revenue，德文叫做

offentliche Einnahme，法文叫做 revenus publics，翻译成中文，即"公共收入"四字，但是他并未直接翻译，而是用"岁入"替之。他认为，"岁入"二字在中国古书上是常见的，而其意义似亦仅限于公家或政府的每岁收入，中国有了这样简单明了的好名词而弃置不用，实在可惜。术语"岁出"同样如此，他认为，政府一年的支出英文叫做 public expenditure，德文叫做 offentliche Ausgaben，法文叫做 dépense publique，翻译过来即"公共经费"，"土俗得很"，而中国古书有"岁出"简单明了而文雅的表达，故取"岁出"代替"公共经费"。由此可见，李权时凡财政学上名词的运用，并未人云亦云，也未随心滥造，时人评价，"没有一个名词不经过相当的斟酌，试引岁出的首节为例，可见李氏对于一名的订定，煞费考虑，并且努力保存国粹"，（章植：《新书介绍与批评：评李权时著〈财政学原理〉》，《经济学季刊》，1932 年第 3 卷第 1 期，第 241—259 页）体现出构建中国财政学术语的尝试。

　　构建中国财政学的第二种尝试，是理论的中国化。《财政学原理》另一尝试是融中西学说于一炉。时人认为，"因为本国财政学说与事实的缺乏，不能不引用了许多外国的学说与制度。可是绝对不像那种三四等的国货教科书，就此把本国东西完全撇在脑后了。凡可以引用本国财政学说或事实的时候，无不尽量与以优先"。（章植：《新书介绍与批评：评李权时著〈财政学原理〉》，《经济学季刊》，1932 年第 3 卷第 1 期，第 241—259 页）如在谈论财政的性质之时，李权时即用《易经》"理财正辞，禁民为非曰义"来注解西方的"财政"意涵。在论述财政内容部分，李权时即用中国古代《周礼》内的祭祀之式、宾客之式、丧荒之式、羞服之式、工事之式、币帛及刍秣之式、匪颁之式，及好用之式来解释财政内容及其变迁。如在论述财政学与财政术时，李权时指出，财政学是一种学理逻辑，而财政术是一种实践逻辑，他认为中国在春秋战国时代即有财政术，如管仲之以官山府海富齐，商鞅之以开阡陌强秦。但是这并非财政学。他进而指出，"我国从来是把学术两字连在一起的，又曰不学无术，可知术必根据于学，则其术始正；学必借助于术，则其学始切乎事实，学术兼重，并行而不相悖，调和而能参照，则得之矣。"由此希冀借鉴西方财政学的理论逻辑从而形成国人自己的财政学与术体系。

构建中国财政学的第三种尝试，是实践的中国化。在中西知识激烈交碰的 20 世纪，时人认识到西方理论虽属发达，但是否适用于本土应予审慎。《财政学原理》在对西方理论与实践进行概述后，也主张不能东施效颦。如在论述遗产税之时，李权时指出，西方反对遗产税的理论依据有违反天赋人权说、苛税说、摧残储蓄税说、死者无纳税能力说四种，但是"这四种反对遗产税的理论，是完全不能成立的，是个个粗浅得很，不足一驳的"。在论述岁入一章中，李权时批判了西方单一税制说理论，认为单一消费税论、单一土地税论、单一所得税论和单一资本税论并不适用于中国国情，并主张按照享益课税、能力课税构建岁入系统。李权时反对完全与西方亦步亦趋，如在论述财政监督之时，指出，"鼎革以还，吾国事事模仿西洋，故民三北京政府有审计院之设立，然事权窄狭，等于虚设"。他认为中国也可以有自己的制度创新，如中国的"长期国库券系偿还期限延长至数年及十数年，按月按成本还，利随本减之一种特殊的有期偿还公债，为我国近年来所特创，他国似少先例也"。近代西方财政学理十分丰富，各国根据自有国情也创设了丰富的实践制度，但李权时认为，"一国有一国的国情，适于彼者未必适于此"。主张根据中国自己的国情对西方的理论和实践抽丝剥茧，析微察异，探索出符合国人历史、观念与国情的财政理论，故时人评价，"著者学贯欧美，心存华夏，这种态度，能时时与读者以不忘本的暗示，对于国民教育，裨益非滋。"（章植：《新书介绍与批评：评李权时著〈财政学原理〉》，《经济学季刊》，1932 年第 3 卷第 1 期，第 241—259 页）

五

当然，作为一本历史论著，其缺点也是不言而喻的，如大量杂抄中外资料，理论部分不够充实，对于西方财政理论的中国化，也仅仅是一种初步的探索，远未形成中国本土的财政理论。因此有学者认为，《财政学原理》在学术贡献上并未达到卓立一家的程度（邹进文：《民国财政思想史研究》，武汉大学出版社 2008 年版，第 220页）。此论虽符事实，但是以今人的视角去审读批判前人的思想，未免过于苛刻。民国时期，中国的很多财政学论著尚处于论著翻译或知识搬移时代，在国人对西方财政知识懵懂认知的年代，该书能论贯中西，并对一些理论进行批判性论述，并大量保留了中国本土的理财智慧，实属难能可贵。

时过境迁，进入中国特色社会主义新时代，在学界愈发认识到构建中国本土的财政学理论紧迫性的语境下，再读《财政学原理》，仍振聋发聩。不难发现，时至今日，李权时希冀形成国人自己的财政理论体系并逐鹿于世界学术的愿望，时至今日也没有完成。当前中国财政学界对中国财政治理创新实践，多从西方寻找理论依据，并指导中国实践，却恰恰忽略了中国本身的历史智慧与民族思维挖掘，尤其是对于中国历史理财智慧鲜有提及，难以凸显中国"地气"与特色（高培勇：《论中国财政基础理论的创新——由"基础和支柱说"说起》，《管理世界》2015 年第 12 期，第 4—11 页）。如何创造性融合中西理论智慧，形成外来财政理论中国化的成果，进而创造具有中国特色、中国风格、中国气派的财政理论，依然任重道远。

习近平总书记在 2015 年指出，当代中国哲学社会科学的创新"要坚持古为今用、洋为中用，融通各种资源，不断推进知识创新、理论创新、方法创新"。就《财政学原理》而言，其尝试从中国传统文化出发来注解财政学概念，从中国理财智慧中去翻译财政学术语，将中国古人的财政术与西方财政学融会贯通的尝试，颇有心思。虽其不足颇多，也未能自成一家，但其煞费心思地将西方财政学术语、理论和实践进行中国化，做到中西兼考，理实俱备的尝试和努力，仍对构建当代中国特色财政学的研究具有启示。

自　序

　　我写这本书的动机，一如我二年前写《经济学原理》的动机，是在于提倡国货教科书。提倡国货的最初步是在乎仿造洋货，所以提倡国货教科书的最初步是在乎翻译外国教科书。进一步则为自己监制或自己编述。再进一步则为自己能够精制以与洋货逐鹿于世界市场，或自己能够卓立一家以与世界学术界并驾齐驱。我这本书的内容，有的是在于提倡国货的第一期，有的是在于第二期，有的或者已入第三期，即如租税系统之主张分做（一）享益税系统与（二）能力税系统是也。

　　近年来拙著之关于财政学者，散见于《东方杂志》《复旦季刊》《万有文库》《ABC丛书》《经济学丛书》（世界出版）、《经济学季刊》（中国经济学社出版）者，所在多有，但是都不是整个的，有系统的。我盼望这本《财政学原理》能够做一些综合整理的工夫，把我的财政观念做成一个有系统的贡献。当然，一人的思想，断不是无中生有的，大概是必有所承袭观摩的。本书的写成是全靠从前对于财政学有所述作者的功劳，尤其是著者在美国留学时的老师赛力格孟教授（Professor Seligman），和近年来所熟读的陈启修著《财政学总论》及达尔顿（Dalton）著《财政学原理》等书。

　　　　民国十九年（1930 年）12 月 1 日　李权时识于沪滨

再 版 自 序

　　当本书上卷于民国十九（1930）年 9 月初版问世之日，不佞原拟将下卷亦于一年内杀青；不意变起仓卒，翌年"一二八"淞沪之役，出版家商务印书馆总厂惨遭浩劫，本书上卷未售本亦同及于难，于是下卷之出版为之停顿者多时。商务既于 21（1932）年秋季复业，本书上卷亦得重与世人相见；不佞虽人事粟六，而下卷亦幸能于今年 5 月印行，以就正于世人。目前国内财政书籍之出版者，风起云涌，不佞于再版内已为之一一补录。其初版讹字之处，亦多所更正。初版内预决算制度个案研究仅有英美二国，再版则补入法国的预决算制度，以资充实。初版对于中国目前的财政监督制度语焉不详，再版则设法多所补充，而以预算法附焉，俾资参证。初版上卷末有英文附录十面，以其无关宏旨，再版已将其抽去。凡此种种，皆本书再版与初版不同之点也。邦人君子，计学名家，幸垂教焉。

　　民国二十四年（1935 年）8 月 15 日　李权时识于沪北模范村

财政学原理

上　卷

第一编

绪　论

第一章
财政之性质

第一节　财政之意义

　　"财政"一名"理财"，就是《易经》所说："理财正辞，禁民为非曰义。"这就是说：圣人治理其财，用之有节。财政之英文名词为 public finance，可译为"公家理财"。所谓"公家"者，就是公共团体之意；所谓公共团体者，就是它的代表——政府——的意思；而所谓政府者，实在是包括中央（或国家）政府、省政府、县政府、市政府，及其他单位之地方政府而言。所谓"理财"（finance）者，就是"调度收支"或"会计管理"（在家则为家计管理，在国则为国计管理）之意。不过英美人用"理财"二字，用得非常之泛：有所谓"商业理财"（business finance）或"公司理财"（corporation finance）者，即指一般股份有限公司之财政管理而言；有所谓"学校理财"（school finance）者，即指一般私立大学的财政管理而言；有所谓"卖空理财"（high finance）者，即指一般存心骗人的企业发起人（promoters），发出无价之证券，诱人购买而言；有所谓"私人理财"（private finance）者，即指除政府之外之私人个人的或团体的财政管理而言。所以"政府理财"（government finance），必须冠以"公家"二字，始能与其余各种"理财"有分别。严格的讲起来，英文"公家理财"这个名词，实在是有些不妥。何以呢？因为"公家"

二字是容易混扰的，不但"政府"是公众或公家的机关，就是"学校""医院""图书馆"等等，又何尝不是公家或公众的机关呢？"公家"二字，断不是政府所能独占的。这"公家"二字，既不妥当，那么何如用"政府"二字之为简捷了当呢？所以美国芝加哥大学一位财政学教授维纳博士（Dr. Jacob Viner）就老早已用"政府理财"这个名词去替代"公家理财"了。我是很以维纳博士的意见为然的。

虽然，"政府理财"这个名词固然是很好，但是还有一个较好的名词在中文字典里，可以表明一样的意义者，这个名词就是"财政"。"财政"二字近来虽然逐渐有普遍化之势，但是它的原来适用地点，是仍在政府的。所以我们就可以把"财政"这个名词来概括"政府理财"。

我们既已把名称弄清爽，现在可以为"财政"二字下一个定义如下：财政就是一个政府理财之政策，换句话说，就是一个国家或其境内任何其他政治团体（或强制团体），为欲谋自身之生存发达（即满足团体欲望）起见，而取得、管理，及使用财货之种种行为的一个总名词也。

第二节　财政之由来

财政到底怎么样起来的呢？我们要满意的回答这个疑问，那么就不得不从个人的欲望说起。原来凡有生气之类，是都有欲望的。欲望是跟了吾人的生命而俱来的。吾人最初就有物质的欲望，等到物质的欲望满足之后，就有精神的欲望。凡可以满足吾人欲望的东西，叫做财货或劳务；所以获得此种财货或劳务的活动，都叫做经济行为。大凡我们的社会越文明，我们的欲望亦越复杂而繁多；反之，我们的社会越野蛮，我们的欲望亦越简单而稀少。欲望越简单，越用不着分工；欲望越复杂，越要分工；因为吾人的精神气力有限，断不能各自生产一切各自所需要的财货或劳务来满足各自所有的物质的和精神的欲望呵。

吾人既有此经济的分工，即不能离群索居，即须有经济的组织；如家庭经济，公司经济，都市经济，国民经济，及世界经济等等来满足吾人种种不同的欲望。此等经济组织的又一方面就是政治组织，因为政治与经济这两样东西，不是可以斩钉截铁的分得清清楚楚的。我们简直可以说：政治是为人们经济（或民生）而存在的，人们经济是靠良好的政治而前进的。所以在家庭的经济组织里，有一个行政长官，叫做家长；在公司的经济组织里，有一个行政长官，叫做总经理或经理或董事会；在都市的经济组织里，有一个市政府来维持治安，排难解纷；在国民的经济组织里，有一个国民政府来外御敌国，内维治安；在世界的经济组织里，有一个国际政府（现为日尼哇的国际联盟会）来维持国际间的友好，增进各民族间的经济的互利。

这样，我们可以晓得人类乃是自利的动物。惟其自利，所以要经济分工来获得便宜，就是以至少的牺牲获得至大的享受。惟其自利，所以各个间的种种欲望必定有冲突，就是自利若没有界限，则必至于争。由前之说，由自利而分工，由分工而组织而合群，由组织合群而产生政治的团体生活即政府。由后之说，由自利而欲望冲突，由欲望冲突无限界则争，争而无限制则无不两败俱伤，反不能达到最初自利之目的，于是不得不有所谓调解人者出，此调解人即政府也。吴贯因氏最近发表其对于国家起源论的见解，谓神权说既失之迷信，民约说又失之空想，其较可信者当推牧畜说。他说："上古时代，人人各图私利，不相为谋，部落之团结，尚不巩固，何论政治。自牧畜之兴，人习于驾驭六畜之法，其聪明者，因此悟彼，移其法以驾驭群黎，使团结而为政治的组织，此实为国家之起源。"政府或政治的团体生活既成立，那么此团体（即政府）亦有它的经济欲望了。政府本身就是经济主体，此经济主体必需有种种的经济行为，才能满足它的种种经济欲望。"财政"或"政府理财"或"政治经济"，就是它的经济行为了。

第三节　财政与他种经济之关系

财政就是政府经济或政治经济，他种经济就是除政府经济以外的一切经济。这一切别种经济可以拿种种标准来类别之如下：

一、以经济活动单位（或范围）之大小做标准来区别之，则可分为

（一）个人及家庭经济

（二）公司经济或企业经济

（三）区域经济

（四）国民经济

（五）世界经济

二、以经济活动形式之不同做标准来区别之，则可分为

（一）农业经济

（二）工业经济

（三）商业经济

（四）家庭经济

三、以经济活动过程之不同做标准来区别之，则可分为

（一）生产经济

（二）交易经济

（三）分配经济

（四）消费经济

财政是与以上所分的种种经济有密切的关系的。《论语》说："百姓足，君孰与不足；百姓不足，君孰与足。"百姓就是民众或群众，君就是政府或公仆。（不一定皇帝才是君，凡代表国家之任何机关或个人都是君；大总统固是君，即内阁制国家的国务总理也是君，

委员制国家的中央执行委员会也是君，国民政府的主席也可说是
君。）这就是说，如果国内个人及家庭经济和企业经济宽裕，那么政
府经济也必定是宽裕的，因为百姓富足，税源也一定富足，税收也
一定兴旺也。反之，政府经费充足，则一切奖励农工商诸生产事业
的直接的费用（如农业试验场经费，输出物津贴费，交通费，邮递
费等等）或间接的费用（如国防费，司法费，维持治安费，教育文
化费等等）亦可以丰富，那么人民亦将更富了。人民更富，那么财
政更可宽裕了。总之，人民的生命，自由，财产，和享乐越受政府
保障，则人民越富，人民越富，则财政越有办法。此乃就财政与个
人经济，企业经济，农业经济，工业经济，商业经济，及家庭经济
的关系而言。再就财政与国民经济，生产经济，交易经济，分配经
济及消费经济的关系而言，则（一）财政上收入为生产费之一部分，
盖政府得到经费，则能消除外患内乱，人民因之得以安居乐业，多
事生产也；（二）财政上的运用，各公债及纸币之发行，殊足影响于
金融界及物价也；（三）财政上的收入如累进的直接税及奢侈税等，
足以使富有者多所负担而渐臻于均产社会的理想也；（四）财政上之
支出为全国大宗支出之一，支出之方向如何，恒足影响一国工商业
之方向，如德国战前之造船业及其他工业大受战备的刺激而勃兴是
也；又政府支出如果多多用在贫人身上，那么无产阶级的生活痛苦，
当然可以减轻得许多，即如有了义务学校，则工人子弟教育费可省，
有了公园，则工人的消遣费可省，有了施医院，则工人的医药费可
省，有了社会保险，则工人对于疾病失业和衰老等等痛苦可以无须
担忧是也。

至一国之财政与世界经济之关系亦甚密切，即如八九年
（1920 年左右）前德国的纸马克和俄国的纸卢布大大的跌价，他国人
之上其当者不知凡几等等是也。兹为明了德国纸马克跌价的程度起
见，我们可以节录上海《新闻报》民国十二年（1923 年）11 月
21 日的德国特约通信一段如下：

……上略……兹略举 10 月初价格如下：

表 1-1-1   1923 年前后德国物价

黑面包一片	40 万（马克）	牛肉三两	300 万（马克）
酸牛奶一杯	200 万	牛奶糖一条	100 万以上
苦啤酒一杯	700 万	洋芋一磅	10 万
小鸡蛋一个	100 万	牙粉一小盒	1 000 万
火柴一根	20 万	便所用粗纸一张	30 万
炭一块	100 万	纸烟一支	200 万以上
钢笔尖一个	500 万	雪茄烟一支	700 万以上
玫瑰花一朵	1 000 万	洗衣一次	1 000 万
补靴一次	5 000 万	洗澡半次二人共浴故谓半次	1 000 万
报纸一张	50 万	明信片一张（柏林市内）	10 万
飞机挂号信一封	500 万	电话一次	20 万
电车一次	20 万	汽车停留一次	1 000 万
医生谈话一次	5 000 万	旅馆一夜	2.5 亿

　　由此可知一个国家的财政运用，其影响所及常常是可以牵连到国际关系上去的，或牵连到他国人民的生活上去的。

第二章
财政与私经济的比较

　　财政就是公家的经济行为，也就是任何政府的经济行为。这一层上章已经说过明白。然则财政或公家经济行为或政府经济行为到底与私经济或一般国民或公民的各个的或联合的经济行为有什么异同呢？请先言公私经济的相同点。

第一节　财政与私经济的相同点

　　公经济与私经济相同之点甚多，现在很简单的说明之于下：

　　一、公私经济都欲维持和发展其主体的生命　公经济与私经济大家都是为欲达到其经济主体（公经济的经济主体为国家或政府，私经济的经济主体为个人或私益的联合团体如股份有限公司等类）的生命的维持和发展的两个目的而活动的一切经济行为。国家或政府的一切财政行为，其目的是在乎维持和发展其自身的生命。个人或私益团体的一切经济行为，其目的也是在乎维持和发展其自身的生命。

　　二、公私经济都该服从一个经济原则　公经济与私经济是大家应该服从"放之四海而皆准，揆之万世而不磨"的一个经济原则（principle of economy）或效率原则（principle of efficiency）的。这就是说，公经济行为与私经济行为，是都应该计较利害得失，以最少的牺牲或劳费的代价，去获得最大的效果的。

三、公私经济都应当以自利为过程，以利人为目的　有人以为公经济活动的目的在乎公众的福利，而私经济活动的目的在乎私人的福利；这不过是就表面的事实而言。如果我们再深究一些，那么赤裸裸的事实可以告诉我们：公经济活动的目的尽有在乎充满贪官恶吏的私囊的，而私经济活动的目的也尽有在乎解决一般同胞的生计问题的。况且，普通之所谓公家就是指政府而言，而所谓政府者，还不是以官吏做代表么？试问官吏的勤劳的目的，是在乎为国宣劳乎？抑在乎为自身的衣食问题乎？若谓官吏勤劳的目的是在乎公益，那么如果公家请其完全尽义务，毫无酬报，官吏肯勤劳到底吗？如其不能也，那么代表公家的官吏的公经济行为的目的，又何尝不是为私益呢？如果谓良好的官吏（亦即良好的政府或公家）的活动的结果为国利民福，那么良好的私人的活动的结果，又何尝不是国利民福呢？这样，如果谓公经济的代表——官吏——的活动的目的为公益，那么私经济的代表——私人——的活动的目的又何尝不是公益；如果谓私人的活动的目的为私益，那么官吏的活动的目的又何尝不是私益。所以著者以为若说到为私，那么代表公经济的官吏和代表私经济的百姓，大家都是为谋生，所以都是为私；若说到为公，那么以官吏为代表的公经济和以私人为代表的私经济，大家都是利己兼利人，为私兼为公，大家都是过一种人己交相利，公私交相益的生活，所以也可说是都为公。因此，著者是竭力以为公经济与私经济的目的是应当合而为一的，不要有分别的，庶几世人的人生观可以稍微改善些。

四、公私经济自己都不是目的　公私经济自己都不是目的，而是达到另外一种目的的手段。本条的理论，是完全根据于上条的理论而演绎出来的。上条的标题说："公私经济都应当以自利为过程以利人为目的。"这明明是说二者都不是目的而是手段或方法。目的是什么呢？就是国民（就一国言）或人类（就世界言）之互利互助互乐而已。善良贤明的公经济行为的结果，固为国民或人类之互利互助互乐；就是善良的私经济行为的结果，又何尝不是国民或人类之互利互助互乐呢？"我为大家，大家为我"，"各个为全体，全体为各个"，人群进化能够达到这个地步，那么所谓私经济的目的也，公经济的目的也，还有什么分别可讲呢？（参阅拙著《经济学原理》第二编《消费论》第二章"人类之欲望"及中国经济学社社刊第一册《中国经济问题》内拙讲"公私经济利害一致论"）

五、公私经济都应服从界限效用均衡的原则　所谓界限效用均衡的原则者，就是英文之所谓 principle of the equalization of marginal utilities，公私经济都应当服从界限效用均衡的原则者，就是公私经济的各种费用或支出的界限效用是要求其相等或平均才好的一个原则；如果各种费用的界限效用不能求其绝对的相等，那么至少也要求其相当的相等。私人对于衣、食、住、行、修养、娱乐等费用的界限效用要求其相等或均衡，政府对于国防、行政、教育、文化、工商、救恤等费用的界限效用也要求其相等或均衡才好。私人的各种费用要求其相当的平均支配和发展，政府的各种费用也要求其相当的平均支配和发展才好。不过政府对于各种经费的界限效用的均衡的力量似较私人对于各种费用的界限效用的均衡的力量为大。这大概是有二个原因的：其一为政府的收入可以依靠全国的财富，有时还可以募集外债；其二为政府对于经费的分配可以不受外界的牵制，当然，军备费是须除外的，因为军备费是往往受国际竞争的剧烈影响的。如果有人要问为什么公私经济各种费用的界限效用须均衡呢？那么我们可以回答说，这是因为要增加公私消费的总和效用（total utility）啦。总和效用增即幸福增，总和效用减即幸福减。

第二节　财政与私经济的相异点

财政与私经济的相同点既有五个，而其相异点尚不只此数。兹约略说明之如下：

一、财政之产生是在私经济之后　就发生的历史讲，先有私经济然后才有财政或公经济的；假如没有私经济，那么财政或公经济当然也是无从产生的。这是凡研究或从事财政的人们，所万万不可不晓得的；须知财政或公经济的目标也不过是要扶助人民的私经济，使人人得享生活之乐而已。

二、公私经济获得收入的方法之不同　私经济的收入，大抵是以交换或契约手段得来的；公经济的收入，大抵是以强制手段得来的。因为公家或政府是有无上的威权（即萨威陵帖 sovereignty）做后盾的缘故，所以可以向人民在合理范围以内及合法手续之下，予取予求；所以财政是以收支适合为原则，以稍亏或稍盈为常事，以大盈为变例。反之，私经济的收支是完全以有盈余为原则，以适合为例外，以有亏为不幸。为预防官吏之倾向于浪费及滥增预算起见，所以公家的经济，总以无多大的盈余为是。为预防私人之衰老、失业，及疾病等的痛苦起见，所以私人的经济，总以多有盈余或积蓄为是。二个经济主体的处境不同，斯其收支调度的原则亦因之有异。

三、公经济大抵量出为入，私经济大抵量入为出　"量出为入"就是先决定经费然后再设法筹措款项的意思，英文叫做 regulates income by expenditure，公经济就大抵依此为原则。"量入为出"就是先计算收入然后再支配用度的意思，英文叫做 regulates expenditure by income，私经济就大抵依此为原则。此二个不同的原则是根据上条公私经济的二个不同的获得收入方法而演绎出来的。公家可以用强制手段去获得收入，所以是可以先决定支出要多少，然后再设法去筹集多少进款。不过这条量出为入的原则有时也有行不通的地方，即如国民经济的力量实在是不胜战备的负担，那么许多大规模的军备计划，终究是不得不暂时或永久的搁置的。数年前吴鼎昌氏于游欧归来之后，发表其对于欧洲各国财政之感想，以为欧战后各国财政之多不能均衡起来，大抵是中了"量出为入"的原则的毒；所以他主张恢复我国古代所固有的"量入为出"的理财政策。吴氏的结论虽不免消极与保守，但是终不能斥之为毫无理由也。天下事物极必反，量出为入之极，必须继之以量入为出，犹之积极之极，必须继之以消极以稍事休养也。私人是必须用交换和契约的手段去获得收入的，而且收入的多少有时简直是不能确定的，所以是必须先估定最低限度的收入，然后才可以开始支出，而其支出之最高额是万万不可以起过此最低限度的收入的。不过有时个人有急需如婚丧大事等的开支，非暂时借债做事不可，那么亦不得不暂时放弃量入为出原则，而采取量出为入的原则了。

四、公私经济支出所产生的效果之不同　公经济支出所产生的效果，大抵是不能以价格或货币去测量它的；而私经济支出所产生的效果，大抵是能够以价格或货币去测量它的。这是什么缘故呢？这是因为公家费用所产生出来的效果，大抵是无形的或将来才慢慢的〔地〕发现的；而私人费用所产生出来的效果，大抵是有形的而且是立刻或不久就可以发现的。即如就教育经费讲，公家支出了教育费之后，成效到底有没有呢？这是很难确定的，而且其成效是在较远的将来。普法战争之后，普鲁士论功行赏，铁血宰相毕士麦克〔俾斯麦〕独归功于小学教师。日俄战争之后，日本论功行赏，首相伊藤博文亦独归功于小学教师。这样，普日二国的义务教育发生显著的效果，这是毫无疑义的事，不过其效果是万万不能以货币或价格去测量的。至于私人支出了教育费之后，其成效到底有没有呢？这是比较的容易决定的。即如高中毕了业之后，薪水比初中毕业的为高；大学毕业之后，薪水又比高中毕业的为高；出洋留学了之后，薪水似乎又可以比国内大学毕业生为高等是。至公经济支出的效果之不易测量，我们看了下列一段文字，就可以知道了。

"南洋劝业会耗费这样多的金钱（150余万两），布置这样大的排场，其效果究何如呢？……看来，好像成绩并不见得怎么好，这只就当时游览的人数便可窥见一斑。据称该会"自开会以后，到会参观者每日平均仅得三四百人"以繁盛的都会，舟车之便利，还不足以鼓励四方人士联袂偕来，则其效果也就大可概见！又就该会陈列的物品看来，也很难看出该会对于工商业发展的效果是怎样的。试查当时该会陈列的物品，如江苏湖北等处的洋粗布和斜纹布等，当时已很有名。然而到现在我国犹须每年输入洋布值一亿二三千万两；当时所盛行的所谓"爱国布"，现在已销声匿迹了。这是何等令人感慨的事！又呢织物一项，现在中国差不多都是仰给外货，而在当时劝业会中陈列的，倒有日晖制呢公司的各色粗细大呢，湖北毡呢厂的鄂呢，北京溥利公司的细呢。这也很足以令人生今昔之感。他如南京贡缎宁绸，在内国商品中一向是负盛名的，可是它们的地位现在也已逐渐消失。他如湖南江西之陶磁〔瓷〕器，自劝业会陈列出名以后，现在也并未见如何进展；又如各省制革工厂的皮货，当时陈列颇多，然而纹皮一项至今犹须大宗仰给于英。这都足见南洋劝业会对于促进工商业的效果是微乎其微的。"（《东方杂志》，二十六卷，十号，武堉干《近代博览事业与中国》，第17页）

五、判别公私经济利弊的难易不同　判别公经济行为的利弊难，判别私经济行为的利弊易；这是完全根据于上条"公私经济支出所产生的效果之不同"而来的。因为公家支出的效果是不易测量，所以其利弊亦不易判别；因为私人支出的效果是不难测量，所以其利弊亦不难判别。因为公经济的利弊是难以判别，所以民权主义发达的国家，国民是无有不有种种监督政府的机关的，而政府亦是无有不开诚布公把每年财政状况公之于国人的。

六、公私经济收入所依据的报偿原则的不同　公经济收入大抵是依据一般报偿（general benefit of government protection）的原则的，所以征收官吏可以执此空洞的名目向人民征收捐税，而人民大致不敢或违。私经济则不然。私经济收入大抵是依据特别报偿（particular benefit of commodities or individual services）的原则的。所谓特别报偿者，就是私人间以财货易财货，以财货易劳务，或以劳务易劳务的种种交换、契约，及买卖等行为。

七、公私经济主体的生命久暂的不同　公经济主体，在表面上仿佛就是政府，其实政府不过是一个代表；严格的讲起来，公经济主体就是一个政府所代表的民族、国族，或国家。政府的生命虽属暂时的，但是其暂时所代表的民族、国族，或国家的生命却是永久不灭的，于万斯年也；这是因为组成一个民族、国族，或国家的法人（legal person 或抽象人 abstract person）的许许多多自然人（natural person 或具体人 concrete person）是或生或死，续继不断啦。至于私经济的主体呢？私经济主体的自然人的寿命很少有超过一百岁的，所以是很短暂的。有人以为晚近自然人所组织的私法人如股份有限公司（corporation）之类，其生命在事实上亦往往有很长远的，几可与公经济主体的寿期并驾齐驱。不过这种永久不倒闭或停歇的公司，在事实上恐怕是很少很少的，所以我们可以置之不论。我们根据这个公私经济主体的生命的久暂之不同点，又可以至少演绎出四个关于公私经济的不同点来：

（一）私人不必为后代着想，政府必须为后任及民族着想　私经济如能抱一种"前人种树，今人乘凉，今人种树，后人乘凉。"的为子孙打算的人生观固然很好，但是他或她要及身而尽耗其所有，毫不留些微的遗产给其子孙，也是可以的。至于财政的主体——政府——那就万万不可只顾本任的挥霍浪费，而不顾后任的无米难为炊。真正有道义心的政治家，当其当权时，其财政的措施，是无有不为整个国家的永久利益着想的。

（二）公私经济经营事业的获利期限之不同　私人经营事业必计其利益之能及身享受者，否则，宁弃之不顾；政府经营事业必不可专为本任财政打算盘，而是应当有甚久长的计划，不管其利益之是否能在最短的期间内实现。即如森林事业，只宜国营，不宜私营；因为森林事业的利益回来期须俟之甚久，私人必致急不及〔可〕待，只有政府为能为国家的全体着想而经营之耳。总之，政治家终应当以将来的保管者自视（Statesmen should regard themselves as trustees for the future），对于后任政府或将来国民有利益的种种费用，不能太打折扣也（Should not discount the value of public expenditure for the future）。

（三）公私经济负债的信用期限有长短　私经济主体以生命短促

的缘故，所以其负债的信用期限也是短促的，大概是以其自身能力
所能偿还为标准。我们日常很少听见私人借款的偿还期限有延长至
数十年之外者，因为数十年之后，债务人也许老早归山了，那么债
权人或其继承人还向谁去讨债呢？至于公经济的主体则不然。公经
济主体以生命悠久的缘故，所以其负债的信用期限也是可以长远的。
大概本任政府所发行的公债，其偿还之责任是可以推卸到后任政府
身上去的；世界各国政府多发有长期公债——甚至有三四十年或五
六十年者——就是这个缘故。不过有人以为近世股份有限公司的企
业组织发达，其生命亦较为永久，因之私经济主体的负债的信用期
限亦有延长到二三十年或三四十年之倾向，如美国私有铁道公司之
发行长期的社债是。

（四）国家可以发行永久公债，私人不能发行永久债券　本条的
公私经济的分别是根据于上条而来的。私人的生命是要断绝的，所
以不能缔结永久契约或发行永久社债票及欠单。国家的生命是不会
断绝的，所以可以缔结永久契约或如法国之发行永久公债或无定期
偿还公债。

达尔顿（Dalton）以为公经济对于将来的价值不打折扣，而私经
济对于将来的价值是要大大的打折扣的。其实据著者的意见，这个
分别是由经济主体寿命的久暂而发生的。

八、公私经济当事人的心理之不同　公经济的当事人为自然人
的官吏，私经济的当事人就是私经济的主体——自然的个人。私经
济当事人与私经济的主体既是一而二二而一的一个混合体，所以二
者的利害是一致的，毫不冲突的，所以私经济当事人的动机和责任
心是存在的，而且是非常之浓厚的。不过有人以为自从公司企业组
织盛行以来，假如当事人的经理并不是私经济主体的股东——尤其
是大股东，那么私经济当事人的动机和责任心大致是不会存在的，
即使存在，也是很浅薄的。这个警告，亚当·斯密在1776年已经提
出过；但是到如今，公司组织还是很发达，那是因为公司的当事人
大概也是公司的大股东的缘故。至于官吏与国家的关系其密切的程

度当然比不上大股东经理之与公司企业。大股东经理自身的幸运是
要看公司的幸运怎样,公司成功,他也成功,公司失败,他也失败,
所以他在公司办事的动机和责任心是很浓厚的。至于官吏呢?官吏
与国家之关系犹如一二股小股东之对于大公司。不良的小股东一旦
握公司的大权,其动机与责任心终要比大股东握权时差一些,因为
他的作弊所得足足可以抵消股份的损失也。不良的官吏(即贪官恶
吏)一旦掌权,其动机与责任心也是毫不存在的,因为他们的作弊
所得足以抵偿其个人受国势衰弱或政治不清明的损失也。我们应当
晓得,贪恶之风是带有很浓厚的传染性的:一官揩油,尤其是大官
揩油,则其余官吏亦有相率揩油之势;一官作弊,尤其是大官作弊,
则其余官吏亦有相率作弊之势;一官因循敷衍,尤其是大官因循敷
衍,则其余官吏亦有相率因循敷衍之势。公经济当事人——官吏,
对于公经济主体——国家,的全体福利的动机和责任心既不存在或
甚微薄,那么主体(亦即主人翁,亦即全体的民众)有什么方法可
以去裁制他们呢?这个裁制方法就是财政公开及预决算制度之确立
和官厅薄〔簿〕记或会计制度之周密,使贪恶者即欲作弊而有所
不能。

第三章
财政的内容及其运用的原则

第一节　财政的内容

财政的内容或范围，大概是可以分做两大部分：其一，就是实质的或经济的内容，其二，就是形式的或行政的内容。实质的内容包括支出与收入二部，支出就是国家或政府的种种欲望或需要的具体化，收入就是国家或政府为欲满足其种种欲望起见所采行的种种方法。形式的内容，一部分是与支出有关的，而另一部分是与收入有关的，凡财务行政的秩序，如预算，金库，出纳，会计，簿记，及决算等各种法制及行政都属之。这样，财政的内容，详细分起来，实在可以分做四部分：就是（一）支出、（二）收入、（三）收支不抵时的举债行为和（四）收支管理或行政。

第二节　财政内容的变迁及其原因

一、财政内容的变迁　财政内容的变迁乃自明之理。试就支出而言，我国古代《周礼》内之所谓九式（式者指用财有节制而言）如祭祀之式、宾客之式、丧荒之式、羞服①之式、工事之式、币

---

① 饮食和衣服。

帛及刍秣①之式、匪颁②之式，及好用之式，现在以政制改变，多被淘汰；而近世之工商及化育等经费，亦多为古代财政家所梦想不到者。（参阅胡钧著《中国财政史》，第 58 页）再就收入而言，上古时代君主收入多靠官产，中古时代君主收入多靠特权及规费，而近世时代的民主政府收入则多靠租税。再就租税而言，则又有从间接税到直接税，从累减税到比例税，从比例税到累进税的自然倾向。再就公债而言，上古时代对于公债是梦想不到的，中古时代间或有之，而一到近世时代，则公债几为进步的国家的不可或少的财政政策了。再就财务行政言之，上古时代固无财务行政之可述，就是中古时代的财务行政也是很少可述，不过一到近世时代，财务行政居然与支出，收入，及公债等成为财政中四大金刚之一了。

二、财政内容变迁的原因　财政内容的变迁既已如上述，然则其变迁的原因究竟在那里呢？简单地讲起来，财政内容变迁的原因大概是有五个：就是（一）其一为文化状况的变迁，即如人类欲望的品质与数量都有进步，而且是多多社会化（如公众娱乐或消遣或修养的场所的增辟和公众卫生设备的改进等），遂使公家支出的性质大大的发生变化；（二）其二为社会状况的变迁，即如人类日趋平等，政权逐渐全民化，阶级区别日渐消灭，古时专为特权阶级的利益的种种支出，近代几无再见之可能，古时一切税收都向小民剥削的现象，至近代亦几无重演之可能，因之公家支出与收入的内容亦自然地发生变化；（三）其三为政治组织的变迁，如由专制制改为立宪制，君主制改为民主制，集权制改为分权制或均权制，单一制改为联治制或联邦制，中央支配制改为地方自治制，独裁制改为合议制或委员制等等，在在均足影响到财政内容的变化，如国地收支的划分、财务立法的程序和财务行政的监督等等是；（四）其四为经济状况的变迁，如人类的生产方式一改变，公家的收入方式亦即随之

---

①　草料，牛马的饲料。
②　分赐。匪，通"分"。

而改变，在上古的自然经济的农业时代，公家收入大半是农田所产生的作物（我国古时叫财政部长为大司农，也就是这个道理），而且是专靠田赋及田租，在近世的货币及信用经济的工商业时代，公家收入大半是货币而不是实物，而且是不专靠田赋，乃是以商税（包括关税营业税等）、所得税、产销税等为大宗；（五）其五为国家的天然状况的变迁，如海洋国多海军费，大陆国多陆军费，四境无天险可守的国家多军备费，四境有天险可守的国家少军备费，殖民地多的国家多军备费，殖民地少或无的国家少军备费，热带国家的军装费少，寒带国家的军装费多等是。

第三节　财政运用的原则

财政的内容及其变动的原因既然明白了，我们可以进一步来讨论运用现代财政的原则。当然，要晓得如何运用现代的财政，一个理财家是必须先晓得现代社会的特点是什么。现代社会的特点既然洞悉了，那么运用现代财政的原则，亦自然地可无推论而获得了。简括的说来，现代社会的特点及现代理财家应牢守的运用财政原则，有如下列六端：

一、现代的社会是财富分配很不平均的一个社会　生在这种财富分配很不平均的社会里的人民、是有一个正义的要求请愿于政府的，就是政府应当设想种种方法来平均社会财富的分配，虽不能说是绝对的均，也至少要办到相当或相对的均。财政设施也是各种均富或均产方法中的一个，所以现代理财家当运用财政时，应当遵守一条原则，就是"财政运用是与其主体所管辖的人民有一种道义的关系的"。

二、现代的世界是国际经济竞争非常厉害的一个世界　我们生在这个国民经济际竞争剧烈的世界，个人不能与外国整个的势力竞争，当然盼望政府出头来保护我们个人，当然希望政府的一切设施要深合乎国民经济学的原理原则。财政为此种设施中之一，所以现代理财家当运用财政时，又应当遵守一条原则，就是"财政的运用万不可与国民经济的原理原则相违悖，致使本国在国际间的经济竞争力减少"。

三、现代的国家是行政的范围日在扩张之中的一个国家 现在世界各国都有或多或少采行社会政策或社会主义的倾向，所以国家的政权是日日在扩张之中，举凡文化事业及社会事业等的设施范围，都为从来所未曾有过。这样，国家的政权既然扩大，国家的费用当然浩大，因之现代的理财家当运用财政时，又应当遵守一条原则，就是"经济主义，亦即效率主义，亦即不浪费主义"。这是因为公家的支出，其效果是无形的，不能测度的，而公家的收入方法又为强制的，既无成本与效果的比较，又易蹈独占压迫的覆辙，所以更是不能不牢守经费经济主义啦。

四、现代的国家是费用日益膨涨〔胀〕的一个国家 现代国家的经费膨涨〔胀〕，这是已定之局，理财家对之只有承认之耳。不过以有限的财源来应付此无限的支出，所以现在的理财家当运用财政时，一方面固当紧守经济主义，而他方面又应当"确立长期的及短期的财政计划，以避免临渴掘井的痛苦"。

五、现代的社会是民权思想很发达的一个社会 因为民权思想或民主思想或庶民思想很发达，所以当国者对于民众是必须抱一种国事公开的态度的，否则自己的政权及地位且不能保。所以理财家对于国人是又须遵守一条原则的，就是"财政公开"。

六、现代的国家是公营事业日渐发达的一个国家 公营事业日渐发达，本来是社会政策进展的结果。而理财家对于公营事业又应当遵守一条原则，就是"公营事业须由特种机关依照国定的特别法规监督之"。

第四章
财 政 学

第一节 财政学的定义

美国财政学者先进亚当士（Adams）说：财政学是研究国家的欲望及其满足此欲望的方法的一种科学。该定义我认为不满意，因为财政学不光是研究国家或中央政府的欲望及其满足此欲望的方法的一种科学，就是地方政府的欲望及其满足此欲望的方法是也可以讨论或包括在内的。

美国又有一位财政学者先进卜来恩（Plehn）说：财政学是研究政府的收入及支出的一种科学。我对于这个定义也认为不满意，因为如果这个定义是对的，那么财务行政论或预决算论将无所容身了。这又那里说得过去。

我觉得《辞源》（商务出版）内所下的一个财政学定义，似乎比较的还要妥善些。它说：财政学为"研究国家及他公共团体财政上之原理及政策之学。凡费用之分分配，财源之经画，出入款之综合等赅之。为经济学之一分科"。不过最后一句"为经济学之一分科"。又把这个财政学定义减色不少了。因为财政学到底是经济学的一分科，还是政治学的一分科，到至今还没有一个确切的定论呢。所以我的意思是不提它是那种社会科学的一分科为妙，只说它是社会科学之一就对了。

英国学者达尔顿（Dalton）博士于其所著《财政学原理》内亦谓财政是介乎经济与政治二者之间的一种科学，它的研究范围是公家收支之事实及其互相调适。而所谓公家者系指一切区域的政府（territorial government）而言，包括国际政府如国际联盟会在内。达氏此种对于公家的解释，虽属大同思想，但究嫌其为时尚早耳。国际政府的财政学，恐怕在最近二三十年之内，还不能成为一种科学也。

现在试把著者对于财政学的定义写在下面：

（一）较简单的定义 财政学就是研究任何政府的欲望及其满足此欲望的方法的一种社会科学。

（二）较详细的定义 财政学就是以研究国家及其管辖范围内的任何一级政府的收支上的原理及政策为职责的一种社会科学：举凡公共经费的支配，公共收入的筹划，公债的举募与偿还，公共出入款项的管理和监督等等的事实与理论，都包括在内。

第二节　财政学是一种独立科学的四个理由

据美国卜来恩教授的意见，财政学成为一种独立科学的理由有四个：就是

（一）财政学是研究人类一部分有界限而一定的学问（It deals with a definite and limited field of human knowledge），就是有系统的精确知识。

（二）财政学内所研究的事实和原理原则，不但是很有系统，而且是包括许多只属于该学范围内的一般进化律（It admits of an orderly arrangement of its facts and principles, and contains many laws of general progress, belonging exclusively to its own field）。

（三）财政学上的事理是需要科学的研究方法去查考的（It admits of the application of scientific methods of investigation）。

（四）财政学对于社会上某种现象（就是财政现象），不但是能够解说之，而并且是能够推论预言之（It foresees as well as explains a certain class of phenomena）。

第三节　财政学与财政术

财政学（the science of public finance）是以客观的态度去解释财政的事实的，财政术（the art of public finance）是以主观的态度把财政学理去应用到事实上去的，所以财政学与财政术是应该互相扶助，交相为用的。不过专重研究的财政学家（student or scientist of public finance，not public financier），似乎应当抱一种为真理而求真理的态度，万不可为应用观念或功利思想所引诱；这就是说，财政学家应当主张要事实来符合真理，万不可让真理去迁就事实。（至于学与术的五点分别，读者请参阅拙著《经济学原理》第一编绪论，第十节）财政术为应用财政学理的一种知识；举凡办理财政的官吏，可以说都是财政术者。财政学之在中国，虽然直到西学东渐之后，才有人去研究，但是财政术，那的确是在春秋战国时代已经很发达了：即如管仲之以官山（铁矿国营）府海（盐斤公卖）富齐，商鞅之以开阡陌（刘秉麟在其所著《经济学》第 340 面上说："田地私产之制，实自秦孝公十二年开阡陌始。所谓开阡陌者，非创造之意。阡陌乃古制，开乃破开之意，即破坏古时阡陌之制，所谓慢其经界者是。"）强秦，都是财政术，而非财政学。以后如汉代桑弘羊之国营一切商业（盐铁酒专卖、均输，和平准），唐代刘晏之整顿盐税（后世就场征税，缉私，及劝盐等办法，可以说都是刘晏所首创的），杨炎之创两税法（随资产以制赋，夏输无过 6 月，秋输无过 11 月），宋代王安石之创青苗法，明代张居正之创一条鞭法，及清代士类及其幕僚之管理钱谷等类，也是只有财政术，而没有财政学。我国从来是把学术两字连在一起的，又曰"不学无术"，可知术必根据于学，则其术始正，学必借助于术，则其学始切乎事实，学术兼重，并行而不相悖，调和而能参照，则得之矣。

第四节 财政学在社会科学中的地位

要知道财政学在社会科学中的地位，请先一论科学的分类。大概人类所有一切的科学可以分做三大类：就是（一）纯粹理论的科学（sciences of pure reason or conceptional sciences）如名学或逻辑（logic）及数学（mathematics），（包括簿记学 bookkeeping、会计学 accounting 和统计学 statistics，等在内）等是；（二）自然或物质或形而下的科学（natural or physical sciences）如物理学、化学、生物学、心理学、地质学、天文学、气象学等是；（三）社会或人事，或精神，或形而上的科学（social or human or metaphysical sciences）如社会学、政治学、经济学、历史学、法律学、伦理学、教育学等是。而财政学是一种介乎政治学与经济学二者之间的一种社会科学。我们研究财政的时候，常常牵连到政治组织、宪法和行政法上去，这就是财政学不能与政治学脱离关系的明证。况且财政学研究的对象是政府的欲望和其满足此欲望的方法；所以财政学为政治学的一部份之理由，更是显而易见的。我们研究财政的时候，更常常牵连到国民经济的生产、消费、分配、金融、物价等等的事实和原理上去，这又是财政学不能脱离经济学而完全独树一帜的明证，因为公经济与私经济的关系，实在是太密切了。这样看来，财政学内有一部份的材料是属于政治学的，还有一部份的材料是属于经济学的。有些人以为它是经济学的一种辅助科学（a supplementary science to economics），然而也有人以为它是政治学的一种辅助科学（a supplementary science to political science）。不过辅助科学是于其独立性并不妨碍的，因为它是有它的特别研究范围和独立的需要啦。至于财政学到底是经济学的辅助科学，还是政治学的辅助科学，那是要看研究者的特别注重的地方而定的。有些人特别注重公共经费论及预决算制度和金库制度等关于财务立法和行政的研究，那么他们可以说"财政学是政治学的一种辅助科学"。反之，有些人特别注重公共收入论及公债论或公共信用论等关于筹募款项方面的研究，那么他们可以说"财政学是经济学的一种辅助科学"。总而言之，我们可以放心地说"财政学是介乎政治学与经济学之间的一种独立社会科学"。

第五节　财政学与其他社会科学的关系

一、财政学与经济学的关系　财政学既是经济学的一部份，那么二者关系的密切，当然是自明之理。不过从学术发达史一方面讲起来，财政学实在还是经济学的父亲呢！这个道理，一来因为是经济学的先驱如重商主义，计臣学派，和重农主义是无不注重财政的，尤以计臣学派为然；二来因为是经济学鼻祖亚当·斯密的名著《国富论》之所以能完成，实在还应当归功于斯氏早年之讲授"警察兵备及税收"（police，arms，and revenue）的一个学程。这样，可知是先有财政学而后才有经济学的，并不是先有经济学而后始有财政学的。不过经济学是"后来居上"，"后生可畏"，而它的父亲或先驱，倒反屈居下风了。

至于学理上财政学与经济学的关系，那当然是更为密切：即如（一）财政学内的岁出论或公共经费论是必须合乎经济学上消费论的原理原则的；（二）租税制度是必须合乎生产论的原理原则的；（三）租税的转嫁论是必须参酌价格论和分配论的原则的；（四）公债或公共信用论是必须合乎一般信用论及货币银行论的原理原则的；（五）公业论是必须合乎经济政策和独占论原则的。

美国赛力格孟教授谓经济学是私人与私人间的价值科学（science of value between individuals as such），而财政学是私人与政府或国家间的价值科学（science of value between individuals on the one hand and the government or state on the other）。由此更可见二者性质之相类似和其关系的密切了。

二、财政学与政治学的关系　财政学既然又是政治学的一部分，那么二者间关系的密切，当然也是自明之理。不过著者此处还可以再补充几句：就是（一）欲明了中央政府与地方政府间的财政关系，就不可不明了宪法及行政法；（二）欲达到财政运用的目的，就不得不知会计法规；（三）欲知道经费支出之正当与否，就不得不诉之于政治学及国家学上的结论；（四）欲完备财政的组织，就不得不注意政治的组织和时代的精神。

三、财政学与历史学的关系　财政学与政治学既有关系，而政治学又与历史学有关系，因为"历史是政治学之母，而政治学是历史之果"（History is the root of political science, and political science is the fruit of history），所以财政学是间接与历史学有关系了。况且财政又有财政史，财政学亦有财政学史，而研究财政学的方法中，又有所谓历史比较法。这些事实，都是证明财政学与历史学有密切的关系。

四、财政学与社会学的关系　社会学可以说是一切社会科学的总论，而财政学既是介乎为社会科学之一部的经济学与政治学二者之间的一种社会科学，所以财政学之不能脱离社会学的影响，这是很明显的。况且所谓社会学（sociology）者，就是研究人类社会的起源、发达、变迁，及人类的生活现象的一种学问；举凡经济政治等学所讨论及之者无不概括的罗而致之，而尤着眼于社会经济问题如分配问题、经济制度改善问题，及社会政策等（如社会改造家 social reformist 之主张用赋税的方法直接平均人们的财富或增加一国的人口，用支出慈善费、感化费、教育费、文化费等多多于无产阶级身上的方法去间接减低社会贫富阶级的悬殊。）这些又都是财政学与社会学发生关系的明证。

五、财政学与法律学的关系　法律学本来又是政治学的一个分枝。财政学既与政治学有密切的关系，那么自然也要与法律学发生关系的；而各种法律如宪法、行政法、财政法、会计法、预算法、审计法等等，是在在与财政发生不解缘的。即如美国宪法禁止出口税，所以美国中央政府的关税收入是只有进口税而无出口税的。

六、财政学与伦理学的关系　财政学与伦理学的关系也是很明显的；假如一个政府的财政设施，无论支出或收入，是违反人民的伦理观念的，如支出多多用在资产阶级，收入多多取诸无产阶级，甚或发行公家彩票，那么这种政府的生命是不会久长的。此外如寓禁于征的种种租税，实在也可以说是根据于伦理学的。

第六节　财政学与论理科学的关系

一、财政学与论理学或名学的关系　论理学或名学（logic）是一种精确推理严格思想的科学，是无论什么科学要科用它的，那么财政学之与它有关系，当然是不言可喻了。其实研究一切科学的方法，统统是脱不了论理学的窠臼的。

二、财政学与统计学的关系　所谓统计学就是以多数事实用算式来比较的一种科学。财政学上理论一方面，是与各种社会科学发生关系；而其数字的一方面，则与统计学发生关系。预决算上数字之大且繁，若无统计以驾驭之，则当其事者必无所措手足。而且财政学上的原理原则，有时实有赖于统计去发现之或证明之，以决定大策。（如租税之有转嫁与否，可用物价统计以知之。）

三、财政学与簿记会计的关系　财政学与二者发生关系，就可以官厅簿记或官厅会计而知之。

第七节　财政学的分部

概括的讲起来，财政学可以分做二大部：即（一）收入论，

（二）支出论。不过仔细的讲起来，收入论还可以分为二论：就是
（一）现在收入论，（二）将来或预提收入（anticipatory revenue）论；
而二论又各有（一）收入的自身论；（二）收入的立法论，（三）收
入的行政论可分。支出论亦可分为二论：就是（一）现在支出论，
（二）过去支出论；而二论又各有（一）支出的自身论，（二）支出
的立法论，（三）支出的行政论可分。如果我们再把这分得太复杂的
事实归纳综合起来，那么可以把现在收入自身论作为一论，叫做
（一）收入论或岁入论或公共收入论；把现在支出本身论作为一论，
叫做（二）支出论或岁出论或公共经费论；把预提收入自身论和过
去支出自身论并为一论，叫做（三）公债论或收支适合论；把现在
收入的立法论与行政论，预提收入的立法论与行政论，现在支出的
立法论与行政论，过去支出的立法论与行政论，并为一论，叫做
（四）预决算论或财务行政秩序论。至地方财政论，著者却以为可以
不必在财政学总论内另立一编，因为地方财政论，实在就是小范围
的财政学，其原理原则，实在与大范围的财政学没有什么分别。学
者正可著专书以讨论之，似不必附于财政学原理或总论也。

　　财政学的分部为四，既如上述，但是它们的立论或编辑顺序究
应如何耶？大概重实际收入的英美财政学家多先论收入或岁入论，
尤其是租税论；重民权与法理的法国财政学家多先论预决算论或财
务行政秩序论。我国陈启修氏亦曰："我因中国财政之困竭，由于其
形式的内容之不良者，或反较由于其实质的不良者为多，又因财政
监督之制度，本非中国人所习惯，故以为从输入财政思想及救治不
良财政两方面言之，俱应先述形式的财政学。故以财务行政论冠首，
而次之以经费论、收入论，及收支适合论，最后则附述联邦财政及
地方财政论。"（《财政学总论》，第30—31页）

　·　陈氏的主张固然是言之成理，但是著者以为中国人对于支出论
或岁出论的常识的缺乏，或反较对于预决算论或财务行政论的常识
的缺乏，还要厉害些；所以著者以为在现在的中国讲财政学，似必
须先讨论支出论或岁出论，次预决算论或财务行政秩序论，次收入

论或岁入论，最后为公债论。

第八节　财政学的研究方法

　　财政学的研究方法，大别之可分为二，其一即演绎法（deductive method），严几道氏译为外籀①，即由一般的原则去论断个别事实的一种科学方法。其二即归纳法（inductive method），严氏译为内籀，即由个别事实去寻求一般原则的一种科学方法。二者推论之方向虽完全相反，然实互相为用且互为因果者也。演绎法必须先之以归纳法，而归纳法亦必须殿之以演绎法，演绎法是科学方法之最终目标，但是若不经过严密的归纳法，则演绎法必至流为杜撰的、武断的、反事实的，就是反科学的。归纳法是真理或原则未找到以前的一种不得已的办法，如果归纳法的目的不在求真理，以便日后可以用演绎法，那么其弊必至于支离灭裂，劳而无功。所以真正的科学方法是要把二法混用的或参用的，万不可有所偏爱，去其一而不用的，亦不可留其一而专用的；二法是互助的，不是互排的，演绎能补救归纳法的劳而无功的弊病，而归纳法亦能补救演绎法的武断杜撰的毛病。归纳法又可以分做三种：其一就是试验法或实验法（experimental method），自然科学者常用之，财政学对于此法大致是不适用的，因为人类的行为（包括一切经济行为在内）往往是不肯受人家的试验的；其二就是历史比较法（method of historical comparison），此法社会科学者用之者甚多，而自然科学者用之者甚少，抑亦无采用之可能；其三就是统计法（statistical method），此法近代社会科学者用之者特多，而自然科学者亦间有用之者。大概最近的趋势告诉我们，不知统计法者，必不足与语社会科学的研讨，亦不足与语财政学之研讨。

---

　　①　籀（zhòu），阅读之意。籀绎，即有演绎之意。

第五章
财政学发达史略

　　财政学的发达史，说起来是很复杂而繁多的。在经济学尚未诞生的时候，历来中外哲学家的经济思想，十之八九是讨论财政或公家经济的，或公家经济与私人经济的关系的，本书的目的是在乎研究财政学的一般原理，并不是要专门研究财政学史，所以对于财政学史的发展，只能约略述其大概如下。

第一节　中国财政学发达史略

　　我国财政思想之首先发现的，当推土地单一税制（a system of single tax on land），也就是三代井田制或公田制时代，政府向人民所抽的贡（夏）助（殷）彻（周）等什一之租。其次当推制用论或预算论，即《礼记》王制篇之所谓"以三十年之通制国用，三年耕必有一年之食，九年耕必有三年之食"，又谓"制国用必于岁之杪，五谷既登，然后制国用，量入以为出，丧祭用不足曰暴，有余曰浩，国无九年之蓄曰不足，无六年之蓄曰急，无三年之蓄曰国非其国"者是。又其次当推会计论，胡钧氏在其所著《中国财政史》第二十二三页上云：

　　会计为国家之要政。会计制度，中国之发明为最古。夏禹成赋中邦，南巡狩而至大越，登茅山而朝诸侯，乃大会计，更名其山曰会稽。《周礼》掌财用而言岁终则会者凡十。（周官司会，掌国之官府郊野县鄙之百物财用，凡在书契版图者之贰，以逆群吏者之治，而听其会计，以参互考日成，以月要考月成，以岁会考岁成，旬计曰日成，月计曰月要，岁计曰岁会。）汉之上计（按汉初萧何收天下图籍，知张仓善算，令以列侯居相府领郡国上计），亦周官遗意也。然而周室颁爵禄之制，诸侯恶其害己，而皆去其籍。汉宣帝时，郡国务为欺谩以避其课，上计要政，成为具文。（汉宣帝黄龙元年正月下诏曰：方今天下少事，而民多贫，盗贼不毕，其故安在。上计簿具文而已，务为欺谩而避其课。令御史察计簿，疑非实者案之，使真伪无相乱。）唐宋以来，偶有记录，如唐李吉甫元和国计簿，宋丁谓录《景德》《皇祐》《治平》《熙宁》四书，网罗一时出纳，苏辙著《元祐会计录》、明汪鲸著《大明会计录类要》十二卷、张学颜著《万历会计录》四十三卷。而其书均不传，可见者惟苏子由收支民赋诸序而已。清雍正以前，岁出岁入，备列于《东华录》每年之末。乾隆以后，但列民数谷数，关于财政者削之，谓非当事者恶其害已，故为混淆，其谁信之。而一般官吏不重会计，亦于兹可见矣。

至于中国财政学说之比较的最蓬勃时期，当推春秋战国时代，秦汉以后财政之发展，都逃不了它们的窠臼。据胡钧氏的意思，他以为（《中国财政史》，第41—43页）：

中国（财政）学说之历史，道儒法墨，互竞其势力。道家祖述黄帝，怵①于史官所记成败存亡祸福之迹，秉要执本，清虚以自守，卑弱以自持，举国家之职务而悉弛之，故视财政为社会之蠹，两晋南北朝财政之纷乱，犹其余毒。其他儒法墨三家，互为体用，故国家财政得各方面之进步，非幸致也。兹约举学说之有价值于财政史，而为今世新学说之先声者，以见其概焉。

（一）曰节用 节用之说，墨家之要义，儒家亦常称之。墨家之学出于夏，大禹菲饮食、恶衣服、卑宫室，墨子节用之说所从出。

---

① 害怕；恐惧。

墨子有节用、非乐、非攻三篇，其云"圣人为政一国，一国可倍也。大之为政天下，天下可倍也。其倍之，非外取地也，去其无，足以倍之。圣王为政，其发民兴事，使民用财也，无不加用而为者。是故用财不费，民德不劳，其兴利多矣"云云，深有合于近世财政学说减少支出无异增加收入之理。孔与墨异者甚多，独此财政节用之说则相符合。孔子曰：道千乘之国节用。又曰：礼与其奢也宁俭。殆千古治国者不易之要道也。

（二）曰生财　儒者生财之道，一准于义。所谓义者，合国家财政社会经济一贯以求之也。记曰：生财有大道，生之者众，食之者寡，为之者疾，用之者舒，则财恒足。吕氏释之曰：国无游民，则生者众；朝无幸位，则食者寡；不夺农时，则为之疾；量入为出，则用之舒。此四者理财之要目，治平之至理，由之则治，违之则乱。而其消极方面之训曰：畜马乘不察于鸡豚，伐冰之家不畜牛羊，百乘之家不畜聚敛之臣，与其有聚敛之臣，宁有盗臣。此无他，不以利为利，以义为利也。故三代之政，但求生财，不求聚财，生财为义，聚财为利，儒家辨别极严，后世暴君污吏，犹得少戢其恶行者，儒术之效也。

（三）曰轻重　轻重为法家之术，与儒者生财之道，殊途而同归。周初，太公立九府圜法以通财货。管仲相桓公，遵其术以通轻重之权：曰岁有凶穣，故谷有贵贱；令有缓急，故物有轻重；物多则贱，寡则贵；散则轻，聚则重；人君视国之羡不足而御财物，视物之轻重而御之准；故贵贱可调，而君得其利；古之理财，未有不通其术者。此供求相应之理，国与民相剂之法，而晚近经济学分配之精义也。后世帝王不察，仅以平准、均输、平粜、仓储等单简之术驭之，袭其皮毛，徒事枝节，无补于世变，深可惜已。

（四）曰均税　赋税均平，社会经济之要旨，财政之原则也。孔子曰：不患寡而患不均，均无贫。《周礼》太宰以九式均节财用。三代理财，最重均平，其对于赋税之学理，以为什一者天下之中正，尧舜之道也。欲重于此者则大桀小桀，欲轻于此者则大貉小貉。儒家取民之制，其行于土地单税也如此。管子之法，惟官山海，谨正盐筴①，因山铁之利，量其重，计其赢，民得其十，君得其三，杂之以轻重，守之以高下。法家取民之制，专行于盐铁之利如此。儒家注重农业，法家注重工商，故此种单简之税制，各有特长，各有系统，要皆以使民得其平为归。汉桓宽记御史大夫（即桑弘羊）与贤良文学辨论之词，实以代表此两方面之主义。尔后税制混淆，而均税之精神亦浸失。

以上是胡氏的意思而为著者所赞同的。著者以为春秋战国时代儒家的财政学说还有一个特点，这就是（五）轻赋论。即如《论语》所载"季氏富于周公，而求也为之聚敛而附益之。子曰：求非吾徒也，小子鸣鼓而攻之可也"，是孔子主张轻赋之意溢于言表。孟子对于租税论，一则曰："省刑罚，薄税敛。"再则曰："求也为季氏宰，无能改于其德，而赋粟倍他日；孔子曰，求非我徒也，小子鸣鼓而攻之可也；由此观之，君不行仁政而富之，皆弃于孔子者也。"三则曰："易其田畴，薄其税敛，民可使富也。食之以时，用之以礼，财不可胜用也。"四则曰："有布缕之征，粟米之征，力役之征；君子用其一，缓其二；用其二，而民有殍；用其三，而父子离。"又曰："我能为君辟土地，充府库，今之所谓良臣，古之所谓民贼也。"又曰："是故贤君必恭俭礼下，取于民有制。"诸如此类，无往不是表示其主张薄赋的思想。又《大学》曰："与其有聚敛之臣，宁有盗臣。"那当然也是赞成薄赋的。至儒家讲财政之注重国民经济，则可以《论语》上"百姓足，君孰与不足；百姓不足，君孰与足"的数语来代表之。

至租税须以能力或所得来做标准的学说，子舆氏主张尤其激烈，其言曰：

夏后氏五十而贡，殷人七十而助，周人百亩而彻；其实皆什一也。彻者彻也，助者藉也。龙子曰，治地莫善于助，莫不善于贡；

———————

① 征收盐税的政策法令。

贡者校数岁之中以为常。乐岁，粒米狼戾，多取之而不为虐，则寡取之；凶年，粪其田而不足，则必取盈焉。为民父母，使民盻盻然，将终岁勤动，不得以养其父母，又称贷而益之，使老弱转乎沟壑，恶在其为民父母也。（《孟子》滕文公上）

至于管仲之官业论或盐铁业国营论，至汉武帝时而其说更大昌，东郭咸阳以大煮盐进，孔仅以大冶进，桑弘羊本贾人子以计算用事。此三人中以桑弘羊为尤能发挥国营商业政策或公家专利政策。管子只主张官山府海之国营盐铁政策，弘羊则并酒亦由国家专卖，不许私人贩卖；弘羊不但主张国家须专卖盐铁酒三种重要商品，而且主张其余一切无论何种商品，国家与私人皆可自由经营，政府虽不垄断，但是有种种策略去抑制私商，使之无大利可获，结果是利权大半操于国家之手，以上以利国，下以利民。弘羊所采的国营商业政策，大致可以分做两层，就是（一）均输，与（二）平准：前者所以调剂空间上物价之不平，后者兼以调剂时间上物价之不平。弘羊起先单用均输，后来兼用平准。（参阅国立北京大学《社会科学季刊》第四卷第一二号合刊，朱希祖著"汉桑弘羊之经济政策"，第133—164页）

至唐承弘羊专卖及国营商业的政策者则有刘晏。"刘晏字士安，曹州南华人。……代宗时为京兆尹，户部侍郎，领度支、盐铁、转运、铸钱、租庸使等职。其时承安（禄山）史（思明）乱后，天下户口，什亡八九，州县多为藩镇所据，贡赋不入，朝廷府库耗竭。中国多故，戎狄每岁犯边，所在宿重兵，其费不赀，皆倚赖于宴。晏有精力，多机智，变通有无，曲尽其妙。常以厚直募善走者，置递相望，觇报四方物价，虽远者不数日皆达，食货轻重之权，悉在其掌握，国家获利，而天下无甚贵甚贱之忧。晏以为办集众务，在于得人，故必择通敏精悍廉勤之士而用之。……其句检簿书，出纳钱谷，事虽至细，必委之士类，吏惟书符牒，不得轻出一言。其属官虽居数千里外，奉教令如在目前，无敢欺给。权贵属以亲故，晏以应之，俸给多少，迁次缓急，皆如其志，然无得亲其事。其场院要剧之官，必尽一时之选。……晏又以为户口滋多，则赋税自广，故其理财，常以养民为先。……由是民得安业，户口蕃息①。晏始为转运时，天下见户不过二百万，其季年乃三百万。……其初财赋岁入不过 400 万缗，季年乃千余万缗。晏专用榷盐法充军国之用，以为官多则民扰，故但于出盐之乡，置官收盐，转鬻于商，任其所之。其去盐乡远者，转官盐于彼贮之，或商绝盐贵则减价鬻之，谓之常平盐。官获其利，而民不乏食。其始江淮盐利不过 40 万缗，季年乃600 万缗，由是国用足而民不困弊。"（胡钧：《中国财政史》，第145—146 页）

至于租税行政之改革，唐时则有杨炎之创行两税法，盖自代宗时，人户流离，版籍丧失，租庸调之法已不可复行，乃不得不以田亩而定税，随资产以制赋，而敛以夏秋，夏输无过 6 月，秋输无过11 月；明万历时则有张居正之创行一条鞭法。胡氏云："德宗建中元年，杨炎为相，作两税法。其法，夏输无过 6 月，秋输无过 11 月，置两税使以总之。凡百役之费，先度其数而赋于人，量出制入。户无主客，以见居为簿。人无丁中（唐制民始生为黄，四岁为小，十六为中，二十一为丁，六十为老），以贫富为差，不居处而行商者，在所州县税三十之一，度所取与居者，均使无侥利，其租庸杂役悉省，而丁额不废，其田亩之税，以大历十四年垦田之数为定而均收之。遣黜陟使按诸道丁产等级，免鳏寡惸独不济者，敢加敛以枉法论。吾人审其遗法，其利有五：一曰税制简单；……二曰合于租税以贫富为公平之原则；……三曰合于租税普及之原则；……四曰以货币纳税；……五曰因出制入以为税则。……"（《中国财政史》，第151—153 页）至于一条鞭之制，"其法，总括一州县之赋役，量地计丁，同输于官；一岁之役，官为金募；力差，则计其工食之费，量为增减；银差，则计其交纳之费，加以赠耗；凡额办、派办、京库、岁需，与存留供亿诸费，以及土贡方物，悉并为一条，皆计亩征银，折

---

① 蕃息，即滋生，繁殖。

办于官，故谓之一条鞭。"（胡钧：《中国财政史》，第 247—248 页）

两税法（即今之所谓上忙下忙）与一条鞭的良法美意，自满清到现在，无不奉行惟谨。满清时代除士类的幕僚，研究其所谓"兵刑钱谷"的财政术外，财政学几毫无足述。民国以来，留学习财政学回国者多，始稍稍受西洋财政思想之影响而注意财政学的研讨了。

第二节　泰西财政学发达史略

泰西各国的财政学术，其导源当然也是甚古，即如希腊罗马等古国，都是很注重财政的。大概泰西财政术的登峰造极，当推德国的计臣学派的官房术（cameralism）；而泰西财政学之创立及集大成，亦当推德国的经典学派的新旧财政学说。兹请把泰西各国财政学发达史略述之如下。

一、在上古及中古时代　在上古时代泰西财政思想之表现者，有希腊的一位学者石拿风（Xenophon）之论《雅典的收入》（*The Revenues of Athens*）；及罗马的历史家太锡脱斯（Tacitus）和舒通尼斯（Suetonius）之论当时罗马的租税。在中古时代泰西财政思想之表现者，有烦琐学派（scholasticism）[①] 的巨子多麦斯阿奎那斯（Thomas Aquinas）及拜曲拉治（Petrarch）（1227—1274）之主张君主在平时应恃私经济收入，即采邑收入来维持其地位，在战时则可以征收租税来补贴战费。

二、在初近世（十四五世纪）的意大利共和国　自从十字军（1096—1270）以后，意大利的工商业渐兴，于是各共和国的财政措施亦大改观，即如财产税（property tax）是举行了，消费税（consumption tax）是创设了，而市公债（municipal debts）亦发行了。当时佛劳郎斯（Florence）共和国因为急需解决各种财政问题，

[①]　又称为经院哲学。

尤其是租税的累进（progressive taxation）问题，所以就产生两位对累进课税极注意的著作家：其一叫做拍尔米爱里（Palmieri）（1405—1475），其二叫做句西阿狄尼（Guicciardini）（1483—1540）。而同时那拍尔斯王国（Kingdom of Naples），亦产生一位对于财政很有兴趣的兵士兼政治家，名叫弟阿梅达卡拉发（Diomede Carafa）。卡拉发当时著了一本关于行政或政治的书，其中有四分之一的地位是专门讨论财政的或君主应如何管理税收的。卡拉发之讨论财政问题比从前无论谁何为详细：他对于收入部份的意见，是大致与阿奎那斯及拜曲拉治一样的，就是君主的支出，在平时须靠私经济收入来维持，在战时始可征收租税；他对于支出的分类，以为是可以分为（一）国防费，（二）君主维持费（或政府维持费），及（三）不测费或意外费（contingencies）等三种的。他对于收支均衡论是主张岁入须超过岁出的，是主张节约主义的，积帑以预防不测的。他对于租税是主张安稳与正确的。他对于收支账目是主张严格纪〔记〕载和审查的。他又不时在书本上警告君主应当觉悟民富即君富的道理，此则完全与中国古时的财政哲理"百姓足，君孰与不足；百姓不足，君孰与足"。相符合了。

　　三、在初近世（十六七八世纪）的法国君主时代亦即法国财政学的草创时期①（formative period）　在这个时期内，法国的封建制度崩溃了，君主政体兴起了，公共经费膨胀起来了，采邑废止了，货币出现了，工商业兴盛了，对外战争亦频仍了，新大陆亦发现了，于是政治问题与财政问题也就纷至沓来了，尤其是财政问题。如加税也，勒借也，或强迫公债也，劣币也等等问题都是的。在此种政治财政的环境之下，法国在 16 世纪就产生了一位学者名叫约翰波唐（Jean Bodin）（1530—1596）。波唐在 1576 年著了一本关于政治哲学的书叫做《共和六书》（Les six liveres de la république）② 其第六书是专

---

①　形成期。
②　又译作《国家论六卷》。

门讨论政治财政问题的，尤其一国财政的妥善管理问题。他以为财政是一国的神经（the nerves of the state），其管理的妥善是最重要不过的。他以为要财政的妥善管理，有三个要素是不可忽略的：其一就是以正当的方法去获得收入，如官产收入、关税收入（他以为此系最古，最普遍，并最公平的一种收入），及直接税收入等；其二就是以诚实及有利的方式去支出收入，他以为（一）支出的分类是可以分做王室经费、军饷、廉俸、救恤经费、国防经费（包括炮台经费）、道路经费、重修城市经费、修桥经费、造船经费、土木（指修筑官署等而言）经费，及教育经费等的，他又（二）反对种种公款的靡费，并（三）主张每年有公款收支的决算报告；其三就是应有积帑以备不测之需如战费等，因为他是不主张举债的，尤其是有利息的公债。

当 17 世纪之末 18 世纪之初，法国又有一位学者叫做蒲瓦基尔培（Boisguillebert）著了二本书，是与财政很有关系的：其一就是在 1695 年出版的《法国琐记》（*Detail de la France*），其二就是 1707 年出版的《法国事实》（*Factum en France*）。在这二本书内，他是竭力主张把当时法国的租税系统简单化起来的，而且是主张单一地租税的。

法国在 18 世纪的初叶，财政紊乱，民不聊生，于是又有伏旁上将（Marshul Vauban）者出而研究财政问题。他于行军的时候，目击当时法国国民经济的凋敝，心中甚为痛恨，而归咎于租税制度的不公平；所以当征尘既息之后，他就立刻鼓吹改良税制，并于 1707 年著一本《皇家什一税》（*Dime royale*）行世，书中要旨是主张以什一所得税来替代当时一切害国病民的苛捐杂税。

41 年之后——即 1748 年——法国有一位法律学者孟德斯鸠（Montesquieu）（1689—1755）著了一本《法意》（*The Spirit of Laws*），其第十三编论及租税与公债，并主张累进税率，于后人财政思想的进展亦有相当的影响。

再过 10 年——即 1758 年——法国的重农学派（physiocrats）鼻祖凯耐（François Quesnay）（1694—1774）著了一本《经济图表》

（*Economic Table*），主张土地单一税及政费减少论，并反对包税制度，以包办租税者（tax-farmars）之剥削民众之故。氏又以为土地单一税的税率以土地收益 2/7 为最适宜。至专营商业的国家，氏以为可以征收关税，产销税，及人头税。

继凯耐而起为重农学派的重要角色者则有过耐（Gournay）（1712—1759）、米拉婆（Mirabeau）（1715—1789）、杜邦达耐莫（Du Pont de Nemours）（1739—1817），及屠哥（Turgot）（1727—1781），及勒曲拉斯恩（Letrasne）（1728—1782）等。米氏在 1760 年著了一本书叫做租税论（*Théorie de l'impôt*），主张财政系统应以地租税为中心，以灶户税、家屋税，及人头税等为补助；虽在实际上地租税的收入反较补助税为少，但是米氏在理论上仍以之为税收的中心。屠氏是一位实行家，他为政 20 月，除去阻碍工商的苛税 23 种，又罢免繁重的强迫筑路税（corvée），结果是国帑变亏欠为盈余，真不愧为重农学派中的理财能手。

勒氏在 1770 年著了一本书叫做《间接税的影响》（*Les effet de l'impôt indirect*），在 1779 年又著了一本书叫做《省租税行政的改革》（*De l'Administration provinciale de la réfome de l'impôt*）；氏以为税收系统应以地租税为中心，而以关税为副助收入，因为他知道专恃地租税，财政必无办法也。

1803 年法国有一位私淑英国亚当·斯密的学者叫做赛杰皮（J. B. Say）著了一本书叫做《政治经济学》，于财富之消费编中讨论公家的岁出、岁入，及公债。

四、在初近世（十七八世纪）的德国君主时代，亦即德国财政学的草创时期　德国当十七八世纪之际，有许多大学教授和政府官吏，大家煞费苦心的去研究财政术，其结果就产生了计臣学派或官房学（cameralism or cameral science including all branches of knowledge needed for the proper administration of the possessions of the prince）。官房学派是祖述波唐而能独立者，他们的出发点是一个谨慎节俭的行政官，要想发达一国的富源以便充足其君主的内帑者。

"官房学或内帑学者，由今日学术之分科观之，盖包含私经济经营学（农林矿业等），产业行政学，国民经济学，及财政学四者之学科，而以增加国库之富为目的者也。"（陈启修著：《财政学总论》，绪论，第 36—37 页）

官房学亦就是德国的重商主义（mercantilism），因为其所采取的方法虽不同，而其所抱的富国强兵的宗旨则一也。德国的财政学，以后就是从官房学脱胎过来的。官房学派以时代及主张之不同，还可以分做新旧两派，兹约略述之如下。

甲、旧官房学派　旧官房学派以增加国库为目的，而以增加国富为手段。其代表为：

（一）阿白来黑脱（Obrecht）（1547—1617）阿氏著有遗书一本，叫做（screta politica），提倡财政改革，并主张设置非常准备金。

（二）波聂支（Bornits）波氏主张君主的收入须以土地的进益为主。租税不宜重视，而公债及特权收入增加的趋势，尤为彼所反对。

（三）俾梭尔达（Christoph Besold）（1577—1638）俾氏在其著作内，反对特权收入（如彩票及专卖等收入）的扩张及公债的屡次举行；承认国王有课税权，人民有租税承诺权及经费监督权；并谓间接税优于直接税，出口税优于进口税，因出口税系外人负担之故。

（四）克劳克（Klock）（1583—1655）克氏在 1634 年和 1651 年著有二书：前书赞成民会协赞的制度，后书态度忽变，赞成君主专制政治，此殆环境所使然。氏在后书第一编，叙述世界的财政史；在第二编，详论特权收入、租税收入及公债收入。他对于租税的性质，课税权，及征税的原则等都有甚深湛的研究；后来德国的财政学者斯坦恩（Stein）谓租税论的创立者当推克氏，而不是亚当·斯密（Adam Smith）也。

（五）赛艮道夫（von Seckendorff）（1626—1692）德国在 30 年战役（The Thirty Years' War）之后，旧内帑学派大盛，当时该派代表的学者当推赛氏。赛氏于 1655 年所著的一本书叫做 Tentscher Fürstenstat，为当时财政学的权威者几有一世纪之久，虽然其内容是大抵讨论官产官业论的。

乙、新官房学派　旧官房学派的着重点在国库或皇室收入的增加，新官房学派的着重点则并分于国库与国富；换句话说，国库与国富或财政学与国民经济学为新官房学派的二翼，既不似旧官房学派之偏重国库或财政学，亦不似重农学派与正统学派之偏重国富或国民经济学；我们还可以换句话说，新官房学是从君主私人的财政学到国民全体的财政学的一块过路石。兹把新官房学派的二位代表的学说约略述之如下：

（一）尤斯底（J. H. G. von Justi）（1702—1771）　尤氏为代表普鲁士的新官房学派，其学说的出发点，似多为腓特烈（Frederik the Great）大王的财政政策辩护。他在 1755 年，出版《国家经济学》（*Staatswirtschaft*）；在 1762 年，出版《租税及岁出论》（*Abhandlung von den Steuern und Abgaben*）；在 1768 年，出版《财政学体系》（*System des Finanzwesens nach vernunstigen Grundsätzen*）。一如波唐，他也把财政分为三部就是（一）收入，（二）支出，和（三）非常事变或不测经费之应付。一如其他旧官房学派，他也以官产收入为国王经费来源之大宗，而以租税收入为次要。不过他对于租税的研究，如租税的分类，租税的原则，租税的经济的和政治的影响等等问题，比当时任何财政学者来得湛深。他竭力指斥旧官房学派专务增加君主的收入而不管国民经济的何若之不当。对于岁出，他以为军费或国防费只少应占全部岁出 50%。对于不测经费的筹措，他是主张平时积蓄非常准备金的，而同时对于公债，则亦谓不妨斟酌举行。他对于租税，主张应以公平，经济，方便，不妨碍国民经济等为原则，故以关税，地税，及营业税等为最优良之税。

（二）宋能非尔斯（Sonnenfels）（1733—1817）　宋氏为代表奥大利的新官房学派，其学说似较从前任何官房学派为进步，此亦后来居上，时势使然，并无足奇。氏在 1763 年著一本书，叫做《警察商业和财政原理》（*Grundsätze der Polizei，Handlung，und Finanz*），甚为当时学者所推重，在奥国各大学用作教科书者，为时几及 1 世纪，其内容之有价值，及其学说之风行一时，可想而知。氏虽承认国王可恃官产及特权为财政收入的一部份，但是已一反从前官房学派的议论，而主张租税当为财政政策的重心；而租税应立在国民经济之上，与之发生极密切的关系，所以应当普及、公平，而不妨害税源。至非常准备金，他是竭力反对的，因为足以妨碍货币的流通及国民经济的发展。

五、在十七八世纪的英国，亦即英国财政学的草创时代法人波唐的《共和六书》在 1606 年由英人译为英文，但是当时英人之注意财政者极少，所以对于该译本亦很少人去注意。直至 1662 年，始有威廉配对爵士（Sir William Petty）者出而著书来讨论财政问题。该书叫做《租税及捐输论》（*Treatise of Taxes and Contributions*）。配氏把君主的收入分为（一）租税收入（氏主张产销税，以其分配公平），及（二）官产收入（氏以为官产收入不如租税收入之优良）两种；把君主的支出分为（一）国防费、（二）行政费、（三）宗教费、（四）教育费、（五）救恤费，及（六）土木费六种。

二年之后——即 1664 年——英国又有一位重商主义的学者叫做孟多麦斯（Thomas Mun）著了一本书叫做《国外贸易富国论》（*England's Treasure by Foreign Trade*），其中有三短章是讨论财政问题的或公家收入问题的。

英国自从 1690 年之后，公家支出激增，债台高筑，于是讨论财政问题者，所在多有；有的主张普通消费税，有的主张奢侈税，有的主张土地单一税，有的主张家宅税，有的主张一般财产税，有的主张混合税，真可谓极尽光怪陆离之奇观；但是可惜这种讨论租税问题的文字，都是小册子式的时令品，而不是有组织有系统的财政文学。

1752 年，修姆旦维达（David Hume）写了一本书叫做《政治论文集》（*Political Discourses*），其中有两篇论文是专门研究财政的：其一叫做《租税论》（*On Taxes*），其二叫做《公债论》或《公家信用论》（*On Public Credits*）。在《租税论》内修氏是主张抽收消费税的，尤其是奢侈品的消费税；他又以为消费税是最良好的租税。

1767 年，斯刁华脱杰姆斯（James Stuart）著了一本书叫做《政治经济原理的研究》（*Inquiry into the Principles of Political Economy*），其中有两章是专门讨论公债及租税的。

1776 年，英国经典派或正统派经济学的鼻祖亚当·斯密出版了一本空前启后的名著，叫做《国富的性质及原因之研究》（*An Inquiry into the Nature and Causes of the Wealth of Nations*），该书共分五编：第一编讨论劳力生产力改进的原因及其生产品的分配；第二编讨论资本的性质、积集和利用；第三编讨论各国国富之不同的进展；第四编讨论重商主义的政治经济学和重农主义的政治经济学；第五编讨论君主或国家的收入（The Revenue of the Sovereign or Commonwealth）。该书不但是经济学的鼻祖，恐怕也是财政学的鼻祖；此后经典学派的经济学教科书都把财政学作为经济学的一部分或最后的一编，可以说都是受了斯氏学说的影响的。斯氏的经济学说是反对重商主义的干涉论而主张自由放任政策的，所以他的支出论是主张节用论的。他对于税制是反对重农学派的单一地租税而主张抽取地租税，利润及利息税，工资税，及货物税或消费税等。他对于公债持一种反对的态度，以为公债是害多而利少的。他对于官产是以为应该变卖以偿还公债或出售与人民去经营的。他对于租税征收的原则是以为（一）第一须公平，（二）第二须确定，（三）第三须方便，（四）第四须省费或经济的。

1817 年英国又有一位经济学者叫做吕嘉图但维达（David Ricardo）（1772—1823）著了一本书叫做《政治经济学与租税》（*On the Principles of Political Economy and Taxation*）；该书的租税部分，以转嫁论（shifting of taxation）为最出色，如地租税不能转嫁，资本利润税可以转嫁，房屋税亦必间接转嫁于房东，原料税转嫁于消费者等等是也。吕氏对于宅地税及遗产税反对甚力，此则时势使之然也。

1812 年英国又有一位经济学者叫做米尔杰姆斯（James Mill）（1773—1826）著了一本书叫做《政治经济学概论》（*Elements of*

Political Economy），其中财富之消费章内论及租税。

上述泰西财政学的草创时代，（即法国的重农学派，德国的官房学派，和英国的正统学派）是有三个时代的背景的；就是（一）第一政治改革或民主主义渐行露面，（二）第二思想改革或文艺之复兴，（三）第三经济改革或产业的革命；而财政学也就应运而兴起了。不过财政学之欲脱离经济学的怀抱而独立，则尚有所待也。

六、在 19 世纪初中叶的德国，亦即财政学成为一种独立的科学时代　在 19 世纪的初中叶，英国正统学派的自由主义经济学和财政学已输入德国，与其固有的官房学相和合：前者以内容见长，后者以形式见长，形式与内容兼备，于是财政学始得离开经济学而独自成立一种科学。原来当时德国环境之利于财政学之独立者，约有四端：就是

（一）官房学派对于国家的观念，本来是属于积极的，所以对于包括国民经济及社会政策的财政思想是很容易发达的，所以正统学派附属于经济学的财政编，在德国逐渐演化而为离开经济学的独立财政学了。

（二）官房学内的非财政部份如私经济经营学，产业行政学，及国民经济学等，因为受了正统学派思想输入的影响，逐渐脱离官房学而他去，而留下来财政部份的官房学遂演化而为独立的财政学了。

（三）当拿破仑战争终结之后，欧洲各国的岁出、租税，与公债都逐年递增，于是乃不得不谋财政学理上的解决，于是而财政学始有脱离经济学而独自成一科学的可能与必要。

（四）当 19 世纪中叶，欧洲的立宪或民主政体渐渐的占势力（如 1848 年的革命），因之公家财政就不得不相当的公开起来，因之当时学者对于财政问题的研究，顿生浓厚的兴趣，因之财政学的独立性亦顿时增加许多。

当 19 世纪中叶财政学在德国成为独立科学的时候，我们可以称之为旧财政学或官僚政治的国家的财政学（Die Finanzwissenschaft des deutschen Beamtenstaats）亦即官吏的财政学，因为德国旧财政学

的目标与官房学全盛时无异，在乎养成良好的财务行政官吏。

兹请先把德国在 19 世纪初叶于财政学准备独立有功的学者及其著作，略述如下。

（一）以财政学为经济学的一部份的学者，其代表为

甲、坐屯（Graf Soden）（1754—1831）彼于 1805 年著了一本书叫做《国民经济学》（*Die National-Ökonomie*），于 1811 又著一书叫做《国民经济学原理下的财政学》（*Staatsfinanzwirtschaft nach den Gründsätzen der Nationalökonomie*）。

乙、罗次（T. F. E. Lotz）彼于 1822 年著了一本书叫做《政治经济学》（*Handbuch der Staatswirtschaftlehre*）。

丙、波力次（Pölitz）彼于 1823 年著了一本书叫做《现代政治经济学》（*Die Staatswirtschaften im Lichte unserer Zeit*）。

（二）以财政学为独立的科学的学者，其代表为

甲、纽福姆（Stock von Neuform）彼于 1807 年著了一本书叫做《财政学全书》（*Vollständiges Haudbuch der Finanzwissenschaft*），此书对于当时的德国财政状况的描写，可谓尽致。

乙、贝尔（Behr）彼于 1818 年著了一本书叫做《财政学》（*Die Lehre von der Wirtschaft des Staates*）。

丙、茹考白（Ludwig von Jacob）（1759—1827）彼于 1821 年著了一本书叫做《财政学》（*Die Staatsfinanzwissenschaft*）。

丁、福尔达（von Fulda）（1777—1847）彼于 1827 年著了一本书叫做《财政学》（*Handbuch der Finanzwissenschaft*）。

戊、马尔曲斯（Freiherr von Malchus）（1770—1840）他著了一本书叫做《财政学与财务行政》（*Handbuch der Finanzwissenschaft und Finanzverwaltung*），自来把财务行政论放在财政学中，当推马氏为第一人。马氏所最为注重者为租税论；其对于财务行政论，则分为（一）财务行政的组织，（二）国家经费，（三）财政监督，（四）金库制度，及（五）财政官厅及财政官。氏以财务行政官而兼充大学财政学教授，宜其理论与事实并重也。

己、罢脱（Barth）氏于 1843 年著了一本书叫做《财政学讲义或演讲集》（*Vorlesungen über Finanzwissenschaft*）。

庚、松恩（Johanes Schön）氏于 1832 年著了一本书叫做《财政原理沿革的批评》（*Grundsätze der Finanz，eine kritische Entwickelung*）。

德国在此财政学独立准备时代，以租税论鸣于时者，则有

（一）克龙克（Kröncke）（1771—1843）氏于 1804 年著一本书叫做《租税之性质及影响的研究》（*Das Steuerwesen nach seiner Natur und seiner Wirkungen untersucht*），于 1810 年著一本书叫做《租税法规全书》（*Ausführliche Anleitung zur Regulichung der Steuer*）。

（二）力拍斯（Lips）氏在 1812 年著一本书叫做《唯一真实的单一税论》（*Über die allein wahre und einzige Steuer*），主张抽取一般所得税，为该税之最初鼓吹者。

（三）莫尔哈达（Murhard）（1781—1863）氏在 1834 年著一本书叫做《课税的理论和政策》（*Theorie und Politik der Besteuerung*），主张一般所得税及一次地租税（a lump sum land rent tax once for all）。

（四）西句（Seeger）氏于 1811 年著一本书叫做《最良税制论》（*Versuch des vorzüglichten Abgaben-System*）。

（五）克雷末（Kremer）氏于 1821 年著一本书叫做《租税论的陈述》（*Darstellung des Steuerwesens*）。

（六）克雷尔（Krehl）氏于 1816 年著一本书叫做《国家权利和国家经济原则下的税制》（*Das Steuersystem nach den Grundsätzen das Staatsrechts und der Staatswirtschaft*），于 1819 年著一本书叫做《租税学形成的材料》（*Beiträge zur Bildung der Steuerwissenschaft*）。

德国旧财政学时代或财政学独立之后（包括自 1832 年起至 1870 年止。1832 年之前上溯至 1800 年的三十余年间，可以说是德国财政学的独立准备时代。）的代表学者及其著作，请约略述之如下。

（一）劳亨利（Karl Heinrich Rau）（1792—1870）劳氏为德国把财政学造成一种独立科学的唯一功臣：他在 1832 年著了一本书叫做

《政治经济学教科书》（*Lehrbuch der politischen Ökonomie*），该书第一卷为《经济学原理》（*Grundsätze der Volkswirthschaftslehre*），第二卷为《经济政策原理》（*Grundsätze der Volkswirthschaftspolitik mit anhaltender Rücksicht auf bestehende Staatseinrichtungen*），而第三卷即为《财政学原理》（*Grundsätze der Finanzwissenschaft*）。

劳氏对于财政学的特别贡献，就是在于把官房学派的旧财政学说与正统学派的新财政理论，融会贯通起来，打成一片研究。他对于财政学的内容，可说是分为五编：第一编为绪论，述财政学的性质与职分，财政学与他种科学的关系，和财政学史；第二编为经费论；第三编为收入论；第四编为收支关系论；第五编为财务行政论。

（二）伯及斯（Carl Julius Bergius）(1804—1871) 伯氏于 1865 年著了一本书叫做《财政学原理》（特别注重普鲁士的财政）（*Grundsätze der Finanzwissenschaft mit besonderer Beziehung auf den preussischen Staat*），其理论颇似英国的米尔约翰（John Stuart Mill）。米尔约翰为英国经典学派或正统学派之集大成者或最后之解释者；他于 1848 年著了一本书叫做《政治经济学原理》（*Principles of Political Economy with Some of their Applications to Social Philosophy*）；该书第五编叫做《政府的影响》（*One the Influence of Government*），该编的内容虽间及政府的社会政策，但是其大部份可以说是完全关于财政的，尤其是租税论为特别详细。

（三）恩拍芬巴哈（Karl Umpfenbach）(1832—1907) 恩氏于 1859 年著了一本书叫做《财政学教科书》（*Lehrbuch der Finanzwissenschaft*），其内容较劳氏的著作更为进步。

（四）罗修（Wilhelm Roscher）(1817—1894) 罗氏在 1886 年出版了一本书叫做《国民经济学的系统》（*System der Volkswirtschaft*），其第四编就是《财政学》（*Finanzwissenschaft*），以历史法见称。

在此旧财政学时代，德国财政学者之以一部份财政学见称者，则有 1829 年耐白纽斯（Friedrich Nebenius）(1784—1857) 的《公债论》（*Der öffentliche Kredit*），1840 年好夫门（T. G. Hoffmann）

（1765—1847）的《租税论》（*Die Lehr von den Steuern*），1865 年好克
（Karl Freiherr v. Hock）的《租税与公债论》（*Die öffentliche Abgaben und Schulden*），1866 年拍否（Eduard Pfeiffer）的《国家收入论》（历史的、批评的和统计的）（*Die Staatseinnahmen*，*Geschichte*，*Kritik und Statistik*），1842 年拍力卫子（Prittwitz）的《租税及关税的理论》（*Theorie der Steuern und Zölle*），1849 年吕台尔（Riedel）的《普鲁士的官有土地、矿产、冶铁厂和盐场》（*Die Domänen und Gruben*，*Hütten und Salinen des preussischen Staates*），及其他学者所著关于租税的沿革史及组织史或立法史（Histori she Eutwicklung der Steuernverfassung）多种。

七、在 19 世纪末叶的德国，亦即财政学发达的时代或新财政学时代　19 世纪末叶为德国财政学的大成时代。原来当时环境之适于财政学的发达者，约有多端。其一为资本主义之成熟和帝国主义的形成，因之与民族主义或国家主义有密切关系的财政学，亦随之而发达。其二为劳资冲突或阶级斗争的结果，自由主义的经济学一变而为社会主义或福利主义的经济学，因之财政学亦得随经济思想的变迁而改变，由自由主义的消极财政学一变而为福利主义（或社会主义或至少为改良主义）的积极财政学。其三为自来的法治主义逐渐蜕变为化育主义，于是财政学遂亦不得不跟着国家社会政策的变迁而变迁了。其四为自 1871 年之后，德国及其他欧洲各国对于财政制度及租税系统多所改革，当此种改革实行之际，必先有种种意见的发表和讨论，因之财政学得于此种种财政问题与理论的对象中间，获得通共的要素与统一的知识，而其内容遂大发达而特发达，大丰富而特丰富，举凡租税论，公债论，官产论，财务法论，财务行政论等，无不大臻完备，与前二时期，迥乎不同。

至德国大成时代的财政学或新财政学的特色，约有下列诸点：

（一）此时代的德国财政学者公认财政学为社会科学中之一，或全体国家学的一部份，与一般社会现象，不可须臾分离。财政学上的原理原则，必须与其他社会科学的原理原则不相抵触或冲突；既

与官房学派之仅仅注意于国库者（官房学派以为学问以外的事物与学问是毫无关系的，学问是在技术上自己独立的，因把学问与社会上和经济上其他问题的密切关系，全然置之不理）大不相同，亦与旧财政学派或正统财政学派之仅仅讨论国民经济或经济原理者（因正统学派的财政学者，专务于把经济学理适用于财政问题，对于实际的政策及财政的要求，均不遑顾及）显然有异。

（二）此时代的德国财政学者，多以根本的财政原理原则为重，不仅以罗列财政事实为满足。而财政的原理原则，亦欲求其能适用于一般的社会现象，而不以仅能适用于一部份的社会现象为满足。（例如从社会进化，社会政策，及国家论等等根本观念，来确定财政原则是。）

（三）此时代的德国财政学者多注重社会政策，以财政学为实行社会政策的一种工具。

（四）此时代的德国财政学者多侧重历史的及比较的研究法，因之其财政学也着实带有比较财政学的色彩。

（五）此时代的德国财政学者，于国家财政论之外，因地方财政日形重要，乃兼及地方财政论，另辟一编，附于财政学之末。

（六）此时代的德国财政学者多重视财政法及财务行政方法的研究，即比较诸文明国的各种财政立法，从中抽出其共同要素，来树立财政的原则。

（七）此时代的德国财政学者多注重不以营利为目的的公营事业。

至德国大成时代的财政学的代表学者，我们可以约略述之如下：

（一）斯泰因（Lorenz von Stein）（1815—1890）斯氏在1860年著了一本书叫做《财政学教科书》（*Lehrbuch der Finanzwissenschaft*），该书竭力主张财政学为国家学之一主要分科，谓国家学的三分野为经济学、行政学及财政学，而三者之间存有密切的关系和统一的体系。氏把财政学的体系分做两大部分：其一为财务立法（Finanzverfassung），讨论财政法、预算、预算的执行和会计监督；

其二为财务行政或管理（Finanzverwaltung），讨论岁计（此系指关于实行预算的行政技术而言），岁出、岁入，及国家信用。

（二）瓦格涅（Adolph Wagner）（1835—1917）瓦氏在 1877 年著了一本《政治经济学教科书》（*Lehr-und Handbuch dex politischen Ökonomie*），其第四编就是《财政学》（*Finenzwissenschaft*）。瓦氏财政学的特点为：

甲、财政学除研究国家财政之外，更应研究地方（包括联邦、省、州及县市自治团体等在内）的财政。

乙、财政学的出发点应为强制共同经济与国民经济的关系论。

丙、国家目的及其行动的界限是不能勉强划定的，而是有自然扩大范围的趋势的。

丁、财政设施应以社会政策为南针，即如租税不应只以应付支出为目的，而是应当兼有调剂国民财富及所得分配之不均现象的。

戊、财政学应注重比较，如比较租税学等是。

（三）谢富尔（Albert Schäffle）（1831—1903）谢氏在 1880 年著了一本书叫做《租税政策的原理和德奥二国未解决的财政问题》（*Die Grundsätzeder Steuerpolitik und die schwebenden Fiuanzfragen in Deutschland und Österreich*），在 1895 年又出版了一本书叫做《租税论》（*Die Steuern*）。谢氏财政思想的特点，在以自然科学的解剖法来分析财政制度，研究财政制度的各部间的互相关联及其从属关系之所在。

（四）纽门（Neumann）纽氏于 1874 年著了一本书叫做《邦市财政中的累进所得税》（*Die Progressive Einkommensteuer in Staats und Gemeindehaushalt*），于 1876 年著了一本书叫做《收益税论》（*Ertragsteuer*），于 1887 年著了一本书叫做《租税论》（*Die Steuern*），于 1896 年著了一本书叫做《市税改革，特别注重萨克逊邦的情形》（*Die Gemeindesteuerreform mit besondrrem Bezage auf sächsische Verhältnisse*），同年又著了一本书叫做《所得税与收益税或财产税混合的对人税》（*Die persönlichen Steuern vom Einkommen verbunden mit Ertrags-oder Vermögenssteuer*）。

（五）佛克（Wilhelm Vocke）（1820—1906）佛氏于 1866 年著了一本书叫做《不列颠帝国的租税史》（*Geschichte der Steuern des Britischen Reichs*），于 1887 年著了一本书叫做《赋税论的历史的和伦理的观察》（*Die Abgaben，Auflagen und die Steuer vom Standpunkte der Geschichte und der Sittlichkeit*），于 1894 年又著了一本书叫做《财政学大纲》（*Grundzüge der Finazwissenschaft*）。

第三节　最近的中外财政学参考书籍

最近的世界财政文学（literature of public finance），我们可以按照国界来择要罗列之如下：

一、德国

（一）爱培格著的《财政学》（*Eheberg：Finanzwissenschaft*）。该书本为 1882 年爱氏对于意大利财政学家柯塞（Cossa）所著的《财政学纲要》（*primi elementi di scienze delle finanze*）第三版的译本。但每次再版，都加入许多译者自己的意见，卒成为译者自己独立的著述。该书在 1921 年已 17 版，德国财政学教科书流行之广，殆无有出其右者。该书我国已有傅英伟君译本。

（二）萨克斯（E. Sax）著的《理论财政学的基础知识》（*Grundlegung der theoretischen Staatswistschaft*）（1887 年维也纳出版）。

（三）孔恩（Gustav Cohn）著的《财政学系统》（*System der Finanzwissenschaftt*）。（1889 年出版）该书美国有译本。

（四）华尔句（Karl Walker）所著的《财政学》（*Finanzwissenschaft*）（1888 年出版）。

（五）开自尔（Josef Kaizl）所著的《财政学》（*Finanzwissenschaft*）（1900 年出版）。

（六）孔拉德（Conrad）所著的《财政学研究纲要》（*Grundriss*

zum Studium der Finanzwissenschaft）（1900 年出版，1919 年七版）。该
书初仅大纲，后来增订结果，变为洋洋巨著，亦为德国财政学教科
书之流通最广者。

（七）海格尔（M. v. Heckel）所著的《财政学教科书》（*Lehrbuch
der Finanzwissenschaft*）（1907 年出版）。该书为 20 世纪德国财政学界
的大著作，系承瓦格涅的衣钵者。

（八）婆脱（van der Borght）所著的《财政学》（*Finanzwissenschaft*）
（1906 年出版）。

（九）阿脱门（S. P. Altmann）所著的《财政学》（*Finanzwissenschaft*）
（1910 年出版）。

（十）拿却姆逊（Nachimson）所著的《财政学》（*Die Staatswirtschaft*）
（1913 年出版）。

（十一）罗次（W. Lotz）所著的《财政学》（*Finanzwissenschaft*）
（1917 年出版）。

（十二）福尔次（Bela Foldes）所著的《财政学》（*Finauzwissenschaft*）
（1920 年出版）。

（十三）铁次加（Tiszka）所著的《财政学大纲》（*Grundzüge der
Finanzwissenschaft*）（1920 年出版）。

（十四）松恩培格（Schönberg）所编的《政治经济学丛书》
（*Handcuch der Politischenökonomie*）第三卷《财政学》。

二、意大利

（一）柯塞所著的《财政学纲要》（1901 年八版，初版在 1876
年）。

（二）加来里（Garelli）所著的《财政学》（*Scienza delle
finanze*）（1888 年出版）。

（三）加耐瓦里（Carnevali）所著的《财政学》（1910 年二版）。

（四）福劳拉（Flora）所著的《财政学教科书》（*Manuale della
scienza delle finanze*）（1917 年五版）。

（五）格拉姜尼（Graziani）所著的《财政学》（*Instituzioni di Scienza delle Finanze*）（1897 年出版）。

（六）尼低（Nitti）所著的《财政学》（*Scienza delle finanze*）（1912 年四版）。

（七）考斯当低尼（Costantini）所著的《财政学与财政术教科书》（1911 年出版）。

（八）爱脑第（Einaudi）所著的《财政学》（1916 年三版）。

（九）吕那拿（Rignano）所著的《遗产税的社会意义》（*Sosialismo in Accordo colla Dottrina Economica Liberaro Una Riforma Socialista del Diritto Successorio*）。

三、法国

（一）力洛波楼（Leroy-Beaulieu）所著的《财政学》（*Traité de la Science des Finances*）（1877 年初版，1912 年八版）。

（二）斯多姆（R. Stourm）所著的《财政学》（1890 年出版）、《预算论》（*Le budget，son histoire et son mécanisme*）（1900 年五版）、《租税的一般系统论》（*Système generaux d'impôts*）（1905 年二版）。

（三）波卡与耶士（Boucard et Jèze）所著的《财政学要素》（*Elements de la science des finances*）（1901 年二版）。

（四）耶士（G. Jèze）所著的《财政学与法国财政立法纲要》（*Cours élémentaire de la science des finances et de la législation financière française*）（1912 年五版）。

（五）阿立克斯（Edgard Allix）所著的《财政学与财政立法提要》（1907 年出版）。

（六）格吕夫（Greef）所著的《政治经济学与财政学》（*L'Economie publique et la science des finances*）（1911 年二版）。

四、英国

（一）白斯太白尔（C. F. Bastsable）所著的《财政学》（*Public*

Finance）（1893 年出版，现已三版）。

（二）哥克尔逊（Nicholson）所著《政治经济学原理》第五编。

（三）达尔顿（Hugh Dalton）所著《财政学原理》（*Principles of Public Finance*）（1922 年出版，现已五版）（中文有杜俊东译本——黎明书局出版）。

（四）劳勃生夫人（Mrs. Robinson）所著的《财政学》。

（五）斯旦拍（Sir Josiah Stamp）所著的《租税的根本原则》（*Fundamental Principle of Taxation*）。

（六）毕古（Pigou）所著的《财政学》。

（七）西拉斯（Shirras）所著的《财政学》（*Science of Public Finance*）（中文有许炳汉译本）。

（八）好白生（J. A. Hobson）所著的《新国家的租税》（*Taxation in the New State*）。

五、美国

（一）亚当士（H. C. Adams）所著的《公债论》（1889 年出版）和《财政学》（*The Science of Finance*）（1898 年出版）。

（二）但尼尔斯（Daniels）所著的《财政学纲要》（1899 年出版）。

（三）卜洛克（Bullock）所编的《财政学选读》（*Selected Readings in Public Finance*）。

（四）卜来恩（Plehn）所著的《财政学入门》（1896 年出版，现已五版）（中文有李百强译本）。

（五）亨透（Hunter）所著的《财政学大纲》（1921 年出版）。

（六）鲁次（Lutz）所著的《财政学》。

（七）赛力格孟（Seligman）所著的《累进税的理论与事实》（*Progressive Taxation in Theory and Practice*）（1908 年二版），《租税的转嫁与归着论》（*Shifting and Incidence of Taxation*）（1899 年出版，现已四版），《所得税论》，《租税论文集》（1895 年出版，现已十版）

（*Essays on Taxation*）。

（八）海格（Haig）所著的《超过利润税》　（Excess Profits Tax）与《法国的欧战后财政》　（*The Public Finances of Post War France*）。

（九）韦罗贝等所著的《大不列颠的财务行政》　（*Financial Administration of Great Britain*）。

（十）任生（Jensen）所著的《财政问题》　（*Problems of Public Finance*）。

（十一）费斯克（H. E. Fisk）所著的《英国财政》《法国财政》。

六、日本（似尚未脱离翻译时代）

（一）田尻稻次郎　《财政与金融》。

（二）宇都宫鼎　《财政学》《最新财政学纲要》。

（三）小川乡太郎　《财政学》《公债论》《租税总论》《地方财政论》《社会问题与财政》。

（四）堀江归一　《最新财政学》。

（五）小林丑二郎　《财政学提要》。

（六）大内兵卫　《财政学讲义》。

（七）高野岩三郎　《财政原论》。

（八）阿部贤一　《财政学》。

七、中国（完全没有脱离翻译时代）

（一）贾士毅　《民国财政史》《关税与国权》《民国续财政史》。

（二）杨汝梅　《民国财政论》。

（三）胡钧　《中国财政史》。

（四）刘秉麟译　《亚当士财政学大纲》。

（五）陈与年译　《公债论》（日本田中氏原著）。

（六）萨孟武译　《租税总论》（日本小川乡太郎原著）。

（七）何崧龄译　《财政总论》（日本小川乡太郎原著）。

（八）甘浩泽史维焕合译 《社会问题与财政》（日本小川乡太郎原著）。

（九）姚大中译 《地方财政学》（日本小川乡太郎原著）。

（十）卫挺生 《财政改造》《中国今日之财政》《战时财政》。

（十一）李权时 《中国税制论》《各国遗产税史略》《遗产税问题》《国地财政划分问题》（*Central and Local Finance in China*）《现行商税》。

（十二）吴贯因 《中国预算制度刍议》《中国之预算及财务行政与监督》。

（十三）寿景伟 《财政学》（*Democracy and Finance in China*）。

（十四）金国珍 《都市财政学》《中国财政论》。

（十五）金国宝 《英国所得税论》。

（十六）傅英伟译 《财政学》（德国爱培格原著）。

（十七）施复亮译 《新财政学》（日本阿部贤一著）。

（十八）许炳汉译 《租税转嫁与归宿》。

（十九）晏才杰编著 《公债论》《租税论》《田赋刍议》。

（二十）徐祖绳编 《比较租税》。

（二十一）胡子清编 《财政学》。

（二十二）赵祖抃编 《现代财政学》。

（二十三）魏颂唐著 《财政学撮要》。

（二十四）周成编 《地方财政学》。

（二十五）黄凤铨著 《预算概论》。

（二十六）许祖烈著 《事前监督与中央预算》。

（二十七）姚庆三著 《财政学原论》。

（二十八）雍家源著 《中国政府会计论》。

（二十九）朱偰著 《中国财政问题》。

（三十）吴崇毅著 《财政立法原理》。

（三十一）王宗培著 《中国之内国公债》。

（三十二）千家驹著 《中国的内债》。

（三十三）胡善恒著　　《赋税论》《财务行政论》。

（三十四）尹文敬著　　《财政学》。

（三十五）何廉李锐合著　　《财政学》。

（三十六）陈启修著　　《财政学总论》。

第二编

岁 出 论

（一名支出论或公共经费论）

第一章
岁出及岁出论的意义和其重要

第一节　岁出的意义

岁出就是公共经费，英文叫做（public expenditure），德文叫做（offentliche Ausgaben），法文叫做（dépense publique）。著者嫌"公共"二字之太含混，而"公共经费"的意义实在是仅指"公家"或"政府"的支出而言，故拟改用"岁出"二字来替代之；好在"岁出"二字在中国古书上是常见的，而其意义似亦仅限于公家或政府的每岁支出。著者以为中国有了这样简单明了的好名词而弃置不用，实在是很可惜的；况且"公共经费"这个名词是直译英文或德法文而来的，终觉它是土俗得很，不如"岁出"二字之简单明了而文雅。

名既正了，然则岁出的意义到底是什么呢？岁出就是任何一个政府或政治团体的以货币数额来表显的实质的或经济的种种需要。为什么岁出是必定要拿货币数额来表示呢？这是因为我们现在的经济社会，是一个货币及信用的社会，一切财货及劳务是都可以，而也是都应该，拿货币单位来表示它们所包含的一般相同的性质（common characteristic）的，以便计算，统计，及比较。以经济的眼光看来，万有不齐的财货及劳务的共同特性，只有价值（value）或效用；而现代的价值标准或码尺就是货币，所以包罗各色各样的财货及劳务的岁出，是必须以共同的码尺或计算标准来表示的。财货或劳务的价值之以货币单位表现者，就叫做价格，而所谓岁出者，亦不过是一个政府在一年度内应支付的各种价格的总和耳。以货币单位来表示岁出，较之上中古时代之以赤踝踝的度量衡或物件单位（如米若干石、粟若干斛、绸若干疋〔匹〕、缎若干码、刍秣若干担、墨若干锭、笔若干枝、纸若干令、肉若干斤、鱼若干尾、马若干匹、牛若干头，等等）来计算岁出者，真确得多多矣。近世政府的收支，大致均以货币出之，所以"财政"二字也着实含有"金融"二字的，即英语之所谓（money matters）是。所以近世的财政，当然是先假定货币经济的存在。

第二节　政府的欲望的性质及其满足的方法

政府的欲望虽为数甚伙，但是概括起来，不外两大类：其一就是政府要财货（包括不动产如土地房产等，动产如公署的生财家具等，及商品如食料服装和文具等，）来处理公务，其二就是政府要人工或劳务来完尽职责并施行政策。

满足第一类欲望的方法，大约有三：（一）强占或强买或完全充公，如逆产①充公等是，此法在革命时代可以偶一为之，和平时代究不足为训；（二）劝令人民尽义务的供给财货于政府，如以房产无费的租给公家或以衣服食物送给革命将士以资慰劳等是，此法终要人民出于自愿才好，否则，如出于政府的勒令，那就与第一种充公的方法差不多了；（三）向人民购买，这是文明政府最普通的满足第一类欲望的方法。购买就要购买力或货币，于是政府就要设法筹经费了。

满足第二类欲望的方法，大约也有三种：（一）强迫劳务，（二）义务劳务，和（三）有给劳务。兹把三种方法的例证及其优点

---

① 指背叛国家民族者的产业。

和劣点约略述之如下。

一、强迫劳务（compulsory service）。

（一）强迫劳务的例证。

甲　英美各国人民有陪审（jury service），协助捕盗、救火及扫雪等的义务。（英国习惯法。）

乙　法国的强迫路工（corvée）及中国古时的徭役，现在的拉夫和最近铁道部拟建筑国道征用民工。该部征工的通则，大约如下：

第一条　全国国道之建筑，得依本通则征用民工。

第二条　凡国道路线所经过各县及其邻县，其居民（男性）自十八岁以上，五十岁以下者，均有被征建筑国道之义务。上项男丁，如属一户，仅有一丁，恃以谋一家之生活者，经证明后，准予免征。

第三条　征用民工，应于农暇时期举行之。

第四条　被征民工，仅给伙食，得折发现金。其办法以专则定之。在灾荒时期，征用民工，应并给其往来期内之伙食。遇必要时，应供给征工之住所。

第五条　征工工作之分配，应以平均负责为原则。事前由直接主办机关，将应筑国道划分工段，指定各市镇乡，分段担任。每段工作完竣，经主办机关验收后，即为担任该段市镇乡居民被征义务完了时期。

第六条　一切工作用具，除特种工具由公家预备外，普通工具，由民工自备。

第七条　被征人民，不愿应征者，应照缴两倍工价，其数目以专则定之。

（"注"工价与伙食不同，应为同样工作之佣金。）

第八条　应征民工，如有因公疾病受伤或死亡，应酌给医药、收埋、抚恤等费。

第九条　凡应征民工，有工作勤奋，或不法行为者，得由各县长分别奖惩。

第十条　凡征工应一个月前布告，并须预先劝导宣传。

第十一条　征工事务，由直接主办机关，会同县政府办理之。

第十二条　各地方官绅，因办理征工，有劳绩或营私舞弊者，由国道主管机关，分别呈请奖惩。

第十三条　各省建筑国道，征用民工时，应依照本通则规定施行专则办理之。

第十四条　本通则如有未尽事宜，由铁道部呈准行政院修改之。

第十五条　本通则自公布日施行。

丙　法德意日等国的征兵制（conscription）。我国最近南京立法院亦有"兵役法原则建议案"的通过，其要点如下：

第一条　中华民国兹本中国国民党政纲对内政策第七项将现时募兵制度改为征兵制度之决定，特定兵役法原则。

第二条　中华民国之男子，均有服兵役之义务，分现役、预备役、后备役、国民兵役，四种。（甲）现役，在营训练；（乙）预备役，现役期满，退伍在乡，平时定期应训练召集，战时听候动员召集；（丙）后备役，预备役期满者，任务与预备役同；（丁）国民兵役，凡男子在十八岁以上四十五岁以下，曾服前各项兵役期满及未服该各项兵役者，均为国民兵役。战时以临时召集会召集之，平时亦得施以训练。凡地方所办之保卫团，除适用国民兵役之规定外，并得按其素质及教练之程度，受与预备役后备役同等之动员召集。

第三条　有下列各条情事之一者，对于兵役义务，得分别缓役或免役：（甲）缓役，（一）现任学校教员者；（二）现在学校肄业者，（三）现任公务员者；（乙）免役，（一）家无次丁者，（二）有残废者，（三）心神丧失或精神耗弱者。

第四条　全国按陆军之配置，划定为若干师区。每师区内，按其所属步兵团数，划分团区，（旅在师内不设区，）每团区设置团区司令部。团区司令部隶属于师司令部，掌理下列事项，（甲）新兵征募事项，（乙）在乡军人之召集及管理事项，（丙）国民军事教育事项，（丁）其他属于动员准备之实施事项。

第五条　兵役事务由军政部协同内政部办理之。各地方官署与自治机关关于兵役事务，均有与师区团区协同办理之责。其权限及事务，由内政部及军政部定之。

第六条 新兵之征募：（一）步兵征募，以其本团区内为原则，本团区不足时，依师命令于本师区内之他团区征募之，又在本师区内不足时，则依军政部之命令于他师区征募之，师属各特种兵，在本师区内之各团区征募之；（二）海军新兵，依行政院之分配在各师区征募之；（三）空军及陆军，不属于师之各特种兵，均依军政部之分配，在各师区征募之。

第七条 新兵入营以在每年10月上旬为原则，其应募时应具备下列各项经检验合格者，方准入营：（一）本区土著者，（二）年龄在二十岁以上二十五岁以下者，（三）体格强壮精神健全无疾病及不良嗜好者，（四）未受刑事处分及未褫夺公权者，（五）有确实之保证人者。

第八条 关于在乡军人之规定：（一）军人除服现役者外，均称为在乡军人；（二）在乡军人均受师区团区之管理；（三）在乡军人之军籍以所属区定之，但其现时不在所属区内者，则受所在区之管理；（四）在乡军人住所别所之移徙及10日以上之旅行，均须以其离开及到着，报告于所属区或所在区或分管兵役事务之自治机关。

（二）强迫劳务的优点。

甲 各种建设事业，得以轻而易举。（此系指征工筑路而言。）

乙 国有武备，边防巩固。（此系指征兵而言。）

丙 训练国民的体育及服从心或纪律。（此也系指征兵而言。）

（三）强迫劳务的劣点。

甲 违反人类的自由意志。

乙 浪费青年的宝贵生产能力。（此系专指征兵而言。）

二、义务劳务 (free or gratuitous service)。

（一）义务劳务的例证。

甲 美国的小城市的市长是无给的，又地方上的治安裁官（justices of peace）也是无给的；又美国商部（department of commerce）前数年由部长胡佛（Herbert Hoover）（胡氏现已做大总统了）聘全国各项著名专家数百名为顾问，每年名誉俸金 1 元，这实在也是彻底的义务劳务，闻系仿照欧战时美国远征队的成例云。

乙　1912 年以前的英国不加入内阁的国会议员（private member）是无给的，又地方上的治安判官及被选官吏与立法机关的议员也是无给的。

丙　瑞士共和国所有被选的官吏是都无给的。

丁　中国国民政府之无给的聘请专家参与各种会议等。

（二）义务劳务的优点。

甲　免除政府机关服务人员之商业化，因为做官没有报酬，那么做官的人自然不以营业看待官位了。

乙　免除政界或政党的入主出奴的分赃制度（spoil system），因为做官无利可图，那么自然更谈不到分赃了，简直是无赃可分啦。

（三）义务劳务的劣点。

甲　当事人因为没有报酬，所以就没有恒心，并且不愿久于其位（no constancy and persistency）。

乙　当事人因为没有报酬，所以凡事抱一种敷衍的态度，毫不负责任（no responsibility）。

丙　因为当事人没有恒心，不久于职，而且敷衍塞责，所以万不会有熟练之技干练之能的（no training）。

丁　因为当事人没有报酬，所以只有富人能够从政，能够做官，能够做议员；于是就造成富人政治（plutocracy）的局面，大大不利于民主主义或民权主义的开展。所以 1911 年英国工党就主张议员应有岁费，庶几工人出身的议员，可以专心从政，不必分身于奔走衣食的活动。

（四）义务劳务者的各种动机。

甲　满足名誉欲或令闻欲①（desire for honor and social distinction）。

---

①　即满足荣誉感和社会地位的渴望。

乙　满足道义欲或服务欲（sense of moral obligation and social service）。

丙　满足创作欲或工作欲（workmanship instinct）。

丁　借公济私，直接满足领袖欲或支配欲（desire for leadership and supremacy），间接满足占有欲或财富欲（desire for acquisition and wealth），如参与城市计划而得预先贩地皮以获得意外之利是。

三、有给劳务（paid service）。

（一）有给劳务的例证　太多了，不胜枚数〔举〕。

（二）有给劳务的优点　有给劳务的优点。可以说就是义务劳务的劣点的反面，换言之，就是

甲　有给劳务的当事人，是有恒心的，能久于其任的。

乙　有给劳务的当事人，是肯负起责任来办事的。

丙　有给劳务的当事人，大概是有熟练的技能和办事时效率的。

丁　有给劳务的当事人，是不论家境贫富都可以做的。

（三）有给劳务的劣点　一如有给劳务的优点为义务劳务的劣点的反面，所以有给劳务的劣点就是义务劳务的优点的反面；就是

甲　有给劳务易致政界商业化，使从政者多抱"升官发财"的腐化思想。

乙　有给劳务易使分赃制度侵入政界及政党。

不过两害相权取其轻，两利相权取其重，仔细比较起来，有给劳务制实在是比义务劳务制高明得多。况且如果政治清明，官方整饬，民众兴起，去监督政府及公仆，那么所谓有给劳务制的两种害处，自然可以把它们肃清得干干净净。

第三节　一国的岁出与其环境的关系

一个国家或一个政府的岁出的性质与多少，是与其环境有密切的关系。现在且以国家为观察点而讨论之。一国的环境，大致可以

分做两大种：其一是自然的环境，其二是社会的环境。

一、自然环境对于岁出的影响　如英日等海洋国多海军费、德法俄等大陆国多陆军费、瑞士四面皆山险故国防费少是。

二、社会环境对于岁出的影响　社会环境又可分为下列数项：

（一）四境邻国的强弱　四围皆弱小和平之邻国则国防费必省，反之，四围皆强大好战之邻国则国防费必大。

（二）国际仲裁机关之有无强弱　所谓国际仲裁机关是指国际法庭、国际联盟会，及非战公约（The Anti-War Pact）等而言。如果这三样东西统统不存在，那么国际间的军备竞争，当然是还要更剧烈些，而各国国防费的支出当然是更为浩繁些。现在这三种机关名虽存在，而实则对于排难解纷的事件，亦多有未能尽力处，所以各国终还以为强权即公理，若要维持或获得正当或不正当的权利，最后一着还不惜诉诸武力。

（三）国地政府间权限划分的原则为何　如果国地政府间权限划分的原则是采集权主义，那么中央政府的岁出数额必大，而地方政府的岁出数额必小；如果是采分权主义，那么中央政府的岁出数额必较小，而地方政府的岁出数额必较大；如果是采均权主义，那么中央政府的支出数额必又稍大，而地方政府的支出数额必又稍小。

（四）一国内政修明的程度如何　内政修明，百废俱举的国家，其岁出的数额必较大；内政废弛，百事不举的国家，其岁出的数额必较小。

（五）一国的繁荣程度何若　如果一国的国民是很繁荣的，富足的，那么无论中央政府或地方政府的岁出额是可以大量的，因为民富则国富也；公家为人民谋利益的岁出增多，则人民的财富及繁荣程度又可提高，而公家的岁出又可增加，去为人民谋利益；如是循环不辍，而国运遂日以进。反之，如果一国的国民是萎靡的，贫乏的，那么公家的岁出亦必大受影响，因为民贫则国贫也；公家为人民谋利益的岁出减少，则人民的贫乏及萎靡程度又要更深刻化，而公家的岁出又要大受影响，而为人民谋利益的岁出，又要大为削减，如是循环不已，而国运遂亦日以促。

（六）一国文化程度的高低　大凡文化程度越高的国家，其公家的岁出额亦越高；公家岁出额越高，则人民的文化程度亦越高；如此循环不已，而国家国民遂日进于文明。反之，文化程度越低的国家，其公家的岁出额亦越低；公家岁出额越低，则人民的文化程度亦越低；如此循环不已，而国家国民遂日趋于下流。

上列两种事实，美国亚当士教授称之为"岁出的社会法则"（social law of expenditure）。

（七）一国人民对于政府职务的社会哲学何若　一国的岁出数额与其国民对于政府职务的社会哲学（social philosophy of government functions）也是有密切的关系的。即如英国人民在 19 世纪，受了经典学派的自由论或放任论的影响，所以对于政府职务的观念是消极的，因之其国家的岁出数额亦自不至于十分增加。经典派鼻祖亚当·斯密谓政府的职务只有三种：（一）巩固国防；（二）维持公道及治安和（三）兴作或维持特种的土木工程及私人所不愿经营的公众机关或事业如教育等。经典派集大成者米尔约翰于赞成斯氏的主张之外，又大大的反对政府干涉论，以为（一）干涉，就是强迫，强迫乃是可厌恶的东西，以其足以阻碍人民的智体二育也；（二）干涉，则政府的权力或权威大增，足以造成暴君或暴民之局，则人民个人之自由失矣；　（三）干涉论是违反经济上的分工原则的；（四）政府为人民谋，不如人民为自己谋之称心贴意；（五）干涉论是违反实际教育的原则的。

又如近世德国干涉论及国家社会主义大昌，因之政府的岁出数额自也不得不随之而激增。虽此二种如冰炭之不相容的社会哲学对于财政各有其利弊，但是按照世界大势所趋，恐怕人类愈文明，人事关系愈复杂，那么国家不得不出来干涉一下或调剂一下的需要是也一天紧似一天的。政府干涉，是迫不得已的举动，那么岁出的增加也是出于迫不得已的了。

第四节　岁出论的意义及其研究方法

岁出论就是财政学的一部份，它的职务是在于研究或讨论任何政府的欲望、需要，或经费支出的种种事实和原则。原来岁出的起因，是在政府之有种种职务；而此种职务的起因，又在政府之有政治的、经济的、文化的和社会的政策或目的。所以如果要彻底研究岁出论，那么我们非从此种政策或目的出发不可。但是此种政策或目的，政治学、经济学、社会学等已经替我们研究好了，我们拿来采用就是了。这样，所以岁出论的职务，不在鉴别政策，而在分别政府需要的种类，探求各种经费间的关系和影响，并使用历史比较法及统计法等，去研究关于岁出的经验及事实，以期发现岁出之一般原理原则。岁出论之必须用历史法及统计法者，这是因为其研究的材料大抵为关于岁出的历史或统计上的事实。

第五节　岁出论的重要

岁出论在财政学上的地位，著者以为是应当占于首要的。（一）岁出论之于全财政学，犹之消费论之于全经济学。消费是人类一切经济活动的目的，而生产不过是一种手段或工具。岁出是政府一切政治活动的目的，而岁入也不过是一种手段或工具。研究目的要紧呢？还是研究手段或工具要紧呢？当然是研究目的比研究手段或工具更要紧。因为如果目的先认不清楚，那么还讲什么手段或工具呢？这可以说是岁出论在财政学的四部应该首先讨论的最要紧的理由。（二）再则财政是以量出为入为原则的，所以岁出的决定是必须先于岁入，所以岁出论是也必须先于岁入论的。这是我们研究财政学者应该先从岁出论下手的第二个理由。（三）三则岁入的计划与其种类的选择，是必须先取决于岁出的性质和种类的。即如临时的岁出须以临时的岁入充之，经常的岁出须以经常的岁入充之，生产的岁出须以公债的收入或预提的收入充之，不生产的岁出须以租税收入充之。据此，我们又可以知道岁出论的地位是应占在岁入论之先。这是我们研究财政学者应该先从岁出论下手的第三个理由。

（四）至于岁出论之应该先预决算论或财务行政秩序论而讨论的理由，也是很明显的。预算是岁出之始，决算是岁出之终，如果没有岁出，就无预决算之可言。所以岁出是因，而预决算是果，因之不存，果将焉附。所以岁出论之应该先预决算论而讨论，乃是毫无疑义的一件事。这是我们研究财政学者应该先从岁出论下手的第四个理由。

此外陈启修氏对于岁出论或公共经费论在财政学上的重要，亦有所论列。兹特节录其意见于下以资参较：

一、经费用途之决定须依经费论上所发现之原则。依前所述，公共财政，本系量出以制入，且其支出之效果又往往属于无形，故财政上经费之易流于浮滥之弊，殆为必然的倾向。欲救其弊，惟有采用政治的补救法，使一切经费，皆须受预算制度之限制。然欲使议会对于经费之限制，发生适当的效果，而不至徒事纷扰，必须先使一般立法家洞悉于经费之一般的原则，如经费务以振兴国民生产力及能平均分配于全体团员为目的等原则。顾此等原则之发现，舍研究公共经费论外，更无他法，故公共经费论断不可忽。

二、公共团体职分方针之决定，须仰给于公共经费论所得之材料依上段所述，公共团体之职分之可否是非，本应归入政治学经济学及社会学等学科讨论。然公共职分之施行，无论在何时何地，皆不能不与公共经费相伴，且因此之故，在事实上往往有本系适当的职分，而因所伴经费过多之故，而变为不适当之职分者。故当决定公共职分时，断不能不兼顾所伴经费之经验的事实。顾此种事实非政治学经济学及社会学等之研究所能知悉，而不能不有赖于公共经费之历史的及统计的材料，故公共经费论决不可忽。

三、收入计画〔划〕须视经费之种类如何而后能定。公共经费中有具有永久的性质者，有仅具有一时的性质者。在财政政策上对于前者须计画〔划〕约略同额之永久的收入；对于后者，亦须计画〔划〕约略同额之一时的收入。盖依照前述，以经常岁入供经常岁出，以临时岁入供临时岁出之原则，固不得不如此也。故公共经费论必不可忽。

四、收入之选择须视经费之性质而异。公共经费之性质，有使用之后更发生收入者，谓之等于生产的投资之经费；有使用之后，并不更生收入者，谓之等于不生产的投资之经费。前者将来可与公共团体以特别的收益，故其来源当以公债等信用手段为适当，而不可依赖租税收入。盖支出之后，既可得特别的收益，尽可移作将来偿还之用，不必经过增加租税等烦重之程序，以自扰也。反是，若后者，在支出之后既不发生收益，则除急遽①不可避之时外，务须以普通租税等收入充之，而不可依赖公债收入，盖此种经费既一去不复；则与其高筑债台，徒重将来之负累，何如暂忍目前之小痛苦，以求长久之安逸也。依此，可知经费性质一异，则收入之选择亦不得不异，故公共经费论殊不可忽。

五、负担之轻重，须依经费之效果而定。各种公共赋课负担之轻重，虽直接依赋课方法之良否，及各纳税者所有税源之厚薄而异，然其最后之判断，实视支出经费之效果如何而决定。何以言之？今譬如有一负担，当赋课之初，对于当时之民力，纵觉负担过重，而其后因此种经费支出之结果，一般经济及富力因之增进，则过重之负担，或变而为轻微之负担，亦未可知。此不但理论上如此，即事实上亦往往有之也。故财政学上欲求收入论之完全，必不可不深究公共经费论。（即如上海市区内居民每人每月租税负担只有1角8分，而法租界内每人每月的租税负担为1元1角2分，公共租界内每人每月的租税负担则为1元7角6分；这样，似乎公共租界的居民以纳税负担为重了，华界的居民以纳税负担为轻了；然事实上却有不

_____

①　即极速。

然者则其故可深长思矣。)

六、财政之良否须视经费之能否节约或活用以为断。财政当局者本与公共团体之利益不相一致，故公共团体之财政，往往有膨涨，无减缩，而入于困难之境。当此之时，苟其所膨涨之经费，系出于不获已，则施行增税募债种种手段，固无不可。若系出于靡费，则不能不或谋节流之法以图补救，或设法流用经费之细目，移甲就乙，以资弥缝。然通常经费之扩张，由于不获已者少，而由于靡费者多，故财政之臧否，恒视当局者能否运用节流或活用之法以为断，而经费之能否节约或活用，当然属于经费论之研究，故公共经费论万不可忽。(陈著《财政学总论》第二编"公共经费论"，第 2—4 页)（英国 19 世纪中叶及末叶的一位政治家兼理财家，格兰斯顿（Gladstone）主张各项岁计不许有盈余，有盈余者即被流用以弥缝不敷者，也就是这个道理）

一如经济学内消费论的注重为晚近的事实，所以财政学内岁出论的注重亦为晚近的定论。直至 19 世纪末叶还有大名鼎鼎的财政学家如法国的力洛波楼（Paul Leroy-Beaulieu）者，反对岁出论为财政学的一部哩！他在他的名著《财政学》上说：（一编二章三页）

这种研究（指岁出论）我以为是不属于财政学的。……国家有欲望，我们的问题并不是要晓得它们是什么及它们应为什么，乃是如何能够丰裕的满足它们，同时对于人民要竭力减少他们的损失与牺牲。譬如造屋，主人聘了一位建筑工程师董理①其事；工程师的职责并不是要研究这所房子是否太大，合不合乎主人的身份或经济地位，乃是直接进行建筑事务，使该房子的成本能够最轻，而构造能够最坚固，布置能够最方便，式样能够最美丽。同样，一位财政学家虽不妨太息痛恨于国家经费之太膨胀，但是他的真正职务是要指示出一条获得收入的路，当然同时对于人民的利益是要也有慈悲心肠和公道观念的。

———————

①　监督管理。

This kind of inquiry does not in my opinion belong to the science of finance. A state has wants it does not belong to us at present to know what they are，and what they ought to be，but how it is possible to satisfy them in the amplest manner with the least loss and sacrifice to individuals. If you engage a builder to build you a house，it is not his business to inquire if the building is too large for your income or your social position；what does concern him is to build the house in question with the utmost possible solidity，convenience and beauty，at the lowest cost to the owner. In like manner，a writer in finance can sincerely lament that states spend too much；but his real task lies in showing how a state can obtain supplies while treating the interests of individuals with due tenderness and respecting justice.

译文：在我看来，这种研究并不属于财政科学的范畴。一个国家有需求，目前我们不应该知道它们是什么，以及它们应该是什么，而是应该知道如何以最广泛的方式满足它们，同时对个人造成最小的损失和牺牲。如果你雇了一个建筑商为你建房，那么他要做的不是询问这个建筑对于你的收入或你的社会地位来说是否太大；他要做的是以最低的成本为业主建造尽可能坚固、方便和美丽的房子。同样地，一位财政家可以真诚地感叹国家花费太多；但他真正的任务在于说明一个国家如何在获得供应的同时，以适当的尊重公正，满足个体的利益。

第二章
岁出的分类

岁出的分类标准很多，但概括言之，大概可以分做五种：就是（一）历史的分类，（二）经济的分类，（三）财政的分类，（四）政治的分类，和（五）混合的分类。兹约略述之如下。

第一节 岁出的历史分类

岁出的历史分类法或沿革分类法是英人白斯太白尔（Bastable）所主张的。白氏以为岁出的分类是应该以各种岁出在历史上的发现的先后为标准的。大概世界各国的岁出，其最早发现者为国防费也就是武力目的费；次之则为司法治安费，也就是法律目的费；再次之则为一般行政费和宗教教育费，也可以说是文化目的费；最后则又有农工商业保育费之发现，这也可以说是福利目的费。最近美国赛力格孟教授亦以岁出从消极到积极的作用做标准，把岁出分为（一）压迫经费（repressive expenditure），（二）防止经费①（preventive expeuditure），（三）开发或改善经费（developmental or ameliorative expenditure），和（四）创造或建设经费（creative or constructive expenditure）四大类，其用意似乎与白氏相同；因为武

———————————
① 即预防性支出。

力的作用大致是在乎压迫，法律的作用大致是在乎防止，文化的作用大致是在乎开发或改善，而福利的作用大致是在乎创造或建设啦。

第二节　岁出的经济分类

岁出的经济分类法，还可以分做五种。（一）其一就是以私经济的分法来分岁出为必需费（necessary expenditure）及随意费（optional expenditure），或必需费、有益费（useful expenditure），及奢侈费或装饰费（superfluous or ornamental expenditure）；前者是英人米尔约翰的意思，后者是德人罗修的意思。这个分类法，似乎太把公经济的岁出与私经济的支出看作一律了，太把公私经济的性质不分皂白了。

（二）其二就是以岁出对于人民所产生的经济利益为标准，把岁出分为（甲）专为人民个人的利益而开支的岁出如国营铁道、轮船、电报、电话、邮政及市营电车、自来火、自来水的营业费等是；（乙）为全体国民的利益而开支的岁出如国防费、一般行政费、教育费、道路费、度量衡维持费、铸币费、外交领事费、土木费及保育农工商费等是；（丙）一半为全体国民的利益而一半又为人民个人的利益而开支的岁出如司法费，专利版权等保护费，公司注册行政费等是；和（丁）专为一部份人民的利益而同时算作为全体人民的利益而开支的岁出如救恤费、感化费、津贴费、恩给费等是。主张以经济利益为岁出分类的标准者，在德则有孔恩（Cohn）氏，在美则有卜来恩（Plehn）氏。读者可以参阅孔氏著的《财政学系统》及卜氏著的《财政学入门》二书也。

（三）其三就是以岁出所产生的收入为标准，把岁出分为（甲）完全不发生直接收入者如一般行政费及保护费等是；（乙）可以发生间接的收入者如农工商行政费等是；（丙）可以发生一部份的直接收入者如司法费和高等教育费等是；和（丁）可以发生全部份的直接收入，不但足以弥补支出而且常有盈余可获者，如官营公用事业费，及各种财政专卖的管理费等是。主张此种岁出分类法者为英人聂克尔逊（Nicholson）教授。

（四）其四就是以领款人之有无对等代价给与政府为标准，把岁出分为（甲）领款人出有代价的岁出（purchase pricess）或有偿的支出如兵士的薪饷，官吏的俸给，公署营造者的造价等是；（乙）领款人不出代价的岁出（grants or subsidies）或无偿的支出，如养老恩给金，（就目前讲是无偿支出，就过去功劳讲是有偿支出，）失业保险金、恤贫费、疾病保险金、义务教育费、安全费及公债利息（就目前讲是无偿支出，就过去认募讲是有偿支出）等是。主张此种岁出分类法者，为英国少壮经济学家达尔顿（Dr. H. Dalton）博士。达氏之所以有这种主张的缘故，大概是因为世界大战后英国对于公债利息和失业保险费的支出几超过全预算额之半。

（五）其五就是以政府的支出为实际的抑名义的为标准，把岁出分为（甲）实际支出（governmental cost payment）如行政费（如一般行政、保护治安费、产业保育费、卫生费、交通费、慈善感化费、教育费、公用事业费等），公债利息，和资本支出（outlays）或土木费等是；（乙）名义支出（non-governmental cost payments）如公债的还本，各部的转账支出，和买而又卖的货物的买价等是。主张此种岁出分类法者为美国的国势调查局（Census Bureau）。

第三节　岁出的财政分类

岁出的财政分类的标准，大概是有八个。兹约略述之如下。

（一）其一就是以支出时所购入的目的物做标准，那么岁出可以分为（甲）对物费，即支出所购入的目的物为财货；和（乙）对人费，即支出所购入的目的物为劳务。大概对物费是很受物价变动的影响的，而对人费则在短时期内是不大受物价变动的影响的。

（二）其二就是以岁出对于财政上的效果为标准，那么岁出可以分为（甲）行政费或政务费或不生产费（也就是政府存在目的费）；和（乙）财政费或作业费或生产费（也就是达到政府存在目的的手段费）。财政费或财务行政费大概是包括租税征收费，收入保管费，支出管理费，产业经营费，及公债经理费等在内。此种分类法有两个好处：其一就是从支出一方面观之，可以知道政务费与财务费的比例，借以推知财务费之当否；其二就是从收入一方面观之，可以知道财务费多的收入和财务费少的收入，借以判别各种收入的比较价值。

（三）其三就是以岁出支付回数的多少及时期的久暂为标准，那么岁出可以分做（甲）经常费（ordinary expenditure）与（乙）临时费（extra-ordinary expenditure）。经常费是每年度反复发生若有常规的岁出，其性质是恒久的，与经济学上之所谓流动资本之支出者相同。临时费是短时期内所需的岁出，不必年年继续存在者，其性质是暂时的，与经济学上之所谓固定资本之支出者相同。此种分类的目的，在既知岁出之为经常或临时之后，就可以以经常收入充经常岁出，以临时收入充临时岁出，庶几维持费与扩充费得以两不相犯，相安无事。

（四）其四就是以岁出在法律上和事实上的强迫程度为标准，那么岁出可以分为（甲）必支费（obligatory expenditure）和（乙）酌支费（optional exyenditure）。大约法律上必支费是已由条约、宪法、契约或其他法律关系所老早规定好了，非开支不可的；事实上必支费是为环境所迫，不得不开支的。必支费以外的经费都可以叫做酌支费，就是可以酌量改变的意思。必支费多则财政无伸缩力了。

再英人西拉斯（Shirras）以岁出在事实上的迫切程度的深浅为标准，把岁出分为（甲）首要支出（primary expenditures）和（乙）次要支出（secondary expenditures）两大类，其用意是与必支费和酌支费相差无几的。据西氏之意，首要岁出应包括国防费、司法治安费、文事行政费及公债费在内；而次要岁出是应包括各种社会改良和救济经费，各种官有产业经营费及农工商业促进费，和杂项经费等在内的。

（五）以岁出支销的地点为标准，那么岁出可以分为（甲）国外费与（乙）国内费。国外费的支销地点在外国，如使领费、留学费、专使考察费、外债利息、购买外国铁路材料费等是。国内费的支销地点在国内，其例甚多，不胜枚举。此种岁出分类法，其目的在明了岁出与国民经济及世界经济的关系。

（六）其六就是以岁出的主体或主管机关为标准，那么岁出可以分为（甲）国家支出或中央支出与（乙）地方支出。（以下又可以分为省支出、县支出、市支出等）此种岁出分类的目的在于明了地方自治之发展程度，地方官业之发达程度，和一国人民的真确租税负担。

（七）其七就是以岁出内容的广狭为标准，那么岁出可以分为（甲）总岁出（gross expenditure）与（乙）纯岁出（net expenditure）。纯岁出是只就政务费而言，总岁出是兼就财务费，即包括政务费与财务费二者而言。

（八）其八就是以岁出的物件为标准，那么岁出可以分做（甲）货币支出，和（乙）实物支出如满清时代之付米付绸缎等是。

第四节　岁出的政治分类

岁出的政治分类的标准，大概是有三四个。兹约略述之如下。

（一）其一就是以国家的职务做标准，把岁出分为（甲）保护费（protective expendiurtes）（包括军费、警费、司法费及保健或卫生费等在内），（乙）工商费（commercial and industrial expenditures）（包括农工商保育费及官产官业经营费等在内），和（丙）开发费（developmental expenditure）（包括教育费、娱乐费、工厂法施行费等在内）。此种岁出分类法，美国亚当士教授主之。

（二）其二就是以国家活动的目的做标准，把岁出分为（甲）武力目的费，（乙）法律目的费，（丙）福利目的费，和（丁）文化目的费。此种岁出分类法，德国学者多主之。

（三）其三就是以行政机关做标准，把岁出分为（甲）外交费，（乙）军政费，（丙）内政费，（丁）财政费，（戊）交通费，（已）司法费，（庚）教育费，（辛）铁道费，（壬）农矿费，（癸）卫生费，（子）工商费，及其他各机关的经费是。此种岁出分类法，实际上各国预算书上多采用之，以其方便也。

（四）其四就是混合上列三个标准，把岁出分为：

甲　一般行政费：（一）元首费，（君主、总统或中央执行委员会经费），（二）立法费（议会或中央党部及立法院经费），（三）行政费（包括各部院局处署委员会等机关的经费在内），（四）考试费，（即考试院经费），和（五）监察费，（即监察院经费。）

乙　保护费：（一）国防费，复可分为战备费、战时费及战后费；（二）警察费，复可分为治安警察费、卫生警察费、工厂警察费、消防队费、保卫团费及省防军费等。

丙　司法感化费：（一）审判厅经费（二）检察厅经费，（三）监狱费，（四）感化院费。

丁　教育慈善费：（一）教育费，复可分为高等及专门教育费，社会教育或推广教育费，中等教育或普通教育费，初等教育或义务教育费；（二）慈善费，复可分为消极慈善费如施粥施衣等费是，及积极慈善费如举行各种社会保险是（社会保险包含养老、失业、疾病及损伤四种保险）。

戊　卫生娱乐费，如医院费、公园费、清洁运动费、体育场费等。

已　农工商业促进费：（一）国有产业经营费；（二）各种工业津贴或补助费，（三）奖励农业费等。

庚　公债费：（一）内国公债费，（二）外债费。

上列岁出种类，如果再归纳一下，那么甲项是维持费，乙丙两项是保护费，丁戊两项是改善费，或开发费，己项是生产费，庚项是公债费，以其重要，故自成一项。

此种岁出分类方法，美国赛力格孟教授主之最力。

第三章
岁出的性质及其膨涨的趋势

第一节　岁出的一般性质

岁出的性质可分为两层来讲：其一是岁出的一般性质，其二是岁出的经济性质。就岁出之一般性质而言，我们应当晓得下列四点：

（一）岁出系全国国民消费的一部份〔分〕；岁出多，则国民消费减的亦多；岁出少，则国民消费减的亦少。

（二）岁出有时是万万不可少的，如对内维持治安费与对外反抗强邻费都是使国民能够安生乐业的必需费。复次，岁出有时是的确能有助于社会政策之实施，如义务教育费及社会保险等是。

（三）岁出虽是从国民消费额上减下来的，但是岁出的结果，还是把货币还诸人民，往往给与私人以极大之利益。

（四）但有时岁出是不但不能助社会政策之进行，而且是反社会政策的，如公债累累的国家，岁出的一大部是付利费，那就是说，岁出的一大部是用之于特殊阶级身上，使富者益富，贫者益贫。

第二节　岁出的经济性质

以上四点是就岁出的一般性质而言，至岁出之经济性质，自从正统学派的经济学者讨论到如今，大概有四说。兹约略述之如下：

（一）政府支出与私人支出，其经济原则无别说。此说 18 世纪有一位英人斯刁华（Sir James Stuart）者主之。他以为公经济与私经济是毫无分别的，所以二者支出的经济性质也是一样的。此说之不合乎事实，是很明显的。

（二）英国正统学派的消费说。此说以为政府之为人民谋，总不如人民之自为谋，所以政府的支出应越少越好，因为政府的支出是毫无生产的效果的。正统学派对于岁出的观念如此，所以主张放任论和自由论。

（三）德国学派的生产说。此派以为政府的支出不但不是消费的，而且是生产的。国家本身是一种无上的资本，而岁出不啻是一种很上算的投资。岁出所产生的东西虽是无形的国民生产力，而国民生产力又是最可宝贵的一种富源。这样看来，岁出既有如此的生产效果，那么自然是应当增加的了，万万不可削减的了，所以此说的自然结论是干涉论或国家社会主义。

（四）折衷派的消费与生产参半论。折衷派学者是既不以岁出消费说为然，又不以岁出生产说为然。他们以为国家的支出有些的确是能生产一国的富力的，尤其是以一切正当的开支为然；但同时有些开支也的确是不但不能生产，而并且是反生产的。所以从经济的效果看起来，政府的岁出是不能一概反对，也不能一概赞成的，我们总应该先判别其性质之为生产的或消费的才是。

第三节　岁出膨涨的趋势及其原因

中西各国历来岁出有膨涨之趋势，这是很为明显的一件事。即如以中国为例，从清初到现在，其岁出增加之趋势有如下表：

表 2-3-1 顺治元年到民国八年岁出变化情况

清顺治初元（1644）	岁出为	15 734 000 两
清康熙末年（1722）	岁出为	27 000 000 两
清雍正元年（1723）	岁出为	41 000 000 两
清乾隆五十六年（1791）	岁出为	31 000 000 两
清嘉庆十七年（1812）	岁出为	35 000 000 两
清道光二十三年（1843）	岁出为	31 170 000 两
清同治末年（1874）	岁出为	70 000 000 两
清光绪元年（1875）	岁出为	78 170 000 两
清光绪二十五年（1899）	岁出为	101 000 000 两
清光绪末年（1908）	岁出为	200 000 000 两
清宣统元年（1909）	岁出为	269 000 000 两
民国二年（1913）	岁出为	497 872 605 元
民国八年（1919）	岁出为	495 762 888 元

观上表，清末比清初的岁出数额，增加 17 倍强，不可不算是激增。考其所以激增之故，大概有三：（一）国内外战费及赔款等之激增，（二）维新政费支出之激增，（三）货币价值之跌落。

我们如果把西洋各国历来岁出的数额再来研究一下，那么它们岁出的激增是比中国还要厉害呢！兹约略述之如下：

一 法国中央政府历来的岁出（单位为 100 万法郎）

表 2-3-2 法国中央政府历来的岁出情况

1648 年	184	1798 年	750
1683 年	226	1810 年	1 007
1715 年	233	1830 年	1 095
1756 年	253	1850 年	1 473
1789 年	475	1860 年	2 084

（续表）

1875 年	2 209	1901 年	3 554
1880 年	2 760	1914 年	4 575
1892 年	3 343	1926 年	40 931
1896 年	3 400	1927 年	44 003

二　英国中央政府历来的岁出（以 100 万镑为单位）

表 2-3-3　英国中央政府历来的岁出情况

1691 年	3	1882 年	85
1747 年	11	1892 年	89
1797 年	58	1898 年	102
1809 年	78	1900 年	118
1814 年拿破仑战争	112	1902 年	142
1866 年	65	1914 年	197
1875 年	74	1924 年	789
		1928 年	838

三　德国联邦政府历来的岁出（以 100 万马克为单位）

表 2-3-4　德国联邦政府历来的岁出情况

1874 年	673	1897 年	1 255
1881 年	550	1900 年	1 960
1886 年	637	1901 年	2 197
1889 年	1 020	1913 年	3 520
1894 年	1 269	1924 年	9 289
		1927 年	11 107

四 意大利中央政府历来的岁出（以 100 万里耳为单位）

表 2-3-5 意大利中央政府历来的岁出情况

1863 年	930	1898 年	1 640
1874 年	1 141	1900 年	1 654
1885 年	1 481	1914 年	2 800
1896 年	1 731		

五 美国联邦政府历来的岁出（以 100 万金元为单位）

表 2-3-6 美国联邦政府历来的岁出情况

1792 年	8	1870 年	294
1800 年	11	1880 年	265
1810 年	9	1886 年	243
1820 年	18	1890 年	298
1830 年	15	1900 年	488
1840 年	24	1902 年	471
1850 年	41	1914 年	1 100
1860 年	63	1928 年	3 644
		1929 年	3 848

六 日本中央政府历来的岁出（以 100 万日金为单位）

表 2-3-7 日本中央政府历来的岁出情况

1913 年	574	1914 年	648
1919 年	1 172	1920 年	1 360
1921 年	1 490	1922 年	1 430
1923 年	1 521	1924 年	1 625
1925 年	1 525	1926 年	1 579
1927 年	1 767	1928 年	1 709
1929 年	1 774		

　　根据上表，法国自 1648 年到 1914 年，其岁出之增加为 24 倍半，自 1914 年至 1927 年，其岁出之增加又为 11 倍；英国自 1691 年到 1914 年，其岁出之增加为 65 倍强，自 1914 年至 1928 年，其岁出之增加又为 4 倍强；德国自 1874 年到 1913 年，其岁出之增加为 5 倍强；自 1913 年至 1927 年，其岁出之增加又为 3 倍强；意大利自 1863 年到 1914 年，其岁出之增加为 3 倍强；美国自 1792 年到 1914 年，其岁出之增加为 137 倍半；自 1914 年至 1929 年，其岁出之增加又为 3 倍强。日本自 1912 年至 1929 年，其岁出之增加为 3 倍强；意德日三国以时期甚短，所以岁出增加的程度不甚激烈。法英美岁出增加的程度，在同一时期内，其速率比我国清代实超过远甚。

　　泰西各国岁出激增的原因，大致有八；即（一）军费之浩大（由于军备之竞争），（二）建设及公营经费之增加，（三）公债利息之增加，（四）社会福利及文化事业之增加，（五）民权发达以后所发生的经费之增加，（六）人口之增加，（七）货币价值之跌落，及（八）人民富力或租税负担力之增加。有些帝国主义的国家，还有一个岁出增加的原因，就是殖民地经营经费的浩大。

　　看了上面各国历来岁出膨涨的趋势，实在使得我们不得不与德儒瓦格涅（Wagner）的国家行动与经费的内外膨涨的法则表同情（Wagner's law of increasing state activities, both extensive and intensive）。

第四节　各种岁出前途的推测

　　就世界文明进化的大势看起来，一个国家的各种岁出，是只有膨涨的趋势，而没有退缩的倾向的。就一般行政费讲，人口越增加，人事关系越复杂，行政的机关当然也只有增而无减的，所以其支出也只有增而无减的。就保护费讲，军备何时可撤；世界大同何时可达到；国内的土匪盗贼何时可消灭净尽；与其以身作则，先行息甲偃兵，何如沈机观变，暗地里扩充军实；如果大家都抱了这种鬼胎，那么要想在最近或较近的将来，大大的裁减保护费，或军备费，这简直是一件难如登天的事情。况且现在的武器日新月异，欲求不落人后，必须不惜费去添置新式武器，那么保护费也是只有增而无减的了。其余如司法感化费，教育慈善费，卫生娱乐费，及农工商奖励费，或为福利费，或为文化费，其有激增之趋势，更不必说了。至于公债费呢？将来政府理财自将多靠直接税，但是在此信用制度发达的时代，完全不利用公债以为人民谋幸福，也是不智之极，所以将来公债费，也是不会十分减少的。

第四章
各国岁出统计比较之困难
及其应注意之点

第一节　各国岁出统计比较之困难

比较各国岁出统计的困难甚多，分析言之，大概可以分做八个，就是：

一、各国预决算表内各种岁出的款项目所包括的内容，是很有出入，不尽相同；而且各国的岁出分类方法亦有不尽相同者。

二、各国往往有特别会计，特别预算，特别岁出，不包括在一般岁出统计之内的。

三、各国往往有不敷预算或追加预算不包括在一般岁出统计之内的，而且不易查知。

四、各国的会计年度开始期不同，因之其岁出对于政治上或财政上的关系，不易使人明了。

五、各国的财务费（或作业费，或经营费，或征收费，）往往彼此互殊，因之其岁出的真相，不容易使人明了。

六、各国的地方经费往往不包括在一般岁出的统计之内。而且有的时候还很不容易调查。

七、联邦国内各自治邦或州或省的岁出统计，是很不容易调查的，因为各邦或州或省大致是没有完备划一的岁出统计啦。

八、在政治不清明的国家，其预算表上的岁出数字，往往不过是一种装饰品，实际上并不如此，所以简直是可以说没有岁出统计；既没有统计，尚何有于比较？

困难点既经晓得，那么我们对于比较各国岁出统计所应注意之点，当然也是这几点，是毫无疑义的。

第二节　一国各时代岁出统计比较之困难

意大利财政学家尼低（Nitti）曾说：

Some authors，and especially the German theorists，who attribute an ethical quality to state action，have believed that from the increase of public expenditures we can draw the conclusion that the sphere of state action constantly increnses. And this increase of state functions，manifested by the increase of expenditures，has even made Bluntschli and some others affirm that there exists an historical tendency toward progressive state socialism. Nothing could be less true. The increase of public expenditures is more aparent than real so far as the more remote past is concerned；and it is only during the nineteenth century that a true increase occurred，but an increase less marked than is supposed.

The statistics can easily deceive us，for in economic affairs，as Bastiat has remarked，there is not only the "seen"，but also the "unseen". And in dealing with budgets showing public expenditures it is necessary never to stop with the "seen".

To determine whether the sphere of state action is greater now than in the past，and whether the satisfaction of collective wants claims an increased proportion of our wealth，our calculation must be made in such a way as to avoid the errors into which people so often fall. In comparisons of past budgets it is necessary，in fact，to take account of the following factors：（1）the amount of the dues formerly paid in services or in kind；（2）the extent of the country's territory at the different times under consideration；（3）the population；（4）the amount of wealth belonging to private individuals（5）variations in the value of money. It is only in this way that comparison can be made；otherwise our labors would be barren and without result.（Bullock：Selected Readings in Pub. Fin. p. 32.）

译文：一些作者，特别是德国的理论家，把国家行为归结为一种道德品质，他们认为，从公共开支的增加中我们可以得出结论，国家行为的范围不断扩大。国家职能的这种增加，通过支出的增加表现出来，甚至使 Bluntschli 和其他一些人确认，存在着一种逐步走向国家社会主义的历史趋势。没有什么比这更正确了。就较远的过去而言，公共开支的增加是表面上的，而不是真实的；只有在 19 世纪才出现了真正的增长，但这种增长没有想象的那么明显。

统计数据很容易欺骗我们，因为在经济事务中，正如 Bastiat 所说，不仅有"看得见的"，也有"看不见的"。而在处理显示公共支出的预算时，有必要永远不要停留在"看到的"上。

为了确定现在的国家行动范围是否比过去更大，以及满足集体需求是否需要我们增加财富的比例，我们的计算必须避免人们经常陷入的错误。在比较过去的预算时，有必要考虑以下因素：（1）以前以服务或实物形式支付的会费数额；（2）在考虑的不同时期国家的领土范围；（3）人口；（4）属于私人的财富数额；（5）货币价值的变化。只有这样才能进行比较；否则我们的劳动将是贫瘠的、没有结果的。（Bullock：《公共财政选读》，第 32 页）

由此我们可以知道，刚是岁出统计，并不能给与我们以一国岁出有膨涨的趋势的印象，因为一国各时期的环境是尽有不同之处啦。必也一切环境或外的条件都一样，那么岁出增加才是国家职务或活动增加的铁证。这样，我们可以知道，比较一国各时代的岁出统计，并不是一件很容易的事情，而比较各国各时代的岁出统计，那更是难上加难的一件工作了。如果我们对于一国各时代的岁出统计要得到一个正确的观念，那么就应该如上文尼低的意见，注意下列五点：

一、研究一国各时代的岁出内有无实物支出（即实物租税的反面）及劳务支出（即强迫劳务的反面）在内。必也各时代的实物支出和劳务支出都一一折合为货币支出，然后各时代的岁出统计才有比较的可能。

二、研究一国各时代岁出支销时的领土广狭面积大小。必也岁出与领土面积折合为正比例的指数，然后各时代的岁出统计，又才有比较的可能。

三、研究一国各时代岁出支销时的人口多少。必也岁出与人口折合为正比例的指数，然后各时代的岁出统计，又才有比较的可能。

四、研究一国各时代岁出支销时的人民财富之多少。必也岁出与人民财富折合为正比例的指数，然后各时代的岁出统计，又才有比较的可能。

五、研究一国各时代岁出支销时的货币价值或购买力的大小。必也岁出与货币价值或物价指数折合为正比例的指数，然后各时代的岁出统计，又才有比较的可能。

第五章
岁出对于生产分配及其他影响

第一节 岁出对于生产的影响

就理想讲，一国的岁出，应当一如岁入或租税之不妨碍国民生产，去鼓励国民生产。但是就事实讲，一国的岁出，也尽有一如岁入或租税之妨碍国民生产，犯了破坏国民生产的毛病的。因之自来中外学者对于岁出的生产影响，尝因其观察的不同，而发生两种绝对相反的思想，就是（一）自由主义者或放任主义者的岁出影响生产论和（二）社会主义者或干涉主义者的岁出影响生产论。

一、自由主义者或放任主义者的岁出影响生产论　这一派学者的主张以为公家支出完全是一种浪费或不生产及反生产的消费。其代表可以分温和的与激烈的两派：（一）温和派为经典学派如亚当·斯密及赛杰皮等，他们以为公家的支出或官吏的俸给等，完全是不生产（unproductive）的；（二）激烈派为无政府主义者如俄国的巴苦宁及克鲁包脱金和中国的老庄鲍敬言等，他们以为公家的支出或官吏的俸给等，不但是完全不生产的，而并且是反生产（anti-productive）的，葛洪所著《抱朴子》一书中的《诘鲍篇》（鲍即鲍敬言）中所云，很足代表此种思想，该篇有一段说：

君臣既立，而变化遂滋。夫獭多则鱼扰，鹰多则鸟乱，有司设则百姓困，奉上厚则下民贫。拥崇宝货，饰玩台榭，食则方丈，衣则龙章，内聚旷女，外多鳏男，采难得之宝，贵奇怪之物，造无益之器，恣不已之欢，非鬼非神，财力安出哉？

夫谷帛积则民有饥寒之俭，百官备则坐靡供奉之费。宿卫有徒食之众，百姓养游民之人。民乏衣食，自给已剧，况加赋敛，重以苦役。下不堪命，且冻且饥，曷法斯滥，于是乎在。王者忧劳于上，台鼎颦顣①于下，临深履薄，惧祸云及。恐智勇之不用，故厚爵重力以诱之。恐奸衅之不实，故严城深池以备之。而不知禄厚则民匮而臣骄，城严则役重而攻巧。

夫身无在公之役，家无输调之费，安土乐业，顺天分地，内足衣食之用，外无势力之争，操杖攻劫，非人情也。象刑之教，民莫之犯，法令滋彰，盗贼多有。岂彼无利性而此专贪残，盖我清静则民自正，下疲怨则智巧生也。任之自然，犹虑凌暴，劳之不休，夺之无已，田芜仓虚，杼柚乏空，食不充口，衣不周身，欲令勿乱，其可得乎？所以救祸而祸弥深，峻禁而禁不止也。

无政府主义者的岁出效果为反生产之说，虽有几许真理（如帝国主义之穷兵黩武，军阀政府之争城夺池等的费用是），但究属太偏。至经典学派的岁出效果为不生产之说，虽较无政府主义者为温和，而且较含有真理（如不急之需用及冗官的俸给等是），但是仍旧至少有三点是可以使吾人怀疑者，就是：

（一）如果岁出效果都是不生产的，那么一国的岁出愈增，必其国富愈减，至少是不增；但是为什么各国岁出的趋势都是有增无减，而其国富的趋势也是有增无减呢？

（二）岁出效果不生产之说，在理论上是很不彻底的，因为一国岁出所产生的为安宁、秩序、国势、威信及国际荣誉等的无形效用或无形财货啦。我们固不能把一切岁出的生产性抹杀而不顾也。

（三）岁出效果不生产之说，在事实上也是行不通的，因为现代的潮流是处处有把政府的职权扩大的倾向，这就是说，是处处有把

---

① 皱着眉头，形容忧愁。

岁出膨涨的倾向，如果岁出的效果是浪费的和不生产的，那么世界上各国的人民为什么要这样愚蠢，去把有用的金钱、财货和劳务送给政府去浪费呢？

二、社会主义者或干涉主义者的岁出影响生产论　这一派学者的主张以为公家支出完全是一种生产的消费，并不浪费的。此派的代表，在中国古代则有法家（如管仲桑弘羊等），在德国近代则有历史学派和讲坛社会主义学派。德国学者对于岁出影响的生产说，大致是可以区别之为四说。就是：

（一）李斯特的生产力说　李（List）氏在其所著《国家经济学》（中国有王开化译本）一书内，主张此说颇力。略谓"国家及其行动，对于个人可以发生一种无形的能力，使其创造财富；此种能力，即叫做生产力（productive power）。因之，国家的岁出，就不能说它是不生产的消费；即使不能说它是直接的生产消费，然而也至少须说它是间接的生产消费"。

（二）第策尔的国家无形资本生产说　第策尔（Karl Dietzel）的国家无形资本生产说，是根据于国家为生产要素之一的观念而演绎出来的。一国政治组织的抽象名词就是国家，政治组织是国民生产所不可少的条件，所以国家也是生产要素之一。国家为生产要素之一之说，初创者为李斯特，而发扬光大之者实为第策尔（Karl Dietzel），第氏曾说：

"凡生产的劳动，因求其不受何等障碍，以从事于财货的生产，对于外部危险的保护，实属必要。何以故？因若无此保护，则妨碍劳动的进行，或使其迟延，致劳动结果终于破灭，至少亦足以减少其价值。故劳动的保护为生产的必要条件，因无保护而不能生产的物件，由于保护而生产，则此保护，可称为与生产该财的具有同一之力，即保护为生产的。而对于人为的妨碍，担任国民经济之保护的，实为国家，故国家行动为生产的。……

共同经济，与其他私企业一样，多借资本以经营之，其中最重要的为国家，即国家为最大的无形的资本。国家确保人们的自由，此自由的确保与创造自由相同，而个人因得利用之。故自个人言之，得谓国家为其利用资本。

同时，又可称国家为生产资本。何以故？因为国家对于个人经济所给与的保护和补助；足以促进一般国民经济上的其他的财的生产之故。

这样，国家本身并国家的诸制度，属于无形资本，为生产的最大条件。"（参阅何崧龄译小川乡太郎著《财政总论》，第一编，第23—25页）

国家既为生产要素之一，所以其岁出不过是等于普通之所谓成本或生产费，所以岁出是生产的，因为它是国家无形资本的生产费。

现在让我们节录一段 1855 年氏著《国债制度论》的英译原文于下，以资参考。

Besides other favorable conditions, productive industry needs, for its undisturbed and successful prosecution, protection against external forces which would otherwise disturb, delay, deteriorate, or annihilate the process of production. These disturbing factors may be either natural or human forces. The protection of industry against such disturbances is, therefore, a necessary condition of production; and the expenditures made for such a purpose must be considered productive.

With institutions designed to protect industry against natural forces this is beyond question, and is denied by no one. Factories, shops, and storehouses are, therefore, generally considered productive investments; for the product could not be obtained or its value would be reduced if industry were not protected against the possible destructive effects of rain, wind, or sun.

But it has not generally been perceived that the same is true of institutions designed to afford protection against human agencies. Human force, to be sure, is usually directed toward seizing upon the products of industry; but it often has the result of merely decreasing the value of the products, and decreases the labor force through drawing away the workmen to protect the land against attack. It often has the more lasting result of reducing labor power on account of injuries received in service, or of destroying it altogether.

Everything which is threatened with destruction, but finally saved, is virtually newly produced; in such a case we possess a thing which, without the protective institutions, therefore, and the expenditure by which they are maintained, must be considered productive. This is true of protection of the products of labor and of the laborers themselves. Every expenditure by which a productive laborer is maintained is productive.

In small affairs we recognize this productivity of protective institutions without trouble, since we assign a shepherd to every herd and do not consider such expenditure unproductive. In large affairs, however, we do not recognize this, but deny to expenditures for public order and national defense the acknowledgment of their productivity.

The principal institution for the protection of society against the evil effects of violence by human agencies is the state. It protects the peaceful labor of citizens, and the products of such labor, against disturbance or destruction by domestic or foreign enemies. As little as the herd can dispense with the shepherd can society exist without government and its protective action.

Expenditure to procure domestic tranquility and to defend persons and property against attack is, to be sure, less harshly judged than military outlay; its usefulness and the necessity of such public action is generally recognized. But should policemen be considered economically productive and the army unproductive? ...

The unproductivity of expenditures for war is used as the chief argument against public borrowing because up to this time loans have been utilized for the most part to meet the great expenses of war. This view rests upon the assumption that the wars could have been avoided, which is a delusion. From the economic standpoint war, like any destructive outbreak of natural forces, seems to be the result of circumstances and forces which are actually operating in society and must be accepted as a given fact. For our economic life, therefore, the only possible course is to seek to make this power, like the forces of nature, useful or harmless, as the case may permit. When undertaken for the purpose of defense war makes property secure and insures the orderly on going of productive undertakings; and all the wealth which, without its intervention, would have been destroyed or not produced, must be considered as produced with the coöperation of war. When it is a war of offense, it serves to obtain advantageous conditions for economic development or it averts future injuries to it. It both cases its purpose is to maintain or advance the national wealth. In the first case it secures valuable territory or favorably situated localities, or, as a commercial war, opens up avenues of trade in regions previously closed. In the second it undertakes to maintain the balance of power, and to prevent the growth of other states which might later prove dangerous to the economic development of one's own land. (Das System der Staatsanleinen, 11—15, 1855, quoted by Bullock: op. cit., pp. 28—30.)

　　译文：除了其他有利条件外，生产性工业为了不受干扰和成功地进行，还需要保护其不受外部力量的干扰，否则会干扰、延迟、恶化或消灭生产过程。这些干扰因素可能是自然或人为的力量。因此，保护工业免受这种干扰是生产的必要条件；为此目的所做的支出必须被视为生产性的。

　　对于旨在保护工业免受自然力量影响的机构来说，这是毫无疑问的，而且没有人否认。因此，工厂、商店和仓库通常被认为是生产性投资；因为如果不保护工业免受雨、风或太阳的可能破坏性影响，就无法获得产品，或者其价值就会降低。

但是，人们通常没有意识到，旨在提供保护人类机构的制度也是如此。可以肯定的是，人类的力量通常是为了夺取工业产品；但它的结果往往只是降低了产品的价值，并通过吸引工人来保护土地免受攻击而减少了劳动力。它往往会产生更持久的结果，即由于在服务中受到伤害而减少劳动力，或者完全摧毁劳动力。

在这种情况下，我们拥有的东西，如果没有保护机构，以及维持这些机构的开支，就必须被认为是生产性的。对劳动产品的保护和对劳动者本身的保护都是如此。维持生产性劳动者的每一笔开支都是生产性的。

在小型事务中，我们毫不费力地承认保护机构的这种生产力，因为我们为每一个畜群指定了一个牧人，并且不认为这种支出是无益的。然而，在大的事务中，我们不承认这一点，而是拒绝承认用于公共秩序和国防的开支的生产力。

保护社会免受暴力的负面影响的主要机构是国家。它保护公民的和平劳动，以及这种劳动的产品，免受国内或国外敌人的干扰或破坏。没有政府和它的保护行动，社会就无法存在。

可以肯定的是，与军事支出相比，用于维持国内安宁和保护人员和财产免受攻击的支出没有军事支出那么严厉；人们普遍承认这种公共行动的有用性和必要性。但是，警察是否应该被视为经济上有生产力，而军队是没有生产力的呢……

战争支出的非生产性被用作反对公共借贷的主要论据，因为到目前为止，贷款大部分都被用来支付战争的巨大开支。这种观点建立在战争本可以避免的假设之上，这是一种错觉。从经济角度来看，战争，就像任何自然力量的破坏性爆发一样，似乎是社会中实际运作的环境和力量的结果，必须被接受为一个既定的事实。因此，对于我们的经济生活来说，唯一可能的途径是寻求使这种力量，像自然力量一样，有用或无害，视情况而定。当为防御目的而进行的战争使财产安全，并确保生产性事业的有序进行；所有的财富，如果没有它的干预，就会被摧毁或不生产，必须被认为是在战争的合作下产生的。当它是一场进攻性的战争时，它的作用是为经济发展获得有利的条件，或避免未来对经济的伤害。在这两种情况下，其目的都是为了维护或促进国家财富。在第一种情况下，它确保了有价值的领土或处于有利位置的地区，或者，作为一场商业战争，在以前封闭的地区开辟了贸易的途径。在第二种情况下，它致力于维持权力的平衡，并防止其他国家的发展，这些国家以后可能会证明对自己的土地的经济发展是危险的。

（三）斯泰因的再生产力说　斯（L. v. Stein）氏为德国初期财政学家的泰斗。他对于岁出的生产影响，以为"国家之行动及其经费，二者在个人经济之资本构成上之重要，殆与个人之饮食在财货生产上之重要无异。个人且饮且食以行生产的行为，既获生产品，再消费之，以维持其劳力，而更行生产的行为；故消费实为生产之原因。国家之行动及其经费对于个人资本之构成，固无以异是。故国家经费用去之后，必再以个人资本之形式发现于国民经济之上，而重被生产。此种能力，谓之再生产力（reproductive power）。此种再生产力所生之结果，或大于原财货之价值，或适与相等，或比较微小，虽视其时其地之情形而异，然从大体言之，再生产力所生之结果，苟足以充国家原来经费之本利，则国家之经费，虽极度地扩张，亦不能谓为过大。盖在此范围内，国家经费，复被生产为国民资本，此种资本之一部分，复变为国家之经费。此于财货之循环，乃国家经济之原则也。要之，国家经费，或为生产的，或为不生产的，胥当视其有无再生产的效果以为定。"（陈启修著《财政学总论》，第二编，第1212页）

（四）谢富尔及瓦格涅的新生产说　二氏以为国家取人民的财货而消费之，其结果往往为种种有形的或无形的利益的产生，以备人民的享用。所以国家的岁出是生产的，是必需的，是有益的。因为它是能够产生新的有形或无形的财货啦。

上述岁出影响的四种生产学说，虽有时有地不免失之于太乐观，但是就长时间而论。该四说实在是很有道理的。岁出消费说，大概是对于恶劣政府的支出而言的，但是恶劣政府的生命我们终盼望其短暂。岁出生产说，大概是对于良好政府的支出而言的，而良好政府的生命我们终盼望其久长。

著者以为上述岁出影响的四种生产学说，都是很有见地的，而且是一种岁出影响的各方面。譬如以上海市开辟贯通南北市的中山路为例证。此路开通行车之后，那么（一）李斯特的生产力说必先行发现，因为交通便利货畅其流之后，海上居民的各方面生产力自会增加也；（二）次则上海市的车捐收入和路旁土地税收入及房捐收入必逐渐足以偿筑路的原费而有余；（三）再次则各种新生产力必缘该路的交通便利而大大的发展；（四）最后则凡此种生产上的好影响，胥无不发生于市政府（亦即国家的一部分）的努力，亦即第策尔的国家无形资本生产说也。所以著者以为这四种岁出影响的生产说，实在有一以贯之的可能性，并非截然可以分离为四种学说的。

以上是岁出的生产影响的总括讨论。现在我们还可以很简单的作一个个别的研究。我们知道，有些岁出如公债利息和养老金之类不过是一种转账的款项而已，无甚生产影响之可言；有些岁出如教育费与卫生费之类是直接能够增进国民的生产力的，有些岁出如孀妇恩给金、义务教育费、施医费、平民住宅补贴费之类，是直接能够增加人民（现在或后代）的工作能力和储蓄能力的；有些岁出如各种社会保险费之类是不免要减少人民的工作心和储蓄心，因为横竖将来有一定可靠的补贴收入啦；有些岁出如中央补贴地方费、战争费、建设费、产业费、私人事业津贴费之类，是能够移转国内的富源由甲地到乙地，由甲业到乙业的。（参阅达尔顿著《财政学原理》第十八章）

（五）这样，我们似乎还可以觉察一个岁出的生产学说，就是英儒达尔顿（Dalton）博士的岁出产生经济福利说。达氏以为岁出所能产生的经济福利可分两种：（甲）其一是人民生产力之改进如生产量增加和生产物改善是；（乙）其二是生产物分配之改善如所得分配不均的低减和所得季节变动性的调整是。

第二节　岁出对于分配的影响

一国岁出对于国民经济分配的影响，适与其租税对于国民经济分配的影响处于相对或相反的地位至少是在理论上是应当处于相反的地位的；因为租税的正义目的是应当多多向富有者抽取，以期贫富悬殊的状态之减轻或消除，而岁出的正义目的是应当多多支销于贫苦阶级身上，以期贫富悬殊的状态之减轻或消除啦。岁出的正义目的对于无偿支出或领款人不出代价的支出，尤为显著。德儒瓦格涅有赋税的"社会改良"之说，此说是很可以适用到岁出论上来的，就是一如赋税制度之应当减少财富分配不均的程度，岁出制度也应当减少财富分配不均的程度的。

一如最小损害的原则之应当适用于租税政策，所以最大利益的原则是应当适用于无偿支出如补助费，恩给金，养老金，津贴金（粮食津贴、储蓄津贴、教育津贴、住宅津贴），疾病金，失业金，产妇金，孀妇金等。换言之，就是一国的岁出是应服从"国民至少福利政策"（policy of national minimum）的。

其他中央政府对于地方政府的补助费，足以减轻地方上的租税负担；地方支出之用于不动产者，则足以使地产涨价；地方支出之用于道路者，则足以使汽车厂发达和有汽车者的特殊享益；地方支出之用于公园及公共体育场者，则足以使一般民众都享益；地方支出之用于安全或治安者，则足以使有产者的产权及收入更有保障等；其影响于国民财富的分配者，实有不能概括而言的了。（参阅达尔顿著《财政学原理》第十九章）

第三节　岁出之其他影响

讲到岁出之其他影响，我们大概可以分三点来约略讨论一下：

一、其一就是实行政策的行政费须越少越好，庶几岁出得以多多用之于职务或目的上去。要做到这一点，那么国家最好是要讲究科学管理法及成本会计等才好。

二、其二就是岁出在商业萧条的时候，足以养活许多失业的工人，维持许多生产品的需要。政府从支出方面救济商业萧条的方法为（一）调节经常支出，使不与社会的需要相竞争；（二）增加临时支出，去公营生产事业，或补助私人生产事业使不至于倒闭歇业。

三、其三就是就财政的本身而言，财政就是把社会的富源用到最有利益的路上去的一种政策，所以一国岁出之其他影响，至少在理论上是应当十分良好的。

第六章
岁出的一般原则

在本书绪论第二章，我们知道公经济支出的效果是难以测度的，而其利弊也是不容易在表面上判别的；因之我们就不得不拟定几个妥善的原则去范围岁出，并名之为岁出的一般原则（Allgemeine Grundsätz im Ausgabenwesen）。

此种原则当然系根据其他相关的社会科学的学说而来的，所以当该种相关科学的学说将来因时势的变迁而随之变迁时，此种原则当然也是要随之而变迁的。且此种原则既系向其他相关科学碰凑而成，那么在应用上自亦难免有互相冲突之处，请于下文申述之。

岁出的一般原则甚多，但是可以概括的把它们分做四种：就是（一）第一种根据政治学上的学理的政治的原则，（二）第二种以财政的立脚点为主的财政的原则，（三）第三种根据国民经济的观察的经济的原则，和（四）第四种注重社会伦理的观察的社会的原则。

一、岁出的政治原则 所谓岁出的政治原则者，就是政治家或理财家"当顾念国家之存在理由，注意于国家之社会的效用，以定公共职分之范围，而斟酌公共经费之用途，不可或失于广，致阻碍国民身心之发展，亦不可或失于狭，致不足以诱掖国民身心之发展"的意思。该原则又可细分为三个：

（一）凡性质上非国民私人的力量所能举行的职务如军备、外交、警察、司法等等，均应由国家执行之，故其经费也应当由国家负担之。

（二）凡性质上非国民私人的力量所应举行的职务如道路、币制、度量衡、邮政及其他俱有自然独占性的企业等等，均应由国家经营之，故其经营费也应当由国家负担之。

（三）凡性质上非国民私人的力量所愿举行的职务如学校、学术机关、小额保险、失业保险等等，均应由国家执行之，故其经费也应当由国家负担之。

除掉人民私人所不能为，不应为，和不愿为的事业之外，国家似应当采取一种放任政策（hands-off policy），正不必"天下本无事，庸人自扰之"也。如果人民私人所不能为，不应为，和不愿为的事业是越来越多，那么我们也就不知不觉地跑到社会主义和干涉主义的路上去了。

二、岁出的财政原则　岁出不但是财政学上实质内容的一部分，而且是财政最初和最终的目的，其大小繁简之当否，实足左右财政之其他部分，故财政原则是必不可少的。本原则就是政府当努力于岁出的经济的使用，万不可有浪费，并须公开，与民共见，即有盈余或不敷，亦须减至最少限度。兹再约略申述之如下。

（一）励〔厉〕行节约政策　节约就是经济而有效率的使用，也就是以最少的代价获得最大的效果的意思，并不是只顾代价之最少，而不顾效果为何若也。达尔顿谓财政是一种科学，不是"一串省钱的格言"（a string of catchpenny maxims），实在可以作误解节约政策者的一根当头棒。

（二）励〔厉〕行公开政策　岁出公开就是把预算、现计及决算等财务行政程序都公之于人民或其代表而受其裁可（sanction）的意思。岁出的效果，本不易知，故须励行公开的政策，借以避免不经济及不正当的费用也。

美儒亚当士谓办理财政者有三个格言须切记在心，其一就是"政治的制裁必须设立"（Political restraints must be established），也就是岁出须公开的意思；因为国家之行事，本来是既无竞争，又少契约，诸事恃权威，若无制裁或不公开，则其弊有不堪设想者。即如法国拿破仑三世尝使其宠臣兼任许多官职，并一一与以薪俸，甚至 1 元帅的薪俸有年达三四十万佛郎以上者，可谓误谬之极。但其根本原因在财政不公开。

（三）励行微盈或微亏政策　这是因为多盈则足以鼓励文武官吏的浪用公款，膨涨预算，而微盈则足以断绝他们这种念头；多亏则足以招致财政之危险或破产，而微亏则并无此种危险，或反足以使文武官吏之精勤节约。本原则西拉斯叫做 canon of slight or moderate surplus or deficit[①]。

三、岁出的国民经济原则　岁出的来源在国民，而其去路则不尽在国民，故其影响所及，有关于国民经济者很大，则岁出的国民经济原则的重要可想而知。本原则的含义就是国家须涵养及奖励国民的经济生产力，而万万不可阻碍其发达。亚当士教授的理财三格言中的第一个格言就是"国家固有的产业，不可损害"（the patrimony of the state must not be impaired），实在也是很含有本原则的深意的。至本原则的内容又可分做下列三条：

（一）国家应当多多增加生产的岁出，减少不生产的岁出。不过那种岁出是生产，而那种岁出是不生产的，其界线与标准是很不容易区别的。讲到这里，我们恐怕又要求助于岁出的影响一章了。

（二）岁出支销的地点应当越多在国内越好，岁出用在国内，则其消费的利益得由国人享受之，故国民经济得借之以繁荣。岁出用在国外，则其消费的利益多不归国人所享受，因之，国民经济的发达或不免为之阻滞。吾国从前之滥送学生出洋留学而忽略本国大学及研究院的设备，实在是很不合乎岁出的国民经济原则的。其余如滥派专使出洋和滥购外国材料和军备等，其不合乎国民经济的原则，那是可以更加不必说了。

（三）一国岁出的负担应与国富成相当的比例。一国岁出的负担应与国富成什么的比例呢？（甲）有人说，岁出的总额应为国民每人

---

① 即轻度或中度盈余或赤字的典范。

分担若干货币单位。但是人民有贫有富，此种比例法似不适用也。（乙）又有人说，岁出的总额应为国土（即全国领土）每方里分担若干货币单位。但是土地有肥有瘠，此种比例法似也不适用也。（丙）又有人说，岁出的总额应为国富（国民的综合财富）的 5‰ 到 25‰。（丁）又有人说，岁出的总额应为国入（国民的综合收入）或国得（国民的综合所得）的 5% 到 25%。其实丙与丁二种比例是大致一样的，因为如果我们假定财富或资本为收入或所得的十倍，或假定收入或所得为财富或资本的十分之一，那么国富 5‰ 到 25‰ 的岁出，不就是等于国入 5% 到 25% 的岁出么？（参阅西拉斯著《财政学》，第 103 页）

据德国 18 世纪的官房学派尤斯底的意见，以为拿国民每年收入的 16% 供国家的岁出是很普通的；若岁出与国民收入的比例增至 25%，那实在是太高太重了。著者的意见以为在平时，16% 的比率似尚嫌过高；若在战时，那么就是超过 25% 也不算希〔稀〕奇。

四、岁出的社会原则　所谓岁出的社会原则就是政府应当注意岁出支销之后，其归着在何处，而且应使岁出的利益普及于社会，无所偏袒，借以免去种种因岁出而发生的社会问题。这个岁出的社会原则也就是达尔顿所主张的"最大社会利益原则"（the prineiple of maximum social advantage）的一部分。兹为明了起见，我们可以把这个岁出原则分做二点来讨论：

（一）其一就是岁出不应该偏颇于一个地方或若干地方　我们一方面固然是应当使一地方人民所缴纳的租税收入尽量再用之于该地方，但是又一方面也应当顾到国内各地贫富不均的状态及"国民至少福利政策（policy of national minimum）"。这样，我们似乎可以断定的说，以贫地之租税收入用之于富地是万万不可以的，但是以富地之租税收入，分一部分用之于贫地，使贫地的人民也得享受国民至少的福利，这是可以的，而且是很应该的，很正当的。

（二）其二就是岁出不应该偏颇于一个特殊阶级　我们一方面固然是应当使一个阶级所缴纳的租税收入尽量的用于该阶级，但是又一方面也应当顾到国内各阶级贫富悬殊的状态及"国民至少福利政策"。这样，我们似乎又可以断定的说，以贫苦阶级之租税收入用之于富有阶级是万万不可以的，但是以富有阶级的租税收入，以全部或一部用之于贫苦阶级身上，使贫苦者也得稍微享受一些国民至少的福利，这是可以的，而且是很应该的，很正当的。

上述"最大社会利益原则"其实也就是边沁（Bentham）的"最大多数的最大幸福"的原则。终之，岁出的最大社会利益原则须服从下列的法则：

各方面岁出所产生的最后或界限社会利益须刚刚（或至少）足以弥补各方面岁入所招致的最后或界限社会牺牲。

Public expenditure should be carried just so far that the marginal social advantages of expenditure in all directions are equal and just balance the marginal social disadvantages of all methods of raising additional public income.

译文：公共开支的范围应该是，所有的开支的边际社会优势都应尽可能相等，并且正好平衡所有提高额外公共收入的方法的边际社会劣势。

第三编
预 决 算 论

第一章
预决算制度概论

一、紧接岁出论讨论预决算论的理由　接着岁出论而讨论预决算论，这是有两个理由的：其一是岁出是最与预决算有关的，一部预算书，总有十分之八九的地位是关涉岁出的，我们虽谓预算表是岁出的统计亦不为过；其二是我国财政之不良，其原因在不明岁出的真相及种种的原则之外，又在于预决算制度之不讲究。

二、预决算论的名称　财政学中对于预决算论的名称，学者尚未有一致的主张。有称为财务行政论者，有称为财务行政及管理论者，有称为国计论者，有称为公共会计论者，有称为财务行政秩序论者，有称为预算论者，有称为预算决算论者或预决算论者。第一与第二名称，其弊在：（一）易与财政的本身相混和〔合〕；（二）不能包括立法方面的事实。第三个名称其弊亦在易与财政的本身相混。第四个名称，其弊在易与会计学相混，而完全不能包括立法及租税一方面的事实。第五个名称其弊在（一）名称之新异，与（二）普通人民之不易通晓。至第六个名称，有人谓其弊在不能包含金库论，现计论，及审计论；然既曰预决算论，则预算之后和决算之前的种种过程，当然是包括在内的；所以我认为预决算论这个名称是最妥当不过的，况且这个名称是又简单又容易了解乎？

三、预决算论的内容　预决算论的内容可以分做两部：其一为事实的或实质的内容，其二为形式的或法律的内容。实质的内容所包括的为（一）预算收支及决算之程序，（二）预算之形式及分科，

（三）现金之保管或金库制，（四）出纳的方法，和（五）审计等。法律的内容所包括的为（一）预算之法律的效力，（二）违反预算时之法律的责任，（三）会计检查后之法律的效果，（四）违法的收支之责任等。总之，实质的内容亦可称之为会计论，而法律的内容亦可称之为财务法论。有人谓财务法论是不包含在预决算论范围之内的，而是应属于行政法学的范围以内的。

四、预决算论的重要　财政学者间，间有轻视预决算论者。他们的意见，大概可以分做三层：就是（一）预决算论是关于形式的理论，而不是关于事实的理论；（二）预决算论是太偏于行政法学的一方面；（三）预决算论是俗吏的知识，是刀笔吏的末技，用不着学者去讨论。这三层意见，头一层是不懂实体法与诉讼法的关系是很密切的。即如租税法就是实体法，征收法就是诉讼法；有了实体法而无诉讼法，那么实体法的效力必等于零；有了租税法而无征收法，那么租税法的效力亦必等于零；所以事实与形式是须并行并重的。至第二层的意见亦是不对的。何以呢？因为预决算论之与行政法学有关者，不过是仅仅一部份，我们断不能以一部份的性质以概其余也。至第三层意见，更属毫无理由之可言，因为预决算论里面，的确也是有高深的学理可寻的，并不一定是只有俗吏和刀笔吏的知识和技术。我们现在既然把轻视预决算论的三种意见驳得体无完肤，那么预决算论在财政学上地位的重要，是可以不言而喻了。

五、会计年度　预决算论中有三个通共的问题，就是（一）会计年度（fiscal year），（二）会计机关，及（三）会计法规。兹请先论会计年度。

（一）会计年度之解说　会计年度一名财政年度，就是政府对于预算，现计，及决算之间规定一定的起讫期间，以资结束之谓。

（二）会计年度与历年　会计年度是不必一定要与历年相符合的。世界各国的会计年度大概是不与历年一致的。

（三）会计年度之长短　会计年度有一年的，有二年的或二年以上的。一年制的会计年度，英法日美意及中国等采之。二年或以上制的会计年度，欧战前的德国的各联邦及美国的各州政府采之。大抵凡中央或联邦政府的会计年度是莫不采一年制的，而地方政府的会计年度是间有采取二年或以上制的。兹把一年制及二年制的会计年度的利弊述之于下：

（甲）一年制的会计年度之利，为：

子、会计年度的期限短，故财政事实的情形必不至十分差异，故决算与预算相符合的机会亦大。如果决算与预算常是不相符合，那么又何贵乎有预算呢？

丑、会计年度的期限短，年年讨论预算案与决算案，那么财政容易公开，容易监督，而财政界的积弊或一切政界的积弊容易剔除。

寅、会计年度的期限短，预算案年年要做，所以财政上可以多得改良之机会，不致在时代潮流上开倒车。

卯、会计年度的期限限于一年，是合乎天理适乎人情的。

（乙）一年制的会计年度之弊，为：

子、有些事业是万不能在一年之内完成的，所以事业费也须牵连至一年以上的。如果会计年度之期限只限于一年，那么此种事业似有断绝之虞。不过现在各国之救济办法大概是在头一年先规定事业费之总额，然后再按若干年分摊，每年支用若干分之几，下年度不得裁减。此法行，则一年制的第一弊端去。

丑、一年制会计年度有使岁出有激增之势，这是对于国民负担上很不利的。不过如果会计年度是在二年以上，那么从前压而未发的岁出增加，将于二年后一起暴发出来，那么对于国民负担的压迫是仍旧一样的，恐怕人民的心理还要比较的恐慌些。何以呢？因为在一年制的会计年度之下。岁出之增加是渐进的，而在二年制或二年以上制的会计年度之下，岁出之增加是急进的。

寅、在一年制的会计年度之下，议会每年忙于预决算案之讨论，将无暇去讨论其他的立法事宜，而其他的立法事宜只少多与预决算案有同等的重要程度。不过预算案的确是凡百庶政之纲领，预算案之能否通过于议会，常足以决定内阁之去留；预算案既然是这样的重要，那么议会花费大部份的光阴去讨论之，也是应该的。

卯、在一年制的会计年度之下，议会与行政机关的冲突机会必多，那么是容易惹起政潮，驯致①动摇国本的。不过立法机关与行政机关之间，如毫无争执，也不是好现象；有争执而不至于冲突，始为理想的制度；而欲避免二机关之激烈的冲突，惟有因势利导，增加其接近之机会之一法；那么对于一年制的会计年度之能增加这种机会者，又未可厚非也。

（丙）二年或以上制的会计年度之利，就是一年制的会计年度之四弊；不过我们对于这四弊已经辩正，所以二年制的会计年度之利，实在是并不存在的。

（丁）二年或以上制的会计年度之弊，就是一年制的会计年度之四利。

这样看来，一年制的会计年度是有利而无弊的，或者是利多而弊少的；二年制的会计年度是有弊而无利的，或者是弊多而利少的；所以世界各国的中央或联邦政府是没有一个不采用一年制的会计年度的，而大战以后之趋势，就是地方政府亦逐渐放弃二年制的会计年度而采用一年制的会计年度了。

（四）一年制会计年度之开始期　一年制会计年度的开始期大概可分为三种：（一）以历年元旦为开始期，12 月 31 日为终结期，如法兰西和比利时是；（二）以 4 月 1 日为开始期，3 月 31 日为终结期，如英吉利和日本是；（三）以 7 月 1 日为开始期，6 月 30 日为终结期，如美利坚西班牙意大利和中国是。

以上三种的会计年度开始期并不是随便决定的，大概是守着两个条件的。这两个条件就是（一）预算案通过之时期须与实施之时期相衔接，（二）预算案实施之时期须在国库收入多而支出少的时候。

民国元年（1912）颁布会计条例，以国会开会之期间在 4 月，

---

① 　即逐渐招致。

而六七月之交又适值田丁开征，而其时的支出亦较少，所以定 7 月 1 日为会计年度开始期。民三（1914）颁布会计法，亦定 7 月 1 日为会计年度开始期。民四袁氏专政，处处复古，财部媚新，亦呈请改 7 月 1 日为正月 1 日为会计年度开始期，其理由为（一）新制是违背数千年的旧习的，（二）新制与实际的办法是不符的，（三）立法院开会之期在 9 月，会计年度开始期在正月 1 日，正可与之紧相衔接。

（五）决定岁入所属的年度之方法　决定岁入所属之年度之法有三：即（一）纳期一定之收入，以其纳期之末日定之；（二）须发纳税通知书之随时收入，以发通知书之日期定之；（三）无须发纳税通知书之随时收入，以收到之日期定之。

（六）决定岁出所属的年度之方法　决定岁出所属之年度之法有五，即（一）有定期之岁出，以其应支出之日期定之；（二）官俸旅费和工资等，以其支给所依据的事实的发生的日期定之；（三）发还及填补之费，以决定发还填补之日期定之；（四）官厅杂费土木建筑及购置物品等费，以其契约缔结之日期定之；（五）不属于上述四项之岁出，以其支付饬书之日期定之。

六、出纳整理期间与出纳管理期间　所谓出纳整理期间者就是于会计年度终了之后，划出相当之时期，继续出纳。以便整理或完结上届会计年度所未了结的事务或账目之用的一个时期。此种出纳整理期间之短长，常视各国的情形而定；大抵法国为八个月，比利时为十个月，日本为七个月，中国为六个月。大凡采行出纳整理期间的国家是采用应收应付的决算制；这种制度英文叫做（the accrual basis for government accounts）。

此外又有所谓出纳管理期间者，就是会计年度之期间，即以现金出纳为标准的期间，而无须以预算案的账项为根据者。采此制者为英美意等国。此制之利在表显出纳官吏责任之简便，会计年度一终了即可办理决算报告；而其弊则在不能明了预算案之真相。这种决算制也可叫做现金决算制（the cash basis for government accounts）。

七、会计机关　预决算论内的第二个通共问题就是会计机关。

所谓会计机关是有广义的与狭义的之分的：（一）广义的会计机关是包括会计的立法机关，会计的实行或行政机关，和会计的司法机关而言；（二）狭义的会计机关是只指财务行政机关而言。

（一）会计的立法机关　会计的立法机关，通常都是国会或议会。议会对于会计立法的职务，大致有三：即（一）制定关于会计上的形式的法规；（二）通过预算案件，这是关于实质的财政的事前决定；和（三）通过决算案件，这是关于实质的财政的事后决定。

（二）会计的行政机关　会计的行政（或实行或执行）机关，通常就是财政部长及其所属的一切财政机关，如财政厅，金库，税关，税所，税局等。财政部的职务，在依据会计法规及预算案，实行出纳及保管。财政部长为会计的行政机关的领袖，其职责为（一）编制预算案，报告于阁议及国会，（二）执行预算案，（三）编制财政法规，报告于阁议及国会，（四）施行财政法规，及（五）监督种种财务行政。意大利在财政部长之外，另设国库总长；法兰西于财政部长之外。另设预算总长；（1925 年班乐卫内阁创设预算部，设部长。）那么财政部长之职责是稍微削减了。

（三）会计的司法机关　会计的司法机关，通常有三种或四种，就是：（一）议会之设立审计委员会，（二）财务行政机关之设立审计局或审计员，（三）行政元首之设立一种特别委员会去审查各行政机关的账目，及（四）设立独立性质的审计院以审查各行政机关的账目。

（四）三种会计机关之互相关系　上述立法，行政，和司法的三种会计机关，其间相互的关系究应如何乎？关于此点，大概有三式可供参考：

（甲）其一就是英国式　先由财政部长编制预算提出阁议。内阁通过之后，再由财政部长以内阁名义提出国会。国会只得削减之，而不得增加。预算案既由国会通过之后，收入则由征收机关征收，存入英兰银行；支出则由财政部长根据预算案发一经费请求书与审计长（Comptroller and Auditor-General），经其核准之后，再由财政部长发一转账命令与会计长（Paymaster General），方得由实权的各部会计主任支用。支用后，会计长再将簿据送交审计长审查。审计长审查完毕后，制成决算报告，送交国会，再由国会审计委员会审查，为最后之决定。

（乙）其二就是美国式　先由财政部长编制预算报告送交大总统，再由总统提交总统府附属机关——预算局（Budget Bureau），由预算局详细审查之后，再由总统送交国会。国会对于预算案，增减均可。预算既通过之后，收入则由征收机关征收，存入国库；支出则由财政部长发一支付饬书与审计长审查，审查合格后，始得由国库长（Treasurer）照付。审计长审查完毕后，编制决算报告送交总统，再由总统送交国会审查。（这是 1921 年以后的办法）

（丙）其三就是法国式或欧陆式　财政部长依据各部经费要求书及收入现计书合编预算案，提出国会。国会对于预算得增减之。预算通过之后，收入则由征收机关征收，存入法兰西银行；支出则由财政部长依照会计手续发一支付饬书与国库照付。支出之后，再由财政部与国库编造总决算报告于审计院或会计法庭。审计院或会计法庭审查完毕之后，乃编造审计报告连同总决算送交大总统。再由大总统把审计报告连同总决算送交国会议定之。

八、会计法规　各国宪法的特色在财政之公开与其责任之有所专属，即此可知会计法规之重要了。各国宪法有成文的与不成文的之分，大抵英国是不成文的而其余的立宪国是成文的，所以会计法规之最重要的一部份，亦有成文的与不成文的之分。除出宪法的部份之外，会计法规的内容还有金库规则、会计法、租税法、租税征收法、审计法及特别会计法等。

九、预算案的意义　上面对于预决算论内的三个通共问题既约略有所说明，我们现在可以讨论预算案（budget）的意义了。严格的讲起来，预算案乃是一个政府根据于一定时期内所详细预定的岁出和岁入，对于该时期内所决定的一个完整的财政计划。

十、预算之沿革　上古时代是毫无预算之可言的，酋长或君主是自己有所入可以供自己之用的，无所谓租税不租税。及至中古时代始渐有收支规则之可觉察，但是还没有公私之可分。直至近古时代，预算始盛，亦是政治与经济的环境有以使之而然的。近世预算制度之发达，大概不外乎三种原因。这三个原因，就是

（一）近世租税制度之发达　大概租税越发达的国家，民权亦越发达。人民以参政为纳税的条件，那么民权自然而然的发达了。人民既参了政，那么预算案之过问，实在是物有必至理有固然。起初人民是只要过问预算案，后来人民还要过问决算案，那么民权的势力是更加兴盛了。

（二）近世宪政或民权之发达　这条理由是根据上条而来的。宪政或民权之发达乃是租税制度发达的结果，而民权发达的结果，又是可以促进预算制度之发达。如 19 世纪之不出代议士不纳租税（no taxation without representation），的口号，就是民权发达，财政权须完全操之于人民的代表团——即国会或议会——之明证。

（三）近世财政公开之必要及其可能　在此民权发达的时代，一切财政权操之于人民全体。如果财政不公开，那么人民不明财政的真相，疑窦纷起，必不肯乐于输将，则政府的财政亦将不堪设想了。这是现在财政必须公开的道理。要财政公开，那么预决算案是不可不做而且必须公表的。但是如果没有公表的便利方法，那么财政公开的程度也是有限得很的。幸而近世印刷术、新闻纸及交通机关都非常发达，所以财政着实是有公开的可能。因为财政有公开的可能，所以财政可以越发公开；因为财政越发公开，所以预算制度也可以越来越发达。

这样看来，预算制度之发达与民权之发达是二件不能分开的东西，所以我们也可以说，民权发达史也就是预算权发达史，欧洲自从 13 世纪以来的种种社会革命史，也就是人民争夺预算权或财政权史。

十一、预算案应有之特质　预算案应有之特质有四个：其一是预算案应有详尽的特质，凡本会计年度内的一切岁出都须包括在内，

最好前会计年度的决算案亦须附来，以便参考；其二是预算案应具有法律及公开的特质；其三是预算案应具有政策标准及支出监督的特质；其四是预算案应具有定期性的特质。

十二、施行预算的理由　施行预算的理由有五：（一）满足国民参政的欲望；（二）立财政上之秩序，谋收支之适合；（三）预防错误及不正当的财政行为；（四）预先统盘筹算，使无分配不得当之弊；（五）使办理岁出入者，认真从事，以明责任，庶几各种财政上之积弊可祛。

十三、预算之种类　预算之种类，可以分做下列几个：

（一）以岁入之性质为标准，预算可以分为（一）总额预算及（二）纯额预算。前者是包括财务费预算及政务费预算而言，后者是仅指政务费预算而言。

（二）以时期的先后为标准，预算可以分为（一）临时预算或预算案尚未成立时的暂时预算，（二）本预算，及（三）追加预算或预算案已成立后的临时添加预算。

（三）以预算范围之广狭为标准，预算可以分为（一）一般预算及（二）特别预算。前者是指除特别预算外的一切预算，后者是指一切不列在一般预算内的预算，如战时预算，公债预算，铁道预算，学校预算等而言。

（四）以预算上收支所属会计年度为标准，预算可以分为（一）上年度事后承诺预算，如预备金支出之事后承诺是（实则这也是上年度的追加预算之一种）；（二）本年度预算；（三）来年度预算，如明年或后年等始支用的预算，这种先一二年预先通过的预算，大概是属于继续事业的继续费为多。

（五）以预算案的内容的繁简之不同，预算可以分为（一）大纲预算及（二）详细预算。前者大概是预备成为法律案的，后者大概是以备立法机关的参考的。

十四、预算案之编制　预算案之编制是预决算论中的第一过程。关于预算案之编制问题之各点，大概可以约略的述之如下：

（一）预算案应由何种机关编制？当然应当由行政机关编制。

（二）预算案应在何时编制？这完全是一个行政上的方便问题。不过开始编制之期与开始实行预算之期相差不可过久，最好是像英国之只差六个月。

（三）预算项目算出之方法　这大概是要靠岁出入的统计而参之以临时情形的。

（四）预算案之形式问题　大概岁出入预算是应当分为经常与临时的，而经常项目是应当列在临时项目之前的。至于岁出与岁入之应谁先谁后，这完全是一个方便的问题，无甚深究之必要。至预算案科目分类之多少，大概科目太少则立法机关之权太受限制，而科目太多则行政机关之权太受限制，二者都不是执两用中或允执厥中之道。

十五、预算案之议决　预算案之议决是预决算论中的第二过程。关于预算案之议决问题之各点，大概可以约略的述之如下：

（一）预算案之议决权应操于何种机关？当然是应当操于代表人民的立法机关。有二院的国家，当然代表民众的议院的预算议决权是应当比别一院大的。

（二）预算案应当全部抑一部议决乎？大概英日美德等国是采一部份议决制，而法比二国是采全部份议决制。观乎法国的政潮比英国为多，就可以知道二制之孰优。

（三）议会应否有权增加预算？英国是不准的，法美是准的。大概就理论言，议会是应有此权的；不过就事实言，法美已有不良的成绩，议会是万不应当让它有增加预算之权的。

（四）预算未议决或不成立时之补救　预算未议决或不成立时的补救办法有两种：即（一）上年度预算延长制，及（二）临时预算制。

十六、预算案之施行　预算案之施行是预决算论中的第三过程。此过程一名现计论或现算论。现计论的内容为（一）收入，（二）支出，及（三）金库。兹把关于现计论之各点，约略述之于下：

（一）命令与实行的机关应否分立？为防免财政上的积弊起见，收支的命令与实行的机关是必须分离的。大概征收与支付的机关，其职权是只应限于命令的，而把实行命令之权完全交给于金库。

（二）金库的重要和种类 金库为收入之保管者及支出之代理者，其在现计论上地位之重要是可想而知的了。至金库的种类，则可以用两个标准来分。其一是以形式为标准，那么，金库可以分做（一）统一的金库制（ein heitliche Staatskassen）或集权于一个机关的金库制，（二）官厅的金库制（Behordlichekassen），或分权于各个官厅的金库制，及（三）混合金库制（Verwaltungswesenkassen），就是于统一金库制原则之下，参酌情形，再设立特别会计之局部的金库制是。世界各国多采第三制，中国亦采之，但是可惜我国金库制尚无一定的办法，所有法律条文，其效力直等于零耳。其二是以保管的机关做标准，那么金库可以分做（一）独立金库制（indepenent treasury system）（二）银行金库制，或委托金库制（bank deposit or custody system），而银行金库制复可分为（一）中央银行金库制，（二）普通银行金库制，及（三）联邦准备银行金库制。

十七、审计与决算案之成立 审计与决算案之成立为预决算论中的第四过程，亦即是最后的一个步骤。关于审计制度的规定，大概世界各国的办法各有不同，而其最有可供参考之价值者，当推英法两国。兹述法国与英国的审计制度如下：

（一）法国的审计制度 法国的审计制度，大略为（一）各部各有一个审计局或监理局（Board of Control）以预先审计各该部的支出，每年做一决算报告送交财政部；（二）财政部长接了此项报告之后，即交部内审计局（Bureau of Public Accounts）审查，然后再做一总决算报告，送交一个审计委员会；（三）这个审计委员会是由九人组织而成的，由大总统在议员及行政长官中选任之，审计委员会把财政部所交下来的总决算报告与预算比较和审查一下之后，再提交国会；（四）财政部长于报告总决算于审计委员会之外，又把所收各部的决算报告送交一个会计法庭（Court of Accounts）（该法庭的法官是大总统所委的，任期终身），该法庭一方面把审查结果报告于财政部长，以便起诉犯罪的财务官吏，而他方面又做成一个总决算报告提交大总统；（五）大总统再把会计法庭的总决算报告送交国会；（六）最后由国会预算委员会（Budget Committee）审查审计委员会所送来的报告和大总统所送来的会计法庭的报告，如认为满意，即提交大会通过，成为决算法。

（二）英国的审计制度　英国审计制度之特点，在于简单而有效力。其全部审计制度的中心点，统统集中在审计长一人身上。审计长由国会委任，对国会负责，任期终身，但对于会计法规是毫无容喙之余地的。财政部所发的支付饬书在会计长处照支之后，会计长即把已付讫的支付饬书送交审计长备查，而当财政部长未发用支付饬书以前，审计长亦曾有一度事前的审核，审查之后，如有不满意的地方，小事通知用款机关纠正，大事报告于国会，而国会中则亦有一个常务审计委员会（Standing Committee on Public Accounts）去审查财政部长的总决算报告及审计长的审计报告。常务审计委员会会员为十五人，七人是属于在朝党议员，八人是属于在野党议员，而主席是必须为在野党议员。即此亦可见英国财政公开的办法之完善。如果国会把总决算报告通过，即成为决算法。

上面所述为预决算制度的概论，如果我们要窥一些预决算制度的堂奥，请举英美法三个先进国的实例，以作个案研究（case study）如下面三章。

第二章
英国的预决算制度

第一节　英国人民之争得预算权

历史告诉我们，立宪或民主国家人民代表的过问预算权，并不是一种天赋人权，乃是往往用革命流血或其他或温或厉的手段得来的。英国就是一个很好的例子。现在请先述英国人民之争得预算权或荷包权的历史于下。

英国现在的民主政治是逐渐由中古时代的专制政治演化出来的。当 1215 年之前，英王约翰（King John）是时常滥用其权力，向人民抽取其例定规费（customary dues 如 purveyance，relief，wardship，and marriage）的。1215 年，约翰王为其诸侯所迫，签定大宪章（Magna Charta 即 Great Charter 之意）大宪章内的最重要的一条，就是"不经直接受命于英王的高级教士及诸侯所组织的会议的允许，而赋征的租税是无效的"（no aid or tax to be laid without the consent of the great council of the nation which is to include the prelates and greater barons and all who hold directly of the king）。

1265 年，国会的组成员，除高级教士或牧师及诸侯或贵族之外，又加入每郡的二爵士（knight）和繁盛城市的二公民。

1295 年，爱多亚第一（Edward Ⅰ）召集"模范国会"（Model Parliament），这就是说，第一阶级的主教，第二阶级的贵族，及第三阶级平民（commons）的代表集在一起开会。

1303 年，颁布"商业大宪章"（Charta Mercatoria or the Great Charter of Commerce），开放英格兰的海口与市镇，允许外国人互市。此举不啻是巩固平民或商人阶级的政治上势力和地位。

1322 年，国会分为二院：上议院或贵族院（House of Lords）由精神的贵族（即僧正）与世俗的贵族组织之；下议院或平民院（House of Commons）由爵士或乡绅（country gentlemen）及繁盛城市的公民代表组织之。这三种阶级英人叫做 the Estates of the Realm。（以上一时期，英国史上称做 The Plantagenets 王朝统治时代。）

自 1399 年至 1485 年的 86 年间，六个兰开夏王（Lancastrian kings）及纽克王（Yorkist kings）相继当国。其时内战外患，纷至沓来，王室大概是服从国会的命令的，是以国会对于王室经济及其用途，亦不客气，是时常加以指摘和纠正的。在亨利第四（Henry Ⅳ）朝，下议院遂争得先提财务立法之权（the right of the commons to initiate money legislation）。

自 1485 年至 1603 年的 118 年间，英国史上称做都图王朝统治时代（the period of Tudor kings）。这个时期我们可以称它为反动时代。虽然表面上，英王还是遵循从前的宪例，不时向国会请求款项，但是这种国会通过的款项与英王的特权收入相较是微乎其微的，所以在实际上，英王因有所恃而无恐，所以是差不多与大陆上的专制君主一样的专制的。当时英王的特权收入为：（一）关税，（二）强迫及任意的公债，　（三）造币余利（debasement of coinage），及（四）没收教堂产业的出售。

自 1603 年至 1688 年的 85 年间，英国史上称做斯都脱王朝统治时代（the period of Stuart kings）。在这个时期内，从伊利萨白斯女王到 1688 年的革命，我们可以很明显地看出君权与民权势力的消长，王室与国会权力的起伏。兹特比较详细的叙述如下。

1603 年至 1625 年，杰姆斯第一（James Ⅰ）企图以"神权说"或"对天负责"说（the theory of the divine right of kings）来证明和

拥护其君主的绝对权力。（按中国历来是也有所谓神权说的。不过中国的神权说似乎是很民主的，因为有天视自我民视，天听自我民听的观念去限制之耳。）斯都脱王朝有都图王朝弄权之癖，而无都图王朝治国之才。伊利萨白斯女王一生勤俭，丰满的国帑，都给杰姆斯第一浪费光了，所以他是常常要请求国会通过经费，而国会常常靳而不与，因之冲突就起了。杰姆斯第一往往不得国会的允许，径自征收各种封建时代的特权收入；而人民则往往起与征收官吏反抗，其代表亦与英王立于对敌的地位。1611 年 2 月，杰姆斯第一因宗教争论而解散国会，一直到 1621 年正月，除了 1614 年的二个月之外，国会并未召集过一次。1621 年，因为对外（即西班牙）有战事，战费浩繁，杰姆斯第一乃又不得已召集国会请求战费。

　　1625 年至 1649 年，杰姆斯第一的儿子查理第一（Charles Ⅰ）继父而统治英国。1625 年，查理第一召集下议院讨论岁入，下议院通过的预算，是很不满查理第一之意的，于是彼乃把国会解散，而径以公债应付岁出。1626 年，对西战事不利，乃又召集国会讨论经费问题，国会虽对英王所提的预算照原案通过，但同时规定正式通过须俟至会期的末日（按现在英国的国会每于议会将终时，把从前所通过的预算法案再正式通过一下，其起原即在于此。）查理第一对于此种不信任他的规定大不高兴，乃开始攻击代议政治之罪恶。国会对之，当然起了极大的反感，以后对于查理第一的经费请求一概拒绝。查理乃进行强迫公债（其数额即等于上年度的税额）以筹款，于是逮捕案件，时有所闻，举国骚然，1628 年，英法断绝国交，战事需费，查理第一乃不得已又召集国会讨论战费，国会乃乘此机会提出“民权请愿书”（Petition of Rights）要求查理第一签字画押。查理第一不得已乃照签。该请愿书为 1215 年大宪章的确认与完整：国会于该请愿书内郑重宣言（一）无论何种租税，如无国会的允许，不准赋课；（二）无论何种公债，强迫的或任意的，不准英王发行。（参阅法儒斯多姆著《预决算论》 （R. Stourn：The Budget 第 13 页）1629 年，查理第一又召集国会，国会对于其非法征收的镑税

（Poundage tax）与吨税（tonnage tax）宣布无效。查理第一大怒，乃将国会解散。所以自从 1629 年 3 月 16 日起至 1640 年 4 月 16 日止的 11 年长时期间，查理第一是不要国会的：在此长时期内，查理第一的筹款方法为（一）镑税与吨税照常征收，（二）各种商品专卖权的设立，（三）船税（shipmoney）的新创，（四）王室土地的抵押，及（五）公债的强征。当公债强征的时候，有一个公民名叫汉伯屯（Hampden）者拒绝缴纳 20 先令于征收员，征收员即逮捕之入狱，该案遂激动全国民心，为以武力对付英王的导火线。查理第一旋于 1640 年召集第五次国会，不久即又被解散。同年 11 月查理第一又召集第六次国会，即后世所称谓长期国会（Long Parliament）是也。此长期国会劈头就草宣言抗议查理第一的种种非法课税，并列举其违反其自己所签押的"民权请愿书"的种种罪状。这样，英国人民争预算权或荷包权的革命，已是箭在弦上，万不能再行避免的了。1642 年，内战暴裂，查理第一被迫去伦敦。1648 年，革命领袖克林威尔（Oliver Cromwell）所指挥的圆头军（Roundheads）（即共和军）大败查理第一所管带的骑兵（cavalier）（即保王军），查理第一遂就擒。1649 年，查理第一在白宫（White Hall Palace）前为国会宣告死罪，身首异处。

自 1649 年至 1659 年的十年间，在英国史上叫做共和时代（the period of Republic），其实可以叫做克林威尔的专政时代。英国在共和时代，政费浩繁，人民怨望者多，所以当克林威尔死后，人民就欢迎查理第一之子查理第二恢复王位。

1660 年至 1685 年，查理第二在位。国会鉴于王室常备军的危险，乃主张遣散之，仅留五千兵士，此为后世英国维持少额常备军的滥觞。当时裁兵费用为 40 万镑，其来源为等阶人头税（graduated poll-tax）凡十六岁以上的能自立臣民，都须征纳，其税额自 100 镑至 6 便士不等。但等级人头税征收需时，而裁兵则急不容缓，所以乃暂时向伦敦市借款以资应用。旋查理第二劝诱国会给他常年永久经费 120 万镑，国会允之，但其种种特权收入如 wardships，marriages，purveyance 及 preëmption 之类都须一律放弃。这笔常年永久经费的来源为各种饮料税。如皮〔啤〕酒税、淡色麦酒税、cyder 税、strong water 税、醋税、咖啡税、可可税、冰水 sherbet 税及茶税等。查理第二的最后在位数年，是与国会时有关于财政的争论的，其原因大概是在于不先得国会允许而径自对荷宣战。1674 年，国会拒绝接济对荷战费，战事始息。不过同时查理第二在法国借到外债，所以一直到 1685 年，国会并未召集。

1685 年杰姆斯第二继查理第二而统治英国。杰姆斯第二对于国会的态度是非常之骄慢的。所以在位未及三年而革命又起，即世之所谓 1688 年的革命（the Revolution of 1688）是也。

1688 年的革命既起，杰姆斯第二乃不得不亡命法国，而英国国会乃迎立来自荷兰的威廉第三（William Ⅲ of Orange）为英王。自此以后，英王的私库（private funds of the king）始完全与英国的国库（public funds of the nation）绝对分离；人民代表（即国会）的议决预算案的特权（the budget prerogative）始根本确立，没有一个君主再敢提出异议了；国会年年召集，军费年年须经国会通过（这是 1689 年的事情），没有一个君主敢再于平时不由国会允许而设立常备军（standing army）而穷兵黩武了。此外威廉第三又签押于"权利请愿书"（the bill of rights），这不过是把 1628 年的"民权请愿书"及 1215 年的"大宪章"重行确认遵守一下罢了。

1701 年，国会通过"王位继承案"（Act of Settlement），拒绝信天主教的继统者，而通过汉诺佛王（George Elector of Hanover）继承英国王统。这样一来，英王是人民代表选举的了，是世袭的大总统了，英国民主政体自此确立，而英国人民的预算权或荷包权是愈形巩固了。

第二节　英国财政立法顺序的沿革

17 世纪末叶以前的英国财政立法顺序，经过了很长的时日而并无更改。英王如有国用要筹划的可以请求下议院通过一个议案,叫做"补助供亿案"(bill of aids and supplies)而同时下议院可以向英王请求签字于该院所通过的议案及废除苛政(to relieve grievances)。"补助供亿案"就是允许英王可以令其大臣向人民抽税的一个议案,至于税收之如何支用,该案是毫无权力去过问的。及至 17 世纪末叶,下议院始提出一种新要求,就是该院所通过的税收须支销于该院所通过的用途上去,不许流用。自从威廉第三(William Ⅲ)朝以来,下院对于财政立法的权力,盖无时不在扩张中也。虽此种研究为宪政史范围内的事,但为明了英国下院对于财政立法权扩充的沿革起见,亦不能不有相当的注意也。

英国下院对于国家财政的优越地位的确立,大概可以分做三个段落来讨论:就是:

(一)第一段落   下院对于财政事项的权力范围的累进的扩张及至国家收入与国家支出均须受其节制为止。

(二)第二段落   上院(即贵族院)不能过问财政立法事项。

(三)第三段落   下院设立机关去监督财务行政,俾其财政立法权得发生实际的效力。

一   英国下院扩充财政支配权

在 1688 年之前,英王的独立收入很是可观,此种独立收入之来源大致为王室之产业,例定规费(customary dues)(封建时代的遗迹)及国会通过为英王终身私用的租税三种。就理论上讲起来,英王的独立收入已足敷经常的国家开销,除掉临时的特别支出之外,英王是无须再向国会请求补助的。但是就实际上讲起来,英王的独立收入每年终是不敷抵充经常国家支出的,而此不敷的收入部份或超过的支出部份(margin of expenditure uncovered by non-parliamentary revenue)就变做下院财政支配权扩充的起点。兹把下院对于国家财政收支两方面的支配权的扩张的步骤约略述之于下:

(一)税收方面的支配权的扩张。

甲   1688 年,英王自动的征税权撤废。

乙　"乔治第三"（George Ⅲ）登位之后，把王室产业（土地）的收入亦归国会支配用途。

丙　最后把英王的私收入与国家的公收入，完全划分，各不相犯。

（二）用途方面的支配权的扩张。

甲　1688 年之后，国会通过逐年支用的一定款项给英王支配，以抵补独立收入的不敷部份。这部份国会通过逐年不变的经费，英文叫做 civil list（意即和平时代经费表，若译为王室经费亦通。）

乙　1688 年之后，一直到现在，陆军预算每年必须分门别类的受下院的讨论议决，所以限制英王的军权也。

丙　1688 年之后一直到 19 世纪，海军预算，每年必须笼统的（as a lump sum）受下院的讨论议决。自从 19 世纪一直到现在，海军预算是必须分门别类，不能再笼统报告了。

丁　除海陆军经费须每年由国会通过外，civil list 内的经费项目亦逐项的由永久法定性质变为每年通过性质，即所谓"文官服务预算"（civil service estimates）者是也。

戊　浸假文武预算的各项遂变为预算案的各个单独议决案，即英文之所谓 vote（即投票表决的意思）者是也。各个单独预算议决案内的盈亏款项，不准在未经国会的允许之先，互相流用。

二　英国上院之丧失财政案过问权

就理论讲，议决预算案既是一种立法行为，那么上院当然也有过问之权。不过就实际言，下院向来是处处在那里想法子不令上院过问财政案的。兹把下院历来减轻或消灭上院的财政权的努力，约略述之如下：

（一）亨利第四（Henry Ⅳ）时代下院通过一个议案，把财政案的建议权完全属之下院，而上院只有批评权及赞否权。

（二）1626 年查理第一（Charles Ⅰ）召集第一国会，下院通过一件关于"补助供亿案"的顺序的议决案，谓下院通过一种租税之后，英王可征求上院的同意即下令征收之。

（三）1671 年及 1678 年下院又通过二个议案：一则谓上院不准变更下院所通过的"补助供亿案"，二则谓"补助供亿案"的出发场所应在下院。

（四）1860 年下院所通过的"纸税撤消〔销〕案"（paper duties repeal bill）为上院所否决，于是下院乃又奋起，通过议决案，把下院的财政权，多加一层保障，并谓上院虽以前有否决下院所通过的财政案之权，但是此后下院有权把财政案编制的形式弄得有使上院不能滥行使用该项权力。该议案通过之后下院乃又通过把"纸税撤消案"归并在总财政案，于是上院的反对卒归无效。

（五）1909 年下院通过"路易乔治预算案"（The Lloyd George Budget），但上院以其租税政策太激进，不大利于地主及资产阶级，乃毅然否决之。于是自由党的下院乃又奋起，不惜于一年之内，两度解散议会，两度举行总选举，以诉之于民众。结果是（一）1909 年的预算案照原稿通过上院，（二）1911 年的上院财政案否决权撤消案通过于下院，该议决有云：

"凡下院通过的财政案，如果在国会闭幕前 1 月送至上院审查，而上院在 1 月后尚未照原案通过者，那么除非下院自己要撤回或修正原案外，该财政案应立即呈请英王签押，成为议会的正式议决案。"

三　英国下院设立辅助机关使财政监督权发生效力

（一）下院内部之财政监督机关。

甲　有制用委员会（Committee of Supply）（该委员会为全院的议员）（Committee of the Whole House）去监督用途。

乙　有筹募委员会（Committee of Ways and Means）（该委员会亦为全院的议员）去监督收入。此种办法在 1641 年已经实行。

丙　有审计委员会或决算账目审查委员会（Committee of Public Accounts）（委员 15 人，主席为反对党党员余 14 人两党均分）去审查决算账目。（此种办法 1861 年始实行）

丁　有预算账目审查委员会（Committee on Estimates）去审查预算数之是否合乎经济及效率的原则。（此委员会 1912 年后始设立）

（二）下院外部之财政监督机关。

甲 多数党内阁制（the cabinet system）多数党组织内阁，那么内阁不啻是下院多数党的一个委员会，该委员会之职责是不啻兼立法与行政而有之也。1706 年及 1713 年下院通过的议决案及永久法（standing order）（或议事规程）规定经费请求权只能发自内阁，以免议员之滥使职权。大约相同的时光，下院又通过一条永久法谓一切财政法案都应从全院委员会发生。

照此办法，我们可以晓得，英国的内阁是主动而建设的，英国的下院是被动而批评的。但是下院有投不信任票以倒阁的武器，内阁亦不能滥使职权也。

乙 审计长（Comptroller and Auditor General）审计长系国会所委任的财政监督官，不受行政长官之支配，其职务为经费开支之事前与事后监督。

第三节 英国预算案的编制

（一）编制的机关 英国预算案编制的机关为财政部或大藏省（The Exchequer or the Public Treasury）。（按英国财政部高级人员的组织是很特别的）。1714 年以前，该部的部长叫做 The Lord High Treasurer 高等国库大臣。此后该部就改为委员会，由五委员组织之；委员长常由英国的首相（prime minister）任之，称为第一财政大臣（The First Lord of the Treasury），第二财政大臣（The Second Lord of the Treasury）就是财政部长，其余三委员则称为助理财政大臣（The Junior Lords of the Treasury）。第一财政大臣日理万机，当然是没有空功夫去实际的过问财务行政，所以其职位终是名誉的；助理财政大臣对于财务行政，实际上也少接触，不过他们在国会即下议院里是须协助财政部的二位国会干事的，其一叫做国会政治干事（the Parliamentary or Patronage or Political Secretary of the Treasury）

的，——财政部的国会干事是常由政府指定为下院的政府党总指挥或统率（Chief Whip of the Government in the House of Commons）（其职务为协助总理大臣即第一财政大臣指挥下院的党员，通过议案），其二叫做国会财政干事（the Financial Secretary of the Treasury）。名义的财政委员会既然只顾议会方面的财政事务，而不管实际方面的财政事务，那么实际方面的财务行政指挥官势必另有所属才行。这个实际指挥财务行政者就是财政委员会的第二财政大臣财政部长，英文叫做 the Chancellor of the Exchequer。财政部长的帮手，在议会方面，则有财政部的国会干事及三位助理财政大臣；在行政方面，则有两位财政次长，其一是管部次长（the Permanent Secretary to the Treasury）专管财政部本部的行政事务，其二为财务次长（the Permanent Financial Secretary）专管其他行政机关的财政监督事务。财务次长之下，又分七司（division），司设司长一人，预算员若干人，办事员若干人；各司分掌其他行政机关的财政监督事务，如第一司监督陆军部，海军部，及殖民部（colonial office）的财政行政；第二司监督司法机关及内政部的财务行政；第三司监督爱尔兰各行政机关的财务行政；……

我们知道英国是行责任内阁制的国家；所以对于预算案的责任，内阁是连带负责的，是整个负责的；所以编制的机关虽是属于财政部，而对于编制好了之后的责任，是须由内阁整个儿去负担的；所以当财政部把预算案编制好了之后，是必须提交内阁或国务会议详细讨论的，内阁通过之后，才能提交议会讨论。如果各机关行政长官对于其机关预算的意见有与财长大相出入之处，那么可提出国务会议讨论解决。总之，英国的财政部不过是内阁的一部份，不过是代表内阁去编制预算的一个机关而已。财政部既是代表内阁去编制预算的一个机关，所以凡有关于预算的争论提到国务会议去讨论的时候，内阁的成见，终是拥护财政部长的主张的多，不然，财政部的编制预算的责任不是分散了吗？

（二）编制的步骤　在 1799 年，英国的会计年度开始期为正月

6 日。在 1832 年，英国的会计年度开始期为 4 月 6 日，自从 1854 年之后一直到现在，英国的会计年度，始自当年的 4 月 1 日，终于翌年的 3 月 31 日。在会计年度未开始前六个月——即前一年的 10 月 1 日——财政部发出造送来年度的预算通告于各收支机关，请它们于二个月内——即在 12 月 1 日或以前——造送各该机关的收支预算。该通告（Estimates Circular）的内容可以分做数点如下：（该通告系致各收支机关的会计官 accunting officer 者）

（a）绪言　略谓该通告系奉财政委员会各大臣（The Lords Commissioners of His Majesty's Treasury）的命令而发出的。并请谷收支机关的预算须严格的依据财政部所规定的格式编造。

（b）造送预算的日期　略谓在 12 月 1 日或以前，各收支机关的详细预算都须寄送财政部。如果详细预算不及造送，那么大纲预算是必须在 12 月 15 日以前造送的。如果各机关的预算因特种原因，尚未与财政部接洽就绪，那么无论如何是必须于正月 13 日以前造送财政部的。正月 13 日以后，财政部绝对不接受任何机关的新预算或原来预算的变更。

（c）本会计年度实际收支的报告　略谓各机关在过去八个月内（即自 4 月 1 日起至 11 月 30 日止）的本会计年度的实际收支须据实报告，以资比较。

（d）节约的必要　略谓各支出机关一方面固须力避将来之提出追加预算（supplementary estimates）的需要可能，而一方面尤须力事搏节，俾国币不至虚糜，并得以至少的经费获得至大的事功。

（e）预算的解说　略谓各支出机关的一切预算项目都须有详细的解释，说明何以必要的理由；此层不但对于新加的预算项目是如此，就是对于原有的预算项目是也应如此的。

（f）缺额的通知　略谓各支出机关对于造送预算时的缺额人员及其将来待决的问题，应有详细的报告。

（g）预算解说的格式　略谓预算细目的解说，不应只说明或增或减的数目，而应把增减的理由详细说出；叫其说明的地方，并应遵照财政部所规定的一定格式办理。

（h）事功进展的报告　略谓凡暂时性质但超过一个会计年度以上的特别事功（special service）的进展状况，其管辖的支出机关应于造送预算时作一个详细的报告，说明（一）该工作已经使用的经费数额占全预算的几分之几，（二）该工作已经成就几分之几，（三）该工作能否在预算期内完了，及（四）该工作的经费总额能否不超过预算。

（i）印花收入须算　略谓有印花收入的支出机关须特别注意该项收入的预算。

（j）本会计年度前半年的实际开支报告　略谓本会计年度前半年（即自4月1日起至9月30日止）的各款项预算的实际开支应有详细的报告，以便推测本会计年度后半年度的或约开支。

（k）来年度（会计年度）临时预算的指明　略谓当来年度会计年度尚未开始以前，财政部例有向议会请求临时预算（vote on account）之举。财政部于得到临时预算之后，大概是按照各支出机关本年度会计年度开始时期内的实支数额分配的。如果各支出机关对于此成例有异议时，那么该机关务须于造送预算书时指明其应分配的经费数额。

（1）末附各收支机关于造送预算书时应注意的规则十四条，其大意为

（a）送造预算机关应注意并指明其所根据的最近有效法令的章节目。

（b）凡预算之增加变更之尚未获得财政部的允许者，不应列入预算书，而应另函说明，以便日后讨论解决。

（c）预算书应依照财政部所定的格式造送。

（d）凡增添预算之未获得相当负责官吏的允准者，并不因其已印入预算书而发生效力。

（e）凡预算之与去年有差异，并已获得财政部的允准者，应于说明栏详示该函件的号码和日期，以资查考。

（f）当甲项（subhead）预算有移用于乙项的必要时，则上年度的该项预算亦应移转，以资正当的比较。其甲款 Vote 预算有移转于乙款的必要时，其办法同。

（g）凡自己有一部份收入而议会许其抵冲其经费（the system of appropriation in aid of the vote）的预算款项，应注明该款项全年总支出及全年预计总收入的数额。

（h）凡对人的劳务酬报，无论是永久雇员或暂时雇员，都应列入薪俸项下，除非支出机关与财政部另有处理办法。

（i）任何官员除薪俸以外的收入，如恩给金等，之在 25 镑以上者，均应在预算书内加以说明。其另外有收入者，该官员亦应报告于其服务机关的会计官。如官员的住宅，油灯，燃料等有由公家供给者，预算书亦应加以记录。

（j）预算书应附以财政部规定各个官吏的薪俸的函件。

（k）杂费一项只应包括零星费用，其详细账目虽不必公布，但必须报告财政部。

（l）关于保险及租税的预算，须有详细说明。

（m）收入预算，无论是现金收入或印花收入，都应详细说明，尤其是增减的原因。

（n）上述十三条规则应由管辖各该预算款项的行政部或机关负责遵守。至预算书的格式有如下表。

预算书格式：预算增减的说明。

款名（title of vote）

表 3-2-1　预算书格式：预算增减的说明

项名（subhead）	经费数额	1912—1913 年预算增减的理由说明
A. 薪俸（salaries）		
1912—1913 年预算		
1911—1912 年预算		

（续表）

项名（subhead）	经费数额	1912—1913 年预算增减的理由说明
1911—1912 年前 6 月实支经费		
1910—1911 年全年实支经费		
1909—1910 年全年实支经费		
1908—1909 年全年实支经费		
B. 旅费（tra veling）		
1912—1913 年预算		
1911—1912 年预算		
1911—1912 年前 6 月实支经费		
1910—1911 年全年实支经费		
1909—1910 年全年实支经费		
1908—1909 年全年实支经费		
C.		
D.		
N. 收入		
1912—1913 年预算		
1911—1912 年预算		
1911—1912 年前 6 月实际收入		
1910—1911 年全年收入		
1909—1910 年全年收入		
1908—1909 年全年收入		

预算书格式：薪俸的说明［薪俸为每款独立预算项下的一项，项下又分为许多细目（items）］。

表 3-2-2　预算书格式：薪俸的说明

人数		职位名称	薪俸等级			预算额	
1911—1912	1912—1913		最低额	年功加薪额	最高额	1912—1913	1911—1912
第一行	第二行	第三行	第四行	第五行	第六行	第七行	第八行

兹举一个实例如下：

Class of Expenditure：Civil Services，Title of Vote：Home Office

Subhead： M. Salaries and Allowances Inspection of Coal and Metalliferous Mines and of Quarries.

表 3-2-3　预算书格式：支出类别说明

Numbers		Items	Salary of office			1914—1915	1913—1915
1913—1914	1914—1915		Minimum	Annual increment	Maximum		
1	1	Chief inspector	£ $ 1，200	£ $ 100	£ 1 500	£ 1 500	£ 1 500
4	5	Divisional inspectors	750	50—	1 000	4 509	3 568
15	14	Senior inspectors	500	20—	700	8 646	9 367
1	1	Electrical inspectors	500	20—	700	607	587
34	33	Junior inspectors	300	15—	450	11 845	11 909
1	1	Labor advisers	300	15—	450	300	300
30	30	Sub-inspectors	150	5—	200	4 704	4 596
		Allowances to inpectors for clerical assistance	—	—	—	840	820
		Allowance to divisional inspectors for offices	—	—	—	210	140
6	6	Inspectors of horses	125	5—	175	784	758

（续表）

Numbers		Items	Salary of office			1914—1915	1913—1915
1913—1914	1914—1915		Minimum	Annual increment	Maximum		
1	1	Mechanic at the station for testing mining explosives	80	2 10	120	117	115
		Allowance to ditto for acting as caretaker	—	—	5s a wk.	13	13
93	92				Total for salaries	£ 34 076	£ 33 673

财政部于接到各部预算请求书之后，即由各司的预算员（estimate clerks）分别审查，如有疑问，则就商于各该支出机关的长官，或就正于司长（principal clerk），如司长还有疑问，则就正于财务次长；如财务次长亦有疑问，则就正于财政部长；财政部长不能处决，则就正于国务会议或内阁全体。

（三）编制完了后的内容　英国的预算案，在编制完了之后，其内容大概可以分做如下的部种类款：

第一部　永久经费（Consolidated Fund Services 即不必年年由国会通过的经费，包括国债费、道路改良费、补贴地方费、王室经费、法院经费及其他含有永久性质的经费等在内）。

第二部　非永久经费（Supply Services 即年年须由国会通过的经费）。

第一种　陆军经费。

第一款　军队的俸给薪工等。

第二款　军医机关的俸给薪工等。

第三款　特别预备队（Special Reserve）经费。

第四款　属地军队（Territorial Forces）经费。

第五款　军官学校及军事教育经费。

第六款　扎营，运输，及换马（Quartering, Transport and Remount）经费。

第七款　服装福食费。

第八款　军需机关及兵站经费。

第九款　兵工，工程，及航空机关（Armament，Engineer and Aviation Stores）经费。

第十款　土木建筑经费。

第十一款　其他在伍军的（Miscellaneous Effective Services）经费。

第十二款　陆军部经费。

第十三款　退伍军官经费。

第十四款　退伍兵士经费。

第十五款　其他陆军机关的非武装服务人员的养老金、补偿金及恩给金。

第二种　海军经费。

第一款　海军官佐、兵士及海防军的薪给工资。

第二款　服装福食费。

第三款　军医机关经费。

第四款　舰队上雇用非武装人员俸给。

第五款　军官学校及军事教育经费。

第六款　科学工作（Scientific Services）经费。

第七款　王家海军预备队经费。

第八款　建造、修理、维护军舰等经费。

第九款　兵舰武装经费。

第十款　国内外的海军土木建筑经费。

第十一款　其他在伍军的经费。

第十二款　海军部经费。

第十三款　退伍军佐及兵士的俸给。

第十四款　军佐及兵士的恩饷、津贴及养老金等。

第十五款　其他海军机关的非武装服务人员的养老金、补偿金及恩给金等。

第三种　文官服务（Civil Services）经费。

第一类　土木建筑经费。

第一款　王宫经费。

第二款　Osborne 各行政部建筑经费（The State Department at Osborne）。

第三款　王家公园及散步场（pleasure Grounds）经费。

第四款　国会建筑物经费。

第五款　大不列颠各种法院建筑物经费。

第六款　大不列颠美术及科学建筑物经费。

第七款　使馆及领事馆建筑物经费。

第八款　税收机关建筑物经费。

第九款　大不列颠劳工介绍所建筑物经费。

第十款　大不列颠公共建筑物经费。

第十一款　联合王国的测量经费。

第十二款　商部管辖下的商港经费。

第十三款　Peterhead 商港经费。

第十四款　政府财产的租税。

第十五款　爱尔兰的土木建筑经费。

第十六款　爱尔兰的铁道经费。

第十七款　海牙和平会建筑物经费。

第二类　各文事行政部（Civil Departments）的俸薪及办公费。

联合王国及英格兰

第一款　上议院经费。

第二款　下议院经费。

第三款　财政部及其所属机关的经费。

第四款　内政部经费。

第五款　外交部经费。

第六款　殖民部经费。

第七款　枢密院（Privy Council Office）经费。

第八款　商部经费。

第九款　商船局（Mercantile Marine Services）经费。

第十款　商部破产局（Bankruptcy Department of the Board of Trade）经费。

第十一款　农渔部（Board of Agriculture and Fisheries）经费。

第十二款　慈善委员会经费。

第十三款　政府化学师（Government Chemist）经费。

第十四款　文官考试委员会经费。

第十五款　审计院（Exchequer and Audit Department）经费。

第十六款　民众互助团体登记局（Friendly Societies Registry）经费。

第十七款　地方政府监督局（Local Government Board）经费（闻该局现已改为卫生部了）。

第十八款　疯癫委员会（Lunacy Commission）经费。

第十九款　造币厂经费。

第二十款　国债局经费。

第二十一款　公家记录保管局（即档案保管处 Public Record Office）经费。

第二十二款　公共建筑物债务委员会经费。

第二十三款　总注册局经费。

第二十四款　国家印刷及文房局经费。

第二十五款　森林局经费。

第二十六款　公共建筑物管理局经费。

第二十七款　秘密（Secret Service）费。

苏格兰

第二十八款　苏格兰秘书处经费。

第二十九款　农部经费。

第三十款　渔部经费。

第三十一款　疯癫委员会（General Board of Control）经费。

第三十二款　总注册局经费。

第三十三款　地方政府监督局经费。

爱尔兰

第三十四款　爱尔兰总督住家（Lord Lieutenant's Household）经费。

第三十五款　秘书长办公处及其所属机关经费。

第三十六款　农业及技术教育部经费。

第三十七款　慈善局经费。

第三十八款　住民拥挤区域局（Congested Districts Board）经费。

第三十九款　地方政府监督局经费。

第四十款　公家记录保管处经费。

第四十一款　公家工务局经费。

第四十二款　总注册局经费。

第四十三款　评估地价及经界测量经费。

第三类　司法经费。

联合王国及英格兰

第一款　Law Charges 法律经费。

第二款　其他零星法律经费。

第三款　大理院及刑事上控法庭经费。

第四款　土地登记处经费。

第五款　公众受托人（Public Trustee）经费。

第六款　地方法庭经费。

第七款　英格兰与威尔斯的警察经费。

第八款　英格兰与殖民地的监狱经费。

第九款　大不列颠的感化院及工业补习学校经费。

第十款　英格兰的刑事疯人院经费。

苏格兰

第十一款　法律经费（Law Charges）与法庭经费。

第十二款　苏格兰土地法庭经费。

第十三款　爱定波娄注册局（Edinburgh Register House）经费。

第十四款　监狱经费。

爱尔兰

第十五款　法律及刑事诉讼（Law Charges and Criminal Prosecutions）经费。

第十六款　大理院及其他司法机关经费。

第十七款　土地委员会经费。

第十八款　地方法庭经费。

第十九款　都不林京都警察（Dublin Metropolitan Police）经费。

第二十款　爱尔兰王家警察（Royal Irish Constabulary）经费。

第二十一款　监狱经费。

第二十二款　感化院及工业补习学校经费。

第二十三款　Dundrem 刑事疯人院经费。

第四类　科学及美术教育经费。

联合王国及英格兰

第一款　教育部经费。

第二款　英国博物院经费。

第三款　全国美术院经费。

第四款　全国画像院（National Portrait Gallery）经费。

第五款　Wallace Collection 经费。

第六款　Stafford House 经费。

第七款　科学调查经费。

第八款　大不列颠的高等教育及威尔斯的中等教育经费。

苏格兰

第九款　公众教育经费。

第十款　美术院经费。

爱尔兰

第十一款　公众教育经费。

第十二款　私立学校委员会经费。

第十三款　美术院经费。

第十四款　提创科学及美术经费。

第十五款　爱尔兰大学教育经费。

第五类　外交及殖民经费。

第一款　使馆及领事经费。

第二款　殖民经费。

第三款　电报补助及太平洋海底电线经费。

第四款　波斯借款。

第六类　Non-Effective and Miscellaneous Services 杂项经费。

第一款　退老金（Superannuation and Retired Allowances）。

第二款　杂项经费。

第三款　爱尔兰医院及慈善经费。

第四款　各种临时委员会经费。

第五款　偿还地方公债基金。

第六款　爱尔兰发展津贴。

第七款　国际展览会经费。

第八款　偿还（Civil Contingencies Fund）。

第七类　养老金劳工介绍所，及社会保险等经费。

第一款　养老金。

第二款　全国康健保险联席委员会经费。

第三款　英格兰全国康健保险委员会经费。

第四款　威尔斯全国康健保险委员会经费。

第五款　苏格兰全国康健保险委员会经费。

第六款　爱尔兰全国康健保险委员会经费。

第七款　劳工介绍所及失业保险经费。

第八款　全国保险审计部经费。

第九款　肺病治疗补助金。

第十款　高原与内地施医经费。

第十一款　民众互助团体补助金。

第十二款　1905年失业工人条例所发生的经费。

第四种　税收机关的经费。

第一款　关税及产销税征收机关的经费。

第二款　内国租税征收机关的经费。

第三款　邮政局的经费。

兹节录第二部第二类第四款英国内政部经费的预算书如下以示每款预算内容的一斑

Subheads under which this vote will be accounted for by the Home Office[①]

表3-2-4　英国内政部经费的预算书

	1914—1915	1913—1914	Increase	Decrease
Home Office	￡	￡	￡	￡
A. Salaries，Wages，and Allowances	53 024	51 221	1 803	—
B. Traveling and Incidental Expenses	700	700	—	—
C. Special Services	3 000	3 500	—	500
Inspection of Factories and Workshops				
D. Salaries and Allowances	77 197	75 180	2 017	—
E. Traveling and Incidental Expenses	17 500	16 500	1 000	—
F. Fees to Surgeons，etc.	13 500	12 500	1 000	=
G. Costs of Prosecutions, Inquiries and Arbitration	3 600	3 500	—	500
Inspection of Explosives				

———————

①　此表说明的是英国内政部经费的预算书项目，包含了薪金、工资和津贴、旅行和附带费等不同分项。

	1914—1915	1913—1914	Increase	Decrease
H. Salaries and Allowances	3 180	2 981	199	—
I. Traveling and Incidental Expenses	1 000	1 000	—	—
K. Fees and Expenses of Chemical Referees	1 100	1 100	—	—
L. Cost of Inquiries and Arbitrations	5	5	—	—
Inspection of Mines and Quarries				
M. Salaries and Allowances	34 076	33 673	403	—
N. Traveling and Incidental Expenses	18 650	18 650	—	—
O. Costs of Inquiries, Arbitrations, etc.	7 475	11 055	—	3 580
Board for Mining Examinations				
P. Salaries	880	700	180	—
Q. Traveling and Incident Expenses	690	1. 075	—	385
Inspection under Cruelty to Animals Act				
R. Salaries	2 568	1 978	590	—
S. Traveling and Incidental Expenses	550	550	—	—
Inebriates Acts, 1879 to 1898				
T. Salaries	700	700	—	—
U. Traveling and Incidental Expenses	150	150	—	—
V. Contributions to Certified Inebriate Reformatories	19 500	20 000	—	1 000

（续表）

	1914—1915	1913—1914	Increase	Decrease
W. Maintenance of Criminal Lunatics transferred from Certified Inebriate Reformatories to Local Asylums	600	600	—	—
Workmen's Compensation Act，1906				
X. Fees and Expenses for Medical Referees，etc.	7 000	8 000	—	1 000
Aliens Act，1905				
Y. Salaries，Fees，and Allowances to Officers	10 490	10 240	250	—
Z. Traveling and Incidental Expenses	355	295	60	—
AA. Immigration Boards：Frees of Members and Clerks	850	750	100	—
BB. Expenses of Expulsion Orders	1 750	1 750	—	—
Home Office Industrial Museum				
CC. Expenses	1 000	1 000	—	—
Role of the Baronetage				
DD. Expenses	110	110	—	—
Gross Total……£	280 600	279 963	7 602	6 965
Deduct				
EE. Appropriations in Aid	12 000	12 350	350	—
Net Total……£	268 600	267 613	7 952	6 965
Net Increase £ 987				

　　当然，上述的英国预算案的部种类款等的内容是只就岁出门或经费门而言的。财政部提出于国会的整个预算案，当然是应当把岁

入门包括在内的，而且英国人理财方法向来是偏于保守的，所以往往把岁入门放在全预算案的前数页，以示注重经费来源的意思。兹把 1914—1915 年财相路易乔治（David Lloyd George）所提出的岁入预算开列于下以示一斑。（单位为镑）

表 3-2-5　1914—1915 年英国财政大臣路易乔所提出的岁入预算

收入名称	照原税率收入估计	照新税率收入估计
关税	35 350 000	35 350 000
产销税	39 650 000	39 650 000
消费税共计	75 000 000	75 000 000
遗产税	28 000 000	28 800 000
印花税	9 900 000	9 900 000
土地税	700 000	700 000
房屋税	2 000 000	2 000 000
所得税	45 250 000	50 750 000
附加税（所得附加税）	3 300 000	5 800 000
地价税	725 000	725 000
内国税收共计	89 875 000	98 675 000
租税收入共计	164 875 000	173 675 000
邮政收入	21 750 000	21 750 000
电报收入	3 100 000	3 100 000
电话收入	6 900 000	6 900 000
土地收入	530 000	530 000
苏彝士运河股利及其他外债收入	1 370 000	1 370 000
杂收入	2 130 000	2 130 000
非租税收入共计	35 780 000	35 780 000
收入共计	200 655 000	209 455 000

　　当预算书编制完成之后，则成为一部四大册，一百五十三章的

洋洋巨帙，每章详述一独立款（a single vote）每册详述一类预算，首为序言，次为该类预算大纲，又次为该类预算与近八年来决算比较表。

第四节　英国预算案的议决

（一）预算案提出国会的日期　预算案提出立法机关去议决的日期，是与立法机关的召集日期及会计年度开始期有密切的关系的：提出日期是既不能在立法机关召集之前，又不能在会计年度开始之后的。英国国会召集期大约在 2 月，而其会计年度开始期则为 4 月 1 日，所以其预算案提出期大约在二三月之间，普通是国会一召集就提出的，以示预算案的重要。1914—1915 年预算案的提出期为 1914 年的 3 月 2 日。大概永久经费预算案及非永久经费预算案之关于文事经费及收入机关经费者都由财政部长提出议会，而非永久经费预算案之关系于海陆军经费者，则径由该二部部长提出议会。不过海陆军经费预算案在未提出之前，该二部部长是先与财政部部长商洽同意的。所以英国的预算案编制权仍旧是统一的。

（二）下院对于财政案有优越权　英国下议院对于财政案有优越权或上议院丧失过问财政案的历史，本文第二节"英国财政立法顺序的沿革"已经详细叙述过了。兹再把 1911 年下议院财政优越权法（parliament Act）节译数段如下：

第一段第一节　凡下院通过的财政案，如果在国会闭幕前 1 月送至上院审查，而上院在 1 月后尚未照原案通过者，那么除非下院自己要撤回或修正原案外，该财政案应立即呈请英王签押公布，成为议会的正式议决案。

第二节　所谓财政案者就是指下院议长（Speaker of the House of Commons）以为是含有租税的赋课、撤销、退还、变更或管理；公债的偿还、永久经费的支付、或国会通过的经费的支付、及其变更或撤销、非永久经费的支付；公款的指拨、收纳保管、支付及账目审查；公债的募集、担保与偿还；或其他与上列事项有关系的事情；等条文的公家议案（public bill）（按议案之只与私人有关系者，则称为私人议案 private bill 而言）。本节之所谓租税、公款及公债是并不包括地方政府的租税、公款及公债在内。

第三节　当财政案送交上院审查及呈请英王批准公布时，下院议长应出具证明书（Certificate of Speaker）以证明该议决案之为财政案。议长当未出证明书时，应在可能范围内，与二议员会商之。

第三段　下院议长在本条例权力之下所出具的任何证明书，应作为最后的决定，不受任何法庭的质问。

（三）下院讨论预算案的顺序　下院讨论预算案的顺序，在其财务立法议事规程（Standing Orders of the House of Commons in Financial Business）言之甚详，兹特节译其大意如下：

第十四条　每年于本院开会之始，对于英王演说辞拟就回答后，本院就应立刻指定制用委员会及筹募委员会二委员会（appoint the committees of supply & ways and means）。

第十五条　（1）制用委员会既指定及预算案既提出之后，每星期四的议事日程须给该案以优先权，一直到该案完全解决为止。不过当内阁阁员提议先表决不须修正或辩论的议案时，此例暂不适用。

（2）在 8 月 5 日之前，本院讨论陆军预算、海军预算及文事（即文官服务）经费，及临时预算的时间，至多不得超过 20 日。但是开谈话会或全院委员会（即议长须离主席座而就议员席）及预算案不列为第一议案的本院开会日期，不计算在内。

（3）但是遇到本院须讨论上年度的追加预算（supplementary estimates），或紧急预算（votes of credit）（如战时预算等），或本年度预算案未曾规定的新事业预算的时候，其所耗费的日期亦不算入上述 20 日之内。

（4）但是如经过通知动议之后，本院可以无修正及辩论，表决在 8 月 5 日之前或后，延长预算讨论的日期，但至多不得超过 3 日。

（5）凡专为讨论预算案的日期，在 11 时（晚上）之前，本院不讨论其他议案，在 11 时之后，本院不讨论委员会对于预算案的报告。但经阁员动议而由本院表决的临时动议不在此限。

（6）凡专为讨论临时预算的日期，至少以 1 日开全院制用委员会，至多以一次集会去接受委员会的报告。全院委员会主席或议长应于当日委员会之末或当日本院集会之末，把该案付表决以资了结。

（7）在专为讨论预算案的最后 1 日 10 时，全院制用委员会主席应把各个预算问题，如文事经费的总额、文事经费的七项分类额、文事经费的各款、海军经费的总额及各款、陆军经费的总额及各款、收入机关经费的总额及各款等都一一付表决。

（8）在专为讨论预算案的最后 1 日 10 时，但是并不在第 20 日之前，本院议长应把全院制用委员会所报告各个预算问题一一付表决。

（9）在指定了结预算案的日期内，不准有散会及其他有意迁延的动议。（此项规定的用意在防止捣乱 filibustering）。

（10）如有不曾列入本会计年度预算案内的补添预算须请下院议决者，至迟须于全院制用委员会结束前 2 日提交该委员会讨论。

（11）本议事规程规定二个星期五的集会，等于一个其他星期日（如星期一二三四等日）的集会。

第十六条　全院制用委员会及全院筹募委员会的开会日期定为星期一三四三日，但遇有必要时，亦可定于其他本院开会日开会。

第十七条　当本院全院开制用委员会时，议长须离主席座而就议员席，并不以任何动议付表决，另由制用委员会主席为主席。但遇开始即有对于各种预算或紧急预算而提出修正的动议者，则议长亦可先以动议付表决，然后再离主席台。

关于请求公款的议事规程

第六十六条　凡对于公款的请求，无论是属于永久性质的经费，或是属于非永久性质的经费，其非由英王（其实就是内阁）提议者，本院概不受理及考量。

第六十七条　凡非经过全院委员会审查的手续者，本院不着手对于请求公款或减免及折偿对英王债务的动议或议案的表决。

第六十八条　凡对于英王债务的折减清偿的请求，而并无附带文件如有关系长官的证明书说明债务的数额，政府索欠的种种经过，及请求者的能力与其担保品能清偿的成数者，本院概不受理。

第六十九条　凡非经过全院委员会审查的手续的任何增加国库支出的动议，本院概不进行讨论。

第七十条　凡非由英王提出的增加印度岁出的请求或动议，本院概不受理或进行讨论。

第七十一条　如果在本院开会时，有人动议增加永久经费、或非永久经费、或人民负担，本院不应立即与以讨论，而应先交全院委员会审查，然后再指定日期，开正式会议，讨论表决之。

兹为明了起见，我们可以再把下院的财政立法顺序，很简略述之如下：

一、财政部、或海军部、或陆军部部长提出预算案于下院大会。

二、下院大会接受财、海、陆、三部部长所提出的预算案，即交与该院全院制用委员会付审查。

三、下院制用委员会讨论表决该预算案。

四、下院制用委员会报告审查结果于大会。

五、下院接受制用委员会的审查报告，付表决，再将该案交与该院全院拨款委员会讨论拨款事项。

六、拨款委员会讨论表决拨款事项。

七、拨款委员会报告议决案于下院。（以上仅能说是预算的承认 authorization of expenditure）。

八、下院正式通过预算案，叫做经费指拨法案（appropriation acts）。

九、此外如下院欲仔细审查某种预算书者，则可交与预算账目审查委员会（Committee on Estimates）审查，以达经济与效率的目的。但是该委员会以无永久助理人员，所以每年所审查者不过是全预算案的 1/10，（按 1912 年所审查者仅为第二部，非永久经费第三种文事预算内的第一类土木建筑经费十七款的账目，1913 年所审查者仅为第二部，非永久经费第二种海军经费内的十五款预算账目）。其成效如何，可以不言而喻了。

（四）下院财政立法的内容 英国下院财政立法（financial legislation）的内容。可以分做两大部份：其一就是关于岁出或经费方面的立法，叫做经费指拨法案；其二就是关于岁入或收入方面的立法，叫做财政法案（Finance Act）或税收法案（Revenue Bill）。经费指拨法案或预算法案又可以分做四部份，兹约略述之如下：

（甲）临时预算法案（votes on account）我们晓得英国的会计年度开始期为 4 月 1 日，而下院正式通过预算法案期，依照该院议事规程，为 8 月 5 日或以前。这样，如果会计年度已开始而预算案犹未通过，那么不是各机关的开支毫无着落吗？所以一方面为顾全法律的尊严，而一方面又迁就事实的便利起见，不得不暂时有一个通融办法。这个通融办法就是当会计年度将开始的时候，由内阁向下院请求足以维持政府二三个月或三四个月或五六个月之久的开支的一笔临时预算，叫做"临时预算法案"或"国库总支出第一法案"（Consolidated Fund No. Ⅰ Act or Bill）。但是临时预算法案所指拨的经费，只能用之于文事方面及收入机关方面，而不能流用到海陆军方面。还有一点，就是临时预算法案所指拨的经费，是只能用之于下院已经认可的事业 Services，而不能用之于下院未经认可的新事业。临时预算法案的通过期大约为会计年度开始前 1 日，即 3 月 31 日。

（乙）本预算或总预算法案 临时预算法案或国库总支出第一法案内所笼统指拨（lump sum appropriation）的经费，不过是本预算或总预算的一部份，所以大约在 8 月 5 日国会未休会之前，下院又须通过一个分款指拨（segregated appropriation by votes）的本预算法案（Consolidated Fund or Appropriation Act），以作该院对于该本会计年度总经费的最后正式承认与指拨。

（丙）追加预算法案 如各款预算，其主管机关于设法流用

（transfer）后，尚有不敷时，可以先请求财政部拨给追加预算，然后再由该部提交下院追认通过，叫做追加预算法案（excess votes or supplementary grants）。追加预算书大概每年分春夏雨季提出于下院通过：春季追加预算书（spring supplementaries）的提出期在 2 月，夏季预算书（summer supplementaries）的提出期在 6 月或 7 月。不过追加预算法案大致是与总预算法案联成一体的，所以可以说是总预算法案的一部份。

（丁）紧急预算法案　英国当国难临头如欧洲大战等的战役发生时，其指拨经费方法大致为由下院通过紧急预算法案（votes of credit）以临时应付作战费。

兹把欧洲内英国的紧急预算法案列表于下，以示一斑。

表 3-2-6　英国的紧急预算法案

紧急预算法案的年月日	通过预算数额
1914 年 8 月 4 日	100 000 000 镑
1914 年 11 月 20 日	225 000 000
1915 年 3 月 3 日	37 000 000
1914—1915 年共计	362 000 000
1915 年 3 月 3 日	250 000 000
1915 年 6 月 16 日	250 000 000
1915 年 7 月 21 日	150 000 000
1915 年 9 月 16 日	250 000 000
1915 年 11 月 15 日	400 000 000
1916 年 2 月 22 日	120 000 000
1915—1916 年共计	1 420 000 000
1916 年 2 月 22 日	300 000 000
1916 年 5 月 24 日	300 000 000
1916 年 7 月 25 日	450 000 000

（续表）

紧急预算法案的年月日	通过预算数额
1916 年 10 月 12 日	300 000 000
1916 年 12 月 15 日	400 000 000
1917 年 2 月 14 日	200 000 000
1917 年 3 月 16 日	60 000 000
1916—1917 年共计	2 010 000 000
1917 年 2 月 14 日	350 000 000
1917 年 5 月 11 日	500 000 000
1917 年 7 月 25 日	650 000 000
1917 年 10 月 31 日	400 000 000
1917 年 12 月 13 日	550 000 000
1917—1918 年共计	2 450 000 000
1918 年 3 月 11 日	600 000 000
1918 年 6 月 19 日	500 000 000
1918 年 8 月 2 日	700 000 000
1918 年 11 月 13 日	700 000 000
1918—1919 年共计	2 500 000 000

第五节　英国预算案施行时的行政监督

（一）执行机关与命令机关的分离　执行机关与命令机关的区别是相对的，并不是绝对的。广义的讲起来，立法机关是真正的命令机关，而一切的行政机关都是执行的机关。狭义的讲起来，如行政机关间或同一行政机关又有命令机关与执行机关之分。此节之所指，当然是只就狭义的而言。英国预算案既通过于议会之后，其施行方面，可以分执行机关与命令机关二层略述之：

（甲）关于收入者　执行机关为各种税收机关及公共营业，而命令机关则为财政部。

（乙）关于金库者　执行机关为英伦银行及爱尔兰银行，而命令机关则为财政部及各支出机关或公众服务机关（public service department）。

（丙）关于经费者　执行机关为各支出机关或公众服务机关，而命令机关则为财政部；而实际在英伦银行为国库管理出纳者，则为一位国库出纳总监（paymaster-general）。

（二）预算施行时的行政监督　我们知道英国财政部对于各支出机关的预算编制，是已经有过了很彻底的前事监督的；该部又以为未足，所以当预算实施，经费支出的时候，又加以极严格的监视：由此可见英国财政之上轨道及其支出之比较的经济与有效率，是并不是偶然的一回事。兹把英国的预算案施行时的行政监督的步骤，约略述之如下：

（甲）先由财政部详细审查各机关可以增加支出的新提议　如各支出机关关于（一）work program 工作程序，（二）plant 房屋，（三）organization 组织，（四）personnel 人员，（五）equipment 设备等等都须先由财政部批准，然后才可签支。这样我们可以说，英国的财政部与其说是一个公众服务的机关，不如说是一个"一般行政监督机关"（an organ of administrative control）之为愈。

（乙）再由财政部对于支出机关随时向金库发出支付饬书　财政部的支付饬书（issue of money）并不是直接交与支出机关的，乃是先交与"主要会计官"（principal accountants），再由他们依照支出机关的请求付给受款人的。"主要会计官"有三种：其一，就是 the comptroller general of the national debt "国债总监"及英伦银行爱尔兰银行的出纳主任（chief cashier）接收财部存款以备偿债之用；其二，就是收入机关的总会计（accountants general of the great revenue departments），收入机关如海关税局，内地税局，邮政局等先以一部份收入作为各该机关日常开支，以节省公款往来之频繁，然后再依照合法手续转账；其三，就是一位国库出纳总监（paymaster general），（国库出纳总监为阁员之一，但不支薪）其职责为除国债及收入机关的经费账目外，所有一切英国的预算案内的独立款账目出纳，都由其管理登记，有人谓"国库出纳总监"乃英国各支出机关的银行家或账房，非过言也。（1830 年以前，英国有好几位国库出纳官，如陆军出纳官、海军出纳官及数位文事出纳官等。1830 年至1856 年间，乃把他们合并为一位国库出纳总监，以便统一支出，并以统一银行往来账，集中银行存款。与此统付政策有密切关系者则为统收政策（consolidated fund）原来英国当 1785 年的时候，财政权是非常不统一的，例如省防军经费是指定由土地税支付的；有数种世袭年金（hereditary annuities）是指定由邮政收入支付的；还有74 种的经费款目是指定由关税收入支付的。当时英国财政的纷乱，不亚于今日之中国；但是 1787 年国会即通过"国库统一法"（The Consolidated Fund Act）以纠正其弊端。这样，我们可以知道，英国财政的统一，是统收先于统支；统收之后，必须统付，或至少在财政部统一监督之下之分部支付；统付之前，必须统收，否则统付必不能办到也。至国库出纳总监的收入，大概可以分做五种：其一，就是各行政的盈余行政收入；其二，就是委其保管的对外预备金（the treasury chest fund）；其三，就是委其保管的对内预备金（the civil contingencies fund）；其四，就是各部"岁出供给户"（supply account）的结存；其五，就是总国库划过来的款项。

（丙）再由财政部指定各支出机关的会计官以便就地监督实际开支 我们知道财政部本身是无法就地去监督各机关的实际用途的，所以各该机关的会计官或经费监督官是必须由财政部指定或委派的。一如各支出机关的预算，是完全须先由各该机关的会计官编制，再送交财政部处核；所以各该机关的预算案上各款 vote 的实际开支，是也须事前先交其会计官审查无疑义后，始能向国库出纳总监具领款子的。而且预算案上各款的项目的实际账目是都须由各有关的会计官呈报审计院长审查的。这样，英国各支出机关的会计官是一位地位颇高，责任颇重的官吏。有人谓英国支出机关的会计官为该机关财政的守夜犬（the financial watchdog of the service），断不是过甚之辞。英国各支出机关的会计官人数有多少，那么大概可以说：海军部有一位会计主任（the accountant general of the navy），监督关于海军方面的十五款预算账户（appropriation accounts）。陆军部有一位会计主任（the accountant general of the army），监督关于陆军方面的十五款预算账户，此外每一行政部或收入机关大致有一位会计主任以监督该部所管辖的各款（vote）预算账户。会计官自己既不管实际支付事项，而只管决定何种负债应行偿付事项，所以各支出机关的实际支付官为副会计员（sub-accountant）。

（丁）再由财政部对于各款预算账户间的流用下以极审慎的考核每款预算账户内各项目的盈亏流用，这是行政长官应有的权限，无须先由财政部核准的。不过各款预算账户间盈亏的流用，那么虽在同一长官管辖之下，该长官亦不能自由行动，必须先请求财政部核准，而财政部又须报告国会请求通过。至于海军部的十五款预算账户间或陆军部的十五款预算账户间的流用，可以由该部长官自由酌夺，毋须先行获得财政部长的允许，这大概是因为军事须随机应变的缘故。因此，国库出纳总监对于文事部各款预算账户都划分得非常清楚，不相混扰，而对于军事部各款预算账户，则只开立二户，即陆军部预算账户及海军部预算账户是也。

（戊）此外又有三种机关来帮助财政部长监督各支出机关的开支这三种机关就是（一）土木建筑局（Office of Works and Public Buildings），（二）财政部印刷局（Stationery Office）及（三）各部或部际调查委员会（departmental or interdepartmental committees）。土木建筑局不但监督各行政机关的土木建筑经费（海陆二部自有建筑处（Construction Department），不受土木建筑局的节制，因其情形特别也）。并且监督它们的设备、生财、房租、购买方法等等细琐事务。印刷局不但监督各行政机关的印刷经费，并且监督它们的文具图书的使用。至各部或部际的调查委员会、财政部，无不派员参加，所以对于各行政部的内容，财政部均明了如指掌，那么对于日前或日后的经费监督，不啻与以一枝生力军也。

第六节　英国预算案施行时的立法监督

（一）立法监督的意义　立法监督预算案的施行，并不是说，议会议员自己组织一个委员会来监督预算案的施行；乃是说，议会另外设立一个对于行政部独立的机关，去日常监督预算案的施行。上文说财政部是命令机关，其实如果财政部不能获得代表立法监督机关的会计审计总监（the comptroller and auditor general）的核准，那么其支付饬书不啻是不能兑现的空头支票，毫无用处。所以行政机关与立法机关相比较，那么立法机关变做命令机关了，当然会计审计总监又是奉命于国会者，而国会又是奉无形之命于民众意思者。

（二）立法监督的机关　英国对于预算案施行前及施行后的立法监督机关，就是根据于 1866 年著名的（The Exchequer and Audit Departments Act of 1866）会计审计总监部条例所设立的会计审计总监部。会计审计总监部设会计审计总监（the comptroller and auditor general）其详细名称为国库收支总监及公家账目审查委员会主席或总监（Comptroller General of the Receipt and Issue of Her Majesty's Exchequer and Auditor-General of Public Accounts or Chairman of the Commissioners for Auditing the Public Accounts）一人，会计审计副监（assistant comptroller and auditor）一人。该二员由英王特任之 by letters patent under the Great Seal of the United Kingdom，其任期为终身的，除非因病，或受国会（包括上下两院）的弹劾外，英王不得辞免其职权。其年俸一为 2 000 金镑，一为 1 500 金镑；年满六十岁后，或因公受重伤，并任职已满 15 年者，每年得享受等于年俸1/2 的年金或养老金；其任职已满二十岁者，每年年金或养老金为年俸之 2/3。会计审计总监部的办事人员由财政部委任之，但会计审计总监得行使免除的职权；其办事人员的数目和薪俸等级等项亦由国务会议的命令（Order in Council）规定之。英国在 1782 年的时候，国库收支决算报告有二三十年之久而仍未经过审查的手续者。甚至于威廉第三（William Ⅲ）时代的决算报告尚有未经审查者。即使审查了，也不是对立法机关负责的独立机关的审查，乃是财政部自己的审查。其办法的幼稚可知。所可怪者，以毕脱 Pitt 及皮耳（Sir Robert Peel）等不世出之才为财政部长，而亦见不到改革的需要为可惜耳。

（三）会计审计总监部的职权　会计审计总监部的职权，大致可以分做三层来讲，即（甲）预算案实施前的监督，（乙）预算案实施后的监督或账目的审查，及（丙）规定主要会计官及副会计员报告各款预算账户的章程和格式。兹约略述之如下：

（甲）预算案实施前的监督　我们晓得英国国库收支总枢纽是在英伦银行及爱尔兰银行，而国库收支的总监，就国库的收入一方面讲，则为监护员（as guardian of public funds），就国库的支出一方面讲，则为监察员（as comptroller of the issue of public money），则为会计审计总监，因为他的官衔的第一部就是 Comptroller General of the Receipt and Issue of Her Majesty's Exchequer。英国国库在代理国库银行的户头，叫做"国库往来户"（The Account of Her or His Majesty's Exchequer）。财政部当未发支付饬书交与国库出纳总监（Paymaster General）的时候，财政委员会是必须先咨照会计审计总监，请其核准，并咨照代理国库银行转账，即由"国库往来户"名下的存款拨入"岁出供给户"（supply account）以备国库出纳总监付给各款预算账户的领款人之用，这是就永久经费而言。至于非永久经费，那么除财政委员会的咨照请求单之外，还须有一道英王的命令，会计审计总监才可以关照代理国库银行转账照拨，因为就法律的手续讲，非永久经费是每年由国会通过，交与英王支配的。兹为明了此种手续起见，我们可以把财委请求支拨信用格式，会计审计总监照准支拨信用格式，及英王命令支拨经费格式及财政部的支付饬书等的格式九种，附录于书后。

（乙）预算案实施后的监督　会计审计总监的官衔第二段为 Auditor-General of Public Account，所以预算案实施后各种账目的审查，是他的第二个重要职务。审查的范围是包括一切的中央收入与支出在内的。收入有收入机关的收入及行政部的行政收入（appropriations in aid）（即可以抵冲支出的行政收入）。支出有永久经费及非永久经费。永久经费账目的审查是比较的简单些，非永久经费账目的审查是比较的复杂些。各部会计主任所呈报的一百五十三款的预算账户（appropriation accounts），会计审计总监都须一一查核，而对于该款的（一）总支出额有否超过国会所规定，（二）行政收入是否遵照国会的命令办理，（三）支出款项有否相当收据，（四）经费用途是否遵照法令或国会意思所规定，（五）支出款项是否近乎浪费，（六）各款间经费的流用有否获得财部及国会的允许，及（七）支出情形有否违反财政部的命令的地方等七点，尤为特别注意。审查的时期是长年的，并不等到各部有决算报告时，才开始审查的。审查的方法有简查（test audit）与详查（detailed audit）之分；简查的方法，大致对于货栈账目（store accounts），海陆军制造所账目，及其他制造所账目等适用之。此外会计审计总监又须审查（一）对外预备金账目，（二）对内预备金账目，（三）兵工厂账目，（四）军服厂账目，（五）造船坞所账目，（六）Chelsea 医院资本及所得账目，（七）Greenwich 医院资本及所得账目，（八）Court of Chancery 基金账目，及（九）邮政电报电话资本账目等。

至会计审计总监报告审查过的决算案于财政部转国会的时光，法令（即 1866 年的会计审计总监部条例）规定陆军决算至迟为 1 月 31 日，其他决算至迟为 1 月 15 日。如当时国会不开会，那么至迟须于国会开会后一星期内提交国会。至各部各款预算账户的决算报告，关于陆军的至迟须于 12 月 31 日前呈报会计审计总监，其他账目尚须至迟于早 1 月前（即 11 月 30 日前）呈报会计审计总监。至会计年度终了后支付款项的期限，海陆军方面的支单，至迟于 9 月 30 日以前还可领款，仍登入过去年度的决算账上，但其他方面的支单，至迟须于 6 月 30 日前领款，否则国库出纳总监即不与支付，要求领款人向付款机关掉换支单，方可照付，但登入本会计年度的决算账。

假使审查的结果，某部的会计员主任违法批准了某项支款，那么该会计主任是应负赔偿国库损失之责的。如果他曾经有过抗议，那么该项责任可以转嫁与其上级长官。会计审计总监在此种情形之下，亦只能批评报告（报告于国会），而不能直接向该负责官吏行使其驳斥权（disallow）也。

（丙）规定主要会计官及副会计报告各款预算账户的章程和格式　会计审计总监虽有规定主要会计官及副会计员报告各款预算账户的章程和格式的权力，但是法令又规定此种章程和格式须先行获得财政部长的同意之后才可以正式颁布。

第七节　英国的决算制度

（一）一国的决算制度应当包括些什么？　严格的讲起来，一国的决算制度是应当包括（甲）独立性质（即对民众代表机关或立法机关负责）的审计院的审查各款已施行过的预算账户，和（乙）立法机关自身的再去审查或考量审计院所报告的已经审查过的各预算账户的。不过关于英国决算制度的第一层，本文已经在第六节叙述过，此处不赘了。

（二）国会接到的二种决算报告　英国下议院每年接到的关于全国公款的收支借贷的最后或决算的报告有两种：其一是财政部的国库收支决算报告，陈明过去会计年度内国库的现金收支真实状况；其二是会计审计总监部已经审查过的过去会计年度内的国库收支决算报告。财政部每年的决算报告自从 1802 年以来，无一年间断，叫做"财务账"（Finance Accounts of the United Kingdom of Great Britian and Ireland for the Financial Year—ended March 31th.）。——财务账的篇幅，大概为一页八开的 100 余面的一本小册子（1913—1914 年的财务账为一本 101 面的一本小册子）；其中最关紧要的为二张基本表格。一张基本表格分做二部：第一部为国库收支总账（An Account of the Public Income and Expenditure of the Kingdom of Great Britain and Ireland in the Year Ended the 31st March，—），提交国会的时期大约在 4 月；（1914 年为 4 月 27 日）第二部为国库现金结存账（An Account of the Balance of Public Money Remaining in the Exchequer on the lst April，—；of the Receipts and Payments not being income and expenditure as shown in Part Ⅰ.) in the Year Ended 31st March，—；and of the Balance in the Exchequer on that Day）提交国会的时期大约在 5 月。（1914 年为 5 月 25 日）由此亦可见英国财政部办事的迅速。第二张基本表格为英国的国债表或负债资产对照表。(National Debt：Statement showing the Aggregate Gross Capital Liabilities of the State，the Estimated Assets，and also the Exchequer Balances on 31st March，—，and 31st March，—)

会计审计总监部每年的决算报告叫做"决算账"（appropriation accounts）。决算账内容分做三大册：包括文事部一大册的一百二十款预算账及收入机关三款预算账，第二册包括陆军部十五款预算账，第三册包括海军部十五款预算账。每个预算账的内容为（一）有关系会计主任的各款预算账报告，（二）会计审计总监的查账证明书，及（三）会计审计总监的批评或附带的说明。

（三）国会如何处理二种决算报告？国会对于财政部的决算报告，大概除留作讨论预算时的重要参考资料外，是并不与以如何之处理的。其对于会计审计总监部的决算报告的态度就大大的不同了。原来国会每当召集之初，就推选十五位议员（下议员；当 1861 年国会通过设立时，本来为十一位，后改为十五位）。为审计委员会或决算账目（亦即会计审计总监的决算报告）审查委员会（Committee of Public Accounts）。该委员会的委员长常为反对党或在野党的议员或其前任财政部长，以收互相牵制（check and balance）之效，因为反对党无时不思有以倒阁，假使决算案内有破绽可寻，无不竭九牛二虎之力以赴之也。执此，我们又可以知道英国政治制度之十分合乎民主主义和公开主义了。大约在朝党方面的委员有一位是国会的财政干事（the Financial Secretary）（政府党国会内财政干事的职责为协助财政部在国会内活动，俾预算案得以顺利通过，同时并代表无阁员的行政部，而拥护其预算利益）。委员会开会时以五人为法定人数，其第一步工作为审查决算支出额超过预算指拨额的各款预算账，并决定应否报告国会建议通过追加或不敷预算（excess vote）。其第二步工作为根据会计审计总监的批评报告，再对于各款预算账，下以详密的审查，往往不惮烦的调阅案卷及口询有关系的长官如各款的会计主任，财政部官员，及会计审计总监等等。其第三步工作为向国会作报告，建议（一）对于违法官吏应与以何种惩罚，（二）以后国库收支应如何改良，及（三）以后官厅会计方法或制度应如何改善等等。在可能范围之内，国会另外规定一个日子去接收和讨论该委员会的报告和建议。如果财政部对于委员会的建议是表同意的，那么该部就在议事录通告（treasury minute）上咨照各收支机关遵守；如果该部不同意于委员会的建议，在议事录通告上详陈不同意的理由，尤其是关于已经支付款项的驳斥（disallowance of a charge）建议。财政部不同意于委员会的建议，可以于下届国会召集时再行提出讨论。

（四）国会对于各款预算账户间经费流用的监督　此外还有一点值得我们注意的，就是国会对于各款预算账户间经费流用（virement or transfer of credits）的监督。1879 年 3 月 4 日英国国会通过议员孟克（Monk）的提议谓海陆军各款预算账户间经费的流用，当获得财政部的允准后三星期内，各该部须把流用的理由提交国会讨论，如国会在休会期间，那么在国会召集后三星期之内，各该部须把流用的理由提交国会讨论。这样，海陆军各款预算账户经费的流用是须经国会的讨论通过，那么其他文事项下（包括收入机关在内）的各款预算账户经费的流用，其亦须经过国会的讨论通过，可以不言而喻了。

兹为便于国人的参考起见，特把英国 1866 年国会所通过而今日仍适用的会计审计总监部条例（The Exchequer and Audit Departments Act，1866）译录于下：

英国 1866 年的会计审计总监部条例

第一条　凡引用本法者，均可称为 1866 年的会计审计总监部条例。

第二条　本条例内所称的财政部（treasury）系指财政委员会，或财政委员二名以上而言；所称的英兰银行（Bank of England）系指英兰银行的总裁，及其公司而言；所称的爱兰银行系指爱兰银行的总裁，及其公司而言；所称的国债委员会（National Debt Commissioners）系指国债偿还委员会而言；所称的主任会计官吏或会计主任（principal accountants）系指向英兰银行及爱兰银行内的"国库往来户"直接支领款项的官吏而言；所称的副会计官吏（sub-accountants）系指向主任会计官吏先支领整笔垫款（imprests）而后报账的官员或经收各部手续费或其他收入的官员而言；所称的财政部长长官（secretaries of the treasury）系包含财政次长（asistant secretary）在内。

第三条　自本条例通过后十二个月以内，英王或其王嗣应特任当时的国库出纳监理总监（Comptroller General of the Receipt and Issue of her Majesty's Exchequer）及公家账目审计委员会委员长（Chairman of the Commissioners for Auditing the Public Accounts）为国库出纳监理总监及公家账目审计总监，（Comptroller General of the Recipt and Issue of her Majesty's Exchequer and Auditor-General of Public Accounts）其简括的官衔称为会计审计总监（Comptroller and Auditor-Goneral）；又应特任当时的公家账目审计委员会委员之一为审计副总监（Asistant Comptroller and Auditor）。

会计审计总监及会计审计副总监的任期是终身 during good

behavior 的，英王或其王嗣于国会的二院都有免职的请求时，始能罢免之；而同时会计审计总监及会计审计副总监不许兼任英王可以随意任免的行政官职，或兼充国会的下议院议员，或兼充国会的上议院或贵族院的议员。

第四条　会计审计总监及会计审计副总监的俸给，得于英王的特任状内，规定如下：

会计审计总监，年俸 2 000 磅。

会计审计副总监，年俸 1 500 磅。

上述二人之俸给，得由英国的统一国库或从其收入公款中支出之。

当会计审计总监或会计审计副总监退职时，英王或其王嗣者，可以在特许状内，允准下列年金或恩俸。

（甲）曾任会计审计总监，或会计审计副总监，或会计审计委员之官职至少在 15 年以上者，无论何职，均可支领常退职时所得薪俸之 1/2。（会计监查委员）

（乙）曾在上述官职至少在 20 年以上者，无论何人，均可支领其当退职时所得薪俸之 2/3。但上述之官吏，非年达六十岁以上，或因公致永久残废者，则不能支领上述之年金或恩俸；而当请求支领之际，究属何种事由，必须明白表示。惟此条之规定，并不妨碍该退职官吏之选择依据 1859 年的文官服务养老金条例（Superannuation Act）而愿支领养老金，不愿支领年金或恩俸。

第五条　自从任命会计审计总监及会计审计副总监之后，国库出纳监理总监（Comptroller General of the Exchequer）与公家账目审计委员会（Commissioners of Audit）之特任状，当然归于无效，而该官吏及委员会之官厅，亦当然归于裁撤；惟被任命为会计审计总监者，对于前国库出纳监理总监与前公家账目审计委员会所具有的一切职权，均得依据本条例而继承之。然财政部对于上述公家账目审计委员会委员之未受会计审计总监或会计审计副总监两官职的任命者，为酬偿起见，得给以若干年金，但以不超过本来的预算额为限。其有依据 1859 年的文官服务养老金条例而得支领该款养老金者，于原来的年俸外，仍得支领该项养老金。

第六条 当会计审计总监或会计审计副总监死亡辞职，或因其他理由而不能到差时，英王或其王嗣即可以前述之特任状而任命后继者；而该后任者。所有的职务，权力，年俸，及年金或恩饷等等均与其所继承者相同。

第七条 本条例所规定的会计审计总监所有一切职权，若会计审计总监不在差时，除对于国会下议院证明及报告决算书之外，其余都可以由会计审计副总监代理执行之。

第八条 会计审计总监部之书记官，事务官，及其他项之职员等，应由财政部逐时任命之；而国务会议则可以英王命令（by order in council）逐时厘定该官吏等的等级及薪俸。

第九条 会计审计总监有权去随时规定会计审计总监部内部办事的规章及细则，有权去升提，停职或罢免部内的任何书记官，事务官，及其他项职员：并有权去规订关于主任会计官吏及副会计官吏应如何按期报销账目以备审计的各种规章表格，但此种规章及表格在尚未发表以前，是须先经财政部的核准的。

第十条 关税征收委员会（Commissioners of Customs），内国税征收委员会（Commissioners of Inland Revenue）及邮政总监（The Postmaster-General）等，应将所有已经扣除戾税，与戾税性质相同的补助金，返还金，及折扣等的毛税收，按照财政部随时规定的日期，及规则，统统缴与英兰银行或爱兰银行，存入"国库往来户"；其他应解与国库的公家收入，也应同像的缴与英兰银行，或爱兰银行，存入"国库往来户"。这种付入英兰银行或爱兰银行的"国库往来户"的款项，每日应按照财政部所规定的格式，报告于会计审计总监。

但是本条例本条所规定并不妨碍从前他条例所规定关于海军部，陆军部，税收机关，文事机关或其他行政机关之可以直接向上列三税收机关支领现款的一种简捷办法；不过以后再在英兰银行或爱兰银行内的"国库往来户"划账或转账而已。（终期于方便简捷之中，仍不违悖统收统付的国库统一政策）。

第十一条　凡一切存入英兰银行或爱兰银行内"国库往来户"的款项，英兰银行或爱兰银行的总裁及公司均可于其账簿上作成为一种普通存款；财政部根据会计审计总监所赋与〔予〕的信用而对该二行所签发的支付命令，该二行亦应于该一般存款中执行之；而同时财政部为调节该二行内的"国库往来户"的结存（balances）起见，应限制划与各支付机关的主任会计官吏以便自由应付其所主管的各项开支的国库数额，各会计主任的账户当然也是在英兰银行或爱兰银行的；各会计主任对于该种划归自己名下保管的公款，可以用之为支付其所主管机关的经费之用；各会计主任以何种名义，即在何款预算账之下，领到的款项，即应以财政部所指明的预算款项各别记账不得相混；但本条之所规定，不能误解为财政部可以指挥或授权于会计主任，支付国会或下议院所未会通过，批准或议决的经费。

第十二条　于每年四季之末，即于每年 3 月 31 日，6 月 30 日，9 月 30 日，及 12 月 31 日的四天，财政部应该编制一个各该季的大不列颠及爱尔兰的国库总出入或收支报告，各该报告须包括每年正月 5 日，4 月 5 日，7 月 5 日，及 10 月 5 日到期的公债（国债）本利账在内的；此种每季国库收支总报告，财政部应该另缮一份送交会计审计总监备查；如果该项报告发现大不列颠或爱尔兰国库总收入不敷国库总支出的情状，而且会计审计总监认为报告中账目可靠者，那么会计审计总监可以出一证明书与英兰银行或爱兰银行，证明该不敷额之无误，于是该二行可以依据之而于下季暂时贷款与财政部，但其数额以会计审计总监的证明书所说者为限，而且当财政部要借用时，财政部必须先行填写该二行所规定的此种贷款格式；此种填款均应划入"国库往来户"名下，以备应付一切根据于会计审计总监所核准的信用而签发的支付伪书或命令之用；此种填款的本息，均应于下季收入公款（the growing produce of the consolidated fund）偿付之。

第十三条　当财政部逐时向会计审计总监请求其核准其向英兰银行或爱兰银行内"国库往来户"的结存公款动用经常经费时，会计审计总监如认为合法而且其动用经费的数额不误，那么会计审计总监就应该逐时核准该项支款的信用；但该项核准照划或照拨的信用数额，最多以上述每季国库总收支账内的未经动用的经费数额为限。

但当财政部根据国会的议案向会计审计总监请求其核准其向英兰银行或爱兰银行内"国库往来户"的结存公款动用临时经费或追加预算时，会计审计总监应于每季经常经费外，再核准该项临时或追加经费的信用；而各主任会计官吏逐时所需要的款项的拨发或拨划（transfers），以应付其所主管机关的经费的支付，应由会计审计总监所核准在英兰银行或爱兰银行内的信用数满足之；不过此种款项的拨发或拨划，是必须先有财政部长官之一或财政部所指定有同等权力的人之一所签字的拨发或拨划命令才行。

英兰银行及爱兰银行对于"国库往来户"名下每日所接到的财政部长官所签发的拨发或拨划公款与会计主任以资应付的命令，每日应制一报告或清单送交会计审计总监备查。

第十四条　当下议院议决或国会通过一笔或数笔款项，由英王支配去应付特定的公众服务的经费时，英王可以有财政部长官副署的手签（under the Royal Sign Manual）上谕，（Royal Order）授权于财政部并责令财政部，按照合法手续，逐时拨发或拨划该种款项，以资支付经费，但其总数，不得超过立法机关所通过的数额。

第十五条　当国会筹募款项（ways and means）以应付下议院所议决或国会所通过由英王支配的经费（supplies）时，会计审计总监应根据财政部的请求，在英兰银行或爱兰银行内的"国库往来户"名下，核准支款的信用，但至多以国会的筹募数额为限。在该种会计审计总监所核准的支款信用项下，财政部应逐时由该部长官之一或其所委托有同等权力之人之一所签字的支付命令，拨发或拨划款项与主任会计官吏，以资应付；上述财政部的支付命令应述明经费的用途及预算案内所指的款项 votes；但是对于陆军部及海军部的支付命令，只须说明总标题"陆军部经费"及"海军部经费"，毋庸另外声明预算案内的款项。

英兰银行及爱兰银行对"国库往来户"名下每日所接到的财政部长官所签发的拨发或拨划公款与各会计主任以资应付的命令，每月应制一报告或清单送交会计审计总监备查。

第十六条　每年四季的末日即 3 月 31 日，6 月 30 日，9 月 30 日，及 12 月 31 日过后 15 日内，财政部应依据过去十二个月内"国库往来户"在英兰银行及爱兰银行内的实收实支（actual receipt and issue of moneys）款项账，编制一个联合王国（The United Kingdom）的岁出入报告（an account of the public income and expenditure）；如果在该岁出入报告内，岁入是超过岁出的，就是国库有盈余的，财政部应写一封证明书送与国债委员会把盈余金的四分之一划归减轻国债之用；而国债委员会应逐时把此种下季减债盈余金在《伦敦公报》（The London Gazette）公布。财政部应把该 1/4 的减债国库剩余金在下季的总国库（the consolidated fund）内扣下；而此扣下的款项，财政部应在下季络续拨付给国债委员会，以便在下季作偿还长期公债（the funded debt），或短期公债（the unfunded debt）或英兰银行或爱兰银行的垫款之用；凡已经偿还的公债都应一律注销。

上述财政部每季末对于过去十二个月内的国库收支总报告，应另具一份由会计审计总证明后，于该季终了后 15 日内，送呈下议院备查，如刚逢国会休会的时候，则可于下次国会集会时，于国会开幕后一星期内送呈之。

（备考）　按此条已为 Victoria 女王第五十八年及第五十九年的法律第四十五号第六条所撤销了。

第十七条　本条业经为 Victoria 女王第五十二年及第五十三年的法律第五十三号第二条所取消，所以译文从略。不过其大意是讲各行政机关以契约关系所负的债务，是应由各该行政机关按照合法手续自行清理的；这就是说各该行政机关发支付命令于"国库出纳总监"（The Paymaster-General），国库出纳总监再发支付命令于代理国库的银行，代理国库的银行再付与领款人。

第十八条　财政部可以逐时决定在什么银行主任会计官吏应存放托他们保管的公款，财政部并可以决定此种以公务员或会计主任的名义存入于英兰银行，或爱兰银行，或其他任何银行的款项，何者为公款或公家的户头（public accounts）；当该公务员或会计主任死亡，辞职，或迁调的时候，该存款账户的结余，应由另委的继任者接管支配，不得作为该公务员或会计主任的私产，并不得由其法定代理人接管，其法律另外有所规定者，不在此限。

第十九条　当财政部认为于政府行政有利益时，财政部可以指令从前法律所规定须在英兰银行或爱兰银行各自开立往来户头的任何公务员或会计主任的往来户头，一一合并起来，俾于政府行政最有便利或最有利益。

第二十条　为公众便利起见，并当财政部长官之一之正式请求时，英兰银行与爱兰银行可以在其自己的账簿上开立政府股票（government stock）及年金（annuity）户头，其户名可以暂时以任何公务员（public officer）的官衔（official description）出面；而不书其姓名；此后收到股票及年金的红利及原本的全部或一部，均由该二行存入该户头，而该户头出面人的公务员可以逐时拨划该存款，如同该股票与年金是该公务员所私有一样；当该公务员死亡、辞职、或迁调的时候，该户头所积存的股票与年金，股票与年金的已收及未收红利，均应传于该公务员的继任者而归其支配、收受及拨划。该股票年金户头的出面人公务可以根据财政长官之一之命令或委托书（letter of attorney）（该命令或委托书是致英兰银行或爱兰银行的当局者），授权于英兰银行或爱兰银行或该二行的任何重要职员（各副经理或出纳主任 cashier），逐时出售或转让该户头结存的股票及年金的全部或一部，并代理该股票与年金的已到期及未到期红利的收受。（但代收红利可以毋须财政长官之一签发的命令）。

第二十一条 预算案内的账户（appropriation accounts）每年在 9 月 30 日或以前，财政部应令饬部员编制关于以 3 月 31 日为终期的上年度会计年度内的长期及短期公债的还本付利账，王室经费（civil list）账，及其他由"统一国库"（consolidated fund）项下所支出的一切行政经费账的大不列颠及爱尔兰国库总支出报告，提交会计审计总监（Comptroller and Auditor General）审查；会计审计总监于接到该项报告之后，应依据国会所通过的法律，验明该报告内容之是否合法，并将审查报告送交财政部；而财政部应将本部的原来对于国库总收支的报告账和会计审计总监（Comptroller and Auditor General）的审查报告，于下年正月三十一号或以前送交下议院备案，如当时国会适尚未召集，那么应于下次国会召集开幕后一星期内送交国会备查。

第二十二条 于在本条例末所附的附表 A 内各行所列的特定日期或以前，各有关系的各部或机关应把每年国会通过的预算案（Appropriation Act）内拨给该部或机关的经费，按照款项 Votes，编造决算报告，送交财政部备查，及送交会计审计总监审查，而会计审计总监当审查完毕之后，应将其审查报告送交下议院备查；而该种预算案内经费拨给款项的账户，应叫做"预算案内的账户"（appropriation accounts），财政部可以决定此种预算案内的账户，应由何种行政部或机关编造决算报告送交会计审计总监审查，而会计审计总监应验明该报告之是否合法与正确并报告其审查结果；而该种审查报告是应由会计审计总监签字的。

本条的意旨是（一）财政部可以指令凡经管某预算款项的经费的行政部或机关须编造该预算案内的账户的决算报告，（二）上述"行政部或机关"（department）的意义是包括任何受财政部的指定须编造预算案内的账户的决算报告的公务员在内的。

第二十三条 在财政部指导之下，每个职务或行政机关应规划出来一个形式又便利，又合乎各该职务的特殊情形，而又容易显露出每个预算款（vote）的一切收支情形的账簿及账目系统，英王可以随时以国务会议的命令，规定各公务机关的账目形式。

第二十四条 "每预算案内的账户"（an appropriation account）的贷方（charge side）（按即普通之所谓信用方 credit side）应记入账户所指的会计年度的国会对于该职务所指拨的经费数额，而其借方（discharge side）（按即普通之所谓负债方 debit side）应记入该账户的实际开支；但是未经会计部（accounting department）（按即会计主任或主任会计官吏）查阅及核准的该账户的垫款（imprest），不许记入借方。会计审计总监可以随时指令应编造预算案内的账户的决算。

第二十五条 报告各行政部或机关造送该账户当日在总清簿（ledgers）上人欠（credit balance）或欠人（debit balance）的结数报告，并令其证实该结数。但有时会计审计总监亦可指令该部或机关不造送该账户的贷借对照表（balance sheet），而送其结数的证明书（certified statement）（按结数证明书，想系代理国库的银行所发者）亦可。

第二十六条 每一送交会计审计总监审查的预算案内的账户的决算报告，应附有该账户的均衡如何维持或调度的说明及该户入不敷出的原因的说明；此种说明及该账户的决算报告，都应由负责的支出机关的当事人签字。

第二十七条 每一预算案内的账户的决算报告，应由会计审计总监替代下议院行使审查职权。会计审计总监当审查该种决算报告的时候，应该特别注意下列二点：

（一）会计部（accounting department）（按即主任会计官吏或会计主任）所有已经核准在预算款项下拨付的各种开支，是否附有收据或其他凭证？

（二）所有已经支付的款项，是否用到预算案上所指定的目的上去？

如果财政部咨请会计审计总监另外注意该种决算报告内的支付款项的全部或一部之是否附有财政部的特许凭证，那么会计审计总监于审查该种决算报告之后，就应该把应当附有财政部的特许凭证而并无附有此种特许凭证的支出项目，报告于财政部；如果财政部以此种支出为不正当，不许其在国会通过的预算款项下拨付，那么会计审计总监就应当报告该项开支于下议院。

第二十八条　在可能范围之内，为便利会计审计总监部之审查之可以与各会计部之现款收付（cash transaction）同时进行（proceed pari passu）起见，会计审计总监在无论什么方便的时光，可以自由调阅各支出机关或收入机关的账目及簿据，并可随时或按时责令各收支机关报告现款的收付账目。

第二十九条　当会计审计总监进行审查本条例末所附表 B 内所列举的行政职务的经费开支的凭证时，对于该种凭证详细查对，审核，并证明其毫无错误后，会计审计总监可以承认该项凭证为该款预算核销的正当证据。但是如果财政部对于该种凭证咨请其作更为详细的审查时，那么会计审计总监就应该对于该种凭证作一个财政部所规定的详细程度的审查，再事检查之。

第三十条　当会计审计总监进行审查本条例末附表 B 内所未列举的行政职务的经费开支的凭证时，该总监可以只随意抽选该项开支账目的一部份而审查其支付凭证之是否正确，数字计算之有否错误。但是如果财政部承认其他有权审查该项支付凭证的官员对于该项支付凭据的正确的证明书为有效时，那么会计审计总监对于该项支付凭证可以不必作第二次的审查。

第三十一条　如在审查的进程中，会计审计总监对于某项预算案内的账户内的某项开支有所指责，那么该项指责应立即咨照于有关系的支出机关，请求答覆；如果该项答覆，会计审计总监认为不满意时，那么总监就应该把这种指责咨请财政部斟酌办理。

第三十二条　会计审计总监对于审查预算案内的账户的决算报告的结果，应报告于下议院以资查考；其报告应分为下列的各部份：

（一）关于陆军部项下的决算审查报告；

（二）关于海军部项下的决算审查报告；

（三）关于海关部（按即中国之关务署）项下的决算审查报告；

（四）关于国内税部（按即中国之财政部赋税司各税收署局处）项下的决算审查报告；

（五）关于邮政部项下的决算审查报告；

（六）及其关于预算案内所列第二种文官服务经费项下各类内的各款账户的决算审查的一个或数个报告。

在上述各种的预算案内的账户的决算审查报告书内，会计审计总监应特别注意下列数点：

（一）该户（或该款 vote）的决算额有否超过预算额；

（二）各支出机关对于预算案规定外的收入款项，是否有不按照国会命令而错误或随便支用的嫌疑；

（三）该户内的支付账目有否不具支付凭证的开支；

（四）该户的支付账目有否有不属于本会计年度的开支在内，或有因他种理由不能在本户（或本款）报销的开支在内。

如果财政部不于本条例所规定的日期之内，把会计审计总监对于任何预算案内的账户的决算报告的审查报告，及对于国库总支出的决算报告的审查报告，提交下议院查考，那么会计审计总监应径将该审查报告直接提交下议院查考。

预算案外的账户（accounts other than appropriation accounts）

第三十三条　除审查预算案内的账户的决算报告之外，会计审计总监又应当应财政部的请求，并依照该部所规定审查的规则，密查下列账户的决算报告：

（一）各会计主任或主任会计官吏的账户；

（二）海关部的收入账目；

（三）国内税部的收入账目；

（四）邮政部的收入账目；

（五）其他应缴入国库往来户的收入的收受者或机关的账户；

（六）及其他虽不关帝国国库的收支，但财政部可以直接报告国会的公款账户。

第三十四条　前条所列财政部可以咨请会计审计总监审查的账

户的决算报告，须由有关系的行政部或公务员依财政部的命令先报告于该部；本条及下列各条内所称的"会计官吏"（accountants）或主任会计官吏或会计主任，系指财政部所命令应报告前条所列各账目的决算报告于财政部的行政部或公务员而言；而收受税收性质或规费性质的公款（该税收或规费系由依法律所规定的人所付入者或下级官吏所付入以便转入国库往来户者）或同时可以动用该公款以资应付公务（public service）的公务员，应按照财政部所规定的日期及格式，向会计审计总监递呈其所经管账户的收支决算报告；而当该公务员被委任时，财政部应通会计审计总监，以资参考。

第三十五条　会计官吏应将他们所经管的账户的决算报告，连同与该账户有关的各种核准书及收据，递交会计审计总监审查；该项报告的格式，日期，及其办理规则，可由会计审计总监随时规定之，以作会计官吏的指导；但当该种规则尚未获得财政部的同意时，会计官吏不必一定要服从的或遵循的。

第三十六条　会计审计总监对于提交送到的各账户的决算报告，应从速审查，不得延滞；当该账户的决算报告审查完毕时，会计审计总监，应作一相当形式的审查报告。如果审查后该账户的结余与会计官吏的决算报告的结余，两数相符合，那么该会计官吏可以宣告公正无误"even and quit"，解除责任，而同时会计审计总监就应通过该会计官吏的决算报告，并签字证明其正确。至会计审计总监的审查报告的形式须经过财政部的同意者，那么会计审计总监就应该于获得财政部的同意并附有的保证状（warrant）时始得正式通过该账户的决算报告并证明其无误。再则会计审计总监每年应二次（2月第一星期及8月第一星期）提交财部的审查各账户的决算报告的签押报告，应列成一表，表中陈明每一账户的贷方，借方，及结余或结欠数。

第三十七条　当会计审计总监审查任何账户的决算报告时，如有按照法律应贴印花而不贴印花的收据发现，而会计审计总监以为从公道及公务的便利着想，须承认该收据为有效者，彼有权得认其为有效。

第三十八条　会计审计总监既通过并签字于任何账户的决算报告之后，同时并应送一张审查证明书（certificate）于有关系或负责的会计官；该审查证明书的内容应载明该账户的贷方数额，借方数额，及结存或结欠数额。每张审查证明书应由会计审计总监亲自签字，其效力可以卸除负责会计官的全部或一部份责任。如果会计审计总监于通过并签字于任何账户的决算报告之后，发现会计官的账户有结欠情事（即结欠英王或国库情事），那么除非该会计官把欠款子母全部了结清楚或财政部发给支付责任免除的保证状（warrant），则不发给审计证明书。

第三十九条　凡关于任何账户的决算报告及该决算报告的审查报告，会计审计总监不必向财政部长（Chanceller of the Exchequer）有所声明；该项审查报告亦绝无登载于国库裁判院讨债专员之一（His Majesty's Remembrancer of the Court of Exchequer）之事务记录的必要，虽然从前的法律及惯例的规定是须登载的；但该项已由会计审计总监通过并签字的审查报告，应登载于会计审计总监院的记录，此种登载其效力应等于从前国库裁判院讨债专员之一的事务记录上的登载，这就是说，国库裁判院内的讨债专员可以根据之而向欠款于国库者，索还该项欠款的本利也；而该项记录的一份，由会计审计总监亲自签证之后，亦应发生同等的法律上效力。

第四十条　会计审计总监当遇财政部要求其审查任何证券，印花，政府股票及年金，公家存货，公家贮存物及公家产业的现款收入，现款支出，出售，移转，及交付的账目时，应于该账目的审查完毕后，把审查该账目的报告送交财政部，如财政部认该账目为满意，那么会计审计总监应把一张随时由其酌定的相当形式的审查证明书提交有关系及负责的会计官，以卸除其对该账目的责任。

第四十一条　其职务已终了之各会计官吏，或已死亡的会计官吏，其代理人应对于政府立即将其所处理公款剩余金交还于有权接收该剩余金的官吏；如会计审计总监觉察公款剩余金有被离职会计官不正当和不必要的扣留情事，那么他就应当把此种事件报告于财政部；财政部于接到会计审计总监对于此种事件的报告之后，就应当依据合乎法律的手续及方法，向该离职的会计官追索该公款剩余金的全部或一部及其应得的利息，但利率至多不得超过百分之五，由财政部酌定之。

第四十二条　凡根据英国国王索债的谕单（under any writ of extent）或英国最高法院中只司平衡法或民事案件之一部（the Courts of Chancery or Exchequer）的谕令，而把违法的会计官的私人财产出售于他人，且购买者已把买价（purchase money）交付于任何继任的会计官时，该购者所交付的买价虽不足以抵偿该违法会计官结欠国库的数额，以后概不负偿还该违法会计官结欠国库的余额的责任。

第四十三条　凡会计官对于会计审计总监对于其所报告的决算账目内的任何一项的驳斥或拒绝（disallowance）认为不服时，他可以有权上诉于财政部。财政部于用口供（viva voice）或其他公正方法调查该案之真象之后，如认上诉者即会计官为全部无罪或一部份无罪而发令免除其核准支付的责任，那么会计审计总监不得再有所指责。

第四十四条　财政部有时对于非公款收支的账户的决算报告，可以斟酌情形，免除其送交会计审计总监受其审查，虽然从前的法律和惯例的规定是须送交和审查的。但是财政部对于此种免除决算账目的审查的部令（treasury minutes）是必须递交于国会备案的。

第四十五条　本条例的一切规定，不能些微减少变更英王对于索还国债的法律手续的执行的支配权，暂停权，及阻止权。

第四十六条　从略（本条系说明本条例附表 C 内由本条例成立而取销的条例的全部或一部）。

第四十七条　本条例自 1867 年 4 月 1 日起施行。

附表 A　预算案内的账户的决算报告的日期（会计年度终了后）

表 3-2-7　预算案内的账户的决算报告的日期

预算案内的账户名称	陆军部	其他（如海军部文官服务机关税收机关邮政局及其他）
由各支出机关报告于会计审计总监	12 月 31 日	11 月 30 日
由会计审计总监报告于财政部	正月 31 日	正月 15 日
由财政部报告于下议院	2 月 15 日	正月 31 日

如国会不开会时，则于国会开会后一星期内提出之。

附表 B（从略）

附表 C（从略）

本文的重要参考书列下：

A. E. Buck：Public Budgeting，New York and London，1929.

Harvey E. Fisk：English Public Finance，New York，1920.

Henry Higgs：（1）The Financial System of the United Kingdom，London，1914.

Henry Higgs：（2）Financial Reform，London，1924.

Rene Stourm：The Budget，London and New York，1917.

Willoughby，Willoughby and Lindsay：The System of Financial Administration of Great Britain，New York and London，1917.

B. Mallet and C. O. George：British Budgets，1913—1924 London，1929.

谭平：国库制度之研究，上海民智书局，民国十八年（1929年）。

第三章
美国的预决算制度
（个案究研之二）

第一节　美国人民之争得预算权

历史告诉我们，立宪或民主国家人民代表的过问预算权，并不是一种天赋人权，乃是往往用革命流血或其他或温或厉的手段得来的。美国也是一个很好的例子。

大家都晓得美国在 18 世纪还是英国的殖民地，她的独立宣言是在 1776 年，而她的战胜英国和采用宪法是在 13 年之后，即 1789 年。殖民地的美国人为什么要反抗母国而独自建立一国呢？从财政上讲起来，这实在为的是要获得财政权，或荷包权，或预算权。我们可以拿美国十三州独立战争的导火线来证明此说。

（1）1765 年的印花税条例（The Stamp Act）　当英国在美洲殖民地内与法国战争的时候，英国觉得殖民地的人民是有钱的，因之英国的"巴力门"（即国会或议会 Parliament）就决定殖民地人民应负担英法战役的战费的一部份，及英国派来保护美洲殖民地的小小常备军的饷需。但是怎样叫殖民地人民负担这种战费及军费呢？于是"巴力门"在 1765 年就通过一个印花税条例。依据这个条例，殖民地人民对于一切产权及债权的凭证都非黏贴印花不可，否则法律上即不发生效力，法庭上不承认；而印花的收入，当然是归入英国的国币的。我们知道"不出代议士，不纳租税"（no taxation without representation）的口号，本来是英国人所发明的，"巴力门"就是实施这个口号的具体表现，现在"巴力门"既没有美洲殖民地的代议士在内，而它竟通过印花税条例，向他们抽起租税来，这当然是殖民地人民所不能容忍的。所以当年在纽约集会的殖民地人民的代表就宣言反对该条例之蹂躏民权，誓不承认。

（2）航海条例（Navigation Laws） 航海条例是英国自从1651年以来厉行重商主义或极端的保议政策的最要利器。它的目的，当然是在乎打倒当时荷兰的海上霸权，可是殖民地人民的利益，也就从此剥夺净尽了。依据航海条例，凡亚洲、非洲、或美洲的生产或制造的物品，只准在英国的船只内装运输入英国；而欧洲各国所产生或制造的商品，只准经过英国而且装在英国或其殖民地内所制造的船只内，才得输入殖民地。观此条例，美国当时的经济利益完全须仰其母国之鼻息，欲不起反动，乌可得乎？

（3）贸易条例（Trade Laws） 与航海条例一样的不利于殖民地的经济发展者，则有贸易条例。贸易条例规定有几种物品如砂糖、烟草、棉花、与靛青等，是只准售与英国，即只准输出到英国去的，而有几种物品如毛皮、钢铁等，那简直是不能输出或制造的。这样的条例，把殖民地人民的经济活动束缚得动弹不得，如何能不激起反抗呢？

（4）印花税条例之撤消及茶叶进口税之征收 "巴力门"鉴于印花税条例之触犯了殖民地人民的众怒，乃不久自动的把它撤消，不过同时又宣言谓"巴力门"有为殖民地人民立法和向殖民地人民抽税的完全权利。于是"巴力门"不久又通过一个殖民地的进口税则案，凡玻璃、纸类、及茶叶之进口者，均须纳进口税。为实施这个税则案并严厉执行航海条例及贸易条例起见，"巴力门"又令行政机关在美洲殖民地设立一个海关监督局。殖民地人民抗议此种新赋税的激烈，并不亚于数年前之抗议印花税条例。抗议的结果，为玻璃及纸类进口税之撤消，但是茶叶进口税仍旧存在，以表示"巴力门"对于殖民地人民是有权向之征收租税的主权。这种抽税，揆之民权原则，又是违背"不出代议士，不纳租税"的成规的。再加之茶叶进口税的用途，是在乎补助英国东方印度公司（English East India Company），无怪乎美洲殖民地人民反抗母国的心理是越发厉害了。

（5）1773 年的波斯顿毁茶风潮（The Boston Tea Party）　殖民地人民之反对茶叶进口税之具体表现，为 1773 年的波斯顿毁茶风潮。有一天晚上，波斯顿城有一队青年，秘密的闯入一只在波斯顿港停泊的英国茶船，把舱内的茶叶统统投弃海中。此投茶案子发生之后，"巴力门"当然是要大发雷霆，老羞成怒的，乃于1774 年通过一个议案，禁止商人在波斯顿港装卸货物（这就是说封锁该港口），并取消该殖民地人民之自选治安判官及曼塞丘赛刺（Massachusetts）殖民地议会上议院的代议士之权，改由英王选派。

英国与其美洲殖民地的恶感闹到这般地步，革命热潮好像是箭在弦上，不发不止。于是而 1774 年有美洲十三州代表会议于费拉台尔费亚（Philadelphia）城，议决以武力抵抗母国之暴虐。于是而 1776 年有美国之独立宣言（Declaration of Independences），对英国正式宣战。

这样，我们可以知道，北美革命流血的动机，是在乎殖民地争自由与民权，亦即在乎自己选举代表去讨论通过抽自己捐税的预算权。而革命的导火线，远的则为航海条例及贸易条例，近的则为未得殖民地人民允许而贸然通过的印花税条例及茶叶进口税则案，最近的则为因波斯顿毁茶风潮而起的压迫政策。总之，古今中外一切革命的动机和导火线，必定是带有很浓厚的经济或财政的色彩的，美国不过是千百个革命中之一个实例而已。美国人民既然争得自主权及预算权之后他们对于这个自主权是怎样的运用呢？以下请略述美国预决算制度的沿革史。

第二节　美国预决算制度的沿革

（1）宪法上关于预决算的规定　宪法为一国的会计法规的总纲，所以凡研究一国的预决算制度者，总应当从其宪法说起。美国1789年所采行的宪法上关于预决算的规定者有二条：

其一谓"非先经过国会的指拨（appropriation）者，无论任何款项，不能向财政部支领。财政部应随时把一切公家款项的收入与支出的逐年账目对照表刊布。"

其二谓总统有"把联邦的（财政）状况的事实报告于国会，及把他对付这种（财政）状况的必要及适宜的方法建议于国会，以资考量"的职责。

据宪法起草员的愿望，大概上列二条施行起来的手续，是与英国的预算制度一样的，因为当时宪法起草员之一并为当时的财政部长亚历山大汉密尔顿（Alexander Hamilton）曾经在当时出版的一种定期刊物叫做《联邦主义者》（Federalists）上发表他个人对于联邦预算应由谁编制的意见。他说：

"世间多数的国家，包括政府比较民主的国家在内，大概终是把一国的财务行政交给一个人或一个由数人所组成的机关办理的。先由该个人或该机关仔细考量税收计划和编制预算，然后再把这个建议提交最高主权者（Sovereign）或立法机关讨论、批评、通过，而成为法律。"

"开明而喜推讨、盘诘，和研究的政治家，是无论在什么地方都要被人认为是最适合于编制预算者，尤其是赋税物件或客体的贤明的选择。"

（2）开国时议会财政立法顺序之英国化　这样，我们可以推知宪法起草员的原来愿望是要把岁出入预算的创议或提议权完全属诸行政机关，而只把批评和议定权属诸立法机关的。汉密尔顿当时身为财政部长，其对于财部的计划，全受英国财部的组织的影响的。

国会的众议院无论要何种关于财政的参考资料，财政部的长官终是能迅速供给的。无论有何种关于财政的质问，汉密尔顿终是能满意答覆对方的。美国这种起初的财务立法的手续或顺序，是完全与英制相仿佛的。美国的财政部的权限，一如英国的大藏省的权限。美国的财政部长对于国会的地位，一如英国大藏大臣（Chancellor of the Exchequer）在"巴力门"的地位。美国国会的众议院（House of Representatives）对于财政立法的权限，一如英国"巴力门"的下议院（House of Commons）对于财政立法的权限。何以晓得美国众议院起初的财政立法顺序是与英国下议院的财政立法顺序相仿佛呢？因为在 1794 年，众议院曾有一次表决全院改为一个全院筹募委员会（a committee of the whole on ways and means），以讨论预算案内之赋税或收入部份。又据 1794 年正月 10 日的美国众议院公报（House Journal）上说：

"本院今天改为全院制用委员会（a committee of the whole on statements and estimates of appropriation），有几款经费请求通过照拨，其余未通过部份，有人提议由院指定一个委员会先去整理一下，再行报告提案于大会。"

（3）开国时英国化的财政立法顺序之破坏　美国宪法起草者之心愿，既欲其本国议会之财政立法顺序之英国化，而开国时实际上的国会财政立法顺序又处处模仿英国，那么，似乎美国的预决算制度应该与英国没有什么大差别了。然而以后事实却大不然，这是什么缘故呢？缘故是很多的，试以发现的顺序为标准，约略述之如下：

（甲）美国国会之上议院（即参议院 Senate）之有莫大财政权　美国参议院有修改众议院所通过的预算案之权，而且往往是参议院所通过的预算数额常较众议院为多。如此，即使众议院的财政立法顺序是良好的，其优点亦将为参议院的干涉所推翻了。再加之官吏任命的同意权，所以参议院更加是如虎添翼，气焰万丈了。美国参议院的组织法及其权力之伟大，本来是对于小邦的一种妥协，不图其后来之为害于财政（如浪费国币，假公济私等等）一至于此也。

（乙）美国内阁阁员不准列席国会　美国当开国之初，内阁阁员是可以列席国会，以便说明意见并备议员咨询的，即如汉密尔顿就是时常这样做。但是后来国会恐怕受了行政长官的暗示影响太大，所以通过一议案，不许他们列席，因之财政部长对于预算案的提议权及说明权就从此丧失了。

（丙）国会制用委员会数目之增加　如果国会不准内阁阁员列席说明预算案，而同时对于制用或拨款（appropriation）的权力集中在一个委员会，那么，财政上尚不致发生大毛病。然而国会是并不遵守制用权集中的原则的。1802年国会曾仅指定一个常务筹募委员会，但不久此种同样性质的常务委员会竟增至五个。此风一开，于是每次国会开会，终有人提议增加委员会的数目。当时有一位"联邦主义者"（即主张集权者）在他的一封致汉密尔顿的信内，曾经说："此后内阁各部的部长，不过是国会里的各委员会的书记罢了。"当时民主党领袖杰否逊（Jefferson）当选为总统，杰氏素来是主张分权及三权鼎立的，所以对于国会里的分权倾向是很表同情的，而且他自己以身作则，连国会每年开幕时的总统演说辞，亦改由书面咨照，不再亲赴演讲。这种行政机关与立法机关隔膜的情况，当时美国最高法院的推事斯多雷（Justice Story）亦深为痛惜。其可以稍稍补救这种分权的隔膜者，后来惟有求诸议会未正式开会时之党员预备会（party caucus），及总统以党魁的资格去建议种种立法案于议会而已。

及至1865年，议会的预算编制又分裂为二，因为是年议会于筹募委员会之外，又设立一个制用或拨款委员会（a committee on appropriation），于是于行政与立法机关的隔膜之外，又加上一层立法机关内筹募委员会与制用委员会之隔膜。

及至1880年，议会里的制用委员会又分裂为二，因为议会于是年于本来的制用委员会之外，又设立一个专门奖励农业的制用委员会，叫做农业制用委员会（an Agricultural Appropriation Committee），于是就是制用委员会内亦发生了一层隔膜。自此之后，制用委员会权限的分化作用，逐年有长足的进步。及至1885年，美国的上下两院的国会里，一共有 16 个制用委员会，每院各有 8 个，其隔膜而不统一的情形，更是可想而知的了。（河港或水利委员会是 1883 年所设立的。1885 年，制用委员会的主席与议员争意气，所以议会把制用委员会的权力特别加以限制，以示报复。）

在这种议会编制预算，而且是很分权的编制预算，并议决预算制度之下，其弊端当然是不堪设想的。往往众议院所通过的预算，其金额常超过于行政机关所提出的，而参议院所通过的预算，其金额又常超过于众议院所通过的。所谓私人议员之狼狈为奸（logrolling 即美国开发西部森林之地时代，伐木者之相互推滚木头之意）也，滥拨国帑（pork-barrel 即桶里的猪肉由大家随意吃的意思）也，与走廊（lobby）政府（即议会受特殊利益所派往常驻在国都的运动专员的影响之意）或无形或看不见的政府（invisible government）也，统统是议会直接编制预算的自然结果，也统统是议会直接编制预算权分散于十数个委员会的自然结果。

此种议会编制的预算制度，此种议会有许多委员编制的预算制度，其弊并非没有人晓得。19 世纪之末和 20 世纪之初，议会内亦曾有人提议恢复开国时候的良法美制，无如积重难返，终未有改良。及至 1909 年脱虎脱（Taft）为总统，才始派了一个委员会，叫做效率经济委员会（Commission on Efficiency and Economy），去调查当时美国联邦政府的财务行政状况及其应行改良之点，并非正式的派人到英国等国去考察其预决算制度，以资改革之借镜。该委员会的健将，就是美国约翰霍伯金大学的政治学教授韦罗贝（W. F. Willoughby）。〔其兄韦罗贝（W. W. Willoughby），亦是该大学的政治学教授，兄弟二人都曾做过中华民国的政治宪法顾问。〕韦氏于返国之后，著有一本极详细的报告，叫做《大不列颠的财务行政》（The Financial Administration of Great Britain）行世，其影响于美国预决算制度之刷新者，洵非浅鲜。韦氏另外又编有数本鼓吹预算运动的书。及至 1921 年哈定（W. G. Harding）做总统时代，美国始把其 1 世纪以来积重难返的旧式预决算制度一齐推翻，而易以有效率而经济的新预决算制度。兹先把美国 1921 年以前的预决算制度的详细情形述之如下。

第三节　1921 年前的美国预决算制度

（1）预算之编制与议决　1921 年以前，美国联邦政府预算之编制，与其谓为在行政机关的手中毋宁谓为在立法机关的手中，因为行政机关只有收集预算材料，提交于议会，以资参考的职责并无先行审查考量整理、联络、和修改的权限也。而此司传达预算案于议会的行政机关，又是权位较微的财政部，不是为一国行政枢纽的总统府，因为美国"修正法典"的三千六百六十九条内说："一切联邦政府行政机关的岁出预算都应由财政部长提交议会，并且都应包括在他的指导之下所收集的预算书之内。"财政部除收集、汇印、和传达于立法机关之外，只有修改各机关预算请求书的形式及分类使之与各种法规相符合之权。至于为一国行政长官的总统呢？那更是从来不去过问预算案的内容的。他对于预算案，可以说只有间接的权限，就是当开国务会议或其他接见阁员的时候，他可以把他对于内阁行政方针的意见或愿望告诉他的阁员听，而阁员再根据他的愿望去编造预算请求案。

财政部长把收集拢来的预算书提交议会之后，议会乃着手编制与议决。请分众议院对于预算之编制与议决和参议院对于预算之编制与议决二层来讨论。

（甲）众议院之编制和议决预算　在 1921 年以前，美国众议院的讨论、编制、和议决岁出预算的正式委员会有八个：即（子）农业委员会（the Committee on Agriculture），（丑）陆军事务委员会（the Committee on Military Affairs），（寅）海军事务委员会（the Committee on Naval Affairs），　（卯）美洲土人事务委员会（the Committee on Indian Affairs），（辰）外交事务委员会（the Committee on Foreign Affairs)，（巳）邮政及驿路委员会（the Committee on the Post Office and Post Roads），　（午）河港（或水利）委员会（the Committee on Rivers and Harbors），及（未）制用（或拨款）委员会（the Committee on Appropriation）等是。兹把它们对于预算案的权限约略述之于下：

（子）农业委员会　农业委员会对于预算案的权限，是专限于审查和编制农部的预算的。农业预算经该委员会议决之后，再报告及提交大会通过。

（丑）陆军事务委员会　陆军事务委员会对于预算案的权限，是专限于审查和编制全国陆军的预算的，但是华盛顿城内陆军部自身的俸给与办公费等预算，不归该委员会审查和编制。陆军预算经该委员会议决之后，再报告及提交大会通过。

（寅）海军事务委员会　海军事务委员会对于预算案的权限，是专限于审查和编制海军部的预算的。海军预算经该委员会议决之后，再报告及提交大会通过。

（卯）美洲土人事务委员会　美洲土人事务委员会对于预算案的权限，是专限于审查及编制关于管理美洲土人事务的经费预算的，但是华盛顿城内美洲土人事务管理总局（Indian Office）的俸给与办公费等预算，不归该委员会审查和编制。美洲土人事务管理预算经该委员会议决之后，再报告及提交大会通过。

（辰）外交事务委员会　外交事务委员会对于预算案的权限，是专限于审查和编制外交和领事机关及其他与外交有关的预算的，但是华盛顿城内外交部或国务院（State Department）自身的俸给及办公费等预算，不归该委员会审查和编制。外交及领事预算经过该委员会议决之后，再报告及提交大会通过。

（巳）邮政及驿路（或邮路）委员会　邮政及驿路委员会对于预算案的权限，是专限于审查和编制全国邮务行政的预算的，但是华盛顿城内邮政部（Post Office Department）自身的俸给与办公费等预算，不归该委员会审查和编制。邮政及邮路预算经过该委员会议决之后，再行报告及提交大会通过。

（午）河港或水利委员会　河港或水利委员会对于预算案的权限，是专限于审查和编制全国河港改良及水利促进等预算的。河港改良及水利促进等预算既经该委员会议决之后，再行报告及提交大会通过。

（未）制用或拨款委员会　制用或拨款委员会对于预算案的权限，是专限于审查和编制（一）陆军部本部的俸给及办公费预算，（二）美洲土人事务管理总局本局的俸给及办公费预算，（三）外交部或国务院本部院的俸给及办公费预算，（四）邮政部本部的俸给及办公费预算，（五）津贴或恩饷预算（payment for pensions），（六）立法机关预算，（七）总统府预算，（八）司法机关预算，（九）哥伦比亚特别区行政预算，（十）建筑堡垒及海防预算，（十一）零星文官开支预算（sundry civil expenses），和（十二）各行政部或机关的追加或不敷预算。

除掉上述八个委员会在众议院有编制和报告预算案于大会之外，还有许多别的委员会有时也常常把与它们所议决的立法的实施有关的预算案报告于大会，请求大会通过。不但如此，有时简直还有许多议员在开大会的当儿，临时提议增加预算的。这样，所以美国众议院所通过的预算案，其数额往往是超过于财政部长所提交出来的原来预算案。

上述八个经费委员会内，除掉制用委员会之外，其他差不多都是与其所支配的机关或行政部有相当之好感的，所以由它们削减其有关系的机关的经费预算，可以说是绝无仅有的一回事。即如农业委员会的委员，大抵是美国农业区的代议士，他们将欢迎农部事业扩充之不暇，更何有于削减。其他六个委员会，也或暂或久，因为时常接近之故，与其所支配之行政部发生密切关系，对于其所提出的预算，也深表同情起来。虽有时各该委员会举行公开讯问会（public hearings），以便集思广益，但其目的，与其说是要得到推翻或削减预算的意见，毋宁说是要获得拥护或扩充预算的资料。

除掉上述八个经费委员会之外，美国众议院内还有六个委员会，也是有拨款之权的。这六个委员会就是：（一）赔偿委员会（the Committee on Claims），它的职权是在乎审查私人对美国政府的赔偿损失的要求，所以是与国库有关的；（二）战役赔偿委员会（the Committee on War Claims），它的职权是在乎审查私人对美国政府的战时赔偿损失的要求；（三）伤兵恩饷委员会（the Committee on Invalid Pensions），它的职权是只限于审查美国南北战争时的伤兵的赔偿损失的要求；（四）其他战役的伤兵恩饷委员会（the Committee on Pensions）；（五）哥伦比亚特区委员会（the Committee on the District of Columbia）；及（六）土木委员会（the Committee on Public Buildings and Grounds），它的职权是在乎审查联邦政府应否购入地产及应否建筑邮政局、海关、税所、法庭及其他政府公事房等的建议。

这样，所以美国众议院内有权审查及报告预算案于大会的委员会，是总共有十四个，可谓极尽光怪陆离之能事。

至于众议院内审查财政部长所提出的税收计划或公债计划的委员会，则只有一个，叫做筹募（或筹措）委员会（the Committee on Ways and Means）。除掉农业委员会有权过问人造牛油税（oleomargarine tax）的一个例外外，筹募委员会的权力是整个而不分的，它有审查和报告一切岁入议案于大会通过之权。

（乙）参议院之编制和议决预算　预算案既通过众议院之后，乃提交参议院覆审。1921 年以前，美国参议院的讨论、编制和议决岁出预算的正式委员会也有八个，就是：（一）农林委员会（the Committee on Agriculture and Forestry），其职权等于众议院的农业委员会；（二）陆军事务委员会，其职权等于众议院内的陆军事务委员会；（三）海军事务委员会，其职权等于众议院内的海军事务委员会；（四）美洲土人事务委员会，其职权与众议院的美洲土人事务委员会相同；（五）邮政及邮路委员会，其职权等于众议院的邮政及邮路委员会；（六）商业委员会（the Committee on Commerce），其职权等于众议院的河港或水利委员会；（七）制用委员会，其职权等于众议院的制用委员会；及（八）恩饷委员会（the Committee on Pensions），其职权与众议院的两个恩饷委员会相同。

此外美国参议院内的非正式或间接的经费委员会，一如众议院，也有六个，就是：（一）赔偿委员会，其职责与众议院的赔偿委员会相同；（二）哥伦比亚特别区委员会；（三）土木委员会，其职权与众议院的土木委员会相同；（四）私人土地赔偿委员会（Committee on Private Land Claims）；（五）海防委员会（Committee on Coast Defenses）；和（六）革命赔偿委员会（Committee on Rovolutionary Claims）。

这样，所以美国参议院内有权审查及报告预算案于大会通过的委员会，一似众议院，总共也是有十四个，亦可谓极尽光怪陆离之能事。

至于参议院内有审查及报告岁入预算于大会通过之权的委员会，则亦如众议院内之只有一个，叫做财政委员会（the Committee on Finance）。

这样，我们可以晓得众议院有岁出预算委员会十四个，岁入预算委员会一个，参议院有岁出预算委员会十四个，岁入预算委员会一个，总共有三十个预算委员会，可谓造分权之极峰矣。然而尤不至此也，因为两院内尚有司法委员会，银行币制委员会，州际及国际贸易委员会商船委员会，渔业委员会，公地委员会，特别区域委员会，海岛事务委员会，矿业委员会，教育委员会，劳工委员会，及灌溉委员会等等，不时报告法案于大会，如果一经通过，就要增加岁出预算和岁入预算也。

经验告诉我们，1921 年以前的美国众议院所通过的预算案，其数额终较财政部长所提交出来的为多；而参议院所通过的预算案，其数额又终较众议院所通过的为多。如果众议院不同意于参议院所增之数，那么，两院必须推举代表，开两院联席委员会（Conference Committee），来解决争端；但其结果，往往是参议院占优胜，而众议院让步。

（丙）美国预算编制及议决的旧制之弊　1921 年以前美国预算编制及议决的制度，已约略如上述，现在我们可以把它的弊端总括之于下。

（子）预算之编制及议决权都在立法机关　我们晓得，预算之编制是行政的事情，而预算之议决是立法的事情，现在美国国会想把二权独揽，不自甘于批评监督的地位，那么，又何怪议员之多假公济私，慷公家之帑藏，以获得选民的欢心呢？

（丑）总统名为一国行政之主脑，而实则无权过问预算案。　这是与美国的总统制的政制的精神完全相违背的。

（寅）有财政部而不给以编制预算之权，致使财政政策不统一。　各机关送来的预算，财长无权过问其内容，那么，如何还能有统一的财政政策呢？

（卯）有财政部而不给以审查预算之权，致使经费有膨胀之趋势。　各机关以无一个公平的机关去审查它们所开的预算，所以往往故意多开预算，以防议会之无理削减。

（辰）有财政部而不给以联络预算之权，致使行政重复，经费双料。1920 年，美国有一位众议员，名叫吕佛斯（C. Frank Reavis）的说：

"联邦政府现有三十九个机关同时处理性质相同的工程的、建筑的、及土木的事务，……有二十六个机关同时进行测量与绘图的工作，有二十七个机关同时进行公共建筑的事务，有十六个机关同时有权去造路，有十九个机关同时进行河海工程，有十六个机关同时管理江河水利事务，有十个机关同时管理官地产事务，有十五个机关同时进行化学研究工作，有二十二个机关同时进行工程研究工作。"

（巳）议会内有权过问预算案的委员会太多　议会内有权过问预算案的委员会太多，所以弄得一国三公，无所适从，致使财政系统成为治丝益棼，乱七八糟，毫无头绪。

（午）参议院对于预算案的权力太大，易中走廊政府的毒。

（2）预算之执行与监督 一如 1921 年以前的美国预算的编制和议决权，是完全在立法机关的手里，1921 年以前的美国预算的执行和监督权，是完全在行政机关的手里。这样，立法机关对于预算的初步（即编制），可以说是越权，而其对于预算的后步（即监督，）可以说是溺职。兹把美国 1921 年以前的预算执行和监督制度约略述之如下。

国会既把预算通过之后，收入与支出二项都责成财政部负责办理。租税收入之后，即存入美国独立国库的九分库之一，〔总独立国库当然是在华盛顿京城，九分库为包尔铁莫（Baltimore）市，波斯顿（Boston）市，芝加哥（Chicago）市，新新拿底（Cincinnati）市，纽阿连斯（New Orleans）市，纽约（New York）市，费拉台尔费亚（Philadelphia）市，圣路易斯（St. Louis）市，及旧金山或三藩（San Francisco）市〕，或联邦准备银行之一（按美国的联邦准备银行共有十二个。）征收官拿到存款的二联单收据之后，即把一联寄与财政部长。财政部长接到收据之后，即发收入饬书，令出纳官（treasurer）登账收入，同时又令登记官（register）收现款账或收入账。

至于支出一方面呢？当国会通过预算案之后，会计检查官（comptroller of the treasury）即通知领款机关，谓财政部有款，该机关可以在预算额范围内领取。支出的方法，是先由财政部长发支付饬书与请款机关或自然人，但该饬书必须有会计检查官连署或副签，方可向出纳官兑现，否则无效。这样，我们可以知道，1921 年以前，美国的财政部内是有一位只管税收的，叫做登记官；有一位只管支出的，叫做会计检查官；有一位只管款项之收付的，叫做出纳官。这三人都是财政部长所委任的，所以他们的监督预算之权，也是行政长官所给与他们的，不是立法机关所给与他们的。

财政部长所签发与会计检查官所副签（countersign）的支付饬书，大致是拨与行政部或机关的，所以各行政部或机关，还要有一位支付官（disbursing officer），去管理银钱事务，以便服务人员之各别支领薪俸、工资、旅费、津贴等。财政部为要监督各行政部及机关的支付官所经手的账目起见，乃任命六位审计专员（six auditors）去分别监督他们。兹为比较详细的明了1921年以前的美国审计制度起见，特节译1894年7月31日所公布施行的"道扣来审计条例"（The Dockery Act）如下：

道扣来审计条例（1894年7月31日公布）

第一条及第二条　从略。

第三条　财政部设立的六位审计专员，其名称如下：

第一审计专员，亦名财政部审计专员；

第二审计专员，亦名陆军部审计专员；

第三审计专员，亦名内政部审计专员；

第四审计专员，亦名海军部审计专员；

第五审计专员，亦名外交部或国务院及他部审计专员；

第六审计专员，亦名邮政部审计专员；

协审及其他官员的名称，一如审计专员所有的名称。协审除现有的职务外，又应听审计专员的指导，代他签押函件及凭证。

第四条　前财政部所设立的海关监督官，副海关监督官，第二会计检查官，副第二会计检查官，及副第一会计检查官，一律裁撤。财政部第一会计检查官，此后即改称财政部会计检查官。会计检查官的职务，就是第一第二会计检查官及海关监督官的现有职务。……他的年俸为5 500元，由总统任命之，但须先得参议院的同意。会计检查官之外，财政部应设立一个副会计检查官，年俸为5 000元，由总统得参议院的同意任命之。会计检查官署又应设年俸2 500元的秘书长一名。

副会计检查官的职务，由会计检查官指定之，并得奉令代行副签支付饬书及其他凭证。

秘书长的职务，由会计检查官指定之，并得代会计检查官，以他的名义，副签一切财部饬书（treasury warrants），但应再报账的支付饬书（accountable warrants）应除外。

〔按美国的国库收支总记账，系在一位出纳官（treasurer of the United States）的手里，而其出纳的凭证，系财政长官正签与会计检查官副签的财部饬书或国库饬书。国库收入的凭证，叫做 covering warrants，收入饬书或盖藏饬书——即取收入能盖藏支出的意思。国库支出的凭证，叫做支付饬书（issue warrants）。支付饬书又可分为三种：第一种叫做 settlement warrants 结清的支付饬书，即 the money to issue is in direct settlement of a claim 支付款项是直接去了结政府的负债的一种支付饬书；第二种叫做 accountable warrants 应再报账的支付饬书，即 the issue is to a spending officer who must account for the money thus placed at his disposition 总领款的支付长官日后应再把支付细账呈报财政部以便检查的一种支付饬书；第三种叫做 transfer warrants 转账的支付饬书，即 ordering money transferred from one accounting head to another 命令甲机关的会计官或支付官把他的机关的剩余公款移交于乙机关的会计官或支付官以备应用的一种支付饬书。——译者附注。〕

凡审计专员所证明的人民欠联邦政府的债务，该专员应奉会计检查官之命，督促该债务之追偿。（下略）

第五条　会计检查官应奉财政部长之命，制定公家账目之登记及报告的格式，但邮政局的收支账目除外。修正法典第一千七百二十五条内所提及的手续费报告，应符合于会计检查官所制定的格式。

第六条　修正法典第二百七十一条应修正如下：

"审计专员有权审查及了结的无论任何账目，会计检查官以为公家利益有要求该账目之审查与了结时，应吩咐审计专员审查与了结。"

第七条　审计专员应审查的账目的分配如下：

第一　第一审计专员即财政部的审计专员应接受和审查的账目如下：

（一）财政部本部的一切薪俸及杂费账目；

（二）财政部直辖的各局处所等机关的一切薪俸及杂费账目；

（三）关于关税行政的一切收支账目；

（四）关于公债的一切收支账目；

（五）关于内国税收行政的一切收支账目；

（六）关于独立国库的出纳官及出纳副官的一切收支账目；

（七）造币厂及化验所的一切收支账目；

（八）雕版印刷局的一切收支账目；

（九）河海测量局（coast and geodetic survey）一切账目；

（十）税务巡洋行政（revenue-cutter service）账目；

（十一）救生行政账目；

（十二）灯塔局账目；

（十三）海员医院账目；

（十四）公共建筑物账目；

（十五）轮船检查行政账目；

（十六）移民局账目；

（十七）航海局账目；

（十八）侦探行政账目；

（十九）阿拉斯加海豹养生场账目；

（二十）及其他财政部有权管辖的机关或事务的账目。

审查完结之后，该审计专员应证明各该账目的收支对照表，交与财政部会计司（the Division of Book-keeping and Warrants）备案。

第二　第二审计专员即陆军部的审计专员应接受和审查的账目如下：

（一）陆军部本部的一切薪给及杂费账目；

（二）陆军部直辖的各局处所军师营等机关的一切薪给及杂费账目；

（三）兵工厂账目；

（四）国家墓地账目；

（五）堡垒账目；

（六）总工程师所管理的公产账目；

（七）河港账目；

（八）陆军学校账目；

（九）及其他陆军部有权管辖的机关或事务的账目。

审查完结之后，该审计专员应证明各该账目的收支对照表，交与财政部会计司备案，并另签一份交与陆军部长备查。

第三　第三审计专员即内政部的审计专员应接受和审查的账目如下：

（一）内政部本部的一切薪给及杂费账目；

（二）内政部直辖的各局处所等机关的一切薪给及杂费账目；

（三）海陆军人恩饷账目；

（四）地质调查经费账目；

（五）公地管理局（Commissioner of Public Land Office）账目；

（六）美洲土人事务管理局账目；

（七）首都建筑师办公费账目；

（八）专利局账目；

（九）户口调查局账目；

（十）及其他内政部有权管辖的机关或事务的账目。

审查完结之后，该审计专员应证明各该账目的收支对照表，交与财政部会计司备案，并另签一份交与内政部长备查。⋯⋯

第四　第四审计专员即海军部审计专员应接受和审查的账目如下：

（一）海军部本部的一切薪给及杂费账目；

（二）海军部直辖的各局处所舰师团等机关的一切薪给及杂费账目；

（三）海军学校账目；

（四）及其他海军部有权管辖的机关或事务的账目。

审查完结之后，该审计专员应证明各该账目的收支对照表，交与财政部会计司备案，并另签一份交与海军部长备查。

第五　第五审计专员即外交部或国务院及其他各部的审计专员应接受和审查的账目如下：

（一）外交部本部或国务院本院的一切薪给及杂费的账目；

（二）司法部本部的一切薪给及杂费的账目；

（三）农部本部的一切薪给及杂费的账目；

（四）外交部或国务院直辖的各局处所等机关的一切薪给及杂费账目；

（五）司法部直辖的各局处所院庭等机关的一切薪给及杂费账目；

（六）农部直辖的各局处所场等机关的一切薪给及杂费账目；

（七）一切关于大使馆，公使馆，及领事馆的账目；

（八）一切联邦政府的法庭的账目；

（九）一切联邦政府法庭判决案的账目；

（十）元首办公处或总统府的账目；

（十一）文官服务委员会（包括文官考试）的账目；

（十二）州际贸易委员会的账目；

（十三）劳工郁的账目；

（十四）哥伦比亚特别区政府的账目；

（十五）渔业委员会的账目；

（十六）赔偿要求法庭及其判决案的账目；

（十七）斯密士研究院（Smithsonian Institution）的账目；

（十八）特别区政府的账目；

（十九）参议院的账目；

（二十）众议院的账目；

（二十一）公家印刷所的账目；

（二十二）国会图书馆的账目；

（二十三）植物园的账目；

（二十四）外交部或国务院有权管辖的机关或事务的账目；

（二十五）司法部有权管辖的机关或事务的账目；

（二十六）农部有权管辖的机关或事务的账目；

（二十七）及其他不属于各行政部的独立局处所机关或委员会的账目。

审查完结之后，该审计专员应证明各该账目的收支对照表交与财政部会计司备案，并另签一份，或交与参议院秘书长，或交与众议院秘书长，或交与众议院的警卫官（sergeant-at-arms），或交与有关系的行政部，独立委员会，独立局，或独立机关的行政长官备查。

第六　第六审计专员即邮政部的审计专员应接受和审查的账目如下：

（一）邮政部本部或邮务总监办公处本处的一切薪给及杂费的账目；

（二）邮政部或邮务总监所直辖的各局处所等机关的一切薪给及杂费的账目；

（三）全国各邮政局局长所管理的信件及汇票等账目；

（四）一切关于邮件运输的账目；

（五）及其他邮政部或邮务总监有权管辖的机关或事务的账目。

审查完结之后，该审计专员应证明各该账目的收支对照表，交与邮政部长即邮务总监备案，其关于邮政收入及支出的账目对照表，该审计专员须证明后提交财政部会计司备案，并另签一份提交邮务总监备查。（下略）

第八条　各审计专员所证明提交于财政部会计司或邮务总监的各项账目的收支对照表，对于政府的行政部份，是最后的和决定的。但是如果在一年内，该项账目有关系的长官（即行政部长官及其他独立机关的行政长官）或会计检查官有不满意于该审计专员的证明时，那么，该项账目可以由会计检查官覆查。会计检查官的判决，对于政府的行政部份，是最后的和决定的。但是如果财政部长认为该项账目的关系重大，必须再行审查时，那么，他一面可以发出止付命令，一面可以令部属再行细查。

审计专员审查的结论和会计检查官再审的结论发生差异时，审计专员应向财政部会计司或邮政部行政长官声具理由书。

无论何人，于已经承认审计专员的结算而收受公款之后，不能再行请求覆查该项账目内之任何一条。但审计专员当结算一项账目的时候，可以暂停任何一条账目之结算，以便再事侦查。暂停结算之一条账目得结清时，全项账目亦得享有覆审的机会。审计专员的结算工作，并不因对手方之请求覆审而停止进行。但财政部长得以部令定一覆审请求之限期，过此限期，就不发给支付饬书。

审计专员应在会计检查官的指导之下，保存一切所已经审查完结的账目，连同他们的收据及凭证在内。

审计专员对于法令有新解释或修正的解释时，应立即呈报会计检查官，询他的意见如何，同时与该解释有关的账目，应暂停结算与支付。俟会计检查官的覆文到后，或认可，或不认可，或再加修正，审计专员方得再行进行该项账目的清查。

各机关支付长官或行政长官可以先向会计检查官请求关于他们所咨询的账目支付的判定。这种判定，对于审计专员及会计检查官之审查该项账目时，具有拘束的力量。（下略）

第九条　从略。

第十条　财政部的 Division of Warrants, Estimates, and Appropriations（预算出纳司）改为 Division of Bookkeeping and Warrants（会计司，）仍受财政部长的管辖。会计司应保管除邮政收支以外之一切公款收支的账目。修正法典第三百十三条，第二百八十三条，和第三千六百七十五条内所有关于审计专员及财政部登记官（register of the treasury）应保管某种公款的收支账目的规定，一律取消。所有该项收支账目，即行移交会计司保管。至登记官的职务，则除原有对于公债的事务外，由财政部长指定之。

第十一条　一切预付经费的请求，都应当先送交有关系的审计专员审查，然后再送交财政部长审核。

一切法律所认可及财政部所签发的饬书，都应当由会计检查官副签。一切支付饬书，都应当附有本条例第七条所指之审计专员的证书或附有由审计专员证明并指明由预算案内之某项拨款项下扣除的预付经费请求书。支付饬书交与出纳官，出纳官支付款项之后，须立即把支付饬书的附件提交有关系的审计专员，并在附件上注明付出支票的日期及数额，并有领款人的签字为证。至已经审查过了的账目的付款或收入解入国库的事项，此后毋庸经过请求的手续。凡预付经费的请求书，毋须会计检查官的副署。

修正法典第二百六十九条和第三百零五条内所指登记官须登记饬书一节，着即行取消。

第十二条 一切收支账目的月结，须于月底后 10 日之内，用邮寄或其他方法送交华盛顿都城内有关系的行政长官。一切收支账目的季结或他结（即半年结及年结），须于所指的结账时限终了后 20 日之内，用邮寄或其他方法送交有关系的行政长官。行政长官于接到月结 20 日之后，必须把原件提交有关系的审计专员；于接到季结及他结 60 日之后，必须把原件提交该有关系的审计专员。如有延迟，那么，审计专员对于预付经费的请求书，可以加以拒绝。审计专员如有他种关于账目的理由时，亦可以把预付经费的请求书拒绝。但财政部长可以把审计专员的拒绝置之不理，而仍旧批准该预付经费的请求书，如果（一）财政部长得另外制定特别支出账目报告的规则，放弃月结 10 日及季结 20 日的限期，因为事实上或许有做不到这一层的；（二）也许行政部有延迟，因之不能遵守月结 20 日季结 60 日之规定，然而获得总统的特许预支经费的命令者。但本条的规定，是不适用于邮政的收支账目的。

财政部长应于每年正月第一星期一，把报账延期或移交上年度会计年度的剩余金延期的官员姓名报告于国会。（下略）

第十三条 联邦政府的司法机关或事务的账目，领事法庭的账目除外，应先连同收据送交司法部长或法院总监（attorney-general）审查，然后再提交财政部审查。（下略）

第十四条 如果有未经行政审查的债权要求者请求审计专员审查账目，那么，审计专员应选派二名助理各个单独去审查该项账目。

第十五条　在每年国会开常会的第 1 日，财政部长应有关于去年度会计年度的一切公款的收入与支出的总书面报告提交于国会。该报告书的收入方面，应包括邮政收入而言，并于可能范围内，须有依照港，区，及州等的收入分类表；而支出方面，也应包括邮政支出而言，并于可能范围内，须有依照各个拨款项目（separate head of appropriation）等的支出分类表。

第十六条　第十七条　第十八条　及　第十九条　从略。

第二十条　关税征收官员以及海关上其他官员，应把他们的账目，连同财政部长所指定的凭证，记录，及抄录本等在内，送交审计专员审查。（本条例完）

第四节　1921 年前的美国新预决算制度运动及其成功

1921 年前的美国预决算制度之如何紊乱，如何无效率，如何浪费，我曾经在上面详细叙述过。现在请进一步，来叙述美国在 1921 年后的新预决算制度。在未叙述美国的新预决算制度之前请先述美国的新预决算制度运动。美国新预决算运动的具体化，当首推 1910 年总统脱虎脱（W. H. Taft）所委任的一个委员会，叫做"节约与效率委员会"（Commission on Economy and Efficiency）。"节约与效率委员会"的经费初由国会通过为 10 万元美金〔元〕，继又由国会增至 26 万元美金〔元〕；该委员会的职责为 to prosecute an investigation into the manner in which the administrative branch of the federal government was organized and the methods employed by it for the performance of its duties with a view to determining what improvements could be made in such organization and methods①. 从事

---

①　译文：对联邦政府行政部门的组织方式和履行职责的方法进行调查，以确定的组织和方法下可以做出改进。

调查联邦政府行政机关如何组织及其用何方法以克尽职责的情形，并拟定此种组织与方法的改善的方案；该委员会的人选为委员长克雷夫兰（Frederick A. Cleveland）（克雷夫兰时为纽约市的市政研究所的所长 director of the Bureau of Municipal Research of New York City）委员韦罗贝（W. F. Willoughby）瓦郁克 Walter W. Warwick）古德诺（Frank J. Goodnow），楷斯（Harvey S. Chase）与强斯（Merritt O. Chance）等六人。该委员会的调查与研究工作，一共经过四年，就是从 1910 年起至 1913 年年止。该委员会调查与研究的结论是：如果美国联邦政府的财务行政的秩序或预决算制度不改善，那么该政府的一切行政组织的改善是徒然的。所以该委员会的努力点就在如何使美国联邦政府的财务行政秩序改善至英国的良好地位。该委员会成绩的结晶为二个报告：（一）其一就是 The Need for a National Budget "国家预决算制度的需要"，（二）其二就是 Message of the President of the United States Submitting for the Consideration of the Congress a Budget with Supporting Memoranda and Reports①1914 会计年度的美国联邦政府预算书，请大总统交由国会通过施行。但是因为当时国会议员们恐怕伤失他们历来的预算编制权，所以就千计百方阻碍该预算书之讨论，通过一层，更不必说了。

美国初次的官方预决算制度改革运动既失败，私人组织之以改革预决算制度为目标者乃继起。1916 年秋季，以罗氏基金团（Rockefeller Foundation）的资助，美国的行政研究院（Institute for Government Research）乃得设立于美京华盛顿。据当时设立宣言，该院为美国公民的组织，其目标在以客观的态度去研究美国行政——尤其是联邦政府的行政——的效能（an institution of citizens for coöperating with public officials in the scientifie study of business methods with a view to promoting efficiency in government and advancing the science of administration）。该院的名称虽为"行政研

---

① 译文：美国总统提交给国会审议的预算及相关备忘录和报告的致辞。

究"，实则其着重点差不多完全是在乎美国政府的财务行政秩序的改善，所以其最初出版的五部书籍如"大不列颠的财务行政制度"（The System of Financial Administration of Great Britian）"斯多姆的预决算论"（René Stourm's The Budget，a Translation from the French Version）"加 拿 大 的 预 决 算 制 度"（The Canadian Budgetary System）"美 国 各 州 的 预 决 算 改 革 运 动"（The Movement for Budgetary Reform in the States）及"国家预决算制度问题"（The Problem of a National Budget）。

　　"行政研究院"对于美国联邦政府的预决算制度的改革宣传，如果欧战后美国对于这种改革没有需要，那天恐怕又要蹈 1910 年"节约与效率委员会"的覆辙了。从前国用不甚浩大的时候，美国的议会并不感觉到预决算制度改革的必要，因为每年的国库终是有剩余的，而人民所付纳的大抵又较为低微，所以也并不感觉到财务行政秩序有改革的必要。但是欧洲大战之后，情形就大不相同了；美国自从加入世界大战之后，自由公债发行额竟达到 260 万万金元以上，刚是自由公债的利息一项的支出，每年也竟超过 10 万万金元以上；在如此巨额的战后负担之下，美国联邦政府乃不得不求所以渡过财政难关的方法；于是撙节政费乃为自然之结论；于是实行改革联邦政府的预决算制度，又为节约政策的自然结论；于是"行政研究院"的宣传，乃不至于劳而无功。

　　1919 年，美国国会众议院里的"制用委员会"（Committee on Appropriations）的委员长古达（James W. Good）氏乃是极表同情于预决算制度改革的一个，不过他知道如果国会不先自推选一个委员会去先推讨该问题一下，这种改革案是必不能通过于立法机关的。于是他在众议院提议由该院推选一个"预决算制度审查委员会"（Select Committee on the Budget），由十二议员组织之；该提案于 1919 年 7 月 31 日通过于众院，古达氏即为委员长。十二人既推定之后，即进行关于预决算制度改革问题的"公听"（pulic hearings），如此经过 2 月之久，始于 10 月 8 日正式报告审查的结果于众院。10 月

21 日众院经过详细讨论之后，以 285 票对 3 票的绝对多数通过委员会的提案。

众院所通过的预决算制度案内，把预算编制权集中在大总统身上；此点参议院并不以为然，乃改为由财政部负责编制预算，一如英国大藏省之集中预算编制权。这样一来，两院意见互异，乃开两院联席会议（Conference Committee）以解决之。几经周折及互让之后，两院意见始一致，而此有名的美国 1921 年的预算与审计条例（Budget and Accounting Act，1921）乃于 1921 年 5 月 25 日通过于议会，6 月 10 日哈定总统即批准公布。兹把该条例译述之如下。

美国 1921 年的预算与审计条例

美国参议院及众议院，为欲供给一个国家的预算制度及一个独立的国家审计制度起见，特制定预算及审计条例如下：

第一章　定义

第一条　本条例叫做"1921 年的预算及审计条例"。

第二条　本条例内所用的名词，其定义如下：

"行政部与机关"及"行政部或机关"是指任何行政部，独立委员会、局、处、署、所、或其他的中央政府的机关而言，包括首都（即哥伦比亚特别区）的市政府在内，但是并不包括美国的立法机关及最高法院在内。

"预算案"是指本条例的第二百零一条所指的必须提交国会的预算案而言。

"局"是指预算局而言。

"局长"是指预算局的局长而言。

"副局长"是指预算局的副局长而言。

第二章　预算案

第二百零一条　每在国会开会的第一天，总统应当把预算案提交国会。该预算案应该把下列各项列为总表及分表。

（一）在他的判断内，来年度会计年度（the ensuing fiscal

year）内维持政府所必须的经费的预计；但是该会计年度内的美国立法机关及最高法院的经费预计应该在每年 10 月 15 日或以前送交总统，由其照原额编入预算案；

（二）在预算案提出时的现行法律下及在预算案内新提出的收入计划下，来年度会计年度内的政府收入的预计；

（三）过去已完成的会计年度（the last completed fiscal year）内的政府收入与支出的决算；

（四）本年度会计年度进行中（the fiscal year in progress）的政府收入与支出的预计；

（五）以每年的 11 月 1 日为止，本年度会计年度内所能支用的周年的，永久的，及其他的拨款（appropriations）的金额，包括上年度的会计年度（即过去已完成的会计年度）的剩余金在内；

（六）上年度会计年度的国库借贷对照表（即收出决算表，）本年度会计年度的国库借贷预计表，和来年度会计年度的国库借贷预计表，如果他的财政（即收入或税收）提案能获得国会的同意；

（七）政府负债的重要事实；

（八）其他为欲国家财政状况的公开起见，总统以为是必须或应当有的财务报告。

第二百零二条

（一）如果根据预算案提出的时候的现行法律的来年度会计年度的收入预计，加上本年度会计年度完结时可充来年度会计年度的支出的剩余金预计，还不足以应付预算案内听预计的来年度会计年度的经费，那么总统在预算案内应建议新税，公债，或其他应付预计不敷额的适当办法于国会。

（二）如果来年度会计年度的收入预计，加上本年度会计年度完结时的剩余金预计额的总金额是超过来年度会计年度内的支出预计，那么总统应提出在他的意见内是公众所需要的建议。

第二百零三条

（一）总统可以随时酌夺提出追加或不敷预算（supplemental or

deficiency estimates）于国会，以充实施预算案已通过后才通过的新法案或其他公众利益所需要的新政的经费。但当他提出这种的预算时，他须说明追加的理由，包括为何从前不加入预算案内的理由在内。

（二）当追加或不敷预算的总额，如果从前加入预算案内，足以使总统提出本条例第二百零二条第二项所需要的建议时，那么他就应当提出这种的建议。

第二百零四条

（一）除非本条例别有规定，预算案内或追加或不敷预算案内及其附件内所包括的拨款的预计，经费的报告，及经费的预计的内容，秩序，及整列，均照现行法律的规定办理。

（二）预算案内或追加或不敷预算案内所包括的总括拨款（lump-sum appropriations）的预计，应当具有其详细程度及方式足以使国会知道来年度会计年度的此种拨款及本年度会计年度与上年度会计年度的此种拨款的支付状态的附属文件。这种附属文件可以替代现行法律所规定的文件。

第二百零五条　（此条的规定是只适用于美国1923年会计年度的预算案的，所以从略不译——译者识。）

第二百零六条　除由国会之任何一院（即参议院 the Senate 或众议院 House of Representatives）的请求外，无论任何行政部或机关内的任何官长或雇员，不准把任何经费或拨款的预算的请求，及任何经费或拨费的预算或请求的任何一款项的增加的请求，暨应付政府收入所需要的任何建议，提出于国会内之任何委员会。

第二百零七条　在财政部（Department of Treasury）内此后应设立一个局，叫做预算局（Bureau of the Budget）。预算局设局长及副局长各一人，都由总统任命之。局长的年俸为 10 000 元，副局长的年俸为 7 500 元。副局长的职务由局长指定之，局长出缺时或告假时，其职务由副局长代理行使之。在总统所规定的规程及办事细则之下，预算局应编制预算案，第二或选择预算案，及任何追加或不敷预算案。为完成它的使命或行使它的职权起见，预算局应有权力去采集、联络、修正、减少、或增加各行政部或机关的预算。

第二百零八条

（一）在总统所规定的规程及办事细则之下，预算局长得任命代理人（attorneys）及其他雇员，并得规定他们的俸给。其他局中的一切费用或开支如房租（房租是一定要付在哥伦比亚特别区内的，）印刷费，装订费、电报费、电话费，法律书籍费，参考书籍费，杂志费，文具费，局中生财设备费，及其他局中必需的费用等，均得由局长支配，但以预算案内所拨给的经费数额为限度。

（二）预算局长任命的人员，其俸给每年不得超过 6 000 元；局长所任命的人员中，其俸给每年起过 5 000 元者，至多不得超过四人之数。

（三）预算局雇员的每年俸给在 5 000 元左右者，其任命手续须依照文官服务法之规定。

（四）（本节系说明文官服务法中关于凡行政机关的雇员非在同一机关继续服务三年之后者不准调移。至其他机关服务的一节规定，在 1920 年与 1921 年的会计年度间，暂不适用于预算局的雇员，因为预算局为新设的机关，其雇员大抵调自其他行政部或机关也；以无关宏旨，故译文从略。）

（五）（本节亦以只论预算局雇员的待遇及报酬问题，无关宏旨，故译文从略。）

第二百零九条　在总统的指导之下，预算局应详细调查各行政部及机关；调查的目的在于使总统能决定（为使公务行政能获得较大的经济及效能起见）对于（一）各行政部或机关的现行组织，活动，及处理事务的方法，（二）各该机关的经费或拨款，（三）特殊活动之分派于特殊行政机关，及（四）各种职务之重行分配等的应有何种变更。这种调查的结果都应该包括在一个报告书或数个报告书之内提呈于总统。总统得把这种的报告书或其中的一部提交国会，并附以应如何处置该报告书的建议。

第二百十条　预算局应为总统编纂关于中央政府的决算及预算之编制及提交国会的手续的一切法规。这种法规，总统应于 1921 年 12 月第一星期一以前提交国会，并附以建议。

第二百十一条　从前财政部会计司（Division of Bookkeeping and Warrants of the Office of the Secretary of the Treasury）所有编制预算的职权应即移交于预算局。

第二百十二条　当国会之任何一院之任何有权过问收入及经费或（拨款）的委员会请求预算局协助或供给资料时，该局应遵命照办。

第二百十三条　在总统所规定的规程之下，（一）各行政部及机关应随时供给预算局所需要的资料于该局，（二）该局局长，副局长，或其他正式赋授职权的雇员，为欲获得这种资料起见，得有权调查任何行政部或机关的任何簿据、文书、凭证及记录。

第二百十四条

（一）各行政部或机关的行政长官应在该部或机关内指定官员一人叫做该部或机关的预算官（budget Officer）。在该长官的指导之下，并在他所指定之日期以前，该预算官每年应编制该部或机关的预算。

（二）在行政部长或机关长官的指导之下，该预算官又应编制该部或机关所必须的追加或不敷预算。

第二百十五条　行政部长及机关长官应审核该部或机关的预算，并于每年 9 月 15 日之前提交预算局。如果该长官不及在该时提出预算，总统可以令预算局代为编制合乎该部或机关所需要的预算，以便编入预算案。

第二百十六条　各机关预算及其追加或不敷预算之由该机关长官提交于预算局者，其编制与提交的方式，状态与细目，都应该依照总统所规定者办理。

第二百十七条　（本条系规定 1922 年预算局的预算，以其无关宏旨均译文从略。）

第三章　　审计院（亦可译为中央会计院 General Accounting Office）

第三百零一条　　在政府的组织内，现在设立一个审计院（或译为中央会计院），该院对于行政机关是独立的，其指导及监督的长官叫做美国的审计长（Comptroller General of the United States）。自 1921 年 7 月 1 日起，财政部的会计检查官和副会计检查官（Comptroller of the　Treasury and the Assistant Comptroller of the Treasury）的二职均行裁撤、其余会计检查局的一切官员及雇员都变做审计院的官员及雇员，其等级和俸给悉照旧例，而该局的一切簿据，记录、文书、凭证、生财、设备、及其他财产，亦一概变做审计院的财产。审计长应有权为审计院采用一印。

第三百零二条　　审计院应有一位美国审计长和一位美国副审计长（Comptroller General of the United States and an Assistant Comptroller General of the United States），都由总统在获得参议院的同意后任命之。审计长的年俸为 10 000 元，副审计长的年俸为 7 500 元。副审计长的职务由审计长指定之，审计长出缺时或告假时，其职务由副审计长代理之。

第三百零三条　　除本条有特别规定外，审计长与副审计长的任期均为 15 年，审计长不得连任。审计长或副审计长的撤职，须由国会二院开联席会议表决之。二院开联席会议时，须准许被告出席辩护。除以弹劾的方式，二院联席会议议决以为被告有办事不力，或不胜其任，或玩忽职务的情事，或有由行为不端及品格卑劣而所犯的重大罪状外，审计长或副审计长概不受撤职的处分。受本条所规定的撤职处分的审计长或副审计长，概不得重被任命为审计长或副审计长。审计长或副审计长的年岁到达七十者须告老去职。

第三百零四条　　从前法律所赋与或责成于财政部的会计检查官或六名审计专员（six auditors）（第一审计专员专查财政部的账目，第二审计专员专查陆军部及水利局的账目，第三审计专员专查海军部的账目，第四审计专员专查内政部的账目，第五审计专员专查邮政局的账目，第六审计专员专查外交部及其他联邦政府的各部各行政机关的账目）的一切权力及职务，及该部的会计司的关于记录支付及征收官吏的个人总清册（personal ledger accounts of disbursing and collecting officers）的职务，此后均应赋与或责成审计院独立行使或执行。审计长所证明的各行政机关的收支对照表应为最后的及决定的。1921 年 7 月 1 日之后，从前六名审计专员所已经核定过的账目还须再由审计长重行核定的规定手续，即应废止。

从前法律所责成于邮政部审计专员对于邮务行政机关的账目及收据（vouchers）的行政检查（administrative examination）的职员，自从 1921 年 7 月 1 日起，应由新设立于该部内的一个局子叫做会计局（Bureau of Accounts）者执行。会计局设局长（comptroller）一人，主持局务，由总统于获得参议院的同意后任命之，其年俸为 5 000 元。会计局长的行政职责与前邮政部之审计专员同，但邮政部长（或督办 postmaster general）得随时委以另外的工作。1922 年会计年度所通过的邮政部审计专员的年俸 5 000 元，即移作该部新设的会计局的局长的俸给。从前该部审计专员办公处从事行政检查该部账目的官员及雇员都就变做该部会计局的官员及雇员，他们的等级与俸给悉照旧例。1922 年会计年度所通过的归该部审计专员办公处支配的临时及经常预算，及该处的一切簿据、记录、文书、凭证、生财、设备、及其他财产等，应根据从前该处的职务之移交于该部会计局及美国审计院二个机关者的性质，而分别划归该二个机关支配处理。

第三百零五条　修正法典（Revised Statutes）第二百三十六条，兹修正之如下：

"第二百三十六条，美国政府的一切人欠欠人，债权债务，权利义务的账目，都应当由审计院结清之及整理之。"

第三百零六条　在适用的范围之内，关于行政部及机关的行政的一切法律，应当也适用于审计院。有审计长或副审计长签字盖章的审计院的任何簿据、记录、凭证、或文书，及转录本的缮抄本，都应当作为正式证据，并有与修正法典第八百八十二条及第八百八十六条内所指的缮抄本发生同样的效力。

第三百零七条 审计院所结清及整理过的账目内的政府负债项目，审计长可以直接指令各行政部及机关内的支付官吏支付，不必再由行政长官发支付饬书（warrants）。

第三百零八条 财政部库藏司（Division of Public Moneys）现有职务之关于国库收入之转入财政部者关于发行重复（即有副本之意）支票（duplicate checks）及支付饬书（warrants）者，和关于应付未付账之证明者，此后均应移交该部的会计司办理。

第三百零九条 审计长应制定各行政部及机关的行政预算及基金会计的式样，系统，及进行手续。审计长又应当制定对于财务官员（即收入或征收官员）的账目及对中央政府的要求的行政检查的式样，系统，及进行手续。

第三百十条 自 1921 年 7 月 1 日起。六名审计专员之职即行裁撤。审计专员办公处的其余一切官员及雇员，除有特别规定者外，即变做审计院的官员及雇员，其等级与俸给悉照旧例。审计专员办公处的一切簿据，记录、文书、凭证、生财、设备、及其他财产，以及本条例第三百零四条所规定的财政部会计司的一部份财产，均应移交审计院使用。审计院院址暂定为前会计检查官及六名审计专员的办公处。

第三百十一条

（一）随时依照法律之所规定，审计长得任免审计院属下的代理人及其他雇员，并得规定他们的俸给。

（二）除年俸超过 5 000 元的官职外，其他一切审计院雇员的任命，都应当依照文官服务法及章程办理。

（三）审计长任命的人员，其俸给每年不得超过 6 000 元，审计长所任命的人员中，其每年俸给超过 5 000 元者，至多不得过四人。

（四）审计院内一切官员及雇员，无论是从他处调用过来的，或是由审计长所任命的，一概应服从审计长的命令，执行他所指定的职务。

（五）审计院官员或雇员的公务行为，特别是审计长所分派的公务行为，应有与审计长亲自执行时同等的力量和效果。

（六）为进行审计院的工作起见，审计长应厘订院内办事规程及细则。该规程及细则应包括关于代理人入院练习查账的规则在内。

第三百十二条

（一）审计长应在行政机关的所在或他处，检查该机关的一切关于收入，支出，及公款的用途的事项，除总统请求时，审计长应以书面对他作一审计院的工作报告外，每当国会开常会（each regular session）之初，审计长又须对之作一审计院工作的书面报告；该报告书应包括他对于审计的必要立法（即能使账目的迅速且真确的报告及清结的立法）及其他关于收入，支出，及公款的用途等事项的建议。在这种的经常报告（regular report）内，或在国会开会时期内任何时期的临时报告（special reports）内，审计长应提出能使公家支出获得较大的节约及效能的建议。

（二）审计长应接受国会的任何一院或该院的任何财政委员会（即国会内的有权过问收入，拨款，或支出的任何委员会 any committee of either House having jurisdiction over revenue, appropriations. or expenditures）的命令，作任何的调查和报告。当该委员会请求时，审计长应令其院内助手去协助该委员会，并供给必须的参考资料。

（三）审计长每年对于任何行政部或机关的每项违法支出或每件违法契约，须向国会作特别报告。

（四）审计长应向国会提出关于各行政部或机关的账目与要求（accounts and claims）的行政检查之是否适当与有效力的报告，及关于财务官吏的事务所及账目之各机关行政检验之是否适当与有效力的报告。

（五）审计长对于预算局的随时请求，应随时供给该局所需要的关于经费及会计的参考资料。

第三百十三条　一切行政部或机关对于审计长的随时请求，应随时把各该机关的权力、职务、活动、组织、财务处理、及处理事务的方法（powers, duties, activities, organization, financial transactions, and methods of business）等的事实资料供给之。审计长自身或其所正式委托（duly authorized）的审计院助理或雇员，得有权调阅或查阅各机关之任何簿据、文书、凭证、或记录（any books, documents, papers, or records）。但本条所指审计长或其代理人的权力，对于修正法典第二百九十一条内所规定的经费不适用之。

第三百十四条　文官服务委员会（The Civil Service Commision）应为审计院设立一本合格会计师登记簿（an eligible register for accountants）。凡登入该簿的人员均须经过一种题目由审计长核准的登记考试。

第三百十五条至第三百十八条　该四条因无关宏旨，故译文从略。

第五节　新预决算制度成立后美国联邦政府预算的编制

（一）总统负提出及编制预算的全责　1921 年前，美国联邦政府的预算并不是全由行政长官之编制和提出的，我们简直可以说，是都由立法机关之编制和提出的。美人欲救此弊，所以 1921 年的预算与审计条例就以预算案之编制和提出之职权完全交给于其一国行政之元首——总统，使总统对于一国预算案的地位与英国的国务总理或首相一样。我们试一翻阅上列该条例第二百零一条，二百零二条，二百零三条，及二百零六条的规定，就可以知道美国于 1921 年之后，是已把预算的提出权与编制权集中于行政长官之手了。

（二）预算局负协助总统编制预算之责　美国乃是行总统制的国

家，总统日理万机，那里还有功夫去仔细编制预算。所以 1921 年新条例的第二百零七条规定在财政部内设立一个独立的预算局，不受财政部长的节制，而是直接受总统的指挥。预算局长与副局长之任命，是并不须参议院的同意的，而且是没有一定的任期的。这样，我们可以说，预算局实在是总统府的一部份，而预算局长实在是总统的关于预算编制的个人代表。在未讲到预算之如何编制之前，我们可以先把预算局的行政组织罗列于下：

一、关于一般行政者：

局长一人，年薪 10 000 美金〔元〕；

副局长一人，年薪 7 500 美金〔元〕；

秘书七人，协助局长等监督局务及调查员工作，年薪一人为 6 000 美金〔元〕，五人为 5 400 美金〔元〕，又一人为 5 200 美金〔元〕；

文牍员一人，年薪 2 300 美金〔元〕；

法律问题一人，处理该局的一切法律事务，年薪 5 400 美金〔元〕；

调查员十二人，其职责为熟悉各行政或支出机关的组织，事业，及其处理事务的方法，当该机关等请求预算时，并批评其得失；十二调查员的年薪，三人为 4 200 美金〔元〕，六人为 4 000 美金〔元〕，一人为 3 800 美金〔元〕，一人为 3 400 美金〔元〕，又一人为 3 300 美金〔元〕；十二调查员工作的分调如下：（一）农部，（二）内政部，（三）哥伦比亚特区，（四）财政部，铁路管理局，及租税上诉院，（五）邮传部及州际贸易委员会，（六）海军部，全国航空顾问委员会，及海运局，（七）陆军部，全国义勇伤兵留养所，联邦电气委员会，及巴拿马运河，（八）司法部及外交部或国务院，（九）商部及退伍兵局，（十）劳工部，联邦商务委员会，及劳资调停局，（十一）效率局，文官服务委员会，雇员损失赔偿委员会，联邦职业教育局，美国住宅公司（United States Housing Corporation）地理局（Geographic Board）及（Smithsonian Institute），暨（十二）总统府

（Executive Office），阿拍斯加救济基金（Alaska Relief Fund），保管委员会，外人财产保管委员会（Alien Property Custodian），美国战役纪念物委员会，美术委员会，格兰德纪念委员会，林肯纪念委员会，国都公园及营造物委员会，阿林顿纪念桥委员会，税则委员会，及审计院或中央会计院；

打字员一人，年薪 1 740 美金〔元〕。

二、关于记录文书者：

总书记（chief clerk）一人，年薪 3 000 美金〔元〕；

副书记一人，年薪 1 980 美金〔元〕；

打字员一人，年薪 1 500 美金〔元〕；

传达员（messenger）三人，每人年薪 1 260 美金〔元〕；

保管书记（files section clerk stenographer）一人，年薪 1 680 美金〔元〕；

三、关于编制预算者：

编制股主任（chief of division of estimates）一人，年薪 5 400 美金〔元〕；

编制股副主任一人，年薪 3 400 美金〔元〕；

书记四人，一人年薪为 2 400 美金〔元〕；一人为 2 300 美金〔元〕，余二人各为 1 680 美金〔元〕。

四、关于审查预算者，则有一个预算审查委员会（Board of Estimates），由局长，副局长，法律顾问，及秘书七人共十人组织之，其职责为（一）审查其属员所编制的预算，（二）会听支出机关的代表的辩护预算请求书，及（三）最后审查由总统提出于国会的预算案内的各项目。

五、关于与各行政支出机关的官员之合作与联络者，则有名虽由总统发起实则由预算局鼓动的（一）联邦行政联协会（Federal Business Associations）及（二）中央行政协会（Business Organization of Government）二种组织。前者为地方上联邦政府官员之组织，其目的在行政官员之互助，联络，及交换意见；截至 1926 年 7 月为止，全美国此种行政协会已有一百七十九个之多。后者为美国中央政府所在的首都华盛顿所有的重要官员如内阁阁员，各独立委员会及院局的委员等，各局处所署的主任及支付官等所组织而成；每年开会二次，由总统召集之，一在 6 月底，一在正月下浣；开会时由总统及预算局长演说他们的财政政策并报告联邦政府的整个的财政现状，俾各部、院、局、委员会等的当局知道整个中央政府的财政状况，不致只顾自己，不顾大体。由此，我们可以知道美国第一任预算局长道威斯将军（Charles G. Dawes）的用心亦良苦矣。

（三）预算局编制预算的步骤　在上文预算及审计法第二百零七条内有一段说："在总统所规定的规程及办事细则之下，预算局应编制预算案，第二或选择预算案，及任何追加或不敷预算案。为完成它的使命或行使它的职权起见，预算局应有权去采集、联络、修正、减少、或增加各行政部或机关的预算案。"但预算局编制预算的步骤是怎样呢？让我们约略述之如下。

第一步骤为总统的财政政策的形成　预算局的编制预算，一切是禀呈总统而进行的；所以该局当未编制之先，是必须先知道总统的财政政策之何若的；所以该局编制预算的第一步骤为总统财政政策的形成（formulation by the president of his financial policy）。所谓总统的财政政策的形成者，就是总统对于（一）政府活动的扩张或紧缩，（二）公债的偿还，（三）赋税的增重或减轻，（四）海陆空军备的扩充或维持现状，（五）退伍兵的恩给金，（六）各州政府的联邦补助费等事项的态度或愿望的决定的意思。总统的财政政策决定之后，不但让预算局长明白知道，并使联邦政府的重要行政官员亦都知道他的意旨，俾他们起草预算的时候得有所遵循。大约总统的财政政策是在"中央行政协会"席上宣布的。

第二步骤为预算局长对于岁入与岁出总额的估计的形成（formulation of estimates of income and expenditure by the Director of the Bureau of Budgets）除掉 1921 年的预算案收支总额大部是由财政

部长所编成之外，其余的预算案内岁入与岁出总额的估计的形成之责任是都由预算局长负担的，不过关于岁出入的参考材料是完全由财政部长供给的。如果预算局长对于财部所供给的材料有疑义及修正时，则由预算局长与财政部长会商决定之。岁出总额估计既形成之后，那么来年度的全部预算案的经费的总额就万不能超过此数额，所以我们可以说，美国现在的预算制度也着实有些中国历代量入为出的意义，因为总岁出估计的形成是受总岁入估计的形成的支配啦。这样，我们可以知道，岁出入总额估计的形成的精确是重要不过的，因为如果估算的结果为收过于支，那么总统的财政政策可以放松些，反之，估算的结果为支过于收。那么总统的财政政策也就不得不拉紧了。不过历来预算局的总岁出入的估计总是不十分精确的多，所以美国朝野啧有繁言①，此亦事业性质使然，无可如何者也。兹把美国预算局历来预算总额与决算总额不符合的程度，列表于下，以示估计之不易十分精确。

1923 年会计年度收支预算与决算不符表：（1923 年会计年度所包括的时期为自 1922 年 7 月 1 日起至 1923 年 6 月 30 日止，单位为美金〔元〕100 万元。）

表 3-3-1　1923 年会计年度收支预算与决算不符表

	收入	支出	不敷	盈余	与决算不符数
1921 年 12 月预算	3 338	3 506	168	—	478（少算）
1922 年 6 月底预算	3 074	3 896	822	—	1 132（少算）
1922 年 12 月预算	3 430	3 704	274	—	584（少算）
1923 年 6 月底决算	3 842	3 532	—	310	—

1924 年会计年度（自 1923 年 7 月起至 1924 年 6 月底止）收支预算与决算不符表：（单位同前）

————————

① 指议论纷纷，抱怨责备。

表 3-3-2　1924 年会计年度收支预算与决算不符表

	收入	支出	不敷	盈余	与决算不符数
1922 年 12 月预算	3 362	3 181	—	181	324（少算）
1923 年 6 月底预算	3 639	3 669	30	—	535（少算）
1923 年 12 月预算	3 895	3 565	—	330	175（少算）
1924 年 6 月底决算	4 012	3 507	—	505	—

1925 年会计年度（自 1924 年 7 月起至 1925 年 6 月底止）收支预算与决算不符表：（单位同前）

表 3-3-3　1925 年会计年度收支预算与决算不符表

	收入	支出	不敷	盈余	与决算不符数
1923 年 12 月预算	3 694	3 298	—	396	146（多算）
1924 年 6 月底预算	3 580	3 555	25	—	225（少算）
1924 年 12 月预算	3 602	3 534	—	68	182（少算）
1925 年 6 月底决算	3 780	3 530	—	250	—

1926 年会计年度（自 1925 年 7 月起至 1926 年 6 月底止）收支预算与决算不符表：（单位同前）

表 3-3-4　1926 年会计年度收支预算与决算不符表

	收入	支出	不敷	盈余	与决算不符数
1924 年 12 月预算	3 641	3 268	—	373	5（少算）
1925 年 6 月底预算	3 667	3 376	—	291	87（少算）
1925 年 12 月预算	3 881	3 619	—	262	116（少算）
1926 年 6 月底决算	3 963	3 585	—	378	—

第三步骤为各支出机关预算的初次提交（submission by the spending services of preliminary estimates）美国新预算与审计条例第二百十五条说："行政部长及机关长官应审核该部或机关的预算，并于每年 9 月 15 日之前提交预算局。如果该长官不及在该时提出预

算，总统可以令预算局代为编制合乎该部或机关所需要的预算，以便编入预算案。"在这个规定之下，预算局备有详细的预算表格，大约每年 6 月底或 7 月初即行咨送给支出机关预算官（参阅新预算与审计条例第二百十四条），请其于该机关经费项目之下填入来年度预算额，于一定时期之内（1925 年 6 月 23 日的预算局通知书规定的日期为该年 7 月 15 日）造送。预算表格内填有前会计年度的预算额，经费如有增加，各机关的预算官必须加以说明。至国会与最高法院预算之填报，大约也在同时办妥。总统在接到预算局长对于来年度的总收入预计及总支出初步的预计的报告之后，乃得进行于来年度财政政策之形成与决定。或量入为出，或量出为入，胥视国情政务之若何而定也。

第四步骤为预算局对于各支出机关初次提交预算的审查（consideration of the preliminary estimates by the Bureau of Budget）各支出机关初次提交预算的总额大概是一定比总统财政政策内所定的支出总额为多的，即如 1926 年的超过额就为 30 170 余万美金〔元〕（301 701 344．75 金元）。这样，为要收支适合起见，乃不得不从事于各支出机关预算之削减。欲削减各支出机关的预算，乃不得不先事详慎的审查。预算局审查各机关初次提交预算的手续，大概又可以分做四层来讲：（一）第一是先把各机关的预算列为表格，以醒眉目，并易决定其总额；（二）第二是再把这个预算表格交与十余个（现有十四个）调查员，逐款逐项逐目仔细审查，日常该调查员等对于各行政支出机关的组织、事业，及其处理事务的方法所调查得来的知识，此时可以尽量的应用了；（三）第三是调查员各把其审查结果报告于预算局秘书长（assistant to director）；及（四）第四再由秘书长提出调查员的报告于预算审查委员会（Board of Estimates）重以合议式的方法仔细审查之，其审查的原则，大概是无不偏护国库的，好在各支出机关尚有第二次的预算请求权也。审查完竣之后，预算局乃再发通告与各支出机关，请它们在审查最高额之内，重行编制来年度预算，如果审查最高额一定不够开支而有碍于政务之进行，那么也须说明预算必须增加的理由。至审查会内所议决核减各机关预算的数额，是核减于那一个节目，这个消息是不让各该机关长官等晓得的。这种保守秘密的用意，不过是要各支出机关提出一个最经济而又最科学的最有效率的修正预算而已。此处又一点须注意的，就是国会及最高法院的预算，预算局是无权去审查的，无权去修正的，这大概是三权鼎立的宪法使然。

第五步骤为各支出机关的提出修正预算（submission by the spending services of revised estimates）各支出机关的修正预算必须于9月15日或以前提交预算局再审查。修正预算的表格是由预算局所规定的，分为三项：第一项为来年度的预算，第二项为本年度未支预算，第三项为本年度已实支预算。而且预算项目须按照审计院或中央会计院所规定的岁出分类表分类之。至于各支出机关修正预算的手续，大概又可以分做四层来讲：（一）第一是先由各部或独立机关的各局署处等派代表会商修正办法；（二）第二是再把代表会商的结果交与各局署处长等审查；（三）第三是再把各局署处等审查的结果交与各该部或独立机关的预算委员会（budget committee）审查；（委员会以分工方法先去仔细调查各局署处等的活动与需要，再开会审查，并请各局署处长等到会说明或辩护。如委员会有不以各局署处的几个预算项目为然者，则可报告于该部或独立机关的预算官，请其不要把这种项目列入修正预算内。）（四）第四是再把该机关预算委员会的报告提交同机关的预算官审查，为最后之决定。各支出机关修正预算的总额虽不能超过预算局（即总统）的规定最高额，但是各支出机关如以为必要，亦可请求附加或补充预算（supplemental estimates）并附以请求理由。

第六步骤为预算局对于各支出机关修正预算的审查（consideration of the revised estimates by the Bureau of Budget）各支出机关修正预算交到之后，预算局内的十余个调查员与七个秘书又仔细从事审查。

第七步骤为预算局预算审查委员会之举行公听或会商（hearings

on the revised estimates by the Board of Estimates）预算局预算审查委员会是由局长，副局长，秘书长，及其他六个秘书组织的。他们常审查各支出机关的修正预算的时候，或以开会式或以个人谈话式请各支出机关代表出席说明或辩护修正案，是都可以的，不过前一种方式谓之公听，后一种方式谓之会商就是了。公听或会商的时期大概终有二三个月之久（自 9 月 15 日起至 11 月底止。）公听或会商的结果，则为各支出机关预算修正额之最后决定；假如以后国会拨款或制用委员会（appropriation committees）举行公听或会商时，各该支出机关所陈说的预算请求最高额必不可超过此与预算局预算审查委员会所最后决定的数额。

　　第八或最后的步骤为预算局的最后编造预算案以便由总统提出国会（preparation of budget document）最后步骤的手续为自明的，故此处从略。

　　（四）预算局对于追加及不敷预算的阻碍　美国在旧预决算制度之下，其每年不敷及追加预算（deficiency and supplemental estimates）之积成巨额，是向来著名的。虽有 1905 年的"反不敷预算条例"（anti-deficiency act）之通过，但以无一个集权的行政机关以先事审查及阻碍各支出机关的追加预算之故，其效力是很微薄的。甚至有许多支出机关故意把正预算的数额减低，以便容易在国会通过，然后再提出追加预算以遂其浪费的欲望。自从新预决算制度成立之后，预算局即从事于追加及不敷预算之减少及阻碍，其采用的方法，大致可以分做下列四种：第一是由总统或预算局长先警告各支出机关的行政长官，除掉在万不得已的情形之下，必不可提出追加及不敷预算；第二是由预算局详细推考支出机关的追加及不敷预算的内容，而往往不为之提出于国会或大大的减低其数额；第三是由预算局令各支出机关恢复预算分季制（apportionment system）这就是说，一个机关应当把其由国会通过可用的预算总额，以月分或以季分，至多是以季分，以避免一到会计年度之终往往预算上并无余款可以支用的毛病；第四是由预算局竭力鼓励各支出机关撙节预算以便有一种储蓄或预备金，以备不测的费用，即所谓"一般预备金制"（general reserve system）者是也。预算局的努力，其成效是很显著的：因为 1921 年的会计年度，美国国会尚通过 655 945 586. 84 金元的可惊的追加及不敷预算额；及至 1922 年度，追加及不敷预算额减为 528 517 810. 65 金元；1923 年度，又减至 222 249 912. 04 金元；而 1924 年度，竟减低至 54 169 443. 01 金元，与 1921 年度相较，差不多减去 92% 之巨。

第六节　新预决算制度成立后美国 联邦政府预算的议决

（一）众议院对于财政立法的顺序　宪政国家的通例，是把财政立法（包括岁入立法与岁出立法二项，尤其是岁入立法）的优先权或建议权（bower of origination）交给代表民众的众议院或下议院的。美国当然是不能逃出这个通例之外的。因此，对于 1921 年后美国联邦政府预算的议决或财政立法，让我们先从众议院（House of Representatives）说起。大约众议院的财政立法顺序，为叙述便利起见，又可以分做四个步骤来讲：

第一步骤是由各个一般立法委员会的提议认可岁出　各个一般立法委员会（committees of goneral legislation）如农业委员会，陆军事务委员会，海军事务委员会，美洲土人事务委员会，外交事务委员会，邮政及驿路委员会，河港及水利委员会，土木委员会，赔偿委员会，兵士恩饷委员会，及首都特区委员会等在 1921 年以前不但是有权提出立法案于大会，而且是有权提出实施立法案的预算案于大会。不过自从 1921 年之后，它们提出预算案之权是取消了。照现在的办法，它们是只有提议认可岁出（authorization of appropriations）之权，而并没有提出拨给岁出（grant of appropriations）之权。提出拨给岁出的经费之权，现在是完全交给一个制用或拨款委员会

（Committee on Appropriations）了。这个预算认可提议权与预算拨给提议权的区别和划分是很重要的，因为如果把二权交给一个委员会，一如1921年前的办法，浪费国帑之弊是一定不能避免的。

第二步骤是由制用或拨款委员会的提议拨给岁出　制用委员会为众议院的唯一的预算委员会，在每届（一届的任期为二年）国会开幕的时候，由众院大会中互选35人组织之，不过多数党的委员当然是应当比少数党为多。（大约其比例为三与二，即多数党员占21人，少数党员占14人。六十九届国会所选出的制用委员会的共和党与民主党议员的比例，就是这样。）

美国国会召集的时光每年是在12月第一星期星期二，星期二总统即向国会致大政方针演说辞（annual message）；星期三总统即提出来年度的预算案。众院接到总统交来的预算案之后，当即交给该院的制用委员会审查。如果总统提出的预算案是包括税收的提议在内的，那么关于税收提议的一部份就由院交给筹款委员会（Committee on Ways and Means）去审查。制用委员会于接到由院交来的预算案之后，当即开一个全体委员会会议，讨论和决定该委员会对于整个的预算案的意见和一般方针并决定来年度岁出的最高额。制用委员会既开全体会议之后，即分为十个分组委员会（subcommittees）去分别审查预算案的各指定部分。每个分组委员会由制用委员会互推（自认亦可）五人组织之，多数党占三人，少数党占二人，主席由多数党员充之。（制用委员会的主席当然也是以多数党员充之）制用委员会之分为十个分组委员会，大概是有两个用意：其一是欲求分工合作之速效，其二是要利用专家（即委员会内委员对于某机关的组织，行政，事业等有专门知识的意思）去审查专门的预算。兹把制用委员会的十个分组委员会及其指定的审查工作列表于下：

制用委员会——
第一分组委员会——审查财政部及邮政部的预算
第二分组委员会——审查哥伦比亚特区的预算

第三分组委员会——审查陆军部的预算

第四分组委员会——审查农部的预算

第五分组委员会——审查总统府及独立机关的预算

第六分组委员会——审查内政部的预算

第七分组委员会——审查海军部的预算

第八分组委员会——审查国务院或外交部司法部商部及劳工部的预算

第九分组委员会——审查立法机关的预算

第十分组委员会——审查不敷或追加预算

制用委员会各个分组委员会的工作步骤，大概又可以分做三层：

第一是公听之举行　公听的时候，凡与审查的预算案有关的各部行政长官，各局局长，各署署长，各处处长，及其他重要的行政官员都须出席说明各该机关的预算的内容和需要。公听时分组委员会的盘问，大概是非常之详尽的，尤其是关于预算增加及新添的部份为仔细而不肯些微放过。分组委员会于公听时的盘问的详尽仔细，这并不是偶然的一回事，因为将来众院大会席上常须起立辩护也。分组委员会的公听有非常详尽的记录，一概付印分送于各议员，以便日后开大会时有所查考。十个分组委员会公听的记录往往蔚为钜册，15 000 面的公听录乃常有事啦。

第二是公听证据的推考　推考公听证据的时候，其取舍与否，须以制用委员会全体会议席上所决定的一般方针为标准。

第三是报告审查结果于制用委员会　分组委员会对于其所审查的一部或数部的预算案（appropriation bill）既经起草好之后，即由主席报告审查结果于全体制用委员会，尤其是对于预算增加部份（即较去年度预算增加的部份）及与预算局的数额相差的部份为报告得特别详尽。制用委员会得再把分组委员会的审查报告加以任何修正。

第四是由制用委员会把其所通过的分组委员会所起草的预算案提出全院委员会讨论　预算案在国会的议事日程上是有优先权的，

所以当每次众院开会时，在宣读前次会议的记录后，制用委员制终有把别的议案暂时搁置，而提议先讨论一个分预算案之权的。（一切分预算案合拢起来，则成为一个总预算案 a general appropriation bill，总预算案非到国会夏季散会时不能成立。）

第三步骤是由众院全院委员会去一般讨论及逐条票决制用委员会的拨款提案　众院既接到了制用委员会对于一个预算案的审查报告之后，即排在议事日程上，开全院国务委员会（Committee of the Whole House in the State of the Union）以讨论之。全院国务委员会的法定人敷比开大会时为少，就是仅有一百议员出席就够了。全院委员会讨论预算案的大纲的时间，大概是只限于几个钟头（大约是二三小时）的，故其所讨论的范围，也是仅限于该预算案的。讨论前对于预算案的说明者，大概是制用委员会内的审查该预算案的分组委员会主席。所可惜者，当全院委员会讨论预算案的时候，各议员所发表的言论，往往有牛头不对马嘴者，真有使人莫明其妙之叹，是亦代议政治制度下之怪现象也。二三小时的总辩论之后，乃开始预算案内逐条逐项的讨论与修正。此时每人发言至多不得过五分钟，而且所发的言论不得超出所讨论的预算项目之外。全院委员会对于制用委员会的审查报告，当然是有增删之权的，不过就大势而论，其增删的程度是很微薄的。

第四步骤是由众院全体大会再把全院委员会的预算案审查报告无修正的（此之谓三读 third reading）票决通过，送交参议院或上议院去议决。

（二）参议院对于财政立法的顺序　参议院对于财政立法的顺序是与众议院大同小异的。兹约略述之如下：

第一步骤是把众议院交来的预算案先交给该院的制用委员会审查　参议院的制用委员会是由 18 名参议员组织的，其选出法与众院同，其党派比例大概也与众院同。除掉 18 名制用委员会之外，参议院又议决：（一）当制用委员会审查农部预算的时候，参议院的农林委员会应互推 3 人为制用委员会的当然委员加入审查，遇有与众议院开农部预算联席会议的必要时，参议院的农林委员会至少须有1人加入联席委员会；（二）当制用委员会审查邮政部预算的时候，参议院的邮政及驿路委员会应互推3人为制用委员会的当然委员加入审查，遇有与众议院开邮政部预算联席会议的必要时，参议院的邮政及驿路委员会至少须有1人加入联席委员会；（三）当制用委员会审查陆军部预算的时候，参议院的陆军事务委员会应互推3人为制用委员会的当然委员加入审查，遇有与众议院开陆军部预算联席会议的必要时，参议院的陆军事务委员会至少须有1人加入联席委员会；（四）当制用委员会审查海军部预算的时候，参议院的海军事务委员会应互推3人为制用委员会的当然委员加入审查，遇有与众议院开海军部预算联席会议的必要时，参议院的海军事务委员会至少须有1人加入联席委员会；（五）当制用委员会审查哥伦比亚特区预算的时候，参议院的哥伦比亚特区委员会应互推3人为制用委员会的当然委员加入审查，遇有与众议院开哥伦比亚特区预算联席会议的必要时，参议院的哥伦比亚特区委员会至少须有1人加入联席委员会；（六）当制用委员会审查陆军部所请求的河港及水利预算的时候，参议院的商业委员会应互推3人为制用委员会的当然委员加入审查，遇有与众议院开陆军部所请求的河港及水利预算联席会议的必要时，参议院的商业委员会至少须有1人加入联席委员会；（七）当制用委员会审查外交部及司法部预算的时候，参议院的外交委员会应互推3人为制用委员会的当然委员加入审查，遇有与众议院开外交部或使领预算（appropriations pertaining to the diplomatic and consular service）联席会议的必要时，参议院的外交委员会至少须有1人加入联席委员会。此种制用委员会人选的规定，颇能得专家及一般立法委员会之助，亦调剂之良法美意也。

至参院制用委员会的审查总预算案的进行方法，则一如众院制用委员会之分做十个分组委员会先从事各个分预算案的审查。各个分组委员会——一如众院的各个分组委员会——必先举行公听，请有关系的行政长官出席辩护其预算请求。不过参院制用委员会分组委员会的公听，是大大的不如众院制用委员会分组委员会的详尽仔细。分组委员会把审查过的预算案报告于制用委员会全体，制用委员会全体再经一度审查之后，乃把该案报告于参议院。

　　第二步骤是由参议院全体去票决制用委员会所提出的预算案我们知道在众院全院委员会席上，无论任何议员是有提议修正或增减预算案内的任何项目之权的。在参议院席上，这个规例就不适用了，因为参议院关于预算案的议事细则上说：

No amendments shall be receivod to any general appropriation bill the effect of which will be to increase an appropriation already contained in the bill, or to add a new item of appropriation, unless it be made to carry out the provisions of some existing law, or treaty stipulation, or act, or resolution previously passed by the Senate during that session; or unless the same be moved by direction of a standing committee or select committee of the Senate, or proposed in pursuance of an estimate submitted in accordance with the law... All amendments to general appropriation bills moved by direction of a standing or select committee of the Senate, or proposing to increase an appropriation already contained in the bill, or to add new items of appropriations shall, at least one day before they are considered, be referred to the Committee in Appropriations, and when actually proposed to the bill, no amendment proposing to increase the amount stated in such amendment shall be received.

　　译文：除非是为了执行参议院在该届会议期间先前通过的某些现行法律、或条约规定、或法案、或决议的规定；或除非是根据参议院常设委员会或专门委员会的指示而提出的，或根据依法提交的概算而提出的，否则不得接受对任何一般拨款法案的修正案。根据参议院常设委员会或专门委员会的指示对一般拨款法案提出的所有修正案，或提议增加法案中已包含的拨款或增加新的拨款项目的修正案，应在审议前至少一天提交给拨款委员会，而且在对法案提出实际建议时，不得接受提议增加该修正案中所述数额的修正案。

此种不许参议员个人在大会席上提议增加预算的规定，实在是美国参议院对于财政立法顺序的一个大进步。

（三）参众二院对于预算案某项目意见不一致时的解决方法　当参众二院对于预算案的某项目意见参差的时候，参众二院的议长可以各在本院的制用委员会内的有关系的分组委员会内委派数人为联席委员会（Conference Committee）委员，去会商出一个妥善的解决办法。大概联席委员会的权限是只限于预算案内某项目的争端的解决的，而且其所解决的数额是一定不能较少于最小数或较多于最大数的。联席委员会的两万委员把决议案报告于两院之后，如果有一院还认为不满意时，那么又须重开联席委员会会议，直至两院都满意为止。

（四）参众二院对于总统所提出的总预算案的修正程度　所谓修正者就是或增或减或添或删的意思。美国立法机关对于行政机关所提出的总预算案，在现在的新财政立法顺序之下，到底就各部的分预算案讲有若何程度的增减添删，而就诸部的总预算案讲又有若何程度的增减添删呢？大概就整个的预算案讲，国会所通过的数额是无不较总统所提出的为少的而就各部的分预算案讲，那么是有减少的，亦有增加的，不过增加的终比减少的为少耳。兹列表以明之如下：

1923 年度国会通过预算与总统提出预算（包括追加预算）数额增减比较表：（单位 1 000 金元）

表 3-3-5　1923 年度国会通过预算与总统提出预算数额增减比较表

预算款项名称	总统提出预算	国会通过预算	通过预算比提出预算
立法机关	17 818	14 823	减　2 995
总统府及独立机关	562 297	564 324	增　2 027
农部	73 664	88 010	增　14 346
商部	22 113	21 348	减　765
内政部	335 312	344 374	增　9 062
司法部	23 173	22 598	减　575
劳工部	7 812	7 491	减　321

（续表）

预算款项名称	总统提出预算	国会通过预算	通过预算比提出预算
海军部	461 325	325 856	减　135 469
邮政部	594 814	573 462	减　21 352
外交部	11 175	11 128	减　47
财政部	164 386	161 762	减　2 624
陆军部（包括巴拿马运河）	368 954	348 676	减　20 278
哥伦比亚特区	30 214	26 688	减　3 526
公债还本付利	1 430 089	1 430 089	无增减
总共	4 103 146	3 940 629	减　162 517

1924 年度国会通过预算与总统提出预算（包括追加预算）数额增减比较表：（单位 1 000 金元）

表 3-3-6　1924 年度国会通过预算与总统提出预算数额增减比较表

预算款项名称	总统提出预算	国会通过预算	通过预算比提出预算
立法机关	15 824	14 816	减　1 008
总统府及独立机关	525 234	513 447	减　11 787
农部	87 438	88 750	增　1 312
南部	21 874	21 504	减　370
内政部	329 684	327 595	减　2 089
司法部	22 529	21 998	减　531
劳工部	7 100	7 838	增　738
海军部	300 559	297 318	减　3 241
邮政部	608 366	597 012	减　11 354
外交部	16 134	15 508	减　626
财政部	281 316	278 758	减　2 558
陆军部（包括巴拿马运河）	336 426	350 242	增　13 816

（续表）

预算款项名称	总统提出预算	国会通过预算	通过预算比提出预算
哥伦比亚特区	27 775	26 359	减　1 416
公债还本付利	1 451 968	1 541 968	无增减
总计	4 032 227	4 013 113	减　19 114

1925 年度国会通过预算与总统提出预算（包括追加预算）数额增减比较表：（单位 1 000 金元）

表 3-3-7　1925 年度国会通过预算与总统提出预算数额增减比较表

预算款项名称	总统提出预算	国会通过预算	通过预算比提出预算
立法机关	15 240	14 817	减　423
总统府及独立机关	536 432	535 810	减　622
农部	78 049	75 922	减　2 127
商部	26 414	26 160	减　254
内政部	305 033	296 223	减　8 810
司法部	24 732	24 602	减　130
劳工部	7 400	8 679	增　1 279
海军部	296 185	294 492	减　1 693
邮政部	621 000	621 585	增　585
外交部	16 330	16 916	增　686
财政部	319 478	318 225	减　1 253
陆军部（包括巴拿马运河）	354 349	351 056	减　3 293
哥伦比亚特区	30 449	31 384	增　935
公债还本付利	1 336 806	1 336 806	无增减
总计	3 967 897	3 952 677	减　15 220

1926 年度国会通过预算与总统提出预算（包括追加预算）数额增减比较表：（单位 1 000 金元）

表 3-3-8　1926 年度国会通过预算与总统提出预算数额增减比较表

预算款项名称	总统提出预算	国会通过预算	通过预算比提出预算
立法机关	16 970	16 659	减　311
总统府及独立机关	576 787	578 870	增　2 083
农部	168 700	165 756	减　2 944
商部	29 148	29 326	增　178
内政部	278 559	278 874	增　315
司法部	26 240	25 519	减　721
劳工部	8 938	9 231	增　293
海军部	303 756	304 007	增　251
邮政部	739 539	738 465	减　1 074
外交部	16 640	16 720	增　80
财政部	325 934	314 942	减　10 992
陆军部（包括巴拿马运河）	343　815	344 913	增　1 098
哥伦比亚特区	36 968	37 953	增　985
公债还本付利	1 320 429	1 320 429	无增减
总计	4 192 423	4 181 664	减　10 759

（五）国会内以那一个机关为最爱护国库　要回答这个问题，我们最好先查一查统计。据美国众院制用委员会的一位委员名做彪堪能（James B. Buchanan）者的调查，最爱护国库者，当推众院的制用委员会，众院次之，参院又次之。兹把彪氏的统计列下：

1923 年度

（一）总统提出的预算为（追加预算及公债本利除外）

2 957 787 376.83 金元

（二）众院制用委员会审查通过的预算为　2 447 931 717.50

（二）比（一）减少　　509 855 649.33

（三）众院所通过的预算为　2 484 459 641.69

（三）比（二）增加 36 327 924. 19

（四）参院所通过的预算为 2 721 806 104. 37

（四）比（三）增加 237 346 462. 66

（四）比（二）增加 273 674 386. 85

（五）两院最后同意通过的预算为 2 645 615 084. 56

（五）比（一）减少 312 361 792. 27

1924 年度

（一）总统提出的预算为（追加预算及公债本利除外）

2 567 259 344. 61

（二）众院制用委员会审查通过的预算为 2 526 287 529. 22

（二）比（一）减少 40 971 815. 39

（三）众院所通过的预算为 2 546 808 596. 89

（三）比（二）增加 20 521 667. 67

（四）参院所通过的预算为 2 571 538 902. 10

（四）比（三）增加 24 730 305. 21

（四）比（二）增加 45 251 972. 88

（四）比（一）增加 4 279 557. 49

（五）两院最后同意通过的预算为 2 556 873 968. 89

（五）比（一）减少 10 385 128. 43

1925 年度

（一）总统提出的预算为（追加预算及公债本利除外）

2 338 067 222. 58

（二）众院制用委员会审查通过的预算为 2 308 738 579. 93

（二）比（一）减少 29 328 642. 65

（三）众院所通过的预算为 2 312 118 801. 34

（三）比（二）增加 3 380 221. 41

（四）参院所通过的预算为 2 341 433 626. 72

（四）比（三）增加 29 314 825. 38

（四）比（二）增加 32 695 046. 79

（四）比（一）增加　　　　　　　　　3 366 404. 14

（五）两院最后同意通过的预算为　　2 329 042 585. 50

（五）比（一）减少　　　　　　　　　9 024 637. 08

1926 年度

（一）总统提出的预算为（追加预算及公债本利除外）

　　　　　　　　　　　　　　　　　　2 764 221 237. 57

（二）众院制用委员会审查通过的预算为　2 711 700 954. 88

（二）比（一）减少　　　　　　　　　52 520 282. 69

（三）众院所通过的预算为　　　　　　2 716 775 765. 91

（三）比（二）增加　　　　　　　　　5 074 811. 03

（四）参院所通过的预算为　　　　　　2 762 052 764. 63

（四）比（三）增加　　　　　　　　　45 276 998. 72

（四）比（二）增加　　　　　　　　　50 351 809. 75

（五）两院最后同意通过的预算为　　2 751 624 741. 67

（五）比（一）减少　　　　　　　　　12 596 495. 90

第七节　新预决算制度成立后美国联邦
政府预算的执行和监督

美国联邦政府租税的征收及其收入的存放方法，大约 1921 年以后与 1921 年前是无多大分别的，所以可以置之不论。至其支出的方法则大有天渊之别了。总统的化身的预算局，不但事前对于各支出机关预算的编制实行其干涉政策，就是当各支出机关实际用款的时候，也是要实行其干涉政策的。这种预算施行的行政监督（administrative control of the execution of budget）是用下列三种方法去实行的：

（一）厉行各支出机关的一般预备金制（the general reserve system）（参阅前文）。

（二）严格审查各支出机关的新工作或事业（new activities）以避免事业重复的浪费。

（三）设立联络机关（coördinators agencies）以节省各支出机关的经费。联络机关又分为三种：其一是联邦联络委员会（coördination boards），第二是地方联络员（area coördinators），第三是个人联络员（individual coördinators），联邦联络委员会又分为 11 个就是联邦印刷委员会（Permanent Conference in Printing）以联络各支出机关的出版事业，联邦不动产委员会（Federal Real Estate Board）以联络各支出机关的不动产的买卖及调换，联邦采办委员会（Federal Purchasing Board）以联络各支出机关的采办事务，联邦清理委员会（Federal Liquidation Board）以联络海陆军部等在欧战后的出售存货事务，联邦运输委员会（Federal Traffic Board）以联络各支出机关的转运事务，联邦标准委员会（Federal Specification Board）以联络各支出机关的购货标准，联邦契约委员会（Interdepartmental Board on Contracts and Adjustments）以联络各支出机关的契约或投标事务，联邦办公顺序划一委员会（Interdepertmental Board on Simplified Office Procedure），联邦专利委员会（Interdepartmental Patents Board），联邦医院委员会（Federal Board of Hospitalization），及一般采购委员会（The General Supply Committee）。上列各联络委员会，除一般采购委员会为财政部的一个事务机关外，其余都是讨论及立法机关，并不是执行机关，其议决案还是须由各有关系机关所派来的代表委员回去执行的。地方联络员全国分九区，是与九个陆军区相符合的。个人联络员之最重要者当推总联络员（the chief coördinator）。总联络员直接对总统及预算局负责，不受各部长官的调迁。

一如预算局之为行政的（或替代总统的）预算执行监督机关（an organ of adminisitve control of budget），审计院或中央会计院为立法的，（或替代国会的）预算执行监督机关（an organ of legislative control of budget）。总统不能亲自编制及监督预算，所以 1921 年的条例特设一个预算局以副之；国会不能自身去实地监督预算及审查账目，所以 1921 年的条例特设审计院或中央会计院以副之。该条例第三百零一条规定该院对行政机关是独立；第三百零三条规定审计长与副审计长的任期为 15 年，其撤职须由国会二院开联席会议表决之。由此审计长及其副在名义上虽由总统于获得参院的同意后任命之，在事实上简直是与由国会所任命的无异，而国会的一院又不能随意行使其弹劾权，则其地位之超然独立，而不受行政长官的支配可知；以视 1921 年以前的会计检查员之须仰财政部长及总统之鼻息者，其地位之不同，不可同日而语了。

至于审计长的职权何若，如何代国会去监督美国联邦政府收支，出纳，及预算之实行，我们不妨把 1921 年的条例之关于审计院之职权及监督出纳及预算之实施者重述一遍如下：

第三百零五条　美国政府的一切人欠欠人，债权债务，权利义务的账目都应当由审计院结清之及整理之。

第三百零七条　审计院所结清及整理过的账目内的政府负债项目，审计长可以直接指令各行政部及机关内的支付官吏支付，不必再由行政长官发出支付饬书。

第三百零九条　审计长应制定各行政部及机关的行政预算及基金会计的式样，系统，及进行手续。审计长又应当制定对于财务官员的账目及对中央政府的要求的行政检查的式样，系统及进行手续。

第三百十二条

（一）审计长应在行政机关的所在或他处，检查该机关的一切关于收入，支出，及公款的用途的事项，除总统请求时，审计长应以书面对他作一审计院的工作报告外，每当国会开常会之初，审计长又须对之作一审计院工作的书面报告；该报告书应包括他对于审计的必要立法及其他关于收入，支出，及公款的用途等事项的建议。在这种的经常报告内，或在国会开会时期内任何时期的临时报告内，审计长应提出能使公家支出获得较大的节约及效能的建议。

（二）审计长应接受国会的任何一院或该院的任何财政委员会（即筹款委员会或制用委员会）的命令，作任何的调查和报告。当该委员会请求时，审计长应令其院内助手去协助该委员会，并供给必须的参考资料。

（三）审计长每年对于任何行政部或机关的每项违法支出或每件违法契约，须向国会作特别报告。

（四）审计长应向国会提出关于各行政部或机关的账目与要求的行政检查之是否适当与有效力的报告，及关于财务官吏的事务所及账目之各机关行政检验之是否适当与有效力的报告。

（五）审计长对于预算局的随时请求，应随时供给该局所需要的关于经费及会计的参考资料。

第三百十三条　一切行政部或机关对于审计长的随时请求，应随时把各该机关的权力、职务、活动、组织、财务处理，及处理事务的方法等的事实资料供给之。审计长自身或其所正式委托的审计院助理或雇员，得有权调阅或查阅各机关之任何簿据、文书、凭证、或记录。

第四章
法国的预决算制度
（个案研究之三）

第一节　法国人民争预算权简史

法国人民争预算权或荷包权的简史，大概是可以分做三个段落来叙述的：其一就是国民会议时代（the period of États Généraux）；其二就是巴力门时代① （the period of Parlements）；其三就是现制时代（the period of the organization of the present regime）。

（一）国民会议时代　所谓国民会议（États Généraux）时代者是指法国在 1614 年以前的数百年而言。西历 1314 年法王好裴列（Philippe the Fair）召集第一次真正的国民会议以讨论财政问题。计到会代表有贵族，有僧正，有市民（burghers），有城市官吏等。他们对于法王请求的款项，表示愿竭力援助筹集。此会议闭幕之后，好裴列就下令征收燃料税（taxes on fuel）和物品贩卖税（taxes on sales of merchandise）。

好裴列死后，国民会议只召集过三次：一次是路易第十所召集，一次是长裴列（Philippe the Long）所召集，还有一次是裴列第六所

————————

① 巴力门，是 parliament 音译词，原是封建社会末期的等级会议，资产阶级革命时改为国会。后来泛指资本主义国家的议会。

召集。

从 1355 年到 1359 年的五年中间，在法王好约翰（John the Good）统治之下，国民会议是每年召集一次的。1355 年，英法失和，好约翰乃召集国民会议通过盐税的征收，以筹军饷。旋好约翰不幸被英军所擒，乃由其子陶奋（Dauphin）① 摄政，于 1356 年、1357 年、1358 年及 1359 年接连的召集国民会议筹商军费和赎款。据史家调查，1356 年 10 月的国民会议内出席代表数超过八百，其中四百代表为市民，八百余代表的精神都非常奋发，几乎有革命时代的色彩，但国难一过，而又冷淡下去。

旋法王查理第五即位，他以十年前摄政时的经验甚仇视国民会议，凡可以不必召集国民会议的时候，终不愿召集之。后来于 1369 年，因与英国又起战衅，乃不得不再行召集国民会议，以筹饷款。

此后法国的国民会议亦召散无常，计查理第六在巴黎圣保罗宫召集一次（1412 年），英王亨利第四于 1420 年召集一次，法王查理第七于 1422 年在 Bourges（因为巴黎已陷于英军），于 1424 年在 Selles-en-Berry 与 Puy-en-Velay，于 1425 年在 Mehun-sur-Yèvre，于 1428 年在 Chinon，各召集国民会议一项。后四次为法国《百年战争》（Hundred Years War）开端时的复国运动。以后自 1428 年起至 1435 年止，国民会议差不多是每年召集的，盖国难方殷，不容玩忽也。

1435 年，法王查理第七在都尔（Tours）召集国民会议商权财政，会议为之组织补助税（subsidy taxs，forme des aides）。1439 年，查理第七又在阿林斯（Orleans）召集国民会议，讨论军政与财政，通过国王可以组织常备军（permanent armies）及国王有权永久征收人头税（taille，villain tax）以维持军警费用两个议案。不过自从这两个重要议案通过之后，法王就改变对国民会议的态度，而不愿常

① Dauphin，即王储。

常召集之了。

此后路易十一于 1467 年在都尔召集国民会议一次；查理第八在 1483 年召集国民会议一次；路易十二于 1506 年又在都尔召集国民会议一次。

法王法兰西斯第一（Francis Ⅰ）统治 53 三年，并未召集过一次国民会议。此后在亨利第二时代（1558 年），在查理第九时代（1560 年和 1561 年），在亨理第三时代（1576 年，1588 年，和 1593 年），在亨理第四时代（1596 年），及在路易十三幼年时代（1614 年），国民会议有名无实的总算开过七八次。而 1614 年的一次则为法国史上国民会议的末次召集。

纵观法国的国民会议史，虽后期的国民会议的势力甚为式微，但是"不出代议士，不纳租税"的原则，固深深的嵌入法人的脑海中也。今日法国公法（public law）的全部精神，盖仍根据于此深入人心的租税原则也。1483 年的国民会议曾有宣言说："我们以为从此以后，无论任何租税，在未召集国民会议以前，在未获得国民会议的协赞以前，不得向人民征收。"

不但国民会议自己这样宣布，就是法王自己如亨理第四在 1596 年所召集的国民会议里面，也公开的说："我来是要得到诸位的忠告，不但信托之，而且还要实行之。我以十分至诚，请求诸位的护导……"

（二）巴力门时代　自从 1614 年起至 1789 年止的 175 年之间，法王采取独裁制度，一切财政法案，都无须人民代表协赞通过。其可以稍稍挫国王之专制气焰者，只有"巴力门"耳。

究竟巴力门是什么东西呢？法国当时的巴力门并不是现在英国的巴力门。英国现在的巴力门代议士是人民所选择的。法国当时巴力门的地位是可以出钱购买的，则其腐化而无势力可知矣。孟德斯鸠曾说："法律通过之后，巴力门印刷之；人民忘掉法律之后巴力门提醒之。"印刷法律之权，是并包括修改法律之权的，而关财政法案更不必谈矣。当路易十四在 1655 年欲发表关于印花税及造币的上谕时，巴力门拟抗议上谕的内容，他就不客气的对他们说："如果你们再抗议我的上谕的内容，那么我只得解散巴力门了。巴力门从此慴服，终路易十四之身而不敢反抗一句，可谓极服从之能事矣。巴力门有时对于国王的意旨虽亦有反抗，不过其反抗的动机，还是为他们自己阶级的利益居多，并不是为大多数的民众也。即如路易十四的宰相耐句（Necker）有一次写信给他说："巴力门在那里反对二十分之一的公平赋税了，因为这样一来，他们自身的收入就要立刻减少了……"

1787 年巴力门抗议征收印花税的上谕，因此就被驱逐到曲劳依（Troyes）。不过巴力门虽被驱逐，仍旧在曲劳依行使它的抗议上谕的职权。最后，在 1788 年 8 月 17 日宣言谓"只有召集国民会议为能补救时弊；只有国民会议可以通过租税法案；国王是并没有权征收和认可租税的。"

（三）现制时代或从 1789 年到现在　一如国民会议时代人民代表有通过政府的租税征收之权，所以 1789 年革命后的国会（National Assembly）就在该年（1789 年）的 6 月 17 日发表一道命令，谓此后议决租税征收之权应该完全由国民代表在国会内行使之。此后除 1806 年的盐税征收，1810 年的烟草公卖，1813—14 年的地税加征，窗户税加征，动产税加征，盐税加征，及其他间接税加征，是由法王拿破仑以上谕形式出之，暨 1848 年临时政府之增加地税，1852 年之未经国会通过而颁布预算法之外，这个原则在法国宪法史上是并未破坏过的。

从前法国人民代表所争的荷包权，是只限于收入方面或租税方面的。自从 1817 年 3 月之后，此种荷包权是包括支出方面或经费支配在内了。1827 年 9 月的法命，把法国国会的荷包权扩充到可以支配各行政部的经费总额。1831 年正月的法命把国会的荷包权又扩充到可以支配各行政部的经费细额。自是厥后，法国国会的荷包权始完全无缺了。

第二节　法国预算案的编制

（一）编制预算的机关　法国编制预算的机关，是包括一切与预算有关系的行政机关而言的。凡关于收入一方面或税收一方面的预算，是由财政部单独编制的。凡关于支出一方面的预算，是先由各地方的中央行政机关编制概算送呈直辖上职机关，再由该机关连同自己的预算送呈中央各该行政部，再由中央各行政部把预算咨送财政部汇编成一个预算法草案，——连同该部所编制的岁入预算在内。(1925 年法国在班乐卫内阁时代曾添设一个预算部（ministry of equilibrium）专门处理关于中央预算编制事宜，尤其是关于中央岁出编制事宜。这样一来，那么财政部对于中央岁出概算的汇编事务，倒可以脱卸净尽了。揆法国预算部设立的用意，大概是与 1921 年美国之设立独立预算局和 1931 年中国之设立主计处岁计局的用意一样的。)

法国的财政部长（ministre de finance）一如 1921 年前的美国财政部长，对于各部咨送过来的预算是无权减削丝毫的。因为 1862 年的一个法令（the Decree of Regulations）的第三十一条说："每年各部长官编制各该部的预算；财政部长汇编各该部的预算，同时且须加入收入预算以便完成国家一般预算。"由此，我们可以知道法国财政部长的权力不如英国的大藏大臣的权力远甚，而较之美国的预算局长（Director of the Bureau of Budget）其权力亦似较逊也。至于我国主计处岁计局长的权力究竟如何，似尚在试验期中也。　　（至1927 年后法国添设预算部。该部的职权如何，而原来财政部对于编制预算之权的有无更变，以参考资料缺乏，只得暂时缺而不述，俟后有机会再行更正。)

（二）编制预算的时期　我们要晓得法国中央政府编制预算的时期，就应该先知道法国的会计年度（fiscal year）法国的会计年度是与历年（calendar year）一样的，就是从某年的正月 1 日起至同年的

12月31日止。法国对于某会计年度的中央预算之着手编制，大概是在该会计年度开始期的一年又一季或15个月之前。即如以1931年的会计年度而言，那么在1929年的冬季即10月或12月财政部长就须发出通告（circular letter）与各部或中央支出机关的长官，请他们即行着手编制各该机关在1931年会计年度的经费概算。各部预算编制完竣并财政部汇编完了之后，法国中央政府的全部预算大约于翌年正2月就可以提出于国会或下议院（Chamber of Deputies）开始审查。兹把法国历来各会计年度预算案的提出于下议院的日期，举几个例，表列于下，以示法国中央政府编制预算案之稍微过早一些。

1880年会计年度预算案于1879年正月23日提出于下议院。

1881年会计年度预算案于1880年正月31日提出于下议院。

1882年会计年度预算案于1881年正月21日提出于下议院。

1883年会计年度预算案于1882年正月23日提出于下议院。

1890年会计年度预算案于1889年2月9日提出于下议院。

1892年会计年度预算案于1891年2月17日提出于下议院。

1897年会计年度预算案于1896年2月1日提出于下议院。

1899年会计年度预算案于1898年10月21日始提出于下议院，这是因为1898年5月有普通选举（general elections）。

1900年会计年度预算案于1899年7月4日始提出于下议院，这是因为1899年6月有倒阁风潮（cabinet crisis）。

1905年会计年度预算案于1900年3月30日始提出于下议院。

1907年会计年度预算案于1906年6月6日始提出于下议院，这是因为1906年有总统选举及下议院议员选举。

1908年会计年度预算案于1907年5月11日始提出于下议院，这是因为所得税问题在1907年上半年闹得天翻地覆。

1909年会计年度预算案于1908年5月19日始提出于下议院，也是因为所得税问题未解决的缘故。

1912年会计年度算预案于1911年7月始行提出于下议院，也是因为所得税问题未解决的缘故。

欧战之后，情形稍有不同。据美人费斯克（Harvey E. Fisk；French Public Finance，p. 173）的意见，谓近年来法国中央政府各部对于支出预算的编制，其时期已缩短三四个月，就是从前须于会计年度开始期 15 个月前即须着手编制者，今则可延至距会计年度开始期十一二个月，再行着手编制可矣。

（三）预算案的统一性　法国乃是一个有名的中央集权的国家，所以她的预算案的编制也是极富有统一性的。不过也有几个例外，就是除掉一般预算之外，又有特别预算是。即如（一）1891 年的财政法规定养马基金的特别会计；（二）1895 年的财政法规定法国：有博物院（如 the museums of the Louvre of Versailles of Saint-Germain，and of the Luxembourg）之采购艺术品基金的特别会计；（三）1911 年的财政法规定国外立法调查局及全国航海局的特别会计；1901 年的法令规定全国高等矿务学校（The National Superior School of Mining Engineers）的特别会计；1902 年的法令规定全国农业及畜牧学校的特别会计；1908 年的法令规定自然历史博物馆（museum of natural history）的特别会计；及各种国营企业各邮电烟草等事业之特别会计是。

（四）预算案的内容　法国预算案的内容从前包括（一）普通或经常预算（ordinary or general budget），（二）临时预算（extraordinary budget），（三）特别预算（special budget），（四）普通预算内的附属预算（annexed budgets），（五）财政部的特别预算（special activities of the treasury），和（六）杂项预算（means of operation and annual provisions）第六项。现在（二）（三）（五）都取消预算案所包括的为（一）普通或经常预算，（二）普通预算内的附属预算，（三）特种预算（special provisions）和（四）杂项预算（means of operation and annual provisions）。

经常预算所包括的大概有两项：第一是支出，第二是收入。支出项下所包括的大概为（一）公债费，（二）一般行政费，（三）各部行政费，（四）财务费，及（五）退还费（reimbursements， restitutions，uncollectable taxes and premiums）。

附属预算所包括的大概为（一）造币厂的预算，（二）国家储蓄银行的预算，（三）国家印刷所的预算，（四）退伍兵荣誉会（legion of honor）的预算，（五）残废水兵某金的预算，（六）中央艺术学校（Central School of Arts and Crafts）的预算，（七）国有铁路的预算，（八）国有火药制造厂的预算等等。此种附属预算或特别会计颇足破坏 1 月预算法案的统一性，甚不取也。

特种预算所包括的为一切一次经议会通过之后以后不必年年再行提出议会请求通过的经费是。

杂项预算所包括的大致可以分做三项：第一就是关于财政部所发行的国库券及巴黎市公债预算；第二就是继续预算（continuing appropriations）；第三就是经常预算内的条件（terms and conditions attached to the budget or routine or formal provisions）。

第三节　法国预算案的议决

（一）法国下议院或各议院之议决预算案　法国众议院之议决预算案，大致可以分做两个步骤：第一就是由一个预算委员会（commission on budget）先行讨论审查和修正；第二就是再由预算委员会报告审查结果于大会，由大会讨论通过。

当一个预算案由财政部长正式提出于众院之后，众院议长即宣言"该预算案着即付印分发各议员并缴与各小组议员审查"（The budget plan shall be printed，distributed and turned over to the bureaus）。按法国众院每月用抽签法把全院议员分做十一小组（eleven bureaus）所有一切提出众院的议案都应当先缴与各小组议员审查。该十一小组议员对于非财政法案，大致每组互推一位组织委员会审查之，而对于财政法案，为特别郑重其事起见，所以每组互推四位组织预算委员会审查之。所以法国众院预算委员会的人数多至 44

位，就是这个缘故。预算委员会又互推报告员（reportor）或主席一人，其职责为委员会开会时做主席和报告审查预算案的结果于大会。

法国众院预算委员会之召集审查会，大致是不公开的；虽然理论上众院议员无论谁何都可以随意去旁听，但是事实上是并无非预算委员的议员去旁听列席的。

法国众院的预算委员会是一年一选的，不是像美国众院的拨款委员会及制用委员会等是具有永久的性质。不过法国在第一次革命和第二次革命的时候，国会所选出的各种委员会也殊有永久的色彩，而且处处与行政部争权，其缺点可谓暴露无余，晚近法国内阁的短命为世界各国最，亦未始非历史上的因袭也。自从第三次革命之后，法国众院的各种委员会始无不是每年一选焉。

预算委员会审查预算案的时候，是有权召集任何支出机关的长官以备咨询的。审查完了之后，预算委员会主席就须向大会报告审查结果。从前一个报告可以了事，今则报告越来越多了。一部的预算须有一个单独报告无论矣，就是小小一个局处的预算也要有一个单独报告了。此种单独报告，在1877年只有12个，1878年只有14个，1879年只有15个，1883年及1884年只有19个，晚近则增25个或三四十个。当然各种分报告之外，尚有一个总报告。如果委员会在预算案的审查报告内把财政部长提出的原案大修改而特修改，那么财长也只有在大会席上辩护原案而使审查案再有所修正耳。

法国众院于接受预算委员会的审查报告之后，即开始大会讨论。大致大会讨论又可以分做两个阶段：第一是对于预算案审查报告的概括讨论（general discussion），第二是对于预算案审查报告的详细讨论（discussion by article or discussion on detail）。详细讨论者就是就预算案原案或审查报告内的款项节目等逐款逐项逐节逐目而详细加以讨论之谓。不过有许多节目是并无所谓讨论而就算通过的。法国众院大会之讨论预算案，其可以动社会之听闻者，恐怕还是概括的讨论，因在概括讨论时，朝野二大派的争论是最为明显的，大致在野派之攻击预算案不是骂它是太浪费，就是骂它是太吝啬而忽略一切社会的费用（social expenditures）。

　　详细讨论的立法单位或标题叫做 chapter（可译为项，比英国的款 vote 要详细得许多了）。法国预算案分科的详细（specification）乃是逐渐演进的。1791 年的预算法案是只有二个总括的拨款（lump sum appropriation）的。1817 年的预算法案的分科是只以 7 个行政部为限的，这就是说，七部的预算乃各是独立，不准有部际（inter-ministerial）的移转款项的。1829 年的预算法案乃进一步，把分科的范围扩充到各部预算的各 section（可译为款，此款与英国的款，其数目大概是较少的），这就是说，七部五十二款的预算账户乃各自独立，不许款际（inter-section）通融款项的。不过当时每款所指拨的预算额，其数目常在 2 500 万佛郎与 16 900 万佛郎之间，实在还是太钜了。所以 1831 年的预算法案就规定以后预算案的分科范围须扩充到 chapter，这就是说，各部的预算须先分款，款再分项（chapter），项为立法上各自独立的账户，其款项是不许互相通融的。1852 年的宪法又规定预算的立法分科以各部的预算为限（vote by ministry）。1861 年的法令又规定预算的立法分科以款为限（vote by section）。迨 1871 年共和政体恢复，乃又规定预算的立法分科以项为限（vote by chapter）至法国历来的预算法案的独立项（chapter）的数目，那么大约在 1831 年为 164，在 1847 年为 338，在 1852 年为 362，在 1877 年为 388，在 1882 年为 482，在 1884 年为 637，在 1906 年为 984，在 1913 年为 1 000。当然，项以下还有节（paragraph），节以下还有目（article）。照激烈派代议士的意思，最好国会对于预算案的立法单位扩充到节分目。不过这样一来，把议会的财政权扩充得太大，把行政部的财政权缩小得太小，终不是善良的法制，所以世界上无论议会如何专横的国家，其预算案的立法分科从来没有扩充到节与目的二三千条或四五千条也。

　　当法国下议院逐节逐目讨论预算案的时候，议员个人是有权提议修正的，而且其修正是每每倾向于增加支出的。预算案既经详细讨论通过之后，议长乃再以全案正式付表决作为总通过。计预算案在下院讨论的时日，首尾约为 3 月之谱，洵可谓各种立法中之最重要者矣。

（二）法国上议院或参议院之议决预算案　法国宪法上说："参议院与众议院是都有建议及订定法律之权的，但是财政立法是必须先行提交众议院表决的"（The initiative and the making of laws rests jointly with the Senate and Chamber. The fiscal laws，however，must be submitted first to the Chamber of Deputies and voted by the latter）。所以法国参议院对于预算案的正式讨论是必须在众议院讨论通过之后的。不过当预算案尚未由众议院咨送过来的时候，参议院老早已指定一个预算委员会（budget commission）对于财政部提交众议院的预算案先从事非正式的讨论，俾不至临渴而掘井。至于参议院对于众议院所通过的预算案有否增删修改之权，有的说按照宪法的规定，参议院是只有认可之权而无变更之权的，有的说宪法不过是规定众议院有优先讨论预算案之权，并不是禁止参议院有修正众议院所通过的预算案之权的。就事实讲，法国众议院也没有像英国下议院之积极争夺财政法案的优越权，而是尝装袭作哑，把本问题置之不题，而法国的参议院是也没有像英国贵族院的强顽无理。所以在事实上，法国参议院所讨论通过的预算案是常与众议院所讨论通过的有所出入的。至二院意见参差之点，是调解是并不像美国之由两院联席委员会议（joint conference）进行的，乃是由二院议员的私人非正式会议商榷的。俟两院正式同意于预算案之后，于是预算法案乃得成立。至法国参议院讨论预算案的顺序，那是与众议院的讨论预算案的顺序，初无二致的。

（三）预算法案未成立时的补救办法　法国一年度预算法案未成时的补救办法为由议会暂时通过按月预算法案（douzièmes provisoires or provisional twelfths）。所谓按月的预算法案者就是议会因正式预算法案尚未成立而会计年度已开始时，为欲使行政部有进行国事之可能起见，乃通过等于去年决算 1/12 的临时预算以资目前 1 月之用之谓也。不过如果所通过的临时预算为足敷 2 月或 3 月之用者，那么其数额为等于去年决算之 1/6 或 1/4。至于临时预算案的收入方面，那当然也是包括在内的。

（四）预算不敷时的补救办法　法国预算案内某项（chapter）内某节目的预算不敷时，那是支付机关可以设法在同项他节目下移用（transfers of availabe surpluses）的，毋须向议会请求通过的。至某项预算不敷而欲向他项余款移用（temporary transfers or transfers to be restituted）时，那就非由财政部长核准和将来议会追认不可了。至整个的预算案发生不敷的情状时，那就非先向议会提追加预算或不敷预算不可了。在 1871 年之前，法国支出机关对于各项间预算的流用是很自由的，虽议员有质问，行政当局亦不过以明日黄花视之而已。因之，1871 年法国的国民会议（National Assembly）乃首先通过一个新预算宪法（budgetary constitution），其中第三十条规定说：“项与项间的预算不准互相流用”（No transfer of appropriations from one chapter to another shall be allowed）。

（四）议会拒绝通过预算法案时的补救办法　议会拒绝通过预算法案的补救办法有两个：其一就是内阁解散议会，重行选举，诉诸国民，如果重选的结果还是反对党占优胜，那么内阁必须立刻辞职，退避贤能；其二就是内阁立刻知难而退，让反对多数党来组阁。法国历来对于预算法案政争的结果，是取第二种的解决方法者为多，亦可见法国议会的声势之大矣！

第四节　法国预算案的执行

（一）法国预算案执行的期间　法国预算案执行的期间是较会计年度为长的。此预算案执行期间或出纳整理期间，法文叫做 l'exercice，英文叫做 the fiscal period。当法国会计年度（自正月 1 日起至 12 月 30 日止）已终了之后，该会计年度所应收应付的账目是尚未终了的，所以法律规定某会计年度的预算案的结账日期，

（一）关于土木工程者为翌年正月 31 日，（二）关于审查与立证者
（auditing and vouchering）为翌年 3 月 31 日，（三）关于税收与支付
者为翌年 4 月 30 日，（四）关于追加预算支出的认可与实现者为翌
年 6 月 30 日，（五）关于记录非纠正者（rectification of records）为
翌年 7 月 31 日。这样，所以法国预算执行期间或出纳整理期间较之
其会计年度约长八个月。其实法国预决算案的账目对于债权者是五
年或六年之后才结束的，即如 1913 年会计年度的预决算案，其正式
结束之期为 1918 年的正月 1 日是。（对于住在欧洲的债权者其宽限
期间为五年，其住在欧洲外的债权者则为六年）不过这是例外。至
法国预算案在本会计年度内及在出纳整理期间内所执行的程度，可
以 1913 年的预算案为例，约略比较之如下：

法国 1913 年预算案的出纳账。

表 3-4-1　法国 1913 年预算案的出纳账表

年份	收入	支出
1913 年	4 958 900 000（佛郎）	4 426 700 000（佛郎）
1914 年	144 100 000	923 000 000
共计	5 103 000 000	5 349 700 000

（二）法国的金库　法国国家税收依法征收后即汇存于法兰西
银行的总分支行，归入法国财政部之账，再由财政部长依法支用。
所以一如议会为预算法案的唯一决定者，财政部长为预算法案的唯
一执行者。不过财政部长仅仅是一位执行机关中的命令者，其执行
机关中的执行者，实在还要算是代理国库的法国金库（national
treasury）法兰西银行（Banque de France）。法兰西银行在法国全境有
分支行二百余处之多，故克厥①金库之职，而法国财政权之得赖以集
中于财政部长一人之身者，更舍此机关莫属了。

（三）法国国币支出之程序　法国国帑支出的程序，大约为下列

———————————

①　厥：他的。克厥，即履行职责。

几个阶段：

第一是由各支出机关或行政部的支出检查认可官(ordonnateurs)之审查该部应付债务，结算（liquidation）各应付债务的数额，并给与债权人以领款支照单（passing of vouchers for payment）。各部的唯一支出检查认可官，当然就是部长，因为他是一部的长官或发号施令者。部长对于已有确定债权的债权，即直接发给领款支照单，法文叫做 ordonnances directes de payement。然而部长有时可以把支出检查认可权委托于他人代理之，叫做 secondary ordonnateurs。部长代理人所发给与债权人的支付饬书或领款支照单，法文叫做 ordonnances collectives de délégation。有时有权可以代理部长签发支付饬书的人大概都是该部所属分机关的长官，如内务部的省长，工务部的道路主任工程师、桥梁主任工程师、和矿务主任工程部、财政部的各司司长，海军部的各署长，陆军部的各署长，农林部的农场主任与林场主任等是。

此处我们可以有一些附带说明者，就是各部部长之签发支付饬书是并不是毫无内部监督的。大概每部有一种中央会计制（central accounting system）。每部设置二种账簿，其一是流水账（journal général），其二是总清（general ledger or grand-livre）。该账簿所记录者为（一）议会所通过关于该部预算法案的各项，（二）已经结算的应付债务的数额，（三）已经签发支付饬书的数额，及（四）已经支付的数额。这样，各部部长或其代理人对于该部的经济情形可以一目了然了。

第二是由财政部长来监督各部的经费请求　在上述法国国帑支出的第一阶段内，财政部长是无权过问的。不过一到各部发出支付饬书，要向国库领款的时候，那么财政部长监督各部支出的力量，就可以觉察了。第一，各部应将每月所招致的债务（incurring obligations）先报告于财政部，俾财政部长得以审度下月的国库情形，以便呈请元首，分配经费。各部部长或其代理人之签发支付饬书是必须在财政部长呈请元首分配经费之后的。第二，各部所签发的支付饬书是必须先送交财政部长覆核的。财政部长所最注意的，当然是各该部的支付饬书，是否依照预算法案或追加预算法案的条件签发的；其次所注意的为各该部所签发的支付饬书其数额有否超过于其所分配得到的该月份经费。财政部长既把各部支付饬书覆核无误之后，即把该支付饬书送还原签发者，同时即行具函摘由通知各省总支付官（paymaster or treasurer-general）备付。该摘由（the abstracts of the payment vouchers）连同公函，法文叫做 credits délégués（可译为委托信用，以财长委托其代付也）。

第三是由巴黎的中央支付官（central paying cashier in Paris）或各省的总支付官（treasurers general in each of the 89 départments）奉财政部长的命令承兑（honor）各部长及其代理人所签发的支付饬书或支款咨照单。1822 年之前，法国中央政府的支付官是很多的，大概各部是都有它的个别支付官的。自从 1822 年财长达维耶（de Villèle）下令统一中央各部的支付机关之后，法国国帑的支付行政始告集中。巴黎的中央支付官及 89 省的总支付官是都对于财政部长及会计法庭或审计院（Cour des Comptes）负责的。所以他们当承兑支付饬书时，是很小心谨慎的；他们对于每个债权人，第一须视他所缴来的支付饬书的数额有否超过财政部核准之数（即上文所讲委托信用之数），第二须他缴验债权的证明文件，如合同及完工证明书等，第三须他签掣一纸正式收据。如果债权人不愿在省会领款，而愿在郡邑市领款，那么省总支付官只须通知郡邑市（arrondissements, cantons and communes）的特别征收官（special collector）或征收员（collector）照付可矣。至支付官须领款人证明其为真实无误的领款人，那更可以不必说了。

如果支付官对于领款人所缴验的凭证发生疑问，而不肯承兑支付饬书时，那么原来支付饬书的签字人（即支出检查认可官）是可以以个人担保咨请（right of requisition）支付官照付的。支付官在这种情形之下，大概是无不照付的，不过也间有呈请财政部长批示的，尤其是当预算不敷（lack of available appropriations），工程尚未认可

（failure of a proval of work done），和收据无效（invalidity of receipt）的三种情形之下，为须呈请财政部长批示办法的。

第五节　法国预算案施行的监督

（一）预算案施行的监督之种类　一个宪政国家预算案施行的监督大概是可以分做两大类的：其一就是事前的监督亦即预算未施行前的监督，其二就是时后的监督亦即预算已施行后的监督。事前的监督复可以分为（一）支出机关自身的事前监督，（二）财政部的事前监督，和（三）会计司法机关亦即独立或非行政机关的事前监督三种。事后的监督亦可以分为（一）行政的或财政部事后监督，（二）特殊的或独立委员会的事后监督，（三）会计司法机关的事后监督，和（四）立法的事后监督。大概事前监督最有效果的制度为（一）先由支出行政机关自行监督一下，（二）再由会计司法机关稽核一切支付命令或饬书；而事后监督最有效果的制度为（一）先由会计司法机关审计一切支付账目，（二）再由立法机关或民众代表机关根据会计司法机关的审计报告讨论通过一个决算法案。

（二）法国预算案施行的事前监督机关　法国预算案施行的事前监督机关，上文已有所述及；就是各支出机关的会计局（central accounting bureau of each ministry）的事前监督该机关的支出，和财政部的会计司（bureau of general accounting of finances）的事前监督各行政机关的支出。由此可见法国预算案施行的事前监督，是很不完备的，很不科学的，因为缺少一种会计司法机关的事前监督（preventive control）。这样，又何怪法国计政史上充满支出超过预算及支出浮滥不法的许多资料呢？

（三）法国预算案施行的事后监督机关　法国预算案施行的事后监督机关有3个，兹约略述之如下：

甲、第一就是特殊委员会　1823年（12月10日）法国设立一个特殊委员会叫做“各部账目证实委员会”（commission for the verification of accounts of ministers）。该委员会的组成员有 9 人，每年由大总统由参议员、众议员、国务会议（conseil d'état）委员，及会计法院（cour des comptes）法官中任命之。该委员会的使命，一如其名称之所指示，为各部账目的证实；换言之，就是详细审查各部的原始收支账目（即财政部会计司及其他各行政部的会计局的流水簿和总清簿）是否——与各部向财政部的会计报告和财政部向大总统的会计总报告相符合，当然各部支出账目之是否根据于法律是必须先行审查通过的。特殊委员会的各部收支账目证实报告，印刷之后，是咨送财政部长、参议院和众议院的。

此外如国债收支账目，委托基金收支账目，及各部物品收支账目（general accounts of materials of each ministry）等，特殊委员会是也须连带审查证实的。

乙、第二就是会计法院　说到法国的会计法院（cour des comptes），其历史是很悠久的。该庭的设立时日为 1807 年，其地位是很隆重的，只次于法国的最高上诉法院（cour de cassation or the supreme court of appeal in France）；会计法官的任期是终身的，不受行政长官的罢免的，虽然任命是由大总统发令的。当 1807 年设立之初，会计法院的法官人数为院长 1 人（one first president），副院长或厅长 3 人（3 presidents，审计 18 人（18 senior accountants），协审 24 人（24 referees），代表财政部的律师 1 人（an attorney general），及总登记员 1 人（greffier en chef or head registrar）等 48 人。照目前该会计法院的组织法，其组成员增至 135 人，就是院长 1 人，副院长或厅长 3 人（president of chamber），审计（consulting senior accountants）18 人（每厅分占 6 人），第一级及第二级协审（consulting referees of the first and the second classes）85 人，稽核员（auditors）25 人，代表财政部及政府的律师 2 人（一正叫做 attorney general 一副叫做 advocate general）及总登记员（accountable officers）1 人。

法国会计法院所审查的账目，为各部收支官执行上的收支账目，并不是各部，支出检查认可官所签发的支付饬书的命令的收支账目，因为各部部长及其代理人所管辖的命令的收支账目，是已由上述的特殊委员会审核过了。

法国会计法院是一个司法的查账机关，其审查的账目包括四种收支官的收支报告：就是（一）处理现金的收支官的收支报告，就是巴黎中央收支官及各省总收支官的报告；（二）处理物品的收支官的收支报告，包括印花，邮票，生金银，火柴，及烟草等保管员的报告在内，但固定物品如图书等保管员的报告除外；（三）代理收支官（comptables d'ordre 如 accounting of the general ledger，accounting agent of transfers and mutations，accounting agent of the navy transports，accounting agent for the transfer of accounts，accounting agent of railroad companies 等）的收支报告，及（四）其他非正式的公款收支员（comptables de fait）的收支报告。

至会计法院的查账手续，约略如下。（一）先由协审会同稽核员作初步的文书审查；（二）再由厅长接受协审或稽核员的审查报告，交与审计会同协审覆查；（三）再由厅长召集厅务会议，一如普通法庭之开审，会厅审计的覆查报告，并由其他 5 位与审的审计发表个人的意见；（四）最后由厅长（或庭长）宣告他的最后判辞。如果被会计法员判为违法的支付官或财政部长认为判辞不妥，那么是可以在受会计法院正式关于违法通知书之后 3 个月内，向国务会议上诉的。如果认为有充分的理由时，会计法院自身是也可以于接到收支官的声辩书或代表财政部的在院律师的请求之后，自动召集厅务会议商议更改判辞的。

至代表财政部或政府的在院律师的任务为（一）监督收支员收支报告的依时呈缴登记其有不依时呈缴报告者，设法惩戒之；（二）请求会计法院对于某种证明文书作特别的审查；（三）留意会计法院各厅开审的日期及其宣判案件；（四）调查协审与稽核员的服务状况；（五）随时先报告会计法院各厅的判辞于财政部长；

（六）及其他关于法律政治顾问咨询事项。

至各收支官对于国库的责任，必须俟会计法院对于其所经手的收支账目宣判无误之后，始得脱卸解除，领回保证金。

法国会计法院每会计年度把宣判报告付印送呈大总统转提国会。该报告内容不外二点：其一就是全国会计制度应行改良之处之建议，其二就是各部长官或支出检查认可官所签发的违法的支付命令一览表。大总统接到该报告之后，就令有关的各部长官作答辩书以便刊入总报告咨送议会备查。大概此种总报告提交议会的时日为 11 月 1 日或以前，即在会计年度终了后十阅月也。

丙、第三就是众议院　法国对于预算案施行的事后监督的立法机关为众议院，不过宪法上虽如此规定，而事实上则众议院盖不甚关心也。众议院对于决算法案（law of accounts）的通过是十分的随便的，往往讨论决算法案的时候，议员的出席者寥若晨星，只闻议长之朗诵法案，不闻议员之有所讨论也。兹为证明法国众议员对于决算法案的潦草塞责的态度起见，让我们来举几个统计的资料如下：

表 3-4-2　法国决算法案延搁年数情况

预算法案的会计年度	决算法案通过日期	决算法案延搁年数
1870 年	1882 年 8 月 5 日	12 年
1871 年	1885 年 7 月 23 日	14 年
1872 年	1885 年 8 月 1 日	13 年
1873 年	1885 年 8 月 11 日	12 年
1874 年	1885 年 8 月 14 日	11 年
1875 年	1887 年 7 月 22 日	12 年
1876 年	1890 年 3 月 6 日	14 年
1877 年	1890 年 3 月 13 日	13 年
1878 年	1890 年 3 月 20 日	12 年
1879 年	1890 年 3 月 27 日	11 年

（续表）

预算法案的会计年度	决算法案通过日期	决算法案延搁年数
1880 年	1890 年 6 月 27 日	10 年
1881 年	1891 年 6 月 7 日	10 年
1882 年	1891 年 6 月 14 日	9 年
1883 年	1891 年 6 月 21 日	8 年
1884 年	1895 年 3 月 23 日	11 年
1885 年	1895 年 4 月 21 日	10 年
1886 年	1895 年 7 月 20 日	9 年
1887 年	1896 年 4 月 16 日	9 年
1888 年	1896 年 5 月 18 日	8 年
1889 年	1902 年	13 年
1890 年	1902 年	12 年
1891 年	1902 年	11 年
1892 年	1902 年	10 年
1893 年	1902 年	9 年
1894 年	1902 年	8 年
1895 年	1902 年	7 年
1896 年	1902 年	6 年
1897 年	1903 年 5 月 4 日	6 年
1898 年	1903 年 11 月 30 日	6 年
1902 年	1911 年 12 月 2 日	9 年
1903 年	1911 年 12 月 2 日	8 年

　　观上表，可知应当先来年度的预算法案而通过的决算法案，反耽搁至六七年至十三四年之久，法国议会的因循，可想而知矣。然而在 19 世纪之初，法国议会对于决算法案之通过，固慎重其事也。兹再举几个统计资料以证明之如下：

表 3-4-3   法国决算法案延搁年数

预算法案的会计年度	决算法案通过日期	决算法案延搁年数
1815 年	1819 年 6 月 27 日	4 年
1816 年	1819 年 6 月 27 日	3 年
1817 年	1819 年 6 月 27 日	2 年
1818 年	1820 年 5 月 28 日	2 年
1819 年	1821 年 4 月 23 日	2 年
1820 年	1822 年 3 月 21 日	2 年
1821 年	1823 年 4 月 8 日	2 年
1822 年	1824 年 7 月 13 日	2 年
1823 年	1825 年 5 月 21 日	2 年
1824 年	1826 年 6 月 21 日	2 年
1825 年	1827 年 6 月 6 日	2 年
1826 年	1828 年 8 月 6 日	2 年
1827 年	1829 年 7 月 16 日	2 年

本章的重要参考书如下:

René Stourm: The Budget, a translation from the 7th edition of Le Budget, Paris, 1913, by Thaddeus Plazinski, 1917. (D. Appleton and Company for the Institue for Government Research).

Harvey E. Fisk: French Public Finance in the Great War and Today, Bankers Trust Company, New York, 1922. Haig: The Public Finances of Post War France.

第五章
中国目前财政监督制度概要

第一节　中国目前财政监督制度鸟瞰

预决算制度问题，也就是财务行政及财政监督问题，也就是财政公开问题。依照国民党第三届第四次中央执监委员全体会议的议决，我国目前各种财政权的划分有如下图：

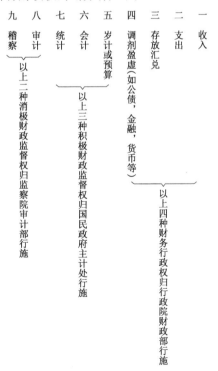

九	八	七	六	五	四	三	二	一
稽察	审计	统计	会计	岁计或预算	调剂盈虚（如公债，金融，货币等）	存放汇兑	支出	收入

以上二种消极财政监督权归监察院审计部行施

以上三种积极财政监督权归国民政府主计处行施

以上四种财务行政权归行政院财政部行施

图 3-5-1　各种财政权划分图

最近审计部已在苏浙鄂三省及上海市设审计处，在津浦铁路管理局等特殊机关设审计办事处。但审计而欲其果真有实效，则必须执行处分和责令赔偿。而欲执行处分和责令赔偿，则尤须避免请托疏通和势派情面。

十　决算　本消极财政监督权归监察院监察委员会行施

十一　弹劾　本消极一般行政监督权归监察院监察委员会行施

十二　惩戒　本消极一般行政监督权归司法院行施

兹把我国现行的财政监督制度与英美法的财政监督制度绘图比较如下：

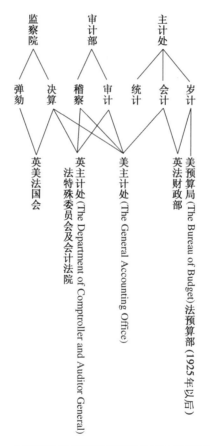

图 3-5-2　中国财政监督制度与英美法财政监督制度比较图

观上表，似乎我国现定的财政监督制度，较英美法为周详完密，然而徒法不能以自行，恐此后还须从治人一方面多多加之意耳。

第二节　中国目前中央政府编制预算的步骤

中国目前中央政府编制预算的步骤，可约略分之如下：

（一）先由国民政府主计处催请中央各主管机关通饬所属机关限期编送第一级概算。

（二）再由各主管机关分编各类第二级概算，送主计处汇编国家普通岁入岁出总概算，附具审查意见送呈国府。

（三）再由国府转咨中央政治会议，议决预算原则。

（四）再由中央政治会议覆咨国府转交主计处依照其通过原则，编制总预算案。

（五）再由主计处以总预算案送呈国府提交立法院审议。

（六）立法院将总预算案审议通过后，送呈国府公布施行。

此我国目前中央政府编制预算步骤之大概情形也。读者欲知其详，请参阅本章末附录"预算法"，尤其是该法的第二三四五肆章。

第三节　中国现行审计制度概况

鼎革以还，吾国事事模仿西洋，故民三北京政府有审计院之设立，然事权窄狭，等于虚设。自国民革命北伐完成之后，国民政府初年亦有审计院之设立，旋以国府组织改为五权制，乃将审计院改为审计部，隶属于监察院。21 年 6 月之修正监察院组织法第五条对于审计部之职掌，有如左之规定：

一、监督政府所属全国各机关预算之执行；

二、审核政府所属全国各机关之计算及决算；

三、核定政府所属全国各机关之收入命令及支付命令；

四、稽察政府所属全国各机关财政上之不法或不忠于职务之行为。

审计部为欲实施上列四款之职掌起见，乃设立下列三厅以处理之：即

一、第一厅掌理上述修正监察院组织法第五条第三款及第二款事项；（其工作分支付预算书之审核及财政部国库司签发支付书之审核二种，亦即事前监督工作。）

二、第二厅掌理上述修正监察院组织法第五条第一款及第二款事项；（其工作分月份收支计算之审核及决算书之审核二种，亦即事后监督工作。）

三、第三厅掌理上述修正监察院组织法第五条第四款及第二款事项。（其工作分收入事项之稽察，支出事项之稽察，及财产物品与现金库存之稽察三种，亦即所以补第一二厅书面审核之不足。）

此外审计部为欲审核地方政府及各公有营业机关之账目起见，依照 21 年 6 月公布之审计处组织法，得"于各省省政府所在地，或直隶于行政院之市市政府所在地，设审计处。中央及各省公务机关，公有营业机关，其组织非依行政区域划分者，经国民政府之核准，……设审计办事处。"

审计处分四组办公首三组之职掌相当于审计部内之三厅，即

一、第一组掌理本省或本市内中央及地方各机关之事前审计事务；

二、第二组掌理本省或本市内中央及地方各机关之事后审计事务；

三、第三组掌理本省或本市内中央及地方各机关之稽察事务。

审计办事处，按事务之繁简，分为甲乙两种：甲种办事处之组织相当于审计处，亦分四组办公，乙种办事处之组织较简。

我国现行最高审计机关，直隶于监察院，屹立于行政，立法，司法，考试四院之外，可谓具有超然地位，而且操有决算最后决定

之全权，其权限较三权鼎立国家的审计机关为尤大。

至审计人员之保障，审计部组织法第十条早已有如下的规定，亦可见其保障之厚，盖不下于英法等国的审计人员也："审计协审稽察，非经法院褫夺公权，或受官吏惩戒委员会依法惩戒者，不得免职或停职。"

附录　中国目前之预算法

第一章　通则

第一条　中华民国各级政府概算之编造及核定。与预算之编造、核定、审议、成立及执行。依本法之规定。

第二条　预算之未经立法程序者。称拟定预算。其经立法程序而公布者。称法定预算。在法定预算范围内。由各机关主管长官依法分配经费之计划。称行政预算。

各机关初步拟编之收支计划。经核定概数以作编造拟定预算之基础者。称概算。

第三条　称机关单位者。谓本机关及其所属机关。无所属机关者。本机关自为一机关单位。

第四条　称基金者。谓已发生或尚未发生而已经规定其管理办法与用途之金钱及其他财产岁入。适用一般管理办法。而供一般支出之用者。称普通基金。其有特殊管理办法及特殊用途者。称特种基金。

下列各种为特种基金。

一　以营业管理办法管理。而供营业之用者。为营业基金。

二　依法定或约定之管理办法管理。而供公债偿本付息之用者。为公债基金。

三　虽非营业。而其资金每经用去。必须还原者。为非营业循环基金。

四　为土地改良而对于直接享受利益者所征收之特赋。为特赋基金。

五　以法令契约或遗嘱设定。依信托保管办法保管其本金而仅以孳息充指定之用途者。为留本基金。

六　为私人或他公务机关之利益。依所定之条件管理办理或为处分者。为信托基金。

七　用途尚未确定者。为暂存基金。

第五条　称经费者。谓依法律所指定用途与条件。得支用之金额。经费按其支用之期间。得分下列三种。

一　岁定经费。以一年度为限。

二　继续经费。得依设定之条件或期限。按年继续支用。

三　恒久经费。除依法变更或废止外。永远支用。

第六条　称所入者。谓除去转账部分及应退还之收入金。称岁入者。谓一会计年度一切所入之总额与应退还之收入及其上年度之结存。

第七条　称费用者。谓除去转账部分及退还金之支出。称岁出者。谓一会计年度一切费用之总额与退还金及预算准备金。

第八条　称无永久性之财产者。谓消费品与材料品。

称有永久性之财产者。谓不动产及其附着物。或供设备用之动产及因投资而取得之证券。但因征课或没收而取得者。不在此限。

第九条　各级政府之预算。每一会计年度。办理一次。

会计年度。每年 7 月 1 日开始。次年 6 月 30 日终了。其年度以开始时之年次为名称。

第十条　各级政府之预算。依法定收支系统之划分。各自独立。同级地方政府之预算亦同。

第十一条　各级政府。每一会计年度之一切所入及一切费用。均应编入其预算。

第十二条　预算之岁入岁出。应按来源用途。各分门类纲目。其内容依附件一及附件二之所定。

第十三条　预算应具备下列三种。

一　总预算。

二　机关别之分预算。

三　基金别之分预算。

第十四条　总预算以政府全部岁入岁出编成之。仍应具备机关别及基金别之总略。

第十五条　机关别之分预算。按各机关单位为之。在每一机关单位下。其基金别之分类。应与总预算基金别之分类相合。

第十六条　基金别之分预算。应分下列五类。

一　普通收支预算。

二　营业预算。

三　公债预算。

四　信托预算。

五　其他特种基金预算。

前项第二款至第五款各类预算。其事实不存在者缺乏。

第十七条　总预算应以其各分预算之岁入岁出总额编入，但其营业预算部分之编入。以盈余或亏空之净额为限。其信托预算部分之编入。以受信托政府所入及费用之实数为限。

营业分预算及信托分预算。仍应分别编入其岁入岁出之总额。为收入而经营之政府专卖。或独占事业之收支。不得列入营业预算。

第十八条　总预算及分预算。按其需要设准备金。

准备金分常备金、预备金及后备金三种。常备金于行政预算中设定之。预备金于法定分预算中设定之。后备金于法定总预算中设定。

第十九条　非经常收入。非必要时。不得充经常支出。

第二十条　各级政府。遇必要时。得发行库券。但应于本会计年度内清偿之。并应以该年度岁入之尚未收得部分为基金。

前项库券之最高发行额。应于预算内定之。

第二十一条　一会计年度之经费。除本法另有规定外。不得移充他会计年度之支出。

第二十二条　每一会计年度岁入岁出之出纳事务整理完结之期

限。不得逾其年度终了后 3 个月。会计事务整理完结期限。不得逾其年度终了后 6 个月。

各级机关于前项期限内。应分别限期。令其所属机关整理完结其出纳及会计事务。

第二十三条　各级政府。非依法律。不得于其预算外增加债务。

第二十四条　各级政府不得为公司之无限责任股东。

第二十五条　第九条至第二十条关于预算之规定。于概算准用之。

第二章　预算之筹划

第二十六条　国民政府应于每年 7 月内。决定次会计年度之施政方针。令行全国各机关遵照。筹备其施政计划。并各依其计划。拟编收支概算。前项施政计划。应由其直接上级机关。于拟编预算前核定之。

第二十七条　国民政府主计处驻在各机关办理岁计事务人员。对于其所在机关施政计划之筹备及收支概算之编拟。应将财务上增进效能与减少不经济支出之办法。报告于该机关。如对于该机关所属各机关间。认为有财务上应合办或统筹之事务。应研其办法。建议于该机关。

第二十八条　为前条之报告或建议时。应于其报告或建议中。记载关系机关之最近已结年度与其前三年度岁计、会计、统计、审计、稽察及其他可资参考之事实。

第三章　概算之拟编及核定

第二十九条　国民政府主计处。应于每年 7 月内。通知各机关按照规定表格。拟编次年度之概算。

第三十条　中央政府概算之拟编。自最下级机关单位开始。依次递至最高级机关单位。

前项概算之机关单位。分级如下。

第一级机关单位

国民政府与其直辖机关及其所属各级机关。

五院各与其直辖机关及其所属各级机关。

第二级机关单位

国民政府之直辖机关及其所属各级机关。

行政、司法、考试、监察各院直辖机关及其所属各级机关。

国民政府或五院本身。

第三级机关单位

国民政府或行政、司法、考试、监察各院直辖机关所直辖之机关及其所属各级机关。

国民政府或行政、司法、考试、监察各院直辖机关本身。

第四级以下之各级机关单位。依次递推。

前项机关单位之分级。于预算适用之。

第三十一条　各机关概算之拟编。应按照该机关之施政计划。由其主办岁计事务人员。先依据其主管长官所主张之数额及理由编就。再按科目逐项依据其自己主张修正之数额及理由签注之。会同签名盖章。由主管长官呈送上级机关。

第三十二条　上级机关收到前条概算后。应由其主管长官及主办岁计事务人员会商。假决定其概算之各数额。意见不一致时。应分别记录之。

第三十三条　上级机关对于所属各机关之概算各数额假决定后。应连同本机关之概算。拟编其机关单位之全部概算。其办理程序。准用前二条之规定。

第三十四条　国民政府主计处岁计局。汇集各第一级机关单位之概算。编造中央政府总概算书。称某年度国家岁入岁出总概算书。呈国民政府委员会转送中央政治会议核定其概数。概算之汇集编造及审核第三级机关单位之分概算。应于 10 月 1 日以前。送达第二级机关单位之主管机关。第二级机关单位之分概算。应于 10 月 21 日以前。送达第一级机关单位之主管机关。第一级机关单位之分概算。应于 11 月 1 日以前送达以前送达主计处。国家总概算书。应于 12 月 15 日以前。送达中央政治会议。凡军事机关之概算。均以军政部为主管审核及汇编机关。其属于国民政府及行政院之其他第二级机关单位。应将概算。于 10 月 1 日前送达军政部。

国民政府所直辖之其他部院会之概算。应各按其性质。分别由内政部。教育部或其他直隶于行政院之部。审核汇编之。其送达之期。与前项同。逾期未送达主计处之概算。主计处得代为拟定或拒绝其编入。

第三十五条　总概算书分上下三编。其内容依附件三之所定。

第三十六条　岁出概算之核定。以岁定经费及拟设定之继续经费为限。

预备金、后备金、外交特别经费、国防特别经费。均属于岁定经费。各第二级机关单位之分概算。得设其总额 1% 至 2% 之预备金。总概算得设其总额 3% 至 5% 之后备金。

第三十七条　总概算之核定。岁出方面。应按照第一级、第二级、及第三级机关单位之概算。决定各门各类之概数。其由不专属于任何机关单位之基金支出经费时亦同。岁入方面。应按照来源别。决定各门各类之概数。如其总额不敷岁出时。由财政部拟具办法。经行政院呈请国民政府委员会转送中央政治会议核定之。

前项核定之概数。为岁出岁入之最高标准数额。各机关拟定预算时。不得超过。

第三十八条　前条核定。应自接到总概算书时起一个月内。办理完竣。

第四章　预算之拟定及核定

第三十九条　各机关单位。依据第三十七条核定之岁入岁出各类概数。编成拟定预算。但第四级以下各机关单位之拟定预算。由第三级主管机关编成之。

编造拟定预算之程序。准用第三十条至第三十三条关于概算之规定。

第四十条　国民政府主计处编造拟定总预算书。应分上下两编。并附预算施行条例草案。及其他关系文书。

拟定总预算书之方式及编制。除上编第一卷预算总说明书外。
均准用关系总概算书之规定。

前项总说明书。应记载下列各事项。

一　施政方针。

二　施政计划。

三　财政政策。

四　中央财政最近之经过及其现状。

五　本预算案与上年度预算不同之点及其理由。

六　国有财产状况及计划。

七　国有营业状况及计划。

八　国债状况及计划。

九　其他重要事项。

第四十一条　拟定总预算书。应于每年 3 月 1 日以前编造完竣。
送行政院会议核定之。其核定应于 3 月 15 日以前办理完竣。

第四十二条　行政院会议定核定。非有重大新事实发生。不得
为内容之修正。如因发生重大新事实而修正内容时。属于行政院所
属范围者。由行政院修正之。属于其他第一级机关单位者。由该机
关将其修正案送交行政院编入之。

前项内容之修正。非经中央政治会议之议决。不得增如数额。

第四十三条　总预算书经前条核定后。由主计处整理印刷成册。
由行政院咨送立法院审议。

前项咨送。应于 4 月 1 日前为之。

第五章　预算之审议

第四十四条　预算案之审议。先岁出案。次岁入案。最后以前
案付表决。

第四十五条　岁出案之审议。以岁定经费及拟设定之继续经费
为限。对于原有继续经费及恒久经费。非依法律。不得变更或废
止之。

前项审议。至第三级机关单位岁出各纲为止。每一第三级机关

单位。应按基金。分经常与非经常各为一子案。其非可以机关单位划分之特种基金。应按每一基金。分经常与非经常各为一子案。均经按纲决定后。再决定其子案之总额。子案之审议。先经常次非经常。分别议定后。再以岁出全案付表决。

第四十六条　岁入案之审议。以拟变更或设定之收入为限。审议时以每一种收入为一子案。并应按收入之来源。决定下列各款。

一　为税收特赋课捐或规费时。其征收率。

二　为专卖行政所入之售价有独占性之公有营业收入或公有权利。财产之租金或特许使用费时。其价目。

三　为信托管理所入时。其条件。

四　为无永久性之财产变卖所入时。其限制。

五　为协助所入或长期借赊所入时。其数额。

六　为有永久性之财产变卖所入收回或减少资本所入时。其种类及数量。

七　其他收入应以法律限制者。其条件。

前项各子案。分别议定后。以岁入全案付表决。

第四十七条　总预算案全案之审议。应于 5 月 31 日以前完竣。送请国民政府公布。

第四十八条　预算案之审议。如有一子案或数子案不能通过。致总预算案全案不能依前条期限完竣时。应于本月 5 日前。送呈假预算于国民政府。其内容如下。

一　恒久经费及原有继续经费。

二　已经议决之新定继续经费。其未经议决者缺之。

三　已经议决之岁定经费。其未经议决者。暂依现年度之经费。现年度原无此项经费者缺之。

四　未经提议变更之原有收入。

五　已经决议之收入。其未经议决者。除系非经常收入外。暂依现年度之收入办法。现年度原无此项收入者缺之。

前项假预算。经国民政府公布后。与法定预算有同等之效力。

其有效期间。至法定预算公布日之月终为止。

第六章　预算之执行

第四十九条　各机关应于预算年度开始前。按其法定预算之经费数额。编造分月行政预算。

各级主管机关。应编造本机关之科目别分月行政预算表。第三级以下之机关。并应备机关别分月行政预算表及科目别与机关别之分月行政预算分析表。

第五十条　第一级第二级主管机关之行政预算。由其主管长官自行核定。第三级机关单位之行政预算。由该管上级机关主管长官核定。

第四级以下各机关单位之经费。由第三级机关单位之经费中划分之。其分月行政预算。各由其上级机关之主管长官核定。

第五十一条　第三级机关单位编造行政预算。除按照科目。分别机关。定其经常支出数额外。应划出经费全额 5% 或其他相当之数额。为其机关单位之常备金。以供行政预算各科目不敷之支出。或行政预算所无而临时发生必要之支出。第一级第二级主管机关。编造本机关之行政预算时亦同。

第五十二条　各机关执行行政预算。遇各科目之经费有剩余时。应按月拨入常备金。遇不足时。除第一级第二级主管机关。由其主管长官决定外。经上级机关之核准。得支用常备金。

第五十三条　各机关普通收支预算及营业预算之各科目经费。除下列各款情形外。不得流用。

一　岁出经常门同纲各目中有一目不足。而他目有剩余时。

二　岁出经常门同类各纲中有一纲不足。而他纲有剩余。其在第四级以下各机关。经第三级机关之核准。在第三级机关。经第二级机关之核准。在第二级第一级机关。经其主管长官之核准时。

三　岁出非经常门有不足而岁出经常门有剩余。其在第三级以下各机关。经第二级机关之核准。在第二级第一级机关。经其主管长官之核准时。

第五十四条　各基金之经费。不得互相流用。

第五十五条　第三级以上各机关单位之经费。不得互相流用。

第五十六条　各机关单位之常备金。不敷支出或依法增设新机关时。经中央政治会议之决议。得动用预备金。但应经追加预算之程序。

第五十七条　国库后备金。专供国家非常之支出。其动用。应经非常预算之程途。

第五十八条　驻在各机关主办岁计事务之人员。对于分月行政预算之编造、修改或核定。非经常门经费支出之请求。分科经费之流用。常备金与国库预备金之动用及追加预算等事项。均应登记并注明之。其注在第三级以下各级机关者。并应签注意见。呈送该管上级机关。

第五十九条　执行预算。遇国家发生特殊事故。或政策变更。而有裁减经费之必要时。经中央政治会议之决议。国民政府得以命令裁减。经费预算支入特别短少时。亦同。

前项情形。关系机关之主办岁计事务人员。应登记之。

第六十条　岁入经常门之一切所入。均应归入普通基金。岁出经常门之一切经费。均应由普通基金中拨用。岁入非经常部之一切所入。不得归入普通基金。

经常经费之支出。按分月行政预算为之。非经常经费之支出。按核准之请求书为之。

第六十一条　政府为执行预算而订立有关国库负担或收入之一切契约。于可能范围内。应公开招标为之。

第六十二条　凡含有专卖独占或特许性质之契约。非依法律。不得订立。

第六十三条　大宗动产不动产之买卖。非因执行预算。不得为之。

第六十四条　零星不动产之买卖与零星动产之增价购买或减价售卖。其在第四级以下各机关。非经第三级机关之核准。在第三级机关。非经第二级机关之核准。在第二级第一级机关。非经本机关主管长官之核准。不得为之。

第六十五条　第六十一条至第六十四条之契约。应由关系机关之主办岁计事务人员签名证明。并登记之。

第六十六条　经营专卖独占或其他以营利为目的之事业。征收税赋、捐费或其他有强制性质之收入。非依法律。不得为之。

第六十七条　驻在各机关主办岁计事务之人员。对于不合法之支出收入契约或营业。应向所在机关主管长官。以书面声明异议。并将其事实。报告于该管主办审计事务人员及机关之上级机关主管长官。并其主办岁计事务人员。

不为前项之异议及报告时。该主办岁计事务人员。应连带负责。

第六十八条　会计年度终了时。各机关经费之未经使用者。除得保留一部分。以备清偿尚未履行之债务外。应即停止使用。

因前项情形而剩余之现金及其他流动资产移充次年度预算之经费。

第六十九条　会计年度终了时。于扣去前条第一项保留部分后。其年度岁入中之已支得而有剩余。或尚未收得之收入。及其年度岁出中之依法已发生而尚未清偿之债务。均应分别转入次年度之岁入岁出。

依第二十二条之规定。整理期限已满。仍未结清之部分。应分别转入次年度之岁入岁出。

第七十条　误付、透付之金额。及依法令垫付金额。或预付、估付之剩余金额。在会计年度终了后缴还者。均转入次年度之岁入。

第七十一条　继续经费。在一会计年度终了时未经使用部分。得转入次年度使用之。

建筑制造或其他工事。应在一会计年度内完竣。因事故而不能完竣者。其经费视为继续经费。

第七章　追加预算及非常预算

第七十二条　第三级单位以上各机关。有下列情形之一时。得提出追加经费预算。

　　一　本机关或其所属机关。因不可避免之障碍。不能依限送达其拟定预算时。

　　二　本机关或其他所属机关。依法律增加其职务或举办新事业。致增加费用时。

　　三　依法律增设新机关时。

　　四　所办事业。因发生重大变化。致支出超过法定预算时。

　　五　依第六十九条之规定。上年度之岁出。转入本年度时。

　　第七十三条　因发生重大变化。致法定岁入有减少之形势时。财政部得请求提出追加岁入预算。

　　第七十四条　追加预算之拟定、核定、审议及执行程序。均准用本法关于总预算之规定。

　　第七十五条　国家因下列情事之一。临时发生有大宗支出之必要时。得办理非常经费预算。

　　一　国防紧急设施。

　　二　重大灾变。

　　三　紧急重大工程。

　　第七十六条　非常经费之支出。以国库后备金充之。不足时。财政部得请求提出非常收入预算。

　　第七十七条　非常预算之程序。除准用关于常年预算之规定外。以非常预算施行条例定之。

第八章　地方预算

　　第七十八条　省政府应于每年8月内。决定次会计年度全省施政方针。令行所属各机关遵照。筹备其施政计划。并各依其计划。编拟收支概算。前项施政方针。不得与中央施政方针抵触。

　　第七十九条　省政府主计机关。应于每年9月内。通知省政府所属各机关。按照规定表格。拟编次年度之收支概算。

　　第八十条　省政府概算及预算之机关单位。分级如下。

　　第一级机关单位。

省政府与其直辖机关及其所属各级机关。

各厅与其直辖机关及其所属各机关。

第二级机关单位。

省政府之直辖机关及其所属各级机关。

各厅之直辖机关及其所属各级机关。

省政府或各厅本身。

第三级以下之各级机关单位依次递推。

各级机关单位之概算及预算之编制程序。及各机关主管长官与其主办岁计事务人员间之权限。均准用关于中央机关之规定。

第八十一条　省政府总概算书及预算书内容之编制。均准用关于中央政府总概算书及总预算书之规定。但其上编所列之机关别分概算或分预算各表。以自第一级编制至第二级机关单位为止。

第八十二条　每年 11 月。省政府应决定省总概算。编就总概算书。呈送国民政府。

第八十三条　国民政府收到各省总概算书后。应交国民政府主计处及财政部。签注意见。送立法院审议之。

第八十四条　审定之省总概算书。国民政府应于 2 月底前。发还各该省政府。

第八十五条　省政府应按中央审定之经费及收入数额。改定其收支计划。

第八十六条　第一级第二级各机关单位之经费总额。由省政府会议就中央审定之经费总额分配之。其所属各级机关单位之预算。由各第二级主管机关定之。仍应汇送省政府主计机关编成总预算书。由省政府依法定程序。制定预算。公布施行。并呈报国民政府。

前项公布。应于 6 月 10 日以前为之。

第八十七条　省政府所属各机关编造分月行政预算。准用关于中央各机关之规定。但其核定。均由第一级单位机关之主管长官为之。

第八十八条　省政府所属各级机关之常备金。各第一级机关单位之预备金。及省库后备金之设定动用。或预算科目之流用。均准用关于中央机关之规定。但预备金后备金之动用。均应先经省政府会议之议决。预算经费之裁减时亦同。

第八十九条　关于省预算支出收入之执行。契约之订立。及公有营业之举办与省岁计人员之职掌及责任。均准用关于中央预算执行之规定。

第九十条　会计年度终了时及终了后一切未完事项之处分。均准用关于中央预算之规定。

第九十一条　直隶于行政院之市政府。每年 1 月 1 日前。应编定次年度总概算书。呈送国民政府。国民政府对于前项总概算书审定之程序。准用第八十三条之规定。

总概算书经审定后。应于 4 月 1 日前。发还各该市政府。

第九十二条　前条市政府应遵照中央之审定。依法定程序。制定预算。于 6 月 10 日以前。公布施行。并呈报国民政府。

第九十三条　县政府及隶属于省之市政府。每年 2 月 1 日前。应拟编次年度总概算书。呈省政府审定。

前项总概算书审定后。应于 5 月 1 日前。发还各该县政府。依法定程序制定预算。于 6 月 10 日以前。公布施行。并呈由省政府汇呈国民政府。

第九十四条　省政府市县政府概算书预算书之表格。由国民政府主计处定之。

第九章　附则

第九十五条　本法施行细则。由国民政府主计处定之。

第九十六条　本法施行日期。以命令定之。

附件一　中央岁入来源别科目表（本表各目及子目得按实际情形增减或变更之）

甲　岁入经常门

第一类　征课所入

第一纲　税收

第一目　关税

第二目　盐税

第三目　烟酒税

第四目　印花税

第五目　出厂税　卷烟　棉纱　面粉　火柴　水泥　其他
出厂税

第六目　特种收益税　交易所税　银行税　其他特种收益税

第七目　所得税

第八目　遗产税

第九目　其他税收

第二纲　特赋

第一目　水利特赋

第二目　道路特赋

第三目　其他特赋

第三纲　课捐

第四纲　专卖

第二类　行政所入

第一纲　罚款

第一目　罚金

第二目　罚锾

第三目　没收金

第四目　没收物

第二纲　规费

第一目　执照证书

第二目　登记登录

第三目　检验

第四目　诉讼

第五目　考试

第六目 教育

第七目 公文阅览或抄录

第八目 其他规费

第三纲 售价

第一目 公报状纸及其他公印刷品

第二目 试验场及试险室出品

第三目 监狱及救济机关出品

第四目 学校研究院及其他教育文化机关出品

第五目 其他出品售价

第三类 公有权利财产及营业所入

第一纲 租金及特许使用费

第一目 国有土地

第二目 国管矿业权

第三目 国有森林

第四目 国有道路

第五目 国有运河

第六目 国有建筑物及其他土地改良物

第七目 其他国有财产或权利之租金及特许使用费

第二纲 利润

第一目 利息

第二目 折扣

第三目 申溢

第四目 兑换赢余

第五目 官股红利

第六目 其他利润

第三纲 盈余

第一目 邮政

第二目 电信 电报 电话 其他

第三目 国营铁路及其他陆运

第四目　国营水运

第五目　国营空运

第六目　国营银行及其他金融事业

第七目　造币厂

第八目　国营公用事业

第九目　国营制造事业

第十目　国营林垦事业

第十一目　国营畜牧事业

第十二目　国营矿业

第十三目　国营电气事业

第十四目　其他国营事业

第四类　信托管理所入

第一纲　代管项下收入

第一目　服务人员储蓄金

第二目　服务人员保险金

第三目　银行兑换券兑换准备金

第四目　出纳保管人员保证金

第五目　其他

第二纲　代办项下收入

第一目　省

第二目　市

第三目　县

第四目　其他

第五类　协助所入

第一纲　省协助

第二纲　市协助

第六类　得作经常支出之赠与及遗赠所入

第一纲　人民赠与及遗赠

第二纲　地方政府赠与

第三纲 其他赠与及遗赠

第七类 无永久性之财产变卖所入

第一纲 剩余消费品

第二纲 剩余材料品

第八类 其他所入

第九类 应退还之收入

第十类 上年度结存

乙 岁入非经常门

第一类 长期借赊所入

第一纲 国内公债

第二纲 国外公债

第三纲 国内长期赊欠

第四纲 国外长期赊欠

第二类 有永久性之财产变卖所入

第一纲 土地与建筑物及其他土地改良物

第二纲 设备物

第三纲 投资证券

第四纲 其他国有权利

第三类 收回或减少资本所入

第一纲 国有营业之资本收回

第二纲 国有营业之资本减少

第三纲 非营业循环基金之资本收回

第四纲 非营业循环基金之资本减少

第四类 归公财产其变卖所入

第一纲 现金

第二纲 票据

第三纲 证券

第四纲 消费品

第五纲 材料品

第六纲　设备物

第七纲　土地与建筑物及其他土地改良物

第八纲　应收账款

第九纲　预付开支

第十纲　其他归公物

第五类　不得作经常支出之赠与及遗赠所入

第一纲　人民赠与及遗赠

第二纲　地方政府赠与

第三纲　其他赠与及遗赠

第六类　其他所入

第七类　应退还之收入

第八类　上年度结存

附件二　中央岁出用途别科目表（本表各目及子目得按实际情形增减或变更之）

甲　岁出经常门

第一类　用人费用

第一纲　薪俸

第一目　选任

第二目　特任

第三目　简任

第四目　荐任

第五目　委任

第六目　聘任

第七目　雇用

第二纲　津贴

第一目　选任

第二目　特任

第三目　简任

第四目　荐任

第五目　委任

第六目　聘任

第七目　雇用

第三纲　饷糈

第一目　士兵

第二目　警卫

第四纲　工资

第一目　职工及工匠

第二目　夫役

第二类　事务费用

第一纲　交通

第一目　邮务

第二目　电报

第三目　电话

第四目　旅费

第五目　运输

第六目　汇兑

第七目　其他交通

第二纲　给养及消耗

第一目　牲口给养

第二目　电气煤气

第三目　水

第四目　其他给养及消耗

第三纲　修缮

第一目　建筑物及其他土地改良物

第二目　设备物

第四纲　消费品

第一目　纸张簿册

第三目　临时挪借利息

第四目　赊欠利息

第五目　折扣或申溢

第六目　兑换亏损

第七目　其他

第二纲　恤养

第一目　抚恤金

第二目　退休金

第三纲　补助

第一目　下级政府

第二目　人民团体

第三目　私人

第四类　公有营业亏空填补费用

第五类　信托管理费用

第一纲　代管项下支出

第一目　服务人员储蓄金

第二目　服务人员保险金

第三目　银行兑换券兑换准备金

第四目　出纳经管人员保证金

第五目　其他

第二纲　代办项下支出

第一目　省

第二目　市

第三目　县

第四目　其他

第六类　其他费用

第七类　上年度亏空填补费用

乙　岁出非经常门

第一类　有永久性之财产购置费用

第一纲 土地与建筑物及其他土地改良物

第一目 土地

第二目 建筑物及其附着物

第三目 沟渠

第四目 道路

第五目 桥梁隧道

第六目 码头

第七目 花木

第八目 其他土地改良物

第二纲 设备物

第一目 家具陈设品

第二目 器皿

第三目 工具

第四目 机器

第五目 仪器

第六目 舟车

第七目 牲口

第八目 服装

第九目 枪械

第十目 图书

第十一目 其他设备物

第三纲 投资证券

第一目 债票

第二目 股票

第四纲 权利之收买

第一目 专利权

第二目 版权

第三目 其他

第二类 设定或增加资本费用

第一纲 国有营业之资本设定

第二纲 国有营业之资本增加

第三纲 非营业循环基金之资本设定

第四纲 非营业循环基金之资本增加

第三类 偿还公债费用

第一纲 国内公债

第二纲 国外公债

第三纲 国内长期赊欠

第四纲 国外长期赊欠

第四类 其他费用

第五类 预算准备金

第一纲 预备金

第二纲 后备金

附件三 总概算书上下二编内容表

上编

第一卷 概算总说明书。

本卷应简要说明本概算之主要各点。

第二卷 概算之综要。

本卷应记载事项如下。

一 总概算及其基金别与机关之总略。

二 第一级机关单位之分概算及其基金别与机关之总略。

三 第二级机关单位之分概算及其基金别与机关之总略。

第三卷 决定总概算分概算之概数所必要之参考资料。

本卷应记载下列事项。

一 关于岁出之表解。

1 政事别费用之分析 其内容依附件十一之所定。

2 经费别费用之分析 经费别费用之分析。分岁定经费、继续经费、恒久经费三门。

3 其他决定总概算分概算岁出之必要参考资料。

二　关于岁入之表解。

1 现有之各种收入。

2 拟废止或减少之各种收入。

3 拟设定或增加之各种收入。

4 必要时可设定或增加之各种收入。

5 其他决定总概算分概算岁入之必要参考资料。

三　其他表解。

1 最近已结四年度年度终了时国家资产及负债之状况。

2 最近已结四年度年度终了时各机关人员数额及分配之状况。

3 其他可资解决概算中各问题之必要参考资料。

下编

（一）总目录。

（二）每一个第三级机关单位之收支分概算及其基金与机关别之总略为一卷。应详载概算之内容。并附细表及说明。

（三）不依机关单位划分之各个特种基金、收支分概算。各为一卷。应详载概算之内容。除附细表及说明外。并应分别注明下列事项。

1 营业概算。其最近已结年度之营业收支经过一览表。及其年度终了时之资产负债平衡表。

2 信托或其他基金概算。其最近已结年度之信托或其他基金收支经过一览表。并其年度终了时之资产负债平衡表。及资力负担平衡表或资产负债资力负担综合平衡表。前（二）（三）各卷中。如有继续经费、恒久经费或无变更之现有收入者。应注明其所依据之法律。继续经费。并应注明其全部总额及预定按年支出之额。

拟编总概算书时。应注意下列事项。

（一）总概算表。各级分概算表及政事别经费别之费用分析表。均应具备下列各栏。

1 预算年度各机关主管长官所决定之数额。

2 预算年度主计处所拟修正之数额。

3 现行年度预算之数额。

4 最近已结年度实有之数额。

5 最近已结年度前三年年度平均之数额。

6 1 款与 3 款及 2 款与 3 款比较之差额。

（二）总概算书之上下二编。均应说明下列各点。

1 各总收入。比较下年度有增减者。

2 各种经常支出。比较上年度有增减者。

3 各种非经常支出。

4 有关国库负担之契约。其支付期间。超过一会计年度者。

5 工程之完成期间。超过一会计年度者。

6 未编入总概算营业及信托之分概算。

7 其他应说明之点。

4 款契约或 5 款工程计划。其已经法律规定者。应将其契约之全部及分年负担。或其工程估计之全部及分年费用。编入总概算书。其未经法律规定者。应将该契约或工程计划。附于总概算后呈请核定。

附件四至十以均系表格从略

附件十一　中央岁出政事别科目表（本表各目及子目由国民政府主计处订定之）

第一门　政权组织及其运用之支出。

第一类　民意费用。凡民意机关及四权行使由国库支出之费用均属之。

第二类　党务费用。训政时期中国国民党由国库支出之费用均属之。

第二门　治权组织及其运用之支出。

第一类　关系国家福利政事之支出。凡为维持国家社会之存在。及改善其组织。发展其效用而支出之费用。均属此类。

第一纲　国务费用。凡国民政府之各项费用。除所属机关别有科目者外均属之。

第二纲　普通行政费用。凡行政院及其所属各机关之各项费用。除别有科目者外均属之。

第三纲　立法费用。凡立法院之各项费用均属之。

第四纲　司法费用。凡司法院及其所属各机关之各项费用与司法行政费用均属之。

第五纲　考试费用。凡考试院及中央之考试铨叙与其行政之费用均属之。

第六纲　监察费用。凡监察院及中央之监察审计与其行政之费用均属之。

第二类　关系国民福利政事之支出。凡为维持人民之生存。及改善其生活。发展其本能而支出之费用。均属此类。

第一纲　教育及文化费用。凡关于教育、学术、文化、信仰之中央行政事业及补助之费用均属之。

第二纲　卫生及治疗费用。凡关于卫生、防疫、医药之中央行政事业及补助之费用均属之。

第三纲　经济及建设费用。凡关于经济、交通、实业、劳工、及建设之中央行政事业及补助之费用均属之。

第四纲　营业投资及维持费用。凡中央政府自办或合办之营利事业投资及其亏空填补之费用均属之。

第五纲　救济费用。凡关于振灾、恤贫、育幼、养老、赡给残废及其他救济事业之中央行政事业及补助之费用均属之。

第三类　关系民族福利政事之支出。凡为维持民族之生存。及改善其地位、发展其实力而支出之费用。均属此类。

第一纲　国防费用。凡关于陆海空军事之行政设备、供给助作及补助之费用均属之。

第二纲　外交费用。凡关于外交之行政事业及补助之费用均属之。

第三纲　侨务费用。凡关于侨务之行政事业及补助之费用均属之。

第四纲　移殖费用。凡关于屯垦移民之行政事业及补助之费用均属之。

第四类　关系各政事尚未拟定之支出。凡非前三类政事之直接支出。而待计算拟定之费用。均属此类。

第一纲　财务费用。凡财政部所属之国币收入、支出、管理及国债募集偿还等行政之费用均属之。

第二纲　债务费用。凡内外长短期债券及赊欠等债务之还本付息之费均属之。

第三纲　补助费用。凡补助各级地方政府未经明定其用途之费用均属之。

第四纲　退休及抚恤费用。凡公务人员之退职俸薪。及因公死伤人员之自身或其遗族抚恤费用均属之。

第五纲　损失费用。凡国有动产不动产之毁伤折旧及买卖损失与货币票据证券之兑换损失均属之。

第六纲　信托管理费用。凡代管及代办事项支出费用由国家担任部分均属之。

第七纲　退还金。凡税收退还金及其他退还金均属之。

第八纲　预算准备金。凡预备金及后备金均属之。

财政学原理

下　卷

第四编

岁入论
（一名公共收入论）

第一章
岁入的沿革

第一节　岁入的意义

在未讨论岁入的意义之前，我们对于岁入论的名称，不妨先行讨论决定一下。此处之所谓岁入（annual income or receipts），并不是广义的指任何个人或机关每年的所得或进款而言，乃是狭义的指公家或政府每年的所入或收入而言。这样，所以岁入就是公共收入，而岁入论就是公共收入论。岁入英文叫做 public income or revenue，德文叫做 offentliche Einnahme，法文叫做 revenus publics。著者嫌"公共"二字之太含混，而"公共收入"的意义实在是仅指"公家"或"政府"的收入而言，所以拟以"岁入"二字来替代"公共收入"四字；好在"岁入"二字在中国古书上是常见的，而其意义似亦仅限于公家或政府的每岁收入。著者以为中国有了这样简单明了的好名词而弃置不用，实在是很可惜的；况且"公共收入"这个名词，是直译英、德、法文而来的，终觉它是土俗得很，不如"岁入"二字之简单明了而又文雅。

名已正了，然则岁入的意义到底是什么呢？岁入就是任何一个政府或政治团体的以货币数额来表显的种种满足其欲望的手段之总称。至于岁入为什么一定要拿货币来做标准的理由，已详本书上卷第二编第一章第一节（第69—70页），兹不赘。这样，举凡实物收入与劳役收入之不折价者，严格言之，都不是岁入。

　　此处尚有一点，似不得不申明者，就是"岁入"二字似亦可作英文 public receipts 解。原来 public receipts 的含义是要比 public revenue 为广：前者可以包括后者，而后者不过是前者的一部分；后者是仅指各种正规收入（regular income）如官业盈余，规费，租税等而言，而前者则是兼指非正规收入（irregular income）如公债募集，公产变卖，及不兑换纸币之发行等而言。（原文注："The chief elements included in the conception of public receipt，but excluded from that of public revenue，are receipts from public borrowings and from the sale of public assets，such as war stores，and paper money newly printed and delivered from the public printing press" H. Dalton, Principles of Public Finance, p. 25)① 这是就岁入的广义而言。若就岁入的狭义而言，那么公债募集及不兑换纸币之发行等，究竟应归入公债论内讨论，不在岁入论范围之内也。至公产变卖的收入，似不妨列入岁入论内讨论耳。

第二节　岁入的沿革

　　一、岁入与社会环境的关系　一个政府岁入的变迁，常视其所处社会进化阶段以为断：神道设教时代，有神道设教时代 theocracy 的岁入制度；贵族专制时代，有贵族专制时代 aristocracy 的岁入制度；德谟克拉西时代，有德谟克拉西时代 democracy 的岁入制度；农业为主时代，有农业时代的岁入制度；工商业为主时代，有工商业时代的岁入制度。以下请略述我国及泰西各国岁入的沿革。

　　二、中国历来岁入的沿革　我国向来是以农立国的，所以历代

---

　　①　译文：公共收入的概念中包括的主要内容，但不包括在公共收入的概念中，是来自公共借款和出售公共资产的收入，如战争物资，以及从公共印刷厂新印刷和交付的纸币。

的岁入也就以田赋为大宗。兹特分田赋与杂收入二目，述其沿革如下：

甲、田赋的沿革

（一）夏代的田赋 尧遭洪水，天下分绝，乃命禹平水土，别九州，即冀州、兖州、青州、徐州、扬州、荆州、豫州、梁州及雍州是也。九州的土壤，上下各有不同，定垦者计 9 108 020 顷。又因其地有广狭，民有多寡，其赋税所入的总数，亦自有不同，不可以其田之高下为标准也，所以仅计其所入的总数，而为多寡的比较，遂分为九等或三等九次。即如冀州之赋比其他八州为多，故为上上等；兖州之赋比其他八州为少，故为下下等。此种别壤成赋以求民力负担之平均的赋法，谓之贡；盖以一夫授田 50 亩，而每夫拿 5 亩的收获以为贡也。其赋率为土地收益的 10%。

以上所述为夏代井田时代的土地税，其实如果我们叫它是地租，是也可以的，因为土地是公有，而非私有也。至纳税的中介，当然是实物，如米粟之类是也。兹把《禹贡》表列之于下，以资参考：（表内贡品一项系指列国诸侯之封地的进贡土产而言）

表 4-1-1 禹贡表

州别	土地别	赋别	贡品
冀州	白壤田中中	上上错	
兖州	黑坟田中下	贞	厥贡漆丝，厥篚织文。
青州	白坟田上下	中上	厥贡盐絺，海物惟错，岱畎丝枲，铅松怪石，厥篚厌㲲丝。
徐州	赤埴坟田上中	中中	厥贡惟土五色，泗滨浮磬，淮夷蠙珠暨鱼，厥篚玄纤缟。
扬州	涂泥田下下	下上错	厥贡惟金三品，瑶琨筱簜，齿革羽毛惟木，厥篚织贝，厥包橘柚锡贡。

（续表）

州别	土地别	赋别	贡品
荆州	涂泥田下中	上下	厥贡羽毛齿革，惟金三品，杶干栝柏，砺砥砮丹，惟箘簵楛，三邦底贡厥名，包匦菁茅，厥篚玄纁玑组，九江纳锡大龟。
豫州	惟壤下土坟垆田中上	错上中	厥贡漆枲絺纻，厥篚纤纩，锡贡磬错。
梁州	青黎田下上	下中三错	厥贡璆铁银镂砮磬，熊罴狐狸织皮。
雍州	黄壤田上上	中下	厥贡惟球琳琅玕。

（二）商代的田赋　商代的田赋或地租是与夏代大同小异的。孟子谓："夏后氏五十而贡，殷人七十而助，周人百亩而彻。"可知夏代的井田制是一夫授田50亩，以5亩或什一之收获为贡；殷代是一夫授田70亩，以7亩或什一的收获为助；周代是一夫授田100亩，以10亩或什一的收获为彻。借民力以助上者曰助，就上取于民者曰彻。

（三）周代的田赋　中国以农立国，田赋为国用之主体。周代计口授田，人得百亩，百亩之赋，即一夫之税。赋之种类，详于《天官》。太宰以九赋敛财贿；（一）曰邦中之赋，即以廛里①任国中之地，以场圃任园地之赋也；（二）曰四郊之赋，即以宅田、士田、贾田、任近郊之地，以官田、牛田、赏田、牧田、任远郊之地之赋也；（三）曰邦甸之赋，即以公邑之田任甸地之赋也；（四）曰家削之赋，即以家邑之田任稍地之赋也；（五）曰邦县之赋，即以小都之田任县地之赋也；（六）曰邦都之赋，即以大都之田任畺地之赋也；（七）曰山泽之赋，即漆林之征也。凡任土起税，国宅无征，以其非种植可以收益之地，故免税。此外税率各有等差：国中什一使自赋；

---

① 古代城市居民住宅的通称。

近郊之赋适合什一；其轻于什一者，则为园廛二十而一；其重于什一者，则为远郊二十而三，甸稍县都之十二，和漆林之征之二十而五。兹把太宰九赋中的土地率列表于下：（按郑注，邦中在城郭者，四郊去国百里，邦甸二百里，家削三百里，邦县四百里，邦都五百里。又宅田系农夫城宅之田，士田、士人之子之田，贾田、贾人之子之田，官田、庶人在官其家所受之田，牛田、牧田，牛人牧人其家所受之田，赏田、君上赏赐之田。）

表 4-1-2　周代田赋税率表

无征	廛里任国中之地	国宅无征
邦中之赋	场圃任园地	园廛二十而一
四郊之赋	宅田、土田、贾田、任近郊之地	十一
	官田、牛田、赏田、牧田、任远郊之地	二十而三
邦甸之赋	公邑之田任甸地	无过十二
家削之赋	家邑之田任稍地	无过十二
邦县之赋	小都之田任县地	无过十二
邦都之赋	大都之田任畺地	无过十二
山泽之赋	漆林之征	二十而五

（四）春秋战国时代的田赋　中国古代井田制度的破坏，盖始自晚周春秋战国时代。兹请约略述该时代的田赋于下：

（甲）鲁宣公十五年初税亩　周时尚沿殷之助法和夏之贡法，盖有周遂人治野，于是近郊乡遂与野外都鄙，亩法不无稍异，沟洫亦有专司；乡遂之田用贡法，十夫有沟；都鄙之田用助法，八家同井；耕则通力合作，收则计亩而分；皆与夏殷略有损益，故谓之彻。所以周初犹借民力以耕公田，耕者助而不税。鲁宣公十五年复税其私田，加人民以法外之负担。盖宣公年无恩信于民，民不肯尽力于公田，乃不得不就私田之善亩好谷者税取之，以资补偿。经书初者，盖太息井田之制从此始乱也。履霜坚冰，其酝酿当然亦非一朝一夕矣。

（乙）鲁成公元年作邱甲①　作邱甲者，使一邱十六井之民，出六十四井一甸之甲士，是其军赋四倍于前也，则井田制之为告朔饩羊，更可知矣。

（丙）鲁昭公四年，郑子产作邱赋②　作邱赋者，谓子产于军赋外，别赋其田也，犹鲁宣公之税亩。

（丁）鲁哀公十二年用田赋　《公羊传》何休注云：田谓一井之田，赋者敛取其财也，言用田赋者，若今汉家敛民钱以田为率矣。税民公田不过什一，军赋十井不过一乘，哀公外募强兵，空尽国储，故复用田赋。

（戊）秦孝公十二年，初为赋，废井田，开阡陌　秦孝公用商鞅，鞅以三晋地狭人贫，秦地广人寡，故草不尽垦，地利不尽出，乃诱三晋之人，利其田宅，使务农于内，而使秦人应敌于外。鞅废井田，开阡陌，任三晋之人所耕，不限多少，并得自为买卖。至是，三代计口授田之制，破坏无余；而天下之土地，向之公于国家者，至此转为私人之永业矣；国中田赋，向之为什一助籍者，至此乃视民力地利而有厚薄之率矣；唐虞以来数千年田制税法，至此乃作一大结束，告一大段落，而秦汉以迄今兹之田制税法，至此开一新纪元，成一新记录。

（五）秦代的田赋　秦孝公时土地已得自由买卖，民田多者以千亩为畔，赋敛厚薄，均无可据。始皇三十一年，乃使黔首（即百姓）自实田，遂益开兼并之风。秦时田税之外，加以口赋，税取 2/3，民服 3 月之力，盐铁之利 20 倍于古。贫民或耕豪民之田，其垦田之数，世纪亦莫能举，盖秦并天下，丁壮伤亡过半，存者亦苦于征戍，土田日即荒芜矣。

（六）汉代的田赋

（甲）西汉的田赋（新莽附）　汉高入关，约法省禁，善矣，而

---

①　现一般说成"作丘甲"，是指春秋时鲁国实行按丘征发军赋，即按丘出车马兵甲的制度。

②　现一般说成"作丘赋"，规定一丘之人出赋税若干，与鲁作丘甲似。

田制一仍秦旧，富者田连阡陌，贫者无立锥之地。故董仲舒有限民田之请，武帝不用。成帝时，师丹又请限制，议覆主侯王公主列侯，及关内侯吏民名田，皆无过 30 顷，复以事不用。王莽篡位，更名天下田曰王田，奴婢曰私属，皆不得买卖，其男口不过八，而田满一井者，分余田与九族乡党。犯令法至死。至田赋税率，高祖时为十五税一，景帝时为三十税一，武帝时亦三十税一（惟因征讨匈奴闽粤，赋敛繁多），昭帝时亦三十税一，与民休息，令民得以律占租，（此即按法律纳税之意，原来武帝时有所谓擅赋者，都是律外征取，今始复旧，按律征之）宣帝以后，亦为三十税一。

此外西汉之田赋，似又可以包括专供天子私用的山泽园池之税，王莽的山泽众物出产税，和海丞主管的海税或海产税，以筑仓治船利漕运。

（乙）东汉的田赋　光武中兴，与民休息，节俭比于孝文，其财政的特点为节流政策，故田赋税率仍能维持三十税一的成法。其时因谷贵钱贱，尚书张林请尽封钱，一以布帛为租，以通天下之用，乃下诏以布帛为租。桓帝延熹八年，令郡国有田者，亩税敛钱，亩抽十钱，此乃出于常赋三十税一之外者，今之所谓税钱自此始。此外又有所谓修宫钱者，盖灵帝欲铸铜人，以国用不足，乃诏调民田，亩税十钱。

（丙）三国的田赋　魏武定邺都，令收田租亩粟四升，户绢二疋〔匹〕①，绵二斤，余皆不得擅兴。

（七）晋代的田赋（南北朝附）

（甲）西晋的田赋　西晋田制，计人授亩，上师三代井田经界之遗法，下启唐朝永业口分之先例，而一变两汉三十税一的成规，故其田赋有特点在焉。其授田之制，为男子一人占田 70 亩，女子 30 亩，其外丁男课田 50 亩，丁女（女子之任力役者）20 亩，次丁男半之，女则不课。男女年 16 以上至 60 为正丁；年 15 以下至 13，

---

① 同"匹"。

61 以上至 65 为次丁。丁男之户，岁输绢 3 疋〔匹〕，绵 3 斤；女及次丁为户者半输；诸边郡或 2/3，远者 1/3；夷人输賨①布，户一疋〔匹〕，远者或一丈；远夷不课田者，输义米户三斛，远者五斗，极远者输算钱，人 28 文。

以上所述似为西晋户调之式；至田租《晋书》未详，当仍沿魏代亩粟四升之制。其实西晋只有户调而无田租，非无田租也，盖其时官吏无禄，分田以为禄。其官品第一至于第九，皆以贵贱占田：品第一者占 50 顷，每下一品则减 5 顷，至第九品则为 10 顷。其田之租，必由占田之官征收，以为禄养，国家不取也。观于晋元帝督课农功，诏二千石长吏，以入谷多少为殿最，可知田税为官吏所收矣。

（乙）南朝东晋的田赋　自从汉代亡了之后，三国鼎立，人民死于兵革之余，天下皆成旷土。晋平吴，未及富盛，天下又大乱。当时天下之田，既不在官，亦不在民；官的则无收管，民的则亦无簿籍契卷，但随力之所能及而耕之。至当时军国所需杂物，乃随土所出，临时折课市取，并无恒法定令。列州郡县，制其任土所出以为征赋。其无贯之人，不乐州郡编户者为浮浪人，任土所出，酌量捐输，无有定额，谓之乐输。凡王公贵人之佃客食客，皆无课役。其课丁男调，布绢各 2 丈，绵 8 两，丝 3 两禄绢 8 尺，禄绵 3 两 2 分，租米 5 石，禄米 2 石。丁女并半之。男女年 16 以上至 60 为丁：男年 16 亦半课，年 18 正课，66 免课；女以嫁为丁，在室年 20 乃为丁。每岁役不过 20 日，其田亩税米 2 斗。

成帝五年，始度百姓田，取 1/10，率亩税米 3 升。其税虽纳之于百姓，国家必转征之于长官。哀帝减田租，亩收 2 升。武帝二年，除度定田收租之制，王公以下，口税 3 斛，惟蠲在身之役。八年，又增税米，口 5 石。是田租不以亩计，而以官吏之口计矣。武帝五年，制天下人户，岁输布 4 尺。

（丙）北魏的田赋　孝文之世，太和十年，令凡民调，一夫一

---

①　賨，即少数民族缴纳的一种赋税。

妇，帛一疋〔匹〕，粟一石；民年 15 以上未娶者，4 人出一夫一妇之调；奴任耕、婢任绩者，八口当未娶者四；耕牛 20 头当奴婢八。其麻布之乡，一夫一妇，布一疋〔匹〕；下至牛，以此为降，即年 15 以上未娶者四人出布一疋〔匹〕，奴婢八口出布一疋〔匹〕，和牛 20 头出布一疋〔匹〕是。大率十疋〔匹〕中，五疋〔匹〕为公调，二疋〔匹〕为调外费，三疋〔匹〕为内外百官俸。延兴四年，诏州郡人十丁取一以充行户，收租 50 石以备军粮。

孝明之世，孝昌二年，税京师田租亩 5 升；借贷耕田者，亩一斗。自正光后，国用不足，乃先折天下六年租调而征之，百姓怨苦。

庄帝之世，因贫富为租输三等九品之制，千里内纳粟，千里外纳米，上三品户入京师，中三品户入他州，下三品户入本州。

（丁）北齐的田赋　北齐的受田令或均田，仍依北魏旧规，（男夫 15 以上，受露田 40 亩，妇人 20 亩，人年及课则受田，老免及身没则还田，又男夫一人得占桑田 50 亩，诸桑田皆为代业，身终不还。）每年 10 月，普令转授，成丁而授，老而退，不听卖易。武成帝河清三年，一夫受露田 80 亩，妇人 40 亩；男子率以 18 受田，输租调，20 充兵，60 免力役，66 退田，免租调。凡田租有二：一曰垦租，所以送台；二曰义租，所以纳郡，备水旱。调一床为绢一疋〔匹〕及绵 8 两，凡 10 斤绵中折 1 斤作丝；未要者输半床。租一床（绢一户也）为垦租二石和义租二斗；未娶者亦输半床。奴婢各准良人之半。牛调二尺，垦租一斗，义米五升。租人台者，500 里内输粟，500 里外输米；入州镇者输粟；人欲输钱者，准上绢收钱。

（戊）北周的田赋　宇文霸政之初，创置六官司，均掌田里之政令。凡人口十以上宅 5 亩，口七以上宅 4 亩，口五以上宅 3 亩，口五以下宅 2 亩，有室者田百 40 亩，丁者田百亩。司赋掌均赋之政令，凡人自 18 至 64 与轻疾者皆赋之；有室者岁绢一疋〔匹〕，绵八两，粟五斛；丁者半之；其非桑土，有室者布一疋〔匹〕，麻十斤，丁者又半之；丰年全赋，中年半之，下年三之，艰凶札，则不征。

（八）隋代的田赋　文帝令自诸王以下至都督，皆给永业田各有差；多者至 100 顷，少者至 40 亩；其丁男中男永业露田，皆从后齐之制，并课树以桑榆及枣；其田宅，率三口给 1 亩，奴婢则五口给 1 亩；京官又给职分田，一品给田 5 顷，每品以 50 亩为差，至九品为 1 顷；外官亦各有职分田，又给公廨公田，以供公用。其课民之制，凡丁男一床，租粟三石，桑田调以绢絁①，麻土调以布绢；絁以疋〔匹〕，加绵三两；布以端，加麻三斤；单丁及仆隶各半之；未受田者皆不课；有品爵及孝子顺孙义夫节妇，并免课役。开皇三年，诏减调绢一疋〔匹〕为二丈。文帝勤政爱民，库藏殷富，故赋税极为简单，三代以下，能行田赋单一税制者，惟隋代而已。而亦不免如秦代之二世而亡，天下事有时固亦不能以因果律论之也。

（九）唐代的田赋　唐承隋制，亦专以田赋为正赋，其法约可截分为两大时期；前期为租庸调制，后期为两税制。高祖武德七年，定男子 18 以上，给田 1 顷，废疾笃疾给 40 亩，寡妻妾 30 亩，若为户者加 20 亩，皆以 20 亩田为永业，其余为口分。永业之田，树以榆桑枣及所宜之木。田多可以足其人者为宽乡，田少者为狭乡，狭乡授田减宽乡之半。其地有厚薄，岁一易者倍授之；宽乡三易者不倍授；授工商者，宽乡减半，狭乡不给。凡庶人徙乡，及贫无以葬者，得卖世业田；自狭徙宽乡者，并得卖口分田。已卖者不复授。死者，收其田，以授无田者。凡收授皆以岁 10 月。授田先及贫与有课役者。凡田，乡有余以给比乡，县有余以给比县，州有余以给比州。这是唐代授田之法。以田属丁，因丁立户，于是租庸调之制乃成立。

所谓租者　就是武德七年，定均田赋税，凡授田者，丁岁输粟二斛，稻二斛之谓也。（按武德二年，每丁租二石，绢二疋〔匹〕，绵三两，此外不得横敛。七年，始定租庸调制。）

所谓庸者　就是用人之力，岁 20 日，闰加 2 日，不役者日为绢三尺之谓也。有事而加役 25 日者免调，加役 30 日者租调皆免，通

---

①　一种粗绸。

正役不过 50 日。

所谓调者 就是丁随乡所出，岁输绢二疋〔匹〕，绫绝二丈，布加五之一，绵三两，输布者麻三斤之谓也。

此外若岭南诸州则税米，上户一石二斗，次户八斗，下户六斗；夷獠①之户皆从半输；蕃人内附者，上户丁税钱十文，次户五文，下户免之；蕃人内附经过二年者，上户丁输羊二口，次户一口，下户三户合一口。

凡水旱虫蝗为灾，十分损四以上免租，损六以上免租调，损七以上课役俱免。

上述租庸调很有秩序的税法，似乎可以持之永久而不敝，不意自武后乱国以来，民避徭役，逃亡者多，田地转移于豪户，官不收授。玄宗开元时，监察御史宇文融献策，括（搜求也）籍外羡田，逃户自占者给复（给复谓免赋役也）五年，每丁税钱千 500。诸道所括，得客户 80 余万，田亦称是，但不免有以正田为羡，编户为客之弊。

代宗大历元年，诏天下一亩苗税钱十五，因国用急，不及秋方青苗即征之，故号青苗钱。又有地头钱，亩 20 文，统称青苗钱。又诏上都秋税分二等，上等亩税一斗，下等亩税六升，荒田亩税二升。五年定法，夏上田亩税六升，下田亩税四升，秋上田亩税五升，下田亩税三升，荒田仍旧，青苗钱亩加一倍，即亩税钱 30 文，而地头钱不在焉。于是以亩定税，不问丁户，租庸调旧制几告寿终，而夏秋两税制已肇其端了。

德宗建中元年，杨炎为相，作两税法。其法：夏输无过 6 月，秋输无过 11 月。置两税使以总之。凡百役之费，先度其数，而赋于人，量出制入。户无主客，以现居为簿。人无丁中，（唐制民始生为黄，4 岁为小，16 为中，21 为丁，60 为老）以贫富为差。不居处而行商者，在所州县税三十之一，度所取与居者，均使无侥利。其租

━━━━━━━━━

① 对西南少数民族的称呼。

庸杂徭悉省，而丁额不废。其田亩之税，以大历十四年垦田之数为定，而均收之，遣黜陟使按诸道丁产等级，免鳏寡惸独①不济者，有敢加敛者以枉法论。史称其时岁敛钱 2 050 余万缗，米 400 万斛以供外，钱 950 余万缗，米千 600 余万斛以供京师，天下便之。贞元四年，诏天下两税，审等第高下，三年一定户。初建中三年，诏天下税钱，每缗增二百，盖其时朱滔、王武俊、田悦合从而叛，国用不给，淮南节度使陈少游增其本道税钱，因诏天下皆增之也。贞元八年，剑南节度使韦皋，又增税十二，以增给官吏。

宪宗时分天下之赋以为三：（一）曰上供，（二）曰送使，（三）曰留州。

兹把唐代赋法表列于下，以资醒目：

甲、太宗之世　（一）正赋凡三品，即租、庸、调是。

（二）岭南夷獠蕃税法三等，即租米、税钱、输羊是。

乙、玄宗之世　例外之税法，即括地、青苗钱及地头钱是。

丙、德宗之世　两税法，即夏输 6 月，及秋输 11 月是。

丁、宪宗之世　分天下之赋以为三，即上供、送使及留州是。

（十）五代的田赋

（甲）梁之赋役　梁祖初兴，置租庸使，领天下钱谷，废户部度支盐铁之官。励以耕桑，薄其租赋，士虽苦战，民则乐输，故二纪之间，俄成霸业。末年，频与唐庄宗对垒河上，河南之民，虽困于辇运，亦未至流亡，盖赋敛轻，而田园可恋也。

（乙）唐之赋役　庄宗初，除百姓田租。同光三年，敕魏府小箓豆税亩减放三升；是年冬，依李琪奏，不以折纳为事，一切以本色输官，不以纽配加名，止以正税加赋。四年，敕河南尹预借夏秋税，民不聊生。明宗元年，敕应纳夏秋税减每斗一升之省耗，只纳正税数。三年，敕三京邺都诸道州府县村人户，自今年 7 月后，于夏秋田苗上，每亩纳曲钱 5 文。长兴元年，敕例人户秋苗一亩，放曲钱

---

① 泛指没有劳动力又没有亲属供养者。

3 文，只征二人。二年，诏人户每田亩纳农器钱 1 文 5 分。三年 12 月，依三司奏，天下所纳斛斗及钱，除支赡外，依时估折纳绫罗绢帛。

（丙）晋之赋役　天福四年，敕应诸道节度使，不得擅加赋役。及于县邑，别立监征，所纳田租，委人户自量目概。

（丁）汉之赋役　汉隐帝时，三司使王章聚敛刻急。旧制，田税每斛更输二斗，谓之省鼠耗，章至，始令更输二斗，谓之省耗；旧钱出入，皆以八十为陌，章始令人者八十，出者七十，谓之省陌。

（戊）周之赋役　太祖广顺二年，敕民间每岁所收牛皮，三分减二，计田 10 顷，税取一皮，余听民自用及买卖，惟禁卖于邻国。先是兵兴以来，禁民私卖牛皮，悉令输国受值，唐有司止偿以盐，晋并盐不给。汉法，犯牛皮一寸抵死。至是均于田亩，公私便之。世宗三年，宣三司指挥诸道州府，今后夏税以 6 月 1 日起征，秋税以 10 月 1 日起征，永为定例。五年，赐诸道均田图，10 月，命左散骑常侍艾颖等 34 人，使诸州检定民租。

（十一）宋代的田赋（南宋辽金附）

（甲）北宋的田赋　北宋采授田之制，其岁赋亦沿唐制，仍用两税，其类有五：（一）曰官田之赋（官庄、屯田、营田是），（二）曰民田之赋（人民所有业是），（三）曰城郭之赋（宅税地税是），（四）曰丁口之赋（人民岁输身丁钱米是），（五）曰杂变之赋（牛革蚕盐之类是）。岁赋之物。其类有四，曰谷，曰帛，曰金铁，曰物产。谷之品七，曰粟，曰稻，曰麦，曰黍，曰稷，曰菽，曰杂子是。帛之品十，曰罗，曰绫，曰绢，曰纱，曰絁，曰绌①，曰杂折，曰丝线，曰绵布，曰葛②是。金铁之品四，曰金，曰银，曰铁镴③，曰铜铁钱是。物产之品六，一曰六畜，二曰齿革翎毛，三曰茶盐，四曰竹木麻草刍荣，五曰果药油纸薪炭漆腊，六曰杂物。岁输本有常处，

---

① 同"绸"。
② 葛，属多年生草质藤本植物，其纤维可织布。
③ 镴，指锡和铅的合金。

以有余补不足，而移此输彼，移近输远者谓之支移。岁入本有常物，因一时所须，变而取之，使其值轻重相当，以相折算者谓之折变，此法为后世折色之所本。而其输之迟速，视收成早暮而宽为之期，夏税可延至 10 月，秋税可延至明年二年，所以舒民力也。此其制较唐制为特别宽大也。

（乙）南宋的田赋　高宗建炎元年 5 月，诏二税并依旧法，凡百姓欠租阁赋，悉蠲之。光宗绍熙元年，从臣僚言，诏州郡凡多取而多折者，重置于罚。时杨万里奏："民输粟于官，谓之苗，旧以一斛输一斛者，今以二斛输一斛矣。输帛于官谓之税，旧以正绢为税绢，今正绢外有和买矣。旧和买官给其值，今无之，又以绢估值而倍折其钱矣。旧亩税一钱，输免役一钱，今岁增其额，不知所止矣。既一倍其粟，数倍其帛，又数倍其钱，而又有月椿钱，（高宗时，以军务方殷，令每路计月椿办大军钱物，后遂征收月椿钱）板账钱，（亦军兴后所创立，其额太重，州县苦于给办）不知几倍于祖宗之旧，又几倍于汉唐之制乎。此犹东南之赋可知也。至于蜀赋之额外无名者，不可得而知"云云。豫借始于建炎四年。自此奸胥豪户，每借豫借以侵渔百姓，嘉定五年，始禁止之。又建炎二年，初令诸州通判印卖田宅契纸，自此民间争田，执白契者勿用。又凡嫁资、遗嘱，及民间葬地，皆令投契纳税，一岁中得钱 467 万余引。

（丙）辽的田赋　辽用屯田制，太平七年，诏诸屯田，在官斛粟，不可擅贷，在屯者力耕公田，不输赋税。

（丁）金的田赋　金亦采屯田制，其田租法与辽同。

（十二）元代的田赋　元代的赋敛，以唐为法，内郡有丁税，有地税，即租庸调也：江南有秋税，有夏税，即两税也。丁税地税，太宗八年，始定科征之法，令诸路验民户成丁之数，每丁岁科粟一石，驱丁五升，新户丁驱各半之，老幼不与。其间有耕种，或验其牛具之数，或验其土地之等级焉。地税上田每亩三升，中田二升半，下田二升。水田每亩五升。丁税少而地税多者则纳地税，地税少而丁税多者则纳丁税。工匠僧道验地，官吏商贾验丁。世祖至元十七年，重定诸科征例，全科户丁税，每丁粟三石，驱丁一石。地税每亩粟三升。减半科户丁税每丁粟一石。新收交参户，第一年五斗，第二年一石，第三年一石二斗五升，第四年一石五斗，第五年一石七斗五升，第六年入丁税协济户，丁税每丁粟一石，地税每亩粟三升。随路近仓输粟，远仓每粟一石，折纳①轻赍②钞二两。富户输远仓，下户输近仓，每石带纳鼠耗三升，分例四升。输纳之期，分为三限，初限 10 月，中限 11 月，末限 12 月。

夏税秋税　初世祖平宋时，除江东浙西，其余独征秋税而已。至元十九年，用姚元之请，依宋旧制，折输绵绢杂物，又令输米三之一，余并入钞以折焉，以 700 万锭为率，岁得羡余钞 14 万锭。其输米者只用宋斗斛，盖以宋一石当元七斗故也。至成宗元贞二年，始定征江南夏税之制，于是秋税只命输租，夏租则输以木棉布绢丝绵等物。其所输之数，视量以为差。粮一石，或输钱三贯二贯一贯，或一贯五百文，一贯七百文。诸路皆因地利之宜，人民之众，约中数取之。其折输之物，各随时估高下以为值，独湖广异是，每石计三贯四钱之上云。

丝料包银　元时科差或赋役之名有二：曰丝料，曰包银，各验其户之上下而科焉。丝料之法，太宗八年始行之，每二夫出丝一斤，并随路丝线颜色输于官；五户出丝一斤，并随路丝线颜色输于本位。包银之法，宪宗五年始定之。初议民科纳包银六两，至是始征四两，二两输银，二两折收颜色等物。此外又有俸钞之科，其法亦以户之高下为等。于是以合科之数，作大门摊，分为三限输纳。被灾之地，听输纳他物焉，其物各以时估为则。凡儒士及军站僧道等户，皆不与。

（十三）明代的田赋　田制及鱼鳞册　土地之制凡二等：曰官田，曰民田。初官田皆宋元时入官田地，厥后有还官田，没官田，

---

①　指按钱折价交纳粟帛。

②　赍，同"赍"。轻赍，元代诸色人户所负担的税粮，官府改令折价纳钞，称为轻赍，意为便于携带。

断入官田，学田，皇庄，牧马，草场，城壖①，苜蓿地，牲地，园林坟地，公占隙地，诸王公主勋戚大臣内监寺观赐乞庄田，百官职田，边臣养廉田，军民商屯田，通谓之官田。其余为民田。洪武二十年，命国子生武淳等，分行州县，随粮定区。区设粮长4人，度量田亩方圆，次以字号，悉书主名及田之丈尺，编类为册，状如鱼鳞，号曰鱼鳞图册。先是，诏天下编黄册，以户为主，详具旧管，新收，开除，实在之数。而鱼鳞图册以土田为主，诸原阪②，坟衍③，下隰④，沃瘠，沙卤之别毕具。鱼鳞册为经，土田之讼质焉。黄册为纬，赋役之法定焉。凡质卖田土，备书税粮科则，官为籍记之，毋令产去税存，以为民害。

　　赋役法沿革　太祖为吴王，赋税十取一，役法计田出夫。县分上中下三等，以赋10万6万3万石下为差。府亦分三等，以赋20万石上下10万石下为差。即位之初，定赋役法，一以黄册为准。册有丁有田，丁有役，田有租。租有二：曰夏税，曰秋粮，凡二等。夏税毋过8月，秋粮毋过明年2月。丁亦有二：曰成丁，曰未成丁，凡二等。民始生籍，其名曰未成丁，年十六曰成丁；成丁而役，六十而免。役曰里甲，曰均徭，曰杂泛，凡三等：以户计曰甲役，以丁计曰徭役，上命非时曰杂役。皆有力役，有雇役，府州县验册，丁口多寡，资产厚薄，以均适其力。至两税之制，仍沿唐法，惟洪武弘治，本色折色，名目有不同。至万历时小有所增损，大略以米麦为主，而丝绢与钞次之。夏税之米，惟江西、湖广、广东、广西；麦菽惟贵州；农桑丝遍天下，惟不及川、广、云、贵；余各视其地产。太祖初立国，即下令，凡民田5亩至10亩者，栽桑麻木棉各半亩，10亩以上倍之。麻亩征8两，木棉亩4两。栽桑以四年起科，不种桑，出绢一匹；不种麻及木棉，出麻布棉布各一疋〔匹〕，此农

① 城内空地。
② 高低不平而又瘠薄之地。
③ 水边和低下平坦之地。
④ 低湿之地。

桑丝绢所由起也。官田亩税五升三合，民田减二升，没官田一斗二升，惟苏松嘉湖税独重，有亩税二三斗者，以太祖怒其地人民为张士诚守也。洪武九年，令天下税粮，以银钞钱绢代输；银一两，钱千文，钞十贯，皆折输米一石；小麦则减值十之二；棉苎①一疋〔匹〕，折米六斗，麦七斗；麻布一疋〔匹〕，折米四斗，麦五斗；丝绢等各以轻重为损益，愿入粟者听。十七年，云南以金银贝布漆丹砂水银代秋租，于是谓米麦为本色，而诸折纳税粮者谓之折色。越二年，又令户部侍郎杨靖会计天下仓储存粮，二年外并收折色，惟北方诸布政使需粮饷边，仍使输粟。英宗正统元年，副都御史周铨言，行在各官俸支米，南京道远费多，请于南畿浙江、江西、湖广不通舟楫地，折收布绢百金解京充俸。帝以问户部尚书胡濙，濙对以太祖尝折纳税粮于陕西、浙江，民以为便。遂仿其制，米麦一石，折银 2 钱 5 分。南畿浙江、江西、湖广、福建、广东、广西米麦共 400 余万石，折银百余万两，入内承运库，谓之金花银。其后概行于天下，自起运兑军外，粮四石收银一两，解京，以为永例。诸方赋入折银，而仓廪之积渐少矣。世宗嘉靖时，天下财赋岁入太仓者 200 万两有奇。旧制以七分充经费，而存积三分备兵歉，以为常。世宗中年，边供费繁，加以土木祷祀，月无虚日，帑藏亏竭。二十九年，俺答②犯京师，增兵设戍，饷额过倍。三十年，京边岁用至 595 万两，户部尚书孙应奎乃议于南畿浙江等州县，增赋百二十万两，加派于是始。嗣后京边岁用，多者过 500 万两，少者亦 300 余万两，岁入不及岁出之半，由是度支为一切之法，其箕敛财贿，题增派括赃赎算税契折民壮提编均徭推广事例兴焉。东南被倭，南畿浙闽多额外提编。提编者加派之名也，其法以银力差，排编十甲，如一甲不足，则提下甲补之，故谓之提编。及倭患息，而提编之额不能减。至成化时粮一石当银一两，是阳为折算，阴为加赋矣。嘉

---

① 草本植物，为纺织夏布重要原料。
② 明时鞑靼首领。

靖时有纲银①一串铃诸法，为一条鞭之先声。纲银者，举民间应投岁费，丁四粮六总征之，易知而不繁，若网之有纲也。一串铃为夥收分解之法。至万历九年，乃实行一条鞭之制。其法总括一州县之赋役，量地计丁，丁粮毕输于官，官为佥募；力差则计其功食之费，量为增减；银差则计其交纳之费，加以赠耗；凡额办、派办、京库、岁需与存留供亿诸费，以及土贡方物，悉并为一条；皆计亩征银，折办于官；故谓之一条鞭。立法颇为简便，然而加派之名，遂亦接踵而起，46 年，以与满清用兵，骤增辽饷 300 万，时内帑充积，帝靳不肯发。户部尚书李汝华乃援征倭例，亩加 3 厘 5 毫，天下之赋增 200 万有奇；明年复加 3 厘 5 毫；又明年，以兵工二部请，复加 2 厘；通前后 9 厘，增赋 520 万，遂为岁额，所不加者，畿内八府及贵州而已。崇祯三年，兵部尚书梁廷栋以军务繁兴，请增田赋，户部尚书毕自严不能止，乃于 9 厘外，亩复加征 3 厘；八年，以总督卢象升之请，每两又概增一钱，名曰助饷；十年，用杨嗣昌言，复行均输法，因旧额之粮，量为加派，亩输粮六合，石折银 8 钱，又亩加征 1 分 4 厘 9 丝，是谓剿饷；十二年，杨嗣昌督师，亩加练饷银 1 分，以迄于亡。清康熙降永不加赋之谕，其亦有鉴于有明也夫。

役法定于洪武元年，田一顷出丁夫一人，不及顷者以他田合定之，名曰均工夫。寻编应天十八府州江西九江、饶州、南康三府均工夫图册，每岁农隙，赴京供役 30 日遣归。田多丁少者，以佃人充夫，而由主出米一石资其用。非佃人而计亩出夫者，亩资米二升五合。迨造黄册成，以一百十户为一里，里分十甲曰甲里；以上中下户为三等，五岁均役，十岁一更造。一岁中诸色杂目应役者，编第均之，银力从所便，曰均徭。他杂役曰杂泛。凡只应禁子弓兵，悉佥市民，毋役粮户，额外科一钱役一夫者，罪流徙。后法稍弛。

及乎天启崇祯之际，因兵增饷，乃大反明初所为。其最病民者，"莫如加派辽饷，以致民穷盗起，而复加剿饷，再为各边抽练，又加

练饷。惟此三饷，数倍正供。更有招买粮料，始犹官给以银，继则按粮加派，官吏短价克扣，书役勒索追比，名为当官平市，实则计亩加征。民无控告。"

（十四）清代的田赋 为明了清代的田赋起见，让我们把有清时代直省赋额表摘录于下，以资参考：

有清时代直省赋额表（根据前清同治十三年校刊之户部则例）

表 4-1-3 清代直省赋额表

省别	赋地别	科则额别	征收额别
奉天	民赋地	亩科银 1 分至 3 分不等米 2 升 8 勺至 7 升 5 合不等	共征银 27 800 余两，遇闰加征银 2 000
	退圈地	亩科银 1 分至 3 分不等豆 4 升 3 合至 1 斗不等银豆各半分征每银 6 钱作豆 1 石	200 余两征米 57 400 余石，遇闰不加征
	增赋余地	亩科银 8 分米 4 合 4 勺 2 抄 0	
	旗地		征米 32 900 余石
	余地		征银 88 300 余两
	官庄		征粮 9 969 石米折银 3 210 余两、黑豆 4 885 石、棉花 3 500 斤
吉林宁古塔	民地	上则亩征银 3 分中则亩征银 2 分下则亩征银 1 分	共征银并米折银 79 100 余两，遇闰均不加征
	征米地	上则亩征米 6 升 6 合中则亩征米 4 升 4 合下则亩征米 2 升 2 合	
伯都讷三姓等处	续行查出地	不分等亩征银 8 分米 4 合 4 勺 2 折 0 米 1 石折银 1 两	
	吉林官庄		征粮 27 000 石
	黑龙江官庄		征银粮 29 920 石

（续表）

省别	赋地别	科则额别	征收额别
直隶	民赋田	亩科银 8 厘 1 毫至 1 钱 3 分有奇不等米 1 升至 1 斗不等豆 9 合 8 折至 4 升不等	共征银 2 015 700 余两，遇闰加征银 64 900 余两，征米麦豆粮共 24 740 余石又改折银 15 500 余两、草 94 400 余束，遇闰不加征
	更名田	亩科银 5 厘 3 毫至 1 钱 1 分 7 厘 3 毫不等	
	农桑地	亩科银 1 厘 6 毫 8 丝有奇	
	蒿草籽粒地	亩科银 5 分至 7 钱 2 分 5 厘 1 毫有奇不等	
	韦课地	亩科银 1 分至 6 分不等	
	卫所归并州县地	亩科银 7 毫 2 丝至 7 分 9 厘 3 毫有奇不等米 8 合 9 勺 7 折至 9 升 7 勺 2 抄不等豆 4 合 3 勺 8 抄至 3 升 6 合不等草 1 分 9 厘 2 毫至 4 分 1 厘 7 毫有奇不等	
	河淤地	亩科银 2 分 9 厘至 2 钱 5 分 6 厘 5 毫有奇不等	
	学田	亩科银 1 分至 2 钱 6 分 7 厘 8 毫有奇不等小麦粟米各 6 升	
	各项旗地		征租银 502 200 余两
	屯庄		征租谷 770 余石
	续垦荒地	亩征银 2 分 7 厘 6 毫 8 丝 1 忽 5 征至 1 分 5 厘不等	共征银 1 163 两 1 分 6 厘 8 丝 3 忽 2 微 2 纤
	无粮黑地	亩征银 3 分 2 厘至 1 分 2 厘不等	征银 2 664 两 5 钱 4 分 5 厘 6 毫 1 丝 9 忽

（续表）

省别	赋地别	科则额别	征收额别
山东	民赋地	亩科银 3 厘 2 毫至 1 钱 1 分 9 厘有奇不等麦 1 勺至 4 合 3 勺有奇不等米 2 勺至 3 升 6 合有奇不等	共征银 3 026 000 余两，遇闰加征银 900 余两
	卫所归并州县地	亩科银 1 分至 6 分 5 厘有奇不等	
	更名田	亩科银 1 分至 3 钱 7 毫有奇不等麦 3 合 2 勺有奇米 1 升 8 合有奇	
	学田	亩科银 9 厘至 3 钱不等	
	卫所屯田	亩科银 1 分至 5 分 3 厘 8 毫有奇不等条银 1 分 2 厘至 2 分 4 厘不等	
	卫所更名籽粒等地	亩科银 1 厘 7 丝至 1 钱有奇不等	
山西	民赋田	亩科银 1 厘 7 丝至 1 钱有奇不等粮 1 合 5 勺至 2 斗 7 升不等	共征银 2 424 400 余两，遇闰加征银 3 100 余两，征米豆共 100 160 余石，遇闰不加征
	屯地	亩科银 2 厘 3 毫至 1 分 4 厘有奇不等粮 1 升 8 勺至 1 斗 9 合有奇不等	
	更名地	亩科银 5 厘至 1 钱 4 分不等粮 7 勺至 2 斗不等	
	卫所归并州县屯地	亩科银 1 分 4 厘	
河南	民赋田	亩科银 1 厘 4 毫至 2 钱 2 分 7 厘有奇不等米 7 勺至 2 升 2 合有奇不等	共征银 3 130 000 两，遇闰加征银 53 700 余两
	更名地	亩科银 1 分 1 厘至 1 钱 2 分 9 厘有奇不等	
	归并卫所地	亩科银 1 厘 6 毫至 1 钱 8 厘有奇不等	

省别	赋地别	科则额别	征收额别
江苏	民赋田	亩科银 9 厘至 1 钱 4 分 1 厘 1 毫有奇不等米豆 1 升 4 合 7 勺至 1 斗 9 升 2 合 6 勺有奇不等麦 2 抄至 3 勺有奇不等	共征银 3 027 200 余两，遇闰加征银 31 700 余两，额征米麦豆共 378 050 余石
	地	亩科银 9 厘至 3 钱 3 分 3 毫有奇不等米豆 7 合 3 勺至 4 斗 1 升 6 合 9 勺有奇不等麦 1 抄至 8 勺有奇不等	
	山荡汉滩	亩科银 9 厘至 1 钱 4 分 5 毫有奇不等米豆 3 合 4 勺至 1 斗 6 升 5 合 2 勺有奇不等麦 1 勺至 3 勺有奇不等	
	卫所归并州县地	亩科银 9 厘至 1 钱 4 分 1 厘 1 毫有奇不等米豆 1 升 4 合 7 勺至 1 斗 9 升 2 合 6 勺有奇不等麦 2 抄至 3 勺有奇不等	
安徽	民赋田	亩科银 1 分 5 厘至 1 钱 6 厘有奇不等米 2 合 1 勺至 7 升 1 合有奇不等麦 5 勺至 8 勺有奇不等豆 8 勺至 9 合 1 勺有奇不等	共征银 1431 100 余两，遇闰加征米麦豆共 180 700 余石，遇闰不加征
	地	亩科银 8 厘 9 毫至 6 钱 3 分有奇不等米 7 合 9 勺至 5 升 9 合有奇不等麦 8 勺至 2 合 2 勺有奇不等	
	塘	亩科银 1 钱 9 厘至 4 分 4 厘有奇不等米 4 合 7 勺至 7 合 8 勺有奇不等麦 1 勺至 2 勺有奇不等	
	草山出滁州全椒县	每里科银 8 分 3 厘 3 丝每两正征银 3 分 6 厘有奇不等	
	卫所归并州县屯田	亩科 1 分至 6 分不等粮 1 升 8 合至 8 升 6 合不等	
	卫所管辖屯田地	亩科银 1 分 7 厘 9 毫至 2 两 7 钱 2 分 2 厘 9 毫有奇不等粮 3 合至 2 斗 5 升 4 合 1 勺有奇不等	

（续表）

省别	赋地别	科则额别	征收额别
江西	民赋田	亩科银 1 厘 3 毫 3 丝 6 忽至 1 钱 1 分 7 厘 1 丝 3 忽有奇不等米 1 合 4 勺至 1 斗 7 合 2 勺 5 抄有奇不等	共征银 1 884 500 余两，遇闰加征银 23 300 余两；征兵米 129 520 余石，遇闰不加征
	地	亩科银 5 丝 4 忽至 2 钱 1 分 1 厘 1 毫 2 丝 8 忽有奇不等米 5 勺 2 抄至 5 升 1 合 2 勺 8 抄有奇不等	
	山	亩科银 5 忽至 6 分 2 厘 7 毫 2 丝有奇不等米 1 勺 7 抄至 1 升 4 合 7 勺 8 抄有奇不等	
	塘	亩科银 5 丝 4 忽至 1 钱 7 分 6 毫 7 丝 7 忽有奇不等米 1 合 1 勺 3 抄至 6 升 8 合 3 勺 7 抄有奇不等	
	卫所归并州县屯田	亩科粮 3 升 9 合 5 勺 9 抄至 2 斗 7 升 3 合有奇不等每石折银 5 钱每石又摊征银并余徭等银 2 厘 9 毫 7 丝 5 忽至 4 分 8 厘 3 毫 8 丝 4 忽有奇不等	
	屯地	亩科粮 7 升 9 合 7 勺 3 抄至 2 斗 2 升 8 合 3 抄有奇不等每石折银 2 钱	
	续垦田地		征银 12 两 0 米 4 石 1 斗 4 升
	弛禁升科田		征银 46 两 3 钱 2 分 4 厘，米 19 石 7 斗 8 升 1 合 2 勺
福建	民赋田	亩科银 1 分 6 厘 9 毫至 1 钱 6 分 2 厘 5 毫有奇不等米 1 勺 9 抄至 2 升 4 合 7 勺有奇不等	共征银 1 066 600 余两，征米 300 690 余石，遇闰均不加征
	紫荣黄地	亩科银 2 分	
	官折田园地	亩科银 8 厘 7 毫至 4 钱 1 分 7 厘 5 毫有奇不等	
	学田	亩科银 6 分 4 厘 3 毫至 6 钱 9 分 9 厘 5 毫有奇不等	
	续垦田		征银 38 两 0 米 1 石 4 斗有奇

省别	赋地别	科则额别	征收额别
浙江	民赋田	亩科银 1 分 5 厘 3 丝至 2 钱 5 分 5 厘不等米 3 撮至 1 斗 9 升有奇不等	共征银 2 556 900 余两，遇闰加征银 50 100 余两；征米 1 383 100 余石又谷 700 余石，遇闰加征米 6 360 余石
	地	亩科银 2 厘 4 毫至 2 钱 1 分 3 厘 2 毫不等米 8 抄至 1 斗 9 升 3 合 5 勺有奇	
	山	亩科银 5 丝至 1 钱 9 分 6 厘 3 毫不等米 6 抄至 5 升 3 合 7 勺不等	
	荡	亩科银 4 毫至 7 分 3 厘不等米 5 勺至 7 升 5 合不等	
	塘	亩科银 2 毫至 1 钱 2 分 4 厘 5 毫不等米 7 撮至 1 升 6 合 8 勺不等	
	湖地	亩科银 3 分 7 毫米 9 勺 5 抄	
	卫所田地	亩科银 5 厘 7 毫 2 丝至 1 钱 4 分 9 厘有奇不等米 1 斗 5 升 7 合 5 勺至 2 斗 4 升有奇	
湖北	民赋田	亩科粮 6 抄至 2 斗 9 升 1 合 4 勺 8 抄有奇不等每石折银 2 钱 5 分 4 厘 5 毫至 2 两 9 钱 7 分 4 厘 1 毫有奇不等	共征银 1 014 700 余两，遇闰加征银 800 余两；征米 143 830 余石，遇闰不加征
	更名田地	亩科粮 4 合 9 勺 9 抄至 6 升 3 合 1 勺不等每石折银 4 钱 6 分 6 厘	
	卫所归并州县屯地	亩科粮 1 升 5 合至 9 升 9 合 6 勺有奇	
	卫所管辖屯地	亩科粮 1 升 2 合至 1 斗 8 升不等每石折银 3 钱至 1 两 3 钱 1 分 6 厘 6 毫有奇不等	

（续表）

省别	赋地别	科则额别	征收额别
湖南	民赋田	亩科粮 2 勺 9 抄 4 撮至 1 斗 4 升 6 合 9 勺有奇不等每石折银 2 钱 2 厘 3 毫 8 丝至 1 两 8 钱 4 分 4 毫不等	共征银 1 081 700 余两，遇闰加征银 140 余两；征米 144 450 余石，遇闰不加征
	更名田地	亩科粮 5 合至 1 斗 2 升不等每石折银 3 钱 7 分 3 厘 5 毫至 9 钱 2 分 4 厘 4 毫不等	
	卫所归并州县屯地	亩科银 1 厘 9 毫至 1 钱 4 厘 3 毫不等粮 3 合 8 勺至 2 斗不等每石折银 1 钱 7 分 7 厘 4 毫至 1 两 6 钱 5 分 3 厘 1 毫有奇不等	
	后州卫管辖屯田	亩科粮 1 升至 1 斗 2 升 5 合不等每石折银 5 钱 6 分	
	苗疆地	亩科银 1 厘 5 毫至 3 分 6 厘 7 毫 9 丝有奇不等	
陕西	民赋田	每亩科征本色粮 1 勺至 1 斗 1 合 6 勺不等折色每石征银 1 两 5 分 9 厘至 2 两 7 钱 7 分 3 厘不等	共征银 1 369 500 余两，遇闰加征银 8 100 余两；征米 194 900 余石、草 15 630 余束，遇闰不加征，又汉中凤翔兴安延安四府定远留坝汉阴 3 厅鄜州一州绥德三直隶州属四十州县　共摊粮盐课银 17 701 两有奇
	屯地	亩科银 2 钱 9 分 8 厘不等粮 1 升 5 合至 3 斗不等	
	更名地	亩科银 6 厘 9 毫至 7 分 5 厘 1 毫有奇不等粮 4 升 3 合 5 勺至 1 斗 4 升 8 合有奇不等	

省别	赋地别	科则额别	征收额别
甘肃	民赋田	亩科银 2 毫至 1 钱 5 分 4 毫有奇不等粮 3 勺至 8 升 1 合 1 勺有奇不等草 3 分至 4 分 6 厘有奇不等	共征银 219 200 余两，遇闰加征银 1 700 余两；征米 484 090 余石、草 4 577 100 余束，遇闰不加征
	卫所归并州县屯地	亩科银 1 厘 2 毫至 6 厘不等粮 5 升至 6 升不等	
	更名地	亩科银 4 厘 8 毫至 1 分 7 厘 1 毫有奇不等粮 2 合 2 勺至 1 升 4 合 2 勺有奇不等草 1 分至 9 分 2 厘不等	
	土司地	亩科银 7 分 5 厘有奇粮 2 升 4 合 2 勺 5 抄有奇	
	卫所管辖屯地	亩科粮 4 升 1 合 8 勺 7 抄有奇草 5 分 8 毫有奇	
	番地	亩科粮 4 合至 3 升不等草 2 分 1 厘 5 毫至 3 分不等每户输银 3 钱粮 1 斗至 2 斗 5 升不等	
	监牧地	亩科银 6 厘	
四川	民赋田	亩科银 1 厘 5 毫 9 丝至 8 分 4 厘 9 毫 1 丝有奇不等粮每斗折银 4 分估种每石征银 7 分 1 厘 2 丝至 7 钱 1 分 2 厘有奇不等	共征银 611 500 余两，遇闰加征银 23 200 余两；征米 12 150 余石，遇闰不加征
	卫所归并州县屯田	亩科银 1 分 2 厘 5 毫至 3 钱不等粮 2 斗 7 升 2 合 5 勺有奇每粮 1 石征米 5 斗至 8 斗不等	
	土司地	亩科银 3 厘 4 毫至 2 分 3 厘 1 毫有奇不等	
	卫所管辖屯地	亩科银 1 分 2 厘 5 毫至 2 分不等米 1 升 9 合 2 勺 9 抄至 8 斗不等	

（续表）

省别	赋地别	科则额别	征收额别
广东	民赋田	亩科银 8 厘 1 毫至 2 钱 2 分 3 厘 2 毫有奇不等米 6 合 5 勺至 2 升 2 合 9 勺有奇不等	共征银 1 159 900 余两，遇闰加征 20 000 两；征米 341 720 余石，遇闰加米 160 余石
	卫所归并州县屯地	亩科银照民地科则米每两 8 升 8 合 8 勺泥沟每条科银 4 钱 5 分 3 毫有奇车池每方科银 3 钱 9 分 4 厘有奇	
广西	民赋田	亩科银 2 分 4 毫至 2 钱 2 分 2 厘 2 毫有奇不等米 3 升 7 合至 5 升 3 合 5 勺不等	共征银 347 400 余两，遇闰加征银 12 400 余两；额征米 130 120 余石，遇闰不加征
	官田	亩科米 6 升 4 合 2 勺至 2 斗 7 合 7 勺不等	
	徭田	亩科米 3 升至 5 升 3 合 5 勺不等	
	獞田	亩科银 9 厘至 2 分 2 厘 3 毫不等米 3 升 7 合 4 勺至 5 升 3 合 5 勺不等	
	狼田	亩科银 9 厘米 4 升 2 合 8 勺	
	学田	亩科银 9 厘米 2 斗 4 升 8 合 4 勺	
云南	民赋田	亩科银 5 厘 5 毫至 4 分 6 厘 5 毫有奇不等粮 1 升 9 合 4 勺至 1 斗 5 升有奇不等	共征银 170 200 余两、征米麦菽豆共 233 540 余石，遇闰不加征又征官庄米菽折色银 8 190 余两，又征收土司租折银 2 740 余两
	卫所归并州县屯地	亩科粮 5 升 9 合 2 勺至 8 升 1 合 8 勺有奇不等	
	马场	中地亩科银 3 分下地亩科银 2 分夷地亩科粮 1 升	

（续表）

省别	赋地别	科则额别	征收额别
贵州	民苗田	亩科银 2 分至 6 钱 5 分不等米 5 合 1 抄至 4 斗 5 升不等豆 1 斗	共征银 107 800 余两，遇闰加征银 1 400 余两；征米麦菽共 123 270 余石，遇闰不加征
	土司田	亩科银 8 厘至 1 钱不等米 7 合 2 勺 3 抄至 1 斗 5 升不等	
	官田	亩科米 2 斗 5 升至 5 斗不等	
	卫所归并州县屯田	亩科银 4 分 6 厘 1 毫至 2 钱 3 分 4 厘不等米 5 升 3 合 3 勺至 3 斗 7 升 3 合 3 勺有奇不等豆 3 斗菽 2 斗 3 升 3 合 3 勺至 3 斗 1 升 1 合 4 勺有奇不等	
	学祭田	亩科银 1 钱至 4 钱不等米 2 斗至 4 斗不等谷 2 斗至 1 石 1 斗 7 合 8 勺有奇不等	
	租地	亩科银 3 分至 1 钱不等	
	山土	亩科银 1 分 3 厘 6 毫至 5 分不等米 5 升菽一斗	
	旱祭田	亩科银 1 钱豆 1 斗	
	官庄赈恤田	亩科米 1 斗 4 升 9 合至 5 斗不等谷 4 升 1 合 3 勺至 1 石 2 斗 5 升 1 合 2 勺有奇	
	屯陆地	每分科菽 5 石 3 合 7 勺 9 抄有奇	

以上所列为清代田赋的正赋。正赋之外，又有近于附加税者三种：其一曰火耗及耗米，其二曰平余，其三曰漕折。至清季，地方以办新政而抽取田赋附加者，其名目尤繁多。

乙、杂收入的沿革　所谓杂收入者，就是指除田赋以外的一切捐税等而言。兹约略述其沿革如下：

（一）周代的杂收入　周代的杂收入有二种：其一为贡，其二为杂征。贡又有二种：其一为邦国之贡，其二为万民之贡。邦国之贡系诸侯得民税，转以定数（大国贡半，次国三之一，小国四之一）贡诸天子之谓。邦国之贡有九种：其一曰祀贡，为牺牲包茅之属；其二曰嫔贡，为丝枲之属；其三曰器贡，为银铁石磬丹漆之属；其四曰币贡，为玉马皮帛之属；其五曰材贡，为杶①干栝柏篠簜②之属；其六曰货贡，为金玉龟贝之属；其七曰服贡，为絺纻③之属；其八曰斿贡④，为燕好珠玑⑤琅玕之属；其九曰物贡，为杂物鱼盐橘柚之属。万民之贡者，系太宰以九职任万民，民有专职，为欲验其从业之勤惰与出产之丰啬，故责其以无定数的产物贡诸天子之谓。万民之贡：一曰任农以耕事，贡九谷；二曰任圃以树事，贡草木；三曰任工以饬材事，贡器物；四曰任商以市事，贡货贿；五曰任牧以畜事，贡鸟兽；六曰任嫔以女事，贡布帛；七曰任衡以山事，贡其物；八曰任虞以泽事，贡其物；九曰无职者贡夫布。邦国之贡，其用途为待吊用。万民之贡，其用途为充府库。

夏殷之制，市廛而不税，关讥而不征，杂征尚未存在。及至周初，关市有赋，山泽有赋，杂征始兴。周代关市之征，有（子）属于廛人者（即商税之征收机关），其所征一为絘布⑥（即在肆坐贾之常税，等于后世之商铺税），二为总布（即守斗斛铨衡之税，等于后世之牙税），三为质布（即质人对于市上不守质剂——即贸易合同——者的罚款），四为罚布（即对于犯市令者的罚款），五为廛布⑦（即行肆中官有邸舍，人有置货贿于其中而求售者，使之出税）；有（丑）属于司关者，其所征即后世之所谓关税是也。周代山泽之

---

① 香椿。
② 篠，小竹；簜，大竹。篠簜泛指竹。
③ 葛布。
④ 周代九贡之一、主要是贡珠、玉之类。
⑤ 珠宝、珠玉。
⑥ 市肆征收的房屋税、商铺税。
⑦ 商税。

征，有（子）掌歔①者，其所征即后世之所谓渔税是也；有（丑）掌于角人羽人者，其所征为山泽中飞禽走兽之物税；有（寅）掌于委人掌葛诸职者，委人所征者为薪木，掌葛所征者为山农所产之絺绤或细葛。

此外周代尚有国家科罚之收入，如（子）宅不毛者有里布，（丑）田不耕者有屋粟，（寅）民无职事者出夫家之征等是也。

（二）秦汉时代的杂收入　三代时国用皆取给于土地，至秦则地与人分而为二，曰田租，曰口赋，皆二十倍于古。秦代口赋至两汉则为户口之赋，盖皆出于周代力役之征耳。汉代赋法之可考者，一曰算赋，亦曰口算，即后世丁赋之所由昉，征于已成丁者；二曰口钱，即征于未成丁者之口赋；三曰更赋，即更迭力役，即秦代一岁屯戍，一岁力役之征也；四曰户赋，为封邑的收入，不属于中央，后汉称为国租；五曰军赋，以食将吏之同居亲属及故将吏之家。

汉代之其他杂收入，一为征盐铁，二为榷酒酤②，三为商税，（如武帝元光六年，初算商贾，令商贾车船出算；元狩四年，初算缗钱，令诸贾人末作，各以其物自占，率缗钱二千而一算，诸作有租及铸者，率缗钱四千而一算，凡民有轻车者，皆出一算，商贾轺车三算，船五丈以上者一算是。）四为鬻爵，五为修宫钱（灵帝时敛天下田亩十钱以修宫室，刺史二千石及茂才孝廉迁除，皆责助军修宫钱。）及导引费。（凡之官者，先至西园谐价，然后得去。又凡郡国贡献，别有所入，先输中府。）

（三）魏晋南北朝时代的杂收入　南朝东晋所办杂税有二：一为契税，（凡货卖奴婢马牛田宅，有文券者，率钱一万输估四百入官，卖者三百，买者一百；无文券者，随物所堪，亦百分取四，名曰散估。此法由东晋历宋齐梁陈而不变，盖其时人竞商贩，不事田业，

---

① 歔人，即渔官，执掌渔业政令并征收渔税。语出《周礼·天官·叙官》同"渔"。

② 酒类专卖制度。

故征此税使之均输也。）二为关市税，其率为十分税一。南朝既厉行关市税，北朝亦仿而行之，如后魏明帝时，税入市者人一钱，店舍亦分五级收税；北齐亦设关市邸店之税，以供后主御府声色之好；后周亦有每人一钱之入市税。

（四）隋唐时代的杂收入　隋代轻赋薄敛，杂赋无闻。唐代杂收入，则有（子）盐税，（尤以代宗朝刘晏之就场榷税为后世谈盐税改革者所矜式）（丑）酒税，（初为官酤即公卖，旋改为榷酒及榷曲）（寅）茶税，（按茶之有税自唐始）（卯）坑冶或银铜铁锡矿税，（辰）贡献，（中叶以还，上有非例之宣索，下有无名之进奉）（巳）捉钱，（其法由官出本钱，令民营运纳息，及其敝也，民利于假官之势，愿不请本钱，白纳利息；官利于取民之财，所征利息常数倍本钱。）（午）借钱或率贷（按此似后世之强迫公债，实则系勒派的资富捐也。）（未）青苗钱及地头钱，（大历初，令天下苗一亩税钱十五，以国用急，不及秋，方苗青，即征之，故曰青苗钱。又有地头钱，每亩二十，通名为青苗钱。）（申）僦匮①纳质钱，（颇似后世之当税及特种销售税。民间以物质钱，异时赎出，于母钱之外，别还子钱，官家四取其一。又以粟麦菜于市者亦如之。）（酉）间架税，（臆即后世之房屋税，其法以屋二架为间，上间税钱二千，中间一千，下间五百。）（戌）算除陌，（颇似近世之一般销售税）及（亥）助军钱。（颇似后世之筹饷，以卖官鬻爵出之者。）

（五）宋代的杂收入　宋代的杂收入，一为盐税，二为茶税，三为酒税，四为商税，五为契税，六为坊场钱，（按坊场即商场，坊场钱即拍卖场税也。）七为青苗法收入，（即春耕时贷民以钱，冬收时令民以谷还官之利息也。）八为免役钱及助役钱，九为免行钱，（宋初京师百物有行，官司所需，俱以责办，下逮贫民浮贩，类有赔折。熙宁六年，详定行户利害，约诸行利入厚薄，纳免行钱以禄吏。）十为手实法收入，（熙宁七年，吕惠卿以免役出钱未均，创手实法。其

---

①　即僦柜，泛指典当质钱的质库。

法官为定立物价，使官各以田亩屋宅，资货畜产，随价自占，非用器食粟而辄隐落者，许告，有实，以 1/3 充赏。）十一为折帛钱，十二为经总制钱。（徽宗命陈亨伯经制七路财赋，征收印契钱、添酒钱、添卖糟钱、典卖田宅、增牙税钱等。）

（六）元代的杂收入　元代的杂收入有五：其一为岁课，又有金课、银课、铜课、铁课、朱砂水银课、礬课、硝硇课、及竹木课之别；其二为盐课；其三为茶课；其四为商税；其五为额外课，即不在岁课之内者，课目繁多。

（七）明代的杂收入　明代的杂收入有四：其一为盐课；其二为茶酒醋课；其三为商税，又有钞关、船料、货税、市肆门摊课钞，及契纸税等之别；其四为矿税。

（八）清代的杂收入　清代的杂收入有：其一为盐课；其二为茶课；其三为榷酤；其四为关税；（清初分为正税、商税、船料税三种；清季则分为进口税、出口税、子口半税、复进口半税、机制洋货出厂税、船钞及洋菜厘金七种。）其五为厘金；（清初为落地税，后名货物税，亦名统捐或产销税。）其六为牙帖牙税，其七为当帖当税，其八为契税，其九为矿课。

三、泰西各国岁入的沿革　泰西上古时代的岁入，一如中国的三代，是全靠土地的，故亦可称之谓官产收入时代，希腊罗马，大抵皆然。其杂收入则有外商之入市税，罚款与讼费，被征服国的贡献，战利品，绅富捐，（如希腊之为维持音乐队、体育场及公宴而有绅富捐）及军事特捐等。泰西中古时代的收入，大都来自诸侯之特权，故可谓之特权收入时代。其时采矿有料、制盐有料、渔猎有料、铸币有料，又有所谓先买权（right of preemption）。除缴纳田租外，佃户或田奴（serf）对诸侯又须纳种种的杂供，如盾牌捐（shield money）赎票钱（诸侯与人战被擒，须赎票）助嫁钱（助公主们之出嫁），嫁女执照费，继承借地权费（relief or heriot）及田产收获尝新敬等是。泰西各国近世的收入，则多注重间接税及直接税，故可谓之租税收入时代。

第二章
岁入的体系

第一节　岁入的分类

　　岁入分类的标准甚多，兹略举数例于下。1576 年法人约翰波塘（Jean Bodin）把岁入分为（一）官产收入，（二）战利品，（三）私人捐赠，（四）属国进贡，（五）官营商业，（六）关税，及（七）临时的军事特税。十七八世纪德国官房学派或计臣学派（Kameralists）把岁入分为（一）官产收入，（二）特权收入，和（三）临时的军事特税。1776 年经济学的鼻祖英人亚当·斯密（Adam Smith）把岁入分为（一）官产收入和（二）租税收入及其他从人民所得中抽取出来的收入。1893 年爱尔兰人巴斯太白尔教授（Professor Bastable）把岁入分为（一）法人收入（如特权收入，地租收入，利息收入，利润收入，没收及规费收入等）和（二）租税收入。美人亚当士（H. C. Adams）教授把岁入分为（一）直接收入（direct revenues）如官产、官业、捐赠及没收等，（二）间接收入（derivative revenues）如规费、特别课赋、租税和罚金等，和（三）预提收入（anticipatory revenues），如公债收入等。美人赛力格孟（Seligman）教授把岁入分为（一）无偿收入（gratuitous revenues）如捐赠、补助金及赔款、进贡等，（二）契约收入或商业收入（contractual or commercial revenues）如官产官业等收入是，和（三）强制收入（compulsory revenues）。而强制的收入，赛氏又拿两个不同的标准来分，就是其一是以法律观点做标准来分，其二是以经济观点做标准来分。（一）以法律观点做标准来分，那么公共收入可以分做（甲）土地复归权或征收权收入（revenue from the power of eminent domain），（乙）惩罚权收入（revenue from penal power）如罚款收入等，（丙）警察权收入（revenue from police power）如寓禁于征或寓干涉于征的捐税等，和课税权收入（revenue from taxing power）如以收入为目的的各种租税收入是。（二）以经济观点做标准来分，那么公共收入可以分做（甲）规费（fees），（乙）特别课赋（special assessments）和（三）租税（taxes）三种。此外还有美人路兹（Lutz）教授把公共收入分做（一）营业收入，（二）行政收入，（三）租税收入，（四）公债收入，及（五）簿记上的收入如各级政府间之补助金和上纳金等是。而英人达尔顿氏则分公共收入为广义及狭义的两种：广义的系包括公债、卖价、及发行而言，狭义的则系只指租税等收入而言。

上述各种公共收入的分类方法，为便于讨论起见，自以赛氏的分类法较为可取。

无偿收入如捐赠、补助金、赔款进贡等，究系无关紧要，我们可以略而不论。契约收入或商业收入就是根据私法而来的私经济收入。强制收入就是根据公法而来的公经济收入。兹将二者之区别，述之如下。

第二节　公经济收入与私经济收入的区别

上述赛力格孟氏之分岁入为价格、规费、特别课赋与租税四大类，其中价格收入系根据私法的或私经济的，其余三种收入系根据公法的或公经济的。

至私经济收入与公经济收入的概别，大致有下列五点：

其一，私经济收入是根据于私法上的契约的，交易的，或买卖的；而公经济的收入则是根据于公法上的萨威陵帖的。（萨威陵帖系英语 Sovereignty 的译音，其义即国家的至高无上的权威。）

其二，私经济收入的事业费常较多而其比例高，公经济收入的征收费常较少而其比例低。

其三，公经济收入，只须有立法及行政的行为，就可以举事；而私经济收入，则除立法及行政的行为之外，还须有技术的行为，故其手续较为复杂。

其四，公经济收入数额的伸缩，可由立法及行政的行为以致之，而私经济收入数额的伸缩，则是完全须依据社会经济状况的荣枯的。一般人民经济繁荣，则国家的私经济收入，必随之而增；反之，一般人民经济枯涸，则国家的私经济收入，必随之而缩。

其五，私经济收入多带有社会政策或社会主义的色彩，而公经济收入，除累进的直接税如所得税及遗产税等之带有社会政策色彩外，其余如间接税等则是无不以财政为目标的。

第三章
公共产业收入

第一节　岁入论应否包括公共企业论
（即公共企业论应否独立的问题）

上文所说国家的私经济收入，就是公共产业收入。在未入正文以前，让我们先来讨论一个很有趣味的先决问题。这问题是什么呢？就是章植氏在《经济学季刊》（第三卷第一期）内所提出"财政学于岁出论、预决算论、岁入论和公债论四部之外，应再添出公共企业论一部，合计为五部"的一个问题。章氏的主张，可以详细的节录于下：

财政学的范围，一向在演进之中，跟了时世而变异。最初的所谓"财政学"——例如石拿风（Xenophon）的《雅典收入论》，非但什么都不分，并且大部分的资料，不属于财政的；而属于财政的，差不多专讲岁入一方面。后来渐渐的讲一些岁出，更渐渐的讲一些公债和财务行政，历重商重农正统官房等的陶冶补充，至近代而乃有这四部的区分。〔但是英国学者还不甚把财务行政放在眼里。法国19世纪末叶的财政学大家利洛波楼（Lercy-Beaulieu）还以为岁出是不在财政学范围以内的。〕大凡一种学的发展，极有分化的趋势，由简而繁，由粗而细，由浅而深，所以财政学能从经济学的一科，而蔚然自成一学，能从混杂的岁入论，而分为四大部。可是把财政学分为四部，并不一定代表财政学分化的限度，鄙见以为在近年来财政趋势之下，财政学大有分为五部的必要，就是除此四部外，还要添出一部。

这一部是公共企业论。

公共企业论，在现状财政学中，是放在岁入论里面的，可是吾〔我〕们试定心一想，不得不认为是一种不甚妥当的处置。因为公共企业论里面，至少有一半绝对不能在岁入论内讨论。试举一例以言：铁路是公共企业的一种，铁路上的水脚和客票，固然是国家收入的一种；可是经营管理铁路的费用，明明是岁出，而建筑铁路的费用，又明明募集公债而来，把岁出公债的东西，若硬放在岁入论而讨论，实在是不伦不类；若拆散了在三处讨论，又首尾不相呼应，若把它塞在预决算里面，更觉格格不相入，所以财政学虽然分了四大部，公共企业，实在没有相当的地位。

所以从消极方面讲来，公共企业论很有独立讨论的可能；而从积极方面观来，还有几个理由：（一）"现代的国家，是公营事业日渐发达的一个国家。"吾〔我〕们固然不敢说共产主义，会马上实现。可是近代的国家，确是一天一天的向社会主义跑，这是谁都不能否认的趋势。将来公营事业的日趋重要，可断然无疑。理论是跟了事实跑的，事实既然变了，理论也要修改一下才好。因此公共企业，不能再混在岁入里面，而有分开讨论的必要。（二）公共企业在近代已由特种机关管理，特别法规监督，并且有特殊的会计制度，事实上早已脱离普通的岁入而独立，理论上又何必混在一起乎？（三）公共企业有其特殊的理论，且有其特殊的法则，如公共企业的范围，公共企业的管理，以至于取费不取费问题，在其他各部中，并没有同样的理论和法则，可互相引用，因此更有独立讨论的必要。

根据了以上种种理由，鄙见以为财政学应分为五部，而把公共企业论独立起来……

著者对于章氏的意见，是很表示钦佩的。不过如果依照他的主张，把公共企业论独立起来，将其内容尽量扩充，那么恐怕这一部的财政学，将与一般的产业管理论，组织论，经营论，和社会主义实施论，计划经济实施论，统制经济实施论等之毫无区别之可言。所以为免除尾大不掉或畸形发展及与他部分学问重复起见，还是把各种公共产业收入仍旧归入岁入论内约略的陈述之为较妥。

第二节　公共财产的收入

公共财产的收入，大概可以分做两大种：其一为不动产收入，其二为动产收入。公共动产收入，如官股之分得红利及息金是。公共不动产收入，还可以分做地产收入及房产收入。房产收入，如上海市及青岛市平民住宅房租之收入，及青岛市普通市有房产出租之收入，大致是不很重要的，可以略而不论。至地产收入，复可以分为（一）农田收入，（二）市地收入，（三）矿地收入，和（四）林地收入四种。兹分别论述之如下：

一、农田收入　农田收入就是田租收入。田租与田赋，究竟有何分别？田租收入与田赋收入，从公家一方面看起来，究竟孰优孰劣？从人民一方面看起来，又究竟孰优孰劣？如果付租人或付赋人的负担是一样的，而公家反觉得田赋的收入是较田租的收入为方便而可靠，那么公有农田不如一律改为私有之为合算也。

大概处置公有农田的方法有三个：其一是由政府委派人员去耕种，如苏俄之国有农场是；其二是由政府租给私人去耕种；其三是由政府出售与人民去执业布种。第一个处置方法，大致是只适用于屯田，牧马场，及农业试验场等的；至于一般田庄，如果政府办理不善，公营的结果是一定不会好的。第二个处置方法似较第一个为优，不过农田的租期有长短，长期租出，则农田对于承租人的关系不啻是私有，短期租出，则承租人以租期短促，不愿多布肥料，那么地力易尽，粮产减少，民食问题恐不免就要发生。第三个处置方法大概是最妥善的，以其能满足人类的"土地欲"耳。

二、市地收入　市地收入就是市区内公有土地租金之收入。在一般情形之下，市地——一如农田——是不会大规模公有的；不过在特殊情形之下，如青岛市在德管时代采行土地增价税的最新政策，市地之大规模的由市政府管业出租，也是有的。［按青岛市 19 年度的总岁入为 1 446 642 元许，而地租及租权金收入则有 446 352 元许之多，约占总岁入 30% 强。依照该市领租公有土地规则所载，租期最久，不得逾 30 年，出租公有土地分为（1）青岛及台东西镇市街地，（2）工场地，（3）四方沧口市街地，（4）青岛区农业地，（5）李村区农业地，（6）草地，及（7）鱼池等七种。］

三、矿地收入　矿地收入之多寡，须视官矿之多寡而定。按照国民政府《建国大纲》第十一条所说："土地之岁收，地价之增益，公地之生产，山林川泽之息，矿产水力之利，皆为地方政府之所有，而用以经营地方人民之事业。……"则是凡矿地必须归公也。然而当一国地下宝藏尚未十分开发以前，则为促进工业化的进程起见，又何苦不兼让私人去经营开采呢？一俟矿藏开掘到相当竭蹶程度，那就非收回公有公营不可了。

四、林地收入　林地收入就是森林的收入。矿地尚可相对的私有，但是林地却绝对不可私有，而是绝对应公有，其理由如下：

（一）为维护社会的久长利益起见，如气候之调节，雨量之调剂，和风景之增美等等，那么林地必须公有，因为公家之经营林地，可以不岌岌于木材之收入是务，故能把森林养得又高又茂又盛。如果把林地归为私有，那么在私人岌岌谋目前之小利的动机之下，高大茂盛的森林，是很少能养得起来的。

（二）公家的寿命差不多是永久的，所以对于林地的经营，能够不计开始时之得不偿失，大刀阔斧地投下资本；私人的寿命是比较的短促的，所以对于远水不救近火的丰裕森林收入，是表示绝望的，所以宁愿将矮小不甚值钱的森林先斫下来，以资享用。

（三）要林地经营得好，那么林政是不可不讲究的，要林政讲究得好，那么林政人材或农林专家是必须出重金聘任的。这样，试问在四分五散的私有林地制之下，谁能放得起这株本钱呢？在集中的公有林地制之下，聘用森林专家和雇用森林警察，不但是可能，而且是很合算的。

（四）要林地日后的丰富收入归公，林地也须归为公有。初栽数十年内，林地虽毫无收入之可言，然而数十年后，其利源实在无穷。所以吾人若能以长时期的远大眼光来观察，森林事业并不是亏本的，而且是很能赚钱的。

第三节　公共企业的收入

一、公共企业的动机　公共企业的动机很多，概括言之，大致可以分为如下的五个：

（一）有几种大规模企业，有时非私人的财力与才力所能胜任愉快，只有公家能利用公债的机械去募集充裕的资金以资经营，或只有公家能够负担该种企业所内含的绝大风险。如英国的自治领澳大利亚境内的国有铁道，当初因为该地地广人稀，殖民者的私财尚未积蓄充分，所以就不得不走国有国营的一条路。又如中国的国有铁道，当初各省人民虽亦曾力争民有民营，但后来卒因资力不继，不得不收归国有。

（二）有几种事业为自然独占的企业，合则两利，分则两败俱伤的。此种自然独占企业，是有较竞争企业所得为高的独占利润可获的。如果归私人经营，那么所有独占利润，尽归私人所享有，这是很不公道的。既不应归私营，则其反面结论就是应归公营，把取之于消费民众的独占利润，仍旧返用之于一般民众身上。

（三）有几种企业是为巩固国防起见而公营的，即如欧战前德国铁道之营，欧战时美国水陆交通事业之国营，（组织战时航运公司〔Emergency Fleet Corporation〕）和目前我国兵工厂及硝磺局之国营等是。

（四）有几种企业是为了筹款而公营的，即如法国之烟草公卖，火柴公卖，意大利之食盐公卖，帝俄时代之麦酒公卖，以及最近我国国民政府之航空建设奖券公卖等是。其取费原则在乎多多益善，务使除去开支成本外，尚有极大盈余以供一般岁出之用。

（五）有几种企业是为了公众的福利而公营的，如欧战时代美国的联邦土地银行（Federal Land Banks），合众国谷物公司（United States Grain Corporation），战时金融公司（War Finance Corporation）合众国住宅公司（United States Housing Corporation），合众国糖价调节局（United States Sugar Equalization Board），1923 年设立之联邦中期信用银行（Federal Intermediate Credit Banks），1924 年设立之内地水利公司（Inland Waterways Corporation），伦敦市政府之牛奶业公营，上海工部局之露天游泳池公营，马赛市政府之海水浴场公营，以及上海市政府之浦江轮渡业公营等是。其他如造币厂、水利局、水电厂、煤气厂、邮政局、电话局、电报局等的公营，大致也是为公益者多，为盈利者少，其取费原则，在乎自给自足，不亏不盈。

二、公共企业的分类　依据前文公共企业的动机而演绎之，我们似已可以把公共企业分为三大类：就是（一）抱筹款牟利主义的财政企业，（二）抱成本主义或规费主义的自给企业，和（三）抱服务主义的亏本企业。但此种以取费原则来类别公共企业，毕竟也不是顶好的标准。美国赛力格孟教授把公共企业以其性质为标准，分为：

（一）偿价移转的公共企业　如造币厂、国家银行、省银行、市银行及公营保险公司等是；

（二）消息传递的公共企业　如邮政局、电报局（包括有线电报与无线电报而言）和电话局等是；

（三）人货运输的公共企业　如道路、桥梁、运河、渡船、铁路、轮船、电车和公共汽车等的经营是；

（四）物品移转的公共企业　如公共小菜场、公共度量衡、公共码头、公营仓库、公营积谷仓，和公营物品交易所等是。

（五）公用传递的公共企业　如公营自来水厂、煤气厂和电气厂等是。

赛氏此种公共企业分类法，虽属甚善，然不能谓为尽美。盖照此分法，则苏俄之国营农场，国营国外贸易，和国营种种的大工业都无从包括在内也。故吾人为适应最近发生的史实起见，似可把一切公共企业作如下的分类：

（一）农牧林矿的公共企业，

（二）制造炼冶的公共企业，

（三）商品懋迁的公共企业（包括协助物品移转的公共企业），

（四）交通运输的公共企业，

（五）金融调度的公共企业，和

（六）公用传递的公共企业。

第四节　公共产业收入的术语

公共产业收入，在财政学上，叫做"价格"（price）。不过财政学上之所谓"价格"，并不是经济学上之所谓价格。财政学上之所谓"价格"，乃是专指公家的私经济收入而言。据美国赛力格孟教授的意见，他以为财政学上的"价格"可以分做两类：其一就是类似私人企业收入的价格（quasi-private price），其二就是公共价格（public price）。类似私人企业收入的价格之定义，就是"国民对于政府，一如对于私人企业，所出售的劳务或货物，所自愿给付的一种支付。"公共价格的定义，就是"国民对于政府，大半为国民个人的特殊利益，但局部的亦为国民全体的公众利益，所出售的劳务或货物，所自愿给付的一种支付。"

第四章
税制概论

第一节 规费与特别课赋应否
归入一般税制问题

欲解决规费与特别课赋应否归入一般税制问题，则不可不先知规费，特别课赋，与租税的定义。赛力格孟教授对于三者的定义如下：

（1）规费的定义　规费就是"国民为欲偿还政府大半为公众利益，但局部的亦为付规费者的特殊利益起见，而有回归劳务的费用（cost of each recurring service）的一种支付。"

（2）特别课赋的定义　特别课赋就是"一种只付一次的捐税，其目的是在偿还政府为公众利益起见而对于不动产有特殊的改良的费用，其数目是与不动产所获的特殊利益成比例的。"

（3）租税的定义　租税就是"国民对于政府的一种强制给付，其目的是完全在于维持政府为公众利益所支出的费用，与国民个人的特殊利益是无甚关系的。"

依照上列三个定义，似乎规费与特别课赋是不能归入一般税制里讨论的。不过一般租税征收的目的虽不能处处与国民以特殊利益，但其给与国民以一般利益之理，却是甚为明显的。故就广义言之，规费与特别课赋，不过是租税中之一小类。同时，我们可以把赛氏的狭义的租税定义修改为广义的如下：

"租税就是国民对于政府的一种强制给付，其目的是大致在于维持政府为公众利益所支出的费用，其结果有时对于国民个人有特殊的利益，有时则仅有一般的利益。"

第二节 租税的分类

租税的分类法，大概有两个不同的标准，其一就是二分法（two-fold classification），其二就是多分法（multiple-fold classification）。兹约略述之如下：

（1）租税的二分法分类 租税的二分法分类，有如下述：

甲、国家税与地方税 若以课税权的主体（即课税机关）的阶级来分，则租税可分做（一）国家税或中央税（national or central taxes）及（二）地方税（local taxes）。而地方税的标题之下，又可以分做（一）省税（provincial or state taxes），（二）县税（district taxes）和（三）市税（municipal taxes）三种。

乙、经常税与临时税 若以租税征收时期的久暂来分，那么租税可以分做经常税（ordinary taxes）与临时税（extraordinary taxes）。前者是年年继续征收之税，后者是为了临时事件发生，需款孔亟，而暂时的征收之税。

丙、普通税与特别税 若以租税收入的指定用途来分，那么租税可分做普通税或一般税（general taxes）和特别税或目的税（special or designated taxes）。前者是供给一般用途之税，后者是供给特别或指定用途之税。如江苏省之屠宰税与牙税专供教育经费之用，就是特别税或目的税，又如近年来各省之种种田赋附加专供各该省种种新政之用，也是特别税或目的税。

丁、内国税与国境税 若以租税征收的地点做标准来分，那么，租税可以分做内国税（domestic taxes）与国境税或关税（frontier taxes or customs duties）两种。

戊、实物税与货币税　若以租税征收时所收的东西做标准来分，那么租税可以分做实物税（commodity taxes）与货币税（money taxes）。不过现在是货币经济时代，差不多无论什么租税，是都以货币付纳的了。

己、定率税与配赋税　若以租税赋课定率的方法来分，那么租税可以分做定率税（assessment taxes）与配赋税（apportionment taxes）。前者是税率可以预知的税，后者是税率不能预知的税，因立法机关只通过一种租税收入的总数，而并未将各纳税者的税率预先规定也。

庚、从价税与从量税　若以租税征收的标准来分，那么租税可以分做从价税（ad valorem taxes）与从量税（specific taxes）。前者是以税物价值为课税标准之税，后者是以税物件数或数量为课税标准之税。

辛、对人税与对物税　若以租税的目的物为标准来分，那么租税可以分做对人税（personal taxes）与对物税（impersonal taxes）。前者的目的物在人，所以也可以叫做主体税（subject taxes）；后者的目的物在物，所以也可以叫做客体税（object taxes）。

壬、比例税与非比例税　若以租税的定率有无随税基（tax base）之大小而有所变动来分，那么租税可以分做比例税（proportional taxes）与非比例税（disproportional taxes）。前者的税率是不变动的，后者的税率是变动的。非比例税又可以分做（一）累进税（progressive taxes），（二）累退税（regressive taxes），和（三）先累进后比例税（degressive taxes）。

癸、直接税与间接税　若以租税之能否转嫁做标准来分，那么租税可以分做直接税与间接税。直接税（direct taxes）是初次付税者不能转嫁于他人的税，间接税（indirect taxes）是初次付税者能够转嫁于他人的税。

上述各种二分法的租税分类，要算最后二个分类法（即壬与癸二项）与税制发生密切的关系，因为一个良好的税制，是必须合乎人们的公道观念的，而税率之比例或非比例，和租税负担之能否转嫁，是都与税制之公道与不公道有关系的啦。

（2）租税的多分法分类　租税的二分法分类，既如上述，兹再把租税之多分法分类，述之于下：

甲、田租税、薪资税、利息税及利润税　若以租税的泉源为标准来分，那么租税是可以分为田租税、薪资税、利息税及利润税的。亚当·斯密在《国富论》里就是这种分法的。不过这四种租税泉源，一言以蔽之，可以说统统都是所得，那么这四种租税，彻底的讲起来，实在只有一种租税，就是所得税。

乙、出产税、交易税、消费税及所有税　若以付纳租税时的经济行为的过程为标准来分，那么租税是可以分为出产税、交易税、消费税及所有税的。

丙、自然人税、法人税、财产税、营业税及行为税　若以税物的法律性质为标准来分，那么租税是可以分为自然人税、法人税、财产税、营业税及行为税的。

丁、营业税、消费税、所得税及财产税　若以纳税人的经济能力做标准来分，那么租税可以分为营业税、消费税、所得税及财产税四种。营业为何有能力付税？因为营业是能产生盈余或所得的。消费为何有能力付税？因为大概无能力者也没有多大的消费的，尤以奢侈的消费为然。所得为何有能力付税？因为所得的本身就是经济能力的表显〔现〕，所得越大者，付税能力亦越大。财产为何有能力付税？因为财产能产生所得，而所得就是能力的表显〔现〕；而且财产是过去所得之化身，所得既有能力付税，那么财产当然是也有能力付税的，而且其付税的能力，恐怕是比所得还大哩。

上述各种多分法的租税分类，是都与税制论有关系的，而尤以第四分类法，是良好税制的〔指〕南针。

第三节 税制的意义

税制就是租税制度（tax system）的简称，也就是租税的体系或系统。租税制度有良好的，有恶劣的，有单一的，有复合的，而其成为一种体系则一也。这样，税制是无论任何文明或落后的国家都有的。不过良好的税制，是要对于租税的四大原则〔这四大原则就是财政的原则（一）要确实可靠（canon of reliability），（二）要足用（canon of adequacy），（三）要有伸缩力（canon of elasticity）；经济的原则（一）幼稚事业必须保护，（二）固有产业必须维护，（三）生计品原料品和文化品发明品等必须优特；社会原则或伦理原则（一）课税必须普及一般，（二）课税必须平等公正，（三）课税必须划一不二；及行政原则（一）租税之设立及征收当依宪法上所规定的法律手续进行之，（二）当谋税额计算的确定，（三）当谋纳税者的方便，（四）当谋征收费的节省。〕统统都能顾到的。而所谓恶劣的税制，就是不顾到这四个大原则的。如果单一税能够统统顾全这四个原则，那么单一税制是一个良好的税制；如果复合税能够统统顾全这四个原则，那么复合税制是一个良好的税制。

第四节 单一税制的意义及其理论的沿革

单一税英文叫做 single tax，法文叫做 impôt unique，就是除一种租税之外，不再征收其他租税的意思。而所谓单一税制者，那么当然就是除抽取一种租税之外，不再抽取他种租税的一种租税系统的了。单一税理论发轫时候的环境，大概总是在苛捐杂税盛行之下；有主张租税公道的学者出，乃发为新异学说以冀稍遏聚敛之风。这样，单一税是指不拘任何的单一税而言，并不是一定要如美国亨利乔治（Henry George）派的意思，单指地价增价没收的一种单一税

的。兹把欧美学者历来对于单一税论的沿革，约略述之于下：（参阅萨孟武译日本小川乡太郎著《租税总论》，页 405—409）

（1）1576 年法人约翰波塘在他的"《共和六书》"（*The Six Books of the Republic*）里面主张抽取单一所得税（single income tax）。但波氏又承认于抽取所得税之外，又有抽取关税之必要，所以他不是一个纯粹的单一税论者。

（2）17 世纪很有许多学者主张抽取单一消费税（single consumption tax），如 1642 年的霍白斯（Hobbes），1662 年的威廉配对爵士（Sir William Petty），1662 年的杨达拉库耳（Jan Delacourt），1662 年的彼得达拉库耳（Pieter Delacourt），1656 年的波克斯项恩（Boxhorn），和 1685 年坦则尔（Tentzel）等是。在这几位主张单一消费税的学者中间，霍白斯是居了领袖的地位；他的出发点是租税享益说（the benefit theory of taxation），他以为租税是人民对于国家的保护而与以对等给付的一种代价，此种代价是人人应当出的，而出此种代价的最普遍的标准就是消费，因为人人是要消费的，所以消费税是最公道不过的一种租税，所以单一消费税是最公道不过的一种税制。

（3）18 世纪的初叶（1707 年）法国有一位军人兼学者名叫伏旁（Marshall Vauban）（伏旁上将）者主张抽取单一所得税。他在 1707 年著一本书叫做《皇家什一税》（*Dime Royale or Royal Tithe*），就是主张抽单一什一所得税的一种表现。伏氏之所谓什一，并非一定要抽 1/10 的所得税的，不过示以最高的限度耳；如果国家财政的需要不大，那么正可抽 1/10 以下的所得税；如果国家财政的需要很大，抽了 1/10 的所得税还不足以支给国家经费的全部，那么不得已可以并抽盐税、关税及行为税。这样，伏氏的单一什一所得税论，严格的讲起来，实在也不得算作纯粹的单一税论。伏氏当行军的时候，目击当时法国民间的疾苦，大半是起因于苛捐杂税，所以后来主张实行什一所得税来代替当时的人头税、内地消费税、饮料税、和内地关税等等杂税。

（4）18 世纪的初叶法国又有一位学者叫做蒲瓦基尔培（Boisguillebert），也是主张把当时法国的税制大大的简单化起来的。不过他是主张抽取单一地租税的，他在 1695 年所著的《法国琐记》（*Detail de la France*）和 1707 年所著的《法国事实》 （*Factum en France*）一书内关于这点是很注意的。当蒲氏在法国提倡单一地租税论的时候，英国也有一位学者在英国提倡同样的单一税，这人就是万豆林脱（Vanderlint）。

（5）上述法人蒲瓦基尔培氏及英人万豆林脱氏所提倡的单一地租税，实在可以说是重农学派的单一地租税论的先驱。重农学派（physiocrats）的鼻祖是凯耐（François Quesnary，1694—1774），其学说盛行于 18 世纪的中叶及下半叶。重农学派的理论以为只有土地是能够有纯生产（net product）或剩余生产的；只有纯生产是有负担租税的能力的；所以只有土地是有负担租税的能力的。所以为免除租税的转嫁的麻烦多事起见，最好除地租税外，其他一切租税都取消。

（6）19 世纪中叶美国纽约市（New York City）有一位著名的市民叫做以色克舍尔曼（Isaac Sherman）者提出一个土地价值单一税的计划：他以为至少州政府与地方政府的租税是须集中在不动产即土地之上的，因为惟有土地价值税是能够转嫁到一切消费人身上去的，而租税是应当普遍于一般民众即消费人的。

（7）1880 年美国有一位土地社会主义者（land socialist）叫做亨利乔治，著了一本书，叫做《进步与穷困》（*Progress and Poverty*）。在这本书里面，他主张凡是自己劳力所产生的东西，都不应该有租税的负担，反过来讲，就是凡是非自己劳力所产生的东西，是都应该有租税的负担的；土地的自然涨价或不劳而获的涨价（unearned increment）就是一个最大的非自己劳力所产生出来的东西，所以是应当负担租税的全部责任的；这就是说，凡一切中央政府、省政府、地方政府等的经费，是都应当由没收不劳而获的地价中开支的。这样，乔治氏之土地单一税论，是与重农学派的土地单一税论大有分别的；后者是指一般的土地而言，而前者是仅指有自然涨价的土地而言。又乔治氏土地单一税的理论与上述舍尔曼氏土地单一税的理论亦有分别，前者是以为土地单一税万不能转嫁的，所以是一个很公道的租税，后者是以为土地单一税必能转嫁到消费人身上去的，所以也是一个很公道的租税。

（8）当土地价值单一税论发生于新大陆的时候，欧洲大陆亦有三种单一税理论相继而起：这三种单一税理论就是消费单一税论，所得单一税论，和资本单一税论；前二论为前人所已经讨论过者，后一者在当时为创见，兹依次分述之于下：

甲、19 世纪中叶主张消费单一税者的代表当推爱多亚普费斐（Eduard Pfeiffer）。普氏的大意是如果要租税的负担永久平等，那么租税的赋课是应当以纳税人的支出或消费的全体做标准的。氏之所谓消费税与现今文明各国间所行之消费税是大有分别的；前者是整个的消费税，所以是可以作为单一税，后者是零星的消费税，所以是不能作为单一税。氏说详其 1866 年所著的《国家收入论》（Die Staats-Einnahmen）。

乙、19 世纪中叶主张所得单一税者当推德国的社会党为代表。德国的社会党自 1869 年以来，其政纲中已有实施累进所得单一税的一条；不过后来又加入遗产税或相续税及财产税两条，所以其纯粹单一税的理论不能保全。

丙、19 世纪中叶主张资本或财产单一税者当推法人基拉塘（Émile de Girardin）与曼尼耶（Menier），基氏在其 1858 年所著的《财政问题》（Questions de mon Temps；Questions Financieres），曼氏在其 1872 年所著的《资本税的实施、利益和结果》（L'impôt sur la Capital，son Application，ses Avantages ses Conséquences）和 1874 年所著的《资本税的理论和实施》（Théorie et Application de l'impôt sur la Capital）里面对于资本单一税都言之甚详。二氏之所谓应抽税的资本并不是指一般的资本而言，乃是指不生收益或所得的财产如动产、美术品、珠玉、雕刻品、绘画、骨董、庭园及空地等而言。基氏谓此种单一资本税（实则就是单一财产税）有三个优点：其一就是可促不生产的资本投到生产路上去；其二就是不摧残新资本之产生，因为中途方在成立之中的资本是不付租税的；其三就是能捉到所得税所不能捉到的担税能力。

综上所述单一税论的沿革，我们可以归纳起来说，单一税论是大略可以分为四种的，就是（一）单一消费税论，（二）单一土地税论；（三）单一资本税论，（四）单一所得税论。此外在 1667 年英国有一位公民叫做爱多亚张伯伦（Edward Chamberlain）主张抽取单一奢侈税，在 1743 年英国有一位马休台句爵士（Sir Matthew Decker）主张抽取单一房屋税以替代单一产销税或消费税，在 19 世纪中叶法国有一位阿力克斯威尔海（Alexis Wilhelm）主张单一印花税。这样，单一税论的花色实在是很多的。

第五节　单一税论的总批评

我们批评单一税论可以分总批评与分批评两种。分批评是就各个的单一税论而分别批评之，下节言之。总批评是就一切的单一税论而下以概括的批评，本节言之。我们对于单一税论的总括的批评，可以从两方面来着手：其一就是就单一税论的优点着想，其二就是就单一税论的缺点着想。

（1）单一税论的优点　单一税论的优点又可以从两方面来着想，其一就是就租税制度沿革史方面来着想，其二就是就租税原则方面来着想。

甲、单一税论在租税制度的沿革史上的贡献　历观租税史上单一税论的动机，往往是在乎借改良税制之力量，来达到改良社会的目的，所以虽然是任何单一税在事实做不到，但是此种税制单一化或简单化的论调，也不失为一种防腐剂或刺激剂，使苛捐杂税，暴敛诛求的腐化事实，不得不有时拜倒于正义公道之下，而稍敛其迹。所以我们若从税制改革史上着想，那么单一税论是不无有些贡献的。

　　乙、单一税论在租税原则上的优点　单一税论在租税原则上亦有相当的优点：其一就是单一税适合于国民经济的原则，这是因为采用单一税的时候，租税的征收只有一次，其妨害经济财货之生产及流通的程度，减少至最低度的缘故；其二就是单一税适合于行政简便的原则，这是因为在单一税制下，租税只有一种，征收的手续既简便，征收的费用又节省的缘故。

　　(2) 单一税论的缺点　单一税论的缺点亦可以分做两方面来观察，其一就是就实际上或可能性上来观察，其二就是就理论上或应否性上来观察。就第一点实际上或可能性上着想，单一税是违反课税的财政原则的；就第二点理论上或应否性上着想，单一税是违反课税的社会或伦理原则的。兹作比较详细的说明如下：

　　甲、单一税论在实际上是违反财政原则的　从政府财政的需要上讲起来，无论任何单一税恐怕是不能应付各级政府的全部开支的，这是单一税违反租税收入须足用的原则的。复次，单一税是又违反租税收入须有伸缩性的原则的，这是因为单一税是只有一种租税可以征收应用，当政费膨胀的时候，惟有增加单一税税率的一法来达到收支适合，但是有些单一税当税率增高的时候，其收入不但不能随之而增高，而且往往反随之而降低，如单一消费税是；即使有些单一税，其收入能随税率之增高而增高，但是如果税率太高，那么纳税者必定感觉到税率太重而养成一种反抗租税的心理，或滞纳，或避税，或逃税，则单一税的收入必至一败涂地而不可收拾。

　　乙、单一税论在理论上是违反社会原则的　单一税论不但在事实需要上是"此路不通"，就是在伦理或公道一方面讲，也是违反课税的社会原则的，盖：

　　第一、单一税违反课税须普遍的原则　"单一税之租税，惟有一种，故不能课税于一切之物，因亦不能课税于一切之人。而单一地租论，惟税地主而不税其他阶级之人；单一财产税，惟税财产阶级，而不税其他阶级；此虽出自单一税制度之本质，然亦不合于普遍之原则。又如单一所得税，乃捕捉税源之所得而税之，故凡有所得之人，皆可普遍课税，无有遗漏。然此惟理想的能明所得之真相时，始可实行；但实际上，则所得之真相，不易窥测。盖经济发达，非仅获得所得之法甚多，且所得之额又由种种事实，变化不已，外部不能测知之也。夫所得者，固有待于当事者之呈报；但肯呈报真相，而愿缴纳较多之税者，非正直诚恳，且富于牺牲精神者不能。故虽在单一所得税，由租税技术上言之，亦不能捕捉一切所得。不能捕捉之部分，若免其税，是明明违背普遍之原则也。此论亦可移用于单一资本税，单一消费税等；盖各人有若干之资本，有若干之支出，不易确实察知之也。故由此点观之，单一资本税及单一消费税等，亦有背于普遍之原则。"（萨孟武译《租税总论》，页 411）

第二、单一税违反课税须平等的原则　由租税技术上言之，租税客体（object of tax）的真相是不易测知的，而其不易测知的程度又有差别。例如所得、资本、消费，或可测知其较近于真相者，或仅能测知其与真相相差甚远者。这样，租税客体的真相既不易测知，测知后而亦大有差别，那么其租税负担之不能与其担税能力相称也可知了；这明明是违反课税负担须平等的原则的。且此种违反平等正义的原则的程度，是与单一税率成正比例的。

第三、单一税缺乏调和性或补偿性　单一税既经违反了普遍与平等的两个课税原则，而又没有方法可以来调和调和，补偿补偿。"盖在复税制度，某一税若反于正义，可用他税补之，使全体之租税合于正义，是称为复税制度之补偿作用。反之，单一税制度，惟有一种租税，故其发生不公平不平等之弊害时，不能用他税以补之。要之，单一税制度无补偿作用之余地，是实单一税制度之缺点而不可救药者也。"（萨孟武译《租税总论》，页 412）

第四、单一税剥夺政府实行种种社会政策的手段　在单一税制度下，政府是不能利用租税政策来达到各种社会政策的目的的：如抽取纸币发行税以限制兑换券之发行，抽取保护税以保护本国的幼稚实业，抽取极高的烟酒税赌博税以取缔有害的消耗品及其他种种含有社会政策的租税；在复税制度下是一一可以实施，而在单一税制度下是大抵不能实施；那么，单一税的目的虽在改良社会，而其结果倒反不能改良社会吗？目的与结果之自相矛盾，盖未有如单一税论之甚者也。

第六节　单一税论的分批评

单一税论可以分做（一）单一消费税论，（二）单一土地税论，（三）单一所得税论，和（四）单一资本税论四种。所以单一税论的分别批评，也可以分做同样的四种。兹分述之如下：

（1）单一消费税论的批评　单一消费税的缺点至少是有三个：第一，单一消费税的出发点在赋税享益说，须知此赋税享益说是很不公道的。第二，消费税是一种很不公道的累退率税，因为贫民所付消费税与其纳税能力的比例是比富民来得高啦；有人谓消费税是一种比例税，此就支出部分而言，未始不是，但就全部担税能力的所得而言，那就不但不是比例税，而且是累退税了。其三，消费税只税支出而不税储蓄，那实在是太注重生产政策了；须知生产的目的在消费，生产虽足，若分配不均，那么社会问题总是要闹得天翻地覆的。这样，所以单一消费税是违反民生主义的第二个办法的，因为不税储蓄、财产、和资本，就是不节制资本啦。至就租税技术上讲，那么，人民的消费，不能一一捕捉而税之犹其余事。

（2）单一土地税论的批评　单一土地税论的根据有三个，其一是重农学派的土地纯生产论，其二是舍尔曼的地税转嫁论，其三就是亨利乔治的不劳而获的地价论。重农学派的土地纯生产论，实在是当不起科学的推敲的，因为有纯生产的生产要素不只限于土地也。舍尔曼的地税转嫁论也是当不起科学的推敲的，因为土地税大致是不能转嫁的。亨利乔治的不劳而获的地价论，那又未免忽略了除地价外的种种不劳而获的价值。这三种理论的根据一倒，那么它们的建筑物——即单一土地税——自然也应当随之而倒了。至单一土地税的不良影响，如农业凋敝（因农业的租税负担太重）和不动产价格之一落千丈等之违反课税的经济原则，犹其余事。

（3）单一所得税论的批评　一切租税的泉源，是在于纳税人的所得，这是很明显不过的事实，所以单一所得税论，实在是单一税论中之最高明者，然而也有它的缺点在。缺点为何？就是（一）无消费税使有种人尽些纳税的义务，那么外国游客及依靠他人的津贴以资生活者，都可以不纳税了；（二）无营业税使有种人尽些纳税的义务，那么亏本或无盈余的营业行家，可以不纳税了；（三）无财产税使有种人尽些纳税的义务，那么吃遗产而无所得，或有空地空屋的不动产而无所得的人，也可以不纳税了。至就租税的技术而言，一般所得的真相之不易测知，那犹其余事。

（4）单一资本税论的批评　资本就是过去的所得之储蓄下来而化为财产者，所以单一资本税也就是单一过去所得税，也就是单一财产税。有人谓单一资本税为最良的单一税，此实大谬，因为资本或财产不是税源，而是税源所从出之本源也。复次，单一资本税并不能使有所得而无资本的人（如各种自由职业者，如医师、律师、教师、会计师、工程师等）尽一些纳税的义务，这实在是很不公道的。至就租税的技术而言，一般资本或财产的真相之不易测知，犹为余事。

第七节　复合税制之必要及其组织

上述单一税制之利害比较，可知无论任何单一税在事实上是万无实行的可能性的。反过来说，就是复合税制（multiple tax system）是万万不可少的了。复合税制的必要，至少有三个理由：其一就是要解决国家财政问题，惟复合税制为能使公家的收支适合；其二就是要解决赋税的公道问题，惟复合税制为能有补偿作用，使各税的利弊互相抵消以至于平；其三就是要解决寓禁于征的问题，惟复合税制为能协助政府迅速施行各种社会经济政策。

复合税制既系必要，然则究竟应当复合到什么程度呢？当然，复合税制是不能太复杂的，是必要求其相当的单纯化的，是必要在上述三个条件之下，求其越简单越好的；因为如果税制太复杂，那么，课税的经济原则和行政原则就不得不完全牺牲了。

复合税制既为必要，而其复合的程度又不可过分，然则复合税制的组织到底是应当怎样的呢？有人以为复合税制可以分做直接税与间接税的两大系统，凡所得税、财产税及营业税等属于直接税系统，而消费税则属于间接税系统；但是消费税中如使用物税、使用人税、奢侈税、房租税等是不能转嫁的，所以不是间接税，而财产税（如房屋税）及营业税〔如销售税（sales tax）〕亦有可以转嫁者，所以也是间接税，不是直接税；这样，复合税制之以直接税与间接税来组织，似不很妥当的了。又有人以为复合税制可以分做对人税与对物税的两大系统，所得税、人头税、灶税、户税、等级税（class tax）等是属于对人税的系统，而财产税、营业税、货物税（即消费税）等是属于对物税的系统；但是对人对物有时是很难分别的，如灶税岂不是以灶做标准吗？又如财产税及营业税，岂不是向所有主的自然人征税吗？又有人以为复合税制可以分做直接税、间接税和补足税或流通税的三大系统；上面著者对于直接税与间接税的区别，已经加以怀疑和批评，所以这个复合税制的分类组织，似也不很妥当的。日人小川乡太郎在他《租税总论》里面所主张复合税制的组织体系，颇与上说相吻合，不过他叫直接税为收得税，叫间接税为消费税而已，流通税还是叫做流通税。小川氏之说，比较起来，是在上列诸说中的最完备者。兹特述其组织的大纲如下：（萨孟武译《租税总论》，第431—439页）

（1）收得税的体系　以一般所得税为骨干，而副之以补充税及不劳利得税。补充税就是或为收益税（如地租税、家屋税、营业税及资本利子税等），或为个别所得税，或为一般财产税，或为个别财产税；自学理上言之，应以一般财产税为一般所得税的补充税，然而在事实上，恐怕一般财产税是不能包括一切的财产在内，所以实际上还不是仍旧是个别财产税或不动产税吗？（因为不动产是不易逃税的）不劳利得税，就是第一须于一般所得税之外，更当设立超过所得税〔如平时特别利得（excess profit）和战时特别利得（war profit）〕，第二须于一般财产税之外，更当设立动的财产税。（如相续税、赠与税、发财票利得税、土地增值税、及其他财产增价税等。）

（2）流通税的体系　流通税当以财产流通税及价格流通税组织之。（"组织流通税之体系时，当先捕捉流通税之客体。流通税之客体为经济流通，然欲课税于经济流通，当先捕捉经济流通本身；不能捕捉经济流通本身时，则当捕捉关联于经济流通而发生之行为。经济流通本身者，发生财产之移转之行为也；……关联于经济流通而发生之行为者，附属于经济流通之行为或补助经济流通之行为；如在经济流通之际，作制文书，使经济流通行为不能取消，或用此而将所得之权利对抗第三者是也。故流通税可分为课税于经济流通本身，及课税于经济流通之附属行为或补助行为二种。课税于经济流通本身，乃捕捉发生财产移转之行为而税之，故可称为财产流通税。课税于经济流通之附属行为及补助行为，则其附属行为及补助行为，常可表示价格而测知未来之经济流通，故可称为价格流通税。"）财产流通税的骨干为行为税或取引税或移转税，（行为税是法律的名词，乃指财产移转的法律的效果和行为而言；取引税或移转税是经济的名词，乃指财产移转的经济的效果而言。）而副之以手数料。价格流通税可分为登录税与印花税二种：前者是补助经济流通行为的一种课税，而登录是补助财产移转的一种主要行为，所以登录税也可以说是一种补助行为税；后者是经济流通的附属行为的一种课税，其纳税的方法常以贴印花于票据或簿据出之，故称为印花税，这样，所以印花税也可以说是一种附属行为税。此外为欲捕捉经济流通中的不劳利得而使之纳税，又可以加入投机税或交易所交易税（即日语取引所取引税）。

（3）消费税的体系　消费税的客体不外三种：第一就是以一定时期的个人总消费的货币估值为标准而税之，第二就是以个别的消费财货为标准而税之，第三就是以消费财货中的使用财货及个人的享乐为标准而税之。第一个标准的消费税就是一般消费税，不过一般消费税是很不容易实行的，所以一般消费税是不能做组织消费税的一系的。这样，所以现今世界各国之所谓消费税体系，是专指第二与第三标准的消费税而言。以个别消费财货做标准的消费税，大概可以分做两大系：其一为关税，凡输入输出税等均属之；其二为内国消费税或产销税，凡对于生活必需品、安适品、嗜好品、及奢侈品之税均属之；关税与内国消费税是先向商人征收而后再由商人转嫁于最后的消费者，所以也可以叫做间接消费税。以第三的标准而课赋的消费税，大概也可以分做两大系：其一就是以使用物（即财货）的利用为课税之客体，如课税于家屋之利用者则为住家税或房租税；课税于有几种动产（如钢琴、汽车、犬类、钟表、图书等）之利用者，则为狭义奢侈税或直接奢侈税；其二就是以个人的享乐为课税之客体，如对于宴客则有筵席捐，对于看戏则有娱乐捐（amuzement tax）等是；凡使用物税，使用人税（如仆役税、马夫税、婢妾税等），直接奢侈税，和娱乐税等，也可以叫做直接消费者，因为租税就是课在最后消费者身上，无从转嫁也。

小川氏此种脱胎于德国学说的复合税制度体系的组织法，表面观之，似可谓极完备，极合理，极适用的了。然而过细的研究起来，此种租税体系组织法是不能包括一切的课税的，即如近世文明国家对于城市改良或不动产改良所抽取的捐税如特别课赋（special assessment 此名词在美国最流行），或不动产改良税（betterment tax 此名词在英国最流行），是不能网罗在内的；若谓特别课赋是不应包括在复合税制之内的，那么为什么把严格的讲起来并不是租税的手数料（即规费），倒反包括在流通税之中呢？吾恐小川氏无以自圆其说也。

以著者的愚见来组织复合税制的体系，以为最好是分为

（一）享益课税（taxation according to benefit theory）与（二）能力课税（taxation according to ability or faculty theory）两大系统，那么庶几无论什么课税，连规费与特别课赋在内，也可以网罗无遗了。依此计划，那么不但对人税与对物税的分类有它的地位，（对人税大概是属于能力税的，对物税大概是属于享益税的。）不但比例税与累进税的分类有它的地位，（比例税大概是属于享益税的，累进税大概是属于能力税的。）就是直接税与间接税的分类，亦有它的地位；（大概享益税中的大部是可以转嫁的，所以是间接的，而能力税中的大部是不能够转嫁的，所以是直接的。）至享益税与能力税的组织之能够包罗租税的多分法和能够满足课税上的种种重要原则如普遍（享益税主普遍），公平（能力税主公平），足用（享益税与能力税的收入都是很大的）等，那犹其余事。况且在此三民主义的势力笼罩在全球的现状之下，我的复合税制体系的组织法，似乎是很合乎潮流的，并且也是很合乎将来的需要的；能力税的目的在乎节制资本（包括平均地权说在内），这是很合乎民生主义的或温和的社会主义（也就是社会政策）的；享益税的目的在乎使国民人人都多少负担一些公家的经费，这是很合乎民权主义的，因为如果人人要参政，那么最好人人是须多少纳些租税以先尽义务的；两税合，则国用充足，那么安内攘外，保持世界和平的经费都有所出，这是很合乎民族主义的。因为我们如果要我们的民族强盛，那么我们是必须或以享益为标准，或以能力为标准，毫不刁难的，对于代表我们的民族的国家或政府（当然是为人民谋利益的良好政府），尽我们纳税的义务的。

兹把著者对于复合税制的体系的组织列表于下，以示一斑：

（1）享益税系统

甲、规费类捐税　如（一）手续费如（注册费、检验费、诉讼费、执照费等类），（二）财产移转税（即契税），（三）验契税，及（四）印花税（如交易凭证印花税及人事凭证印花税等）等等。

乙、特别课赋或不动产改良税（或又名曰筑路征费）。

丙、间接消费税类　如（一）关税或国境税（如货物输出入税），（二）内国产销税（如货物出厂税如卷烟税、火柴税、水泥税、棉纱税、麦粉税等，货物出产税如盐税、矿产税等，及货物取缔税如烟税、酒税、锡箔税等）。

丁、营业税类　如（一）交通税，（如码头捐、船捐、船钞、车捐、摊捐、公路使用捐等等）（二）广告税，（三）牌招税，（四）销售税，（五）牙捐牙税，（六）当捐当税，（七）屠宰税，（八）总营业税，（九）交易所税，（十）纸币发行税。

（2）能力税系统

甲、所得税　如（一）个人所得税，（二）公司所得税（包括银行收益税），及（三）意外利得税（包括营业过分盈余税。）

乙、财产税　如（一）遗产税（包括死税与相续税），（二）土地税，（三）建筑物税，（四）不动产自然涨价税，和（五）资本税等等。

丙、直接消费税　如（一）使用物税，（如犬税、猎税、汽车税、及其他奢侈品使用税等）（二）使用人税，（如仆役税、马夫税、婢妾税等）和享乐税（如娱乐税、赌博税、及筵席捐等等）。

第五章
课税原则概论

　　在前章税制概论里，我们对于课税的四大原则，已略有所论及，现在作较详细的研究如下。

　　课税原则者何？即征税时应采取的各种标准或法则是也。中世纪偏重伦理，18世纪偏重行政，近世则偏重经济，而三者均或多或少含有财政的考虑。近世各国财政学者之讨论课税原则也，大抵不复墨守英儒亚当·斯密之四个原则了。德之瓦格涅（Wagner），美之赛力格孟（Seligman），盖均有独特的意见发表者也。

　　按亚当·斯密之四个课税原则，实仅一个或二个原则而已：即行政原则及伦理原则是。其主张租税数额须确定不可武断也，租税征收方法与时间须与纳税者以便利也，租税征收费须搏节而经济也，这明明都是从行政方面着想。其对于伦理方面，稍可差强人意者，不过第一条主张课税须公平而已。然其解说公平也，则又含糊其词，自相矛盾：谓之累进税可，谓之比例税亦可；谓之享益税可，谓之能力税亦可。

　　又按德儒瓦格涅，分课税原则为四项：第一即财政原则（即税收须多额，确实，而有伸缩力）；第二即经济原则（即课税须不侵犯一国原有之财产，不阻害幼稚产业及改良和发明，不税及生计品、原料、及关于开发文化之用具）；第三即公正原则（即课税宜普及一般，不宜有不当免税，并宜平等）；第四即行政原则（即课税正确，宜便利，并宜节约征收费用）。美儒赛力格孟对于课税原则的意见大致与瓦格涅相同，其不同之点，即在赛氏改称公正原则为伦理原则而已。本章所论，大抵系根据赛氏的意见。

课税原则，大致可分为伦理的，财政的，行政的，及经济的四种。而四者之中，又大致可分为首要原则与次要原则两种，请分论如下，先次要，后首要。

第一节　课税的次要原则

课税的次要原则可分为三：即财政原则，行政原则，暨经济原则是也。兹分述之如下：

（一）财政原则　财政原则者何？一言以蔽之，即富有生产性是也。爱尔兰财政学者巴斯太白尔至以富有生产性为课税之最要原则，非偶然发生的理论也。凡一税之成立也，其最要目的，大半在收入之丰饶。假使其收入毫无把握也，则何必多此一举。由此推论，则财政原则中，又可分为三个小原则，即一为确实可靠，二为足用，三为富有伸缩性，税收能随税率为正比例之增减。

（二）行政原则　课税的行政原则者何？一言以蔽之，即租税征收须有效率而已。欲征收有效率，则又有三小原则不可不注意。此三小原则者，即确定、经济、及便利是也。何谓确定？即税额之计算，税源之解析等等，须确定不易，不给征收员或吏胥等以武断鱼肉的机会。何谓经济？即征收费须节省，对于税收之比例须愈小愈好。假使征收费而等于，或竟至于超过税收，则有税不如无税，以其于国库毫无裨益也。何谓便利？即税法、税时、税地、税情等等，均须便利于纳税者是也。税法，即如何纳税之法：纳实物乎？纳货币乎？贴印花乎？抑以信用纳税乎？（信用纳税，即缓纳之意）税时，即纳税之时间，征收租税，须择人民最易纳税时行之。税地，即纳税之处所，亦须便于人民，如设立征收分局、分柜等等是也。税情，即纳税时征收人应如何决定纳税人之税源及税额等是也。即以所得税言之，征收人应先查纳税人之账簿乎？抑听其自己呈报乎？抑采溯源扣除之法乎？

（三）经济原则 经济原则者何？一言以蔽之，即租税之影响，须无碍于一国产业之发达而已。美国财政学家亚丹氏（H. G. Adams）亦谓理财有三箴，而其最要者则为"一国固有之产业必不可损害"（The patrimony of the state must not be impaired）是也。盖理财要道，不外二端：开源与节流而已。节流系消极的，其唯一方法，在节省各种经费。开源系积极的，其最要条件，为税源之培植，即所谓不竭泽而渔是也。竭泽而渔，断非有远见之理财家所忍出所肯出的。故课税原则之次要者，第三又贵不损害一国固有之产业。此外课税之与国民经济有关者，又须保护幼稚产业，优待生计品、原料、发明品、及文化工具等。

第二节　课税的首要原则

课税之次要原则，既已约略如上述，今请进而略述首要原则。课税之首要原则何？即伦理原则是也。伦理原则者何？即课税之公平而已。然则课税之公平能绝对否乎？曰不能。课税之公平，充其极，不过是相对的或比较的而已。请分课税之依据，课税之标准，课税之累进，课税之区别，课税之普遍，及课税之划一等目，述之如次下：

（一）课税之依据 课税之依据，约有三：即政府劳务费税，政府劳务值说，及人民纳税能力说是。

（甲）政府劳务费说 此说与酬劳同。政府保护人民，在在须费；故人民须赔偿之。此说之弊，在太无把握。以政府保护人民之费，将如何分摊于各个人乎？

（乙）政府劳务值说 此说与保护费同根据享益说而来。人民既享政府保护之利益，自当纳税以作保险费。此说之弊，在无法确定各个人所享之利益。即使可确定各个人所享之利益，则无力纳税者，反须多纳税。即如乞丐与疯人院中病人等等，享保护之利益较多是也。

（丙）人民纳税能力说　此说较上二说为公道，又可以分二方面来解释：即第一，消费方面，第二，生产方面。观消费之多少，既可知纳税者之能力。观所入（即生产）之多少，亦可知纳税者之能力。二方面兼顾，则租税能力说，始毕尽其能事。否则终属偏面之能力说也。能力说之消费方面，又有二说。一为英儒密勒（Mill）之牺牲平均说（Equal sacrifice theory of taxation），一为英儒爱特瓦斯（Edgeworth）与美儒卡佛尔（Carver）之社会至少牺牲说（Minimum sacrifice theory of taxation）。第一说之结果为比例税，或累进税。第二说之结果为实行均富主义。

（二）课税之标准

（甲）以人头为标准（head tax or poll tax）　当国民经济未发达之时，贫富之阶级未分，人头当然为最适宜最平等的标准。

（乙）以消费为标准（expenditure tax）　近世纪之初叶，英儒霍布士（Hobbes）及配对（Petty）等，均主张消费税。然此税之弊，在不公平。何以言之？以富者所消费与其所得之比例，常小于贫者所消费与其所得之比例也。这是违反能力说的第一点。消费税并不除免生活最少限度费（minimum of subsistence），即并不区别必需之消费（necessary expenditure），与安乐奢侈之消费（non-necessary expenditure）。这是违反能力说的第二点。复次，消费税施之于平时，则常足妨碍产业之发达，以其直接减少消费，即间接减少生产也。至消费税在战时的作用，那又应当别论。

然则消费岂完全不足为租税之标准乎？此则又不尽然。盖消费税有时亦可济一种租税制度之穷也。当所得税未实行以前，住屋税不啻是一种假设之所得税（Presumptive income tax），盖住尾之多少，往往是所得多少的返影也。这是消费可为一部分租税标准之第一点。国家欲禁止不利于社会之消耗（如鸦片烈酒等），则消费税不啻就是罚款，这是消费可为一部分租税标准之第二点。政府如欲防止种种奢侈的消费（如烟酒及妇女之饰物等），则消费税实有寓禁于征的意义。这是消费可为一部分租税标准之第三点。一国政府，或一地方政府，欲使旅居其国其地之外人，或外省人稍尽一些纳税的义务，则消费税又为免除种种复税之不二法门。这是消费税可为一部分租税标准的第四点。

（丙）以财产为标准（property test）　财产税当农业时代，甚能得课税之平，故欧洲中世纪盛行之，至近世纪，瑞士与美国犹行之，但不久恐将绝迹了。财产税之弊有六：第一是财产与收入常相左，同一种类的财产，其所产生的收入，常有差异；第二是财产税足以摧残积蓄，财产为积蓄之果，税其果，则因将必受其影响；第三是财产税足以使无产之富人逃税，有些富人，其所入多由劳役及个人能力，此二者均免税，此非课税之平？第四是财产不足为能力之标准，方今能力之标准，已易财产而为所得或利润矣（profits）；第五是财产税足以减少国内之资本，这是与课税的经济原则不符的；第六是财产税之不易征课（assessment），凡动产与形而上的财产（intangible property），几完全在逃税之列，观于美国一般财产税之成绩，就可知道了。然则财产岂完全不足为租之标准乎？此则亦不尽然。盖财产税同消费税一样，有时亦可济一种租税系统之穷。当所得或利润之增减，尝生比例的增减影响于财产价值之上，则财产税与所得税，几为二而一，一而二的二种异名同质的租税。这是财产可为一部分租税标准的第一点。当财产之仅供娱乐之用（如猎地、靶子场、跑马厅、私家花园等等）的时候，则所得无所依据，财产税反为唯一适当之税。这是财产可为一部分租税标准的第二点。当一种证券之被把持而作投机品也，则财产税亦为唯一之适当租税。这是财产可为一部分租税标准的第三点。当所得税之不能税及财产以达课税之公平的时候，则财产税大可济所得税之穷，而补其不足。这是财产可为一部分租税标准的第四点。当战役之后，国债累累，无法偿还，则资本捐（capital levy）或可为理财之一妙策。这是财产可为一部分租税标准的第五点。

（丁）以毛收获为标准（yield or produce test）　这个标准较胜于财产，但其弊亦有二：即（一）不能确定纳税之能力，以毛收获并不是纳税能力之真正标准；（二）不体贴各纳税个人景况之各异，至各人生产费（cost of production）之差异，更不必说了。

（戊）以所得为标准（income test）　这个标准较以上四标准都为满意，然亦有其弊，即（一）所得解说之浮泛，（二）所得税率（比例乎抑累进乎）与所得性质（劳力而得，抑不劳力而得乎？勤劳所入，抑投机所入乎？）之不易确定，（三）所得不足以表示纳税能力，（盖各人所处之境遇不同，故二人有同样之所得，而其纳税能力却各异。）及（四）所得只能作为生产方面纳税能力之表示，而于消耗方面纳税能力，则未免付之阙如。

（三）课税之累进　税之累进，起于 1870 年至 1890 年间，其发源地为瑞士、澳洲及新西兰，稍行于 1890 年至 1909 年之间，如美国伊利诺州之遗产税，澳洲之所得税，普鲁士之所得税（1893），由 1 分起至 4 分止是也。盛行于 1904 年至 1914 年之间，如英国之所得税，美之修改宪法（1911）（俾所得税与宪法不抵触），通过所得税法（1913）是也。而大行特行于 1914 年至 1922 年之间。如 1922 年美所得税之最高率为 58%（经常率 8 分附加率 50 分），1920 年英所得税之最高率为 60 分，德所得税之最高率为 70 分，1919 年意所得税之最高率为 25 分。就遗产税而言：1920 年美之最高率为 25 分，英为 50 分，法为 59 分（出之总遗产）及 39 分（出之分遗产），德为 70 分。就资本捐而言：意之最高率为 50 分，德为 65 分（1917）。就奇赢税（excess profits tax）而言：美之最高率为 65 分（1918），加拿大为 75 分，德、法、意均为 50 分。就财产之增价税（property increasement）而言：1919 年战后德国之最高率为 100 分，1920 年意之最高率为 80 分。

各国租税累进之程度，既如上述，然究据何说以圆其说耶？累进所据之学说，约可分为三：一为社会主义说（socialistic theory）或社会改良说，此说盖欲借累进税率以达到均富均产的目标者；二为政府补过说（compensatory theory），此说以为政府平时的举措，虽其初意或为不偏不党，但其结果是往往损此益彼，或损彼益此，即如关税法之修改也，有因之而受损失者，然亦有因之而获重利者，政府税获重利者以累进率，实不过平其法律上所造成之不平，与补救自己已往的过失耳；三为心理说或界限效用说，此说以为富者以所得多，故其所得的界限效用低，贫者的所得少，故其所得的界限效用高，今欲使富者纳税的界限效用牺牲与贫者纳税的界限效用牺牲相均衡，则富者非纳累进税不可；四为经济说（economic theory），此说又可分为二方面来讲：即享益说（专指生产方面之纳税能力而言）与能力说（兼指生产方面与消费方面之纳税能力而言）是。欲得赋税之平，则享国家保护之利益多者及纳税能力大者，自当多纳租税以维持国家的经费。此四说之中，似以后二说为平易近人，切实易行。

（四）课税之区别（Differentiation or diversification of taxation） 所谓课税之区别者，就是税物应有区别的意思。试举所得言之。1907 年英国所得税把所得分为两大类：一曰由基金或资本而来〔或简称谓基金的或资本的（funded）〕的所得，一曰由劳力等等而来〔或简称为非基金的或非资本的或径谓劳力的（unfunded or labor）〕的所得。第一种所得，亦可谓之懒惰所得，永久所得，投机所得。第二种所得，亦可谓勤劳所得，暂时所得。1864 年意大利分所得为三种：即（一）投机所得，（二）劳力所得，及（三）混合所得或营业所得（包括资本所得与劳力所得）是。至 1922 年，又分所得为四种：第一种为资本所得，〔又分为三：（一）证券所得，（二）房屋所得，及（三）土田所得。〕第二种为商业所得，第三种为职工所得，第四种为官吏所得。要之：不外以所得之难易，以区别税率之轻重而已。

（五）课税之普遍 所谓课税之普遍者，就是人人在同样之下，须付纳租税，不应当有不正当的免除（exemption）也。按租税之免除，其源甚古。昔法兰西革命之前，贵族教士等最有能力的人即为不纳租税之人。近世各国日趋民治，故不公道的阶级免除，一变而为公道的一般免除。近世比较合于公道之一般免除，大致可分三类：其一为最低生活费的免税，其二为实行社会政策而免税，其三为推销公债而免税。英儒边沁首创最低生活费免除说（minimum of subsistence），谓其毫无纳税能力。〔最低生活费亦有人叫做生活效率费（efficiency of subsistence）。〕此说本甚公道，但反对者则谓免除最低生活费，实有违反课税须普遍之原则。为实行社会政策而免除租税，其例甚多：如不税储蓄银行，不税幼稚事业，不税新住宅，不税学校与教员，不税教堂与教士，不税航业公司等等是也。为推销公债起见而免除公债利息的课税，其利在可以节省公家的公债利息支出，与可以巩固公债之信用；其弊则在减少税入，富者愈富与违反课税须普遍的原则。赞成公债券免税者，大抵主前说；反对公债券免税者，大抵主后说。而折衷派所主张，则不外战时赞成前说，平时赞成后说，以公债券若免税，税收减少，实无可讳言，彼公债利息之节省，恐不能抵销公债免税之损失耳。若在战时，则以生死存亡关头，另作别论。至企业家之赞成举债之自由竞争，则更不必说了，以公债券若无免税之特权，则其推销未必能较公司债券为优也。

（六）课税之划一　课税划一云者，即公家对于二个同样条件的纳税客体，须课以同额的租税是也。租税问题中之最与课税划一有关者，断推重复课税（double taxation）问题。按重复课税又可分为两种：其一为受同一政府之重复课税，其二为受二个政府或二个以上政府之重复课税。同一政府之重复课税，又可分为四层：第一，既课财产，又课财产之所得是也。此种重复课税，大半不得租税之平，然有时为区别投资所得与劳役所得起见，不得不于总所得税之外，又课财产税也。第二，既课不抵押财产，又课抵押财产（mortgage）是也。此种重复课税，行之个人，殊不公平，以抵押财产实非纳税者所有也。但施之公司，则并不违反划一之原则，何则？

以公司债即不啻为公司之资本耳。第三，既课公司又课股东是也。表面观之，此种重复，殊不得租税之平，然公司税若为一种法人税（impersonal tax），或营业税（business tax），则亦未可厚非。第四，既课公司又课公司之股票是也。然公司即股票，股票即公司，此种重复课税，殊不合划一之原则。这是同一政府重复课税的大概情形。

至二个或二个以上政府之重复课税，其解决之方法有四：其一即以纳税者之籍贯（political allegiance），而定其税之谁属。此法粗而不当，可束之高阁，置之不理。其二即以纳税者之暂时居住地点（temporary stay），而定其税之谁属。此策较善于第一策，然犹未尽善也。其三即以纳税者之永久住址（domicile），而定其税之谁属。此策更进一步，亦未尽善也。其四即以纳税者之经济关系（economic interest）或经济归依（economic allegiance）而定其税之谁属，则尽善尽美矣。按此经济关系或归附的原则，则纳税者在暂时住在地点，须纳消费税（expenditure taxes）；在永久住在地点，须纳所得税（income tax）；而在财产所在地或营业所在地，须纳财产税（property tax）或营业税（business tax）是也。

世界愈文明，国际交通愈便利，各国人民往外国游历及经营工商业者亦愈多，则国际间之重复课税问题，似又为不可逃免了。

兹将著者在《经济学季刊》第一卷第四期所发表的"介绍赛力格孟著二重赋税与国际财政合作"一文附录于下，以资参考：

1927 年夏，美国哥伦比亚大学财政学教授赛力格孟博士（Doctor Edwin R. A. Seligman）在荷兰海牙国际法学院（Académie de Droit International de La Haye）作二星期的演讲，其演讲的题目为"二重赋税与国际财政合作"，原辞为法文，由该院以法文 La double imposition et la coopération fiscale internationale 发表行世。后 1928 年赛氏又自译为英文 Double Taxation and International Fiscal Ccöperation 由美国纽约市麦美伦图书公司（The Macmillan Company，New York）出版行世。吾师赛氏不但是美国财政学的泰斗，实在也是全世界财政学的权威，其新出的书籍，颇有介绍于国人之必要。兹不揣谫陋，谨把该书的内容摘要说明于下。

该书共分八章一附录。第一章的标题为"问题之发生"；第二章之标题为"实际的困难"；第三章为"最初的解决企图"；第四章的标题为"租税的分类"；第五章的标题为"租税分类与二重税避免的关系"；第六章的标题为"经济专家委员会的解决方法"；第七章的标题为"技术专家委员会的解决方法"；第八章的标题为"结论"；末附技术专家委员会呈国际联盟会财政委员会（The Financial Committee of the League of Nations）的报告。

在第一章里面，赛氏先述国际财政合作的三个途径，就是（一）国际财政统计的合作，以利比较；（二）国际财政消息的合作，以利征税；（三）国际二重赋税避免的合作，以消除租税的不公道；次述国际二重赋税之由来，其缘因有三，就是（一）政治的为近世国族主义（nationality）之兴起，（二）经济的为近世资本主义或产业革命之兴起，及（三）财政的为近世公家经费之膨胀及租税制度之变迁；又次述国际二重赋税之不发生于行为税（taxes on transactions），不发生于消费税或支出税（taxes on expenditure），不发生于不动产税（taxes on real estates），而发生于动产税、（taxes on movables or personal properties，动产为有价证券等）营业税、所得税及遗产税等。

在第二章里面，赛氏先以历史的眼光，来叙述租税的进化，由对人税到对物税；对人税最初为人头税（即中国古代的口赋），以后逐渐进为阶级税；对物税也就是财富税（tax on wealth）或货物税（tax on commodities）；财富税或货物税之最早发现者为消费税（tax on consumption of wealth or goods，即关税与国内产销税或销场税两种），寖假而演进为交易税（exchange tax）、销售税（sales tax）、行为税（tax on transactions，亦可译为成交税）、或移转税（tax on transfer of properties，包括一切登记费及登录税等在内），寖假而又演进为财富所有或占有税，（tax on ownership or possession of wealth）或财产税，〔包括土地税、房屋税、家具税、农具税、牲畜税、(tax on the cattle or sheep of the farmer)〕工人工具税，商人商店存货税（tax on the stock in trade of the merchant）及美国和瑞士近世所征收的一般财产税（tax on the general mass of property or general property tax 等在内），寖假又演进为生产税（tax on production）。〔生产税或为原料税或为生产过程税（tax on a certain production process），或为生产物出厂税等。〕消费税、交易税、及生产税是完全对物税；但是所有税就多少不能脱离人的关系了。而且近世对于财富的认识亦与从前对于财富的认识不同：从前对于财富的认识是具体的，是着重在财富组成员（constituents of wealth）或其形体的；近世或现在对于财富的认识是抽象的，是着重在财富的收获、来源（origin）或起因的。赛氏既述完了租税的演化，乃进而叙述二重税问题之发生及其解决之困难。他以为在上中古时代，二重税是不会发生的，因为人类生活简单，经济单位是村落的或都市市镇的，所以财富的坐落（situs），财富的来源地，和财富的所有人是同在一个地方的，因之无论是抽对人税或对物税或财产税，是不会发生两个管辖机关（jurisdiction）同争一税源的事情。及至近世及现代，二重税就成为重大的财政和社会问题了，因为人类生活愈来愈复杂，经济单位越来越扩大，人口移动越来越频繁，于是不但财富坐落与自然人分离，财富来源与自然人分离，财富坐落（即动产或有价证券的坐落或动产所有人的住址）与财富来源分离，就是自然人的所在地或住址亦区别为三种了，就是（一）暂时住址（temporary residence），（二）永久住址（permanent residence or domicile），及（三）政治归附（political allegiance）或籍贯即国籍、省籍、县籍、市籍及乡籍等。甲政府以甲标准决定税源，乙政府以乙标准决定税源，丙政府又以丙标准来决定税源，于是同一税源也，或受二重租税的压迫，或受三重租税的压迫，或受四重五重租税的压迫，而重复税问题在今日国民经济与世界经济时代遂闹个不休了。

在第三章里面，赛氏先叙述欧洲中世纪（自从 13 世纪起）及十七八世纪的学者（包括三种人，一为教士，一为法官，一为大学法律教授）对于一般财产税及遗产税的二重税问题的解决方法，次述近世（一）联邦国各州或各省间对于二重税问题的解决方法，（二）帝国与各自治殖民地间，对于二重税问题的解决方法，及（三）独立国间对于二重税问题的解决方法。

一、联邦国各州间解决二重税问题的几个实例。

（一）1870 年德国规定(1909 年修正)各州的直接税对于有永久住址者抽之，如无永久住址，则可对于有暂时住址者抽之；各州的不动产税或固定实业税则(Stehende Gewerbe)完全以不动产的坐落(situs)为标准，其固定实业之范围跨越数州，者则其税以或种比例分配于各该州。〔1923 年通过的二重税避免法（Finanzausgleichgleichgesetz）其规定亦属大同小异。〕

（二）1874 年的瑞士联邦宪法给与联邦议会以防止州间的二重税（intercantonal double taxation）的权力和义务，但议会把这种职责转让与联邦法庭。法庭的判决标准，起初是住址，后来因股份有限公司的组织发达，乃亦采用别的标准。瑞士各州现在避免二重税的方法如下：不动产在坐落的一州须抽财产税及所得税；不动产抵押所得税，则由不动产坐落的一州和债权者永久住址所在的一州均分之；不动产出售的利润税大概是由不动产所在地的一州抽之，但遇出售不动产为经常的商行为时，则由出售人永久住址所在的一州抽之；动产税及动产的所得税，则由所有人永久住址所在的一州抽之；营业分散于各州的公司的营业税，则由各州均分之，但总行所在的一州应多分一些，其比例则由联邦法庭决定之。

（三）美国各州间解决二重税问题的方法是完全由各州法庭或联邦法庭消极的去限制的，不是像瑞士之由联邦法庭之积极的去限制的，更不是像德国联邦议会通过法律去限制的。

（四）印度的所得税，常犯国地二重税的毛病，其补救办法为纳税者可以要求退还二税中的数额较少者，其退税的负担，自国地二方面分担之。

（五）加拿大的遗产税，常犯州间二重税的毛病，其补救的方法为各州间之互惠协商。

二、帝国与各自治殖民地间解决二重税问题的几个实例。

（一）1920 年英国的财政法内，有一段关于帝国与各自治殖民地间的二重税的救济说：

如果一个应付纳所得税的人能够证明他的同年同样所得已经付过自治殖民地的所得税，那么他可以获得如下的救济：

甲　如果自治殖民地的所得税率不超过"联合王国"（即英国或大不列颠帝国的本部）的所得税率之半，那么救济率为自治殖民地的所得税率；

乙　否则，救济率为"联合王国"的所得税率之半。

（二）"联合王国"对于加拿大各省所征的遗产税，不再抽二重的死税，这就是说，在加拿大所付的遗产税额，可以在死税税基或税源额内扣除。

三、独立国间解决二重税问题的几个实例。

（一）一独立国立法上单独的规定，如

甲　比利时对于在国外已经抽过所得税的所得，只抽正税率 1/4 的所得税；而对于已经在外国抽过遗产税的不动产，则并不向之再抽遗产税。

乙　瑞士各州如祖吕去（Canton of Zurich）州等对于国外所赚的营业所得的税率，仅为正税率 1/3。

丙　荷兰的所得税法允许免除国外所抽的所得税数额于税基之外。

丁　美国的所得税法允许在本国的所得税内扣除国外的所得税，但对于驻美的外侨，则只以有互惠协定的国民为限。又规定免税程度以国外所得与总所得的比例为标准。

戊　1819 年荷兰财政规定如果外国不抽荷兰船的营业税（patente），那么荷兰也不抽该外国船的营业税。欧战后，各国多采用此种规定以鼓励海运业；即如（一）1921 年到 1923 年英美二国采行之，（二）1923 年以后日本及斯干狄拿微亚（Scandinavia）半岛诸国（即瑞典、挪威及丹麦三国）采行之。

（二）二独立国间的双方条约的规定，如

1843 年比利时与法国协定，关于征收租税的互助，如与租税有关的文书及消息的交换等。

1845 年比利时又与荷兰缔结同样的协定。

1851 年荷兰与德国关税同盟（German Zollverein）协定关于国际水道上执照费（license duties）的限制。

1873 年荷兰又与德国帝国缔结同样的协定。

1872 年英国与瑞士的负达（Vaud）州缔结关于遗产税的协定。

1898 年荷兰与德国缔结关于国际水道租税的协定。

1899 年英美二国缔结关于遗产税的协定。

1899 年奥大利与普鲁士缔结关于所得税的协定规定，（一）不动产所得，固定实业所得，及不动产抵押所得的所得税由坐落地政府抽之，（二）薪俸及恩给金的所得税由付出地点的政府抽之，（三）其他所得的所得税由住在地的政府抽之。

1901 年奥大利与 Lichtenstein 缔结同样关于所得税的协定。

1902 年奥大利与希腊缔结同样关于所得税的协定。

1904 年意大利与瑞士，1906 年意大利与奥大利及罗马尼亚，缔结关于外国实业家及销售员的所得税的互惠协定。

1906 年及 1911 年 Basel 与普鲁士缔结关于营业税的协定，规定营业税基应为公司总分店所在地所做的营业数量。

1907 年英法二国缔结关于防止死税的逃避的互助的协定。

1909 年卢森堡与普鲁士缔结关于所得税的协定，其规定与 1899 年奥大利与普鲁士的协定同，惟对于公司付与驻在国外的经理的薪给，则规定该所得税应由二国均分之。

1919 年西班牙与希腊缔结关于遗产税的协定，规定无论继承人是驻在国内或国外，可税的遗产是只限于国内的。

1920 年希腊与德国又缔结同上原则的遗产税协定。

1921 年奥大利与捷克（Czechoslovakia）缔结关于直接税的协

定，规定不动产及其抵押税由不动产坐落地政府征收之，有价证券
税由其发行地政府征收之，其他资本收得及年金税由永久住址所在
地政府征收之，而营业税则由二国平分之。

1921 年德国与奥大利、捷克、Danzig 及 Saar 缔结与上面条件相
同的协定。

1922 年匈牙利与捷克，奥大利与捷克，亦缔结与上面条件相同
的协定。

1924 年以后，欧州各国间所缔结关于二重税的协定，其规定大
致为（一）所得之起源于不动产、不动产抵押、营业、及自由职业
者由坐落地政府抽收所得税，而（二）所得之起源于有价证券、银
行存款、及年金者由永久住址所在地政府抽收所得税。

在第四章里面，赛氏以为要知道较新的避免国际二重税的企图，
则不可不先从租税的分类下手，于是他把租税分为如下的系统。

一 直接税

（一）对人税（personal taxes）：

甲 纯粹对人税如人头税等是；

乙 与财富发生关系的对人税如一般财产税及一般所得税等是。

（二）部分（或准）对人税（semi-personal or party personal
taxes）：（即与人发生关系的财富税）。

甲 半对人税（demi-personal or half personal taxes）如，

子 以财富的坐落（situs）为标准者则有（a）特种财产税
（special property tax）与（b）生产税或收益税或收获税（produce
tax）。

丑 以财富的来源（source）为标准者则有（a）营业税
（business tax）与（b）职业税（occupation tax）。

乙 类似对人税（quasi-personal or almost personal taxes）如，

子 以财富的发生（origin）为标准的特种所得税（special
income tax）或分类所得税（schedule income tax）是；

（三）对人对物混合税（mixed taxes）如各种的死税（death

duties）是：

甲　当死税以人为主而以遗产为副时，则为相续税或继承税（succession duty or share tax）；

乙　当死税以遗产为主而以人为副时，则为总额遗产税（estate duty）。

二　间接税亦即对物税（impersonal taxes）（即完全以财富为标准不管财富之谁属的租税）分为：

（一）货物税（taxes on commodities）；

（二）成交税或商行为税（taxes on transactions）。

在第五章里面，赛氏先详论上章租税的分类与租税的根据（租税的根据可分两个：一为享益说，二为能力说）的关系，次应用这个关系去解决困难的二重税问题。兹为明了起见，把赛氏在本章的大意列表说明之如下：

一　在类似公共收入（quasi-public revenue）里面，

（一）价格大致是完全为特种享益（special benefit）而支付的，而且是一定随货物或劳务的处所而支付的，所以无论是从享益主义讲，或从属地主义讲，是都不发生二重税问题的。

（二）规费或手数料大致也是无不为特种享益而支付的，而且支付的地方一定是在政府劳务所授与的处所，所以无论从享益主义讲，或从属地主义讲，也是不会发生二重税问题的。

（三）不动产改良税（betterment tax or special assessment）的支付起因为改良的利益，而其支付的处所当然又为不动产坐落的地方，所以无论从享益主义讲，或从属地主义讲，也是不会发生二重税问题的。

二　在公共收入（public revenue）里面，

（一）间接税或对物税是既无享益说之可讲，又无能力说之可言的：

甲　货物税是只顾属地主义的，所以是不会发生二重税问题的（除非是我国厘金之重床叠架）；

乙　成交税或行为税也是只顾属地主义的，所以也是不会发生二重税问题的。

（二）直接税中的纯粹对人税如一般所得税（global or general income tax）是只顾能力说的。因为只讲能力说，所以就不得不只讲属人主义；因为讲属人主义，所以就不得不只讲永久住址主义（principle of domicile）；一个人的永久住址只有一处，所以纯粹对人税是不会发生二重税问题的。

（三）直接税中的准对人税及混合税，则二重税的问题起矣，因为即如：

甲　半对人税内的特种财产税，或主享益说，或主能力说，或主属地说，或主属人说；

收益税，或主享益说，或主能力说，或主属地说，或主属人说；

营业税，或主享益说，或主能力说，或主属地说，或主属人说；

职业税，或主享益说，或主能力说，或主属地说，或主属人说；

乙　类似对人税如分类所得税，或主享益说，或主能力说，或主属地说，或主属人说；

丙　混合税如遗产税，或主享益说，或主能力说，或主属地说，或主属人说。

大致财富或所得所自生的地方的政府，为欲增加或维持税收起见，是无不主张享益说及属地说的；反之，财富或所得所有人的永久驻在地的政府，为了同样原因，是无不主张能力说与属人说的。其实据赛氏之意，能力说是可以包括享益说的；因为能力的表现有两方面，其一是消费或牺牲一方面，其二是生产或利益一方面。赛氏在该书第108—109页上说：

The above statement that ability itself is sometimes influenced by benefits needs a further explanation.

The contrast between the principle of ability and the principle of benefits is in one sense really less sharp than has often been supposed. This is largely due to the fact that the interpretation commonly put upon the ability theory is the one developed by the French writers of the eighteenth century and finally formulated by John Stuart Mill, the doctrine, namely, that the ability of the individual to pay taxes is to be measured by the sacrifices imposed upon him in paying the taxes.

The sacrifices concept of ability, is, however, inadequate. There are two sides to every man's activity — the production or acquisition of wealth and the consumption or disposition of the wealth. The acquiring of wealth normally costs some effort; the parting with the wealth always involves a pain. If by sacrifice we mean the costs involved, i. e., the costs of acquisition as well as of disposition, then, indeed, the sacrifice theory is correct. The term sacrifice, however, as conceived by Mill and commonly understood, refers only to the pains involved in parting with wealth. The common defence of progressive taxation, for instance, is that the relative sacrifice of parting with the wealth diminishes with the amount.

This, however, is a one-sided view. Just as there are differences involved in the disposition of wealth, so there are differences involved in the acquisition of wealth. We must think of acquisition costs or production costs, as were against disposition costs or consumption costs. If the term sacrifice is employed to designate the latter cost, the term opportunity might be used to designate the former. There are all manner of differences in opportunity which explain the relative ease of acquiring wealth. The most important of these differences, apart from those inherent in the very nature of things, depends, so far as the government or social sanction is concerned, largely in the question of privilege. Society affords the individual all kind of privileges, which help him to add to his wealth. It is therefore defensible to contrast sacrifice with privilege. In other words, instead of there being one aspect or test of taxable ability, there are two. A man's ability to pay taxes is to be measured not only by the relative burden imposed upon him in parting with his wealth, but also by the relative ease with which he has acquired his wealth.

To the extent, then, that the privileges enjoyed by individuals result in actual benefits to them, the privilege theory may be expressed, in part at least, in terms of the benefit theory. In its proper formulation, the benefit theory is not completely opposed to the faculty theory, but really forms a part, although a minor part, of the ability theory. Ability or faculty is, indeed, the fundamental explanation of the personal relation of the individual to the government in paying the most developed direct taxes; but ability to pay is composed of two element, the privilege element and the sacrifice element.

译文：上述关于能力本身有时受利益影响的说法需要进一步解释。

从某种意义上说，能力原则和利益原则之间的对比确实没有人们想象的那么鲜明。这主要是由于通常对能力理论的解释是由 18 世纪的法国作家提出的，最后由 John Stuart Mill 提出的，该学说，即个人纳税的能力是由他在纳税过程中所做出的牺牲来衡量。

然而，牺牲能力的概念是不充分的。每个人的活动都有两个方面——生产或获得财富和消费或处置财富。获取财富通常需要付出一些努力；而放弃财富则总是涉及到痛苦。如果我们所说的牺牲是指所涉及的成本，即获取和处置的成本，那么，确实，牺牲理论是正确的。然而，按照 Mill 的设想和通常的理解，"牺牲"一词仅指放弃财富时涉及的痛苦。例如，对累进税的普遍辩护，放弃财富的相对牺牲会随着数额的增加而减少。

然而，这是一种片面的观点。正如在处置财富的过程中存在差异一样，在获得财富的过程中也存在差异。我们必须考虑获取成本或生产成本，并与处置成本或消费成本相对照。如果用牺牲这个词来表示后一种成本，那么机会这个词就可以用来表示前一种成本。

机会方面存在各种差异，解释了获得财富的相对容易程度。这些差异中最重要的是，除了事物本质上固有的差异外，就政府或社会制裁而言，主要取决于特权的问题。社会为个人提供各种特权，帮助他增加财富。因此，将牺牲与特权进行对比是可以辩护的。换句话说，应税能力不是只有一个方面或测试，而是有两个方面。衡量一个人的纳税能力，不仅要看他放弃财富时的相对负担，还要看他获得财富时的相对容易程度。

那么，在个人享有的特权给他们带来实际利益的情况下，特权理论至少可以部分地用利益理论来表达。在其适当的表述中，利益理论并不完全与能力理论相对立，而是真正构成了能力理论的一部分，尽管是一个次要部分。能力确实是个人与政府在支付最发达的直接税方面的个人关系的基本解释；但支付能力是由两个要素组成的，即特权要素和牺牲要素。

三　只有经济归附的原则（principle of economic allegiance）可以解决二重税问题：

（一）经济归附的第一要素是财富的生产　生产税或起源税〔即发生税（origin taxes）〕，依照经济归附的原则是应当由生产地或起源地的政府抽取的。不过生产地又可分做两种：其一即自然或物理生产地（place of physical production），其二即经济生产地（place of oconomic production）由物理言之，财富之产生，当然与生产地的政府的保护有关系的，所以应当向之纳税。不过由经济言之，财富之产生，有的时候其原动力为住在另一地方的企业家的策划，所以又应当向另一地方的政府纳税了。这样，二重税问题就发生了。至如何避免此种二重税，那是要看经济归附程度的深浅了。

（二）经济归附的第二要素为财富的处理　财富的处理（disposition of wealth）可分三种：其一为消费，其二为贷出，其三为投资。不过无论消费、贷出或投资，其地点是大概与财富所有人的永久住址初无二致的。这样，所以财富的处理税终是永久住址地的政府抽取的，是不会发生二重税问题的。

（三）经济归附的第三要素为财富的所有或占有　财富的所有或占有（possession or occupation of wealth）可分两方面来讲：其一是财富的坐落或存在地，其二是产权保护地（place of the enforce ability of the property rights to wealth），如果二地能够合一，那么大概不致发生二重税问题；如果二地不能一致，即坐落在东而产权保护地在西，那么就自然而然发生二重税问题了。至如何避免此种二重税，那是也要看经济归附程度的深浅了。

在第六章里面，赛氏详细解释"经济专门委员会"〔The Committee of Economic Experts，该委员会为国际联盟会财政委员会（The Financial Committee of the League of Natiosn）的一个分委员会〕的解决国际二重税问题的提议。大概解决国际二重税问题的方法有四个：其一为扣除的方法（the method of deduction for income from abroad），如美国对于国人的国外所得准所有人扣除其在外国所付的租税；（本方法的缺点为纳税人住在国的政府的吃亏太大，因为如果外国政府所抽的租税是等于或大于住在国政府所抽的租税，那么住在国政府简直是只能屠门大嚼，分文不能到手了。）其二是免除的方法（the method of exemption for income going abroad），如债务国（borrowing or debtor country）为要鼓励外资输入起见，对于不住本国的外人财产或所得，不向其抽取财产税或所得税；（本方法的吃亏者当然是债务国，一如第一方法的吃亏者当然是债权国）其三为分派的方法（the method of division of the tax），如对于不住国内的外侨的遗产，由遗产坐落地政府与外侨住在地政府，按照一定标准而平分遗产税是；其四为分类的方法（the method of classification and assignment of sources），如把一切容易犯二重税毛病的租税分做坐落分量重的租税和住宅分量重的租税两种，而让坐落地政府抽收第一种租税，住宅地政府抽收第二种租税是。经济专家委员会的建议则为第四个的方法。经济专家委员会共有四个委员：其一就是荷兰的白鲁恩斯教授（Professor Bruins），其二就是意大利参议院的爱脑第议员（Senator Einandi），其三就是英吉利的斯坦泼爵士（Sir Josiah

Stamp），其四就是本书的著者美利坚赛力格孟教授。四人先于
1921 年及 1922 年内用通讯方法交换意见，最后在 1923 年春季集议
于瑞士之日内瓦即国际联盟会所在地。他们会商的结果，以为第四
种方法——即分类的方法——为最能解决国际二重税问题。关于这
部分报告的要点，大概可以约略述之如下。

一　第一类财富如土地房产之类为不动产，其租税应完全服从
财富的坐落、起因、保障及发生的原则。

二　第二类财富如矿产、油井及工商业机关等的不动产，其租
税虽仍应多多服从坐落、起因、保障、发生的原则，但是永久住址
的原则亦稍稍加入进来。大概事业越不靠土地者，则其服从坐落的
原则的需要越少，越依靠土地者，则其服从坐落的原则的程度越大，
矿业与油井服从坐落的原则的程度最大，工业机关次之，商业机关
又次之。

三　第三类财富如农具、机器、牧群、货币、珠宝及生财等的
有形动产，前三者〔农具、机器及牧群（flocks and herds）〕的租税
应多多服从坐落的原则（因为有一定处所，与土地发生关系多），而
后三者〔货币、珠宝及生财（furniture）包括美术品及图书在内〕的
租税应多多服从永久住址的原则（因为无一定处所，与人发生关系
多）。但是如果纳税者有好几个的永久住址，那么生财、美术品及图
书的租税就应多多服从坐落的原则。

四　第四类财富如船只等的有形动产（tangible movables），其租
税应多多服从坐落的原则或注册第的原则（即注册国的政府应抽船
只税）。

五　第五类财富如不动产抵押（real estate mortgages），公司股票
（corporate shares），公司债票（corporate bonds），公债票或公家证券
（public securities）及一般商业信用票据（general commercial credit
instruments）等的无形动产（intangible movables），除第一种（即不
动产抵押）的租税应一方面服从坐落的原则（不动产税），一方面服
从永久住址的原则（所得税）外，其余几栋的租税是统统应当服从

永久住址的原则的，因为无形的不动产大致是跟人跑的。

六 第六种财富如自由职业者收入及薪水（professional earnings and salaries），其租税更是不成问题的应完全服从永久住址的原则的。

这样，我们可以说，经济专家委员会对于如何避免国际二重税的建议是大致依据赛教授的经济归附的原则的。

在第七章里面，赛氏把技术专家委员会的建议与经济专家委员会两两比较一下，觉得大致尚相差无几。

在第八章结论里面，赛氏不过总括本书的大意和他自己对于国际财政合作的期望而已。

第六章
租税之逃逸转嫁与归宿

如果我们真正的要知道一个租税制度之是否符合各种课税原则——尤其是首要原则或伦理原则，那么我们就不得不进一步来讨论租税之逃逸、转嫁与归宿。因为只有归宿的租税——就是不逃逸和不转嫁的租税——才能决定纳税者的租税负担；纳税者的真实租税负担决定了之后，才能知道这种租税之是否合乎公道。

第一节　租税之逃逸
（Escape from taxation）

一、逃逸与转嫁之区别　逃逸就是始终全不纳税，故受其害者断为政府的税收。转嫁（Shifting）就是始付税者设法使他人负担该税，俾自己的租税负担得以大大的减轻或全免，所以转嫁是谁使谁负担租税的问题，对于政府的税收是毫不受影响的。所以逃逸租税不但是违反课税的财政原则，而且是违反课税的伦理原则——即公平原则和普遍原则的。何以呢？因为（一）如果一种租税是根据于纳税能力的，那么，逃税是有纳税能力的人而不纳税，是谓不公。（二）如果一种租税是根据于行政利益的，那么，逃税是有一部分享行政利益的人而不出代价，是谓不普。

二、人民为何逃逸租税　人民逃逸租税的心理及哲学，大致可分以下七种：

（一）逃税的政治心理　如果人民对于政府本身或其所行的租税不满意，而同时又没有力量去推翻它，于是乃不得不用逃税的方法去消极的抵制它。又如"不出代议士不纳租税"的口号，亦可作为逃税的借口。又如有时外侨进口商之设法逃税，亦有基于爱国心的。

（二）逃税的经济心理　有时税额太重，人民为维持生计计，不得不逃税。这种逃税是起于租税之违背能力说。补救的方法，不在防止人民之逃税，而在改良租税的本身。但有时人民有借逃税的勾当，做谋生发财的终南捷径者，那是非提高人民的道德程度不可了。

（三）逃税的冒险心理　人类多少有些冒险心，如果一个人能冒了重罚的危险，把一种物品偷运过关，而不为关吏所察觉，这似乎是一件很勇敢而可以自傲的一回事。这种逃税，往往并不是因为税额太重，亦不是因为非此不足以谋生，乃是完全受冒险心的冲动，以资好玩，且有时宁付 10 元的偷运费，而不愿付 5 元的正税。这种逃税行为，于己无益，于国有损，甚无足取。

（四）逃税的模仿心理　如果社会上有许多人在那里逃税，那么，其余未曾逃过税的人，将为保卫自己的利益计，也不得不效逃税者之尤而逃税了。因为如果不效尤，恐将为人呼为"阿木林"啦。其实这种模仿式的逃税，其缘因必别有所据。这种逃税多的国家，足见其人民租税道德（fiscal morality）之低劣了。

（五）逃税的自私心理　逃税的自私心理，是最为明显，最为普遍的。因为纳税是一种经济的牺牲，所以人民遇到应纳租税的时候，终要想出各种的取巧方法，去减少他的应纳的税额；即如缴纳所得税的时候，缴纳者终要在其所得的报告上，把免税的部分，尽量的扩大，而把应税的部分，尽量的缩小，以期减少应付的税额增加自己的利益。在人民租税道德低下的国家，这种逃税的心理是很普遍的。

（六）逃税的罪犯心理　这个逃税的心理，其程度比上一个自私的心理还要深得许多。自私心理尚是道德上讲不过去，这个心理简直连法律上亦讲不过去。对付这个逃税的心理，国家惟有诉之于警察拘捕与法庭刑罚。

（七）逃税的公平心理　有时人民之所以逃税，并不是为了上述的无论那个原因，乃是在于反抗不当的租税。他们以为某种租税是蹂躏人权，侵犯民权的，但是没有别的方法去打倒它，所以只得采逃税的消极手段去对付之。不过世间逃税之真正抱这种态度的，恐怕是很少的。

三、租税逃逸的合法的及违法的方式　逃逸直接税的合法方式有三个，就是：

（一）财富之转让或移交（alienation）　即如为要增加免税额及减低累进税率起见，纳税者把财富或所得，名义上分给近亲，或实际上赠给（gift intervivos）（生前赠给）近亲等是。又如欲避免死税（death duties）起见，不动产所有人可以把他的地产划归于其近亲所有的一个虚设的股份有限公司所有。

（二）迁移租税主体　课税主义有为属地的，有为属人的。适用属地主义时，租税主体虽经移动，而租税客体仍在其地，还是逃不掉租税。适用属人主义时，那么，租税主体一移动，租税也就可以逃逸。这种迁移租税主体的逃税方法，常为法人所利用，因为征收公司的租税，常在其总公司或总办事处所在的地方；但公司所经营的事业，不限于总公司或总办事处附近的地方，因之，如果总公司所在地的租税太繁重了，那么，就可以把总公司搬到别处去，以避其锋。

（三）将财富变做免税的形式　即如公司有盈余，本应发红利或股利；但因红利与股利是所得，应纳所得税，于是乃改发红股（bonus share or stock dividend 即以股票当作红利）以逃逸所得税，因为股票不是所得。他如供给董事以膳宿，许股东以特别价格购新股，给股东以红利债券（bonus debentures），及公司之宣告清理（宣告清理，则利润变为资本）等，在英国也是很普通的逃逸所得税或特别利润税的方法。至于德国还有一种逃逸土地增价税的方法；就是地产所有人合组一个地产公司，让公司以很高的价格向他们购买，将来地产虽然涨价，但是终还不能涨到与买价一样：这样一来，增价税就很容易的逃掉了。据说在 1907 年的上半年，柏林市政府正在考量地价法的时候，这种公司之出现者竟有 175 家之多。至于美国除掉购买免税的公债之外，还有一个特别逃税的方法；就是股票所有人，故意的互相跌价买卖或交换，以便可以把损失在所得上扣除，那么，所得税就可以减轻。此外，美国的社会服务团全国协会（The National Council of Social Service）曾发宣言，劝富人多多的捐助公益慈善事业，以便对于所得税及遗产税有所逃避或减免。

以上是直接税的合法逃税。至于间接税的合法逃税，也有几种，就是：

（一）停止消费　停止消费，则消费税可以完全逃掉。

（二）减少消费　减少消费——或是量的减少，或是质的减低，则消费税可以有一部分的逃税。

（三）替代消费　以无税或轻税的货物来替代有税或重税的货物，则消费税亦可以全逃或半税。

（四）预测消费税的增加　例如一国的进口税要增高了，乃于尚未实行增高之时，先行运入许多有关系的货物以逃税是。

（五）从优待地输入以避免进口税或减轻进口税　例如英国对于由其殖民地输入的食物或原料有优待税，因之外国人运货物到英国去的时候，往往先把货物转运到其殖民地暂存，然后再运入英国，即便享受优待税率。

上述七八种的合法逃税方式，并未构成犯罪行为，因为它们对于法律，并未显有抵触。不过从伦理一方面讲起来，这些种种合法的逃税，终是违反公平与普遍之原则的，因为应负担租税的人而避免这种负担，那么，公家当收支不适合的时候，势必非另外设法向其他人民抽税不可。

至违法的或非法的逃税方式，可以约略述之如下：

（一）所得税之非法逃避　要逃免所得税，大概有三个方法，就是：

（甲）不呈报所得　这是等于根本上不肯缴纳所得税。其所以不呈报的原因，或由于故意隐匿，或由于健忘，或由于不知呈报的手续。

（乙）呈报不实　所得呈报不实或虚伪的动机在全逃或轻减所得税，而其方法或（一）隐匿售价，或（二）减估股票价格，或（三）虚报成本账目，或（四）以活账（good debts）为呆账，或（五）隐匿呆账之收回，或（六）设立秘密准备金，或（七）以资本支出为修缮费，或（八）虚报子女的人数，或（九）真正不知报告的手续等。

（丙）延期缴付　这是要想逃免早付所得的利息负担，也是逃税之一种。

（二）财产税的非法逃避　财产税之非法逃避的例子，最好的是美国的一般财产税（general property tax）。美国人民逃免财产税的方法有四，就是：

（甲）隐匿一切动产（intangible or personal properties）而不报告。

（乙）隐匿不动产（real estate）的真实价格　有时不动产价格在报告上者竟只及其市价 1/10。

（丙）虚构负债（debt perjury）　美国财产税法有允准负债抵销〔消〕（a system of off-sets）的一条，于是有许多人竟请其亲友为其虚构的债权人，那么，就可以把这种债额在财产报价上扣除而不税。

（丁）市镇公共的逃税（communal evasion）　美国各州（states）政府或市（county）政府的经费，有时是要各市镇按照其境内不动产的估价而比例分担的；因之市镇的不动产评价委员会，为爱护其本市镇的市民起见，乃往往故意把不动产价格估得特别低。

（三）遗产税的非法逃避　遗产税的非法逃避方法有三，就是：

（甲）增加遗产的负债　如请亲友作证，虚构债务，那么，应纳税的遗产纯额可以减低了。不过此种逃税的方法，易成弄假成真之局面，究属危险。

（乙）减低遗产应纳税的部分　大概减低遗产应纳税的部分的方法甚多，其大者要者，不外乎（一）贬估遗产的价值；（二）隐匿动产，尤其是购买无记名证券（bearer securities）而藏之于秘密的处所；（三）开立特别的银行户头，如 dépôts avec procuration 与 dépôts en comptes joints 等；（四）存款于外国及购买外国证券而存之于外国的银行或其他处所。

（四）关税的非法逃避　关税的非法逃税方法，大约可以分为三种，就是：

（甲）偷运（smuggling）　这是很普遍的，即如 1885 年，英国的李资（Leeds）地方，有一烟草商在棺材内偷运烟草，经过黑耳（Hull）市，被政府察出，罚款至 1 986 镑之钜。

（乙）虚报货价　这也是很普遍的，如在发票上少报货价，或假造提单，或分析单等是。

（丙）与关吏狼狈为奸，平分所逃避的租税。

（五）内国产销税（excise duties）的非法逃避　内国产销税的非法逃避方法有三：

（甲）秘密制造　小本经营，规模不大，其制造量每易逃税吏的耳目。

（乙）混充无税的货品　把有税的货品夹杂在无税的货品中间，或造做免税品或低的模样，以便逃税。

（丙）与税吏狼狈为奸，平分所逃避的租税。

（六）印花税的非法逃避　印花税的非法逃避的方法，约为：

（甲）完全不贴印花于应贴印花的凭证文件。

（乙）印花不贴足。

（丙）贴用已经贴用过了的印花。

（丁）假造印花。

四、租税逃逸之补救方法　补救逃税的方法，可以从五方面着想，这五方面的方法，就是：

（一）法律方面的方法　如（甲）对于不合法的逃税，加以严重的处罚，使逃税者知所戒惧，不敢贸然尝试。处罚有两种：一罚金钱，二拘禁本人。（乙）对于税则的规定，应确实、统一、精密和明白，使纳税人无所取巧。（丙）对于纳税手续不完备的凭据与文件，法庭不与以承认。

（二）政治和宗教方面的方法，就是：

（甲）使人民对于政府有爱戴的热忱　政治清明，则人民爱戴政府。并知爱护国家，那么，逃税的动机，自然会减少了。至对于逃税者的政治权利之取消，也是一个补救法子。

（乙）使纳税人于付税时宣誓并无作弊　官吏就职，有宣誓之宗教仪式，以减少弊端，那么，对付纳税者的逃税动机，似亦可以应用此种宗教仪式，使其受良心上的责备，而不敢撒谎。1907 年法国的所得税条例草案内，曾有"纳税宣誓"（le serment fiscal）的规定，时财政部长凯劳（M. Caillaux）力主是法。

（三）社会方面的方法　大概逃税者是很怕人家知道他们有逃税的行为的。所以，如果政府能随时把作弊者的姓名宣告于公报，那么，逃税者的动机一定可以减少了许多。至于把逃税者的充公货物公开拍卖，或对于逃税者公开起诉，也是有目标的效用的。

（四）经济方面的方法，就是：

（甲）使租税合乎公平的原则　税则公平，则人民少觊望，而逃税者少。

（乙）使租税合乎普遍的原则　租税一普遍，则人民将无处逃税了。

（丙）使税率低减　税率低，则逃税的费用将较租税本身为大，而且受良心的责备，所以逃税的动机将减至最低度。

（五）行政方面的方法，就是：

（甲）对于纳税人的呈报，要有严密的审查，并应实地调查，以究虚实。

（乙）对于各种税则间的相互参较（internal coördination）　有

时一种税则的报告，可以作他种税则中之逃税与否佐证。例如死者的遗产税，可以证明他生前所得的呈报之是否可靠；而生前的所得税，亦可证明他的遗产报告是否可靠。又如个人的所得呈报可以与公司的报告相参较。

（丙）与税务外的事实相参征（external coördination）　即如法庭涉讼的事实，新闻纸及杂志的消息，银行、保险公司及其他机关内所披露的事态等等，都可以做征收机关的参考比较的资料。至于征收机关应与警察局及缉私营合作，那更是当然的事情。

（丁）征收官吏须清勤干练，且富有与税务有关之学识与经验。

第二节　租税之转嫁和归宿

一、转嫁的种类　租税转嫁与逃逸的区别，已经在上文说过明白了，而其意义亦属自明，不必赘述。现在请进而讨论租税转嫁的种类或方式。

租税转嫁的方式，有出之于交易方面者，亦有出之于生产方面者。出之于交易方面的转嫁，又可以分做三种：即（一）前转或顺转（forward shifting, fortwälzung），（二）后转或逆转（backward shifting, rückwälzung）及（三）横转或散转（horizontal or diffusive shifting）是。而前转又可以分做（一）单纯前转（imple sinsple forward shifting），与复叠前转（multiple forward shifting）二种；后转亦可再分为（一）单纯后转（simple backward shifting），与复叠后转（multiple backward shifting）二种；而单纯后转又可再细分为（一）一时的单纯后转（temporary simple forward shifting）与（二）永久的单纯后转（permanent simple forward shifting，永久的单纯后转就是一般财政学者之所谓"还元"capitalization or amortization）。

出之于生产方面的转嫁，又可以分做两种：即（一）不设法改良生产方法和减轻生产成本，而是从减低产品的品质着手，以消灭租税的消极化转（transformation through deterioration or negative transformation）及（二）设法改良生产方法和减轻生产成本，而并不从减低产品的品质着手，以消减租税的积极化转（transformation through improvement or positive transformation）。（化转或译为消转，予意后者的意义似不若前者之确切）。兹将租税转嫁的各种方式，做图如下，以醒眉目：

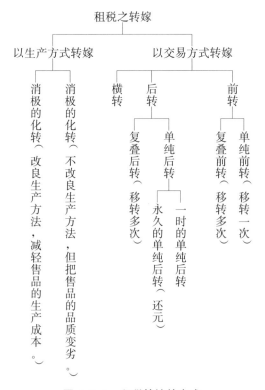

图 4-6-1　租税转嫁的方式

二、租税之前转：单纯前转与复叠前转　何谓租税之前转？租税之前转，就是政府先征收租税于生产者或卖者，而生产者或卖者复各以其租税负担移转于消费者或买者之谓也。何谓租税之单纯前转？租税之单纯前转，就是政府先征收租税于生产者或卖者，而生产者或卖者复各以其租税负担末次的移转于他的货物的消费者或买者，而消费者或买者为真正负担该项租税之人，不再移转其租税负担于他人之谓也。例如政府向上海南洋兄弟烟草公司征收卷烟统税，而某消费者直接向该公司购入大最卷烟，以供给其家中婚丧大事的需要，该公司即以卷烟统税转嫁在卷烟售价之上是。何谓租税之复叠前转？租税之复叠前转，就是政府先征收租税于生产者或卖者，而生产者或卖者即以其税移转于第二的生产者或卖者，而第二生产者或卖者复以其税移转于第三生产者或卖者，而第三生产者或卖者再以其税移转于最后的消费者或买者之谓也。例如政府先向卷烟制造厂征收卷烟统税，烟厂即以统税加在卷烟出产成本之上，售与卷烟批发商（即第二生产者成卖者），卷烟批发商复以其税移转于卷烟零售商（即第三生产者或卖者），而卷烟零售商再以其税移转于最后的消费者或买者是。

三、租税之后转：单纯后转与复叠后转　何谓租税之后转？租税之后转，就是政府先向消费者或买者征收租税，而消费者或买者复各以其租税负担移转于生产者或卖者之谓也。何谓租税之单纯后转？租税之单纯后转，就是政府先向消费者或买者征收租税，而消费者或买者复各以其租税负担末次的移转于他的货物的生产者或卖者，而生产者或卖者为真正负担租税之人，不再移转其租税负担于他人之谓也。例如目前上海市政府先向市内租屋而住之房客（即消费者或住宅权之买者）征收 10% 的房捐，而同时规定房客可以房捐之半数在付与房东或业主（即生产者或所有者或住宅权之卖者）之房租内扣除是。何谓租税之复叠后转？租税之复叠后转，就是政府先征收租税于消费者或买者，而消费者或买者即以减少消费量或购买量的形式，把租税负担移转于第三级的生产者或卖者，（即零售商——零售商因政府向消费者征收直接消费税之故，以致营业衰落，利润减少，故名义上虽曰负担租税者系消费人，而实际上则不啻为零售商也。）而第三级生产者或卖者亦以营业清淡之故，复相率以减少购买量方式，把租税影响移转于第二级的生产者或卖者，（即批发商）而第二级生产者或卖者又以营业不振之故，亦相率以减少购买量方式，把租税影响移转于第一级的生产者或卖者（即制造商）之谓也。例如某年法国巴黎市政府向市民抽钢琴税，设使钢琴系租来的，则该税就有复叠后转之可能，以使用者将减少使用时间，因之钢琴商将以生意减少而受损失，而钢琴制造厂亦将因销路滞呆而利润减少；故钢琴税名虽为用户所出，实则用户可以减少使用时间以逃避之，而最后受影响者还是出租商和制造商耳。

单纯后转又可分做两种：即（一）一次的单纯后转与（二）永久的单纯后转或还元。一时的或暂时的单纯后转之例已如上述，可不赘。至永久的单纯后转或还元之实例，亦可得列举一二如下：

（一）某块土地的售价本为每亩 100 元，以其常年收花每亩约计 10 元，扣除原有田赋 1 元，剩余净所得 9 元，而市场利率普通为 9 厘，以市率除净所得即为资源的资本值也（＄9÷0.9＝＄10）。后政府下令，增加田赋每亩 1 元，即每亩合计为 2 元，则地价必落，以市场利率仍为 9 厘，而净所得已减为 8 元也（10－2＝8）；以 9 厘除 8 元，则地价每亩将为 88 元 8 角 8 分许（8÷0.09＝88.88）。假使原所有人欲将其地出售于人，则购者必只愿每亩出价 88 元 8 角 8 分，以如此方能扯到常年 9 厘息的收入也。这样，新增田赋 1 元的还元价值 11 元 1 角 1 分（1÷0.09＝11.11）永久由原来地价上扣除（100－11.11＝88.89），亦即购者永久的把新增田赋 1 元的负担转嫁于原所有人。

（二）某甲购入某种公债券票面万元，出价亦万元，其利息为常年 8 厘，其每年利息收入 800 元当初得免所得税。后来政府改变政策，对于公债利息收入，概须抽以 1/10 的所得税，所以某甲每年公债利息的净收减为 720 元（800－80＝720）。某甲后来因有急需，将债券售与某乙，而某乙以债券利息收入须抽十一所得税之故，只愿出价 9 000 元。这样，新增债券利息所得税 80 元的还元价值 1 000 元（80÷0.08＝1 000）永久由原来债价上扣除（10 000－1 000＝9 000），亦即某乙永久的把新增债券利息所得税的负担转嫁于某甲。

四、还元是否为转嫁之一种之讨论　依据赛力格孟之说，还元并不是转嫁。他说："少数学者概以租税还元之现象为转嫁之一种，就某项意义言之，此种见解似诚有理，盖买者实已转嫁其税于卖者而逃税故也。实则转嫁与还元迥然有别，学者不可以不察。盖转嫁者移其一时之税于他人，而还元则移其将来全部之税于他人。例如商人转嫁其税于生产者，每经一度之课税，即有一度之转嫁，生产者每次依税额而减低其卖价，此转嫁也。至于还元则不然，买者实在纳税，惟物之原主或卖者先从其卖价中扣除买者将来所要缴纳之一切租税而已。前者移一税于他人，后者则一次移全部租税于原主；盖租税还元，实指价格的变化而言也，此种变化，与未来一切应有租税之资本价值相等。故转嫁与还元，二者实有显著之区别。是以租税既转嫁，则不能还元，既还元则不能转嫁。例如课房屋税于房屋租借人，租借人或可转嫁其税于房主，但不能还元；课土地税于佃户，土地税即还元，但或不能转嫁于现在地主。故转嫁与还元，二者实为相反而非相辅之概念也。"（许译：《租税转嫁与归宿》，4—5 页，原文 The Shifting and Incidence of Taxation, 4th edition, pp. 4—5）

不佞以为赛氏对于转嫁的概念似太严格。就狭义言之，转嫁自应专指初纳税者设法移转其租税负担之一部或全部于他人（此他人大致为日用商品的消费者或买者及其生产者或卖者）的一种过程而言。但就广义言之，转嫁似应兼指后来继续纳税者应用还元方法一次的移转其全部租税负担于他人，（此他人大致为不动产，或证券，或其他有永固的资本价值之物的原主）的一种过程而言。盖租税转嫁的精义，似应在租税负担之最后落在谁身上一点着想，而不应只在由谁先付纳租税与政府一点着想也。一般之所谓转嫁，固系指转嫁者先付纳租税与政府而后再由前转或后转的方法向消费者（或买者）或生产者（或卖者）捞回一部或全部的一种过程而言。但是当租税还元时，转嫁者虽并未先行付纳租税与政府，却早已把将来每年继续所应缴纳的租税资本值化，预先在卖价内扣除，把将来的一切租税负担，一箍脑儿套在出售者身上，这岂不是后转的一种吗？赛氏明达，何竟一口咬定"租税……既还元则不能转嫁"耶？其实还元就是最彻底的租税单纯后转的一种，以转嫁者虽以后还是继续底纳税，但其所纳者实为慷以前售主之慨之税耳，并非真实由其自己负担也。不过赛氏后来又说："复次，若吾人推广转嫁之概令，而包括前转后转二者，则吾人可称还元为转嫁之一种。"（许译：《租税转嫁与归宿》，第 245 页）是赛氏又似转变其卷首严格的口气了。

五、租税之横转　何谓租税之横转？租税之横转，就是被课税物品之一部分租税负担，辗转移转于其连锁需要物品，或其原料之谓也。例如汽车与汽油为连锁需要物品，购汽车者必须同时购汽油，而购汽油者亦必先购有汽车：假使汽车因加税而涨价，因涨价而销路呆滞，发生租税的横转作用，那么此横转作用的恶影响必先及于其连锁物品的汽油，则是汽油于无形之中亦必负担一部分的汽车税了；反之，假使汽油因加税而涨价，因涨价而销路呆滞，则其连锁物品的汽车亦必受到同样的恶影响。又例如钢铁与橡皮为制造汽车之原料，今汽车因加税而涨价，因涨价而销路呆滞，而暂停或减少生产，则其原料——钢铁与橡皮——之市价，亦必有相当的跌落，此实无异于汽车税之一部横转或散转于其原料品也。

六、租税之化转　何谓租税之化转？租税之化转，就是生产者恐怕加生产税于产品的售价之后，产品的销路为之减色，而自己仍逃不了租税后转的坏影响，于是乃设法从生产手续上着想，或减低产品的品质，或减低产品的成本，以图消灭租税的负担于无形之谓也。若生产者只从减低产品的品质着手，以图消灭租税的负担，是谓消极的化转，以其对于消费者有损失也；例如政府抽了酿酒税之后，酿酒者即于出沽之前把开水和在纯酒之中，以图以减低售品的品质方法来消灭酿酒税之负担于无形是。若生产者能从改良生产方法和减低产品的成本着手，以图消灭租税的负担，是谓积极的化转，以其对于消费者毫无损失也；例如苏格兰于 18 世纪时代课麦酒酿造业以酿造税，即能促进该业生产方法之改良和生产成本之减轻，一时该业无不转损失为盈利是。又如欧陆各国在 19 世纪时代抽取甜菜制糖税，一时制糖业者亦无不首先着眼于制糖成本之减轻，此亦积极化转之一史例也。（参考许译《租税转嫁与归宿》，第 6 页）

七、租税转嫁一般原则之研究　各种租税转嫁之个别研究，似为此卷所不得不割爱，（好在已有许译《租税转嫁与归宿》一书，可供欲研究此道者的参考）但是租税转嫁之一般原则，此卷即不得不稍事研讨。依据赛力格孟氏的讨论标题，略参著者个人的意见，一种租税之是否能转嫁，先要从下列各点研究之：就是

第一、被课税的物品，系耐久的抑系易坏的？如果被课税的物品系易坏的即不能有资本价值的，则该物之税仅有前转及消转的可能，而无后转或还元的可能。如果被税的物品系耐久的即有资本价值的，则该物之税，无论前转后转或还元都有可能性。

第二、被课税的物品，系受独占法则所支配，抑受竞争法则所支配？如果被课税的物品，系受独占法则所支配，即其售惜系决定于能获得最高利润之一点，则该物之税断无前转于消费者或买者之可能，以虽被前转，必仍将后转于生产者或独占者也。这是因为前转之后，售价必高，售价高则销路减，销路减则利润少，利润少即不啻租税后转到独占者身上也。如果被课税的物品系受竞争法则所支配的，即其售价系决定于界限生产者之成本（即成本高与售价齐致无利润可图），则该物之税即有前转于消费者或买者之可能，以不如是，则界限生产者必为淘汰，界限生产者淘汰后，则物品供给量减少，其售价终亦必涨，于是超界限生产者所付之税终亦前转于消费者或买者也。

第三、租税系一般的，抑系特别的？如果租税抽征的范围是广大普遍一般的，则愈无转嫁或逃避之可能，以纳税者若用迁移的手段，则迁来迁去，移来移去，终逃不出课税的范围也。反之，如果租税抽征的范围是窄狭局部特别的，则愈有转嫁或逃避之可能，其理至为明显。

第四、被课税的资本能完全移动乎？凡课税于任何产业之资本，

其移动愈易者，则其租税之转嫁亦愈易；反之，其移动愈难者，则其租税之转嫁亦愈难。

第五、被课税物品的需要有伸缩性乎？如果被课税物品的需要系无伸缩性的，即不以售价之涨落而定其销路之滞旺的（如必需品与珍重奢侈品等），则其租税越有全部转嫁之可能。反之，如果被课税物品的需要系有伸缩性的，即以售价之涨落而定其销路之滞旺的（如普通享乐品等），则其租税越无转嫁之可能。

第六、生产上利便之不同，影响于被课税物品之供给者若何？如果一种物品之最具利便者的生产费与售价相差甚微，则因课税之后，生产费增高，生产费与售价之差额更微，结果必致该物生产额之减少，故课税之后，生产者必设法限制其产额以图抬高售价，如此，则租税之大部势必前转于消费者无疑。反之，如果该物之最具利便者的生产费与售价相差甚大，则课税之后，生产者因仍有利可图，不致设法限制产额，因之其租税亦即无前转之可能。

第七、被课税物品的生产费系均一不变乎？渐增乎？抑渐减乎？赛氏说：

"若竞争工业受生产费均一律之支配，则课税之后，假定其他之条件不变，物价增高之程度，胥视需要曲线之性质而定。是故需要若愈强，则生产者所能加税于物价者愈多。反之，若竞争工业受报酬递增律或生产费递减律之支配，则生产者所能加税于物价者自较其在报酬均一时为多，物价若因课税而有所腾贵，则物品之消费势必有所减少。假令生产者于此减少其产额，因假定其依报酬递增律而生产，则减少产额后货物每单位之成本自必较未减时为大。但若彼仍能维持限界生产者之地位，则物价终必上腾至与此限界生产者之较高生产费相等。换言之，即物价之涨高，势必较在报酬均一时为高也。若此限界生产者为优者所排挤……而不能继续竞争者，则此结果自然未必发生。例如优者有时利用租税，少加税于物价，以驱逐旧限界生产者，冀得独占市场之利益，及其独占之后，乃复增其价格以补前此之亏损。但若竞争状况继续存在，旧限界生产者仍能出售其出品，则在竞争继续期间，其价格之增加，势必较在报酬均一时为大。吾人须切记在竞争状况之下，价格常与限界生产费相等，若限界生产费有所增加，则价格亦必有所增加。夫课税而致产额减少，则此时报酬递增律之作用势必使限界生产费增加，因之价格亦势必增加。"

"反之，若竞争工业受报酬递减律或生产费递增律之支配，……则生产者加税于物价之数较在生产费均一或生产费递减时为少。盖课税而物价贵，贵则消费减，消费减而产额减，则在其时每单位之生产费因假定依报酬递减律而生产，故较前为少。在竞争状况之下，因价格定于最大生产费，因而在限界生产者仍在竞争时之生产费较前减少，故其价格较在报酬均一时为低，又较在报酬递增时为更低。"

"在独占情形下，固无所谓限界生产者，但报酬递减递增之影响，则与在竞争情状下相类似。盖若独占品依报酬递增律或生产费递减律而生产者，则在课税前之价格，必较依报酬均一律而生产者为低。换言之，假定其他之条件不变，在报酬递增时达到最大独占收入之价格，必较在报酬均一时为低（因出品较多）。但若在课税前，报酬递增时之价格原较报酬均一时为少，而其课税后需要之伸缩力又若彼此相同，则在报酬递增时独占者所能提高其价格者自较在报酬均一时为大。因此，独占者可多加其税于物价，一如其竞争情状下。反之，在报酬递减或生产费递增状况下，独占的生产者加税于价之数目必较在报酬均一时为少。"（许译：《租税转嫁与归宿》，第 263—266 页）

归纳上列三个原则，英儒达尔顿氏（Hugh Dalton）有一个很简确明了的结论。他说：

"某物租税之直接货币负担，其分配于该物之买者及卖者的轻重比例，胥视该物供给之伸缩性与其需要之伸缩性的相对力量如何而定。"（《财政学原理》（五版），第 56 页）

这就是说：如果该物供给伸缩力敌不过需要伸缩力，则租税之大部直接货币负担，即归宿在卖者或生产者身上；反之，如果该物需要伸缩力敌不过供给伸缩力，则租税之大部直接货币负担，即归宿在买者或消费者身上。

第八、课税于限界，抑课税于剩余？课税于限界，则租税必有全部前转或后转的可能；例如课税于限界生产者，则限界生产者必须把租税全部前转于消费者，始能立足而不受淘汰；又例如课税于限界收入（即收入仅能维持至低生活程度者）的工人，则该项工人必须以要求加资方式把租税全部后转于其雇主，始不至于冻饿而毙或大大的减低其工作效率。反之，课税于剩余，则租税必无前转或后转之可能：例如租税于独占品，以独占品的价格早以含有剩余，故租税不至于前转于消费者；又例如课税于剩余所得，则所得者亦无后转其税于其雇主之可能。

第九、租税系重税，抑系轻税？以消费者的心理言之，重税比较轻税之转嫁为不易；但以生产者的心理言之，重税比较轻税之转嫁为切要。是以如商店所出发票，其轻微的印花税，店主情愿自己负担，不屑前转于消费者或购买者，盖恐反因此引起顾客之不快，而受较大的损失也。反之，如 50‰ 的贩卖税，店主在每千元的营业中即须负担营业税 50 元，那就非加税于售价，前转于顾客不可了，以其负担綦重也。

第十、租税系比例的，抑系累进的？如果租税系比例的，则上述九条原则都可适用。如果租税系累进的，则因累进税大致是向剩余上抽取，故不至于转嫁。

第十一、被课税物品系已成品，抑系半制品？大致半制品之租税，因其尚在生产过程中，故容易转嫁。已成品之尚在交易过程中者，亦易于转嫁，但一到最后消费者手中，就万万不能再行转嫁了。除非该消费者后来自己不用又以原价转售于人。

八、租税之归宿　何谓租税之归宿？租税之归宿，就是真正的租税负担一部的或全部的落在最后的买者或最初的卖者或最初的纳税者，或连锁商品之卖者，或被税物品的原料之卖者身上，而万不能再行转嫁于他人之谓也。租税之归宿，很明显的，是可以分做两大类：其一就是直接归宿（Direct incidence），其二就是间接归宿（indirect incidence）。直接归宿，就是最初纳税者自己真实的负起纳税的义务，而并不能设法转嫁其租税之一部或全部于他人的意思；例如付纳所得税、遗产税、财产税（并非已经过还元过程的财产税）、筵席捐、旅客捐、由房客理楚的房捐，及其他不能转嫁的直接税是。

　　至间接归宿，则系各种转嫁的结果，故又可以分为（一）租税负担全部的或一部的落在最后的买者或消费者身上的单纯前转归宿或复叠前转归宿，（二）租税负担全部的或一部的落在最初级的卖者，或生产者身上的单纯后转归宿（包括还元的全部后转归宿）或复叠后转归宿，（三）租税负担部分的落在连锁商品的卖者或被税物品的原料之卖者身上的横转归宿，和（四）租税负担起初落在最初的生产者身上，但后来以改变生产方法，消灭为乌有的消极的化转归宿或积极的化转归宿。兹为醒目起见，特将租税归宿之种类，做图如下：

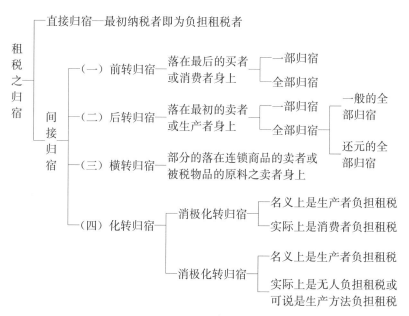

图 4-6-2　租税归宿的种类

第七章
租税之影响

第一节　租税之影响概说

租税之影响，就是政府向人民抽取某种租税后对于纳税者个人，一般经济，一般社会，及一般政治所发生的结果。这样，所以租税之影响，大致可以分做三种：其一，就是狭义的影响，专指某税对于纳税者个人所发生的结果而言；其二，就是广义的影响，系指某税对于一般经济所发生的结果而言；其三，就是最广义的影响，系指某税对于一般社会和一般政治所发生的结果而言。

第二节　狭义的租税影响

狭义的租税影响，既系指某税对于纳税者个人所发生的结果而言，那么实在上章已经说得很详细了。不过无论在租税之任何种过程——初税，转嫁，或归宿——中，冲击（impact of taxation）是大家所不能避免的；其不同之处，即在初付税者仅有一时之冲击，而无永久之负担或压迫（pressure of taxation）；全部转嫁者亦仅有一时之冲击，而无永久之负担或压迫；局部转嫁者则一时之冲击和永久之负担或压迫兼而有之；至一到归宿者身上，则一时之冲击随即变做永久之负担或压迫。若归宿者身上的负担或压迫，重得不可耐，或转嫁者以租税綦重，觉得不易设法转嫁，则必发生合法的及非法的逃税现象，兹以上章第一节论租税之逃逸已详，故不赘。至若初先付税者以课税为借口，其所转嫁之数额较原来征收之数额为多（如租税加利息及售者同盟增价是），则归宿者身上的租税压迫必较转嫁者身上的租税冲击为重，是又租税归宿者意外之损失也。

第三节　广义的（即一般经济的）租税影响

广义的或一般经济的租税影响，大致可以分做二大标题来讨论：其一就是租税之生产影响，其二就是租税之分配影响。

一、租税之生产影响　租税之生产影响，依据达尔顿氏的意见，可以分为三种：其一就是租税对于人民的工作与储蓄能力的直接影响（direct effects of taxation on people's ability to work and save）其二就是租税对于人民的工作与储蓄愿望的直接影响（direct effects of taxation on people's desire to work and save），其三就是租税对于各业各地的经济富源拨分的影响（effects of taxation on the distribution of economic resources between different employments and localities），也就是租税对于人民的工作与储蓄的能力与愿望的间接影响（indirect effects of taxation on people's ability and desire to work and save）。兹分段说明之如下。

甲、租税对于人民的工作与储蓄能力的直接影响。

如果一种租税抽了之后，足以减少人民的工作效率，（如小额所得税，必需品税，和安适品或习俗必需品税等之足以降低人民的生活程度是）那么他们的工作能力是必定要减少的了。所以这种压迫一般人民生计的租税，如果政府财政已有别的较好的办法，总以不抽为妙。或谓此种租税系课在界限所得者身上，其结果必定是辗转移转于雇主或企业家；不过雇主或企业家是又可以转嫁于其制品的售价之上的，如此，则物价必涨，物价涨则一般人民的生活费用亦必随之而高了。

又如抽了烟酒税之后，如果工人们就减少烟酒的消费量，虽然其所耗的货币量并无减少或简直反有增加，则烟酒之害亦可比例的减少，而工人们的工作效率与能力似亦可有相当的增进；但是如果工人们于烟酒加税之后并不减少它们的消费量，而却把面包或白米的消费量减少，以资弥补，则面包或白米之益处亦将比例的减少，而工人们的工作效率和能力亦必有相当的减劣。由此可知一般学者及财政家向来所主张"烟酒消耗品等的重税无损于下层阶级"之说，有时也断非确论也。

抑又有进者，凡压迫下层阶级的必需品消费税，不但是直接减低工人们的现在工作效率，而且间接又是以减低工人们子女的将来工作效率。此点是凡当政者——尤其是当财政者——所万万不可忽略者也。

至于租税对于人民储蓄能力的直接影响，那是更明显了。仅有界限所得的人，本来已谈不到储蓄，抽税之后自然更谈不到；其有剩余所得的人，始有储蓄能力，但抽税之后，其储蓄能力必将为之减低，而其减低之程度，将适如课税的数额。

乙、租税对于人民的工作与储蓄愿望的直接影响

租税果能使纳税人心灰意懒，遇事敷衍乎？当苛征暴敛之下，容或有此种不幸的影响发生。但当租税负担对于任何阶级并不太重（即比例税率不太压迫穷人，而累进税率亦不太压迫富人）之时，则租税或反足以督促各纳税者加倍努力工作和加倍努力储蓄，以资弥补也。即如生产税之能促进积极化转和遗产税之能督促为父祖者，加倍储蓄，加倍勤劳，就是很好的例子。英国人民每人每年对于中央政府的租税负担，向为各国之冠，（前年每人平均负担为 14 镑 10 先令 6 便士）但吾人并未闻英人之疾首蹙额，心灰意懒，不思振作也。

丙、租税对于各业各地的经济富源拨分的影响

如果政府能把向都会里的富人抽来的所得税和遗产税，真实地用之于内地农村的救济事业，则一国的经济富源自能由商业而移转于农业，由经济已经开发之地移转于经济比较落后之地，其影响自必甚良好。反之，如果政府把向内地乡村抽来的必需品消费税（如盐税），一箍脑儿向都会的资产阶级的袋里一塞，（如为付盐税公债或库券的本利）则一国的经济富源由农业而移转于商业，由经济落后之地移转于经济已开发之地，其影响自必甚恶劣。此种一国经济富源之业的移转和地的移转，对于一部分人民即发生失业与得业问题，亦即间接的对于他们的工作与储蓄的能力与愿望发生影响。

当一国的经济情状尚处在落后境地，如果政府的租税政策，非但不能吸诱外资，而反足以驱逐国内游资外流，则其对于人民的就业机会，必然地发生严重的影响，因之对于他们的工作与储蓄的能力与愿望，也就发生了严重的间接影响。

复次，如果政府的租税征收制度颇为浪费，或其所抽之租税的征收费用颇属不赀，则人民以血汗有用之资徒然供作大批征收官吏的养活费，其对于国内经济富源之迫令作不利的分拨，也属甚为明显。至从前吾国内地田赋征收员对于乡民所索取的陋规，或意外勒索，尤为可痛之事，以其对于人民个人间的购买力作不正当不经济的移转也，换言之，亦即以乡民的血汗有用之资金徒供征收员挥霍之用也。

二、租税之分配影响　大凡一种租税征收的结果，在生产方面固欲其增加国民生产，而在分配方面又欲其平均国民的财富分配，盖减轻国民财富分配不均程度的利益，固不在增加国民生产质量的利益之下也。

一个理想的分配制度，就经济的效果方面言之，是至少要把同样的国民生产量去招致国民一般的最大经济福利的；这并不是说要绝对均产，也不是主张"各取所需"，乃是主张相对均产（即国内无大富大贫，但小富小贫之别仍许其存在的意思。）和"各取所能需"。

（就是各取所需，而且能善用之，使物尽其用的意思。）

德儒瓦格涅对于租税主张采用"社会政治"说（Socio-political theory），就是要以课税政策来补救社会上贫富悬殊的恶现象，而其方法则为累进税率。

累进税率大抵仅能适用于直接课税如所得税、遗产税、资产税、及特殊营业盈余税之类。比例税率大抵适用于间接课税如关税、盐税、统税、烟酒税、及其他产销税之类。此种比例税，在名义上虽为比例，而在实际上则简直是累退，以此种课税物品的消费量，富者往往不如贫者之多，即多亦与其所得不相称，即其消费量不能与其所得额作正比例之增加也。这样，所以吾人对于租税税率及于国民财富的分配的影响，可作以下的一般结论：

甲、累退税率最足以增加国民财富分配不均的程度；

乙、比例税率亦足以增加国民财富分配不均的程度；

丙、温和累进税率不足以减轻国民财富分配不均的程度；

丁、激烈累进税率始足以减轻国民财富分配不均的程度。

第四节　最广义的（即一般社会的和一般政治的）租税影响

一、租税之社会影响　租税的社会影响，有有意的，有无意的。有意的社会影响，如南美阿根廷共和国之抽男子独身税，（Celibacy tax 其法 30 岁未娶者月抽 10 元，35 岁未娶者月抽 20 元，40 岁至 50 岁未娶者月抽 40 元，50 岁至 70 岁未娶者月抽 60 元，75 岁未娶者月抽 28 元，80 岁未娶者免抽独身税）以期补救人烟寥落的缺陷是。无意的社会影响，如泰西各国自从抽取高率的遗产税之后，捐资兴学或协助其他慈善事业的美举，时有所闻是。或谓妓女以付乐户捐而可以公开营业，鸦片以纳特税而可以公开吸食，赌博以有特捐而可以公开设场抽头，则租税之社会影响诚有不堪言状者矣。原来处置此三害的方法，不外绝对禁止与相对抽税二途；苟不能绝对禁止，则相对的抽取重税，以资挹注财政，寓禁于征，亦未始非两害相权取其轻之道也。若谓抽税为因，而三害为果，则未免因果倒置，"置车于马前"了。

再则一种租税的税率不可太高，太高则适足以鼓励人民作伪逃税，养成社会人士一般的欺诈风气。复次，其课赋的标准必须容易捉摸不易隐匿，如果不易捉摸且易隐匿，如美国各州政府所抽之一般财产税（general property tax）之仅能捉着不动产而不能捉着动产，则人民未有不相率而作伪者。此租税之有关乎世道人心之又一例也。

二、租税之政治影响　租税的政治影响，有仅在国内的，有兼及国外的。如 19 世纪中叶，美国北部各州主张保护关税以发展其幼稚工业，而南方各州却主张自由贸易以便在海外推销其过剩的棉花，其结果卒以解放黑奴问题为导火线，南北混战了三四年，而林肯总统且因此而成名。此租税对于国内的政治影响之一例也。又如 18 世纪法国以横征暴敛而起革命，英国以未征纳税人的同意，擅课印花税，而伤失北美 13 州的殖民地，亦在在足以证明租税对于国内政治影响的严重性。

至于租税对于国外的政治影响，亦至为明显。第一次世界大战前的关税战争，虽不能说是大战的主因，亦至少是大战的副因。吾国国民革命成功之后，获得关税自主权，保护关税政策，成为上下一致的国是，而东北四省①亦即因之而丧失，虽不能说是个主因，但至少也是个副因。日人痛恨吾国保护关税的心理，岂不是昭然若揭吗？

---

①　东北四省，旧指中国东北地区的辽宁、吉林、黑龙江三省及旧热河省，合称东四省。

第八章
享益税论（一）规费类捐税

享益税系统下之规费类捐税，大致可以分为（一）手续费（如注册费、查验费、签证凭照费、诉讼费、特许费、公共建筑物及设备使用费），（二）财产移转税，（三）验契税，和（四）印花税四种。兹分别述之如下。

第一节　手　续　费

手续费亦名规费，又名手数料，英语叫做 fee，德语叫做 Gebühr，盖政府机关对于人民私人有个别之服务时，向其征收特别报偿者也。

我们观于下列国民政府 21 年度第十款国家行政收入的概算数，就可以窥见国民政府关于手续费项下收入之一斑：

第十款	国家行政收入	11 001 213 元
第一项	注册费	283 680 元
第二项	证书费	7 440 元
第三项	证明费	3 611 元
第四项	执照费	48 300 元
第五项	护照费	32 060 元
第六项	签证护照费	32 055 元

第七项	签证货单费	400 000 元
第八项	检查费	720 000 元
第九项	检验费	2 179 000 元
第十项	手续费	48 331 元
第十一项	司法印状纸费	4 050 125 元
第十二项	司法印状纸工本费	725 000 元
第十三项	缮状费	60 元
第十四项	没收没入	114 800 元
第十五项	律师费	23 000 元
第十六项	没收物变价	26 474 元
第十七项	罚金	1 047 962 元
第十八项	度量衡器价	66 140 元
第十九项	登记费	306 312 元
第二十项	图记费	
第二十一项	牌照费	184 800 元
第二十二项	丈量费	407 252 元
第二十三项	报名费	50 000 元
第二十四项	门券	730 元
第二十五项	特许费	234 391 元
第二十六项	消耗费	9 000 元
第二十七项	杂收入	670 元

上述 27 项行政收入，除第十四项没收没入，第十六项没收物变价，第十七项罚金，第十八项度量衡器价，第二十六项消耗费，及第二十七项杂收入之外，余 21 项均为手续费，虽其名目极光怪陆离之致。兹择要略述其内容如下：

一、注册费　国民政府注册费之归实业部征收者，则有公司注册费，商标注册费，商业注册费，会计师注册费，及矿业注册费；归司法行政部征收者，则有律师注册费；归财政部征收者，则有银行注册费；归内政部征收者，则有著作权注册费，归交通部征收者，则有民有轮船注册费及民有电气事业注册费；归铁道部征收者，则有民有铁路公司注册费。兹依次述其费率如下：

（一）公司注册费率（公司本店）

甲、无限公司及两合公司

资本总额在 5 000 元以下者	15 元
1 万元以下者	30 元
3 万元以下者	45 元
5 万元以下者	60 元
10 万元以下者	75 元
200 万元以下者	300 元
300 万元以下者	375 元
资本总额在 30 万元以下者	90 元
50 万元以下者	120 元
80 万元以下者	150 元
100 万元以下者	180 元
150 万元以下者	25 元
400 万元以下者	450 元

400 万元以上，每多 100 万元，加收 75 元，其不满 100 万元者，亦按 100 万元计算。

乙、股份有限公司及股份两合公司

资本总额在 5 000 元以下者	30 元
1 万元以下者	60 元
3 万元以下者	90 元
5 万元以下者	120 元
10 万元以下者	150 元
30 万元以下者	180 元
50 万元以下者	225 元
资本总额在 80 万元以下者	300 元
100 万元以下者	375 元

150 万元以下者	450 元
200 万元以下者	600 元
300 万元以下者	750 元
400 万元以下者	900 元

400 万元以上，每多 100 万元，加收 150 元；其不满 100 万元者，亦按 100 万元计算。

因增如资本呈请注册者，其注册费应以增加后之资本总额，照前项之规定计算，但设立时原缴银数，得扣除之。

（二）商标注册费率　关于商标注册所应缴之注册费如下：

一、商标，专用权之创设，或商标专用期间之续展

每件银 40 元

二、商标权之移转，分甲乙二种：

因于继嗣之移转　　　　　　每件银 10 元

乙、因于让与或其他事由之移转　　每件银 20 元

三、注册各事项之变更或涂销　　每件银 2 元

前项各款注册费，联合商标均减半数，每件附缴教育费三成。

依商标法或其他法令为关于商标之各项呈请所应缴之公费如下：

一、呈请商标之注册　　　　　每件银 5 元

二、更换商标注册原呈请人之名义　每件银 5 元

三、请求补给注册证　　　　　每件银 3 元

四、呈请商标权专用期间续展之注册　每件银 5 元

五、商标专用期满前已逾定期呈请展期之注册

每件银 10 元

六、对于审定公布他人之商标提出异议　每件银 15 元

七、请求评定或再评定　　　　每件银 15 元

八、请求补发审定书　　　　　每件银 3 元

九、请求再审查　　　　　　　每件银 5 元

十、请求发给证明　　　　　　每件银 1 元

十一、请求摹绘图样　　　　　每件银 1 元至 20 元

（三）商业注册费率

一、商号创设之注册　　　　　　　　每件银 10 元

二、商号转让之注册　　　　　　　　每件银 8 元

三、经理人之注册　　　　　　　　　每件银 5 元

四、未满 20 岁者营业注册　　　　　每件银 5 元

五、法定代理人营业注册　　　　　　每件银 5 元

六、其他事项之注册　　　　　　　　每件银 2 元

（四）会计师注册费率

一、受会计师试验者，应缴试验及审查费银 20 元。

二、受免试审查者，应缴审查费银 10 元。

三、请领证书者，应具呈请书，附缴证书费银 100 元。

（五）矿业注册费率

一、探矿权之设立　　　　　　　　　每件银 100 元

二、探矿权之变更：增区或增减区　　每件银 45 元

区　　　　　　　　　　　　　　　　每件银 10 元

三、探矿权之移转：因继承而后移转者　每件银 10 元

因继承以外之原因而移转者　　　　　每件银 45 元

四、采矿权之设立：创业注册　　　　每件银 200 元

矿区合并　　　　　　　　　　　　　每件银 50 元

矿区分割　　　　　　　　　　　　　每件银 50 元

五、采矿权之变更：矿区订正　　　　每件银 50 元

增区或增减区　　　　　　　　　　　每件银 100 元

减　区　　　　　　　　　　　　　　每件银 20 元

六、采矿权之移转：因继承而移转者　每件银 20 元

因继承以外之原因而移转者　　　　　每件银 100 元

七、抵押权之设立　　　　　　　　　债权金额 6‰

八、因矿业条例第四十七条第二款之承诺及协定而为抵押权设

立之注册　　　　　　　　　　　　　每件银 5 元

九、因顺序之变更而为抵押权变更之注册　每件银 10 元

十、抵押权之移转：因继承而移转者　　　每件银 5 元

因继承以外之原因而移转者　　　　　　每件银 10 元

十一、合办矿业权者之退伙　　　　　　每件银 5 元

十二、除带纳处分以外，矿权或抵押权处分之限制

　　　　　　　　　　　　　　　　　债权金额 4‰

十三、废业注册　　　　　　　　　　　每件银 5 元

十四、注册之更正变更或注销　　　　　每件银 1 角

第七款及第十二款之注册费，如无一定之债权金额时应依债权目的物之价格定注册费之标准。

第一款探矿权设立之注册，第四款采矿权设立之创业注册，所领矿区在二方里以上者，应自二方里起算，每加一方里，探矿注册加费 50 元，采矿注册加费 100 元，所加不及一方里者亦以一方里论。增区注册所增之区与原有矿区合计在二方里以上者，适用前项之规定。

小矿业注册

甲、煤矿

一、不满 50 亩者　　　　　　　　　　20 元

二、50 亩以上 100 亩以下者　　　　　40 元

三、100 亩以上 200 亩以下者　　　　 60 元

四、200 百亩以上 270 亩以下者　　　 80 元

乙、其他各矿

一、不满 20 亩者　　　　　　　　　　20 元

二、20 亩以上 30 亩以下者　　　　　 40 元

三、30 亩以上 40 亩以下者　　　　　 60 元

四、40 亩以上 50 亩以下者　　　　　 80 元

（六）律师注册费率

一、领取证书　　　　　　　　　　　纳费银 80 元

二、登录费　　　　　　　　　　　　纳费银 20 元

（七）银行注册费率

资本在 50 万元以下者　　　　　　　50 元

100 万元以下者	100 元
200 万元以下者	150 元
300 万元以下者	250 元
500 万元以下者	400 元
1 000 万元以下者	600 元

1 000 万元以上，每名 100 万元，加收 50 元，其不满 100 万元者，亦按 100 万元计算。

（八）著作权注册费率

一、著作物注册费　为该著作物每部定价之 5 倍；有两种以上之定价者，以其最高者为准。

二、承继或接受著作权注册费　与前款同

三、执照遗失补领费　　　　　　1 元

四、查阅注册簿费　　　　　　　5 角

五、抄录注册簿费　　每百字 5 角，未满百字者，以百字计算。

（九）轮船登记及注册费率

一、船舶凡关于所有权、抵押权、及租赁权之保存、设定、移转、变更、限制、处分、或销〔消〕灭、均应登记其登记费率如下：

甲、因遗产继承取得所有权者，船舶价值 2‰；但非配偶或直系亲属继承者，3‰。

乙、因赠与及其他无偿名义取得所有权者，船舶价值 10‰；但公益事业因捐助而取得者，2‰。

丙、因前二款以外之原因取得所有权者，船舶价值 4‰。

丁、租赁权存续期间未满十年者，船舶价值 1‰；存续期间十年以上者，船舶价值 2‰；存续期间无定者，船舶价值 1‰。

因租赁权转租而登记者，其已经过之期间，应自存续期间中除扣，以其余期间视为存续期间，计算登记费。

戊、暂时登记，每件银 1 元；附记登记，每件银 5 角；更正登记，每件银 5 角；注销登记，每件银 5 角；回复注销之登记，每件银 5 角。

己、声请转移或注销船籍，转籍每 10 吨 1 角，销籍每 10 吨 5 分。（吨数依总吨数计算，不足 10 吨以 10 吨计。以担数表示容量者，每百担以 10 吨计。）

二、凡营业之大小轮船，无论官厅或公司或个人所有，均须呈请交通部核准注册给照，其册照费率如下：

总吨数未满 10 吨者，20 元；10 吨以上至 50 吨，40 元；50 吨以上至 100 吨；66 元；100 吨以上至 500 吨，100 元；500 吨以上至 1 000 吨，150 元；1 000 吨以上至 2 000 吨，200 元；3 000 吨以上至 4 000 吨，280 元；4 000 吨以上，每 500 吨加 25 元，但未满 500 吨者，仍以 500 吨计。

三、码头船无论为官厅或公司或个人所有，均须向交通部呈请注册给照，其册照费率如下：

甲、甲种执照册照费　凡趸船容量满 100 吨或 100 吨以下者，纳费银 20 元；100 吨以上至 500 吨者，银 50 元；500 吨以上至 1 000 吨者，银 100 元；1 000 吨以上至 2 000 吨者，银 150 元；2 000 吨以上者，每 500 吨加 15 元，不满 500 吨者，以 500 吨计算。

乙、乙种执照册照费　凡浮码头长满 100 尺或 100 尺以下者，纳费银 10 元；100 尺以上至 150 尺者，银 20 元；150 尺以上至 200 尺者，银 30 元；200 尺以上至 300 尺者，银 40 元；300 尺以上者，每 50 尺加 10 元，不满 50 尺者以 50 尺计算。

（十）民有电气事业注册费率

一、凡请领民有电气事业营业执照者，不论电灯、电话、电车、或其他电气事业，概照资本总额 2‰ 纳费，但至少每张须纳费 30 元。资本额满 500 元以上者，作千元计算，不满者不计。

二、因增加资本呈请换照者，不论原定资本额之多寡，应照增加之数，按 2‰ 纳照费。

三、公司让渡由承受人改组或改换名称者，应呈请换照，照费依上列规定缴纳。

（十一）民有铁路公司注册费率

一、铁路公司创办人领得暂准立案执照者，应缴纳执照费50 元。

二、铁路公司领得正式立案执照者，应缴纳执照费100 元。

三、铁路公司换领执照者，应缴纳换照费25 元。

二、查验费　查验费又可分为（一）检查费与（二）检验费两种。例如归交通部主管者，则有船舶检查费及丈量费，均有详细费率表，惟检查证书须另征费轮船 2 元，帆船 1 元；归实业部主管者，则有商品检验费及拟议中之工厂检查费。商品检验费之关于棉花者，至多不得超过市价 3%；之关于生丝者分量检验厂丝每件 2 元，辑里丝每件 1 元。又如上海市征收宰牲检验费，宰前大黄牛每头 6 角，大水牛 5 角，小牛 3 角，绵羊 8 分，山羊 7 分，猪 1 角；宰后大黄牛8 角，大水牛 7 角，余与宰前同。

三、签证凭照费　签证凭照费系包括证书费、证明费、执照费、牌照费、护照费、签证护照费、和签证货单费（Consular invoice）等在内。后三者系由外交部主管，前四者则中央各部及各地方政府均有收入。

四、诉讼费　诉讼费亦名司法规费，凡堂费或审判费、（司法印状纸费，司法印状纸工本费，）声请费、执行费、及缮状费等属之。兹请略述诉讼费之内容。凡向法院起诉者，必须先缴纳讼费。何谓缴纳讼费？"缴纳讼费者，即须由当事人呈交该诉讼行为所生之费用也。故向法院递状起诉者，同时即须缴纳讼费；此项讼费，须由原告预行提供，将来再由败诉之当事人负担。使原告而败诉也，则讼费已经缴纳，固无问题，以其无请求权而妄为请求，自应使负不法行为之损害赔偿。若被告而败诉也，则讼费应由被告偿还原告，以此诉讼之发生，实由其不肯履行义务之故，自应受此违反义务之费用负担。若诉讼之结果互有胜负，则应使两造比例分担讼费。若因第三人之故意或重大过失，所生无益之费用，则又须由过失之第三人负担之矣。各级法院均有征收讼费表，即依诉讼标的之金额或价额而定征收费用之等差。"兹列国府司法行政部所规定的诉讼费表于

下，以示一例：（参阅郭卫周定枚编：《律师办事手续程式汇述》，第115—118页）

法院征收诉讼费一览表（单位元）

（一）审判费

表 4-8-1　审判费

诉讼标的金额或价额	第一审征收数	第二审征收数	第三审征收数
10 元未满	0.45	0.63	0.72
10 元以上 25 元未满	0.90	1.26	1.44
25 元以上 50 元未满	2.25	3.15	3.60
50 元以上 75 元未满	3.30	4.62	5.28
75 元以上 100 元未满	4.50	6.30	7.20
100 元以上 200 元未满	9.00	12.60	14.40
200 元以上 300 元未满	12.00	16.80	19.20
300 元以上 400 元未满	15.00	21.00	24.00
400 元以上 500 元未满	18.00	25.50	28.80
500 元以上 600 元未满	21.00	29.40	33.60
600 元以上 700 元未满	24.00	33.60	38.40
700 元以上 800 元未满	27.00	37.80	43.20
800 元以上 900 元未满	30.00	42.00	48.00
900 元以上 1 000 元未满	33.00	46.20	52.80
1 000 元以上 2 000 元未满	37.50	52.50	60.00
2 000 元以上 4 000 元未满	48.00	67.20	76.80
4 000 元以上 6 000 元未满	63.00	88.20	100.80
6 000 元以上 8 000 元未满	82.50	115.50	132.00
8 000 元以上 10 000 元未满	105.00	147.00	168.00
逾万元者，每千元加征	4.50	6.30	7.20

（二）声请或声明费

表 4-8-2　声请或声明费

抗告或再抗告	1 元 5 角	声请回复原状	1 元 5 角
声请假扣押或假处分	1 元 5 角	声请除权判决	1 元 5 角
其他声请声明	7 角 5 分		

（三）执行费

表 4-8-3　执行费

执行标的金额在 25 元未满者	4 角 5 分	执行标的金额在 250 元以上 500 元未满者	3 元 7 角 5 分
在 25 元以上 50 元未满者	7 角 5 分	在 500 元以上千元以下者	5 元 2 角 5 分
在 50 元以上百元未满者	1 元 5 角	逾千元者，每千元加征	2 元 2 角 5 分
在百元以上 250 元未满者	2 元 7 角		

（四）送达费及食宿费、舟车费

表 4-8-4　送达费及食宿费、舟车费

| 送达裁判传票等件每件 | 1 角 5 分 | 不能于 1 日以内往返者每日另收膳宿费 | 5 角 |
| 送达于 10 里以外者每 5 里加收 | 7 分 5 厘 | 送达文件并另收舟车费 | 按实数计算 |

（五）钞录费

钞录裁判书状等每百字　1 角 5 分　（不满百字者亦照百字计算。翻译外国文字者，每百字征费 2 角至 4 角。）

（六）书状挂号费

书　状　　　　　　　　　　　　　　　　1 角

五、特许费　特许费（franchise fee）系政府特许私人有经营某种企业（如公用事业 public utilities 及制造贩卖业等）之专利权时所征收之规费或报效费。

六、公共建筑物及设备使用费　如公园门券，公共体育场门券，公共游泳池门券，公共大礼堂假座费，公共图书馆阅览费，及公共博物园游览费等皆是。

第二节　财产移转税——契税

财产移转税，一名契税，亦即不动产移转税或房地产移转税，属地方税制系统。契据为产权之凭证，契税所以确定产权之保障也。不动产移转契据可以分为卖契与典契二种，故契税亦可分为卖契税与典契税二种，而税率亦分二种，卖契税率尝倍于典契税率。兹将各省现行契税率百分数列表如下：（参考贾编《民国财政史》卷上，二编，第188—192页）

河北省　　　卖四典二（内抽 1/4 充学费）

北平市　　　卖六典三（前者提 8 厘，后者提 4 厘充学费）

山东省　　　前清时代白契卖二典一，民国时代增至卖六典三。

山西省　　　税率与山东省同

江苏省　　　卖五典三

江西省　　　卖四典二

河南省　　　税率与山东省同

安徽省　　　卖六典四

湖北省　　　卖九典六

湖南省　　　卖四典二（卖契内加一作地方公用）

浙江省　　　卖六典三

福建省　　　卖六典三（外加 1/20 的附加税）

广西省　　　卖六典三

云南省　　　卖六典三

陕西省　　　卖六典三

辽宁省	卖九典六及卖六典三
黑龙江	卖九典六
新　疆	卖九典六
归　绥	卖九典六
广东省	卖六典三
四川省	卖六典三
贵州省	卖六典三
甘肃省	卖六典三
吉林省	卖九典六
热　河	卖九典六
察哈尔	卖四典二

依照第二次全国财政会议（23 年 5 月举行）之议决，契税至高税率应为卖六典三，税率超过省份均应照减，其未超过省份，酌减与否，悉听其便。

第三节　验　契　税

验契税系政府查验房地产契据时所抽之捐税。查验房地产契据系不常有之事，故验契税亦系不常有之捐税。查验契税本系不动产登记税之一种，现田赋与契税既划归地方，故验契税自亦应划归地方，以三者有不可分离的关系也。近数年来，中央预算既未列验契税入，而各省预算亦鲜有列入岁入门者，盖就目前情势而论，该税已成为明日黄花矣。

第四节　印　花　税

印花税之命名，系因纳税手续为购贴印花（Stamp）而起故英语叫做 Stamp tax。印花税之应用范围，大致为人事及商业交易凭证，间有应用于特种商品者，则似已跨入间接消费税或营业贩卖税范围，非单纯规费类的印花税矣。人事及商业凭证，若未贴用印花，则不能获得法律上的保障，故印花税属于享益税类内的规费类范围。

依照民国十六年 11 月财政部所公布的印花税暂行条例，凡下列各种契据，簿据，及人事凭证，并第四类特种物品，均须依法贴用印花：

第一类　十五种

发货票，寄存货物文契之凭据。租赁各种物件之凭据，抵押货物字据，承种地亩字据，当额在 4 元以上之当票，延聘或雇用人员之契约。

以上七种各贴印花 1 分。

铺户所出各项货物凭单，租赁及承项各种铺底之凭据，预定买卖货物之单据，租赁土地房屋之字据及房票，各项包单，各项银钱收据。

以上六种，银数在 1 元以上未满 10 元者，贴印花 1 分，10 元以上者贴印花 2 分。

支取银钱货物之凭据，每个每年贴印花 1 角，

各种贸易所用之账簿，每册每年贴印花 1 角。

第二类　十四种

提货单，各项承揽字据，保险单，各项保单，存款凭单，公司股票，交易所单据，汇票，银行钱庄所用支票，及性质与此相类似之票据，（支票奉令缓办）遗产及析产字据，借款字据，铺户或公司议订合资营业之合同，不动产典卖契据，承领或承租官产执照。

以上十四种，数银在 1 元以上未满 10 元者，贴印花 1 分；10 元以上未满 100 元者，贴印花 2 分；100 元以上未满 500 元者，贴印花 4 分；500 元以上未满 1 000 元者，贴印花 1 角；1 000 元以上未满 5 000 元者，贴印花 2 角；5 000 元以上未满 1 万元者。贴印花 5 角；10 000 元以上未满 50 000 元者，贴印花 1 元；满 50 000 元者，贴印

花 1 元 5 角；50 000 元以上，不再如贴。

第三类　四十五种

出洋游历护照	贴印花 2 元
出洋游学护照	贴印花 1 元
出洋侨工护照	贴印花 3 角
国内游历护照	贴印花 1 元
行李护照	贴印花 1 元
运送现金护照	贴印花 1 元
免税护照	贴印花 1 元 5 角
子口单	贴印花 1 元 5 角
三联单	贴印花 1 元 5 角
普通官吏试验合格证书	贴印花 1 元
高等官吏试验合格证书	贴印花 2 元
专门学校以上各学校毕业证书	贴印花 5 角
专门学校以上各学校修业证书转学证书	各贴印花 1 角
中学校毕业证书	贴印花 3 角
中学校及与中学同等之学校修业证书转学证书	各贴印花 4 分
留学证书	贴印花 1 元
检定小学教员证书	贴印花 1 角
受试验教员科目成绩证明书	贴印花 1 角
考准医士证书	贴印花 1 元
通译人证书	贴印花 5 角
请求入国籍志愿书保证书	各贴印花 2 角
请求入国籍禀书	贴印花 1 元
取得国籍之许可执照	贴印花 2 元
新闻发电执照	贴印花 1 元
人民投递官署呈文申请书	贴印花 1 角
婚书	贴印花 4 角
人民请补请分执业田单　比照亩额贴用印花：5 亩以下，3 分；	

10 亩以下，6 分；50 亩以下，3 角，100 亩以下，5 角；101 亩以上，每 100 亩加贴 5 角；在 100 亩以上而有另数者其另数亦作 100 亩计算。

| 储蓄会单据 | 每件贴印花 1 分 |
| 甘结切结 | 贴印花 1 角 |

保结及各项担保字据　贴印花 2 角；载有银数者，按照第二类各项保单税额，贴用印花。

电力，汽力，火力，水力等机器事业或轮船，汽车，脚踏车等公司营业执照　各分甲乙丙三级，贴用印花：甲级 3 元，乙级 2 元，丙级 1 元。其资本在 10 000 元以上者，为甲级；在 5 000 元以上，未满 10 000 元者，为乙级；不满 5 000 元者，为丙级。

轮船汽油船汽车脚踏车等执照　轮船汽油船汽车，其价值满 1 000 元者，贴印花 2 元，不满 1 000 元者，贴印花 1 元；脚踏车执照，每件贴印花 2 角。

各项营业执照　比照资本，分别贴用印花，计分 2 元，1 元，5 角，2 角，1 角，4 分，二分七级：资本在 50 000 元以上者为第一级；在 10 000 元以上未满 50 000 元者为第二级；在 5 000 元以上未满 10 000 元者为第三级；在 1 000 元以上未满 5 000 元者为第四级；在 500 元以上未满 1 000 元者者为第五级；在 100 元以上未满 500 元者为第六级；不满 100 元者为第七级。

旅馆客栈执照　其资本在 5 000 元以上者贴印花 2 元，在 1 000 元以上不满 5 000 元者，贴印花 1 元，不满 1 000 元者贴印花 5 角。

募工承揽人特许执照　贴印花 4 元

人力车执照　　　贴印花 1 角，自用者贴印花 3 角
（营业者奉令缓办，自用者照章贴用。）

车轿执照　　　马车执照，贴印花 1 元；运货大车，骡车，肩舆执照，各贴印花 2 角；二把手小车免贴。

乐户执照　　　分甲乙丙三级，贴用印花：甲级 3 元，乙级

　　　　　　　　　　2 元，丙级 1 元。

运送客货之航船快船执照　　　贴印花 1 角

各种采矿执照　　　　50 亩以下，贴印花 2 元；51 亩至 100 亩。贴
　　　　　　　　　　印花 5 元；以次每加 100 亩，加贴 5 元。在
　　　　　　　　　　100 亩以上而有零数者，其零数亦作 100 亩
　　　　　　　　　　计算。

烟酒营业执照　　　　分特甲乙丙四种贴用印花：特种 1 元，甲种
　　　　　　　　　　5 角，乙种 2 角，丙种 1 角。

卷烟洋酒运照　　　　　　　　　贴印花 4 角

各种行帖　　　　　　分上中下三则：上则 2 元，中则 1 元，下则
　　　　　　　　　　5 角。

戏券游艺券　　　　　券资每位在 5 角以上者贴印花 2 分，不满 5 角
　　　　　　　　　　者贴印花 1 分。

局　　票　　　　　　　　　　　贴印花 1 角

第四类　　　　　　　四种

洋酒印花税　　　　　照价值 30%贴用印花。（已划归烟酒事务局征
　　　　　　　　　　收）

奥加可（即火酒）印花税　每 100 斤贴印花 12 元（已划归烟酒
　　　　　　　　　　　　事务局征收）

汽水印花税　　　　　舶来者每一磅瓶贴印花 2 分，每半磅瓶贴印
　　　　　　　　　　花 1 分，土制者照此减半。

爆竹印花税　　　　　照价值 20%贴用印花。（缓办）

　　最近立法院所修正通过之印花税法，规定应纳印花税之凭证及
税率如下：

　　（一）发货票，（二）银钱货物收据，（三）账单，均每件金额在
3 元以上满 10 元者，贴印花 1 分，以后每满 10 元加贴印花 1 分，但
最多以 1 元为限，（四）支取或汇兑银钱之单据簿折，（五）支取货
物之单据簿折，（六）预定买卖货物之单据合同，（七）经理买卖有
价证券生金银或物品所用之单据簿折，均单据每件贴印花 2 分，簿

折每件每年贴印花 2 角，合同每份贴印花 2 角；（八）寄存单据，（九）储蓄单折，（十）租赁单据契约，均每件贴印花 2 分；（十一）营业所用之簿册，每本每年贴印花 2 角；（十二）轮船提单每张贴印花 2 角；（十三）转运公司或行栈所发之提单，每张贴印花 2 分；（十四）保险单每件按保额每千元贴印花 2 分，千元以下不及千元者，亦以千元计；（十五）承包单据，（十六）承顶单据，（十七）股票，（十八）合资营业之字据，（十九）借贷或押单据，（二〇）债券；（二一）授产遗产或受产单据，均每件按金额每 100 元贴印花 2 分，不及 100 元者亦以 100 元计；（二二）比赛票按票价每 1 元贴印花 2 分；（二三）娱乐票每件按票价每 5 角贴印花 1 分，其超过之数不及 5 角者，亦以 5 角计；（二四）婚姻证书每件贴印花 4 角；（二五）延聘契约，每件贴印花 2 分；（二六）委托书据，每件贴印花 2 角；（二七）保单，每张贴印花 1 角；（二八）证明身份或资格之证照，每张贴印花 2 元，但司机人，配药生，助产生，看护生等证书，每张贴印花 5 角；（二九）学校毕业证书，专门学校以上，每张贴印花 3 角，中学校，每张贴印花 1 角，（三〇）旅行护照，每照贴印花 2 元，但侨工护照，每照贴印花 2 角；（三一）运输护照，每照贴印花 1 元；（三二）关于营业之各项许可证照，每照贴印花 1 元，专利及采矿执照，每照贴印花 2 元；（三三）枪枝执照，狩猎枪照，每照贴印花 1 元，自卫枪照，每照贴印花 1 角，（三四）承领或承租官产执照，承领执照，每照贴印花 1 元，承租执照，每照贴印花 5 角，（三五）船舶证书、船舶国籍证书、轮船执照、每张贴印花 2 元，航船快船执照，每张贴印花 1 角。

但下列各种凭证，免纳印花税，（一）官署自用之簿据及其他凭证，（二）官署征收税捐所发之凭证及根据征收税捐凭证所发之证照，（三）各级政府或自治机关，处理公库金或公款所发之凭证，（四）各级政府所发之公债证券，（五）个人或家庭所用之账簿，（六）教育文化或慈善机关合作社所用之账簿，（七）凡各种凭证之正本，已贴用印花税票者，其副本或抄本，（八）凡公私机关或组织，其内部所用不生对外权利义务关系之单据，（九）催索欠款或核对数目所用之账单，（十）车票、船票、航空票、其他往来客票及行李票，（十一）本法税率表内列明免纳印花税者。国营及地方公营事业所用之契约，及主要账簿凭证，应依法缴纳印花税，其种类由财政部与主管部会商订，会呈行政院核定，但其所发之货票及提单免税。

第九章
享益税论（二） 特别课赋

第一节　特别课赋之意义

特别课赋（Special assessment）一名不动产改良税（betterment tax），吾国官厅亦有名为筑路征费（road building tax）者。然筑路征费仅为特别课赋中之一种，断不能以一部概括全体也，故命名欠妥。

特别课赋因系对于不动产有特殊利益的一栋赋课，故由地方政府向业主征收者为多。它与规费之最大区别，即在规费为对人的特殊利益而有所取偿，而特别课赋系对不动产的特殊利益而有所取偿。

特别课赋征收的场合甚多，当地方政府（或上级政府）对于当地不动产敷施道路、桥梁、公园、堤防、水利、水管、沟渠、街树、街灯、及清道等的改良时，均可酌向两旁不动产业主征收全部或一部的改善费。

第二节　特别课赋征收之原则

征收特别课赋，在法治的国家，至少应遵守下列四个原则：

一、征收特别课赋须先有立法上的根据　此其用意，盖欲防止地方行政长官之滥用其权力也。

二、征收特别课赋之前，地方长官须先与有关系的业主会商，举行"公听"。（public hearings）

三、征收特别课赋的方法宜公平不偏　例如新筑马路两旁的地产宜分带（Zoning）分别征收筑路费；第一带地产紧靠马路者宜多出费，而离马路较远的第二带及第三带等地产宜少出费。

四、特别课赋的数额至多不得超过地价因改善而增加的数额　例如某地因开辟马路而增价 5 000 元，则地方政府向其业主征收特别课赋，其最高数额即不得超过此数。

第三节　筑路征费办法举例

兹将中外筑路征费办法举例列下，以资参考：

一、美国城市新辟马路征费办法大率如下：（参阅董修甲著：《市政新论》，第 69—70 页。）

路宽六丈或以内者	新路两旁业主，负担一切筑路费用。
路宽七丈或以内者	新路两旁业主，负担筑路费用 89.3%。
路宽八丈或以内者	新路两旁业主，负担筑路费用 81.25%。
路宽九丈或以内者	新路两旁业主，负担筑路费用 75%。
路宽十丈或以内者	新路两旁业主，负担筑路费用 70%。
路宽十二丈或以内者	新路两旁业主，负担筑路费用 62.5%。
路宽十四丈或以内者	新路两旁业主，负担筑路费用 57.1%。
路宽十五丈或以内者	新路两旁业主，负担筑路费用 53.3%。
路宽二十丈或以内者	新路两旁业主，负担筑路费用 40%。

以上筑路费用不足之数，由马路两旁第二三带业主甚或兼令全城业主公摊之。

二、上海市筑路征费章程要项如下：（19 年 11 月 8 日上海特别市政府公布）

第一条　本市因开辟或整理道路，及举办其他附属工程，得依据本章程之规定，向该路两旁土地所有权人征收筑路费。

第二条　凡在本市区域内之土地，无论公有私有，一律适用本章程之规定。

第三条　本章程规定征收之筑路费，分工程费与基地费二项：

甲、工程费包括道路、沟渠、桥梁、涵洞等建筑费及房屋拆迁等费；

乙、基地费包括收用土地补偿费。

第六条　征费时所根据之面积，应以筑路而受益者为限；其标准由新路线起向两旁深入各为该路规定宽度之二倍。如遇特别情形，得由市政府酌量增减之。

第八条　凡土地在……受益范围以内，并无出路接通新路者，不以受益论，亦不征收任何费用……

第九条　征收工程费计算之标准，以工程费征收总额之一半，按照全路门面之长短，另一半按照全路受益面积之多寡，分别求得征费单位，再就各户所占门面长度及受益面积计算征收之。

第十条　工程费之征收，依后列规定办理，但遇特殊情形，市政府得酌量增减之：

路宽 20 公尺以下	征收工程费之全部
25 公尺	80%
30 公尺	60%
35 公尺及以上	40%

第十二条　凡因筑路收用基地所需之费用，一律按两旁受益地时价征收三成。

第十三条　付给土地所有权人补偿金时，得将受补偿金人应缴付之费扣除，不足则由该土地所有权人照数补缴。

第十四条　土地所有权人应在规定期限内，将征费缴清；缴款期限，空地至多不得逾一年，建筑地须于开始建筑前将费缴清。

第十五条　土地所有权人如无力缴付征费，得向市政府主管局请求按照该段道路未开辟或未整理以前之地价，收买其全部或一部分之土地，以为抵偿之用……

第十六条　土地所有权人如不依限缴清征费者，视为欠税，即就其所欠数额，自应缴纳之日起，按照年息5%征收之。

第十九条　凡在本市公布地价以备举办土地增值税后所征收之筑路费，应于征收增值税时扣除之。

三、广州市开辟马路征费办法如下：（参阅董修甲著：《市政新论》，第77—78页）

（一）马路两旁，均由人行路内边起，其无人行路者，由马路渠边起，各深至15英尺为一段；段内土地，共负担全路应征收总额1/4，按照若干方尺，平均摊算。

（二）由第一段内线起，各深至30英尺为第二段；段内土地，共负担全路应征收总额1/4，计算同前。

（三）由第二段内线起，各深至60英尺为第三段；段内土地，共负担全路应征收总额1/4，计算同前。

（四）由第三段内线起，各深至120英尺为第四段；段内土地，共负担全路应征收总额1/4，计算同前。

前项各段之划分线，均与人行路内边或马路渠边平行。

第十章
享益税论（三） 间接消费税类

第一节　关税或国境税（Customs duties）

享益税内的间接消费税，可分国境税或关税及内国产销税两种。兹请先就关税之目的及种类分述之如下。

一、关税之目的　关税之目的有二：其一即在谋国库收入之充裕，其二即在促内国产业之发展。为第一个目的而征收的关税，叫做财政关税（tariff for revenue only, Finanzzelle）；为第二个目的而征收的关税，叫做保护关税（tariff for protection schutzzolle）。财政关税之唯一目的既在税收，故其税率不宜甚高，致发生（一）走私（Smuggling）或（二）止运（Stoppage of trade）之弊，反成为保护关税。保护关税之唯一目的既在庇荫内国产业，故其税率必须甚高，俾国外制品输入或国内原料输出，均受极大打击；所以保护关税如果真正的，十分的，彻底的达到目的，则必变成禁止关税（prohibittive tariff），这是无疑义的。

二、关税之种类　关税可以很自然地分为两种：其一即出口税（export duty），其二即进口税（import duty）。吾国海关税收报告，向以船钞，（或名吨税 tonnage dues）列入在内，实则进出口关税系间接货物消费税，纳税者为进出口商人，而船钞系轮船公司所付之营业税或交通税，不能混为一谈也，故本书将船钞一项归入享益税内营业税类叙述。此外各替代厘金之进出口货物子口半税（即纳正税之半之税额之谓，）自 20 年 1 月 1 日实行裁厘之后，亦自随厘金一起裁撤，可不具论。

甲、出口税

（一）中国征收出口税之理由　按出口税在先进各国早已多半弃除，美国宪法且有专款禁止政府征收出口税，而吾国目前仍旧征收者，虽不免有落伍之讥，然亦有不得已之苦衷在。其一，吾国出口税则，远自逊清道光二十二年（即西历 1842 年）与英国订定以来，80 余年间。中央财政，向恃之为大宗税收之一；今若一旦遽与裁撤抵补无着，则财政上必发生破绽，不胜狼狈，以出口税亦为内外债担保品之一部也。其二，再就保护国内产业而言，则吾国之出口税大抵不失为消极保护之一法，以吾国方今出口品中大率为工业原料品，故征收出口税，盖一方所以为内国制造厂保留原料，而他方又所以增重国外工厂之制造成本也。其三，若再就社会政策言之，有时民食不敷，则征收粮米出口税所以维持民食也；有时国故名宝图书载籍出口，则征收极重之出口税所以保存国粹也；有时政府甚至颁布禁运出口之命令，此则较出口税更进一步矣。

（二）中国目前出口税之现情　吾国出口税则，自道光二十二年订定之后，至咸丰八年曾为第一次之修正，其第二次之修正，则犹属民国二十年 6 月事也。最近修正出口税则规定（一）出口品号列为二七〇，（二）税则分免税，从价，（ad valorem）与从量（Specific）三种，而（三）从价与从量税则又分值百抽五及值百抽七·五两种。

至此二七〇号出口货品之分类如下：

第一类　动物动物产品，及鱼介产品类　计（一）动物及动物产品二十二号，（二）生皮熟皮及皮货五号，（三）鱼介及海产品十二号，共计三十九号无免税者，税率最低 5%，最高 7.5%。

第二类　植物产品类（竹、燃料、藤、木材、木纸、及纺织原料不在内）　计（一）豆类五号，（二）杂粮及其制品十号，

（三）植物性染料类四号，（四）鲜果干果制果类十号，（五）药材及香料类（化学产品不在内）二十号，（六）油蜡类十六号，（七）子仁类十二号，（八）酒类三号，（九）糖类三号，（十）茶类九号，（十一）烟草类四号，（十二）菜蔬类六号，（十三）其他植物产品五号，共计一百零六号。茶类九号均免税，余无免税者，税率最低5%，最高7.5%。

第三类 竹、燃料、藤、木材、木、及纸类 计（一）竹类三号，（二）燃料类四号，（三）藤类四号，（四）木材木及木制品七号，（五）纸类六号，共计二十四号。无免税者，最低税率5%，最高7.5%。

第四类 纺织纤维及其制品类 计（一）纺织纤维品二十一号，（二）纱、线、编织品及针织品十号，（三）疋〔匹〕头类十三号，共计四十四号。免税者五号，为棉线袜，抽纱品挑花品绣花品，花边衣饰，绸缎，及茧绸，税率最低5%，最高7.5%。

第五类 金属矿石及其制品类 计（一）矿砂金属及金属制品十六号，（二）石、泥、土、砂、及其制品六号，共计二十二号。免税者二号，即第二一七号之他国货币，及第二一九号，（甲）之金银条块。税率低者为5%，高者为7.5%。

然自1934年8月起美国以实施购银法（The Silver Purchase Act of 1934）向世界银市场大购白银以来，吾国白银即有大量之流出。财政当局为保持本国金融界之安定起见，乃自该年10月15日起即下令征收白银出口税，其税率如下：

一、银本位币征出口税7.75%。

二、大条，宝银，及其他银类，征出口税10%。

三、如伦敦银价折合上海汇兑之比价（即"平价"）与中央银行当日照市核定之汇价（即"市价"）相差之数，除缴纳上述出口税，而仍有不足时，应按其不足之数，加征平衡税。

第六类 杂货类 计（一）化学品及化学产品十四号，（二）印刷品四号，（三）杂货类十七号，共计三十五号。免税者有二五〇号之书籍，第二五一号之图画及图表，第二五二号之新刊报及杂志，第二五四号之草帽缏及草帽，第二五七号之空器及包装用品，第二六二号之发网发绺，第二六五号之伞，及第二六六号之花素漆器。其不免税者税率低则 5%，高则 7.5%。

乙、进口税

（一）进口税税则之种类　目前世界各国进口税税则，以其税则简繁的程度来分，大致可分为如下的几种：

子、国定单率税则（national single tariff）　如中国关税自主后之进口税则，就是一个实例，税则上每号货品的税率仅有一个，无论对于何国的进口货品适用之毫无区别。英美二国，在原则上亦采用此制，虽然有时美国因欲与他国互惠，英国为欲优待其殖民地货物，致有例外的行动。1897 年美国之关税法，给与总统以与外国订立互惠税率之权，互惠税率可较国定税率为低。又美国 1909 年关税法，给与总统以征收进口报复税之权，报复税率以进口货物原价 25% 为限。

丑、国定协定双率税则（National-Conventional tariff）　欧战前采行此制的国家甚多，最著者为德国与日本。俄国、奥匈、瑞士、瑞典、意大利、葡萄牙、布加利亚、及罗马尼亚亦采用之。其办法，为国会先定一个税则，同时给政府以自由与外国交涉之权；与外国交涉后，税率减少之多寡，国会不再过问。所以此种税则每物可有两个税率：其一、即原有国定税率，对于无约国输入货品或货品之未列入最惠国条款内者征之；其二、即为协定税率，对于有约国输入货品征之，非经双方同意，不能自由更改。此制之弊在协定税率毫无限度，有时足以危害本国产业。故德国于 1902 年，对于农业品进口，规定最高与最低两率，以资保护，此为农业保护派（以瓦格涅 Wagner 等为代表）对于工业保护派（以白兰脱诺 Brentano 等为代表）之胜利。1906 年，奥匈的关税法对于农产物的进口，采行同样的办法。

寅、最高最低双率税则（maximum-minimum tariff）　国定协

定双率税则，对外交涉，虽然可以顺利，输出贸易，虽然可以鼓励，然而协定税率，并没有一个最低限制，其弊在不足以保护国内产业。故 1877 年西班牙有最低税率之规定，以示限制，而 1892 年法国亦起而效尤。法国 1892 年关税法第一条云："普通税率及最低税率，各于甲乙两表中列举之（甲表为进口税乙表为出口税），外国对于法国货与以最低关税之待遇者，则该国货品输入法国时，亦适用最低税率。"在此最高与最低二率之间，政府可以与外国交涉互惠税率。然法国之制，其弊在太无伸缩力，外交上不易收良好之效果，以即就最低税率而论，外国政府亦往往以为太高，无从商榷也。

俄国在 1893 年，希腊在 1896 年，挪威在 1897 年，亦采行同样的税则。巴西于 1900 年亦有最高与最低两率之规定，前者为后者之二倍，对于课巴西咖啡以进口税的国家的进口品行之，以示报复。智利在 1915 年，亦采行最高与最低之双率税则，二者之相差为 25%，前者对非最惠国进口品行之，后者对最惠国的进口品行之。

法国实行最高与最低税则之后，1893 年即与瑞士大起纷争，瑞士亦以行政手段限制法国进口品以相报复，及至 1895 年，这场关税战争始得结束，法制之弊，于此可知。现法国业已觉悟，改为多率制了。

卯、多率税则（multiple or preferential tariff）　多率税则之起因，即在乎上述丑寅两项税则之不能适应环境，推行尽利。采行此制最早者为英国的殖民地坎拿大。1898 年，坎拿大的关税法规定三种税率，即（一）普通税率（最高税率），（二）互惠税率（中间税率），及（三）优待税率（最低税率）是。三率之比例为 100，87.5，62.5。普通税率对无约国的进口品适用之，互惠税率对有约国的进口品适用之，优待税率对于母国及母国之其他殖民地之进口品适用之。1910 年坎拿大之关税法，对于法国的进口品又另设一率，介乎互惠税率与优待税率之间，成为四率的进口税则。

欧战之后，多率制进口税则，大有风行一时之概，不但英国的殖民地（坎拿大、澳洲、新西兰、南非、纽芬兰、及印度）及法国的殖民地（突尼斯、摩洛哥、及安南）都采行多率制，就是法国于1919年，亦增设一个中间税率，介乎最高与最低税率之间，以百分数计算之。此外希腊的税则亦变做多率制，俄国对德国让步，于最低税率之下，又另设一种税率以优待德国的进口品。

至目前各国盛行之报复税（retaliatory duty）及取缔倾销税（anti-dumping duty），那不过是于上列正税之外，再加一种进口税而已。吾国取缔倾销税条例虽早已由立法院通过，然当此书脱稿时，犹未见诸实施，尚在专门委员会调查时期也。

（二）中国目前进口税之现情　吾国自鸦片战争失败，与英国订定海关进出口税则以来，80余年间，向受片面的关税协定之束缚。国民政府建都南京之后，迭与有关系各国订正关税条款，恢复自主权，卒得于民国二十年2月1日颁布第一次之国定单率进口税则以替代从前之协定单率进口税则。此第一次国定进口税则，现已修正二次，第一次修正在民国二十二年5月，第二次修正在民国二十三年7月。兹就民国二十三年7月1日公布之海关进口新税则（共计六七二号），略述其内容如下：

第一类　棉及其制品类　计（一）本色棉布品类三十八号，（二）印花棉布品类十八号，（三）杂类棉布品类十四号，（四）棉花、棉线、棉纱、及未列名棉布品类二十四号，共计九十四号，无免税者。税率有从价者，有从量者。从价税最低为值百抽二五，最高为值百抽五〇。

第二类　亚麻、苎麻、火麻、檾麻、及其制品类（搀杂棉花者在内）　共计十七号，无免税者。税率有从价者，有从量者。从价税最低为值百抽七·五，最高为值百抽五〇。

第三类　毛及其制品类（搀杂他种纤维者在内，但搀杂丝者不在内）　共计十七号，无免税者。税率从价者多，从量者少。从价税最低为值百抽五，最高为值百抽七〇。

第四类　丝及其制品类（搀杂他种纤维者在内）　共计十七号，无免税者。税率从量者一号，余十六号皆从价，最低为值百抽一五，最高为值百抽八〇。

第五类　金属及其制品类（矿砂机器车辆在内）　计矿砂品一号，金属品九十四号，金属器具三号，机器及工具九号，车辆船艇六号，他种金属制品十五号，共计一百二十八号。税率有免税者，有从量者，有从价者。从价税最低为值百抽五，最高为值百抽四十。

第六类　食品饮料草药类　计鱼介海产品二十五号，荤食日用杂货品三十六号，杂粮果品药材子仁香科菜蔬品六十一号，糖品七号，酒啤酒烧酒饮水等品十七号，共计一百四十六号，无免税者。税率有从量者，有从价者；从价者最低值百抽十，最高值百抽八十。

第七类　烟草类　共计六号，税率从量从价均有，低者值百抽二十，多半值百抽五十。

第八类　化学产品及染料类　计化学产品及制药品五十六号，染料颜色油漆凡立水品三十七号，共计九十三号，无免税者。税率有从量者，有从价者，最低值百抽五，最高值百抽三十五。

第九类　烛皂油脂蜡胶松香类　共计二十三号，无免税者。税率有从量者，有从价者，最低值百抽十，最高值百抽三十。

第十类　书籍地图纸及木造纸质类　共计二十号，免税者三号。税率有从量者，有从价者；从价者最低值百抽七·五，最高值百抽三十。

第十一类　生熟兽畜产品及其制品类　计生皮熟皮皮货及其制品七号，骨毛羽毛发角介壳筋牙等及其制品十一号，共计十八号，免税者一号。税率从量者少，从价者多，最低值百抽七·五，最高值百抽四十。

第十二类　木材木竹藤草及其制品类　计木材品十一号，木竹藤棕草及其制品十一号，共计二十二号，无免税者。税率有从量者，有从价者；从价者最低值百抽七·五，最高值百抽三十五。

第十三类　煤燃料沥青煤膏类　共计六号，无免税者。税率从量者四号，从价者二号，低者值百抽十，高者值百抽十五。

第十四类　磁器、搪磁器、玻璃等类　共计十号，无免税者。

税率有从量者，有从价者；从价者最低值百抽二十，最高值百抽
五十。

第十五类　石料泥土及其制品类　共计九号，无免税者。税率
有从量者，有从价者；从价者最低值百抽十，最高值百抽二十。

第十六类　杂货类　共计四十六号，无免税者。税率有从量者，
有从价者；从价者最低值百抽十，最高值百抽四十。

三、中国近年来关税之实收数　自清季及民国以来，中央财政
向恃关税为挹注，至近数年来，此种趋势，尤为显著，其收入往往
超过中央全体税收之半数。兹列最近四年度关税之实收数如下，以
资参证：（根据《中国经济年鉴》）

18 年度	221 925 646 元
19 年度	307 784 250 元
20 年度	374 682 000 元
21 年度	359 723 741 元

第二节　内国产销税（internal excise）

内国产销税，各国皆有。其内容大致可分为（一）货物出厂税，
（二）货物出产税，及（三）货物取缔税三种。前二者之目的完全是
财政的；后一者之目的是社会的，即寓禁于征的，然而事实上财政
的意义反掩遮社会的意义这是无可讳言的。就中国目前内国产销税
的现状而论则

（一）货物出厂税　亦称统税，分卷烟统税，麦粉统税，棉纱统
税，火柴统税，及水泥统税五种；

（二）货物出产税　分盐税及矿产税二种；

（三）货物取缔税　分烟酒税及锡箔税二种。此外又有

（四）货物通过税　如沿岸贸易出口税，系向土货在国内由此口
岸运至彼口岸所抽之税。此税税率即系最近修正之出口税则，其税

收亦计入在海关出口税之内，以迁就事实也。实则就纯理言之，沿岸贸易出口税，即国内货物通过税之一种，亦即内国产销税之一种，断不宜与出洋货物通过税之出口关税混为一谈也。自 20 年 1 月 1 日国府公布裁厘以来，本应早归结束；徒以财政关系，故犹得苟延残喘；将来裁撤，自属毫无疑义也。

兹将上列出厂、出产，及取缔各税分别述其概况如下。

一、卷烟统税　卷烟统税税率在 17 年冬起为七级制，至 20 年 2 月 1 日起改为三级制，至 21 年 3 月 21 日起又改为二级制。

所谓七级制，就是进口纸烟先纳下列值百抽七・五的海关税及附加税

甲、每千枝值关银 12 两 5 钱以上者　　　　　纳关银 8 钱 3 分

乙、每千枝值关银 8 两 5 钱以上至 12 两 5 钱者　纳关银 5 钱 3 分

丙、每千枝值关银 6 两 5 钱以上至 8 两 5 钱者　纳关银 3 钱 8 分

丁、每千枝值关银 4 两 5 钱以上至 6 两 5 钱者　纳关银 2 钱 8 分

戊、每千枝值关银 3 两以上至 4 两 5 钱者　　　纳关银 1 钱 9 分

己、每千枝值关银 1 两 5 钱以上至 3 两者　　　纳关银 1 钱 1 分

庚、每千枝值关银 1 两 5 钱以下者　　　　　　纳关银 6 分

再与国内制造纸烟一律待遇，同纳下列统税

表 4-10-1　卷烟统税表　　　　　（单位：元）

头等每 5 万枝箱	售价在 1 052 元以上者	税额 404.652
二等每 5 万枝箱	714 元以上者	258.375
三等每 5 万枝箱	564 元以上者	185.250
四等每 5 万枝箱	378 元以上者	136.500
五等每 5 万枝箱	252 元以上者	92.625
六等每 5 万枝箱	126 元以上者	53.625
七等每 5 万枝箱	126 元以下者	29.250

所谓三级制，就是国内制造纸烟

一、凡登记价格每 5 万枝在 540 元以上者，列为第一级，征收统

税 305 元

二、凡登记价格每 5 万枝在 150 元以上至 540 元者，列为第二级，征收统税 81 元

三、凡登记价格每 5 万枝在 150 元以下者，列为第三级，征收统税 39 元

而同时对于国制雪茄烟则分下列六等征收统税

一、价格每千枝在 70 元 2 角以上及无商标者，列为第一等，征收 45 元

二、价格每千枝在 35 元 1 角以上者，列为第二等，征收 22 元 5 角

三、价格每千枝在 17 元 5 角 5 分以上者，列为第三等，征收 11 元 2 角 5 分

四、价格每千枝在 8 元 7 角 7 分 5 厘以上者，列为第四等，征收 5 元 6 角 5 分

五、价格每千枝在 5 元 2 角 6 分 5 厘以上者，列为第五等，征收 3 元

六、价格每千枝在 5 元 2 角 6 分 5 厘以下者，列为第六等，征收 2 元 2 角 5 分

所谓二级制，就是国内制造纸烟

一、凡登记售价每 5 万枝在 260 元以上者，为第一级，征税 95 元

二、凡登记售价每 5 万枝在 260 元以下者，为第二级，征税 55 元

而同时对于国制雪茄烟每千枝〔支〕的统税如下表：

表 4-10-2　国内制造纸烟每千支统税表

等级	登记售价	税额
一	80 元以上	62 元
二	40 元以上	31 元
三	20 元以上	15.5 元
四	10 元以上	7.8 元
五	6 元以上	4.15 元
六	6 元以下	3.1 元

至卷烟统税之税收，已寝成统税之柱石：20 年度五种统税总收入为 79 956 238 元，而卷烟统税占有 55 225 765 元之钜，（根据《申报年鉴》）几占全数 70%，亦可见其地位之重要矣。

二、麦粉统税 麦粉统税之前身为麦粉特税，初由财部赋税司主办，盖所以筹谋裁厘损失之抵补也。民国十七年 6 月财部为筹备裁厘后之抵补起见，乃先就江苏浙江安徽三省境内明令免除小麦厘金，改征麦粉特税，其税率为：（一）进口洋粉于进口税外，每包再征洋 1 角；（二）出洋麸皮本来每包征银 1 钱 8 分者，今则大包减征洋 5 分，小包 2 分 5 厘；（三）国内机制面粉每包征洋 1 角，后以内地面粉厂竭力反对，乃将内地机制面粉每包在江南及华北者提还奖励金 3 分，在江北者 4 分，计实征每包江北 6 分，江南及华北 7 分，旋沪上面粉厂亦援例要求提还奖励金，财部准其请，计每包提还 2 分，实征 8 分；（四）国内机制面粉运销外洋者，于出口时，每包退还特税大洋 5 分，即实征 5 分。20 年特税名目取消，改称统税，设立统税署，麦粉税乃改由统税署主办，设驻厂办事处，征收麸皮税及麦粉税。

至麦粉统税之收入，20 年度之实收数为 5 765 727 元。（根据《申报年鉴》）

三、棉纱统税 棉纱统税创始于 20 年 1 月统税署成立之后 1 月，在华日厂以 19 年冬中日新关税协定内承认我有举办棉纱特税之权，故不再反对。其税率如下：

（一）本色棉纱，在 23 支以内者，每百斤征收 2 元 7 角 5 分；

（二）本色棉纱，超过 23 支者，每百斤征收 3 元 7 角 5 分；

（三）其他各类棉纱，照海关估价征收 5%。

至其税收，20 年度之实收数为 15、243、000 元，占统税税收之第二位。（根据《申报年鉴》）

四、火柴统税 火柴统税与棉纱统税同时举办，其税率如下：

（一）长度不及 43 公厘，或每盒枝数不过 75 枝者，每大箱征收 5 元；

（二）长度在 43 公厘以上，52 公厘以下，或每盒枝数不过 100 枝者，每大箱征收 7 元 5 角；

（三）长度超过 52 公厘，或每盒枝数在 100 枝以上者，每大箱征收 10 元。

火柴每大箱内，容 50 小箱；每小箱内，容 144 盒；共 7 200 盒。但火柴之出厂或进口不足一大箱者，仍须依照上列税率，按其数量，比例征收统税。

至其税收，20 年度之实收数为 2 941 913 元。（根据《申报年鉴》）

五、水泥统税　水泥统税与棉纱及火柴统税同时举办，其税率如下：

水泥每桶重量 380 磅者，征收统税 6 角，但包装或小桶之重量超过或不及 380 磅，其差额在 1/10 以上者，得按照其重量比例征收之。

水泥统税 20 年度之预算数为 1 344 899 元，但实收数仅为 79 833 元。

六、盐税　盐税系间接征收的人头税，穷人所付或反较富人为多，实为一种极不公道，极不合乎课赋原则的一种间接消费税。然目前积重难返，中央财政困难，欲大大的减轻，甚或取消盐税，则又何能咄嗟立办。将来一俟抵补有着，虽不能仿英比瑞典三国之无租主义，亦至少应效德法荷诸国之就场轻税制，则盐税自亦不失为一种较比良好的享益课税也。盐税内容复杂，非此书有限的篇幅所能详，但其各区现行税率何若，及其历年税收何若，似为初治财政学者所必须知道者，特摘述如下：（参阅贾编《民国续》《财政史》第二卷，第 229—254 页）

甲、全国现行盐税税率简表：（民国二十二年 6 月，税基以盐一担为单位）

一、长芦区各岸（除正税外又有产捐，销捐，加征产捐，河北省附捐，军事附捐，镑亏加价等附税）

平岸十九县	正附税合每担征收7元3角
津岸二县	7元3角
河北岸一〇一县	7元3角
永七岸七县	7元3角
豫岸五五县	4元8角
汝光岸十四县	4元8角
巩孟岸八县	4元8角
平辽岸十九县	4元8角
口北岸十四县（察哈尔）	4元8角
口北岸十五县（热河）	4元8角

二、口北区各岸（除正税外有食，户捐及镑亏加价二种附税）

多伦张北等四局	青盐	正附税合每担征收3元3角
	白盐	2元4角
	土盐	2元1角
赤峰围场等五局	青盐	2元3角

三、东三省区各岸（除正税外有附捐及镑亏加价二种附税）

辽宁岸五十九县	正附税合每担征收6元3角
吉林岸四十二县	6元3角（外加警捐4角）
黑龙江岸五十县	6元3角（外加警捐2角5分）
热河岸十五县	6元3角

四、山东区各岸（除正税外有军费及镑亏加价二种附税）

纲岸历城等七十九县 　　　　　正附税合每担征收4元3角

　　　　　（二十一年6月起加地方附捐1元7角2分）

　纲岸易乐等四县

　　　　　2元3角（二十一年6月起加地方附捐9角2分）

东岸十八县 　　　　　9角

临沂等六县 　　　　　2元3角

归德九属 　　　　　4元3角（河南省府附收销税3元）

徐五属 　　4元3角（二十一年6月起加地方附捐1元7角2分）

安徽二县	4元3角
青　岛	9角
胶济铁路	4元3角

五、河东区各岸（除正税外有督销税或销税及镑亏加价二种附税）

晋岸四十五县	正附税合每担征收4元1角
陕岸三十六县	5元3角
豫岸二十六县	5元8角
巩孟八县	5元8角

六、晋北区各岸（除正税外有附税及镑亏加价二种附征）

中南路	正附税合每担征收4元8角
包　绥	4元8角

余各岸销吉兰泰盐，蒙白盐，陕北土盐，花盐，红花土，盐白土盐，及土盐等每担征正税自1元2角5分至2元不等，从略。

七、两湖区各岸（除场税外，又有岸税、教育费、附税、慈善费、路股、贴边费、军费、及镑亏加价等附征。）

湘岸长沙等十一县	正附税合每担征收11元3角05厘
沅江等五县	10元09角
攸县等三县	10元04角
邵阳等五县	9元9角
衡阳一县	9元4角
沅陵等三县	8元9角
零陵等三县	7元8角

以上皆系淮盐税率，其川粤盐销湘者，税率略有不同。大抵粤盐每担征收税最高为6元8角，最低为3元8角；而川盐则最高为11元2角，最低为10元4角。

八、鄂岸区各岸（除场税外，又有岸税、军费、附税及镑亏加价等附征）

鄂岸二十八县	正附税合每担征收10元8角

鄂西三十县	9 元 3 角
巫楚岸七县	4 元 3 角

九、西建区各岸（除场税外，又有岸税、军费、附加捐、及镑亏加价等附征。）

西岸五十二县	正附税合每担征收 10 元 08 角
建岸五县	9 元 3 角

十、皖岸区各岸（除场税外，又有岸税、军费、皖省附捐、皖省加价、苏省加价，及镑亏加价等附征。）

皖岸二十八县	正附税合每担征收 9 元
滁县等三县	6 元 2 角 5 分

十一、淮南区各岸（除正税外，又有补助省库、地方公益、公债基金、军用加价、军费、及镑亏加价等附征。）

淮南食岸江宁等六县	正附税合每担征收 5 元 8 角 5 分
江都等二县	5 元 3 角 5 分
仪征一县	5 元 4 角 5 分
高邮等四县	4 元 8 角 5 分
宝应等三县	4 元 6 角
东台等四县	4 元 3 角 5 分
海门一县	4 元 1 角
常阴沙	4 元 5 角 5 分
东台盐挑	1 元 8 角 5 分

十二、皖北区各岸（除场税外，又有销税、军费、镑亏加价、及军事加价等附征）

皖北十九县	正附税合每担征收 5 元 3 角
近场五县	2 元 8 角
南六岸	3 元 3 角
临沂等六县	2 元 8 角
汝光等十四县	5 元 3 角
汝光等十四县	6 元 3 角

汝光等十四县　　　　　　　　　　　　6元05分

十三、福建区各岸（除正税外又有附税及镑亏加价二种附征）

闽侯等三十七县　　　　正附税合每担征收5元3角

福清等十五县　　　　　　　2元8角

漳浦等三县　　　　　　　　2元3角

十四、两浙区各岸（除正税外，又有军用加价、军费、善后加价、整理加价、省公债加价、及镑亏加价等附税。）

纲地浙省嘉善等三十四县　正附税合每担征收6元9角

皖省广德等七县　　　　　　6元9角

赣省玉山等七县　　　　　　6元9角

肩地浙省杭县等四县　　　　5元1角

杭县上四乡　　　　　　　　3元1角

绍兴萧山二县　　　　　　　4元7角

住地嵊县等二县　　　　　　4元7角

引地节县等五县　　　　　　3元05分

温处籖盐　　　　　　　　　3元9角5分

永用籖盐　　　　　　　　　3元4角

温属食销　　　　　近场2元8角，远场3元3角5分

台　属　　　　　　高税2元8角，轻税6角

宁属各场食盐　　　　　　　8角

酱　盐　　　　　　定岱玉3元2角，余姚4元4角

各属近场食销　　　　自2角起至2元8角不等

各属近场渔盐　　　　自1角3分5厘起至5角9分不等

十五、松江区各岸（本区以销浙盐无场税，岸税之外，又有军用加价、军费、省附税、教育费，及镑亏加价等附征）

松江岸吴县七县　　　　正附税合每担征收7元1角

奉贤等十七县　　　　　　　6元6角

崇明启东二县　　　　　　　1元9角5分

上南川沙地宝山结一结九　　3元2角

上海租界	3 元 05 分
常阴沙	4 元 5 角 5 分
横沙各岛	6 角

十六、四川区各岸（除正税外又有整理盐务基金及镑亏加价二附税）

清楚岸（鄂二十六县湘六县）

　　正附税合每担征收 4 元 4 角 6 分（军人及地方附捐未列入）

泸南岸八县	4 元 3 角 6 分
渠河岸七县	4 元 3 角 6 分
涪万岸五县	4 元 3 角 6 分
綦边岸（贵州二十九县）	2 元 8 角
涪边岸（川四县黔二十二县）	4 元 2 角 9 分
仁边岸（黔二十四县川一县）	2 元 8 角
永边岸（黔二十二县川二县）	2 元 4 角
纳万川楚岸（川四县鄂八县）	2 元 4 角
滇边岸（滇十一县）	2 元 4 角
永边岸（川十二县）	2 元 5 角
府河岸（川十五县）	2 元 4 角
南河岸（川七县）	2 元 4 角
雅河岸川雅安等七县	2 元 4 角
犍为等六县	2 元 1 角
万楚岸川万县等二县及鄂五	1 元 8 角
川云阳等六县	1 元 5 角

巫楚岸（川三十一县鄂七县陕旧兴安府属各县）

　　　　　　最高 1 元 9 角　最低 1 元 5 角

余川中产盐各场食销，每担自 1 元 2 角 4 分起至 1 元 9 角 4 分不等，从略。

十七、两广区各岸（除正税外，又有岸税、附税、路股、及镑亏加价等附征。）

中柜粤南海等二十二县及广州市

　　　　　　　　　　正附税合每担征收2元8角

　　桂怀集等四县　　　　　　　5元5角

　　粤恩平等八县　　　　　　　1元6角5分—1元1角

北柜粤清远等十三县　　　　　　2元8角

　　湘临武等十一县　　　　　　2元8角

　　湘耒阳等十四县　　　　　　2元8角

　　赣赣县等五县　　　　　　　2元8角

西柜桂桂林等四十二县　　　　　5元5角

　　黔锦平等九县　　　　　　　5元5角

平南柜粤合浦等十三县　　　　　1元6角5分—1元1角

　　桂郁林等三十五县　　　　　4元

东柜粤惠阳等十县　　　　　　　1元6角5分—1元1角

赣安西等五县　　　　　　　　　3元6角

琼崖区十四县　　　　　　　　　3角5分至1元5角

惠丰一县　　　　　　　　　　　5角

桥上大河区闽八县　　　　　　　3元5角4分3厘

　　小河区赣六县　　　　　　　5元7角1分

　　梅县等八县　　　　　　　　3元2角1分

桥下潮安等八县　　　　　　　　1元9角5分

　　附场十里地　　　　　　　　1元

十八、云南区各岸（除正税外，又有军饷捐及镑亏加价二种附税）

黑井区昆明等三十九县　　正附税合每担征收5元8角7分

白井区大理等二十四县　　　　　5元8角

磨墨区建水等二十二县　　　　　5元8角

边岸文山等十四县　　　　　　　2元—1元1角

十九、花定区各岸（除正税外，又有附税，食户捐，及镑亏加价三种附征）

宁夏中卫盐池二县

    正附税合每担征收 4 元 3 角（青盐），3 元 3 角（白盐红盐）

      定边县   4 元 3 角（花盐浪盐）

      宁夏宁朔二县   4 元 3 角（蒙盐）

青海及甘陕数县   3 元 3 角（青盐）

甘陕数县   （蒙盐）3 元 3 角

                   （红白砖，冻盐）2 元 5 角

                   （白土盐）2 元 3 角

                   （土熬盐）1 元 3 角

                   （高产土盐西和水盐）2 元 05 分

二十、精盐税率

精盐税率与上述粗盐同，惟其行销区域，为欲保护粗盐引商之利益起见，仅限于通商口岸耳。

观上表，可知我国盐税，极错综庞杂光怪陆离之致，如何整理而划一之，此则有待乎新盐法之实施矣。（新盐法规定盐，就场征税，自由买卖；食盐每百公斤一律征收 5 元，不得附加；渔盐每百公斤征收 3 角，农工业用盐免税。）

乙、近年我国盐税收入表（单位千元，根据《申报年鉴》）

表 4-10-3　近年我国盐税收入表

民国三年	50 908	民国十二年	79 883
四年	59 728	十三年	75 888
五年	63 016	十四年	79 144
六年	63 989	十五年	77 928
七年	68 891	十六年	55 269
八年	71 980	十七年	58 515
九年	77 046	十八年	69 713
十年	82 371	十九年	139 391
十一年	87 763	二十年	176 651

七、矿产税 吾国矿产税始自民三矿业条例，分矿区税及矿产税二种；旋为便利矿产运销起见，又改"遇卡抽厘，逢关纳税"的矿厘（通过税）为矿产统税用以代替沿途厘金，50里外之常关税，及内地边陆各常关税暨杂捐。十六年夏，国府奠都南京，财部为整理矿税起见，乃草拟矿税暂行条例十四条。兹将该条例之重要数条列左

第一条 凡本国人民，以个人或公司名义，合股办矿，经主管官署注册给照采矿者，概照本条例完纳矿税。

第二条 矿质类别如左：

第一类 金、银、铜、铁、锡、铅、锑、镍、钴、锰、锌、铝、砒、汞、铋、铂、铱、钼、铬、铀、煤炭类、刚石、宝石类。

第二类 水晶、石棉、云母、钢、玉石膏、磷酸、石灰、重晶石、硝酸盐、硫磺、硫化铁、硼砂、弗石、大理石（可作装饰品者）、长石、滑石、笔铅、泥炭、琥珀、土沥青、柏油浮石、海泡石、磁土、硅藻板、硅藻土、苦土矿、漂白土、颜料石类（如赭石红土等）。

第三类 青石、石灰石、砂石、花冈石、斑石、白云石、土灰、灰泥、石黏土、火黏土、及其他采矿所得之建筑石材，及一切有用石类。食盐、及煤油、归国家专办，不在右三类矿质之内。

第四条 矿区税之定率如左：

一、如矿区为采矿；第二条第一类之矿质，按年每亩纳银元5角；其砂铂、砂金、砂锡、砂铁之在河底者，每长十丈，按年纳银元5角；第二类之矿质，每年每亩纳银元6角5分。

二、如矿区为探矿；前项之税率，均以1角计算。

第五条 前案矿区矿税，为地面租税以外之税。

第六条 矿产税之定率如左：

一、第一类之矿质，按出产地平均市价，纳5%；

二、第二类之矿质，按出产地平均市价，纳10%。

第七条 矿区面积，以方里及亩计。六十方丈为一亩，五百四

十亩为一方里。

第八条 第三条及第五条之矿区税及矿产税，均分二期缴纳。

第九条 第二条第三类之矿质，概免矿区税及矿产税。

八、烟酒税 烟酒之为物，如果用之无即，诚属害多利少，为国家征收货物取缔税之良好标的物；先进各国，早有更进一步而采行专卖者。我国自民国肇造，始由中央通令各省，创设烟酒专税，以裕国税收入；民四又仿各国专卖之制，创烟酒公卖之制，按值抽费，税收渐旺；民六以还，政局多故，迄无宁岁，各省多擅自行动，中央亦无法制止。就各省烟酒征税之性质而论，则有抽出产税者，有抽通过税者，有抽销场税者，有抽熟货税者，有抽原料税者，有抽附加税者，有抽入市税者，有抽特许税者。就其税率机准而论，则有以容量（计件）为标准者，有以重量为标准者，有以商铺为标准者，有以品质为标准者，有以售价为标准者，有以制造器具为标准者，有以进货售价为标准者。就其公卖费率而论，则最高者有京兆之值百抽三十，次为江西之值百抽廿五，次为蓟、豫、闽、皖、川、陕、桂之值百抽二十，次为归察之值百抽十八，次为晋、湘、浙、黔、滇之值百抽十五，次为苏鄂黑吉之值百抽十二，次为鲁之值百抽十，次为奉之值百抽六，又次为甘之值百抽四，而粤则由商承包，新省与川边迄未举办。（参阅贾编《民国续财政史》，第二卷，第 194—300 页）

十六年春，国府财部以烟酒税收，为中央岁入大宗，而从前税费并征，名目繁多，征收方法，各省庞杂，若不加以整理，殊非划一裕税之道，故即重订烟酒税章制，是年 6 月，即颁布烟酒公卖暂行条例，实行官督商销宗旨，定公卖费率为 20%。旋十八年 8 月，章制复经一度之修改，取消公卖支栈招商投标承包制度，改设稽征所，由商人径向分局或稽征所纳费，以剔除积弊，费率仍旧。兹将该修正条例之重要者录下：

（一）财政部为整顿烟酒收入起见，规定公卖暂行办法，以实行官督商销为宗旨。

（二）全国烟酒公卖法未颁布以前，凡在本国制销之烟酒，均应暂照本条例办理。

（五）凡人民实应自食，欲于家内酿酒者，须经主管局所许可给照，方准开酿，但每年以百斤为限，仍……依率缴纳公卖费。

（七）烟酒销售，应由各该省局规定价格，暂以定价20%为烟酒公卖费率；如有特殊情形，得声叙理由，呈请另行核定。

前项公卖费率每年修正一次，先期由各省局开列烟酒各项名称量数卖价，并拟定征收费率，呈请财政部核定颁行。

（九）凡烟酒商人，如须将货物运输他处销售者，除将应缴之公卖费依率缴纳领取凭单外，并应由经征局所填给验单。

（十）凡烟酒两类，均须于包裹或盛贮之器具，分别实贴公卖印照；非经贴有公卖印照之烟酒，一概不得贩卖行销。

上述烟酒公卖修正条例，虽依据十七年7月第一次全国财政会议之议决案，改包商制为委办制，然积重难返，各省不无尚留包商制遗迹，此亦可见征收制度改革之不易也。

现在国内烟酒税类除上述土烟土酒公卖费外，尚有（一）洋酒类税，（二）薰烟税，及（三）啤酒厂税三种。兹略述其内容如下：

甲、洋酒类税征收章程概况　洋酒类税从前北京烟酒事务署已订有专章，税率定为20%。十八年夏国府财部烟酒整理委员会又拟洋酒及仿制洋酒等税率为从价30%，火酒一项暂定为每百斤征税20元。20年春，印花烟酒税处成立，复订就厂征收洋酒类税暂行章程，较散收之制高明多矣。兹录十八年暂行章程之重要条文如下：

（一）凡在本国境内销售洋酒类，均须按照本章程之规定，依率纳税。

前项洋酒类，无论外人制造，华人仿造，及舶来品，均属之。

（三）洋酒类税率，暂定为值百征三十，按照价值抽收；其火酒一项（即奥加可），暂定为每百斤征税20元。

前项税率，每年修正一次，先期由省局酌量情形，拟定征率，呈请本部（即财部）核定颁行。

（五）洋酒类以凭证为征收税款之证据；凭证系长条式，计分1分、2分、3分、5分、1角、2角、3角、5角、1元九种，由财政部印制发交各省烟酒事务局发行，或特许商店代销。

（七）凡贴有前项之征税凭证之洋酒类，得行销内地，不再征税。

（八）装盛前项酒类各种容器，除舶来品有原装容器外，凡在华中外商人制造之酒类，均须选用能封口之瓶罐，其容量至少以一斤为限；非经贴有前项凭证者，不得开器另售。

乙、薰烟税　薰烟即可供制卷烟之烟叶，大半系由美移植者，产于鲁之潍县二十里堡，皖之门台子刘府，及豫之许昌郑州襄城等地，夏种秋获，产额丰盛。十八年财部首在鲁省设薰烟税专局，并将皖省烟酒事务局所设蚌埠炕烟税局撤消〔销〕，归并专局办理；暂定薰烟税率为每百斤3元6角。二十年3月又大事归并，设豫鲁皖薰烟税局，该局有总局一在青岛，分局二，一在蚌埠，一在许昌；更定税率为每百斤征收4元5角；其破碎者得呈准减半征收；其征收时期为自10月起至次年3月止；其征收原则系就场向收买烟叶之公司或烟商征收；薰烟税一次征足后，所有一切内地捐税，概行豁免，惟转口出口之关税，则不在此例耳。

丙、啤酒厂税　啤酒为洋酒之一种，原不必独立一税。无如历来洋商啤酒厂每抗不纳税，而华商啤酒厂又隐匿不报，纳不足额。于是20年5月财部乃先就上海啤酒公司实行就厂征税制度，税率定为20%，视其容器，按值估征。今则此种就厂征收制已推行到烟台北平各华商啤酒公司及青岛之太阳啤酒公司矣。

至最近三年来之烟酒税收入，列之于下，以示其在国库收入上之重要：（根据《中国经济年鉴》）

民国十九年度	21 825 712 元
二十年度	33 232 703 元
二十一年度	33 216 335 元

　　九、锡箔税　锡箔税初名箔类特税，盖取缔迷信之税也。现称锡箔税，专以冥用之纸箔为对象而抽税，其他焚化品之纸扎及装饰用之锡纸，概不在内。锡箔税率定为 12.5%，于浙劣绍兴宁波杭州三府旧属产地售出时征收之。锡箔税初由财部设局征收，旋委托浙省财厅代征，其征起税收，大部分作中央与地方教育经费之用，小部分作抵还江浙两省箔类厘金的损失。

第十一章

享益税论（四）　营业税类

第一节　中央营业税类

目前吾国属于中央政府的营业税类，大致不外（一）船钞或吨税，（二）烟酒牌招税，（三）交易所税，及（四）银行兑换券发行税四种。兹略述其内容如下。

一、船钞　船钞一名吨税（tonnage dues），以其征收标准为出入本国港湾之船舶的载重吨数，故名。船钞之名，盖起于有明宣德年间（西历 1422 年）之始设钞关，凡舟船受雇运货者，计所载多寡及路途远近纳钞，故曰船钞。现在纳税标准既以吨不以船，纳税工具亦以币不以钞，为正名起见，似不如径称吨税之为愈。日本今亦名吨税，其初盖称航税或淀泊税也。

清初关税分正税、附税及船料三项。船料又称梁头船税，即明之船钞；每船按梁头征银 2 000 两左右；海船每尺征银五钱，一年二次；小商渔船每尺征银 3 钱至 5 钱，年一次或二次不等；海船分三等，大者约须纳船料 1 200 余两。迨至鸦片之战失败，与英订立江宁条约，其善后事宜条款内关于船钞之订定为"百五十吨以上船舶，每吨征税五钱；百五十吨以下船舶，每吨征税一钱。"后咸丰八年（1858 年）与英订天津条约，又将 150 吨以上之船舶，每吨征税由五钱减至四钱。自民国十七年（1928 年）7 月以后，虽以国民政府之努力，陆续将此种船钞协定取消，然现行吨税率犹一仍旧贯也。

至船钞收入，虽属中央之交通运输营业税，而非货物进出口税，但向来为手续便利起见，一律列入关税项下报账，大约每年收入为四五百万元之谱（17 年度为 4 448 892 元，二十年度为 4 573 500 元），专作维持及改善船舶航行之各种设备之用，盖亦一种为特殊利益而缴纳的享益税也。

二、烟酒牌照税　烟酒税及公卖费为货物取缔税，故烟酒牌照税可称为取缔货物营业税。此项牌照税之征收，盖始于民二北京政府之颁布"贩卖烟酒特许牌照税条例"，十余年来，毫无更改。这十六年国民政府成立之后，税率始稍稍提高。民国十八年 4 月，财部召集烟酒整理委员会会议，又将章则改订，税率加高。民国二十年 6 月国府颁布《营业税法》，其第二条云："中央征收烟酒牌照税收入，除由中央留 1/10 外，其余应拨归各该省市作为地方收入。"于是财部于是年秋又复将烟酒洋酒牌照税章则修订，合并为"烟酒营业牌照税暂行章程"。

兹录烟酒营业牌照税暂行章程之首三条如下：

（一）凡制造及售卖华洋烟酒，应一律遵照本章程，请领牌照，始得营业。

前项烟酒，凡土产机制以及舶来之烟酒，均包括在内。

（二）营业牌照，由财政部发制。

（三）营业牌照，分烟类、酒类、洋酒类三种，年分四季具领，其种类税率如左：

一、烟类营业牌照，分整卖另卖两种：

凡以烟类大宗批发与另卖商人者为整卖营业，计分三级：

甲、卷烟厂商之分公司及经理分销处	每季纳税银 100 元
乙、趸批买卖之烟草行	每季纳税银 40 元
丙、经理各种烟类批发店	每季纳税银 20 元

凡贩卖烟类另售消费者为另卖营业，计分五级：

甲、开设店肆营售一切烟类者	每季纳税银 12 元

乙、他种商店大部分兼营一切烟类者   每季纳税银 8 元

丙、他种商店兼售一切烟类者   每季纳税银 4 元

丁、设摊另卖烟类者   每季纳税银 2 元

戊、另售烟类之负贩者   每季纳税银 5 角

二、酒类营业牌照，分整卖另卖两种：

凡以酒类大宗批发与另卖商人者为整卖营业，计分三级：

甲、每年批发在 2 000 担以上者   每季纳税银 32 元

乙、每年批发在 1 000 担以上者   每季纳税银 24 元

丙、每年批发在 1 000 担以下者   每季纳税银 16 元

凡以酒类另星售与消费者为另卖营业计分四级：

甲、开设店肆贩卖一切酒类者   每季纳税银 8 元

乙、他种商店兼售一切酒类者   每季纳税银 4 元

丙、另售酒类之设摊者   每季纳税银 2 元

丁、另售酒类之负贩者   每季纳税银 5 角

三、洋酒类营业牌照，分整卖另卖两种：

整卖营业，计分两级：

甲、各机制酒厂，进口商，酒厂分公司，及独家经理等

  每季纳税银 50 元

乙、各代理及批发洋酒类商店   每季纳税银 10 元

另卖营业，计分两级：

甲、各酒楼旅馆及酒吧等类   每季纳税银 10 元

乙、各另售洋酒类商店   每季纳税银 5 元

凡同时兼营烟类、酒类、洋酒类，或兼营整卖另卖者，应分别领照，各按定额纳税。

至烟酒牌照税之历年税收，以向来是与烟酒税费合计的，所以是无从细别；不过自该税 9/10 划为地方收入之后，则虽欲继续混合不分，不可得矣。

三、交易所税   交易所有两种：一即物品交易所（produce exchange），一即证券交易所（stock or security exchange），皆所以扶

助企业调剂物价者也。惟其营业甚易引起投机，故须经过特许手续，方能设立，而政府向之抽取交易所税，实亦含有取缔投机之意。民国 90 年之交，沪上交易所之创设，风起云涌，津汉亦相继效尤，于是北京农商部乃颁布关于交易所之各项条例，如证券交易课税条例及交易所交易税条例等是。国府奠都南京之后，对于交易所亦有条例颁布，其关于课税部分者，则有如下之规定：

民国 17 年 3 月修正交易所税条例第二第三条：

第二条　交易所税于各所每期结账之赢余总额内，按下列定率征收之：

1 万元以内者免税，

超过 1 万元至 5 万元以内者，	课 7.5%；
超过 5 万元至 10 万元以内者，	课 10%；
超过 10 万元至 15 万元以内者，	课 12.5%；
超过 15 万元至 20 万元以内者，	课 15%；
超过 20 万元至 25 万元以内者，	课 17.5%；
超过 25 万元至 30 万元以内者，	课 20%；
超过 30 万元以上者，	课 25%。

第三条　前条赢余总额之计算，得扣除其营业费。（营业费，指营业一切必需费用而言，其他股息红利公积等，均不在扣除之列。）

观上列条文，可知目前交易所税之标准为盈余所得，而非昔日之卖买经手费之毛所得（国府当初规定凡商品及证券交易属于定期者，照经手费总额征收 1/10；属于现期者，征收 1/20；至金银交易属于定期者，照经手费定额征收 2/10；属于现期者，征收 1.5/10 即 3/20），已有变为特种公司所得税之趋向。

至其税收，19 年度及 20 年度预算，均列 101 008 元，21 年度概算则列 120 000 元。

四、银行兑换券发行税　银行兑换券发行权，系由国家特许，故兑换券发行税，可以说是特许税；而同时兑换券之发行，在在足以影响社会金融，故亦可以说是营业取缔税之一种。21 年夏，我国仿照先进各国发行税之成例，乃亦颁布银行兑换券发行税法，其实施已三年于兹，大约每年税收为 160 万元左右。兹述该税法之重要条文于下：

（一）国民政府特许发行兑换券之银行，应完纳兑换券发行税。

（二）银行发行兑换券，应具十足准备金，以六成为现金准备，四成为保证准备。

（四）发行税税率，以保证准备额为标准，定为 2.5%；其现金准备之部分，免征发行税。

（五）发行税每年征收一次，于每年度开始时征收之。

（七）银行如不完纳兑换券发行税时，财政部得撤销其特许发行权。

（八）领用兑换券部分应纳之税金，仍由发行银行负担；惟发行银行得向领用银行收回税金。

第二节　地方营业税类

我国目前地方营业税类，内容仍甚复杂，兹分省县营业税类及直辖市（前称特别市）营业税类两段述之。

一、省县营业税类

甲、屠宰税　屠宰税系民国四年 1 月由北京财政部颁发简章，令饬开办的。原定课税物件以猪牛羊三种为限。计猪每头收大洋 3 角，牛每头收大洋 1 元，羊每头收大洋 2 角。前项税额是由宰户完纳，不分牝牡大小，无论冠婚丧祭年节宰杀者，一律照征。嗣以屠牛课税，妨害农事，且牛税收入不多，民国五年复将章程修改，把牛税一项删去，于猪羊两项，每头酌加 1 角，以资抵补；计猪每头原征大洋 3 角，今改征 4 角，羊每头原征大洋 2 角，今改征 3 角。

乙、牙帖捐税　牙帖捐税，各省情形不同。兹设以浙江为例，大致可以述之如下：按浙省牙税，前清时代计分三种：一曰牙行，应领部颁牙帖；一曰丝茧行，由司给发谕单；一曰钞户，由司给发季钞执照。凡开设牙行，缴捐请帖，分繁盛偏僻，厘为四等：繁盛上行，捐银 480 两为上则；繁盛中行，偏僻上行，捐银 240 两为中则；繁盛下行，偏僻中行，捐银 120 两为下则；偏僻下行，捐银 60 两为次下则。光绪 29 年，删除次下则。上则年纳税银 10 两，中则 7 两，下则 5 两。又丝茧行按年纳捐，上则为 80 千文，下则为 40 千文。又钞户每季纳税银 1 钱 6 分，纯银 1 分 6 厘，遇闰加银 5 分 3 厘零。鼎革之后，所有向领部帖谕单钞照，统称牙行，定名长期牙帖，十年一换，年换牙帖，一年一换，季换牙帖，一季一换。长期牙帖更分为繁盛偏僻二种：繁盛上则，纳捐 720 元，年税 15 元；繁盛中则，偏僻上则，纳捐 360 元，年税 10 元 5 角；繁盛下则，偏僻中则，纳捐 180 元，年税 7 元 5 角；偏僻下则，纳捐 120 元，年税 5 元。年换牙帖捐税，比照长期分别等则，完缴 1/10；季换牙帖捐税，比照年换牙帖，完缴 1/4。旧有牙行，无论帖限已满与否，均应一律请换新帖。四年续订牙帖章程，把繁盛上则捐银加至 800 元，税银加至 40 元；繁盛中则捐银加至 500 元，税银加至 300 元；繁盛下则捐银加至 250 元，税银加至 15 元；偏僻上则捐银加至 400 元，税银加至 20 元；偏僻中则捐银加至 200 元，税银加至 10 元；惟偏僻下则，仍收捐银 120 元，税银 5 元。

丙、当帖捐税　当帖捐税实系牙帖捐税之一种。兹再以浙省为例，约略说明之如下：按浙省典当，前清时代征收当帖捐，当税，及架本正倍捐三种：当帖捐，分繁盛偏僻两等，繁盛地方，每帖一张，捐银四百两，偏僻地方，每帖一张，捐银二百两；每年税额，都各完银 50 两；至架本捐，系按照架本多寡，分等抽收。凡架本在 15 万元以上者，每年缴正倍捐银 300 元；架木在 10 万元以上者，每年缴正倍捐银 240 元；架本在 5 万元以上者，每年缴正倍捐银 180 元；架本在 2 万元以上者，每年缴正倍捐银 120 元；架本不及 2 万元者，每年缴正倍捐银 60 元。鼎革后，悉改两税为元税。

丁、广告捐 广告捐之为含有取缔性质之营业税，乃是自明之理。兹再以浙省为例。浙省之有广告捐，始于民国十四年2月。其时凡商民发布各种广告，由警察官署征收捐税。其捐率分普通与特别两种。普通广告，纸张长宽合营造尺三方尺以内者，每百张征银1元；三方尺以外五方尺以内者征银2元；五方尺以外十方尺以内者征银4元；十方尺以外二十方尺以内者征银8元。如长宽合计逾二十方尺以外至四十方尺以内者，每一张作二张计算；如逾四十方尺以外至六十方尺以内者，每一张作三张计算；余类推。纸张未满百张者作百张计算。至特别广告，则分（甲）图书广告（墙壁图画），每方尺月征银3分；（乙）悬挂广告，每方尺月征银5分；（丙）建筑广告，每方尺月征银5分；及（丁）游行广告，每人每日征银1角，每日自上午6时起至下午10时止，每次以20人为限。

戊、一般营业税（general business tax）一般营业税，在省市地方税收系统内，将来一定占据一个极重要的地位，故另辟下章以讨论之，此处从略。

二、直辖市营业税类

甲、车捐 车辆除少数自用者外，大抵是营业的工具，所以车捐是营业税。兹就上海市而论，其车损等则如下（最近修正）

（一）自用汽车分十六等，每季纳捐自13元至87元；

（二）营业汽车分十六等，每季纳捐自20元至131元；

（三）自用运货汽车分二十二等，每季纳捐自20元起至100元；

（四）营业运货汽车分二十二等，每季纳捐自30元至150元；

（五）自用运货拖车分十等，每季纳捐自12元至105元；

（六）营业运货拖车分十等，每季纳捐自18元至157元；

（七）机器脚踏车、无边车及有边车每年每辆纳捐28元；

（八）三轮机器货车，每季每辆纳捐6元；

（九）自用人力车，每季每辆纳捐7元5角；

（十）营业人力车，每月纳捐1元；

（十一）三轮人力车，每月纳捐 2 元；

（十二）自用马车，每季纳捐 9 元；

（十三）营业马车，每月纳捐 5 元；

（十四）运货马车，每季纳捐 12 元；

（十五）人力货车，每季小车纳捐 1 元，大车 5 元；

（十六）小车，每月纳捐 6 角；

（十七）自用脚踏车，每年纳捐 3 元；

（十八）营业脚踏车，每年纳捐 3 元；

（十九）三轮脚踏货车，每月纳捐 3 元；

（二十）粪车，每月纳捐 1 元 5 角；

（二十一）汽车试车，每季纳捐 3 元；

（二十二）驾驶汽车，每张执照捐 20 元；

（二十三）自用骡马，每季每头纳捐 1 元；

（二十四）营业骡马，每季每头纳捐 5 元；

（二十五）汽车行，每爿每季纳捐自 5 元至 25 元；

（二十六）马车行，每爿每季纳捐自 3 元至 4 元。

乙、船捐　上海市船捐系按月征收，其等级如下：

（一）海船　大号 3 元 2 角，中号 2 元 8 角，小号 2 元 4 角；

（二）浦江及内河船只　大号 2 元，中号 1 元 6 角，小号 1 元 2 角；

（三）指定行驶河道之船只　仍照旧时捐率，分等征收。

丙、渡船捐　上海市属下现有官渡十二处，由人民呈准设立，按月纳捐。

丁、划船捐　上海市的划船每只每月须纳捐 5 角。

戊、广告捐　上海市广告捐分为（一）公共广告场捐，（二）特许广告场捐，（三）临时广告场捐，（四）游行广告捐，及（五）其他广告捐。捐率非常繁复，此处从略。

己、货菜摊捐　上海市小菜场内，甲等荤摊每月须纳捐自 1 元至 1 元 2 角；乙等荤摊自 6 角至 8 角；甲等素摊自 6 角至 8 角；乙等素摊自 2 角至 4 角；临时菜市内，甲等荤摊 5 角至 6 角；乙等荤摊 3 角至 4 角；甲等素摊 3 角至 4 角；乙等素摊 1 角至 2 角。

庚、菜蔬执照费 上海市内菜疏一项，投行买卖，须先经行贩经秤；在屋内经秤者为行，在露天经秤者为摊。凡是经秤菜蔬地货为营业者，均应缴纳年捐或季捐。此项捐照分年季，由经秤人自行认定，其捐额分别如下：

全年　甲等纳洋 80 元，　乙等纳洋 60 元，　丙等纳洋 40 元。

每季　甲等纳洋 20 元，　乙等纳洋 15 元，　丙等纳洋 10 元。

辛、游艺戏剧捐 上海市对于游艺戏剧捐，规定如下：

（一）游戏场（如小世界之类）及球场（非含有赌博性者）捐额，以场所大小，营业盛衰，临时酌定之。

（二）滩簧戏　月捐 10 元

（三）皮人戏　月捐 10 元

（四）书场　特等月捐 10 元　甲等月捐 5 元　乙等月捐 3 元丙等月捐 2 元 丁等月捐 1 元

（五）戏院影戏院　特等月捐以营业大小临时酌定之　甲等月捐 100 元 乙等月捐 80 元 丙等月捐 60 元 丁等月捐 40 元 戊等月捐 20 元

壬、茶馆捐 上海市茶馆捐肇自邑庙豫园；其捐额为（一）楼上每桌一张，月捐 1 角，（二）楼下每桌一张月捐 5 分，（三）茶几及靠壁茶桌，减半征收，茶榻以全桌论。

癸、电气营业税 上海市区内有华商电气公司六家，即华商电气公司、闸北电气公司、浦东电气公司、真如电气公司、宝明电气公司、翔华电气公司是。该公司等树植电杆，埋设地线，或铺设电车铁轨，均不出公地范围，自应对市府缴纳相当捐税，以资报效。故上海市府对于市内电气公司的课税作如下之规定：

（一）在市区内树立之电杆，每杆月纳税 3 角，由财政局征收之；

（二）电气营业者，除电杆税外，应纳营业税，由财政局在其营业纯利内，抽取 10%，上半年于 7 月征收之，下半年于翌年 1 月征收之。

子、屠宰税　上海市屠宰税规定宰猪每头征税 3 角 9 分，羊每头 2 角。

丑、牙帖捐税　上海市对于市区内设立之牙行，令其于报领牙行登录凭证时，一次缴纳登录，并每年缴纳营业税。其税率等则如下：

长期凭证登录税：

甲、繁盛：

一等每户 160 元

二等每户 120 元

三等每户 80 元

四等每户 40 元

乙、偏僻：

一等每户 80 元

二等每户 60 元

三等每户 40 元

四等每户 20 元

短期凭证登录税：

一等每户 40 元

二等每户 24 元

三等每户 16 元

四等每户 10 元

长期凭证年纳营业税：

甲、繁盛：

一等每户 25 元

二等每户 17 元

三等每户 10 元

四等每户 5 元

乙、偏僻：

一等每户 12 元

二等每户 9 元

三等每户 6 元

四等每户 4 元

短期凭证年纳营业税：

一等每户 10 元

二等每户 7 元 5 角

三等每户 5 元

四等每户 2 元 5 角

第十二章
享益税论（五）一般营业税

第一节　一般营业税在国地税收
划分系统中的地位

　　一般营业税在国地税收划分系统中的地位，世界各国的办法是颇不一律的。不过我们似乎可以觉察一个暗地里决定的原则，就是凡疆域小的国家，大都是把它划归国家或中央的收入系统之内的，而凡疆域大的国家大都是把它划归地方的收入系统之内的。试举例言之：即如日本、德国与法国，因为疆域小，可以实行中央集权制，所以把一般营业税划归国家的收入系统之内的；又如美国与中国，因为疆域大，只得采行地方分权制或国地均权制，所以把它划归地方收入系统之内。〔按美国各州政府的财源为（一）一般财产税与特殊财产税，（二）人头税，（三）所得税，（四）营业税或营业牌照税，（五）执照税，（六）特别课赋或不动产改良税，（七）手数料等等；而中国的省地政府的财源，依照民国十七年夏全国财政会议的议决，为（一）田赋，（二）契税，（三）营业税，（四）市地税（五）中央所得税附加税，（六）船捐，（七）房捐等等。〕

　　大概就原则而论，凡属于享益主义的课税，尤其是属于直接享益主义的课税，是应该划归地方政府的收入系统内的。中国把一般营业税划为地方收入，也就是这个道理。此外因为裁厘后省库奇绌，所以不得不把新办的营业税拨归之，当然也是一个重要的理由。

第二节　各国营业税概况

甲、日本营业税概况　日本的营业税是叫做营业收益税，年收约 50 000 000 日圆。日本的营业收益税是对于法人及个人征收的。凡是在日本国内有本店、支店，或其他的营业场所的营利法人，是不问其营业种类如何，都要向之征收营业收益税。至个人的营业收益税，是向在日本国内有营业场所的个人征收的。其应付营业收益税的营业种类如下：

（一）物品贩卖业（包括动植物及其他普通不称为物品的贩卖）；（二）银行业；（三）无尽业；（四）金钱贷付业；（五）物品贷付业（物品的意义与上同）；（六）制造业（包括瓦斯供给，电气供给，和物品的加工修理）；（七）运送业（包括运送料理）；（八）仓库业；（九）请负业；（十）印刷业；（十一）出版业；（十二）写真业；（十三）席贷业；（十四）旅人宿业（包括旅馆，简易廉价的下级宿作例外）；（十五）酒菜店业；（十六）代理业；（十七）仲立业；（十八）商品卸卖业。

日本的营业税的课税标准是在乎营业的纯益，所以叫做营业收益税。营业法人的纯益的计算法，是先算出该业于事业年度内所获得的总益金，再扣除该年度内的总损金。营业个人的纯益的计算法，是先算出前一年中所获得的总益金，然后再扣除同年度内的总损金。但个人的营业收入不满 400 元者，得免纳营业收益税。又（一）贩卖政府所发行的印花邮便类，（二）制造度量衡，（三）贩卖自己采掘的矿物，（四）印行根据新闻纸法的出版物，（五）在国外经营，（六）进行法人的渔业或是演剧兴行，及（七）贩卖个人自己收获的农产物、林产物、畜产物或水产物，或把这种产物制成为原料的营业，得免纳营业收益税。至营业收益税的税率，法人为 36‰，个人

为 28‰。(参阅《经济学季刊》第二卷第二期金国宝著"日本六大都市之财政"一文)

乙、德国营业税概况 德国的营业税叫做 Gewerbesteuer，然而亦可以叫做贩卖税（Umsatzsteuer）。兹为明了德国的营业税概况起见，让我们节录史国彬君所著"德国最近赋税制度述要"一段如下：

德国营业税之实行，始于 1916 年。当时发行一种货物买卖印花，实即营业税之先导。其税率为千分之一。至 1918 年而定印花商标法。更至 1919 年而始有营业税之法规。然其税率时有变更。兹列举如下：

1919 年 0.12%；1922 年 2%；1924 年 0.12%；1927 年 0.075%。

就上表观之，读者必有疑问。即自 1919 年至 1924 年之营业税税率累年提高。至 1927 年何忽骤减为万分之 750，此无他，因德国在大战后，一时财政紊乱不堪，币值一落千丈，而各国逼索赔款，不容或缓，故不得不重征营业税以资应付。后至 1927 年，因财政已渐上轨道，币制已复战前状况，故营业税乃能减轻也。至此税免税办法，约分以下数种：（1）凡公共团体而为公共谋利益者；（2）凡对于地方有直接利益之小资本组合；（3）一切附属学校如工商界所办之附属学校等；（4）画家艺术家著作家及一切代理人资本在 6 000 马克以下者。（参阅《经济学季刊》第一卷第四期 162 页）

丙、法国营业税概况 法国的营业税可以分做两大类：其一是本为中央所征收而地方得抽附加税，但自中央实行一般所得税后，完全划归到地方征收的职业及营业税（patente or profession and business tax）；其二是从 1920 年起中央所征收的周转税或贩卖税或销售税（turnover tax or sales tax or taxe sur le chiffre d'affaires）。法国地方的职业及营业税是征之于一切大小的工商营业机关及许多自由职业者如律师、医生、建筑师、会计师等类。工商营业机关的营业税分做两部分：其一为固定部分（fixed tax），乃是由征收机关区分等级者，不过区分等级时，对于各营业机关雇员之多寡，坐落区域之繁盛或偏僻，机械及其他生产工具设置之数量等当然是要顾虑的；

其二为比例部分（proportional tax）乃是根据营业者的住宅房租及其营业机关或工厂的房租而决定的。二者相加始构成从前中央的营业税；地方再算出中央营业税的几分之几，始构成地方营业附加税。（从前中央营业税全数叫做 principal fictif，地方营业税附加数叫做 centimes additionnels，现在该税完全划归地方，所以 principal fictif 不过是一种虚码而已。）

至自从 1920 年以来法国中央政府所征收的周转税或贩卖税或销售税，现在已俨然成为法国国家间接税收中五大柱石的一个，其他四个大柱石为（一）登记税（registration taxes），（二）印花税，（三）关税，及（四）特种货物税（contributions indirectes）。我们知道在法国的租税系统中，间接税的收入是比较直接税的收入是更为重要的（据 1927 年的统计，法国中央政府该年的直接税收入为 132 万万佛郎，而该年的间接税收入却二倍之而有余，即为 274 万万佛郎），而物品贩卖税的收入又是比较其他间接税的收入更为重要的（再据 1927 年的统计贩卖税的收入占全部间接税收入的 31%，即为 86 万零 5 百万佛郎），于是贩卖税不啻也是法国国家税收系统中的一个重要角色，因为在 1927 年它的税收占全体税收中的 1/5 啦。（当 1920 年法国初行贩卖税的时候，其税入总额为 9 万 4 千 2 百万佛郎；1921 年为 18 万 9 千 7 百万佛郎；1922 年为 22 万 9 千 5 百万佛郎；1923 年为 30 万零 2 千 8 百万佛郎；1924 年为 41 万零 1 百万佛郎；1925 年为 45 万 4 千 4 百万佛郎；1926 年为 74 万 8 千 4 百万佛郎；1927 年为 86 万零 5 百万佛郎。）

考法国贩卖税的收入之所以有如此可观的成绩者，这实在是其征收的范围非常广泛的缘故。除掉农人自己贩卖农作物和自由职业者之出售劳务之外，差不多是没有一种工商企业之贩卖商品可以能够逃得掉此笼罩一切的贩卖税的。

法国的贩卖税，如果细细的分析起来，还可以分做三四种：就是（一）一切物品贩卖的总税收入税，包括输入物品在内，税率为百分之二（1920 年该税率为 11‰，旋改为 13‰，今则改为此数）；

（二）一切物品代理卖买者的总收入，包括回佣，利息，手续费等在内，税率亦为2%（此条大大的产生行政的困难，因为批发商等都想只为人代理卖买，而不自有其物品，以冀大大的减轻贩卖税）；

（三）奢侈品贩卖税（taxe de luxe），税率为三等，即4%、12%和13%是。（凡半奢侈品的税率为4%，凡性质属于奢侈品或价格属于奢侈品的税率为12%，凡属于奢侈性质的酒店、饭馆，或客栈的总收入的税率为13%。）此外替代贩卖税的生产税（replacement taxes or production taxes）的收入统计是也归入贩卖税收入项下的。此种替代贩卖税的生产税共有四种：就是

（一）煤与肥料生产税　除几个例外外，凡在法国境内所开采的煤块之出售者，都须纳售价25‰的出产税，其输入煤块的进口统税率亦如之；同样，凡在法国境内所制造的肥料之出售者，都须纳售价35‰的出产税，其输入肥料的进口税率亦如之。

（二）屠宰税（slaughter-house tax or taxe d'abatage）既抽屠宰税之后，就不再抽肉类的贩卖税，所以屠宰税也可以说是肉类的生产税。法国屠宰税的等级是以畜类分的，而其税率是从量的，即以畜类的毛重量分的，就是（一）小牛与羊每基罗格兰姆纳屠宰税二十生丁（centimes）即1/5佛郎；（二）大牛每基罗格兰姆纳屠宰税十二半生丁；（三）马每基罗格兰姆纳屠宰税十生丁；（四）猪每基罗格兰姆纳屠宰税二十五生丁。输入肉类的进口税率亦是从量的，但是较国内的屠宰税率为高，这是因为一来要保护农业，二来肉类较牲畜的分量较轻的缘故。

（三）茶、咖啡及硫磺的进口附加税　法国境内是不产生茶、咖啡和硫磺的，所以除正税之外，该三种物品进口时是须缴纳一种附加税或特别税来替代贩卖税；其实这亦不过是为征税手续的方便而已。茶的进口附加税税率为7%；咖啡的进口附加税税率为8%；硫磺的进口附加税税率，自从1928年7月1日起，为5%。

（四）白糖生产税　法国自从1928年10月1日以后，就把白糖

贩卖税取消，而代之以白糖生产税；其税率为 6%（57‰为中央税，3‰为地方税）；其课税标准为第三号白糖在过去一年间（1927 年 9 月至 1928 年 8 月）在巴黎物品交易所（Paris Bourse）的平均行市；其纳税时期与糖类消费税同，并由同一纳税者缴纳之。不过诸古律（chocolate）糖及糖果（candy）的制造者可以向国库领回一半的白糖生产税。

上述 2% 的贩卖税之内，有 1‰的税收是属于地方收入的，所以中央只能拿到 19‰；再 25‰的煤块生产税之内，也有 1.5‰的税收是属于地方收入的，中央所拿到的不过是 23.5‰。

法国的营业税或贩卖税乃是战后财政困难的产物，其优点即在税收旺盛（为全体税收的 1/5），得借之以渡过财政难关，而且当物价上腾的时候，贩卖税能随物价的上腾而迅速的增加税收。同时，法国这几年来对于贩卖税的经验，觉得它有几个缺点：就是（一）诱致纳税者与征收员间无穷的纠纷与诉讼；（二）违反租税公平的原则，舆论终以为是贩卖税的压力是多多在贫苦者身上的；（三）应用的范围过广，所以征收困难，征收员对于税额的决定往往只得出之以估计（大概有九成的税额是这样估计决定的，纳税者甚至于全年营业可以不必记账）；（四）促成资本的集中，消灭卖买居间人，以冀贩卖税之避免。（参阅 Robert Murray Haig：The Public Finances of Post-War France，pp. 343—351，387。）

丁、苏俄营业税概况　苏俄的营业税是在新经济政策实施以后所制订的；现行的营业税是 1926 年 9 月 24 日所颁布，而由 10 月 1 日起实施的。苏俄当初举行营业税的目的，大致有二：其一是要增加国库的收入，其二是要加重资产阶级的负担和摧残私人的企业。此"一箭双雕"的营业税，当初的收入还不大，后来却逐渐增加，蔚为苏俄重要税收之一。

苏俄的营业税大概是查定营业者的收益而抽税的；其内容范围，大致是可以分做三种营业税，而约略叙述之。这三种的苏俄营业税，其一为特许税，其二为平衡税，其三为奢侈品营业税。

苏俄的特许税的特色，即在分营业为若干种（如分商业为 6 种，分其他营业为 15 种是），不但对于各种营业的负担有轻重之分，就是对于同种营业的负担，也随着地域的不同，而有轻重之区别。概括言之，大概个人单独的小营业，其特许税或营业执照税是负担最轻的；而对于有 15 人以上的雇员的营业者，则课较重的特许税。再则同属一种营业，开设在莫斯科城的，其特许税远较开设在僻远地方者为重：即如在莫斯科的单独商人每年于开始营业时须缴纳特许税 25 卢布，如果他搬到最僻远地方去营业，就只要纳 6 个卢布够了。

苏俄的平衡税的目的是在补特许税的不足，其内容是分商业为 58 种，大抵小商人比大商人的负担重（即如卖买砂糖的大商人每人每年纳一成的平衡税，而小商人则须每年每人纳一成半的平衡税）；再将制造业分为百种，课以同率的平衡税；至于烟草业的平衡税率则为一成又 3/4 成。

苏俄的奢侈品营业税。大抵如下：（一）对于奢侈品的制造业，每年加课五成的特许税；（二）对于奢侈品的贩卖业，大商业每年征平衡税或奢侈品营业税四成，小商业每年征平衡或奢侈品营业税六成。（参阅阿部贤一著邹敬芳译《财政政策论》，199—201 页）

第三节　法国式贩卖税（或销售税或销货税）的沿革

在历史上面特殊的销货税，很有几个例子；至普通的销货税，则除一二例外不算，只有零星片时的努力，并且一经企图，便遭反对，所以很少成功。

在古时埃及，听说有销货税，但不知其究竟如何。在罗马时代，奥古斯得（Augustus）大帝，曾行过一种普遍的销售税，叫做 Centesima rerum venalium，对于销售的货物，值百抽一；但遭人民反对，奥古斯得大帝，借口于维持军队的给养，始能推行。不过反对的还是反对，所以到铁坡利士（Tiberius）大帝减低一半；后来又增加到原率，又增加到 2%，故称曰 ducentesima。但反对的更多了，到了楷烈哥拉大帝，不多几年，便把它在意大利废除了。以后又曾一度推行，又未几即废。故罗马施行普遍销货税，并未得特殊良好的结果。

　　在中古时代，欧洲分成许多王国。那时候的王公，常试行这种普遍的销货税，亦常遭反抗。第一次把它做国税，是在法国。1465 年的时候，路易十一（Louis XI）试行一种叫 sol par livre 或每元一纳果耳（nickel perdollar）的税，即值百抽五，征税的物件，专限于批发的。

　　但终中古一代，特殊的销货税，是很普通的；尤其征在日用必需的货品上，如在法国酒类有一种销售税，叫做 aides；盐类亦有销售税，叫做 gabelle。这种和同类的税，一直存在到大革命的时候，不过路易十一在 1465 年施行普遍的销货税时，已遭和叛乱差不多的反对，而只得放弃。后来在 1485 年又试行一次。

　　法国亨利第四，因战事发生财政上种种困难，他的宰相苏利（Sully）决计再推行此税（1597 年），名曰 pancarte。但不过存在几年，便又废止了（1602 年）。在 17 世纪中亦曾断断续续的施行，不限于批发，即零售亦须纳税，但终是遇着反对。提起这个名词，人民就要疾首蹙额，甚至发生暴动，法国大革命时的议会，可做的第一件大事，就把这种销货税废除；——包括那种征于日用必需品的 gabelle 及 aides。

　　15 世纪的那不耳斯王国（Kingdom of Naples）曾试行销货税一次，未几即废。能永远施行此税的国家，只有一个西班牙。在中古时代的初期，算一种地方税；到 1342 年，就算一种国税。它的确包括了各种货品，最初值百抽一，后值百抽五，更后值百抽十，叫做 alcavala。亦曾遇着种种困难，但专制的君主，为抵补预算计，终使它继续推行下来。当时西班牙的经济学家，曾痛论 alcavala 的苛率，和它经济上不幸的结果。

当时依萨比拉皇后，特颁皇恩，免除楷泰郎利亚和阿兰江的销货税。听说这二州之所以能比较的兴盛，大部分由于免除了这种可僧的租税。有几个作家，并且说西班牙经济衰落（在中古后半部）的大原因，即在销货税的存在。因当时大产业世世不替，无卖买发生；而小产业则不然，销售征税，对于穷人卖买田地，实与以莫大的压迫，有时农夫至愿牺牲牛马，以避征税。总之，alcavala 是财政上方策错误的一个很显著的例子。

重要的普遍销货税，可说只有上述几个例子了。有一种赋课，和普遍销货税很相似，就是十七八世纪时德国所推行的销货税。当时富的阶级，恒能避免直接的租税，于是几位租税改革家，主张若各种消费物品都征税，社会间每人的负担，就得均匀了，所以行了一种普遍的出厂税（General Excise）差不多各物的销售，都要纳税。固然这种德国的 General Excise，用来谋课税的平等，但亦发生无数弊端，随即废止。至在英国，这种租税虽常常讨论，终没有采行的机会，半由于英国对于欧洲大陆上的方法，终是怀疑的。

19 世纪时在英法战事困迫之下，英国宰相毕脱（Pitt）推行一种和销货税最相近的租税。照这个税制，差不多各种货品，都课税。有时课于销售的时候，但大多课于生产的时候。格兰斯顿（Gladstone）在 19 世纪中叶，便研究这个问题，他的出名，就在减少这种课税的项目，代以一种集中的租税；就是，专课消费大而非日用必需的物品，行政上的困难可减至最少点，而收入反可增加。恰好和披耳（Peel）一样；披耳把关税的项目从几千减至几个，反增加总入；而格氏亦把国内租税减少，亦能得更大的岁收。

一直至普法战争，没有别个国家，讨论普遍的销货税。普法战争后，在法国发生一种新税计划，叫做 tax sur lechiffre d'affaires，即所谓流转税，或资本流转税（turnover tax）。当时法国著名经济学家，如 Leroy-Beaulieu, Leon Say 等，都著文反对。可是他们并不是过激党，实际上，他们是很守旧的经济学家；就是吾〔我〕们所常称的社会改革，也不加以赞成。他们反对普遍的销货税的理由有二：（一）这种课税对各个不同的生产者，不能平等，因为它对于整个（integral）和单纯（simple）的生产，不能予以区别，所以大制造家要占便宜，而小本经营要吃亏一些。（二）要使人民采用适当的簿记，显出他们资本的流转，行政上有种种困难，恐怕易于逃税。他们并未注意到我们所着重的，就是，自消费者观察的不平；不过这二个理由，已很够使这个计划，不能通过于立法议会了。

最近普遍销货税的例子，是大战的结果。英国把它讨论一下，便弃而不用；不仅因为上述法国学者所主张的理由，且为了征税于日用必需品所牵连的社会问题。就在意大利有时也想征这种销货税，但为了同样理由，终遭拒绝。现在采行普遍的销货税的国家，只有德国和法国。德国把种种可想到的税源都试过，最后在没有办法的时候，才征普遍的销货税，不过还重征奢侈品，以求减少该税的不平等。法国所以采行销货税，也因为别种税源都试过了，如所得税呀，过分利益税呀，和遗产税呀，都高至不能再高了；法国施行此税的结果，大欠满意，在收入方面，该税亦有缺点，预算税收，至须修改好几次，至在别方面，其短处亦立刻显露。一位法国的专家说：

法国从没有想出一种租税，受商家和公众这样的不欢迎的。商家不愿，是因为防免账目舞弊的方法，太严厉苛刻了。公众不愿，是因为商人常能把这种负担，转嫁到购买者身上，而不损其利益。政府官吏而不严密审查商家的账目，征税是不可能的，但政府而须维持这一大队的审查官，对于法国的财政，也是不可能的。所以该税只得听凭商人和制造家的忠实，他们把每月销货的总数报告，签了一个字，付了税，就算完事，而这个报告，大有任意摆布，合乎付税者的私衷的危险呵！

法国的销货税，对于商业全体，已有很不良的影响；日后终必代以更合理的找钱方法，不过时间问题而已。

只有一个其他的国家内，可找到销货税。这个国家并不是指墨西哥和菲律宾，因为这二个国家，不过保留西班牙的遗习罢了；而是指坎拿大。在坎拿大所征的销货税，并不是普遍的，不过对数种货品的销售，加以赋税；有免税的规定，差不多工人所需用的东西，都不征税。

美国于内战时候，亦想征普遍的销货税，但亦给人反对，而不征了。

从上述历史上的观察，可得一结论：即普遍的销货税，是国家财政困难时，最后一条出路。在这种困难时，什么租税原则不原则，都不计及，只要有钱就算了。

第四节　法国式贩卖税(或销售税或销货税) 的优劣

销货税固未见大规模的实行，而有良好结果；但当财政困难的时候，亦辄有人提出，可见自有动人心目之处，不能一笔抹杀也。据赞成销货税者言，其好处有如下列：

（一）能产生充分的岁入。　尤其是在工商业的国中，商业一天天发达起来，销货税的收入，也能增加起来。

（二）税收是可靠的，捷快的，且不生大变动的。　假定销货税值百抽一，每月征收，则月月有的款，且各货既都征税，绌于此者盈于彼，月月所得款项，亦无大变动也。

（三）该税是全体人民付的，但每人所付极微。　就是说该税终要转嫁的，不过转嫁的负担，是很轻的。

（四）征收便利，迅速而经济。　每月到商家去收一回，商家常有现款，一收便得，当然很迅速而经济了。

（五）若以轻所得税补助时，各人担税均甚公平。　因为销货税对于贫者的负担要重些；而所得税对于富者的负担要重些，二者适相抵补。

但据反对者观察，则上述好处，一件都不能成立。此可自四方面言：

甲、自适当的原则言　所谓适当者，即租税的收入，应当充分，如所预期。赞成销货税的人，说能产生充分的税收，似乎很合乎适当的原则了。但就过去的事实上言，殊不如此。销货税的收入，恒不如预期的大，此因人民逃税极易，有防不胜防之势也。

乙、自无害的原则言　何谓无害，就是一税的征收，应与社会以最小的损害，换言之，就是一税对于社会之影响，应为最健全的。此可自租税转嫁方面言之。

销货税或转嫁，或不转嫁。若转嫁，则由买客负担；若不转嫁，则由商家负担。这二种情形或许当征收销货税时，都能存在，因为有几种货品需要大于供给，非转嫁不可；有几种货品，需要不强，商家只得自己担负租税。故论该税转嫁的影响，亦分二方面：

（子）当该税由买客负担时　发生二种弊端：

（1）违反能力主义　这是一种普遍的消费税，不论贫人富人，都一律付税。贫人买一块面包，付一文的税；富人买一块面包，亦只付一文的税。固然富人买面包以外，还要多买一些东西，但所付的税，绝对不和其能力相称，故曰，违反能力主义也。

（2）有累积性的　就是价格的提高，要较税率的提高为甚。这一点是出产税和销货税的不同。出产税是在生产步秩中初期征的，其价格的增加，视乎以后每次交易时所投资本之利息如何。而征收销货税的时候，则因价格的增加，由于上次交易的利益，租税的支付，必抵补进去，以谋利益之不下降，所以价格的增加，比税率为高。征了值百抽一的销货税，比之原价或许不止值百抽一，故曰累积性的。

（丑）当该税由商家负担时　有下列缺点：

（1）销货总数，不是课税的好根据。　这和征收于土地的什一税（the tithe）相似。但一业的总收入，决不能精确的表示该业付税的能力，有时总收入虽大，而费用亦大，两相抵消，反无利益可得，又何来付税的能力呢？所以征税应在一业的净收入上，才算妥善。否则同样的总收入，虽施以同样的税率，而一则因费用甚大，一则因费用甚小，实际上所负担的税率，完全不同，公平云乎哉？

（2）改变商业上交易的习惯　销售一次货物，便须纳一次税；而销售的次数愈多，一物的付税次数亦愈多；于是中间商人，便不能立足。中间商人，固不是完全有利的，但过分减少，亦足阻碍货品的流通。此外商家为避免苛税计，售货时不记入账内，一凭口头信用，此风一长，那么商业上的会计组织，也要给它破坏了。

丙、自行政上的便利和经济言　赞成销货税的人，都以为销货税于行政上有充分的便利和经济，但实际言之，殊不如是。征收此税，无非以账簿为根据，而账簿中的报销，大可上下，除非请高明的查账专家来审核外，简直无其他方法，来发觉它们的舞弊少报，但高明的查账家，岂得低俸请来？且——商家的账目，都要查过，就是请到查账家，也不胜其烦！无济于事。所以在行政方面，并不便利，又不经济。若硬要经济便利任商家自行报告，包管诈伪百出，税收一落千丈，又违不适当的原则，可谓左右不逢其源，为一种拙税也。

丁、自公平均等的原则言　有下列数种缺点：

（1）商业单位上的不平等　工商业单位有两种：一种是整个的，大规模的；一种是单纯的，小规模的。在整个的商业单位中，一件货品自原料以至于制成品，均在该单位加工，即买卖亦由其特设机关经理。在单纯的单位中，只担任货品制造中之一步秩；例如轧棉厂只轧棉花，轧好了卖给纱厂；纺厂纺好了纱，卖给织布厂；再由织布厂织好了布，卖给消费者。各个单位不过担任生产中之一步，故曰单纯的工商业单位。若轧棉纺纱，织布拼为一起，便变为整个的工商业单位，既知道工商业单位的不同，那么销货税的不同，是很显明了。在整个的生产单位里，销货税只征一次，而在单纯的单位里，一件货品要征到三四次，同是制造一物，而征税次数不同，揆之事理，岂得谓平。

（2）商业资本流转上的不平等　商业上有的资本流转很快，有的流转很慢；前者如杂货店，鲜肉水果店；后者如珠宝店。前者流转虽快，每次获利甚微；后者流转虽慢，每次获利甚大；所以二者一年间所做交易额虽同，而净收入大有不同，若同一征税，岂非不公平么？

（3）课税税率上的不平等　普遍的销货税，对于任何物件的销售，都要征税，尤其对于日用必需品，不肯放过。表面上值百抽一，一体待遇，似乎平等极了；可是日用必需品富人要用，贫人亦要用；富人担税能力大，贫人担税能力小；富人少而贫人多，大半的课税，落在贫人身上！所以名义上是比例的，实际上是累退税。有人称之为顶倒的所得税。富人愈富，出税愈少；贫人愈穷，饭不能不吃，出税愈多。达尔顿（Dalton）说："销货税的根本缺点，在不能酌量国内的情形，而与以相当设施；并且若征税于所得相等的人时，那个有最大的家属，要纳最大的税。"

所以历来行销货税时，贫人终要反抗，并非无故。

照上面优劣相较，不得不以销货税为劣税之一种。不过所谓劣税是指普遍的销货税，而非指特殊的销货税。特殊的销货税，如烟酒销售税等，为一种社会政策的租税，有寓禁于征之意，各国通行者甚多，不能谓为劣税也。然而较之万恶的节节留难的通过税厘金，则高明得多多矣。

第五节　营业税税率标准

二十（1931）年夏国府颁布营业税法，以资划一各省市一般营业税之征收办法，其第四条关于营业税税率标准，规定如下：

营业税税率，应依下列三种课税标准，由各省政府或市政府按照本地营业性质及状况，分别酌定之：

甲、以营业总收入额为标准者，征收其 2‰ 至 10‰；

乙、以营业资本额为标准者，征收其 4‰ 至 20‰；

丙、以营业纯收益额为标准者，其税率如左：

一、纯收益额不满资本额 15% 者，征收纯收益额 2% 至不满 5%；

二、纯收益额合资本额 15% 至不满 25% 者，征收纯收益额 5% 至不满 7.5%；

三、纯收益额合资本额 25% 以上者，征收纯收益额 7.5% 至 10%。

又该法第五六两条规定免纳营业税者如下：

甲、以营业总收入为课税标准，营业总收入不满千元者；

乙、以资本额为课税标准，资本额不满五百元者；

丙、以纯收益额为课税标准，纯收益额不满百元者；

丁、中央政府及地方政府所办之公有营业，但官商合办之营业不在此限；

戊、不以营利为目的之合作社及贫民工厂；

己、农业不征营业税（此系第一条但书所规定）。

第六节　民国二十（1931）年夏吾国各省市营业税范围标准及税率草案一览

（一）各省市营业税课税标准及税率分类表：

表 4-12-1　各省市营业税课税标准及税率分类表

营业种类	课税标准	税率								
		上海市	江苏	浙江	江西	湖北	河南	福建	山东	广东
制造业	资本额	1‰—20‰	2‰—20‰	2‰—20‰	15‰	2.5‰—10‰	10‰	营业额2‰	营业额2‰	5‰又铺租额60‰从业员每人3元
印刷出版及书籍文具教育用品业	资本额	2‰	2‰	2‰	15‰	2‰	10‰	营业额2‰	营业额2‰	3‰又铺租额60‰从业员每人3元
钱庄银号业	资本额	5‰	20‰	10‰	20‰	10‰	20‰	10‰	20‰	银行业5‰钱庄业15‰又铺租额60‰从业员每人6元
信托业	资本额	2‰				2‰			营业额2‰	报酬额40%又铺租额70‰从业员每人6元
货栈业	资本额	2‰	5‰	5‰	10‰	5‰	营业额20‰	营业额2‰	营业额10‰	租额70‰又从业员每人3元(包括码头业)
无奖储蓄会业	资本额	1‰	10‰		营业额2‰	2‰	储金额3‰	营业额2‰	20‰	5‰又铺租额30‰从业员每人6元
有奖储蓄会业	资本额	20‰	20‰		营业额2‰	10‰	储金额3‰	营业额3‰	20‰	同右
保险业	资本额	10‰	20‰	20‰	同上	20‰	保险额3‰	营业额2‰	20‰	10‰又铺租额60‰每年每从业员抽6元

（续表）

营业种类	课税标准	税率								
		上海市	江苏	浙江	江西	湖北	河南	福建	山东	广东
租赁物品业	营业额	2‰	5‰	5‰	2‰	收益额 10‰	2‰	资本额 5‰	10‰	资本额 10% 铺租额 60‰从业员每人3元
运送业	营业额	2‰	2‰	2‰	2‰	2‰	20‰	2‰	5‰	资本额 10% 从业员每人6元
交通业	营业额	2‰	2‰	2‰	2‰	2‰	10‰		营业额 2‰	铁路业收入 20% 又从业员每人3元
营造业（或包作承揽业）	营业额	2‰	2‰	2‰	2‰	2‰	2‰	2‰		包工金额 3%从业员每人3元
给水业	营业额	2‰		2‰	资本额 15‰	2‰				资本额 10% 又从业员每人3元
电（煤）气业	营业额	2‰	2‰	2‰	资本额 15‰	2‰				同右
牙行业	营业额	2‰	照旧章	照旧章		照旧章		照旧章		
报关业	营业额	2‰								报酬金额 40% 又铺租额 70‰从业员每人6元
房地产经租业	营业额	2‰								资本额 15%（包括不动产买卖）

（续表）

营业种类	课税标准	税率 上海市	江苏	浙江	江西	湖北	河南	福建	山东	广东
屠宰业	营业额									3‰又从业员每人3元
市场业	资本额									3‰又业员每人3元
洋服业	营业额									资本额15% 又铺租70‰从业员每人9元
打包装箱业	营业额	2‰	包装纸匣业2‰	包装纸匣业2‰						
洗染业	营业额	2‰					2‰			
股票业	营业额	2‰								
凿井业	营业额	2‰								
照相业	营业额	10‰	10‰	10‰	2‰	10‰	20‰	10‰	15‰	资本额15%又铺租70‰从业员每人9元
镶牙业	营业额	10‰	10‰	10‰						
浴室理发业	营业额	2‰				2‰	2‰	2‰	10‰	资本额5%又铺租40‰从业员每人3元
摄制电影业	营业额	10‰								

（续表）

营业种类	课税标准	税率								
		上海市	江苏	浙江	江西	湖北	河南	福建	山东	广东
旅馆业	营业额	5‰	照旧章		2‰	20‰	15‰—20‰	30‰	15‰	资本额10%又铺租额70‰从业员每人3元
酒菜茶馆业	营业额	1‰—5‰	照旧章		2‰	20‰	20‰	50‰	15‰	茶馆资本额10%又铺租额60%铺租元酒菜馆营业70‰又铺租额15%从业员每人6元
物品贩卖业	营业额	1‰—10‰	1‰—10‰	1‰—10	2‰	1‰—10‰	2‰—20‰	1‰—50‰	1‰—15‰	资本额10%铺租额60‰从业员每人6元
加工及手工业	营业额				资本额10‰	1.5‰				资本额5‰
娱乐场业	营业额		照旧章		2‰	20‰	20‰	50‰	15‰	30‰从业员每人6元
汇票业	收益额					5‰				
交易所业	资本额				营业收入2‰	2‰	成交额3‰		20‰	
运盐业	资本额									资本额10%铺租60‰从业员每人6元

（续表）

营业种类	课税标准	税率								
		上海市	江苏	浙江	江西	湖北	河南	福建	山东	广东
代理业	营业额									铺租额 70‰ 从业员每人 6 元报酬金额 40‰
典质业	资本业				20‰					当按资本额 15‰ 大押小押 20‰ 又铺租 50‰ 从业员每人 6 元
广告业	营业额	2‰								
牛奶业	营业额	5‰								
花树业	营业额	10‰								
装池业	营业额	2‰				裱扎业 15‰				
糕点业	营业额	2‰								
拍卖业	营业额	2‰								
油漆粉刷业	营业额	2‰								
面食业	营业额	2‰								
经纪业	报酬额									40‰ 又铺租额 70‰ 从业员每人 6 元

（二）各省市营业税税物品贩卖业课税标准及税率分类表：

表4-12-2　各省市营业税物品贩卖业课税标准及税率分类表

业别	课税标准	税率							
		上海市	江苏	浙江	安徽	湖北	河南	福建	山东
粮食业	营业额	1‰	1‰	1‰	2‰	1‰		1‰	1‰
油食业	营业额	1‰	1‰	1‰					
柴煤炭业	营业额	1‰	1‰	1‰	2‰	1‰		1‰	1‰
盐业	营业额	1‰	1‰	1‰	2‰	1‰		1‰	1‰
棉花业	营业额	2‰	2‰	2‰	2‰	2.5‰		3‰	
棉织物业（包括线带毛巾业）	营业额	2‰	2‰	2‰	2‰	2‰		3‰	2‰
苎麻业	营业额	2‰			2‰				
麻织物业	营业额	2‰	2‰	2‰	2‰				2‰
油业	营业额	2‰	2‰	2‰	2‰	1‰		3‰	
竹木业	营业额	2‰	2‰	2‰	2‰	2.5‰		3‰	
水泥业	营业额	2‰	5‰	5‰	2‰				
纸业	营业额	2‰	2‰	2‰	2‰			3‰	南纸 2‰ 洋纸 15‰

（续表）

业别	课税标准	税率							
		上海市	江苏	浙江	安徽	湖北	河南	福建	山东
山货地质业	营业额	1‰	2‰	2‰	2‰	1.5‰		3‰	
纱绵业	营业额		2‰		2‰	1.5‰			2‰
布业	营业额		2‰	2‰		2‰			2‰
酱园业	营业额	2‰	2‰	2‰	2‰	1.5‰		3‰	1‰
铁器业	营业额	2‰	2‰	2‰	2‰	剪刀业 2.5‰		剪刀业 3‰	剪刀业 1‰
药材业	营业额	2‰	2‰	2‰	2‰	药店业 1.5‰ 药材业 2‰		3‰	2‰
竹木棕藤柳器业	营业额	2‰	2‰	2‰	2‰	2.5‰		3‰	2‰
伞席业	营业额	2‰	2‰	2‰	2‰	1.5‰		3‰	
磁陶料器业	营业额	2‰	2‰	2‰	2‰	2.5‰		3‰	粗磁 2‰ 细磁 5‰
搪磁业	营业额	2‰			2‰				
铜锡铝器业	营业额	2‰	2‰	2‰	2‰	2.5‰		3‰	5‰
衣箱业	营业额	2‰	2‰	2‰	2‰			5‰	2‰
鞋帽袜业	营业额	2‰	2‰	2‰	2‰	2.5‰		3‰	2‰

（续表）

业别	课税标准	税率							
		上海市	江苏	浙江	安徽	湖北	河南	福建	山东
衣庄业（或估衣业）	营业额	2‰	2‰	2‰	2‰	2‰		3‰	2‰
糕点面食业	营业额		2‰	2‰	2‰			20‰	
化学用品业	营业额	2‰			2‰				
砂石业	营业额	2‰	水门汀业 20‰		2‰				
玻璃业	营业额	2‰			2‰	2.5‰		20‰	5‰
梳篦业	营业额	2‰	2‰	2‰	2‰			3‰	
砖瓦石灰业	营业额	2‰	2‰	2‰	2‰	1.5‰		3‰	1‰
草织业	营业额	2‰	2‰	2‰	2‰				
钢铁业	营业额	2‰			2‰	1.5‰		3‰	2‰
茶叶业	营业额	2‰	2‰	2‰	2‰	2.5‰		5‰	5‰
柏油黄白腊石膏业	营业额	2‰			2‰				
油漆业	营业额	2‰	5‰	5‰	2‰	2.5‰		3‰	
标金业	营业额	10‰			2‰				
南北货业	营业额	5‰	2‰	2‰	2‰	2.5‰		3‰	5‰

（续表）

业别	课税标准	税率							
		上海市	江苏	浙江	安徽	湖北	河南	福建	山东
笔扇业	营业额	2‰	2‰	2‰	2‰	1.5‰		3‰	5‰
硝皮毛骨业	营业额		2‰	2‰	2‰			5‰	
腌腊鱼鲞业	营业额	2‰	2‰	2‰	2‰	2.5‰			
蛋业	营业额	2‰	2‰	2‰	2‰				5‰
鱼鲜业	营业额	2‰	5‰		2‰				5‰
鲜肉业	营业额	2‰			2‰				
篓笋业	营业额	2‰							
纸糊冥器业	营业额		10‰	10‰					
桂圆业	营业额	2‰							
燻腊业	营业额	2‰							
头发棕毛骨角业	营业额	2‰							
杂货业	营业额	2‰							
旧货业	营业额	2‰							
野味业	营业额	5‰							

（续表）

业别	课税标准	税率							
		上海市	江苏	浙江	安徽	湖北	河南	福建	山东
百货业	营业额	5‰							
照相材料业	营业额	10‰							
象牙骨器业	营业额	10‰							
矿砂业	营业额	2‰							
车辆业	营业额	2‰							
鸡鸭业	营业额	2‰							
牲畜业	营业额				2‰	2.5‰			
丝茧业	营业额	2‰	2‰	2‰	2‰	2‰			5‰
颜料业	营业额	2‰	5‰	5‰	2‰	5‰		20‰	
烛皂业	营业额	1‰	2‰	2‰	2‰	1.5‰		洋蜡烛业 50‰	5‰
房地产业	营业额	2‰			2‰				
洋广杂货业	营业额	5‰	5‰	5‰	2‰	5‰		20‰	10‰
水果业	营业额	2‰	2‰	2‰	2‰	2.5‰		5‰	5‰

（续表）

业别	课税标准	税率							
		上海市	江苏	浙江	安徽	湖北	河南	福建	山东
绸缎业	营业额		2‰	2‰	2‰	2‰			
海味业	营业额	2‰	5‰	5‰	2‰	5‰		20‰	
糖业	营业额	2‰	5‰	5‰	2‰	5‰		15‰	10‰
五金业	营业额	2‰	5‰	10‰	2‰	5‰		20‰	10‰
皮革业（或皮毛业）	营业额	5‰	10‰	5‰	2‰	5‰		10‰	10‰
电料业	营业额	2‰	5‰	5‰	2‰	5‰		20‰	10‰
西药业（或药房业）	营业额	12‰	5‰	5‰	2‰	2.5‰			15‰
火腿业	营业额	10‰	10‰	10‰	2‰				5‰
汽车自由车业	营业额	10‰			2‰				
铜铁床业	营业额	5‰	10‰		2‰	5‰			10‰
橡皮业	营业额	2‰		10‰	2‰	5‰		20‰	15‰
笔墨业	营业额					1.5‰			
裱扎业	营业额					1.5‰			
仪器文具业	营业额					1.5‰			

（续表）

业别	课税标准	税率							
		上海市	江苏	浙江	安徽	湖北	河南	福建	山东
金店银楼业	营业额					10‰			
呢绒洋布业	营业额		10‰	10‰	2‰	10‰		30‰	15‰
毛织物业	营业额	5‰	毯业 5‰	毡毯业 5‰	2‰				毯业 15‰
钟表眼镜业	营业额	10‰	10‰	10‰	2‰	10‰		20‰	15‰
丝织物业	营业额	2‰			2‰	5‰		30‰	
玩具器业	营业额	10‰			2‰	10‰			
铁灶业	营业额				2‰	2.5‰			
糖果茶食罐头业	营业额	5‰	5‰	5‰	2‰	5‰		10‰	15‰
参燕业（或参燕翅鲍业）	营业额	10‰	10‰	10‰	2‰	10‰		50‰	15‰
汽水冷食业	营业额	5‰	5‰	5‰	2‰	5‰		15‰	15‰
绣货业	营业额	10‰	10‰	10‰	2‰				10‰
皮货业	营业额	5‰	10‰	10‰	2‰	10‰		20‰	
化装品业	营业额	10‰	10‰	10‰	2‰	10‰		20‰	15‰

（续表）

税率

业别	课税标准	上海市	江苏	浙江	安徽	湖北	河南	福建	山东
金银首饰器皿业	营业额	10‰	10‰	10‰	2‰	10‰		50‰	15‰
珠宝钻石业	营业额	10‰	10‰	10‰	2‰	10‰		50‰	15‰
香烛纸炮业	营业额	10‰	10‰	10‰	2‰	10‰		20‰	
音乐用品业	营业额	10‰	留声机10‰	留声机10‰	2‰				
四武家具业	营业额	10‰	10‰	10‰	2‰				15‰
美术品业	营业额	10‰	10‰	10‰	2‰	10‰		20‰	15‰
红木器具业	营业额	10‰	10‰	10‰	2‰	2.5‰		50‰	
花边抽绣业	营业额	5‰	5‰	5‰	2‰				10‰
古玩业	营业额	10‰	10‰	10‰	2‰	10‰		50‰	15‰
西武衣着业	营业额	10‰	10‰	10‰	2‰	5‰			15‰
漆器业	营业额		2‰	2‰	2‰			20‰	
肥料业	营业额				2‰			50‰	
火柴业	营业额	1‰	2‰	2‰	2‰			5‰	5‰

我们觉得在上列各省市营业税范围，课税标准及税率分类表之中，最简便的为安徽省，一律征营业额 2‰；最繁重的为福建省，其物品贩卖业税率竟有高至 50‰者；最折衷妥善者为江浙鄂三省，其物品贩卖业税率无有超过 10‰者；最细密者为粤省，其课税标准有四个，即资本额，营业额，铺租额及从业人员额是。

第七节　目前吾国各省市营业税税率举例

一、湖南省征收营业税税率分类如下：

甲、依营业总收入额征税之营业及税率：

（一）征收 2‰ 的营业如下：

粮食业、柴炭煤业、油盐杂货业、花纱业、饭馆客栈业、酱园豆豉业、绸布业、电气业、运输业、交通业、轮票业、修理业、丝线业及小手工业。

（二）征收 3‰ 的营业如下：

土靛业、染业、伞业、铁器铸货业、瓦货业、铅丝钉锯业、竹木业、砖瓦灰石业、粗制木器业、菜馆业、面馆业、粉馆业、寿枋业、桔饼业、牲畜业、土果杂货业、油业（煤气油在内）、纸业、茶业、山货业、水果业、藤竹骨器业、扇业、鞋帽业、衣庄业、袜业、席业、梳篦业、烛皂火柴业、蛋业、腌腊业、药材业、漆业、磁器业、铜锡器业、南北货业、浴堂业、印刷出版业及书籍文具用品业。

（三）征收 4‰ 的营业如下：

旅馆商号业、茶馆业、制肠业、鬓发业、西法洗染业及保险业。

（四）征收 5‰ 的营业如下：

槟榔业、毡毯业、京广杂货业及针织品业。

（五）征收 6‰ 的营业如下：

颜料靛青业、绣业、罐头食物业、糖业、糖果业、糕点业、西菜业及汽水冰业。

（六）征收 7‰ 的营业如下：

玻璃业、五金业、电料汽灯业、皮货业、皮革业、橡皮业及乐器业。

（七）征收 8‰ 的营业如下：

香烛纸爆业、纸糊冥器业、钟表眼镜业、镶牙业、参茸业、酒席馆业、大旅社业及华洋百货业。

（八）征收 9‰ 的营业如下：

呢绒业、西服业、汽车包车业、西式家具业、照相业、美术品业及儿童玩具业。

（九）征收 10‰ 的营业如下：

金银首饰业、珠宝业、古玩业、化妆品业、娱乐场业、肥田粉业及娱乐用具业。

乙、依营业资本额征税之营业及税率：

（一）制造业自 4‰ 至 20‰；

（二）钱庄业 10‰。

丙、依报偿金额或承包金额征税之营业及税率：

（一）征收承包金额 5‰ 者，为包作承揽业及营造业；

（二）征收报偿金额 15‰ 者，为经纪业及代理业；

（三）征收报偿金额 20‰ 者，为报关业、运输业、租赁物品业、及仓栈业。（参阅湖南经济调查所丛刊《湖南之财政》，C31—2 页）

二、北平市　征收营业税税率分类如下：（参阅《民国法规集刊》第二十七集，第 619—627 页）

甲、依营业总收入额征税之营业及税率：

（一）征收 1‰ 的营业——凿井业（田间凿井免税）。

（二）征收 2‰ 的营业——转运业、交通业、营造业、油漆粉刷业、电气业、广告业、证券业、理发浴室业、洗染业、织补业、面饭铺业、糕点业、打包装箱业、房地经租业、承包业、经理介绍业、装潢〔潢〕业、赁器业、养蜂业、肥料业。

（三）征收 5‰ 的营业——拍卖业、养鸟业、养兔业、中西菜馆业、旅馆业、牛奶业、镶牙补眼业。

（四）征收10‰的营业——照相业、花树业、娱乐业。

（五）征收1‰至10‰之物品贩卖业的税率分类如下：

子、征收1‰者——粮食业、盐业、碰业、柴炭煤业、山货地货业、火柴业、食油业、烛皂业。

丑、征收2‰者——棉花业、棉织品业、麻织品业、竹木业、纸业油业、酱园业、铜铁锡铅器业、麻业、竹木棱藤柳器业、药业、伞席业、衣箱业、草织品业、梳篦业、纱线业、茶业、漆业、鞋袜帽业、砖瓦石灰业、陶磁〔瓷〕料器业、扇业、腌腊鱼鲞业、蛋业、化学品业、丝织品业、丝茧业、矿砂业、鸡鸭业、牛羊肉业、水果业、黄白腊业、石膏业、鱼蟹业、杂货业、熏业、头发鬃毛骨角业、砂石业、车辆业、海味业、水泥业、中国颜料业、玻璃业、水电材料业、旧货业、糖业、南北货业。

寅、征收5‰者——毛织品业（即呢绒毡毯）、洋广货业、野味业、铜铁床业、西药业、五金业、花边抽绣业、汽水冰食业、房地产公司业、外国颜料业、橡皮业、糖果茶食罐头业。

卯、征收10‰者——参燕业、钟表眼镜业、西式木器业、红木器具业、皮革业、皮货业、乐器业、美术品业、珠宝钻石业、照像〔相〕材料业、西式服装业、古玩业、汽车业、象牙骨业、金银首饰器皿业、金铺业、留声机业、玩具业、纸竹牌业、香烛纸炮业、纸糊冥器业、绣货业、火腿业、化妆品业。

乙、依营业资本额征税之营业及税率：

（一）征收2‰的营业——印刷出版及书籍文具教育用品业。

（二）征收5‰的营业——货栈业、无奖储蓄业。

（三）征收10‰的营业——银钱业、有奖储蓄业。

（四）征收15‰的营业——信托业、保险业、贷金业、交易所业。

（五）征收1‰至20‰的——制造业的税率分类如下：

子、征收1‰者——碾米业、榨油业、造船业、煤球业、棉织物业、造咸业。

丑、征收 2‰者——造纸业、造盐业、麻制物业、制匣业、装订业、刷帚业。

寅、征收 5‰者——丝制物业、草制物业、制罐业、铜铁物业、铜铅锡物业、料器业、竹木樱藤柳器业、炼染业、印花业、化学品业、制药业、烛皂业、车辆业、电镀抛铜业、制衣业、制鞋帽业、熬油业、制扇业、制席伞业、窑业、制茶业、冶金业、材厂业、制灯业、蛋白黄业、玻璃业、制肠业、毛制物业、制石绵业。

卯、征收 10‰者——制镜业、制糖业、颜料业、油漆业、糖果罐头食品业、蓄电池业、电气业、冰业、镜架业、锡纸业、热水瓶业、头发鬃毛骨物品业、钮〔纽〕扣业、铜铁床业、喷银业、制皮革业、皮件业、银楼业、珐琅业。

辰、征收 20‰者——橡皮物品业、眼镜业、照像材料业、西式木器业、红木器具业、钟表业、乐器业、西式服装业、调味品业、美术品业、摄制电影业、玩具业、汽水业、化装〔妆〕品业、金银珠宝首饰业。

本章的英文参考书列下：

Seligman：Studies in Public Finance，Chapter on Sales Tax.

Hanter：Outlines of Public Finance，Chapter on Taxes on Business.

Dalton：Principles of Public Finance，Chapter VI，Distribution of Taxation.

Haig：The Public Finances of Post-War France.

第十三章
能力税论（一）　所得税类

第一节　所得税之种类

所得税（income tax, einkommensteuer, impôt sur le revenu）为实行社会政策，调剂贫富悬殊之最良课税，泰东西先进各国早已创行。大致吾人日常所付的一切租税，其最后来源，必将惟纯收入或所得是赖，故所得税为最良之单一税，余则均非所宜也。所得税以其缴纳人性质或所得来源难易之不同，又可分为（一）个人所得税，（二）公司所得税，及（三）意外利得税三种。个人所得税系个人或自然人所付纳；公司所得税系公司或法人所付纳；意外利得税如奖券获彩税多系个人所付纳，如战时利得税（war profit tax）及过分利得税（excess profit tax）多系公司所付纳。

个人所得税，若就其税源范围的大小言之，又可分为（一）一般所得税（general income tax）及特别所得税（special income tax）两种。一般所得税亦称总所得税，即就个人的总所得而课税之也，现今美德二国行之。特别所得税亦称个别所得税，又名分类所得税（classified income tax）英法意等国行之。

英国现行所得税法系将其人民各种所得分为五大类（five schedules）如（一）房地产所得（包括路矿产所得在内），（二）农业经营所得，（三）利息所得，（四）工商企业及自由职业所得，及

（五）公务人员及法人所得。此五大类所得的所得税先用溯源法
（stoppage-at-bource）在所得发源处扣除，此即个别所得税或分类所
得税。如果纳税者一种或数种所得总数超过 2 000 英镑，则再课以附
加税（super-tax），此即总所得税，故英制可谓以分所得税为主而副
之以总所得税。如果纳税者一种或数种所得总数仅及或不满 160 镑，
则将其已在所得发源地被扣之所得税发还，以符税法而示公道。

　　法国在 1914 年创设一般所得税，以大战倏起，虽通过议会而并
未实行。至 1917 年，以国帑空虚，始创设个别所得税（Les impôts
cedulaire）法。至现行个别所得税法系将人民所得分为七大类，如
（一）房地产所得，（二）动产及证券所得，（三）债权及资本利息所
得，（四）工商企业所得，（五）农业经营所得，（六）自由职业所
得，及（七）工资所得，而个别课以不同税率的所得税。个别所得
税之外，法国亦附课总所得税，其免税额为一万法郎。

　　意大利 1925 年以来的所得税法系将人民的所得分为（一）土地
所得，（二）房产所得，及（三）动产所得三种，各别课以不同税率
的分所得税。

　　德美二国之个人所得税系采综合课税制，即以个人的总所得扣
去法定免税额为税基也。即如德国个人所得之免税额为 1 300 马克
（工人工资所得不超过 1 万马克者，免税部分尚可再加 720 马克；此
外家庭负担重者，更可酌增免税额），凡超过免税额者，其税率
如下：

最初超过之 8 000 马克	10%
其次超过之 4 000	12%
再次超过之 4 000	15%
再次超过之 4 000	20%
再次超过之 8 000	25%
再次超过之 18 000	30%
再次超过之 34 000	35%
超过 800 000	40%

第二节　我国采行所得税之企图

我国所得税法肇始于民三之所得税条例，并未实行。民四8月颁布所得税第一期施行细则十六条，先从官吏议员及大商巨贾等入手，征收所得税，以其较易着手也；但亦因各省怕手续麻烦，对于大商巨贾之所得税，仍相率观望，迄未举办。民九7月财部特设所得税筹备处，取消第一期施行细则，另订征收税目，令各省财厅自行估认，并指定税收用途为教育经费七成，实业经费三成。民十元月财部公布所得税条例施行细则，征收税目，征收规则，调查及审查委员会议事规程，及税款储拨章程等，即行开始实行征税；当由浙省认列年收 400 000 元，鄂省 250 000 元，苏鲁等省亦有所认定，旋又以各省议会及商会电请缓办，又展缓3月开办，筹备处取消，其事务改归赋税司新增第六科，继续办理官俸所得税，然亦成绩毫无也。

十六年夏，国府底定江南，亟思刷新税制，以正式所得税之不易咄嗟①立办，乃先就官吏薪俸征收所得捐，以资过渡。所得捐系由国民党中央党部议制，条例凡六条，其重要者如下：

第一条　本党为准备党员抚恤金起见，得向国民政府及国民政府以下各机关人员，征收所得捐，其征收责任，由中央及中央以下各党部任之。

第二条　国民政府及国民政府直辖各机关，由中央党部秘书处会计科直接征收之。

第三条　省政府及省政府直辖各机关，由省党部会计科征收，汇解中央党部。

第四条　县政府及县政府直辖各机关，由县党部会计科征收，

① 形容极短时间内。

汇解省党部，再由省党部转解中央党部。

第五条　征收额如下表：

一、每月薪俸在 50 元以下者，不征收；

二、每月薪俸在 51 元以上百元以下者，征收 1%；

三、每月薪俸在 101 元以上 200 元以下者，征收 2%；

四、每月薪俸在 201 元以上 300 元以下者，征收 3%；

五、每月薪俸在 301 元以上 400 元以下者，征收 4%；

六、每月薪俸在 401 元以上 500 元以下者，征收 5%；

七、每月薪俸在 501 元以上 600 元以下者，征收 6%；

八、每月薪俸在 601 元以上 700 元以下者，征收 7%；

九、每月薪俸在 701 元以上 800 元以下者，征收 8%。

此外国府对于所得税采行的企图，则可于二十年夏所颁布而迄未实行之"银行业收益税法"及十八年 1 月财部所修正的所得税条例草案见之。兹述其内容如下：

一、二十年之银行业收益税法　银行业收益税，虽说是依照营业法第一条之规定而征收，名义上是营业税之一种，实则"收益"二字与"所得"有何区别？故银行业收益税即是公司所得税之一种；其税率以纯收益为标准，等则如下：

（一）纯收益不满资本额 15% 者，征收其 5%；

（二）纯收益合资本额 15% 至不满 25% 者，征收其 7.5%；

（三）纯收益合资本额 25% 至不满 35% 者，征收其 10%；

（四）纯收益合资本额 35% 以上者，征收其 15%。

其征税期间为每半年一次，中央政府及地方政府设立之银行，免征收益税，但官商合办之银行，不在此限。

二、二十年之修正所得税条例草案　该草案关于所得税征收之种种规定，颇为详尽，兹录其全文如下：

第一条　在民国内地，有住所或一年以上之居所者，依本条例负完纳所得税之义务。

第二条　在民国内地，虽无住所或一年以上之居所，而有财产或营业或国债地方公债及公司债之利息等所得者，仅就其所得，负纳税之义务。

第三条　所得税之定率如左：

第一种

一、法人所得

全年赢利不及贵本总额 10% 者免税；

赢利合资本总额 10% 以上，至 15% 者，课税 10‰；

15% 以上，至 25%，课税 15‰；

25% 以上，至 35%，课税 20‰。

以上赢利，每增 5%，课税递增 5‰。

二、国债地方公债及公司债之利息，统课税 15‰。

第二种　不属于第一种之各种所得

全年所得总额在 2 000 元以下免税。

自 2 001 元，至 10 000 之额，课税 5‰；

自 10 001 元，至 20 000 元之额，课税 10‰；

自 20 001 元，至 30 000 元之额，课税 15‰；

自 30 001 元，至 50 000 元之额，课税 20‰；

自 50 001 元，至 100 000 元之额，课税 25‰。

自 100 001 元起，每增加 50 000 元，对于其增加额，递增 5‰。

第四条　计算所得额之方法如左：

一、第一种第一项之所得，须由各事业年度总收入金额内，减除本年度之支出金，前年度之赢余金，各种公课，及保险金，责任预备金，以其余额为所得额。

二、第二条之财产所有者，及营业者之法人，其计算所得额之方法，准用前款之规定。

三、第一种第二项之所得，以其利息之金额为所得额。

四、第二种之所得，须于一切收入之总额内，减除由已课所得税之法人分配之利益，第一种第二项之利息，及经营各种事业所需之经费，并各种公课等，以其余额为所得额。

议员岁费，官吏之俸给，公费，年金，及其他给予金，从事各业者之薪给，放款或存款之利息，各种不动产之收益，及由不课所得税之法人分配之利益，以其收入之金额为所得额。

田地池沼之所得，依前三年间所得之平均额估计之。

上列三项所得额不及 6 000 元时，得再扣除负债利息，人寿保险，扶养家族等费，但所扣除者，不得超过其余额 1/3。

第五条　下列各种所得免纳所得税：

一、军官在从军中所得之俸给。

二、警官遇地方宣布戒严时所得之俸。

三、美术或著作之所得。

四、教员之薪给。

五、旅费、学费及法定养赡费。

六、不以营利为目的之法人所得。

七、不属于营利事业之一时所得。

第六条　第一种第一项之所得，应由纳税义务者，于事业年度之末，将其所得额并损益计算书，报告于主管官署。

第一种第二项之所得，应由发行公司债之公司，于给付利息之前，报告于主管官署。

第七条　第二种之所得，应由所得者，于每年 2 月，预计全年之所得额，报告于主管官署。

2 月以后，新有所得之发生者，应随时以其预计全年所得额，报告于主管官署。

第八条　第二条之财产所有者，或营业者之个人，准用第七条之规定，法人准用第七条之规定；法人准用第六条第一项之规定。

第九条　第一种第一项之所得额，主管官署本于各法人之报告，发交调查委员会调查，由主管官署核定之。惟此项所得，其年度终结所得额并损益计算书，凡经本部核准会计师证明者，得免除发交调查委员会手续，径由主管官署审核之。

第十条　第一种第二项所得额，主管官署本于各发行国债或地方公债之机关或发行公司债之公司报告，调查决定之。

第十一条　第一种之所得额，主管官署本于所得者之报告，及调查所得委员会调查报告，决定之。

调查所得委员会闭会后，有新纳税义务者发生时，主管官署本于所得者之报告，调查后决定之。

第十二条　主管官署每年就第二种所得者之报告，或虽未报告，认为有纳第二种所得税之义务者，得调查其人数及所得全额，交调查所得委员会调查之。

第十三条　调查所得委员会之设置区域，以主管官署所辖之区域为准。

第十四条　调查所得委员会委员，由主管征收官选派之。

第十五条　地方股实公正人士，前年度曾纳所得税，并为第七条之报告者，有充任调查所得委员之资格。但有下列各款情事之一者，不得充调查所得委员：

一、未成年者。

二、褫夺公权，尚未复权者。

三、受破产之宣告确定后，尚未撤销者。

四、有精神病者。

五、受滞纳国税处分后，尚未经过一年者。

第十六条　调查所得委员以 4 年为任期，每 2 年改派半数。仍被委派者得连任，但以一期为限。

第十七条　调查所得委员会之议事规程，以财政部部令定之。

第十八条　调查所得委员会调查完竣后，须报告于主管官署。

第十九条　主营官署认调查所得委员会之调查报告，为不当时，得令再调查后，仍恐其决议为不当，或自交令再调查之日起，7 日以内，尚不报告其决议者，主管官署自行决定之。

第二十条　主管官署决定第一种第一项及第二种之所得额后，通知纳税义务者。纳税义务者接收前项通知后，有不服者，限 30 日以内，叙明理由，请求主管官署审查之。

第二十一条　主管官署遇有前条之请求时，须交审查委员会依其决议决定之。

审查委员会以征收官吏及调查所得委员各半数组织之。

审查委员之所属区域，及其他规则，以财政部部令定之。

第二十二条　纳税义务者，对于前条之决定，仍有不服时，得为行政诉愿或诉讼，但已届纳税之期，虽为前项之诉愿或诉讼，应仍依照决定之所得额，先行纳税。

第二十三条　调查所得委员，得酌给旅费及公费。

第二十四条　第一种第一项之所得税，以各法人每事业年度终了后两个月以内，为纳税之期。

第一种第二项之所得税，由发行国债或地方公债之机关或发行公司债之公司，于给付利息之时，依率扣除，汇缴主管官署。

第二十五条　第二种之所得税，每年分两期完纳：

第一期　7月1日至7月31日。

第二期　翌年1月1日至1月31日。

第二十六条　第二种之所得额决定后，如有减额至1/5以上者，得叙明事由，呈请主管官署更正。主管官署遇有前项之呈请，须于调查后决定之。

第二十七条　本条例施行时期，及施行细则，以财政部部令定之。

第十四章
能力税论(二)财产税类(一)遗产税

第一节　遗产税理论

一、何谓遗产税　遗产税（inheritance tax）就是当人民死亡之后，政府对于其财产移转于他人的时候的一种课税。假使这种课税的目标是在乎财产，那么我们可以说遗产税是一种对物税或财产税（property tax）。假使这种课税的目标是在乎个人，那么我们可以说遗产税是一种对人税（personal tax）或偶然利得税（for tuitous income tax），亦可以谓之继承税或相续税（succession tax）。遗产税在英国叫做死税（death duty），则其着眼点是完全在乎死亡的人，而不是存留的人或未亡人了。

"遗产税"这个名词，是很含混的。我们如果把它细细分别起来，那么至少可以找出四种不同的遗产税来。这四种不同的遗产税：第一就是遗嘱检验费（probate duty），也就是遗嘱印花税；第二就是总遗产税或综合遗产税（estate duty or death duty），不论死者的遗产分作若干分传给后人，一概以遗产的总额做税基（tax base）而纳税；第三就是分遗产税或分科遗产税（inheritance tax proper succession tax，droits de mutation），即不论死者的遗产的总额是多少，承袭人一概以分到的遗产的数额做税基而纳税；第四就是二重遗产税，就是课了总遗产税之后，再课分遗产税之谓。

二、遗产税的性质　然则遗产税到底是一种什么税呢？关于这个问题，欧美学者的意见是很纷歧的。有些学者说——如美国加州大学的财政学教授卜来（C. C. plehn）等——遗产税的税源是移转的财产之价值或卖价，而其税基则为财产的本身，所以遗产税是一种特别财产税（special property tax）。有些学者说——大致以欧洲大陆的学者为多——遗产税是一种财产移转的时候的一种手续费，所以是一种行为税。有些学者——如美国密歇根大学财政学教授亚丹斯（H. C. Adams）等——以为遗产是所得之一种，是突然增富的一种，所以遗产税是一种增富税或所得税。还有一派学者，如美国哥伦比亚大学财政学教授赛力格孟（Seligman）等，以为遗产税是一种混杂税（mixed tax），说它是财产税可，说它是行为税亦可，说它是对人税或所得税亦可。赛氏此说是采取折衷主义的。

再从各国遗产税法观之，亦可知道各国对于遗产税观念的不同。即如德国遗产税法虽承认遗产税为一种行为税，但其着重点还是在乎承袭人的增富一点，所以德国的遗产税实在是一种所得税或增富税。又如法国的遗产税法，无论是承袭税或遗赠税，都当它是一种遗嘱注册费或检验费，其性质是一种移转税而非增富税；所以法国的遗产税，实在是一种行为税，而非所得税或财产税。

三、遗产税理论史略　理论是跟了事实走的。遗产税在欧洲16 世纪中叶才慢慢的成了一个重要的问题，所以就有人出来讨论和研究遗产税的理论。当时注意遗产税的理论者，在德国有斯刀姆（Johannes Sturm），在法国有波塘（Jean Bodin）。他们以为遗产税之征收，至少有两种根据。第一是遗产税的负担是毫无痛苦的，因为该税是死亡者所付，而死人是不会感觉痛苦的。第二是如果承袭人要享受产权，免除纠纷，那么遗产税是必不可少的代价。不过 16 世纪的遗产税理论家也只能就罗马的 1/20 的遗产税（vicesima hereditatium）法，而稍微加以发扬光大而已。

斯波二氏之后，讨论遗产税者甚为静寂。法国的重农学派（physiocrats）对于遗产税简直谈也不谈起。德国的官房学派

（Kameralists）的巨擘游史底（Justi）在他的巨著《财政学》（System des Finanzwesens，1766）里面，对于"遗产税"三字亦没有提起。

及至 1776 年，英国亚当·斯密的《原富》①〔即《国富之性质及原因之研究》（An Inquiry into the Nature and Causes of the Wealth of Nations）〕出版，世人对于遗产税理论的研究兴趣始稍稍为之鼓动起来。他在《原富》第五编第二章里面对于遗产税的正面和反面的理由都有论及。正面的理由是承袭人有能力（ability）付遗产税和遗产税是一种追税（back tax）。反面的理由是遗产税足以减少社会上已经指定为维持生产劳力的基金，就是减少资本；再则遗产税的周转或次数有久暂与多少（rapidity of turnover），也是不公平的。

1784 年，（《原富》出版后 8 年，但尚未输入德国）德国有一位名彪休（Büsch）的学者以为遗产税是一种偶然增富税（tax in fortuitous accretions）。

1790 年（《原富》出版后 14 年，仍未输入德国），德国有一位无名氏写一本小册子叫做《遗产税》（Über Erbschaftssteuer oder lachende Erben-Gebuhr）。在这本小册子里面，他竭力主张抽取旁系亲属遗产税。他提出两个伦理的理由。第一旁系亲属之获得遗产，这完全是一种意外之财，所以是有纳税的能力的。第二旁系亲属的遗产承袭权，完全是国家所赋与的，所以以遗产税作为获得承袭权的代价是很应该的。另外又有一位法学家名克路培（Johann Klüber）者，为该小册子做一篇序文；在序文里，克氏以为遗产税的法律根据是在乎国家的赋税权，并反对原著者遗产税须就财产所在地（situs of property）抽取的意见，而主张须就死亡人所住地〔即永久住址（domicile of the decedent）〕征收。

在 19 世纪的上半叶，有所谓遗产税理论的"正统派"（orthodox school）者在英国和欧洲大陆甚占势力。这正统派对于遗产税是持极端的反对的态度的。其反对的理由有三。第一就是遗产税是一种违

---

　① 　《原富》即《国富论》。该书最早由严复翻译，定书名为《原富》。

反人们私产自由权（该自由权是一种天赋人权）的一种租税，所以也就是违反人们遗产遗赠自由权（私产自由权既是一种天赋人权，所以从私产自由权而发生的遗产遗赠自由权，也是一种天赋人权）的一种租税。第二就是遗产税是一种摧残国民资本的一种租税。第三就是遗产税是足以破坏家庭组织的一种租税，因为家庭组织是社会进化所必不可少的一个条件，而遗产权是维护家庭组织的一个制度，抽取遗产税即足以破坏这种遗产权。

我们若专就经济的理由而言，那么正统派反对遗产税的意见又可以分做两层。第一是遗产税足以摧残已经存在的资本财富。第二是遗产税足以阻碍将来的资本财富之积集。吕嘉图（David Ricardo）竭力主张第一说，并借亚当·斯密的意见以自重。第二说则为后来的正统派学者所发挥，他们以为富人之所以积集财富，为的是要给其家属享有，今政府向之抽取遗产税，那么恐怕富人生前将不去积集财富了，因之社会的资本财富，亦将不能再行增加了。

虽然，正统派对于轻微的遗嘱检验费或遗产移转费的征收是相当赞成的。

正统派之反对遗产税者在法国有赛杰皮（J. B. Say）氏及力洛波楼（M. Paul-Leroy Beaulieu）氏，在德国有劳（Rau）氏及爱耐赛鲁（Enneccerus）氏。1894 年 6 月 16 日力洛波楼在《法兰西经济周报》上说："个人的财富，应当永久的在个人手里，做个人的私产，万不该充公或集产化的；这种私人的财富，死后是应当由死者自由支配以传给于人的；但这种私人的财富，如有需要，亦可以纳一种低微的印花税（controle tax），以作国家保护和厉行遗产权的代价；然而这印花税是只能当作一种规费，万不能超过遗产价值的极少的一部分的，——而且至多不能超过遗产的一年所得。"

与正统派处于对抗的地位者，则有边沁（Jeremy Bentham）氏。边氏在 1795 年就竭力主张重税遗产以裕国用，并竭力攻击遗产制度的伦理说或天赋人权说。他以为遗产权是国家所赋与的，凡国家所赋与者，国家亦可随时收回之，何况抽一些遗产税呢？后来米尔雅各、米尔约翰、马夏尔、爱治华斯（Edgeworth）及许多美国经济学者之赞成遗产税，受了边氏学说之影响不少。英国 19 世纪著名的法理学家白蓝克斯东（Black stone）对于遗产权的意见与边氏如出一辙，他说凡遗嘱权、遗产权、和继承权等等，没有一个不是法律的产物，所以没有一个是不能拿法律去管理或支配的。

及至欧洲各国采行遗产税很普通之后，正统派的学者乃改变论调，不反对轻微的遗产税了；遗产税理论里有所谓"劳务费说"（cost of service theory）和"劳务值说"（value of service theory），就是他们改变态度后所发挥的。至于主张重税遗产者所发的言论，则为"追税说"（back tax theory），"总所得税说"（lump sum income tax theory），"能力税"（faculty theory），和"至少牺牲说"（minimum sacrifice theory）。此外还有激进派的主张，则为平均财富说和取消遗产说。

及至 19 世纪末叶，关于遗产税的伦理方面的理论，无论正反两方面都已发挥尽致，无以复加。及至 20 世纪，世界各国对于遗产税的原则大致已无争论，大家都承认这是一种已成的事实（a fait accomplishment）。不过原则上虽大家掩旗息鼓不再讨论，但是对于细则上和税率上的研究，却又如雪片飞来了。关于遗产税行政上及税率上的书籍，有如下表：

一、英国的：

Brodie：Tax on Successions（1850）

Trevor：Taxes on Succession（1856）

Hudson：Practical Guide to the Payment of Legacy and Succession Duties（1886）

Dodd：Probate，Administration and Legacy Duties（1879）

Buxton and Barne：Handbook to the Death Duties（1890）

Beatty：Guide to the Death Duties（1905）

Soward and William：Taxation of Capital（1919）

二、法国的：

（法国大学研究院博士论文之研究遗产税者真可谓汗牛充栋，不胜枚举，兹从略。）

三、德国的：

Bacher：Die deutschen Erbschafts-und Schenkungssteuer（1886）

Von Scheel：Die Erbschaftssteuer（1887）

Krüger：Die Erbschaftssteuer nach ihrer Ausübung（1889）

Schonz：Finanz Archiv in 1900 und 1901（此书可作遗产税的标准参考书）

四、意国的：

Garelli：L'imposta Successoria（1896）

Codato：L'imposta Progressiva Sulle Successoni（1915）

Tivaroni：L'imposta Sulle Successioni（1916）

五、瑞士的：

Gaeggy：Die Erbschafts-und Schenkungssteuer in der Schweiz（1919）

六、美国的：

Max West：Inheritance Tax（1896，1908）

W. J. Schultz：The Taxation of Inheritance（1926）

Simon：Inheritance Taxation（1925）

四、遗产税之各种理论　遗产税理论史略已如上述，至其理论的分类，大概可以分做五种：即第一法律说，第二享益说，第三追税说，第四能力说，第五均富说。兹分述之于下。

（一）遗产课税的法律说　遗产课税的法律说，大概又有三个理论的根据，即是（一）国家对于死亡者的财产有领地权（feudal power），（二）国家对于人民之继承遗产有支配及管理权，和（三）国家对于死者的遗产有课税权（taxing power）。

（1）国家对于死亡者的财产有领地权说　国家对于死亡者的财产有领地权说，也就是国家对于死亡者的遗产有继承权说。主此说者在英国有边沁，在美国有杰弗逊（Jefferson），在德国有白龙治里（Bluntschli）和瓦格涅（Wagner）等。边沁在他的《无负担的收入》

(Supply Without Burden, or Escheat Vice Taxation) 一书里，即主张"世间上本不应有承袭遗产这种权利之存在，旁系亲属之获得无遗嘱的遗产者，尤其是不应该，所以国家是可以用没收的方法，来取消或减削这种无遗嘱的遗产的承袭的"。

杰弗逊在他致曼狄逊（Madison，1789 年）的一封信里，也说："土地是属于生存者，给生存者利用的。死者对于土地是并没有支配权，亦没有享受权的。死者生前所占有的土地，一至死亡的时候，就不是他的土地，而复是社会的土地了。"杰氏此种遗产归公的法理论，后来成为美国各州抽取州遗产税的重要理由。

白龙治里是德国一位法理学家，他在 1879 年竭力主张国家合伙说（co-heirship of the state）或国家有继承遗产权说（staatlicher Erbrecht）。瓦格涅是德国一位经济学者，他在 1880 年出版的《财政学》一书内也是竭力主张国家对于遗产有一部分继承权之说的。不过我们要晓得，白瓦二氏是集大成者。德国在 1847 年就有二人，名 Hilgard 与 Brater 者，阐明此理；在 1874 年，又有一位名 Muntzinger 者，著述《遗产继承权研究》（Erbrechtliche Studien）一书。此种国家对于遗产有继承权的学说，实含有三个要素：就是（一）无遗嘱的遗产，国家只认最亲密的旁系亲属有继承权，否则，此种遗产，须有一部分归国家继承；（二）继承人与死者之关系愈疏远，则遗产归国家继承的部分亦愈大；（三）有遗嘱的遗产权亦须受限制，每次遗产移转，须规定一个至少数额归国家继承。前二点为边沁之无遗嘱的遗产没收说（doctrine of intestate escheat），第三点就是国家有继承遗产权之说。

上述国家对于死亡者的遗产有领地权说或继承权说，至少有两个缺点。其一，就是国家不是一个自然人或私法人，而遗产之继承是一种自然人与自然人间的关系，或自然人与私法人间的关系。所以把国家当作继承死者的遗产人之一，在逻辑上是讲不通的。其二，就是如果遗产税是国家以继承人的资格从死者的遗产里所分到的一份，那么遗产税是只能作为总遗产税，即一率的遗产税，不能应用累进率的。这是从政府的财政看来，是很不合算的。

（2）国家对于人民继承遗产有支配权说　此第二法律说与第一法律说不同之点，就是在乎第一说是只能在国家为一个有机体（an organism）的政治哲学之下成立的，而第二说是差不多无论在什么政治哲学之下（极端自由论及人权论除外）可以成立的，尤其是与实利政治哲学为能沆瀣一气。应用第二法律说的国家首推美国，但欧洲各国亦间有应用之者。即如 1894 年英国赫考脱爵士（Sir William Harcourt）在国会辩护死税说："死者对于死后展长遗嘱的所有任何权力，完全是法律所授与的；那么国家是有权去规定在什么条件及限制之下，方才可以行使此种权力的。"至美国之所以特别应用此第二法律说，那是因为第三法律说在各州的宪法上看来是"此路不通"，所以只得把各州的遗产税不当作一种租税看待，而当作遗嘱权和继承权的限制看待。美国最高法院对于各州遗产税的上诉案件，就依此原则判决的。

（3）国家对于死者的遗产有课税权说　此第三法律说，应用最广者为欧洲各国。美国联邦政府的遗产税，也是根据此说的。此说的大旨就是遗产税不过是理财方法之一种，其目的完全是在乎筹些款子以充各种经费。遗产税既然是国家行使课税权的一种租税，那么它在各种租税间之归类是怎样的呢？对于这一点，我们可以作如下的讨论：

甲、遗产税是直接税呢？还是间接税呢？原来经济学者对于直接与间接的分别，并没有一定的标准。有些学者如 Soward and William 以为资本税与所得税是直接税，而其余的租税是间接税。（见其所著《资本税》，182 页）按照这个分类，那遗产税自然是直接税了。然大多数经济学者赞成米尔的区别，以为直接税就是税法所指定的担税人所亲自付纳的租税，否则就是间接税。按照这个标准，那么遗产税自然又是直接税了。然 1856 年法国有一位经济学者叫做达巴留（de Parieu），他把有定期性（regularity of recurrence）的租税作为直接税，把无定期性的租税作为间接税。按照这个标准，那么遗产税显然是间接税了，因其无定期性也。至法律家和法官之以遗产税为间接税，那是因为遗产税大抵是从印花税演绎过来的缘故，或者是因为遗产税大抵是先由执行遗嘱者或管理遗产者或公证人代付的缘故，或者是因为宪法上规定中央政府不许课直接税，所以美国联邦政府只得把遗产税当作间接税。

乙、遗产税是移转税呢？是财产税呢？还是所得税呢？大概法国与美国的遗产税是叫做移转税或财产移转印花税（duties on enregistrement）的，而各国的财政学者如英国之 Bastable 和德国之 Vocke 亦间有把遗产税作为移转税的。不过此种分类未免把遗产税的范围弄得太小，甚为不取。至于把遗产税作为财产税，那么继承人的亲疏差别和税率的累进，又将何以圆其说。美国纽海拍夏（New Hampshire）州最高法院之以遗产税为财产税，其动机实在因为裁判官故意要与州遗产税为难啦。至以遗产税为一种所得税者，则有1894美国联邦所得税章程之包含遗产，和荷兰一位经济学家丕尔逊（Pierson）之欲以所得税的税则表完全适用于遗产税。如果遗产税就是所得税，毫无分别，那么总遗产税如何可抽呢？旁系亲属如何可以有差异待遇呢？直系亲属和寡妇如何可以有特别的优待呢？这样看来，遗产税不完全是一种移转税或印花税，也不完全是一种财产税，也不完全是一种所得税，乃是一种独立的租税。遗产税有它自己课税的根据，有它自已课税的哲学，有它自己的种种问题。总之，它是偏于财产税一方面的能力税。

（二）遗产课税的享益说　遗产课税的享益说（benefit theory），亦叫做利益交换说（quid pro quo doctrine）在遗产税的社会理论中间，享益说是最老的，最窄的，而在不久以前，亦是最流行的，且作为正统派的。遗产课税的享益说，还可分做三派。其一就是劳务费说（cost of service argument），其二就是劳务值说（value of service arguments），其三就是继承权利说（privilege of inheritance argument）。这三说都是把政府当作一种营业机关；政府给与人民以劳务如生命、自由和财产之保护，人民乃付与政府以租税的代价。政府让死者把

遗产传与生者，让生者去继承死者的遗产，并保障其产权，这就是
劳务或利益。遗产继承人付纳相当的遗产税，这就是代价或报偿。

（1）劳务费说　遗产课税享益说中之最早者当推劳务费说。遗嘱
检验费即是依据此说的。如果依据此说来抽取遗产税，那么该税不
但不能累进（progressive），而且还要累退（regressive），不但要累
退，而且还不能叫做税，简直要叫做规费，手续费或手数料。因为
仅是检验遗嘱是只能取一些手数料的，而且手数料的数目是应一律
的，因为遗产数额虽有大小，但是一纸遗嘱的检验，其手续的繁简，
费用的多少，还不是一样的吗？政府或者可以按照遗嘱所列遗产数
额的大小而稍分手续费的等级，但是其累退的色彩，是很难避免的。

（2）劳务值说　劳务值说与劳务费说的分别：是在于（一）后者
遗产税数额之决定是在乎政府检验遗嘱费用的多少；而（二）前者
遗产税数额之决定是在乎政府检验遗嘱的劳务对于遗产继承者的价
值或利益有多少。

世人对于劳务值说，大概又可以分为三派。第一派是最守旧的，
他们以为"劳务"是仅指政府的消极承认死者的遗嘱。英之格兰斯
顿（Gladstone）和法之力洛波楼（Paul Leroy-Beaulieu）就是主张此
说的。此说之缺点是在乎（一）税率不能累进——恐怕还须累退；
（二）收入有限得很；（三）寡妇与亲子的免税一层很难找到理由。

第二派则不以政府之仅仅监督遗产之移转为然。他们以为"劳
务"应指政府对于死者之遗产生前与死后的种种保护而言。1910年
英国财政部长路意乔治（Lloyd George）拥护死税增加的演说，很可
以代表这第二派的意见。他说："国家以自然的环境和人为的武备，
来保护国内人民的产业，使无战争的危险和破坏，所以人民应当多
付遗产税以报效国家。"力洛波楼亦谓遗产税犹保险费（premium），
国家犹保险公司，而遗产犹保险标的物。

第三派对于"劳务"的解说，则又有另外一种眼光。他们以为
"国家是人民的无形共事者（silent partner）。如果没有国家的帮助和
保护，个人要在企业上致富是简直不可能的。个人死亡之后，合伙

企业解散，那么这无形共事者即不管事的股东是应当分到一部分资本即遗产的。"〔这是美人卫斯脱（Max West）之言〕法人（Clemence Royer）之为遗产税辩护，就是初创此说之一人。美国伊利教授（prof. Ely）之竭力提倡遗产税，其主要的理论也是此说。此说在美国非常风行，急烈派固极端赞成（如 Harlan Eugene Read：The Abolition of Inheritance，1919），即温和的财政学者和实际的财务行政长官亦是异口同声的拥护。美人休士（William J. Schultz）以为此说做遗产税的根据，至少有两个缺点。第一个缺点，就是不公道。为什么不公道呢？因为即使我们承认人们财富的一部分是社会和时代前进的结果〔就是不劳而获的财富（unearned increment）〕，但是这一部分不劳而获的财富，各人间是没有一个相同的百分数的。现在抽取遗产税，其范围是普遍的，其税率是无差异待遇的，那岂不是虐待完全由自己经营而积集的财富吗？第二个缺点，就是累进率虽能应用，但是继承者的血族差异待遇就毫无理由可说了。

（3）继承权利说　此说之大意，就是死者之遗赠遗产权或生者之继承权并不是天赋的，乃是国家所授与的；此权既是法律所赋与，那么当遗赠或继承的时候，国家向受惠人（beneficiary）索取一些代价，是很正当而且是应该的。

上述三个遗产课税享益说，自以第三个继承权利说为最妥善，其适用的范围和方向亦是最有伸缩力。

（三）遗产课税的追税说　遗产课税的追税说（back tax theory）是不把遗产税当作遗产的课税，而当作死者生前一切逃税的追课。私产及遗产权，久为人类所尊为神圣不可侵犯，所以主张追税者的用意，大概就是要避免侵越神圣不可侵犯的遗产权的罪名。他们以为若有甚多的遗产可以传给后人，那么死者在生前大概是避逃不少应纳的租税，尤其是动产税，（如公债、股票、期票、汇票、银行存款等动产是最不容易调查出来的，所以也是最容易逃税的），现在好容易在检验遗嘱时寻找出来，这是向遗产继承者请其为死者付纳从前逃税的绝好机会。

　　这种遗产的追税说，在相当的情形之下，虽也有可取之点，但究竟是不足为训的。何以呢？因为此说至少有三个缺点。第一就是惩罚不公道。试问死亡者生前犯了逃税的罪，为何继承人在他的死后须代为受罚乎？第二就是只有动产须付遗产税，这是因为不动产易查，平时一定不会逃税的；平时既不逃税，那么追税也就用不着了！动产则不然，所以动产须付追税。第三就是遗产数额和逃税数额的比例之难以寻求，所以遗产税率也就不易决定。

　　与追税说很相似，又有"一次财产税"或"一次所得税"说。此说与追税说的不同之点，即在追税说的注重点在死者生前的逃税，而此说的注重点在政府对于死者生前的漏税——无论是财产税或所得税。政府对于死者生前既许久遗漏了应抽的租税，那么等到死者死亡的时候是可以收之桑榆的了。这样，所以政府在人民死亡的时候向其遗产总抽一笔租税，谓之一次的财产税可，谓之一次的所得税亦可（capitalized income tax）。然而付纳此税者并非已死的遗产者，乃是生存的继产者，所以我们亦可以称此税为继承者预付的一次财产税或一次所得税。许多德国经济学者，对于此种解说，甚表同意。许多英国学者，亦以为遗产税是一次的所得税。意大利及美国的学者，亦间有赞成此说者。此说的流行虽广，但是至少有四个缺点。第一是只能抽总遗产税，不能抽分遗产税。第二是继承人是不能有亲疏的差异待遇的。第三是犯了很重大的复税（double taxation）嫌疑，因为一次财产税或所得税付过之后，遗产继承人还是年年须付财产税或所得税的。第四是不公道，因为人民寿命有长短，长命者付税次数少，故税率低，短命者付税次数多，故税率高。

　　（四）遗产课税的能力说　遗产课税的能力说（ability or faculty thoery）与以上三说的最大不同点，就是前三者是都把遗产税当作对物税或财产税，而能力说是把遗产税当做对人税或特种所得税。对物税与对人税的区别是：对物税是只论税基不论人，对人税是既论税基又论人。遗产税作为对人税，那么其种种标准是应当以纳税人的能力或情形为根据的了。

遗产课税的能力说又可以分做三层来讲。第一就是以费用（expenditure）为能力的标准，第二就是以储蓄或积蓄的财富为能力的标准，第三就是以所得为能力的标准。

意大利有一位财政学家名爱脑第（Einaudi）者是主张以费用为遗产税之标准的。他的理论是：（一）继承人是至少将用去遗产的一部分的，所以遗产税实在是一种预付的消费税；（二）遗产多，则继承人的奢侈倾向亦较大，所以遗产税率亦须随之较高；（三）继承人与死亡者的血族关系越疏远，则其视遗产必愈如飞来之物，而其奢侈的倾向必亦愈大，所以遗产税率亦须愈高。此种论调，全世界财政学者间惟爱脑第教授主之。

德国有一位财政学家名申士（Georg Schanz）者是主张以储蓄为遗产税之标准的。他的理论是：（一）世间一切租税的来源是在乎储蓄，所以储蓄是租税的真实标准；（二）但平时的储蓄税（sparsteuer）足以摧残人民的储蓄心和勤奋心的，所以死后的储蓄税，实在是一种理想的租税，因为该税并不摧残死者在生前的储蓄心和勤奋心，这种死后的储蓄税，就是遗产税。

另外有许多学者如 Pierson，H. C. Adams，Malgarini，Graziani 等，是主张以所得为遗产税之标准的。虽然有的主张遗产与普通所得一起征税，有的主张遗产作为特种所得，不与普通所得一起征税，但是他们以遗产为一种所得的意思是一样的。在此遗产课说所得说的理论之下，近亲之免税，有子女之免税，税率之累进等等，是很说得通的，但是血族亲疏之差异待遇，是说不通的了。

（五）遗产课税的均富说　遗产课税的均富说，主张者甚多。米尔在他的《政治经济学》里曾主张限制遗产（他的原文就是"没有人是应当享受比他的相当独立生活所需的财富还多的遗产。"）美国伊利教授等亦颇赞同此说。至社会主义者之主张此说，那更是不成问题了。德国讲坛社会主义者瓦格涅教授是主张拿遗产税来做平均财富分配的工具的。英国基尔特社会主义者好勃生（J. A. Hobson）是主张以遗产税为达到国家社会主义的过程的，他说："如果国家能够以股票或证券为租税，使国家变为国内各种大企业的股东，这实在是一种十分稳健的政策。"意大利国家社会主义者吕那拿（Rignao）亦主张严重的遗产税为达到社会主义的惟一稳健途径。吕氏在他《遗产税之社会意义》（*The Social Significance of the Inheritance Tax*）一书里，把他的遗产税新办法阐明得很详尽。他说：

在一定时期内，欲达遗产权取消之目的，有须注意者二事：第一，遗产之归公者，不应再视之为赋税，而当视之为国家从死亡者手里所分来的产业；第二，征收遗产的组织，须一面使国有化从速进行，一面不但不摧残人民储蓄心，而且还可以比现在无条件的赠产权及遗产权更能激励人民的储蓄心。

从来累进原则之应用于遗产税者，不外两种标准：其一为遗产之多少，其二为继承人对于有遗产的死亡人的血族关系的亲疏。然而在此二者之外，还有一个第三累进标准，这就是各部遗产之相对的年代或转移次数。此种时间累进标准应用的结果，遗产人对于各部遗产之赠遗权，不能一律：（一）他自己所创造的遗产，他有完全或几乎完全的处置权；（二）他直接所继承的遗产（即只转移过一次的遗产），须受制限；（三）他间接所继承的遗产（即已转移过二次的遗产——如从他祖父经过他父亲所传下来的遗产），更须受制限。

遗产各部，经以货币数量估分其转移次数等级以后，国家即可依照下法进行课税：（一）课于死亡者自己勤劳所积蓄下来的遗产，税率照常；（二）课于死亡者直接从其父亲或父执或他人继承下来的遗产，税率为50%；（三）课于死亡者间接从其父亲或父执继承下来的遗产，税率非常之高，或竟为百分之百，换言之，就是没收。此种累进率，可以去掉各部遗产分类繁琐之弊，因为无论如何，各部遗产的分类，终不逾三种，三代以上的遗产，须一概充公也。

此种改革，对于人民的储蓄心，究竟比现在无条件的赠遗权更有如何刺激，可以不必多费唇舌。老实说，照这种办法，自己积蓄下来的遗产传与子女，比上代所传下来的遗产，再传与子女，其价

值必大得许多，这是无疑的。照目前情形看来，大凡继承大遗产的
人，常常没有心愿去增加遗产，他以为遗产收入，可以世世用之不
尽，取之不竭也。

比均富税再进一步，又有所谓遗产废除说（the abolition of
inheritance）。其实遗产废除说，也是均富说的一种，不过稍微激烈
一些罢了。1840 年美国一位名白朗生（O. A. Brownson）者在《波
斯顿季刊》（Boston Quarterly Review）上发表一篇废除遗产的文章，
他以为遗产废除之后，则人类的财富可以平均，而机会亦可以平均
了。但是他并没有说出具体的办法来。1890 年美国的钢铁大王卡南
奇（Andrew Carnegie）写了一篇文章，叫做《财富的福音》（Gospel
of Wealth）登在《北美评论》（North American Review）。他这篇文章
的大意是：（一）巨富之积集，是常常由于社会的帮忙，所以以社会
所产生的财富而仍由个人还诸社会，实在是很公道的；（二）除掉亲
生子女等的相当津贴之外，所有剩余的遗产，是都应当由联邦政府
课以极累进的遗产税的；（三）继承人应当自立和自己去造机会，不
应当靠祖宗的庇荫的，所以他们对于累进的遗产税，不应当有所反
对；（四）巨大的遗产对于继承人不但是不能赐给幸福，而且实在是
一种祸根；（五）累进的遗产税不至于摧残人民的创作力和企业心，
因为他们之所以积集巨富，实在是要显出他们能成功的本领，并不
是要传给于子孙。卡氏身为美国数一数二的富豪，而其胸襟如此达
观，所以他在遗嘱上对于 15 万万金元的遗产，只有 4 千万元给其发
妻做养老金，6 千万元给其爱女做赡养费，其余 14 万万金元，一概
充作公益事业的经费，尤其是美国各大学和大城市图书馆的建筑费。
1919 年美国有一位富豪名吕达（Harlan E. Read）者亦著了《遗产之
废除》（Abolition of Inheritance）一书，其理论大致是相同的。

就理论讲，遗产废止论的理由是很充足的。不过就事实讲，遗
产之不能在最近之将来废止，一如私产之不能在最近之将来废止，
遗产既不能在最近之将来废止，那么我们至多只能课取一种累进的
遗产税耳。不过为促进均富起见，遗产税的累进率似不妨较高耳。

五、反对遗产税者的理论　反对遗产税者的理论大致可以分做四点。第一就是违反天赋人权说。此说以为私产权是天赋的，是神圣不可侵犯的，所以遗产权也是天赋的，是神圣不可侵犯的。第二就是苛税说。此说以为家门不幸而有丧事，国家不与抚慰，反从而课税之，岂非幸灾乐祸，趁火打劫，毫无人道的一种举动么？而当继承人为孤儿寡妇的时候，越觉遗产税是一种苛税。第三就是摧残储蓄税。此说以为大多数人民生平之所以多事积集者，莫非要多多传给子孙耳，今政府从而课取遗产税，则储蓄者未免有些灰心而不储蓄了。储蓄减少，即社会的资本减少；社会的资本减少，即社会的生产数量减少；此岂社会之福利哉？第四就是死者无纳税能力说。此说以为遗产税乃是课于死人的税，而死者已死，尚有何能力来纳租税呢？

这四种反对遗产税的理论，是完全不能成立的，是个个粗浅得很，不足一驳的。

第二节　我国近年来对于遗产税之筹拟

我国对于遗产税之筹拟，始于民 4 夏北京总统府财政讨论会之拟订遗产税条例十一则，内容简略不详，盖太迁就习俗也。民 12 年 10 月浙江省教育联合会亦曾提议征收遗产税，以充普及教育经费。但率以政局多故，未遑举办。自国府奠都南京，当局亟思振刷，民国十七年 7 月在首都召集全国财政会议，对于征收遗产税条例及施行细则，亦有详尽的研讨，其内容较之民 4 之十一则，完密多矣。旋以民法总则公布，对于遗产之继承，今昔异趋，财部赋税司乃于十八年初又将上年财政会议所通过的遗产税暂行条例修正如下：

第一条　妻及亲生子女、嗣子、养子或亲朋承受遗产时，应依照本条例缴纳遗产税，以为承受财产确定权利之证。

第二条　无论何人死后，其承袭人或承袭人等，应于一周内至主管官署报告。

第三条 主管官署接受报告后，应给予收据，并报告遗产式单，俾承袭人或承袭人等得按式填写。

第四条 承袭人或承袭人等领得报告遗产式单后，限六个月内填明呈报，除签名盖章外，并须有会计师之证明，或殷实商户为之作保副署。

第五条 主管官署接受遗产单后，应即查明开列应纳之税，令其按率纳税。

第六条 凡于缴纳报告遗产单时，除妻及亲生单独子女不必有文件证明承继遗产者外，其余应连同继书，承继议约，析产字据等项，呈报主管官署备查，由主管官署查验盖章发还。如前项书类，于缴纳遗产报告单时并未呈报者，法律上概作无效。

第七条 承袭人之等次，照下表划分之：

第一等承袭人　　　　　妻及亲生子女；
第二等承袭人　　　　　兄弟之子为嗣者；
第三等承袭人　　　　　从兄弟之子为嗣者；
第四等承袭人　　　　　同宗兄弟之子为嗣者；
第五等承袭人　　　　　抚养异姓之子为嗣者；
第六等承袭人　　　　　亲戚或朋友之承继遗产者。

第八条 遗产应按下列税率纳税：

表 4-14-1　遗产税率情况

承袭人遗产	第一等	第二等	第三等	第四等	第五等	第六等
5 000 元以下	免	免	免	免	免	免
5 000 元以上至 1 万元	1%	1.5%	2%	2.5%	3%	5%
1 万元以上至 2 万元	1.5%	2%	2.5%	3%	5%	7%
2 万元以上至 5 万元	2%	3%	4%	5%	7%	9%
5 万元以上至 10 万元	3%	4%	5%	7%	9%	11%
10 万元以上至 30 万元	5%	6%	7%	9%	11%	13%

（续表）

承袭人遗产	第一等	第二等	第三等	第四等	第五等	第六等
30 万元以上至 50 万元	7%	8%	9%	11%	13%	15%
50 万元以上至 100 万元	9%	10%	11%	13%	15%	17%
100 万元以上至 500 万元	11%	12%	13%	15%	17%	20%
500 万元以上至 1 000 万元	13%	14%	15%	17%	20%	22%
1 000 万元以上	15%	16%	18%	20%	22%	24%

第九条　遗产人具有确实凭证之负债，及其丧葬费，与夫承袭人或承袭人等应需之教育费用，得先酌量扣除。

第十条　凡承袭人于承受遗产三年之内，其财产又有遗赠之行为时，所课税率，应照本条例规定减半征收。

第十一条　承袭人或承袭人等，如逾期不报，或报告遗产单有不尽不实时，应分别处罚，其罚则另以细则规定之。

第十二条　凡将财产遗赠善举，及公共事业，或合族义庄者，得免课其遗产税。

第十三条　本条例如有未尽事宜，财政部得随时修正之。

第十四条　本条例自公布之日施行。

至遗产税施行细则，亦同时修正如下：

第一条　无论何人死后，其承袭人或承袭人等，应于一周内至主管官署报告。逾期不报，查出时科以 50 元以上 1 000 元以下之罚金。

第二条　承袭人或承袭人等，如在领得报告遗产单后六个月内，不将该单填明呈报时，应科以 50 元以上 1 000 元以下之罚金。其报告遗产单，如有隐匿不报情事，查明按税率五倍处罚。

第三条　所有遗产，无论动产不动产，一律课税。但动产为日常生活必需品，应免课税，其税率由调查遗产委员会临时核定之。

第四条　主管官署收得遗产报告单后，应将该单交调查遗产委员会调查，再由主管官署核定，通知承袭人或承袭人等，令其按率纳税。

第五条　各种财产估价折算之法，由主管官署及调查遗产委员会会同商议，依各地习惯酌定之。

第六条　调查遗产委员会之设置区域，以主管官署，所辖之区域为标准。

第七条　调查遗产委员会委员，以十人为限，以主管官署就有公民资格之地方殷实公正人士选派之。

第八条　调查遗产委员，以 4 年为任期，每二年改派半数。仍派委者得连任，但以一期为限。

第九条　调查遗产委员会之议事规程，以财政部部令定之。

第十条　遗产报告单，凡曾经本部核准会计师证明者，得免交调查遗产委员会调查，径由主管官署核办。

第十一条　承袭人对于调查遗产委员会之调查有不服时，得向财政部呈诉。

第十二条　遗产人之负债，凡立有字据者，及遗产人丧葬费用，得在遗产内先行酌量扣除。惟债项字据，应先报主管官厅查验。丧葬费用扣除之数，不得逾遗产人身份以上应需之数，由调查遗产委员会审定之。

第十三条　承袭人或承袭人等应需之教育费用，得先在遗产内扣除。惟调查遗产委员会应估计承袭人或承袭人等之学力年龄，以足敷实际教育费用为度。

第十四条　遗产税之主管官署，由财政部委定之。

第十五条　本细则有未尽事宜，得由财政部随时修正之。

第十六条　本细则自公布之日施行。

（参阅贾编：《民国续财政史》，第二编，第 577—582 页。）

第十五章
能力税论（二）财产税类（二）
土地税

第一节　土地的分类与其课税的关系

一、何谓土地　在未讨论各种的土地税以前，我们必须先知道土地的种类。在未讨论土地的分类法之前，我们又必须先明了"土地"二字的意义。照汉文字义解说，我们可以笼统的说，"土地"就是有泥土的地方。不过"地方"二字又作何解？那么我们又可以说，"地方"就是空间。这样，所以"土地"就是有泥土填铺的空间，不过此处之所谓泥土，是应该包括沙土、沙石和岩石等在内的。至有些纯粹经济学家把一切自然界的自由财货及自然力等都作为广义的土地，那是就土地课税的目的而言，实在是太广泛了。因为照此定义，那么海洋江河水土统统都是土地，而渔业税等等也应当作为土地税了。不过国民政府土地法第一条，谓"本法所称土地谓水陆及天然富源"，则又似采极广义的土地定义。

二、土地的分类　土地的定义既明，那么可以进而讨论土地的种类了。土地分类的方法有好几种。约略言之，有如下述：

（一）以土地的所有权为标准，那么土地可以分做下列三种：

甲、公有土地　即政府所有者，如衙署地、公园道路、国有铁道路基等是。

乙、私有土地　　即私人所有者，在现在私产制度之下，最为发达。

丙、共有土地　　即既非私有，亦非公有，无论何人，均得利用之。

按照土地法第八条的规定，下列土地不得为私有：

（1）可通运之水道；

（2）天然形成之湖泽而为公共需用者；

（3）公共交通道路；

（4）矿泉地；

（5）瀑布地；

（6）公共需用之天然水源地；

（7）名胜古迹；

（8）其他法令禁止私有之土地。市镇区域之水道湖泽，其沿岸相当限度内之公有土地，不得变为私有。

（二）以土地运用的方法做标准，那么土地可以分做下列七种：

甲、工商土地；

乙、住地；

丙、农地；

丁、运输地；

戊、娱乐地；

己、林地；

庚、矿地等。

（三）以土地之已垦植与否做标准，那么土地可以分做下列二种：

甲、垦种地；

乙、荒地。

（四）以土地上人口密度做标准，那么土地可以分做下列四种：

甲、都市地；

乙、镇地；

丙、邑地；

丁、村地。

（五）以混合的方法来分，那么土地可以分做下列几种：

甲、地下物　如石油、煤矿、煤汽、五金等；

乙、地面：

（1）位置地

子、市地，如制造地、商业地、居住地、娱乐地等。

丑、非市地中之建筑地。

（2）农事地

子、干燥地：（子）可灌溉地，（丑）不能灌溉地，如森林地、牧畜地、沙漠等。

丑、润湿地：（子）自然界的，如森林、牧场、池沼等是。（丑）人为的、如花园及农场等是。

（3）运输地

（4）娱乐地

子、天然的园囿（如西湖等）。

丑、森林溪涧。

寅、大道。

丙、水及与水相接之地：（一）岸地，（二）水下地，（三）灌溉水，（四）航行水。

丁、地面以上（即空中）：（飞行机及无线电的区域）。

以上混合法系美国伊利（Prof. R. T. Ely）氏的土地分类法，虽包罗万象，理论也说得通，但是终觉其范围太广，我们反不能依据之以研究土地法和土地税，尤其是不能依据之以研究土地税。

（六）依照土地法上所规定，土地既可分为公有的与私有的，复可以分为市地与乡地，又可以分为改良地，未改良地，及荒地，又可以分为：

甲、市地；

乙、农地；

丙、林地；

丁、牧地；

戊、鱼地；

己、盐地；

庚、矿地；

辛、要塞军备区域，及领域边境之土地。

依该法十七条规定，上列乙至辛七项"土地，不得转移，设定负担，或租给于外国人"。

三、土地税的种类 按照土地法的土地分类，那么我们可以演绎出下列的各种土地税来，就是（一）市地税：

甲、市改良地（即依法令使用的土地）税。（如宅地税、地价税、土地增值税等。）

乙、市未改良地（即未依法令使用的土地）税。（如宅地税、地价税、土地增值税等。）

丙、市荒地税（如闲地地价税、闲地土地增值税等。）

（二）乡地税：

甲、农地税：子、乡改良地税（如以面积及肥瘠等则为课税标准的田赋或地价税、土地增值税。）

丑、乡未改良地税（如以面积及肥瘠等则为课税标准的田赋或地价税、土地增值税。）

寅、乡荒地税。

乙、林地税；

丙、牧地税；

丁、鱼地税（渔业税）；

戊、盐地税（盐税）；

己、矿地税（矿税）。

（三）市乡土地享益税：（下列三税已于本书享益税论数章内讨论过）

甲、特别课赋或不动产改良税，此系土地增值税的一部或初步。

乙、田地契据税。

丙、验契税及土地陈报与登记费等。

第二节　各省田赋正附税概况及减轻附税计划

据民 23 年 5 月全国第二次财政会议各省财厅长报告，苏、浙、皖、赣、鄂、湘、闽、冀、鲁、豫、晋、陕、甘、宁、察、绥等省的田赋正附概况及其减轻附税计划如下，以示各省田赋情形复杂之一斑：

一、江苏省

（一）正附税概况　江苏地丁，银每两折征 2 元 5 分，漕米每石折征 5 元。每亩正税，自 2 厘 05 丝至 2 元 5 角，最低则与最高则，相差 1 000 倍；以各县平均数言之，苏松亩科正税六七角，海门涟水仅 2 分，余相差亦 30 倍以上。全省田额约共 75 490 000 余亩，额征正税 15 000 000 余元，年均亩科 1 角 9 分余。除留县县正税外，省正税（教育专款在内）应为 10 700 000 余元，近年实收约七成，可得省正税 7 000 000 元上下。

田赋附加，民初尚少，民国十六年以来骤增。现今统计全省附税，不同之名目，多至 105 种。财厅近以省正税为省税，县正税及一切附加为县税（因筑路亩捐，虽半数解省，仍充地方用），制为比较表：县税未超过省税者，全省 61 县中，仅吴县、太仓、奉贤 3 县；而 2 倍以上者，达 39 县，以海门为最多，几近十八倍。若以县正税归入正税计之，则附税未超过正税者，计 17 县；二倍以上者，32 县；最多者海门，达 13.826 倍。然附税倍数之少，不必即为税轻：例如松江，平均每亩正税 7 角 08 厘 1 毫，附税抵正税 65%，正附合计，已达 1 元 3 角 6 分 8 厘余；海门几达十四倍，而正附合计，犹仅 3 角 1 分 7 厘余。

（二）减轻计划　（1）近年税收短绌，而预算往往虚收实支。最近省府会议议决编订预算，以近年实收数为度，凡整顿征收剔除中饱所增之实收，一律作为减轻附税之用，不得以专款名义，分割支配。（2）整理地籍，挤出之无粮地升科者，其溢出税额，除省税外，亦全部作为减轻附税之抵补。

二、浙江省

（一）正附税概况　浙江地丁，银每两折征 1 元 8 角，漕南米每石折征 3 元 3 角。每亩正税，自 1 厘至 8 角，相差 800 倍。全省额田 51 930 000 余亩，额征正税 9 060 000 余元，平均亩科 1 角 7 分余，历年实收 7 成左右，600 余万元。

浙江现以旧地丁银为上期田赋，抵补金（即漕南米，民国改称）为下期田赋。上期田赋，每正税 1 元，带征附税自 1 元 2 角 2 厘至 3 元 6 角 7 厘，均已超过正税。下期田赋，每正税 1 元，附加自 5 角 5 分 2 厘至 1 元 1 角 4 分 3 厘，超过者仅于潜一县。上下期合计，则附税概已超过正税。二十二年度概算，正税 7 880 000 余元，附税 15 740 000 余元，平均约当正税之二倍。

（二）减轻计划　（1）建设特捐及附捐，共计 4 390 000 余元，占附税之最大宗。惟因关系本省债务基金，非俟债务清了，无法减免。除重申明令，一俟债务清了，决不续征外，姑准各县于计算田赋附加总数时，剔除建设特捐一项；若剔除后，仍超过正税一倍者，二十三年分起，必须减至不超过；其未超过者，亦宜减而不准加；由财厅派员，分赴各县，督同县局长，切实计划核减办法。（2）自二十三年分起，农行股本，停止带征，治虫经费，减半带征。（3）保卫团经费，原系就地筹措，在省府未确定统筹办法前，暂就原状斟酌办理，以核减为原则。

三、安徽省

（一）正附税概况　安徽银米折价，各县不一，每亩（指册亩每亩当民间契载弓亩一二亩至十余亩）正税自 4 分 3 厘至 9 角 09 厘 9 毫。全省民田 36 280 000 余亩，卫田 3 570 000 余亩，共 39 850 000 余亩；额征正税 6 170 000 余元；除去荒缺，则为 35 510 000 余亩，可征 5 240 000 余元；平均亩（实际面积不止一亩）科 1 角 4 分余。近年实收，约七成，3 670 000 元。

田赋附加，近年已与正税相埒。自去年编练保安队，购械增兵，需款益巨。赋额较小县分，即此一项附加，已超出正税。今各县每正税 1 元，最高者附加 2 元 5 角 7 分 3 厘 1 毫 4 丝，最低者附加 5 角 5 分 2 厘 1 毫。21 年度概算，正税 4 130 000 元，附税 6 130 000 元，平均约当正税一倍半。

（二）减轻计划　拟将各县办理土地陈报后增收之田赋，除正税原额，如数列入省地方款外，其余用以减轻附税，一面严核县预算，设法紧缩，务使收支适合，以符附不过正之原则。

四、江西省

（一）正附税概况　江西地丁，银每两折征 3 元（芦课银每两折征 2 元 2 角）漕米每石折征 4 元；每亩正税，自 6 厘 3 毫至 6 角 4 分 9 厘 5 毫，相差约百倍。额田（屯芦除外）33 930 000 余亩，额征 9 340 000 余元，平均亩科 2 角 7 分余。

田赋附加，自民 16 划一丁米折价，化零为整后，所有从前带征各款，一律革除；其应征之地方附税，重加规定，至多不得超过正税 15%，旋加为 30%。惟据最近报告，最低者当正税 30%，最高则多至 357.16%。

（二）减轻计划　自二十三年度起，得中央资助，减为最高 70%，最低 30%。二十三年度概算，正税收入 5 980 000 余元，附税 2 060 000 余元，平均抵正税 34% 有奇。

五、湖北省

（一）正附税概况　鄂省田赋，每亩正税税率，最高约 4 角左右，最低约 6 分左右。附税税率，各县带征之数，多寡不一：亩捐一项，最初有收至 2 元及 1 元以上者，现已减至最高税率为 5 角，最低税率约 1 角左右。附税内分县政捐、教育捐、保安团捐三种。正税每年额征，合洋 2 860 000 余元，实征 1 550 000 余元，附税年达 6 630 000 余元，超过正税，殆将二倍有奇。查原有附税，本不超过正税，惟以保安团捐过重，故呈此现象。

（二）减轻计划　第一步，一面缩编团队，减少饷额，一面减少亩捐捐率。在各县近情，每亩团队之捐，最高额为 5 角，最低额为 1 角左右。第二步拟于二十三年度开始时，再将各县团队，分别缩编，并将亩捐最高之额减至 3 角，其在 3 角以下者，悉仍其旧，以恤民艰。

六、湖南省

（一）正附税概况　湖南全省田赋，正税额征数原为 3 600 000 元，但依照历年实收情况，只能收到八成，约计 280 余万元。至田赋附加税，总数近年已达 1 160 余万元，约为正税之四倍。其附税税率最高者，每两附加银 22 元 8 角 6 分，最低者每两附加 2 元 9 角 7 分 6 厘。分县以观，则沅江超过正税十二倍，慈利超过十倍，其他各县，平均计算，约计超过三倍左右。

（二）减轻计划　查附税支出，3/4，用于团防、义勇清剿费用，教育、自治、行政各费，仅占 1/4。故以后拟将清剿费逐年递减。

七、福建省

（一）正附税概况　福建田赋，民国三年时，额定 3 450 000 余元。现因匪乱影响，仅收 220 余万元，较定额减收 1/3。附税计有随粮捐、征收费、串票费、公路费、附加费、教育费、自治费、团费、及其他等名目。前三项，直解省库，通计 650 000 余元。后数项，则属专款，通计 190 余万元。共约 2 550 000 余元。附加税率，最高者 3 元，超过正税一倍有半，最低者 1 元，亦及正税半数。

（二）减轻计划　由财厅拟定附加调查表，通令各县，限期将附税种类、税率、用途，查明填报，以为减免之根据。减免后，拟俟办理清丈时，由溢收项下抵补。

八、河北省

（一）正附税概况　河北全省田赋正税，额征收入，约在6 000 000元以上；各县田赋附加收入，则在5 000 000元左右。正税税率，地粮每亩征银自4厘8毫至1钱9分不等；随粮带征之附加，按正赋每元附加，自5分至1元6角7分不等，按亩摊征者，每亩自1分至2角1分不等。全省130县中，田赋附加超过正税者，凡51县。后虽经省府一再令饬各县，设法核减，但至今超过者，仍有20余县。河北田赋，除冀南稍高外，大部均较江南各省为轻，故超过地价百一限度者，当不多见。

近年以来，河北各县人民最感痛苦者，实不在田赋附加，而在差徭，及临时摊派。此类摊派，各县分春夏秋冬四季征收。

（二）减轻计划　（1）废除差徭。（2）废除串票捐。（3）冀南一带，赋重县分，田赋附加，以不过正税2倍为度；其赋轻县分，不得超过正税3倍。

九、山东省

（一）正附税概况　鲁省田赋，向分地丁、漕粮、租课三种。改粮为赋，虽有部令，尚未实行。租课名称，现亦仍旧。应征正赋，岁收约1 500余万元。附加属于省者，统曰附税；属于县者，则有教育费、警察捐、保卫团捐等名目。岁收共计1 100余万元。正赋征米者，每石改征6元；征钱者，每亩改征1角；征银者，每两改征4元。省属附税，按正税2元2角，附征1元8角；县属附加，则因事取税，数目不等。省属附税，较正赋仅少2角；县属各种附加，虽未知确数，然以之揆度，绝不止于2角，超过正赋，事属必然。

（二）减轻计划　（1）举办土地陈报，就地问粮，以均担负。

（2）各县设立田赋征收处，以除积弊。

十、河南省

（一）正附税概况　河南省地方田赋，正税全年收入，约 8 000 000 元。全省亩额，约 77 000 000 亩，平均摊计，每亩须负担 1 角有奇。但县地方财政，完全依靠附税，全省征额，在 10 000 000 元以上，即已超越正税总额。附税可分两种：一为随粮带征者，有"教育""建设""自治""公安""政警""保安""地方公款"等七种；一为亩捐，除"政警"改为"补助地方不敷各费"外，余悉如上列。故分县以观，正附两税比率，计超过正税四倍以上者，兰封一县；三倍以上者，渑池一县；两倍以上者，新安、汝南、正阳、固始四县；一倍以上者，新郑等二十县；不到一倍者，尉氏等五十县；其余开封等三十四县，均尚未超过正税。全省合计，共超过正税二百三十七万九千八百元零五角六分二厘。惟正附税合计，平均尚未超过地价 1%。

本省田赋正附税捐，统计不过 20 000 000 元，比量民力，非为过重。人民最感受痛苦者，即为临时私擅派款，各县驻军，地方团队，以至地方机关，如有需用，随时摊派；标准如何，数目若干，均无可稽考。身受者倘或反抗告发，即有报复之虞，此实为河南财政上最大之问题。

（二）减轻计划　（1）第一步拟于二十三年度内，全省一律完成。（甲）绝对禁止私擅派款　各县地方预算，依限编造送核，一经核定，即须遵照执行。但在预算科目内，设置相当预备费，如有临时事故，预算未列经费，非开支公款不可者，经呈准后，得动支预备费。预备费支用无存时，须请示办法，不得擅派分文，由主管机关，随时派员密查。查有私擅派款者，派收之款项，如数追缴发还，县长及其他负责人员，均严为处分，以儆效尤。（乙）减轻田赋附加　各县田赋附加，按照附加数目之多寡，分别核减。除保安费暂定正税 2 元 5 角，附加 1 元 5 角，另案办理外，凡正附合计数目在 7 元以上者，减三成；6元以上7元未满者，减二成；5元以上6元未满者，减一成；5元未满者，不减。各县根据减定数目，编造岁出概算，呈送核准施行。不必要之机关，不急需之事业，分别裁撤停办，先减机关费，再减事业费，务须量入为出，以苏民困。（2）第二步于24年度开始，各县田赋附加，连同保安经费，通盘计算，再为核减，以减至不超过正税为原则。其有特殊情形者，正附税合计，亦不得超过6元。

十一、山西省

（一）正附税概况　山西田赋，正税收入，每年约在5 000 000元以上，以105县平均计算，每县田赋正税，负担当在5万元左右。正税之外，省附加税有"省附加捐""省亩捐""提解县亩捐""征解费"等四项，约与正税为一与四之比。至县附加，则大都随粮附征，有"警捐""教育捐""区经费""差徭费""实业费""党费""司法费""团防费""自治费"等名目；全省总计，每年约在一百一二十万元左右。县附加与正税比例情形，除灵石右玉等少数县分，超出一倍外，大多数县分，均未超出。平均省县附加之总和，约当正税总额40%。山西地价，近年每亩平均值30元左右，而每亩正附负担，不过2角，故亦未越乎地价百一限度。

（二）减轻计划　（1）嗣后如有再请随粮添征之附加，一概不准。（2）现有附加，于清查县财政，编审新预算案时，着手减轻。

十二、陕西省

（一）正附税概况　陕省税田约3 340余万亩，田赋额征共5 304 642元，附税总收1 379 404元，附税占正税额征之25%强；但正税22年度实收数，仅2 938 847元，实收只及额征之五成五；故以实征论，附税抵正税之47%弱。正税科则，与附税税率之最近情况，不甚明了，折价亦无报告，兹从略。全省每亩负担，正税额8分8厘，附税额4分2厘，合共1角3分。

（二）减轻计划　各县地方支出，日渐膨胀，减轻田赋，未易骤行。但省府已督饬各县，认真催科，以期田赋正税，收足定额，使附税随之增益；并另严饬所属，恪遵现行核定税率，随正增收附加，不许任意更变；如有特别紧急支出，非于田赋项下附加不可者，须呈请核准。

十三、甘肃省

（一）正附税概况　甘肃税田约 23 500 000 亩，田赋岁入，年约 2 300 000 元，因有蠲缓蒂欠，大抵不能十足征收。附税未得精确数字，据各县呈报有案者，计 373 900 余元。如果此项数字可靠，则知附税仅占正税 16.1%。正税科则，与附税税率，标准不一：有按粮计算，有按银计算，有按亩计算。最高额与最低额，相差亦颇巨。折价自民国十五年起，每库平 1 两，合 1 元 5 角，遂为定案。粮石原有本色折色之分，大抵以本六折四为率。折色折价，各县以当地市价为准，因此县与县间，高低不侔。故于本年度起，规定折色折价，最高每石 10 元，最低每石 3 元有奇。综计全省每亩担负正税额 1 角，担负附税额约 1 分 6 厘，合计约共 1 角 1 分 6 厘。

（二）减轻计划　该省以各县附加皆为正当用途，故特拟订减轻办法两种：（1）确定县地方预算先使收支确定标准，考察实际情形，将附加可减者减灭之；（2）附税并入正税内征收，俟县地方预算确定后，将田赋附加，规定最低限度，并入正税以内，另订税率，作为一次征收，嗣后田赋项下，不得再课附加，并将各县地方经费，由正税内以百分比酌予划留，俾资调剂盈虚，而收实质减轻之效。

十四、宁夏省

（一）正附税概况　宁夏为新设行省，辖县仅九，旗蒙居多。耕地号称　2 000 000 亩，而税田仅共 997 649 余亩。正税额征全省共 642 915 余元，附税 89 395 余元，附税抵正税 12.5%弱。科则之上下差数极巨，最高者每亩纳正附税在 1 元以上，最低者每亩仅及四五分，相差达 20 倍至 25 倍之巨。惟正税额征虽有 642 915 余元，而实征仅 514 000 余元，收数成色，至高不过八折；附税则近于十足。折价，银 1 两，合 1 元 5 角；米每石，合 7 元 5 角；草每百斤，合 2 元。

（二）减轻计划　该省对于减轻附加，已将原有各种附加如（1）粮石附加，（2）地丁百五附加，（3）粮石百分附加，及（4）地亩捐等四种，合并于正税之中，同时征收。

十五、察哈尔省

（一）正附税概况　察省辖县十六，全省税田约 15 000 000 亩，田赋岁入，额征共 696 532 余元，附税约 666 378 余元，以额征论，附税几等正税。但二十年度全省正税实征，仅 589 313 余元，附税实收，约 431 373 余元，故以实征而论，附税抵正税之 73.2%，尚未超过。科则，在口外之张北等六县，地亩分上中下三则：上则每亩征洋 3 分 4 厘，中 3 分，下 2 分 6 厘。口北宣化等十县（即旧口北道所属各县），向分地丁、改折、屯米、屯谷、屯豆、课程、旗租：地丁每两折银 2 元 3 角；改折、课程、每两 2 元 3 角；屯米、每石 3 元 2 角 2 分；屯谷、每石 1 元 6 角 1 分；屯豆、每石 2 元 6 角 7 分；各项旗租，银每两 2 元。情形较为复杂。附税超过正税，以口外六县为甚，口北十县，则大抵尚未超过正税。综计全省每亩负担，正税 4 分 1 厘，附税 2 分 9 厘，合共 7 分；摊派及自由征发之款，尚不在内。

（二）减轻计划　该省减轻田赋办法，拟将附税超过正税之口外六县，分期裁减，口北十县，则认真催科。

十六、绥远省

（一）正附税概况　绥远辖县十六，设治局二。全省耕地，据最近调查，约 26 000 000 亩，税田不知确数。正税收入，额征 560 901 余元，实征 379 524 余元，实征抵额征之 67.7%。附税实收，合计 712 619 余元，附税比正税，多 187.76%，几及两倍。正税科则，以每顷为计算单位，高低不侔，最高者顷征 14 元 7 角，最低者顷征 3 角，相差达三十九倍之巨。以全省田亩与税收统计，每亩负担正税额约 1 分 4 厘 3 毫，负担附税额约 1 分 7 厘 3 毫，合计约共 4 分 1 厘 3 毫。

（二）减轻计划　该省过去情形，各县附税，紊乱异常。自去年春由财政厅召集各县财务局长会议后，曾由各县将摊款数目报厅，并由厅令限制，以后不经核准，不许擅加附税。惟以各县财源有限，全部整理，尚未就绪之前，遽难骤言减轻计划。

第三节　土地法内所规定的土地税

依照国府所公布而犹未施行之土地法内规定，各省现行庞杂的田赋，将来必须一律改为地价税。地价税之外，该法又规定二种土地税：（一）为土地增值税，（二）为土地改良物税。

一、地价税　土地法对于地价税之规定如下：

（一）关于一般税率者：

1. 市改良地之地价税，以其估定地价数额 10‰ 至 20‰ 为税率（二九一条）。

2. 市未改良地之地价税，以其估定地价数额 15‰ 至 30‰ 为税率（二九二条）。

3. 市荒地之地价税，以其估定地价数额 30‰ 至 100‰ 为税率（二九三条）。

4. 乡改良地之地价税，以其估定地价数额 10‰ 为税率（二九四条）。

5. 乡未改良地之地价税，以其估定地价数额 12‰ 至 15‰ 为税率（二九五条）。

6. 乡荒地之地价税，以其估定地价数额 15‰ 至 100‰ 为税率（二九六条）。

（二）关于优待税率者：

市地乡地所有权人之自住地及自耕地，于自住或自耕期内，其地价税按应纳税额八成征收之（二九七条）。

二、土地增值税　土地法对于土地增值税之规定如下：

（一）关于土地增值总数额计算之标准者：

甲、申报地价后，未经过移转之土地，于绝卖移转时以现卖价超过申报地价之数额为标准；

乙、申报地价后，未经过移转之土地，于继承或赠与移转时，以移转时之估定地价超过申报地价之数额为标准；

丙、申报地价后，未经过移转之土地，于十五年届满时，以估定地价超过申报地价之数额为标准；

丁、申报地价后，曾经过移转之土地，于下次移转或于十五年届满无移转时，以现卖价或估定地价超过前次移转时之卖价或估定地价为标准（以上三〇五条）。

土地及其改良物之价额混合为一数额时，应依其各别价值之申报或估定数额，为各别计算。但因改良物现状变更，得由主管地政机关，从新估定其价值（三〇七条）。

（二）关于土地增值税免除部分者：

土地增值之总数额，市地在其原地价数额 15% 以内，乡地在其原地价数额 20% 以内者，不征收土地增值税；其超过者，只就其超过之数额，征收土地增值税（三〇八条）。

（三）关于土地增值税税率者：

甲、土地增值之实数额，为其原地价数额 50% 或在 50% 以内者，征收其增值实数额 20%。

乙、土地增值之实数额，超过其原地价数额 50% 者，就其未超过 50% 部分，依前款规定，征收 20%，就其已超过 50% 部分，征收其 40%。

丙、土地增值之实数额，超过其原地价数额 100% 者，除照前款规定，分别征收外，就其已超过 100% 部分，征收其 60%。

丁、土地增值之实数额，超过其原地价数额 200% 者，除照前款规定，分别征收外，就其已超过 200 部分，征收其 80%。

戊、土地增值之实数额，超过其原地价数额 300% 者，除照前款规定，分别征收外，就其已超过 300% 部分，完全征收（以上三〇九条）。

三、土地改良物税　土地法对于土地改良物征税之规定如下：

（一）关于税率税时者：

市地改良物，得照其估定价值，按年征税，其最高税率，以不超过 5‰ 为限（三一一条）。

改良物税之征收，于征收地价税时为之（三一三条）。

（二）关于免税部分者：

乡地之改良物，不得征税（三一五条）。市地之农作改良物，得由地方政府免予征税（三一六条）。

第十六章
能力税论（三）直接消费税类

直接消费税，虽有时不与纳税能力成正比，但大势是依据纳税能力的，故此处以之划归能力税类。

直接消费税，大致可分三种：即（一）使用物税，（二）使用人税，及（三）享乐行为税是。

一、使用物税　使用物税之为地方政府大宗收入者，断推房捐（house rental tax），或家屋税，或住宅税，即以使用物——房屋——为标准即征课之直接消费税也。房捐，俗称巡捕捐，亦称工巡捐，又称总捐：以上海公共租界言之，其捐率住宅为房租之14%，店铺为房租之16%；以上海市言之，其捐率民国十八年住宅为房租之6%，商店为房租之10%，沿黄浦及苏州河各户为房租之12%，现则增加近倍焉。至旅客住客栈之旅馆捐亦系房捐之变相，名之为"临时房捐"亦无不可。如果据西儒研究，房租与居住者之所得，常成一定之正比，则房捐尤不失为一种补助所得税，其为直接消费税，依据能力而缴纳之理更明矣。

房捐之外，使用物税如犬税、猎枪税、钓鱼竿税、钢琴税、电风扇税等，大率是不很重要的，故可略而不论。

至自用车辆之按季或按年纳捐者，实亦直接消费税之流亚，以已在营业税类项下讨论过，兹不赘。

二、使用人税　使用人税，如仆役税、马夫车夫税等，在理论上是很可以抽的，不过为救济失业起见，任何政府究竟是慎之又慎，不敢卤莽从事的。去年（1934 年）日本东京市为弥补赤字预算起见，议决增设六种新税，其中有一种叫做雇佣税，规定凡雇佣仆人的家长，概需课以如下的税率：即雇佣一人，年纳 5 元日金，2 人则纳 7 元，3 人 10 元，4 人 13 元，5 人 16 元，6 人 20 元，7 人 24 元，8 人 28 元，9 人 33 元，10 人 40 元；若使用 10 名以上，则每增一名应增 2 元日金。预计每年可增收 746 923 元日金。但十六岁以下及六十岁以上之佣仆，或使用废疾者，或临时雇用之看护，均得免征。依当时估计课税客体 118 588 人之中，除男性 5 884 人外，余悉为女性，故该税不啻为女仆税，当时东京下女示威反对该税者甚众云。

三、享乐行为税　享乐行为税大致可分下列数种：

（一）旅行捐　如近年来为赈灾起见，政府对于轮船火车客票加以附捐是。

（二）娱乐捐　如局票捐、游艺场门票捐、戏院门票捐等是。（南京市娱乐捐率为票价 5%。）

（三）筵席捐　如目今中国各大都市，除上海之外，对于往菜馆果腹或宴客，其酒菜价值超过 1 元以上者，无不抽以 5% 或以上之筵席捐是。盖于维护菜馆营业之中，隐寓抑压奢侈饮食之意耳。

（四）赌博税　如上海青岛等市所抽之 5% 之赛马税等是。按此税虽系按照售票收入，征收 5%，似为营业税之一种，而非直接消费税，然此则不过为征收便利起见所采之办法，其精神固完全系一种寓禁于征之直接消费税中之享乐行为税也。又如据 1929 年法国之赌税年报，该国内共有大赌窟 166 处，其盈余共为 4 万零 5 百万佛郎，其赌税共为 2 万 1 千 240 万佛郎；又赌窟用一次即弃之纸牌纳印花税 1 千万佛郎；至各赌窟对所在地方政府该年所纳之税，亦达 5 千万佛郎之钜额云。

第五编

公 债 论
（包括战时财政论）

第一章
公 债 概 论

一、公债论的意义　公债论一名公共（或公家）信用（public credit）论，又名收支适合论，也可以说是支过于收时的弥补论。至于收过于支时的不适合，这是任何行政当局所欢迎的，用不着举行公债了。不过方今各地财政趋势，所谓不适合者，十之八九系指支过于收的消极的不适合而言，非指收过于支的积极的不适合而言也。消极的收支不适合，似可称为"出超"（expenditure exceeding revenue 与国际贸易上"出超"术语的意义适相反）；积极的收支不适合，亦似可称为"入超"。（revenue exceeding expenditure 亦与国际贸易上"入超"术语的意义适相反。）因为岁出超过岁入，所以政府当局就不得不利用公家的信用去短期的或长期的借债了。方今各地政府，百政待举，岁出浩大，"出超"乃是常有的事，所以公债论变做整个财政学中不可或缺的一编了。至于此处之所以称为公债论，而不称为公共信用论或收支适合论的理由，那是因为前一个名词是普遍易知，而后二个名词是晦涩难晓的缘故。

二、公债的意义　公债就是任何政府，依契约借贷的行为，对于区域经济社会，国民经济社会，或世界经济社会所负荷的债务。当募集原本的时候，公债实为一种临时大宗的收入，亦即所谓"预提的收入"。当付利还本的时候，公债实为一种临时大宗的支出，亦即所谓"事后填补的支出"。公债既又为收入，又为支出，故最好是另编讨论，不与岁出论或岁入论相混扰。

三、"出超"或收支不适合的原因　公债的起因在"出超"或入不敷出，但是入不敷出的原因又在那里呢？概括的言之，入不敷出的原因，大致可以分做下列四种：

其一是天灾倏临①，为救济困厄起见，就不得不临时支出巨款，即不得不发行巨额公债以济眉急。如 1923 年日本东京及横滨一带之大地震，1928 年英国伦敦之大水灾，1931 年我国扬子江流域之大水灾，及 1934 年我国扬子江流域之大旱灾等天灾之发生，各该国中央或地方政府就不得不发巨额公债以应付之是。

其二是战端忽启，为应付此不可避免之人祸起见，也就不得不临时支出巨额军费，即不得不发行巨额战债，以资挹注。如 1914 年至 1918 年之 4 年间，世界第一次大战内各交战国，差不多都恃发行巨额爱国或自由公债以资应付是。至我国近 20 余年来内战结果之亦为累累内外债，更不必说了。

其三是建设经费浩大，故亦不得不借公债以资挹注。而且建设事业大抵是直接生产的或间接生产的，所以更可以放胆发行公债了。

其四是经常岁出超过经常岁入，政府为弥补不敷起见，乃不得不暂恃公债，以资平衡预算。

此四个发行公债的原因，第一与第二是出于不得已的，故无所谓好坏；第三个是有助于区域或国民经济之发展的，故是好的；第四个是最应纠正的，盖经常岁入如果不敷经常岁出，政府当局之唯一职责，就在增加经常岁入或减低经常岁出，使之平衡，不应走发行公债之最少阻力之路线（line of least resistence）也。

善哉，十八年夏国府立法院之通过公债法原则也！该法第三条规定"中央与地方政府募集公债，均以不得充经常政费为原则"，对上述发行公债之第四个原因，根本与以纠正。又该法第四条云：

政府募集外债，以充下列四种用途为限：

（一）充生产事业上资产的投资，但以具有偿付债务能力，而不

---

①　突然降临。倏，极快地，忽然。

增加国库负担之生产事业为限；（如筑铁路，兴水利，及开发富源等皆是。惟富有冒险性质之事业，不在此例。）

（二）充国家重要设备之创办用费，但以对于国家人民有长久利益之事为限；（如大规模之国防设备，教育设备、卫生设备等类，虽无经济收入，而对于国家人民，确有永久利益者，皆属之。）

（三）充非常紧急需要；（如对外战争，及重大天灾，特别事变等类皆属之。）

（四）充整理债务之用，但以能减轻负担者为限。

四、公债与私债之区别　公债与私人债务之区别，约有三端：

其一，公债之募集，有时得强制执行之，私债则不能；

其二，公债的债务人是不死的法人，故较可靠，私债的债务人是迟早必死的自然人，故较不可靠；

其三，公债的债务人既系不死的法人，而且其举债的契约是公开的，其获得收入的手段是强制的，所以大多是无须担保品的，其提供担保品者，反是例外。私债则不然：其债务人既系迟早必死的自然人，债权人为欲保障其债权起见，故大多是要求债务人提供可靠之担保品的，不要求其提供担保品者反为例外。

五、公债成立之条件　吾人试浏览中外财政史，上古时代有公债乎？曰：无有也。中古时代有公债乎？曰：鲜有也。近古时代及近世纪有公债乎？曰：甚盛行也。然则为何上中古无公债乎？曰：公债成立之条件不存在也。近古近世为何有公债乎？曰：公债成立之条件已存在也。然则何谓公债成立之条件？曰：不外二个：就是

其一，必须人民对于政府有信任心，换言之，亦即政府对于人民有信用，对于欠该人民之债务，具有十足的还本付利的诚心和能力，毫不怀赖债的些微心理。如是，则人民必愿踊跃认购公债，则公债成立矣。

其二，必须金融市场之组织已完备，换言之，亦即代政府承销公债的银钱业，必须先已发达，及代人民移转公债所有权的证券交易所，必须先已存在或易于开设。

六、公债之种类 公债有广义的与狭义的之别。所谓广义的公债者，系包括任何政府之一切的债务而言，不论该债务是一般长期公债，永久公债，年金公债，一般短期国库券，暂时借款或透支，信托基金，公务员保证金及保险金，养老金，或发行兑换券，一概算做公债。所谓狭义的公债者，即系仅指上述首三项的长期公债而言，就是仅指一般长期公债，永久公债，及年金公债而言。此二说，自以广义的为近理，且切于事实，本编采之。

公债除广义的与狭义的之区别外，又可依下列不同的标准，分类如下：

（一）以公债募集的地域分之，则公债可分为内债与外债或国内公债与国外公债二大类。凡公债之在国内募集者，不论应募人或债权人之国籍属于何国，概称为内债或国内公债（俗称内国公债）。凡公债之在国外募集者，不论应募人或债权人之亦有国人在内，概称为外债或国外公债（俗称洋款）。又内债发行之地点在国内，故其债券本利计算之单位为国币；外债发行之地点在国外，故其债券本利计算之单位为外币或所在国的本位币。

至内债与外债之优劣比较，就目前吾国经济发展的过程言之，似外债之利超过其害，内债之害超过其利。请申论之。

外债之利弊 外债之利有三。（一）就财政方面言之，凡经济落后的国家，其国民大都是无甚储蓄的因之国内游资少而利率高；政府若举行内债，则公债利率必高，而财政上的吃亏必大。反之，若向经济开发储蓄丰裕游资充斥的国外资本市场募集外债，则公债利率必低，而财政上的利益，亦必有可观。（二）再就经济方面言之举内债系政府与人民争国内仅有之游资，则国内市场利率必致高涨，国内各物生产成本亦必随之而高涨，内足以使消费者受损，外足以减低国货与外货竞卖的能力，其给与国民经济的恶劣影响，至深且大。反之，政府若向国外募集公债，则政府不特不与人民争国内之游资，而且向国外移入游资，以补国内资金之不足，则国内市场利率虽不致剧跌，亦将有微跌之势，虽不能必其微跌，亦可。必其不再高涨，则国内各物生产成本得以稳定，内足以使消费者受益，外亦足以维持国货与外货竞卖的能力。（三）更从币制方面言之，有时一国国际收支逆调，现币大量流出，致摇动整个币制基础，则其暂时最有效的救急办法，断为募集外债，以资调剂；此时募集内债，简直是毫无意义。

至外债之弊，说者亦谓有三。（一）就财政方面言之，外债利率轻微，足以诱致行政当局滥借外债，以资浪费。（二）就政治方面言之，当政府不能按期偿付外债本息的时候，足以招致债权国军事上及财政上的侵略，即如从前埃及及突尼斯二国因不能偿付外债本息之故，致令英法二国军队开驻其境土；委内瑞拉因革命之后停付外债利息，致其海港为英、意、德之武力所封锁；及我国海关迄今犹多在客卿手中，可为殷鉴。（三）就物价方面言之，借入外债，足以使国内货币数量突增，因之国内物价亦随之突涨，而进口货增，出口货减，消费者与生产者交受困厄。

上述外债之弊三说，前二说系不良政治之下始行发现，非所语于善良之政府；埃及以外债亡国，美利坚以外债兴邦，其间得失，盖完全在乎善用外债与不善用外债之别耳。后一说系假定外债之形态为外币之输入；此种假定，按诸实际，多非真确，盖外债之形态多为债权国生产工具（即货物）与技术人才（即劳务或劳役）之输入也。假使外债之输入，并非货币，而是货物及劳役，则国内通货何由膨胀？国内物价何由腾贵？其他外货之输入何由增加？国内土产之输出何由减少？消费者与生产者何由交受困厄？

总之，如果吾人能善用外债，不滥募，不浪费，涓滴投资于生产事业，则还本付利的来源，必定是生意不穷；如此，则吾只见外债之利，而不知其弊也，外债亡国云乎哉？

内债之利弊　外债之利弊既明，则反过来说，外债之利就是内债之弊，而外债之弊也就是内债之利。假使国内资金缺乏，而政治却已上轨道，则外债之利是真的，所以内债之弊也是真的，外债之弊是假的，所以内债之利也是假的，换句话说，就是外债是有利无弊，而内债是有弊无利的。如果国内既资金缺乏，而政治当局又系不良，则内债或较优于外债，盖可以少与外寇以一种借口也。如果国内资金已充裕，利率较国外为低，产业已可跻于先进国之列，如今日英美二国然，则内债自有百利而无一弊，外债自有百弊而无一利，抑亦毋须募集外债矣。如今日美国政府之仅有国内公债而无国外公债是也。

（二）以公债之担保品有无分之，则公债可分为有担保公债与无担保公债二大类。凡内外公债还本付息的来源系指定一定的税收或其他公共收入者，谓之有担保公债；反之，凡内外公债还本付息的来源并不指定一定的税收或其他公共收入，而是广泛的以国库盈余或国家信用为担保者，谓之无担保公债。大抵公债与私债之区别，公债系以有担保为例外，无担保为原则，而私债则适与之相反，以有担保为原则，无担保为例外；所以凡政治已上轨道，民主政体极发达的国家如英美法等国的公债，大抵是无指定的担保品的，因公债的合法发行（即国会正式通过）及国家的整个信用乃是无上的无形担保品也。

（三）以公债的发行或募集方法分之，则公债可分为强制公债与任意公债二大类。凡公债之发行或募集系采取勒派手段者，谓之强制公债；反之，凡公债之发行或募集系采取自由认购及间接劝募手段者，谓之任意公债或自由公债。强制公债，除真出于万不得已的情景之外，是不宜采用的。至变相强制公债的不兑换纸币之行使，也是不宜于轻试的。任意或自由公债募集的方法，又可分为二种：其一是直接募集法，其二是间接募集法。直接募集法就是政府自己负起推销公债的责任，或请金融机关协助推销，或自动的组织推销公债运动如美国欧战时期内之自由公债运动（Liberty Loan Campaign）是。间接募集法就是政府以公债贬价售与承销银团，先由银团垫款与政府，再行陆续以高价转售与一般的投资民众是。大概普通公债之发行，系采间接募集法者居多；而爱国公债之发行，系采直接募集法者居多。

（四）以公债还本时期的久暂分之，则公债可分为短期公债及长期公债二大类。所谓短期公债者就是流动公债（floating debt），即转瞬即有到期还本的可能性之一切公共债务是也。短期公债又可分为二种：其一即行政公债，如对于信托金，公务员保证金，公务员储蓄金，及邮政储金等所负之公共债务是；（严格言之，此种公共债务实不能称为公债）其二即财政公债，如银行透支，兑换纸币，及短期国库券等是。（所谓短期国库券者，系指期限不超过一年的国库券而言。）

所谓长期公债者就是固定公债（funded debt），即还本期限延长至数年，或十数年，或数十年，甚或永久可不必还本之一切公共债务是也。长期公债又可分为长期国库券、有期偿还公债、无期偿还公债或永久公债、年金公债（annuity loans）及有奖公债（lottery loans）等五种。长期国库券系偿还期限延长至数年及十数年，按月按成还本，利随本减之一种特殊的有期偿还公债，为我国近年来所特创，他国似少先例也。有期偿还公债系长期公债中之最普遍者，各国无不行之，吾国亦然。永久公债系每年仅付利而永久不必还本之公债，如英之整理公债（consols）及法之永久公债（perpetual loans）等是。永久公债发行的条件为国家信用之良好，非所语于信用薄弱之政府也。年金公债系参寿险原理于公债，又有终身年金公债与定期年金公债之别。终身年金公债又有普通的和"通太恩"式（Tontine 系古时意大利财政家之名，以其最初发明此法，故名）的两种。"通太恩"式终身年金公债之办法，系分债权者之年龄相同者为若干组，政府岁以各组应得之年金总额分给各组之生存者，故死亡者愈众，则生存者分得之年金亦愈多，至最后生存者则竟得该组年金之全额矣。年金公债肇始于欧陆 13 世纪，风行于十七八世纪之交，19 世纪以还，即日就废弃，今则竟行绝迹焉。

有奖公债系以微利或无利发行公债，但每届还本之期，当众摇彩，获彩者于本金之外又有额外之大小奖金，落彩者则仅获本金之归还。有奖公债之利即在公债利息支出之节省，而其弊则足以鼓动人民之投机心及侥幸心，有碍于其正业。最近欧洲各国之发行有奖库券及公债者，计有法兰西、比利时、希腊、意大利、苏俄等国。

与有奖公债有同一利弊而尤加甚者则为国营奖券（State lotteries）。国营奖券之利较有奖公债为大者，以其不须还本也；而其弊亦较大者，以其奖额较巨，更足以鼓动人民之投机心及侥幸心，阻碍其正当职业也。

奖券系租税乎？抑系公债乎？意人加富尔（Cavour），法人赛杰皮（J. B. Say）及考斯脱（P. Coste）均以为奖券是一种租税：加氏以为奖券是政府对愚人所抽之租税；赛氏以为奖券是贫民之负担，以惟有穷人方愿冒险诉诸命运也；考氏在其所著《欧洲各国之奖券制度》内，则谓奖券为一种自动租税，以若所购奖券号码并未中彩，即不啻是自动缴纳租税也。此外又有一位法儒名曲劳太白斯（L. Trotabas）者，则以为奖券是一种特别公债，以其售价收入之一部，仍须划充奖金，归还购券人也。著者亦以曲氏之说为比较合理。

奖券果应绝对禁止乎？吴崇毅氏在他的《财政立法原理》一书内，对于这个问题，有一个很巧妙的答覆。他说："奖券方法，在中古教会曾借以筹集资金，兴办慈善事业，如建筑教堂，设立医院等。奖券为一种赌博，在道德上当无允其存在之理由。然人类之特性如懒惰、贪利、嗜赌，在奖券中皆能表现之。在取缔奖券之国家，亦并不能消灭人民赌博之嗜好，或反足以激成之，因人民若向其他更有害之经营，则在国家管理之外，适足以致倾家荡产之危险。如法兰西大革命时代，因取缔国家奖券，而产生无数之私营赌场，其为害之烈，甚于洪水猛兽。同样，英国因取缔奖券，人民不能满足其嗜好，皆向外国购买奖券，道德上之增进毫无，但国家每年所受之损失则甚巨。故凡百事业，不必因其发生弊端而禁止：如街有醉汉，将停歇咖啡店之营业，任种葡萄者坐以待毙乎？如因商品陈列之眩耀夺目，引起妇女装束之竞尚时髦，以致浪费金钱，而将强制商店，一律下其窗帘乎？因未满十二岁之儿童私自吸烟，而将禁止卷烟乎？"（该书 168—169 页）著者的意见也以为我们应"两害相权取其轻"。

近世各国奖券现状 近世欧美各国如德意志、法兰西、奥匈、俄罗斯、意大利、爱尔兰、挪威、丹麦、西班牙、罗曼尼亚、土耳其、波兰、澳大利亚，及南美洲各国，都有奖券之发行，以补助国库。不惟国家岁出之一部分，赖以供给，即国家之图书馆、博物院、医院、学校、铁路，以及一切建设事业，借奖券而观厥成者，不知凡几。其中办理最善，成绩最优者，首推德国。查德国倡办此项国家奖券，远在二百年前，1932 年发行之数，达 3 万 2 千万马克之巨，国库所入，约占 1/4，即 8 千万马克。其余各国券款盈余，亦约占券额 25% 至 30% 之谱。

我国自前年（1933 年即民国二十二年）春季以来，迄今亦已发行过航空公路建设奖券十期。原议年发四次，次发总额 500 万元，以半数拨作奖金，其余 250 万元，除去经手费及办公费外，悉数拨充航空公路建设经费。旋改为年发六次，以每期 50 万号（每号 10 元）或 500 万条（每条 1 元，十条为一号）奖券未尽出售也。至该奖券发行之原委，可参阅财长宋子文氏提案原文之一段如下：

我国幅圆辽阔，交通素感不便，遂致经济无从发展。际此世界推进入于科学时代，而我国航空事业尚在萌芽，筑成之公路又不多靓，按之实业需要，极感不便。若对此两项要政再不积极准备，以谋内地实业之发达，则长此以往，颓败更不堪设想，自非亟行选择全国要区，酌定航空路线，建设飞机场所，航空学校，修理机厂，购买飞机，及修筑公路，举凡一切应行扩充事业，以树航路两政基础，加设航空学校，育成航政人材，则一切瞠乎落后。此航空及公路事业关系重要，亟待兴办，不容或缓之情形也。惟是举办重大事业，首须有巨大财源，回顾国库空虚，军政费用，且虞不给，一时安有余力，筹此巨款。而事业之需要，又万难再事迁延。募集内债，既属未能，筹借外债，势又不可。再四思维，窃以为目前筹措之方，只有取法欧美，由中央发行奖券之一途，比较轻而易举。

（五）以公债发行的机关分之，则公债可分为国债与地方债二大类。所谓国债者即以国家名义，亦即以中央政府名义，所发行的公共债务。国债以其用途之不同，又可分为财政国债及建设国债二种。财政国债的用途为弥补国家军政等费之不足，故其性质系消耗的，以少发为原则。建设国债的用途为筹划国营大企业如铁道、航轮、电线、工厂，以及水利工程等的开办费，故其性质系生产的，只要能经营获利，年有盈余清偿债务，则不妨以多发为原则。

地方债又可分为省债，直辖市（即直辖于行政院之市，其地位与省并），县债等数种。此种地方债，一如国债，依据其用途及性质之为消费的抑系生产的，也可再分为财政公债及建设公债二种。

七、公债之发行价格及利息 公债除纸币及无利的有奖公债之外，是都须给付利息的；而其利率之高低是又与其发行价格有密切的关系的。如果别的条件一样，则公债的利率与其发行价格，成下列三种正比例：

（一）如果公债利率较发行时市场利率为低，则公债发行价格亦必较其面价为低。例如公债面价为 100 元，市场利率为 5 厘，公债利率为 4 厘，则公债发行价格将为面价 100 元之 4/5，即 80 元（x：100 ＝0.04：0.05 ∴0.05x＝100×0.04＝4 ∴5x＝400 ∴x＝400÷5＝80）。

同一道理，如果将来市场利率跌至与公债利率齐，则证券交易所中公债的市价亦将涨至与其面价齐；反之，如果市场利率暴涨 1 厘（即 6 厘），则公债的市价亦将较其发行价格暴跌 20 元。此种过程，经济学上术语谓之"利息之资本化"（capitalization of interest）。

（二）如果公债利率与发行时市场利率一致，不分高低，则公债发行价格亦必与其面价平。例如公债面价为 100 元，市场利率为 5 厘，公债利率亦为 5 厘，则公债发行价格即等于其面价，以利息之资本化作用并不发生二价间之区别也。

（三）如果公债利率较发行时市场利率为高，则公债发行价格亦必较其面价为高。例如公债面价为 100 元，市场利率为 5 厘，公债利率为 6 厘，则公债发行价格将为面价 100 元之 5/6，即 120 元（x：

$100 = 0.06 : 0.05 \therefore 0.05x = 100 \times 0.06 = 6 \therefore 5x = 600 \therefore x = 600 \div$
$5 = 120)$。

上列三种公债发行法，果以何者为优利耶？低价低利发行法之利即在以后每年公债利息支出之节省，而其弊则在发行价格低下之亏耗，以将来还本时仍须以公债票面十足清偿也。高价高利发行法之利即在发行价格高昂之盈余（将来还本时只须按票面十足清偿），而其弊则在以后每年公债利息支出增加之亏折。至平价平利发行法，既无甚利，亦无甚弊。

概括言之，较短期公债之发行，高价高利法之利多于其弊，低价低利法之弊多于其利；反之，较长期公债之发行，高价高利法之弊多于其利，低价低利法之利多于其弊。试举例说明之如下：

（1）某政府欲发行 10 年定期公债 1 000 万元，市场利率为 5 厘，若以 4 厘低利发行，则发行价格须低至八成，若以 6 厘高利发行，则发行价格可高至十二成，究以何法发行为于政府有利？

答：低价低利发行法，虽能每年节省公债利息 10 万元（10 000 000×0.01 = 100 000），10 年节省 100 万元，但与发行时低价折扣之损失 200 万元（10 000 000×0.2 = 2 000 000）相冲销，尚短100 万元，故政府财政上之损失极大。

反之，高价高利发行法，虽须每年多付公债利息 10 万元，10 年共计多付 100 万元，但与发行时高价升水之利益 200 万元相冲销，尚盈 100 万元，故政府财政上之利益极大。

（2）若上述某政府 10 年定期公债改为 30 年定期公债，则以何法发行为于政府有利？

答：低价低利发行法，虽有发行时之亏折 200 万元，但以之与 30 年内所节省之公债利息 300 万元相较，政府财政上之利益尚有100 万元。

反之，高价高利发行法，虽发行时有 200 万元之盈余，但以之与 30 年内所多付之公债利息 300 万元相较，政府财政上之亏损仍有100 万元。

现今世界各国之公债发行法，大都采低价低利者为多，以其既有益于财政，又能划一各种长期公债之利率，不受市场利率涨跌之影响，复可不与民营企业争资金，致引起人民之恶感也。至低价之利，足以抵销低利之弊，足以引起投资者购买公债之兴趣，俾公债发行价格得以提高，此又低价低利发行法之优点也。

八、公债发行时之其他几个问题　除发行价格及利息问题外，公债发行时尚有下列几个问题：

（一）当人民认购公债之总数超过发行额时，政府应如何分配？此则不外下列三法：

甲、比例法　例如公债发行额为 1 000 万元，人民认购总额为 3 000 万元，而某甲认购额为 3 万元，则政府依三与一之比例，仅许其认购 1 万元是。不过如有小额认购者，其认购之数即为公债之最小票面一单位，则不再核减。

乙、少额先取法　例如政府规定凡认购公债，其数额在 500 元以下者，概给以全额而不核减，其认购之数超过 500 元者，概用比例法分配之是。此法法国采之，以资激励人民之爱国心，并使公债之利益得以普被于一般民众，减轻其集中于资产阶级之趋势。

丙、高价先取法　例如政府对于愿以最高价格认购公债者，不论其数额为若干，尽先给与全额，再就愿以次高价认购公债者，依次给与全额，直至公债发行满额为止是。此法之优点即在公债实收金额得以增加，而其弊则在小额认购者不愿出高价而落选，遂使公债有集中于资产阶级之虞。

（二）公债票面之大小应如何？公债票面之大小，各有其利弊。票面大，则其利为公债经理之方便，以其张数少也，而其弊为公债之利益不能普被于一般民众，以细民无力认购票面太大之公债也。反之，票面小，则其利为民众有普购公债之可能，而其弊为公债经理之增加麻烦。以我国目前内国公债之票面论，大者为万与千，小者为百与十与五；证券交易所中小票价格不如大票者，以其支息等手续较烦耳。

（三）认购公债者应否先付保证金？ 为保证公债数额之必能十足销售起见，以令认购者先纳若干成公债发行价格为宜；一俟公债分配额确定，即移作第一期缴款之全部或一部。

（四）公债券应记名乎？ 抑不记名乎？ 记名式公债之利在持有人得免水火盗窃等风险，而其弊则在不能自由流通市面；不记名式公债之利弊适与记名式公债相反。自证券交易及银行保管等制兴，公债殆无有不采不记名式者矣。

九、公债之偿还 偿还公债之法有二：即一为虚还或名义偿还，一为实还或实际偿还。虚还者即掉换或借换（conversion）之谓，或借新债还旧债，或以旧债券易新债券，汤虽换而药仍不换，故曰名义偿还。实还者即实际上以一定收入偿还债务之谓，并不变借新还旧或以旧易新的戏法，故曰实际偿还。兹略述公债掉换之条件及公债实还之方法于下：

（一）公债掉换之条件 公债掉换，原为旧债到期时政府无力还本的一种应急办法，事非得已，情有可原；惟必须顾虑到下列两个条件：

甲、其一，即掉换的结果，必不可使新债的数额超过旧债，致增加将来还本时的国库负担。

乙、其二，即掉换的结果，必不可使新债的利率超过旧债，致增加以后每年的债息支出。若能于市场利率低落之时，募集掉换公债，尤为贤明之举措。

（二）公债实还之方法 公债实还之方法，可以约略述之如下：

甲、岁计盈余偿还法 岁计盈余偿还法，又可分为（1）自由盈余偿还法及（2）强制盈余偿还法二种。自由盈余偿还法者，即政府并不专为偿债而求盈余，乃收支相抵之结果，自然地幸有盈余，即以之还债之谓也。强制盈余偿还法者，即政府为欲还债之故，乃力图发生盈余之谓也。后法自较前法为可靠，然仍有被流用之危险。

乙、定额偿还法 定额偿还法又可分为（1）比例的定额偿还法和（2）非比例定额偿还法二种：

（1）比例的定额偿还法　例如某市政府发行公债 1 000 万元，分
10 年还清，年还 100 万元是。

（2）非比例的定额偿还法　例如某市政府发行公债 1 500 万元规
定于 10 年后一次还本，或规定于第 6 年起还本 100 万元，第 7 年还
本 200 万元，第 8 年还本 300 万元，第 9 年还本 400 万元，第 10 年
还本 500 万元等是。

丙、指定收入偿还法　此法为信用幼稚的国家所常用，如以关税、
盐税、及路矿收入为债务之担保品是。此法往往参用定额偿还法。

丁、减债基金法　减债基金（Sinking fund）者，即每年积存定
额之基金，以资在市场上收买公债之谓也。英国在 19 世纪之初，减
债基金盛行。其法设局以保管基金，国库对于所收回之公债，每年
仍付给其所应得之利息，次年又以此利息及定额之基金，复向市场
收买公债。如此类推，及至收回全部公债时，始行撤销。按减债基
金法之性质，颇似定额债还法中之非比例法，其利在利用复利法以
清偿公债于不知不觉之中，而其弊则在（1）增设机关，靡废国帑，
和（2）逐年向市场收买，必致公债市价腾贵，甚或超过票面，国库
无形中之损失，必不在少数也。

十、公债之抵赖　公债到期，既不实还，又不掉换，复不再付
利，是谓抵赖（repudiation），亦曰废弃。赖债之例甚多，中古时代
有英国帝王之赖犹太富翁的债，近 10 余年来则有苏俄共产政府之宣
布废弃帝俄时代所缔订的一切国内外债务，以及法兰西等欧战时代
协约国，以对德赔款收取销为借口，对于美国战债，表示不再偿付
之决心等皆是。①

---

①　查 1934 年 12 月 15 日欧洲法意英比等 13 国所负美国之战债，又届偿付之
期，计其总额为美金〔元〕159 729 976 元。该日届期偿付全额者，只有芬兰一国，且
其数仅为美金〔元〕228 538 元。其他 12 国该日均纷纷向美国通牒，解释所以未能偿
付之理由，略谓据美国参议院军火调查委员会之所发现，美国军火商人在欧战期内所
供给欧洲之军火，获利极厚。计自 40% 至 362%。此种巨大之盈利，即由战债收入支
付之；而美国政府当时对于战时暴利征税极重，收获甚丰。故自欧洲各国观之，所谓
对美战债问题之全部，已可即此宣告结束矣。

公债之抵赖，就道义及信用的观点言之，是毫无是处的；就事实及方便的观点言之，如果一个国家能够永远毋须再借内外债，而且是常有充分的武备以驱逐债权人或债权国之索债武力，则也未始不可以冒险一试。苏俄当国力未充，国内尚未工业化之时，贸然激于义愤，取销一切帝俄时代之内外债，其结果为招致列强之长期经济封锁，致社会主义国家之建设大受影响。法国抵赖对美战债，而国内外并未发生不良影响者，其故有三：其一，是法国人民大都以取销对美战债之举为合理，以欧战时交战国俱蒙极大损失，美国不应借此图利也；其二，是法国国民储蓄发达，工业化亦已登峰造极，固不惧美国之以拒绝将来对法投资为报复手段也；其三，是法国国防巩固，抗拒外来侵入武力，绰绰有余，固又不惧美国之以炮舰政策为索债之后盾也。

由此观之，除苏俄的革命政策不论外，合法发行的内债，在任何情形之下，是不能抵赖的，除非国家以后永远不再发公债，但这是不可思议的。至于合法募集的外债，如国内经济状况以后可以永远毋须再借外债，而国家武力又足以抵抗任何侵入外力，则或有抵赖不还的可能，然而在道义上究竟是说不过去的。如于此两个条件并未完备，而妄想抵赖合法的外债，则在道义上，固已先曲，即在事实上亦多见其不自量力耳！

第二章
我国公债之现状

第一节　我国内债之现状

我国的内债，肇始于前清光绪二十四（1898）年之昭信股票，及宣统三（1911）年之爱国公债。鼎革以还，新政繁兴，需款孔亟，故举行内债之风，逐渐通行。兹分（一）一般内国公债之现状，（二）特种内国公债之现状，及（三）地方公债之现状三段，述之如下。

一、一般内国公债之现状　一般内国公债系指中央政府财政部所发行的公债而言。兹以表格述其现状如下：（截至民国二十三（1934）年底为止）

甲、无确实担保者（皆为北京政府发行），见表5-2-1。

乙、有确实担保者（共33种，内4种系北京政府所发行，余均为国民政府所发行），见表5-2-2。

表 5-2-1 无确实担保者的内国公债

债券名称	发行日期	还清日期	发行实数	利率	还本付息月分	未偿还额
一四库券（即特种盐余库券）	11年1月20日	12年9月20日	14 000 000	月1分8厘	每月	3 500 000.00
九年赈灾公债	10年1月12日	12年11月30日	2 168 475	年7厘	5.11	1 610 220.00
元年整理公债	10年6月2日	25年1月1日	12 150 000	年6厘	1.7	12 150 000.00
八年整理公债	10年6月2日	24年9月30日	1 210 000	年7厘	3.9	1 210 000.00
九六公债	11年2月11日	18年1月31日	56 391 300	年8厘	1.7	56 391 300.00
秋节库券	15年9月20日	20年3月20日	3 000 000	年8厘	3.9	3 000 000.00
合计			88 919 775			77 861 520.00

表5-2-2　有确实担保者的内国公债

债券名称	发行日期	还清日期	发行实数	利率	还本付息月份	负债余额（24年1月1日）	基金担保
续发二五库券	16年10月1日	24年3月31日	40 000 000 元	月5厘	每月	1 000 000.00	关税增加收入
十八年关税库券	18年6月1日	26年7月31日	40 000 000	月5厘	每月	11 751 505.82	同上
十八年编遣库券	18年9月1日	30年6月30日	70 000 000	月5厘	每月	39 900 000.00	同上
十九年卷烟库券	19年4月1日	24年1月31日	24 000 000	月5厘	每月	374 000.00	卷烟统税款
十九年关短库券	19年9月15日及10月7日	28年1月31日	80 000 000	月5厘	每月	41 280 000.00	关税增加收入
九年善后库券	19年10月31日	28年11月30日	50 000 000	月5厘	每月`	30 480 000.00	同上
二十年卷烟库券	20年1月1日	30年1月31日	60 000 000	月5厘	每月	42 084 000.00	卷烟统税余款
二十年关税库券	20年4月1日	32年1月31日	80 000 000	月5厘	每月	60 800 000.00	关税增加收入
二十年关税统税库券	20年6月1日	30年9月30日	80 000 000	月5厘	每月	62 400 000.00	卷烟及其他统税
二十年盐税库券	20年8月1日	30年10月31日	80 000 000	月5厘	每月	64 000 000.00	盐税
二十二年爱国库券	22年3月1日	25年11月30日	20 000 000	月5厘	每月	10 722 227.60	卷烟统税
二十五年关税库券	22年10月1日	35年3月31日	100 000 000	月5厘	每月	92 500 000.00	关税增加收入
二十三年统税库券	23年1月	29年12月31日	100 000 000	月5厘	每月	88 000 000.00	同上
七年长期公债	7年5月1日及10月1日	32年12月31日	45 000 000	月5厘	3,6,9,12	21 600 000.00	关税余款

第五编 公债论 559

（续表）

债券名称	发行日期	还清日期	发行实数	利率	还本付息月分	负债余额（24年1月1日）	基金担保
整理6厘公债	10年5月2日	36年12月1日	54 392 228	年6厘	3,6,9,12	32 635 337.00	同上
整理7厘公债	10年6月2日	36年11月30日	13 600 000	年6厘	2,5,8,11	8 160 000.00	同上
14年公债	14年4月1日	25年12月31日	15 000 000	年6厘	3,6,9,12	3 750 000.00	德国部分取消赔款
春节库券	15年1月31日	37年1月31日	8 000 000	年6厘	1,4,7,10	8 000 000.00	津海关关税增加收入
治安债券	15年5月11日	28年1月10日	2 000 000	年6厘	1,4,7,10	2 000 000.00	德国部分取消赔款
奥赔二四库券	15年12月20日	28年12月20日	2 400 000	年6厘	6,3,9,12	1 632 000.00	奥国部分取消赔款
军需公债	17年5月1日及6月1日	31年9月30日	10 000 000	年6厘	3,6,9,12	5 760 000.00	印花税收入
十七年善后公债	17年7月1日及12月1日	25年3月31日	38 000 000	年6厘	3,6,9,12	3 200 000.00	关税增加收入
十八年赈灾公债	18年1月8日	31年6月30日	10 000 000	年6厘	3,6,9,12	5 800 000.00	同上
十八年裁兵公债	18年2月1日	22年1月31日	50 000 000	年6厘	1,4,7,10	29 500 000.00	同上
十九年关税公债	19年1月1日	32年12月31日	20 000 000	年6厘	3,6,9,12	13 605 000.00	同上
二十年赈灾公债	20年9月	33年2月29日	30 000 000	年6厘	2,5,8,11	25 500 000.00	同上

（续表）

债券名称	发行日期	还清日期	发行实数	利率	还本付息月分	负债余额（24年1月1日）	基金担保
二十年金融公债	20年12月	33年10月15日	80 000 000	年6厘	1,4,7,10	77 440 000.00	德国部分取消赔款
华北救济战区	22年11月	27年7月31日	4 000 000	年6厘	1,4,7,10	3 210 000.00	长芦盐税项下附加农田水利基金
十七年金短	17年11月1日	24年9月30日	30 000 000	年6厘	3,9	5 700 000 000.00	德国部分取消赔款
十七年金长	18年2月1日	42年9月30日	45 000 000	年2厘半	3,9	42 750 000 000.00	关税余款
海河公债	18年4月21日	28年4月20日	4 000 000	月8厘	4,10	1 800 000 000.00	津海关值百抽五税收项下附征8%收入
江浙丝业公债	20年8月31日	31年4月15日	6 000 000	年6厘	4,10	5 100 000.00	江浙二省黄白丝出口特税
玉萍铁路公债	32年6月1日	32年5月31日	12 000 000	年6厘	5,2	12 000 000.00	中央拨济赣省盐税附捐
合计			1 303 392 228			854 434 070.42	
加无确实担保公债			88 919 775			77 861 520.00	
一般内国公债总计			1 392 312 003			932 295 590.42	

二、特种内国公债之现状　　特种内国公债系指除财政部以外中央政府直辖各部及其所属机关所发行之公债而言；其性质大抵系生产的建设的。兹分北京政府时代交通部旧欠各项特种内国公债及国民政府时代铁道部及建设委员会发行之特种内国公债二目，列表如下：（截至民国二十三年1月1日为止）

甲、北京政府时代交通部旧欠各项特种内国债券一览表（民国十四年底止欠息未曾列入），见表5-2-3。

（材料来源　财政整理会编交通部经营各项债款说明书）

乙、国民政府时代铁道部及建设委员会发行特种内国公债一览表，见表5-2-4。

三、地方公债之现状　　地方公债系指各省市政府所发行之公债而言。近年来潮流所趋，各省市之发行公债以资弥补军政建设经费者，风起云涌，实繁有徒。兹为简括明了实情起见，特以表述各省市地方公债之现状如下：

各省市地方公债一览表（截至民国二十三年9月底为止），见表5-2-5。

（附注） ＊现无确实担保本息停付已久（一）定额1 500万元（二）定额30万元（三）与浙江省政府共同发行为避免重复起见仅列于此（四）定额200万元（五）利率第1年年息1分以后每年递加1厘5毫至第6年加至1分7厘5毫（六）定额300万元（七）定额250万元余数亦在发行中（八）定额500万元（九）第二次抽签举行后迄未给付本息（十）因中央协款未能如数汇闽未能清偿已还数目未详（十一）募集未能足额22年5月经财厅通令停募（十二）报载国府准发90万元（十三）定额300万元（十四）定额120万元（十五）此债虽为中央令募均已挪为该省费用并未解部亦未请愿颁发定额为1 208 100元（十六）定额100万元（十七）孙传芳时代派募（十八）周荫人时代派募（十九）以广东毫银为本位币（二十）额毫银1 000万元（二十一）定额毫银3 000万元一说实际发数仅500余万元（二十二）民国五年12月奉北京政府核准拨发100万元由粤募集截留办理善后之用其应还本息仍筹解归并通案办理。

表 5-2-3　北京政府时代交通部旧欠各种内国债券一览表

债券名称	发行年月	利率	发行价格	原定还清日期	还本付息月分	发行额（元）	未偿还额（元）	备考
川路直接用款	元,11	年6厘		12,12,31	12	9 754 560.57	7 957 560.57	已付一期
川路间接用款	元,11	年6厘		17,12,31	12	9 145 669.23	9 145 669.23	
湘路甲项有价证券	2,6	年6厘		5,3,31	3,9,12	4 400 000.00	25 135.00	
湘路乙项有价证券	2,6	年6厘		28,9,30	9	4 722 600.00	4 194 550.00	
苏路股款有价证券	2,6	年7厘		7,9,1	1,5,9	4 863 050.72	312 250.72	已付十四期尚欠一期
浙路股款有价证券	3,4	年7厘		7,6,10	2,6,10	10 587 669.98	880 542.38	已付十一期尚欠一期
浙路公债	3	年5厘		8		560 300.00	206 600.00	
吉长铁路永衡官号股款	3,6					803 100.00	803 100.00	
鄂路官招商股有期证券	4,1	年6厘		9,6,30	6,12	404 449.28	155 779.71	
京绥铁路第五次短期借款债券	7,7	月7厘5		12,12,31	6,12	591 500.00	52 800.00	定额银400万元
京绥铁路第六次短期借款债券	9,10	月7厘5		10,12,31	6,12	807 400.00		定额银100万元

（续表）

债券名称	发行年月	利率	发行价格	原定还清日期	还本付息月分	发行额（元）	未偿还额（元）	备考
京绥铁路绥包公债	10,4	月7厘5		15,6,30	6,12	351 300.00	190 500.00	定额银 500 万元 已还本二期
京汉铁路短期债券	10,8	月8厘	92.8	16	3,9	540 200.00	343 400.00	定额银 400 万元
京汉铁路支付券	11,4	月1分3	100	14,2	每月	5 130 000.00	158 000.00	利息加给在内
津浦铁路支付券	11,4	月1分3	100	14,2	每月	3 420 000.00	316 490.00	利息加给在内
京绥铁路支付券	11,4	月1分3	100	14,2	每月	2 850 000.00	857 770.00	利息加给在内
京绥铁路借款券据	12,1	月1分5				1 810 000.00	1 810 000.00	
烟潍铁路发还地价短期债券	13,3	年8厘		22,2,28	2,8	480 000.00	446 885.00	
陇海铁路 1924 年 8 厘借款	13,3	年8厘	85	23,10	4,10	5 000 000.00	5 000 000.00	定额银 1 000 万元
交通部借换券	14,7	年8厘	90	24,6,30	6,12	8 000 000.00	8 000 000.00	曾抽签一次还本 未举行
合计						74 221 799.74	40 857 032.61	

表 5-2-4　国民政府时代铁道部及建设委员会发行特种内国公债一览表

机关别	债券名称	发行日期	还清日期	利率	发行价格	发行额	现负本金（二十三年1月1日）	本息付给月分	债票种类	经付本息机关
铁道部及其所属机关	陇海铁路 1924 年 8 厘借款	13,8	23,10,1	年 8 厘	85	5 000 000	5 000 000	4,10		
	津浦铁路购车公债票	17,1	20,12,31	年 6 厘	100	1 000 000	1 000 000	6,12		
	铁道部收回广东粤汉路公债	19,1	43,12,31	年 2 厘		20 000 000	20 000 000	6,12	百元、四十元、四元	广州广韶路局出纳课
	铁道部民国二十三年第一期铁路建设公债	23,5	31,12,31	年 6 厘	98	12 000 000	12 000 000	6,12	千元、五百元、百元	中央中国交通三银行
计						38 000 000	38 000 000			

（续表）

机关别	债券名称	发行日期	还清日期	利率	发行价格	发行额	现负本金（二十三年1月1日）	本息付给月分	债票种类	经付本息机关
建设委员会	民国十九年建设委员会电气事业长期公债	19,1	33,12,31	年6厘	100	1 500 000	1 185 000	6,12	千元,百元,十元	上海及南京中央中国交通三银行
	民国十九年建设委员会电气事业短期公债	19,1	26,12,31	年8厘	100	2 500 000	1 450 000	6,12	千元,百元,十元,五元	上海及南京中央中国交通三银行
	民国二十二年建设委员会续发电气事业公债	23,7	37,6,30	年6厘	100	6 000 000	6 000 000	6,一12二	万元,千元	上海及南京中央中国交通三银行
	计					10 000 000	8 635 000			
合计						48 000 000	46 635 000			

表5-2-5　各省市地方公债一览表

省市别	债券名称	发行年月	利率	发行价格	发行额（元）	现负本金（元）（23,10,1,）	本息给付月分	债票种类
四川	四川二十一年第二期整理川东金融公债	21,7	月4厘	100	5 000 000	3 650 000	每月	千、五百、百、十
	四川省全省二十一年第二期整理川东金融公债	21,11	月4厘	100	1 200 000	924 000	每月	五百、百、十、五、十
	四川省二十一年军需债券	21,11	月8厘	90	1 000 000	560 000	每月	千、五百、百、十
	四川省二十一年第二期盐税库券	22,2	月8厘	100	5 000 000	3 500 000	每月	千、五百、百、十
	四川省二十一年印花烟酒库券	22,4	月8厘	100	5 000 000	3 400 000	每月	千、五百、百
	四川省二十一年第三期盐税（短期）库券	22,6	月1分2厘	95	3 000 000	300 000	每月	五千、千
	四川省二十一年田赋公债（一）	22,8	年8厘	100	5 000 000	4 000 000	3,9	千、百、十五、一
	四川省二十一年军需短期库券	22,11至23,1	月1分	100	3 000 000	1 500 000	4,10	五千、千
	四川省全省二十一年剿赤公债	23,6	月8厘	100	10 000 000	10 000 000	每月	千
计					38 200 000	27 834 000		

（续表）

省市别	债券名称	发行年月	利率	发行价格	发行额（元）	现负本金（元）（23,10,1）	本息给付月分	债票种类
四川 重庆	重庆市政府改良电话公债	20,1	年8厘		168 000	108 000	3,6,9,12	一百二十
	合计				38 368 000	27 942 000		
江西①	江西省整理金融库券	16	月5厘	100	8 000 000	1 280 000	每月	五、百、十、五、一
南昌	南昌市市政公债（二）*	17,12 及 19,1	月6厘		106 179	106 197		百、十、五、一
	合计				8,106,197	1,386,197		
江苏	江苏国家分金库灾款善后公债	11,4	—	90	7 000 000	3 640 000	1,7	千、百、十、五
	江苏省建设公债	19,8 及 20,8	年8厘	98	7 000 000	5 000 000	1,7	万、千、百、十
	21年江浙丝业短期公债（三）	21,12	年6厘	100	2 000 000	1 500 000	3,6,9,12	千、百、
	民国二十三年江苏省水利建设公债	23,10	年6厘	98	20 000 000	20 000 000	3,9	万、千、百、十
	江苏省增比债券（四）*	10,7	月1分2厘		1 850 000	425 500	每月	
	计				38 850 000	30 565 500		

---

① 原文似印刷有误，应为"江西"。

（续表）

省市别		债券名称	发行年月	利率	发行价格	发行额（元）	现负本金（元）（23.10.1,）	本息给付月分	债票种类
江苏	上海	特别市市政公债	18,10	年8厘	98	3 000 000	1 320 000	3,9	五百,百,十,五
		上海市灾区复兴公债	21,11	年7厘	80	6 000 000	5 820 000	6,12	千,百,
		民国二十三年上海市市政公债	23,7	年7厘	98	3 500 000	3 500 000	6,12	百
	计					12 500 000	10 640 000		
	南京	民国十八年南京特别市特种建设公债	18,10	年8厘	98	3 000 000	1 500 000	6,12	千,百,十,五
	合计					54 350 000	42 705 500		
安徽		安徽歙昱路省债票	21,10	年8厘	98	500 000	410 000	3,9	百,十,五
	合计					500 000	410 000		
河北		直隶省二次兴利公债	15,12	年1分	100	1 100 000	380 000	12	千,百,十
		河北省特种库券*	18	月7厘	100	2 400 000	1 920 000	6,12	万,千,百
		直隶省第四次公债（五）*	10,1	年1分		3 000 000	1 250 000	6,12	
		直隶省第五次公债（六）（五）*	14,1	年1分		1 530 000	1 530 000	6,12	
		直隶者善后短期公债*	15,6	年8厘		4 000 000	4 000 000	6,12	
		直隶省第六次公债*	15,11	年8厘		6 000 000	6 000 000	6,12	
	合计					18 030 000	15 080 000		

（续表）

省市别	债券名称	发行年月	利率	发行价格	发行额（元）	现负本金（元）(23,10,1,)	本息给付月分	债票种类
天津	天津市政公债*	14	年1分			3 000 000		四、一〇、百、千、
	天津特别区市政短期公债*	16,4	年8厘		500 000	500 000	6,12	千、百、
	合计				3 500 000	3 500 000	6,12	
	合计				21 530 000	18 580 000		
河南	河南省民国二十年善后公债	20,8	年8厘	98	3 000 000	1 800 000	6,12	百、十五
	合计				3 000 000	1 800 000		
浙江	浙江偿还旧欠公债	17,4	年1分	100	6 000 000	4 320 000	4,10	万、千、百、十
	浙江省公路债券	17,7	年1分	100	2 500 000	1 350 000	6,3	五百、百、十、五
	民国十八年浙江省建设公债	18,11	年8厘	98	10 000 000	6 600 000	4,10	千、百、十、五
	民国十九年浙江省赈灾公债	19,7	年8厘	98	1 000 000	740 000	6,12	千、百、十
	民国二十年浙江省清理旧欠公债	20,7	年8厘	98	8 000 000	6 880 000	6,12	千、百、十

（续表）

省市别	债券名称	发行年月	利率	发行价格	发行额（元）	现负本金（元）（23,10,1）	本息给付月分	债票种类
浙江	民国二十一年浙江省金库券	21,8	月5厘	100	6 000 000	5 040 000	4,8,12	百、十、五
	民国二十三年浙江省地方公债	23,10	年6厘	98	20 000 000	20 000 000	3,9	万、千、百、十
	合计				53 500 000	44 930 000		
	杭州 浙江省杭州市自来水公债（七）	19,7	年6厘	98	2 000 000	1 960 000	6,12	千、百、十、五
	合计				55 500 000	46 890 000		
湖北	民国二十年湖北省善后公债	20,2	年8厘		3 000 000	2 250 000	6,12	千、百、十、五
	民国二十一年湖北省善后公债	21,10	年8厘		3 000 000	2 490 000	6,12	千、百、十、五
	民国二十三年湖北省整理金融公债	23,3	年6厘		4 000 000	3 880 000	6,12	千、百、十、五
	民国十年湖北地方公债*	10,1	年1分		2 000 000	2 000 000	6,12	千、百、十、五
	民国十三年湖北省金库定期借券	13,11	年1分		2 400 000	2 400 000	11	二十、十、五

（续表）

省市别	债券名称	发行年月	利率	发行价格	发行额（元）	现负本金（元）（23,10,1,）	本息给付月分	债票种类
湖北	民国十五年湖北短期库券*	15	月1分5厘		3 000 000	3 000 000		
	合计				17 400 000	16 020 000		
汉口	汉口特别市市政公债第一期债票	18	年8厘	100	1 500 000	750 000	6,12	千、百、十、五、一
	汉口市市政公债第二期债票	21	年8厘	100	1 500 000	1 500 000	6,12	千、百、十、五、一
	合计				3 000 000	2 250 000		
	合计				20 400 000	18 270 000		
湖南	民国二十二年湖南省公债（八）*	22	年4厘		3 000 000	3 000 000	6,12	千、五百、五十、五
	合计				3 000 000	3 000 000		
福建	福建省地方善后公债（九）*	16	年6厘		3 000 000	2 750 000	6,12	千、五、十、五、一
	福建省短期库券（十）	20,3			500 000	500 000	每月	千、五、十、一

（续表）

省市别	债券名称	发行年月	利率	发行价格	发行额（元）	现负本金（元）(23,10,1,)	本息给付月分	债票种类
福建	福建省第二次短期库券（十一）	21,7	月1分	97	500 000	500 000	每月	百、五十、十、五、一
	民国二十三年福建省短期库券（十二）	23,9	月1分	98	1 000 000	1 000 000	每月	百、五十、十、五
	福建省南洋军务公债（十三）*	元	年2分5厘		307 235	261 235		
	福建省军需公债（十四）*	7,6	年6厘		1 099 017	1 099 017		
	8年内国公债（十五）*	8	年7厘		897 000	897 000		
	福建省金库有利证券（十五）*		月1分2厘		879 000	615 300		
	福建省军需善后借款证券（十七）*		年8厘		1 200 000	1 200 000	1,7	
	福建省军用短期借款证券（十八）*		年1分		800 000	800 000	4,10	
	合计				10 182 252	9 632 552		

（续表）

省市别	债券名称	发行年月	利率	发行价格	发行额（元）	现负本金（元）（23,10,1,）	本息给付月分	债票种类
广西	广西省8厘短期公债	22	年8厘		1 000 000	1 000 000	3,9	千,百,十,一
	第一次广西省建设公债	22,11	年8厘	98	1 000 000	1 000 000	5,11	千,百,五十,十
	计				2 000 000	2 000 000		
	梧州 梧州市自来水第一期公债（十九）	19,2	年6厘	98	100 000	10 000	6,12	二十,十,五
	梧州市自来水第二期公债（十九）	21,5	年8厘	97	100 000	86 000	4,10	二十,十,五
	合计				200 000	96 000		
	龙州 广西龙州电力厂厂建设债券（十九）	22,4	年1分	90	100 000	80 000	4	十,五
	合计				2 300 000	2 176 000		
广东	广东省第二次军需库券（十九）（二十）	20,6	年1分		8 378 100	8 738 100	每月	
	广东省第二次金融库券（二十）	21			未详	未详		
	广东省西南国防要塞公债（十九）（二十）	21,4			13 000 000	13 000 000	每两月	

（续表）

省市别	债券名称	发行年月	利率	发行价格	发行额（元）	现货本金(元)(23,10,1,)	本息给付月分	债票种类
广东	广东省民国二十三年短期金融公债（十九）	23,9	月1分	93	2 000 000	2 000 000	每月	百,五,十,五
	广东地方劝业有奖公债*	元,11			4 223 024	4 223 024		
	广东维持纸币8厘公债*	8,1			488 610	480 470		
	广东地方善后内国公债*	10,3			2 323 590	2 323 590		
	5年内国公债（22）*	5,12			1 000 000	1 000 000		
	合计				31 773 324	31 765 184		
广州	广州市政府短期金库券（十九）	23,9	月6厘		500 000	500 000	每月	二十五,十,五
汕头	汕头市地方自治公债	21,11	年8厘		30 000	27 000	3,6,9,12	
	合计				32 303 324	32 292 184		
	省公债合计				224 435 576	184 317 236		
	市县公债合计				25 104 197	20 767 197		
	总计				249 539 773	205 084 433		

第二节 我国外债之现状

我国外债之历史较内债为早,盖始于前清同治六年陕甘总督左宗棠之订借洋款 120 万两作讨伐捻匪之经费也。自同治六年起至光绪十四年止,逊清共借外债 12 起,合计银 32 050 000 两,又 7 500 000 马克,均于甲午之战前还清。甲午败绩之后,赔款累累,清廷财政,更形拮据,于是又于 9 年之内借入洋款 7 起,共计 23 635 000 金镑,又 400 000 000 金佛郎(合 100 000 000 金卢布),亦皆于民国二十二年之前还清。其于 1898 年为清偿对日赔款而募集英德续借款 16 000 000 镑一款,截至二十二年 6 月底止尚负本金 6 608 950 镑。

兹分目述我国目前外债之现状如下:

一、财政部经管有确实担保之主要外债;

(一)以关税收入为担保者

表 5-2-6 以关税收入为担保的外债情况表

债名	发行年度	发行额	利率	民国二十二年6月底之负债余额	还清年月日	备考
英德续借款	1898	16 000 000 镑	4 厘半	6 608 950 镑以 16 元折合国币 105 743 200 元	1943、3、1	用作中日战争之赔偿金
善后借款	1913	25 000 000 镑	5 厘	22 287 580 镑以 16 元折合国币 356 601 280 元	1960、7、1	
中法美金〔元〕债券	1925	51 763 000 美金〔元〕	5 厘	49 747 623 美金〔元〕以 5 元折合国币 248 743 115 元	1948、1、15	用作法国部分庚款之借换
中比美金〔元〕债券	1928	5 000 000 美金〔元〕	6 厘	4 197 181 美金〔元〕以 5 元折合国币 20 985 905 元	1941、1、1	用作比国部分庚款之借换债券本利收入四成作陇海铁路扩充修缮费三成半作其他国内铁路建筑费二成半作教育及慈善事业费
共计						折合国币 732 073 500 元

（二）以盐税收入为担保者

表 5-2-7　以盐税收入为担保的外债情况表

债名	发行年度	发行额	利率	民二十二年 6 月底之负债余额	还清年月日	备考
英法借款	1908	5 000 000 镑	4 厘半	1 750 000 镑以 16 元折合国币 28 000 000 元	1938、10、5	1923 年以前利率为 5 厘以后为 4 厘半
克利斯浦借款	1912	5 000 000 镑	5 厘	4 584 166 镑以 16 元折合国币 73 346 656 元	1952、9	
湖广铁路借款	1911	6 000 000 镑	5 厘	5 637 000（20 年度止）　以 16 元折合国币 90 192 000 元	1952、6、3	
青岛公产库券	1923	14 000 000 日金	6 厘	13 000 000 日金（20 年度止）以平价折合国币 13 000 000 元	1938、3、13	
日金部分九六公债	1922	39 609 000 日金	8 厘	32 478 000 日金以平价折合国币 32 478 000 元	1929、1、31	
共计					折合国币 237 016 656 元	

（三）以关税为担保之结欠庚子赔款（截至民国二十二年 6 月底止）数：

表 5-2-8　以关税为担保的外债情况表

英国部分	7 135 729 镑	以 16 元折合国币	114 171 664 元（协商退还）
美国部分	19 017 664 美金〔元〕	以 5 元折合国币	95 088 320 元（善意退还）
意国部分	21 330 299 美金〔元〕	以 5 元折合国币	106 651 495 元（换算余额协商退还）
日本部分	4 318 308 镑	以 16 元折合国币	69 092 928 元（声明协商退还）
葡萄牙部分	11 917 镑	以 16 元折合国币	190 672 元（按约照付）

（续表）

瑞典挪威部分	5 551 镑	以 16 元折合国币	88 816 元（按约照付）
西班牙部分	298 962 佛郎	以 2 角折合国币	59 792 元（按约照付）
荷兰部分	827 577 佛乐林	以 2 元折合国币	1 655 154 元（善意退还）
俄国部分	11 464 760 镑	以 16 元折合国币	183 436 160 元（声明抛弃协商退还）

法国部分　　　　　　　　（已列上文中法美金〔元〕债券行）

比国部分　　　　　　　　（已列上文中比美金〔元〕债券行）

德国部分　　　　　　　　（已因参战结果而消灭故不列）

奥国部分　　　　　　　　（已因参战结果而消灭故不列）

共计　　　　　　　　　　国币 570 435 001 元。

二、财政部经管无确实担保之主要外债

表 5-2-9　财政部经管无确实担保之主要外债情况表

债名	发行年度	发行额（亦即现负数）	利率	清偿年月日	备考
浦口商埠公债	1914	100 000 000 佛郎折合国币 20 000 000 元	5 厘	1964	中法实业银行应募
6 厘 3 年担保金借款库券	1919	5 500 000 美金〔元〕折合国币 27 500 000 元	6 厘	1921、2、1	芝加哥大陆银行应募
6 厘 2 年担保金借款库券	1919	5 500 000 美金〔元〕折合国币 27 500 000 元	6 厘	1921、12、1	太平洋拓业公司应募
威克斯飞机借款	1919	1 803 000 镑折合国币 28 848 000 元	8 厘	1929、10、1	
8 厘斯哥脱债	1925	6 866 000 镑折合国币 109 856 000 元	8 厘		
共计					国币 213 704 000 元

三、铁道部经管之主要外债

表 5-2-10

债名	发行年分	利率	发行额	民国二十年6月底未偿还额	偿清期限及还本期间
北宁铁路借款	1898	5厘	2 300 000 镑	748 000 镑 折合国币 11 968 000 元	1944
京沪铁路借款	1903	5厘	2 900 000 镑	2 900 000 镑 折合国币 46 400 000 元	1929—1953
道清铁路借款	1905	5厘	800 000 镑	496 000 镑 折合国币 7 936 000 元	1916—1935
正太铁路借款	1902	5厘	40 000 000 佛郎	3 055 000 佛郎 折合国币 611 000 元	1932
汴洛铁路借款	1903	5厘	41 000 000 佛郎	23 500 000 佛郎 折合国币 4 700 000 元	1915—1935
津浦铁路借款	1908	5厘	5 000 000 镑	3 361 000 镑 折合国币 53 776 000 元	1918—1938
广九铁路借款	1907	5厘	1 500 000 镑	1 112 000 镑 折合国币 17 892 000 元	1920—1937
沪杭甬铁路借款	1908	5厘	1 500 000 镑	600 000 镑 折合国币 9 600 000 元	1918—1938
津浦铁路续借款	1910	5厘	3 000 000 镑	2 494 000 镑 折合国币 39 724 000 元	1921—1940
正金银行整理铁路借款	1910	5厘	10 000 000 日金	10 000 000 日金 折合国币 10 000 000 元	1922—1953
陇海铁路借款	1913	5厘	4 000 000 镑	4 000 000 镑 折合国币 64 000 000 元	1923—1952
陇海铁路比比借款	1924	8厘	137 743 000 佛郎	137 743 000 佛郎 折合国币 27 548 600 元	1920—1933
陇海铁路荷国借款	1924	8厘	16 667 000 佛乐林	16 667 000 佛乐林 折合国币 33 334 000 元	1920—1933
比国营业公司购料借款	1922	8厘	800 000 镑	800 000 镑 折合国币 12 800 000 元	1928—1932
吉长铁路借款	1917	6厘	6 500 000 日金	6 500 000 日金 折合国币 6 500 000 元	1928—1947
胶济铁路国库券	1923	6厘	40 000 000 日金	40 000 000 日金 折合国币 40 000 000 元	—

（续表）

债名	发行年分	利率	发行额	民国二十年6月底未偿还额	偿清期限及还本期间
道清铁路购车借款	1919	7厘半	127 000镑	127 000镑 折合国币2 032 000元	1921—1930
四郑铁路借款	1915	5厘	5 000 000日金	5 000 000日金 折合国币5 000 000元	1927—1956
陇海铁路短期借款	1925	8厘	23 000 000佛郎	23 000 000佛郎 折合国币4 600 000元	1931—1935
共计				国币398 421 600元	

四、交通部经管之主要外债

表5-2-11 交通部经管之主要外债情况表

债名	发行年度	利率	发行额	民国二十年底未偿还额	备考
沪烟沽正水线借款	1900	5厘	210 000镑	142 000镑 折合国币2 272 000元	
烟沽副水线借款	1901	5厘	48 000镑		
大东大北公司预付报费借款	1911	5厘	500 000镑	99 000镑 折合国币1 584 000元	
扩充电话借款	1918	8厘	10 300 000日金	10 000 000日金 折合国币10 000 000元	1921、10、25满期
扩充及改良有线电报工程垫款	1920	9厘	6 000 000日金	6 000 000日金 折合国币6 000 000元	1913、2、10满期
马可尼公司西北无线电台垫款	1918	8厘	200 000镑	160 000镑 折合国币2 560 000元	1925、7、28满期
共计				国币22 416 000元	

　　本章统计数字系根据（一）贾士毅编《民国续财政史》公债篇，（二）《银行周报》王宗培编关于1934年之内国公债，地方公债，及特种公债等篇，（三）民国二十二年《申报年鉴》财政章M52—59面，及（四）主计处编之《岁计年鉴》公债栏。

第三章
战 时 财 政

一、何谓战时财政？　战时财政，是仅指国家的战时财政而言的；地方财政是无所谓战时财政的。即使国家不幸而发生内乱，旷日持久，两方财政都呈战时现象，那也只能说是国家的战时财政，而不能说是地方的战时财政。地方政府是只应有治安费或保安费的支出，而不应有作战费的支出。或谓目前各省剿匪经费不是对内的作战支出吗？然是这只得算作治安支出，不能称为作战支出的。

所以战时财政是指中央政府于对外或对内作战时所举行的一切非常财政设施而言。而中央战时财政的非常设施，大抵以募集公债及发行纸币的方式出之，故著者把它放在本编公债论内讨论。

二、战时财政研究之必要　欲知战时财政研究之必要，必先知在人类历史上战争是具有必然性及循环性的。"人类既有欲望，而欲望又多相冲突。人类又分别种族，而各种族的好恶又相冲突。各种族的人民又组织成国家社会，而各国家的利害又相冲突。世界上既无人能除去人类欲望的冲突，又无人能除去各种族间好恶的冲突，又无人能除去各国家间利害的冲突，则战争终不能废。"（参阅卫挺生著《战时财政》第 35 页）战争终不能废，则战时财政的研究亦终成为财政学者必修的工作，这是无可如何的。

三、作战经费筹措之方法　作战经费筹措之方法多端，在昔有所谓（一）爱国捐，（二）战利品或取资于敌，及（三）备战库或备战储金（War chest）。今则此三法多被废弃而不用，盖（一）爱国捐的收入究属甚微，无济于事；（二）战利品的俘获亦在未可知之数，数额不易确定；而（三）备战库的储金，充其量亦不能如1914年前德皇威廉第二之有备战储金250万镑，仅足供给大规模战争时四五日的作战经费耳。（查欧战末年——即1918年——英国平均每日作战经费为650万镑，美国为6 400万金元。法国为11万万佛郎，德国为14 500万马克。）

古昔〔时〕作战经费筹措的方法，又有所谓（一）勒派或殷富捐，（二）征发或财货与人工的强制取用，及（三）发行不兑换纸币。此三法虽较上述三法为有效，然而（一）勒派究竟是太带强制性质而殷富捐恐怕也不能办得十分公道；（二）征发尤其是太强制而必然的不能办得公道；（三）不兑换纸币政策，虽吾国行之者有宋元明等朝，外国行之者有第一次革命战役时之法国，独立战役及南北战役时之美国，及第一次世界大战时之俄德法英等国，其为害之烈，无论就私人经济言，社会经济言，及公家经济或政府财政言，诚有不堪言状者。

上述六个筹措作战经费的方法，或于事无济，或弊害丛生，得不偿失，故均非善策。作战经费筹措之正当而有效的方策，其惟（一）募集战债与（二）加征战税乎？

四、募集战债与加征战税孰重？ 一国至不得已对外宣战，可知作战的动机，不特为欲保持或扩充该国目前的利益，亦必为维护或增加该国将来的利益；因此，如果单恃战债来筹措战费，则后代国民负担战费之大部，未免太吃亏；反之，如果单恃战税来筹措战费，则后代国民完全不负战费分文，当代国民未免太吃亏。调和办法，断为兼筹并顾，债税齐下。然就欧战时各交战国的经验言之，则战债的发行额究比战税的征收额为高，这也是财政当局的不得已办法，多跑阻碍较少的路——募债，少跑荆棘丛生的路——加税。观下表自明：

表 5-3-1　1914—1919 年英美意德法岁入中战债与税收的百分比表

年份	英国		美国		意大利		德国		法国	
	战债	税收	战债	税收	战债	税收	战债	税收	战债	税收
1914	1.98	98.02	—	—	—	—	3.22	96.78	62.00	38.00
1915	64.47	35.53	—	—	54.54	45.46	54.43	45.57	83.70	16.30
1916	77.56	13.44	—	—	51.77	48.23	87.83	12.17	85.20	14.80
1917	73.98	26.02	60.91	39.09	71.74	28.26	86.17	13.83	87.50	12.50
1918	73.74	26.26	68.91	31.09	73.89	26.11	67.73	32.27	45.00	55.00
1919	65.42	34.58	73.99	26.01	70.79	29.21	84.51	15.49	83.00	17.00

资料来源：卫挺生著，《战时财政》，第 91 页。

五、加征战税的内容怎样？　加征战税与募集战债既须兼筹并顾，双管齐下。然则加征的战税，究系何种租税？以欧战时各交战国的经验言之，有如下述：（参阅卫著，《战时财政》，第 94—100 页）

（一）英国所加的战税为

甲、关税及内国消费税　其中加高税率者有进口之糖、烟、酒、及专利药品等；新加税者有进口之汽车及其另件，乐器及其另件，钟表及其另件，影片及其附件、火柴、果酒及其他饮料，机械和燃火器等。此外又有娱乐税及动力火酒执照税之创设。

乙、所得税及其累进的附加税　　此系旧税加率。

丙、遗产税　　此系旧税加率。

丁、过分盈余税（excess profit tax）　此系新创之税。

（二）美国所加的战税为

甲、所得税　　此系旧税加率。

乙、过分盈余税　　此系新创之税。

丙、酒类产销税　　此系旧税加率。

丁、烟类产销税　　此系旧税加率。

戊、运输及其他交通税　　此系新创之税。

己、保险税　　此系旧税加率。

庚、销售税　　此系新创之税。

辛、入场券及会费税　　此系新创之税。

壬、奢侈品消费税	此项包括汽车及其另件，乐器及其另件，游戏用品，照相用品，狩猎用品，毛皮衣服，电风扇，热水瓶，及香皂类物消费税。此税亦系新创。
癸、印花税	此系旧税加率。
子、遗产税	此系旧税加率。
丑、邮资加价	此系公卖劳务价格提高。

（三）意大利所加的战税为

甲、所得税	此系旧税加率。

乙、营业税

丙、邮政及其他国营独占企业加价 国营独占企业包括旧有之烟草、食盐、火柴、纸牌、彩票、及金鸡纳霜等公卖，及新设之咖啡、柑油、各种石油、及金鸡纳霜制造品等公卖。

丁、奢侈品及必需品消费税 奢侈品系指烟、酒、及汽油等。必需品系指糖、盐、火柴、及自行车等。

戊、战时盈利税（war profit tax）

己、交易税

庚、登录税

辛、有限公司经理税

壬、国营糖专卖代理权加征

（四）德国所加的战税为（1）战时盈利税，（2）烟税，（3）提单税，（4）收据税，（5）邮电加价，（6）销售税，（7）煤税，（8）火车运输税，（9）中央银行发行税，（10）饮料税，（11）交易税，及（12）奢侈品消费税等。

（五）法国所加的战税为（1）所得税，（2）免役税，（3）证券税，（4）殖民地输入品税，（5）娱乐场税及酒类税药品税，（6）邮电及邮汇加价，（7）杂税（矿税，车马税，弹子房税，及俱乐部税等），（8）营业收益税，（9）农业收益税，（10）薪俸税，及（11）自由职业税等。

国地财政划分问题

例　言

一　本文的目的已详绪论中，兹不赘。

二　本文的重要参考书为：

（一）《全国财政会议汇编》

（二）《东方杂志》（二十卷十五号）

（三）C. S. Li：Central and Local Finance in China.

（四）孙中山著《国民政府建国大纲》

著者识

目　次

绪　论

著者于民国十一（1922）年在美国纽约哥伦比亚大学做博士候补员，其论文的题目就是"中国中央与地方财政划分问题"。当时因为觉得地方自治问题很要紧，所以就选择这个与地方自治很有密切关系的题目，以作我研究的目标。民国十二（1923）年夏返国，执教鞭于江湾复旦大学，课余之暇，乃译之为中文，曾一度在《东方杂志》上发表过。然而六七载以来，我国时势大变，各种问题的性质亦与往昔大异，尤以财政问题为甚。所以著者对于财政问题中的一个——就是国家与地方收支划分问题（即中央与地方财改划分问题）——也不得不重行整理，以免明日黄花之讥。

十七（1928）年来内战不息，今年全国在孙总理的精神指导之下能把军阀肃清，实行统一，开始训政，实在是最可喜不过的事情。不过破坏扫荡的工作较易，建设树立的事功较难。现在军事结束，一切行政设施都须按照孙总理所手定的建国大纲及国民党政纲而行，那么我们的中央与地方财政划分的计划，是也不能出其范围之外的了。

国民党政纲对内政策第一条云：

"关于中央及地方之权限，采均权主义。凡事务有全国一致之性质者划归中央。有因地制宜之性质者，划归地方。不偏于中央集权制，或地方分权制。"

国民政府建国大纲第十八条亦云：

"在此时期（即宪政开始时期），中央与省之权限，采均权制度。凡事务有全国一致之性质者划归中央。有因地制宜之性质者划归地方。不偏于中央集权或地方分权。"

此中央与地方间均权主义之规定，其影响于国地财政划分问题者，至深且远，即此亦可以晓得此国地财政划分问题之重要性了。兹分章研究之如下。

第一章
前清时代中央与
地方间的财政关系

　　德国有一位政治学家名叫阿本海谋 F. Oppenheimer 说："国家之起源，是在乎征服。"既云征服，那么是须进贡的了。《诗经》亦说："普天之下，莫非王土，率土之滨，莫非王臣。"既然是普天之下莫非王土，那么耕耘此王土的老百姓，自然应当对于地主（即正式君主）有所缴纳，而此种缴纳就是所谓田赋或地税者是（田赋在上古时代就是田租）。当社会经济状况还没有发达的时候，人类交易，大致概用实物，所以纳税或付租也是用实物的，即如以六谷布帛等实物完税是也。后来社会经济状况慢慢的进步了，货币演化出来了，而且流用了，那么人们才始以货币替代实物来缴纳租税。前清时代各省对清廷有所谓进贡者，大概就是一种实物之租税。兹把数省的贡品列举之如下，以作佐证。

　　浙江省　贡茶、绸缎、丝、木、桐油、水果等。

　　湖南省　贡腊、木等。

　　江西省　贡夏布、茶、磁器、虾仁、麻菇、墨、莲子、藕粉、枣子、信笺、木等。

　　广东省　贡檀香、锡、胶、腊、榆梨、缳巾、厨下器皿等。

　　上列数省的贡品，及至前清末叶始逐渐改纳银两，即如广东一省在 1907 年，折纳纹银 406 106 两；第二年（1908 年）折纳纹银 344 988 两是。〔按前清的财务行政，实在是毫无系统可言。即如广东一省在 1907 年贡品折银为 406 106 两，此数的一小部是由藩台或布政使解北京（即 63 794 两），而其余的一大部则由粤海关道解北京（即 342 312 两）。又如 1908 年粤省贡品折银 344 988 两，由布政使解京 49 662 两，由海关道解京 295 326 两。]

实物进贡，不过是前清中央政府与各省政府间财政关系的一端。余实物进贡之外，还有货币上纳金或协助金数端。兹请分述之。

第一就是各省解北京内务府的款项。这种解款，实在是对于清廷皇室直接的供给，好像是清廷让位，南北统一后所规定的皇室优待费。该项直接供给清室之款，只就广东一省而论，1907 年解内务府 941 824 两，1908 年解内务府 788 170 两。计开

1907 年

一、关库解	658 294 两
内务府（经费，贡银）	200 660 两
造办处　（一）备贡	57 200 两
（二）米艇经费	31 200 两
（三）画士养赡	1 534 两
颐和园经费	40 000 两
绮善馆经费	13 000 两
广储司公用	314 400 两
花梨牙匠养赡	300 两
二、藩库解	123 960 两
三、运库解（盐运使）	51 650 两
四、善后局解（为崇陵工程）	107 920 两
共计	941 824 两

1908 年

一、关库解	612 560 两
内务府	200 660 两
造办处（备贡）	57 200 两
颐和园经费	40 000 两

广储司公用	314 400 两
花梨牙匠养赡	300 两
二、藩库解	123 960 两
三、运库解	51 650 两
共计	788 170 两

第二就是各省解北京兵部的款项。这种解款实在就是各省协助中央关于国防的经费。试再以广东省为例。该省于 1907 年汇解北京兵部（兵部在 1906 年 11 月 6 日颁行中央政府改组上谕之后，改称陆军部）1 383 410 两；于 1908 年，汇解 2 389 458 两。计开

1907 年

一、藩库解	731 010 两
北洋练兵费	334 000 两
东北边防经费	65 000 两
固本兵饷	70 000 两
筹备饷需	100 000 两
备荒经费	12 000 两
地丁京饷	50 000 两
太平常税京饷	50 000 两
厘金京饷	50 000 两
二、关库解	499 400 两
京饷	104 400 两
东北边防经费	120 000 两
筹备饷需	275 000 两
三、运库解	153 000 两
京饷	153 000 两
共计	1 383 410 两

1908 年

一、藩库解	1 011 800 两
北洋练兵费	338 800 两

东北边防经费	80 000 两
固本兵饷	130 000 两
筹备饷需	200 000 两
备荒经费	13 000 两
地丁京饷	100 000 两
太平常税京饷	50 000 两
厘金京饷	100 000 两
二、关库解	602 628 两
京饷	104 400 两
东北边防经费	120 000 两
筹备饷需	320 000 两
禁卫军经费	58 228 两
三、运库解	203 000 两
京饷	203 000 两
四、善后局解	572 030 两
海军经费	572 030 两
共计	2 389 458 两

第三就是各省解北京户部或度支部（户部在 1906 年中央政府改组之后，改称度支部，即今之财政部）的款项。前清时代各省解款与北京户部或度支部之目的，惟在津贴该部的经费。试再以广东省为例。该省于 1907 年汇解度支部之款为 210 914 两；1908 年汇解度支部之款为 499 900 两。计开

1907 年

一、善后局解	92 408 两
角银铜币四成余利	28 538 两
专使出洋经费	63 870 两
二、运库解	6 342 两
三、关库解	103 245 两
四、藩库解	8 915 两

共计	210 910 两

1908 年

一、善后局解	190 575 两
角银铜币四成余利	22 431 两
捐免保举	36 234 两
专使出洋经费	131 910 两
二、运库解	197 259 两
三、关库解	103 151 两
四、藩库解	8 915 两
共计	499 900 两

第四就是各省解北京各处，部、衙、署、院、局、监、校等机关的款项。前清时代各省有直接汇款与北京各行政机关各处、部、衙、署、院、局、监、校等的成例，可谓极光怪陆离之致。试再以广东省为例。该省于 1907 年汇解北京各行政机关的款项为507 672 两；1908 年，汇解款项达 821 531 两。计开

1907 年

一、关库解	399 026 两
内阁外务部延吉开埠费	
工商部税务处等机关经费	80 130 两
广东七关应提出使经费	318 896 两
二、藩库解（共解给十七个机关经费）	50 226 两
三、运库解（共解给十一个机关经费）	10 264 两
四、善后局解（共解给 9 个机关经费）	46 641 两
五、提学使劝业道南海县番禺县解	1 515 两
共计	507 672 两

1908 年

一、关库解	622 129 两
内阁外务部延吉开埠费	
工商部税务处等机关经费	279 279 两

广东七关应提出使经费	342 850 两

二、藩库解	64 668 两
三、运库解	9 632 两
四、善后局解	122 702 两
五、提学使南海县番禺县解	2 400 两
共计	821 531 两

第五就是各省所解偿还赔款本利。（按 1895 年甲午中东战役结果，对日本被迫须付赔款 25 000 万两。又 1901 年义和团攘夷失败，与八国联军结盟于北京城下，对八国被迫须付赔款 45 000 万两。）试再以广东省为例，该省在 1907 年，于赔款项下解上海道 2 928 396 两；1908 年，解 3 039 281 两。计开

1907 年

一、藩库解沪道赔款	2 458 071 两
二、运库解沪道赔款	41 246 两
三、关库解沪道赔款	429 079 两
共计	2 928 396 两

1908 年

一、藩库解沪道赔款	2 470 089 两
二、运库解沪道赔款	40 817 两
三、关库解沪道赔款	538 375 两
共计	3 049 281 两

第六就是各省所解偿还外债本利的款项。试再以广东省为例，该省在 1907 年，于偿还外债本利名下，汇解上海道 4 594 591 两，1908 年，解 4 372 755 两。计开

1907 年

一、藩库解	966 424 两
（一）解沪道还四国借款	764 424 两
（二）解沪道还汇丰镑款	151 500 两
（三）解沪道还克萨镑款	50 500 两

二、关库解	2 305 801 两
（一）解沪道还四国倍款	1 620 547 两
（二）解沪道陆军专饷改解洋款	495 845 两
（三）解沪道还汇丰原借（三海工程洋款）	55 534 两
（四）解沪道还汇丰镑款	133 875 两
三、运库解	279 053 两
（一）解沪道还四国借款	100 000 两
（二）解沪道还汇丰镑款	150 000 两
（三）镑款借款补纹水	29 053 两
四、善后局解沪道还汇丰镑款	440 000 两
五、厘务局解沪道还汇丰镑款	603 313 两
共计	4 594 591 两

1908 年

一、藩库解	980 677 两
（一）解沪道还四国借款	778 677 两
（二）解沪道还汇丰镑款	151 500 两
（三）解沪道还克萨镑款	50 500 两
二、关库解	2 305 801 两
（一）解沪道还四国借款	1 620 547 两
（二）解沪道陆军专饷改解洋款	495 845 两
（三）解沪道还汇丰原借（三海工程洋款）	55 534 两
（四）解沪道还汇丰镑款	133 875 两
三、善后局解沪道还汇丰镑款	440 000 两
四、厘务局解沪道还汇丰镑款	646 277 两
共计	4 372 755 两

以上所述的实物进贡和六种上纳金或协助金，不过是各省直接补助中央政府的解款耳。此外还有所谓协饷者，那实在也是上纳金，协助金，或中央解款的一种。按协饷的性质就是各省之间奉朝廷的命令而互以款项相协助的意思——就是各省间相互的补助费。从协

助的省分一方面看起来，协饷实在不过是一种间接的中央解款；其
与中央解款所以不同之点，可以说是中央解款直接解与中央，而协
饷则是奉中央之命而直接解与经费支绌的省份，省得度支部有一收
一付之徒劳。再从受到协助的省份一方面看起来，协饷实在不过是
一种间接的中央补助费；其不同之点，在协饷为直接来自经费比较
的宽裕的省份的补助金，而中央补助金为直接来自度支部的补助金；
无论这笔款项是来自各省抑或来自中央，受协省份之能够得到补助
金还不是一样的吗？再从中央政府一方面看起来，协饷实在不过是
各省应解中央之款项与中央应补助各省的款项互相打对销耳，试问
不如此办理，而偏要一进一出，一收一付，中央又有什么好处可享
呢？我们如果要知道前清时代协饷制度的梗概，那么可以举数个实
例来说明一下：

（一）1907 年受广东省协济的省份暨用度与数额

福建	水灾赈款	5 000 两
湖北	水灾赈款	2 820 两
江苏	解江北提督河工经费	5 000 两
广西	协饷	92 489 两
西藏	拨解西藏练兵饷	113 800 两
云南	练兵饷	364 225 两（内盐务溢收 109 000 两）
其余各省	协济邮政经费	218 182 两
共计		801 516 两

（二）1908 年受广东省协济的省份暨用度与数额

闽湘赣	匀拨行盐省份银两	25 655 两
甘肃	旱灾赈款	20 000 两
广西	协饷	43 792 两
贵州	新年经费	285 228 两
云南	练兵饷（盐务溢收）	113 400 两
江苏		55 972 两
	解江北提督河工经费	5 000 两

拨补淞沪厘金		22 740 两
筹拨江北水灾赈费		28 232 两
其余各省　协济邮政经费		218 182 两
共计		762 229 两

（三）1909 年协济云南省之省份暨其用度及数额

湖南　开采铜矿经费		230 000 两
湖北　练兵费		654 000 两
广东　练兵费		260 000 两
四川　练兵费		2 275 000 两
其余各省练兵费（由常关解）		260 000 两
共计		3 679 000 两

我们如果把前清的各省间的财政关系概括的论起来，那么本部十八行省的中间，大约有十行省——就是江苏、浙江、湖北、湖南、江西、河南、山东、山西、四川和广东——是常常奉中央的命令，直接协济他省的；大约有十二行省——就是江苏、浙江、江西、湖北、湖南、安徽、直隶、甘肃、福建、广西、贵州和云南——是有时或时时受他省协济的；大约有五行省——就是河南、山东、山西、四川和广东——是只有协济他省而不受他省协济的；大约也有五行省——就是江苏、浙江、江西、湖北，和湖南——是一方面既协济他省，而又一方面又受他省的协济的。现在把亦受亦协约五个行省的情形述之于下：

江苏　苏省接济直隶、福建、甘肃及云南四省，但同时又受湖南与浙江二省的协济。浙省因为盐斤加价，税收增加，所以须匀拨羡余销给浙盐的省份。按 1908 年浙省匀拨行盐省份的银两数额如下：安徽省 17 274 两，福建省 14 008 两，江苏省 13 334 两。

浙江　浙省接济江苏、安徽，和福建等省份，但同时又受了江苏的协助。这是因为苏浙毗邻，浙省的丝茧税，有时须由苏省代为征收，以防偷漏啦。所以浙省受苏省的协济，实在并不是一种协济，不过是托苏省的地方长官代为征收丝茧税以充塘工之用耳。

江西　赣省接济直隶、甘肃、江苏、广西及云南等省，但同时又受广东的协济。这是因为粤盐盐斤加价之后，粤省须匀拨盐务溢收于分销粤盐的省份也。

湖北　鄂省接济云南省，但同时又受湖南省的协济。

湖南　湘省接济湖北、甘肃、江苏及广西等行省，但同时又受了广东的协济。这是因为粤盐盐斤加价之后，粤省须匀拨盐务溢收于分销粤盐的省分〔份〕也。（按此一收一付，一协一受，毫不打算抵销之制，大概是官僚欲舞弊，在汇划中取利的缘故。）

上列的材料，大半是从前清的《各省财政说明书》采取来的。在二十二行省的财政说明书中，广东省的财政说明书为最详细，所以上文差不多是处处以该省为例证。

依照 1906 年清廷的预算，中央政费为 136 496 000 两，中央协款为 304 042 000 两（约为中央政费四分之一）。依照 1911 年清廷的预算，各省解款为 174 902 441 元，中央协款为 11 327 714 元。这是前清时代中央与地方间财政关系的大概情形。兹为概括的批评如下。

前清时代中央与地方间的财政关系，有三个特点：

一、第一特点就是各级政府间的财政上共产主义　即如田赋为我国历来岁入的大宗，州、县、厅、府、道、省等各级政府都惟此是赖，有余才解归中央。因此，前清时代知县（辛亥改革后改称县知事，今则改称县长了）对于田赋会计，有二个账目，一为存留账，一为上解账，存留账就是存留田赋收入的一部以备县署府署等等的开消〔销〕的账目。上解账就是上解田赋收入之又一部于省署的账目。上解账除田赋之外，还包括盐课及关税，因为这二税在前清时代是概归地方政府征收的。

二、第二特点就是各省的解款　前清时代大凡岁入超过岁出的省分〔份〕，必须将羡余一部分解归中央，其性质颇似德国联邦时代的"入邦捐输"Matricular contribution。但是前清之各省解款与德国之入邦捐输，至少有二个不同点：其一是德为联邦国，凡欲加入联邦之各州，须年纳入邦费，犹之会员须年纳入会费，而吾为单一国，各省毋须纳入邦费；其二是入邦捐输有人头税的性质（入邦捐输的金额与各州人口成一种正比例），而各省解额则为各省一切租税收入除出征收费及一切地方上行政开销的盈余金额，与人口是不发生什么关系的。

三、第三特点就是中央补助各省的协款　前清时代大凡岁出超过岁入的省分〔份〕，皆可奏请中央补助，其性质颇似英国的补助金Grants-in-aid。但是前清的中央协款与英国的中央补助金亦有它们的不同点。这个不同点，就是一个为有条件的中央补助金，而一个为无条件的中央补助金。英国的补助金，是有条件的中央协款——即如得到中央补助金的地方，是必须达到中央政府所拟定的本国文化程度之最低限度 National Minimum 者是。而前清时代的中央协款，实在是毫无条件的一种中央补助金，而且大抵是用于破坏的和消极的军事费，并不是用于建设的和积极的社会事业费。这也可说是中英中央补助金的第二不同点。

我们现在可以就上列三个特点，批评前清时代的中央与地方政府间的财政关系如下：

一、第一个批评就是无条件的中央补助费制，至少可以产生二种恶果。其一，因补助费无条件，所以入不敷出的省分〔份〕，不免动辄多报不敷之数，以便求中央或各省协助。其二，富庶的省分〔份〕，以不愿多分羡余以补助贫瘠的省分〔份〕的缘故，所以也常常有岁入以多报少，岁出以少报多的毛病。

二、第二个批评就是各省解款的制度，也是至少可以产生二种恶果。其一，是与上述第二恶果相同，就是富庶的省分〔份〕，常常不愿分其羡余以补贴贫瘠的省分〔份〕，所以岁入以多报少，而岁出以少报多，因之富庶的省分〔份〕时常有滥费的倾向。其二，除户部之外，他部或任何中央机关亦皆纷纷向富庶的省分〔份〕索津贴；而他部或任何中央机关之能否如愿以偿，那么是常常要看主管该部或机关的人的权势的大小了。其三，富庶的省分〔份〕，因之将滥费浪用起来，因为如果自来人类的脾气不变，那么一省为什么要苦苦搏节，以其羡余作他省或他部或他机关的补助费耶？

三、第三个批评就是各级政府间财政上的共产主义，尤足以产生大而且远的恶果。版图辽阔像中国这样的国家，如果中央政府，省政府，及地方政府间的财政，毫无一种划分的计划，那么财政上"尔抢我夺"的局面，是必致于酿成的了。所以就知县讲，则征于百姓者愈多愈妙，解于上司者愈少愈好。即就布政使或督抚讲，也犯了同样的毛病，其索之于州、县、厅、府、道也，则愈多愈妙，但是其解京也，则越少越好。况且前清的官吏，岁给甚薄，那么他们可以于法外盘剥侵蚀，差不多是公开的秘密。

这种各级政府间财政上的共产主义，其根本的立脚点为岁入之统一 Consolidated Funds or Common Purse 或财政之统一。然而世界上人类的理论和事实之不能一致，实在是未有如中国人之甚者。前清时代的财务行政，表面上看起来，好像是很统一，然而实际上看起来，则有大谬不然者。即以上海道（即江海关）的岁入而论：该道（或关）之岁入，在前清时代，至少应供给六项用度，并且统统都是直接汇寄支用的机关，不经户部尚书的手。江海关岁入的六项用度就是（一）外债利息，（二）驻外使馆经费，（三）河工经费，（四）各省海防经费，（五）内务府经费和（六）崇陵工程经费。如此办法，财政何常有统一耶？是在满清朝廷自欺欺人的把戏耳。

第二章
民国时代中央与
地方间的财政关系

谚云："江山可改，性情难移。"这是讲个人天性的难变难制。"习惯为第二天性"，所以个人的习惯也是很不容易变更的。个人如此，社会国家也无不如此。一社会一国家的过去久远的习尚和制度也是不很容易改变的，尤其是不能立刻改变的。所以自从辛亥（1911 年）革命，改建民国以来，所以中央政府与地方政府间的财政制度，仍旧是与前清时代大同而小异。中央协款制并未改变，各省解款制亦并未改变，各级政府间财政上的共产主义也是并没有改变。中央财政与地方财政的划分问题，虽然曾经过几许讨论和研究，但是总归空谈不行咧。

查民国二年（1913 年）的预算，各省解款为 32 418 530 元，中央协款为 29 137 707 元。但是该年各省解款实收为 560 万元，中央协款实付为 280 万元。（按宣统三年——即 1911 年——预算，各省解款为 174 902 441 元，而本年预算，各省解款仅为 3 241 万余元，这是什么缘故呢？这是因为在宣统年间，海关、常关和盐课三项大宗中央收入，统由各省管辖，而民国以来，则统归中央直接管辖的缘故。）

民国三年（1914 年）的预算，各省解款为 29 737 013 元，中央协款为 18 304 248 元，但各省实解之款项仅为 1 400 万元，而中央实协的款项亦仅为 300 万元。

民国四年（1915 年）的预算，各省解款为 2 178 万元（但实解为 17 956 907 元），中央协款为 2 747 334 元的边防经费。

民国四年（1915 年）的预算有与民二民三的预算不同之点一，这就是民四的预算列有中央专款一项。所谓中央专款者就是指印花税，烟酒公卖牌照税，烟酒附加税，验契税，和田赋附加税的五种税收的款项而言，各省不过是中央政府的代征代收的机关而已。该五税税收的预算额为 18 989 664 元，但实收数稍微少些，为 18 747 559 元。

民国五年（1916 年）的预算，各省解款为 42 308 871 元（后因各有反对原案。要求核减，遂减为 25 737 600 元），中央协款为 12 224 588 元，中央专款为 36 600 583 元。

民五（1916 年）以来一直到现在北伐成功为止，中国年年在内乱中讨生活，预算之有无，是不必谈起了。民八（1919 年）与民十四（1925 年）二年虽然总算有了预算，但是其等于具文的资格恐怕是比民二民三民四民五等的预算还深。

上面已经说过，民国以来中央与地方的财政关系，大致是因袭前清的遗制的，然而稍微改良的地方当然是也有的。改良的地方大概可以分为三点。（一）其一就是各省汇解中央各款之统一于财政厅，不似前清时代之各汇各款，各解各款，而毫无一些联络了。（二）其二就是中央收受各省汇解各款之统一于财政部，不似前清时代之各收各款，各受各款，毫不相关，甚至于户部也弄得莫名其妙了。（三）其三就是中央协款之统一，不似前清时代之直接由甲省协济乙省了。至于五种中央专款或直接收入（民五预算为印花税，烟酒公卖牌照税，烟酒附加税，验契税，和田契附加税；但民八与民十四预算为印花税，烟酒公卖税，烟酒税，烟酒牌照税，和矿税）之由财政部于各省所设立的财政厅征收，那又是中国各级政府间新旧财政关系相异之一点。

［按民国以来，各省的自治思想大为发达。凡富庶省份的省议会，差不多没有一省不通过本省之款项，应绝对的为本省用，绝对

的在本省用，万不可移挪为他省用，汇划到他省用的议决案。这种新觉悟，实在是根据于地方自治的思想而来的，本来是很可嘉许的一件事。但是弊端亦在所不免。弊端在那里呢？就是这样一来，恐怕各省将愈分此疆彼界的偏见而闹出各省间剧烈的区域的政争。查欧美各大国，大抵因其境内各处经济状况之不同，常常扰出区域的争论和猜忌 Sectional Difference and Jealousy 来。我国的版图如此辽阔，各省间经济与社会的状况如此悬殊，将来区域之争（乃人民的争，并不是军阀和政客的地盘之争）是必不能幸免的，省议会之通过本省之款须为本省用的议决案不过是其预兆啦。］

　　这样，表面上看起来，民国时代的财政，似乎比前清时代为统一，但是从实际上看起来，民国时代的财政，实在是比前清时代还来得散漫。因为是这样大的一个中国，各地方情形之悬殊如此，要采取一种极端的中央集权的政治组织来统治国家，那是万万做不到的。所以如果我们要挽救中国的政治，要整理中国的财政，那么地方自治是万万不可不提倡的。现在北伐告成，全国统一，孙中山先生之建国大纲，其第二时期为训政时期，那么我们更不得不注意到地方自治了。兹略述我国辗近①的地方自由的运动如下。

　　我国辗近地方自治的运动，肇始于前清之九年预备立宪。1907 年，资政院与宪政编查馆（由政治考查馆改组）合奏九年预备立宪程序，颇注意于地方自治。辛亥武汉起义，当然把九年预备立宪的计划打到粉碎，恐怕也是嫌满清立宪计划之缺乏诚意。民国三年冬季，国会通过《地方自治试行条例》，以乡或区为自治最大区域。每县分做四区或六区。区设区长或区董一人，区议会一，为一区之立法机关，讨论和议决关于一区的自治事宜，即如（一）本区的卫生、慈善、教育、交通，及农工商事项（但属于国家行政范围者，不在此限）；（二）自治规约；（三）自治经费岁出入预算，及预算正额外预备费之支出；（四）自治经费的筹集方法；（五）自治经

---

　　① 即晚近。

费及财产之处理方法；（六）自治经费岁出入的决算报告；和
（七）关于地方公共利害诉讼案之提起及其和解的方法。而县知事为
各自治区的监督员。他可以随时命自治职员报告办事成绩，征求其
预算决算表册。凡关于区自治经费，县知事可以随时亲往或派员检
查。年终区自治职员须将办理自治情形，呈报县知事；县知事再详
报该管长官（即省长）；再由省长核报内务部。

上述《地方自治试行条例》之稍稍见之于事实者为民国二年之
全国地方自治预算。计该年全国地方自治经费预算，岁入为
38 668 745 元，岁出为 59 319 863 元，其入不敷出之数甚距。

民国三年的全国地方自治经费预算，岁入为 38 499 332 元，岁
出为 32 320 532 元，计岁出预算较之民二大为减少。

民国五年的全国地方自治经费，岁入为 27 376 516 元，岁出为
18 820 996 元，计岁出预算较之民三又大为减少。

观上述民三及民五我国全国地方自治预算之递减——尤以岁出
为减得厉害——我们可以知道时局的风向了。民二距鼎革之时不远，
自治潮流，正在飞扬腾达的时候，所以自治经费的岁出预算竟远过
岁入预算。民三稍微逊色。及至民五，那么袁世凯称帝之事酝酿已
经好久，他是极力主张中央集权或独裁政治的，以便黄袍加身，尝
尝龙位的味道。所以袁氏极力排斥地方自治或地方分权之运动，以
期减少复辟的阻力。袁氏既有这种野心，于是民五的全国地方自治
经费，与民二相比较，相差竟有三倍半之多。袁氏的帝梦虽幸未实
现，但是此可实赏的地方自治潮已经受了不少的打击了。袁氏固死
有余辜，但是我国民何罪，而须遭其殃蒙其毒害至十余年之久耶？
今幸广东出发的革命义师所向无敌，全国荡平，袁氏余孽，次第沦
亡，民权主义与地方自治又可抬头，从此竿头日上，民治之进步当
然是不可限量的了。

北伐完成以前之民国时代的中央与地方财政上之关系，其大略
不过如此而已。但是还有应当注意的，这就是中央政府之过问及监
督各省的外债的问题。中央政府为什么应当过问及监督各省政府所

举募的外债呢？其理由可以分做三层来讲：

一、第一从政治一方面来讲，中央政府是应当过问及监督各省政府所举募的外债的。大凡一笔外债的缔借，其事往往是与一国的外交有密切的关系的，而在列强垂涎的我国尤其是如此。外国人投资到中国来，往往带有一种极浓厚的政治色彩的，这就是说，他们常常想借经济的势力来达到他们政府所怀抱的一种不可以告人的政治目的的，所谓"金钱外交"Dollar Diplomacy 及 "和平侵略"Peaceful Penetration 者是也。英国在印度与埃及二处这种杀人不见血的政策，已经大奏厥功。我们如果要实行孙中山先生所呼号的民族主义，那么中央政府必须过问及监督各省政府所募集的外债，尤其是对于边疆几省的外债为不可不过问及监督。最近日本田中内阁的满蒙积极政策进行非常猛烈，那么南京的中央政府对于东三省地方政府的举募日债是必须过问，监督，及干涉的。否则，恐怕再几年之后，东三省非吾所有矣。

二、第二从财政一方面来讲，中央政府是应当过问及监督各省政府所举募的外债的。国家税与地方税还没有完全划分之前，省税即国税，国税即省税，省政府断断不能拿国税做抵押品来缔借外债专供一省的费用也。

三、第三从行政一方面来讲，中央政府是应当过问及监督各省政府所举募的外债的。如果各省政府可以自由缔借外债，不受中央政府的监督，那么外债的条件必定是庞杂不堪，那么将来如果中央要整理全国的外债的时候，岂不是要感觉到非常的困难么？这是中央应监督各省外债的第一个行政方面的理由。如果各省政府有自由缔借外债之权，毫不受中央的过问和监督，那么中央政府的外交权在那里呢？这是中央应监督各省外债的第二个行政方面的理由。如果各省政府可以自由缔借外债，毫不受中央的过问与监督，那么有的时候不免要订不利于己的合同，以特别权利让与放款的外人，这是不但对于中央财政上的自由有妨害，而且对于一国的重要主权有丧失。这是中央应监督各省外债的第三个行政方面的理由。

至于各省政府的举募内债，中央政府似可略任其自由些，因为内债的流弊似没有像外债的厉害啦。

至于地方公债如市债等，吾国除最近的几年外，似向来没有先例的，其原因大概为（一）第一，吾国从前向无市自治制，县长就是市长，县长是由省长或巡抚呈请中央任命的，所以即使有市债，亦是以国债的名义募集之；（二）第二，吾国从前行政法多残缺不完，市政府在法律上，并无法人资格，所以不能拿自己的名义去募集公债。及至民国十一二年暨十四年，上海县沪北工巡捐局始发行路政及桥路两项公债。（最近上海特别市财政局在十六年度支收报告内有利息 35 175.46 元分一项，其中之一部分就是还付已经到期之上列两项公债的本息。）本年 9 月上海特别市政府议决发行市债 100 万元，"以为完成中山路，扩充教育，整顿警务卫生，及偿还旧债本息，巩固财政信用基础之用"。查国民政府所颁布的《特别市组织法》第三十三条，本有特别市于必要时得募集市债之规定。如果此次国民政府及财政部能批准上海特别市政府的呈文，那么上海特别市 100 万的公债当为我国市债史上开一新纪元了。

（按上海特别市政府的十六年（1927 年）年度决算，总收入为 3 543 351.56 元，而江苏省款补助市政府公安局警饷之数为 656 893.13 元，几为总收入的 20%。这是中国财政史上省政府与特别市政府间的一种新的财政关系也。又按该特别市财政局本年 9 月份市库收支报告，收入项下有"代收忙银带征省税及地方税"一笔款子计 18 409.41 元，此又是省市间财政关系的一种新趋势也。）

第三章
晚近国地收支划分运动之经过

　　自从海禁大开以来，欧风美雨，相继东渐；于是民主自治之潮流，在 19 世末叶，激荡到太平洋的东岸；因之吾四千余年的老大帝国，也慢慢的觉悟专制式与官僚式的中央集权制，不能再适用于此簇新的 20 世纪的世界，那么欲图富强，非改革政治，颁行宪政不可。所以于光绪三十一年（1905 年），遂有预备立宪之诏，设立政治考查馆，旋改为宪政编查馆。光绪三十四年（1908 年），北京开资政院，各省设咨议局。资政院与宪政编查馆乃合奏 9 年预备立宪程序，该程序颇注意于中央与地方财政之划分；计开

　　第二年，各省预算之筹备和编制。

　　第三年，各省预算之修正和试行，与地方税之确定。

　　第四年，会计法之决定，中央预算之筹备和编制，地方税法之议决，及国税之确定。

　　第五年，国税法之公布。

　　宣统二年（1910 年）正月十日，清廷为欲清理全国财政，划分中央与地方的税源起见，乃在度支部设立清理财政处，在各省督抚衙门设立清理财政分处。清理财政处分十二股办事，以便与各省份处接洽。（十二股，除总务股与文书股之外，余十股均为直接与各省份处的接洽机关。就是京兆、直隶，和察哈尔为一股；东三省为一股；江苏、安徽，和江西为一股；山东与河南为一股；湖南与湖北为一股；浙江与福建为一股；广东与广西为一股；山西、陕西、库

伦、绥远、归化、乌利雅苏台、科布多，及阿尔泰等处为一股；甘肃、新疆、伊犁、脱尔巴哈台，及新宁等处为一股；四川、云南、贵州，和西藏又为一股）。旋各省各分处以调查的结果报京，度支部汇为《各省财政说明书》。该说明书内讨论国地财政划分的问题颇为详尽，但是从未有一个省份胆敢倡议以田赋划归为地方的收入者，可知专制积威的魔力之大有如此者。宣统二年清理财政的结果为宣统三年的预算把中央与地方的政费稍微划分，计中央的政费为260 740 996 两，地方的政费为 37 703 344 两。

辛亥年武汉起义，五族共和，君主立宪之企图即行中断，而民治的方针因之得以确立。民治的方针确立，那么达到民治之途径，遂不得不备，于是地方自治问题，又风起云涌，而国地财政划分问题又应运而生。

民国初元的时候，国地财政划分的建议，倡自江苏都督程德全，一时赞成其说者颇不乏人。程氏国地财政划分的办法，大略如下：

一、经费之划分　凡外债本息，国防及司法等经费应完全归中央开支；而实业，教育，行政等经费应归地方开支。

二、岁入之划分　凡关税，盐税，以及其他间接税，应完全划归中央收入；而田赋以及其他之一切直接税，均应划归地方收入。

当时北京财政部对于程氏的说帖，颇待以青眼，所以遂即组织一个特别财政讨论委员会以审查其内容暨计划实行划分之程序。民国二年，财部拟定中央岁出入与地方岁出入之数额，各省多反对之，以其妨碍地方自治的充分发展也。民二国会解散，虽未能把财部划分国地收支的计划制为法律，但是民二的预算实以此计划为标准，不愧为我国财政史上的一个大关键。兹特节录民二财部所拟的《国地收支划分的计划》如下：

民二财部所拟的《国地收支划分之计划》

一、岁入之划分

（一）现有税源之划分

（甲）划归中央政府者　田赋、盐税、关税、正杂各税、厘金、矿税、契税、牙税、当税、牙捐、当捐、及烟、酒、茶、糖、渔税。

（乙）划归地方政府者 田赋附加税、商税、牲畜税、粮米捐、洋药捐、油酱捐、船捐、杂货捐、商铺捐、房捐、戏院捐、车捐、乐户捐、茶园捐、酒馆捐、肉捐、鱼捐、屠宰捐、行夫捐、各杂捐。

（二）将来税源之划分

（甲）划归中央政府者 印花税、登记税、遗产税、所得税、生产或出厂税、营业税、银行纸币税。

（乙）划归地方政府者 房屋税，未划归中央政府之一切营业税与消费税，入市或入城税，使用物税，使用人税，及营业与所得附加税。

二、岁出之划分

（一）划归中央政府者 国会经费，行政经费（正副总统府、国务院、各部、督军署、省长署、道尹署、县知事署经费），海陆军经费，内务部经费（北京市政费、北京警费、各省都会及商埠之警费都在内），外交部经费，司法部经费，教育部经费，交通部经费，中央土木费，农商部垦务费，中央收入征收费，外债经费，内国公债经费及皇室优待费。

（二）划归地方政府者 省县市区之立法机关经费，地方教育费，地方警费，地方实业费，地方卫生费，地方慈善费，地方土木费，地方公债费，地方自治职员经费，及地方收入征收费等。

观上述税源之划分可知税权十分偏重于中央，而其划分之标准，实在是大半模仿法国和日本。即如中央有十分监督各省财政之权啦，附加税制度之采取啦，各种最重要税源之统统划归中央啦，在都可证明其为法国和日本财政划分制度的化身。然而一国有一国的国情，适于彼者未必适于此。以法日二国之政治十分集权而面积十分狭少的国家的财政制度，而欲勉强施之于面积极其广大而政治从来不是集权的中国，是就药不对症，怎样能够医得好中国的政治病呢？民三中央支出日增，而各省自治政府对于教育实业及自治行政亦毫无圆美的结果，所以民三的预算也索性不以划分的计划为标准。民五袁氏帝制失败，愤而暴卒，国会因之得以复活，而国地收支划分的声浪又高唱入云，所以民五年度的预算又后以划分旧案做标准。至上列岁出之划分也是纯然一个中央集权国的办法。

民八九之交，我国有一个政治上的运动，这就是所谓联治或联省自治运动。自联治运动起，不特中国的政治史上别开一生面，就是在财政史上亦可以说是放一异彩，而于划分问题尤关紧要。试以湖南与浙江二省为例。

一、湖南省宪　湖南当南北纷争之要冲，为联治运动的策源地，其省宪曾以 18 744 106 票对 575 230 票之多数通过公布。该宪对于财政之规定，为（一）省税由省议会议决之，省政府征收之（第七章第六十九节）；（二）全省岁出至少须以 30% 作教育经费，2% 作教育基金。

二、浙江省宪　跟了湖南之后而制省宪者为浙江省。浙省宪法是于民十 9 月 9 日公布的，其关财政上的规定如下：（一）本省各种赋税，均为省收入，省政府依法律之规定征收之（九十九条）；（二）募集省公债，及增加省库负担之契约，非经省议院议决，省政府不得募集或缔结（一〇〇条）；（三）本省对于国家政费之负担，至多不得超过本省收入总额 30%（一〇一条）；（四）每年省教育经费，至少佔①全省预算案岁出总额 20%，每年提出之教育基金，至少须佔全省预算案岁出总额 3%；（五）每年省实业经费，至少须佔①全省预算案岁出总额 7%；（六）每年有交通经费，至少须佔全省预算案岁出总额 5%。

在此联治运动时期内，继湖南浙江两省而运动制省宪者为四川、湖北、江苏、广东等省，而广东尤为废督之先驱及市自治的先导。查民十广州市预算，岁入为 1 969 476 元，而岁出为 2 884 266 元，其不足之数大概是由省政府补助的。广州市民十的预算，实可谓我国历来第一个的市预算。

---

① 同"佔"。

联治运动的结果，徒然造成准军阀割据的局面，于全国的真正统一实在毫无一些帮忙，此《国民党第一次全国代表大会宣言》中所以有指摘联省自治派的一段文章也。

自民国十五年广州国民政府誓师北伐以来，所向无敌，军阀相继败亡，经过二年的奋斗，全国卒统一于国民党的主义之下，亦即统一于孙中山先生的三民主义之下。国民党以改造中国目前一切的恶劣制度及环境为己任，那么对于国地收支划分的拟议，自亦颇有记录之价值。兹把国民政府自奠都南京以来，对于国地收支划分之拟议，约略述之如下：

一、民国十六年古应芬长财政部时代的划分国地收支议决案。十六年六月22日至27日，古部长召集中央财政会议，到会者大都为中央直辖的财务行政官，如各省财政厅长，各省烟酒公卖局局长，印花税处处长，沙田局局长，官产处处长；盐运使，盐运副使，榷运局局长，各省关监督，全国纸烟税局总办，各省卷烟特税总局总办，暨煤油特税总局总办，和本部奉派各员。该会所议决的最要议案，当推划分国地两税征收之权限，及国家地方费支出之标准两案。兹录原案如下：

甲、《划分国家税地方税暂行条例》

（一）第一条　中央与各省征收税项之权限，暂照本条例办理。

（二）第二条　现行税目的划分如下：

（甲）国家税　（一）盐税，（二）关税及内地税，（三）常关税，（四）烟酒特税，（五）卷烟特税，（六）煤油税，（七）厘金货物税，及邮包税，（八）矿税，（九）印花税。

（乙）地方税　（一）田赋税，（二）契税，（三）牙税，（四）当税，（五）商税，（六）船捐，（七）房捐，（八）屠宰税，（九）渔业税，（十）其他之杂税杂捐。

（三）第三条　将来新税之划分如下：

（甲）国家税　（一）所得税，（二）遗产税，（三）纸币发行税（拟由国家银行统一发行纸币，第三项似可删去），（四）交易所税，

（五）公司注册税，（六）产销税，（七）其他合于国家性质之税目。

（乙）地方税　（一）营业税，（二）宅地税，（三）普通商业注册税，（四）使用人税，（五）使用物税，（六）其他合于地方性质之税目。

（四）第四条　地方税有妨碍国税收入时，财政部得禁止其征收。

（五）第五条　地方税之分配，由地方团体自定之，仍由该管地方官厅册报财政部查核。

（六）第六条　新税实行时，凡旧税与新税抵触之部分，应即废止。

（七）第七条　中央及各省税款划分伊始，如有窒碍情形时，应由财政部另定补救方法，以期兼顾。

（八）第八条　本条例自公布之日施行。

乙、《划分国家及地方费暂行标准》

（甲）国家费　（一）中央党务费，（二）中央立法费，（三）中央政府及所属机关行政费，（四）陆军海军航空费，（五）中央学术费，（六）外交费，（七）中央官业经营费，（八）中央工程费，（九）国税征收费，（十）中央内外各债偿还费。

（乙）地方费　（一）地方党务费，（二）地方立法费及自治职员费，（三）地方政府及所属机关费，（四）教育费，（五）司法费，（六）公安及警察费，（七）农工费，（八）公有事业费，（九）地方工程费，（十）卫生费，（十一）救卹①费，（十二）地方债款偿还费。

二、民国十七年宋子文长财政部时代的划分国地收支议决案。十七年七月一日至十日宋部长在首都召集全国财政会议，出席会员为（一）财政监理委员会委员，（二）总司令部及各集团军代表，（三）政治分会代表，（四）各省省政府代表，（五）财政部部长次长秘书长参事各署司处局之长官，（六）各省财政厅厅长或其代表，

---

① 同"恤"。

（七）财政部直辖财务各机关长官或其代表，（八）各特别市财政局长，（九）财政部选聘之实业界金融界经济学和财政学专家。该会议所讨论及表决的重要财政问题非常之多，而《划分国地收支标准案》也是议决通过的重要财政问题之一。兹录其通过的修正案如下：

《划分国家收入地方收入标准案》

第一条　中央与各省收入权限暂照本案办理。

第二条　现行收入之划分如下：

甲　国家收入　（一）盐税，（二）海关税及内地税，（三）常关税，（四）烟酒税，（五）卷烟税，（六）煤油税，（七）厘金及一切类似厘金之通过税，（八）邮包税，（九）印花税，（十）交易所税，（十一）公司及商标注册税，（十二）沿海渔业税，（十三）国有财产收入，（十四）国有营业收入，（十五）中央行政收入，（十六）其他属于国家性质之现有收入。

乙　地方收入　（一）田赋，（二）契税，（三）牙税，（四）当税，（五）屠宰税，（六）内地渔业税，（七）船捐，（八）房捐，（九）地方财产收入，（十）地方营业收入，（十一）地方行政收入，（十二）其他属于地方性质之现有收入。

第三条　将来新收入之划分如下：

甲　国家收入　（一）所得税，（二）遗产税。

乙　地方收入　（一）营业税，（二）市地税，（三）所得税之附加税。

第四条　地方收入性质与国家收入重复时，财政部得禁止其征收。

第五条　省市县收入之分配，由各省及各特别市自定之，仍由该管理厅册报财政部查核。

第六条　国家税地方税划分后，各自整顿，不得添设附加税，惟所得税得征附加税，但不得超过正税20%。

第七条　新收入实行时，凡旧收入性质相抵触之部分，应即废止，性质相同之税捐应即归并。

第八条　厘金及一切国内通过税，遵总理政纲，定期裁撤，以六个月为限，由中央负责实行，在未裁之前，暂由中央接管。

第九条　田赋收入，虽归地方，但关于土地法规之大纲，仍由中央制定颁行。

第十条　中央及各省收入，虽经划分，但事实如有必要时，得由中央补助地方，亦得由地方协助中央。

第十一条　本案自公布之日施行。

《划分国家支出地方支出标准案》

甲、国家支出：

（一）中央党务费　此项专指中央执行委员监察委员会，政治会议，政治分会等费而言。

（二）中央立法费　专指全国代表大会经费。

（三）中央监察费　专指中央监察院及监察分院经费。

（四）中央考试费　专指中央各项考试及考试分院经费。

（五）政府及所属机关行政费　此项系指中央行政职员之俸给及公署费用，国民政府中央各部所辖各机关均属之。

（六）陆海军及航空费　海陆航空为国防所需，其经费统由国家经费内支出，但其总额不得过国家支出总数三分之一。

（七）中央内务费　内务行政，中央居监督指导地位，故内政部直辖之内务费，仍由国家经费内支出。

（八）中央外交费　外交以国家为主体，故无论国内外之外交费，统归国家经费内支出。

（九）中央司法费　司法经费均由国家经费内支出。

（十）中央教育费　此项仅限于大学院（现已改为教育部）直辖之机关，国立专门以上学校之经费。

（十一）中央财务费　此系专指征收国家收入所需之经费而言。

（十二）中央农矿工商费　农矿工商费，全部多属地方团件，中央仅居监督指导地位，而两部直辖之经费，仍由国家经费支出。

（十三）中央交通行政费　此系专指中央交通机关之经费而言。

（十四）蒙藏事务费　此系专指中央办理蒙藏事务经费而言。

（十五）中央侨务费　中央为保护海外侨民起见，应有一切设置所需之经费。

（十六）中央移民费　移民事业其利害更及全国，故其经营费当由国家经费内支出。

（十七）总理陵墓费　总理陵墓为世界观瞻所系，全国信仰中心，故其修筑等费，应由国家经费内支出。

（十八）中央官业经营费　邮电路航，山林矿业，及各部直接经营之官业等所需之费，均从国家经费内支出。

（十九）中央工程费　此项专指重大工程而言，如国道河工经费等是，盖其工程之利害，更及于全国，故经费由国家支出。

（二十）中央年金费　此项专指中央对于先烈及有功之人卹赏各项经费而言。

（二十一）中央内外各债偿还费　内外国债关系国家之信用，凡中央合法所借之内外债，皆须于国家经费内支出偿还。

乙、地方支出

（一）地方党务费　此项系指各行省特别市县市乡各级党部所需之经费而言。

（二）地方立法费　此项系指省市等地方议会之经费而言。

（三）公安费　凡警察费及一切维持公安之经费，应由地方经费内支出。

（四）地方司法费　此项经费在承审制度未废以前，暂应由地方经费内支出。

（五）地方行政费　此项系指地方行政职员之俸给及公署费用，省政府各厅及市县政府等均属之。

（六）地立教育费　此项除大学院（今改教育部）直辖机关及国立专门以上学校外，其他各项教育费，应由地方经费内支出。

（七）地方财务费　此项专指征收地方收入所需之经费而言。

（八）地方农矿工商费　凡农矿工商各业由地方团体自办，或为增进农工利益所需之行政经费，均由地方经费内支出。

（九）公有事业费　此项除中央之官营事业外，凡地方公有事业应由地方经费内支出。

（十）地方工程费　此项除国家所营之工程外，凡地方团体经营之工程如省道县道以及疏濬河道等均由地方经费内支出。

（十一）地方卫生费　地方卫生行政费由地方经费内支出。

（十二）地方救卹费　地方救卹行政费由地方经费内支出。

（十三）地方债款偿还费　此项经费以地方所借合法之公债为限。

上述全国财政会议所议决的国地收支划分计划，自然比从前所拟的计划完备得许多。此外与国地收支划分问题有连带的关系者为中央政府之监督地方财政问题，所以该会议同时又通过《国民政府财政部监督地方财政条例》十二条如下：

《国民政府财政部监督地方财政条例》

第一条　本部依组织法第一条第三项之规定，对于全国地方财政照本条例实行监督及指示之责。

第二条　地方财政分两极；（甲）省地方财政及特别市财政；（乙）县地方财政及普通市财政。

第三条　省地方财政及特别市财政，应于每年会计年度施行前，依照法定手续，编定预算，报由国民政府财政部核定之。县地方财政及普通市财政，应于每年会计年度施行前，依照法定手续，编定预算，呈由省政府财政厅核定之。财政厅核定以后，按县按市汇列收支各项总数，附加说明，转报财政部备案。

第四条　地方财政之会计年度，均以国家财政之会计年度为年度。

第五条　省地方收支及特别市收支，遇有新设税目，增加支出，或募集公债时，均应由国民政府财政部核准后施行之。县及普通市地方收支，遇有新设税目，增加支出，或募集公债时，应由财政厅核准后施行之。

第六条　本部于省地方及特别市之公共企业（如地方银行地方工厂等）有调验资本，清查指示之责。财政厅对于各县普通市亦同。

第七条　本部与各省或特别市地方财政，有互相量力协助之义务，并于各省及各特别市间应互相协助时，有随时指示之责。财政厅对于各县各普通市亦同。

第八条　本部于两省及两特别市以上或省与特别市之公共事业，应筹款举办者，有指示规定之责。财政厅对于各县各普通市亦同。

第九条　各级地方人民对于本地方之财务行政有建议或呈诉时，本部有交议行查及指示改定之责。

第十条　省地方财政及特别市财政，应于每年会计年度终了时，依照法定手续，编制决算，报由财政部查核。县地方财政及普通市财政，由各省财政厅查核后，按县按市，汇列收支各项总数，转报财政部备案。

第十一条　本条例遇有应行修正之处，由本部呈请国民政府更订之。

第十二条　本条例自公布日施行。

第四章
列强的国地财政之划分

我们如果要晓得中国国地收支之究竟应当如何划分，那么不妨先去考查列强的国地财政划分的计划一下，以作他山之石。兹述法德美英四国的国地财政划分之计划如下。

甲、法国　法国是一个中央集权的国家，所以她的财政制度也是采用中央集权制的。全法分为 86 省，362 道，2 868 区，36 097 郡。区是纯粹的选举区和司法区。省有 1 个省长，他是代表中央政府，统治全省的。道有道尹。郡有郡长。道尹与郡长，对于其所属的权限，如同省长之对于全省，而且都是在其所属区内做中央政府的代表。

省长为总统所特任，受内务部长的节制，既代表中央，又为地方行政长官的首领，其职权颇大。

辅助省长行政者有参政院。参政院由三四律师所组成，皆须有相当的资格，受内务部长的委任。其职权有三：（一）以顾问部的资格，备省长的咨询；（二）以监察部的资格，去检查公款账目和追究侵吞亏蚀；（三）以初级平政院的资格，去处置直接的租税诉讼事件。

省议会为一省的立法机关。其议员系由各区民选。其职权为：（一）各道直接税之配赋；（二）讨论处理关于造路、修桥、学校、运河、及疯人院之建筑等事宜；（三）讨论表决省预算；（四）表决境内必须之附加税；（五）认可参政院对于省与郡间财政上之处置；

（六）募集省债；（七）分配中央之补助金与地方上公共团体；
（八）支配各郡增税事宜。在闭会期内，省议会有常任委员会，以处
理立法事宜，但中央可以否认其处置。省议会不尽职时，中央得解
散之。

　　道尹亦是中央所任命，直接代表省长，间接代表中央。道议会
有议员 9 人，由区民选举之，其职权限于各郡直接税之配赋。中央
可以否认其议决案，或解散之。

　　区则纯粹是选举区及司法区。区有 12 郡，郡为法人，就是法国
的根本地方自治区域。其大小视人口地域而各别。郡有郡长，由郡
议会选出，任期四年，负一切郡行政责任，并代表中央。郡议会人
数自 18 至 36 人不等，由人民选之，任期亦四年。郡长与郡议会，
均受中央极端之节制。所有各郡政情，一切须呈报省长，并请其认
可，郡预算尤须先得其批准。且省长得按照国会议案，强迫郡议会
供给该郡之必要经费；而对于随意经费，有时可拒绝之，以保持郡
财政之均衡。省长可停郡长之职一月，内务总长可停郡长之职三月，
若欲革其职，则非见诸大总统命令不可。省长又可以部令来解散郡
议会，或停止其开会。

　　法国中央对于地方，其行政之监督支配，固然是如是之严厉，
而其立法上之监督与支配，其严厉亦并不稍减。故无论何种地方税，
非有国会之批准，不得征收。而其税率，则尤须在法律限制范围之
内。但地方自治团体，可在法令范围之内，施行其关于随意经费之
自决。

　　在 1918 年前，未实行 1914 年所通过之一般所得税法，及
1917 年所通过之分类所得税法之时，法国国税，共有 4 种，即：不
动产税，动产税，窗户税，及营业税是。而地方税源，大抵为附加
税，即附加于此 4 种国税之税。1918 年以后，除不动产税仍存留外，
余三税均取消，而代之以八种分类所得税。但未议决新地方税源前，
省郡政府，仍得在此已废弃之三税内，征收附加税。

　　兹将此过渡时代内法国地方财源，列之于下：

甲 各省之财源

（一）普通经常附加税

a. 不动产及动产附加税（最高率为 25%）。

b. 四种国税附加税（最高率为 8%）。

（二）特别经常附加税 此税为维持路政之用，最高率为 15%。

（三）经常附加税 如遇四种国税附加税不敷开支时，得征收之；最高率为 20%，如欲过此率，则须得国务院之训令。

（四）临时附加税 最高率为 12%，如欲过之，须得国务院训令。

（五）特别法令批准之特别附加税 如为清丈经费而征之附加税是。

（六）国家征收销售税之 1/3，及国家征收汽车捐之 1/5，汽车捐之一部，为共有金，按各省道路之长短分配之。

（七）省官产之收入。

（八）省手数料。

（九）中央补助金，限于贫瘠省份。

（十）关于慈善及交通事业用途之中央补助金，各郡解款，暨私人之捐助。

（十一）省官业之收入。

（十二）省公债。

乙 各郡之财源

（一）郡官产之收入

（二）手数料及杂捐（如度量衡捐，入市捐，屠宰场捐，废物捐，摊捐等是）此类收入，为郡岁入总数 1/3。

（三）杂收入 如罚金，没收，猎捐，及中央与省政府关于特殊事业（如清丈，修路，施医等）之补助金。

（四）附属于国税之税收

附加税

经常附加税 动产与不动产附加税税率为 5%；营业附加税税率

为 8%。前者为随意的附加税；后者为强制的附加税。

临时附加税　用度为郡内公用事业（电车，电灯厂，自来水厂等）经费及弥补岁入不敷，其最高率由省议会与国会定之。

特别附加税　用度为特殊事业之开支，如清丈之筹措，乡道之连接，乡村更夫之佣费，施医之经费等是。

中央交让于郡之国税。以补偿中央补助金之停止，及饮料入郡税之取消。

马车税 20%。

矿税 1/6。

销售税 2/3。

共有金之分配。

（五）特别郡税

强制税——犬税。

国会核准之随意税，如巴黎之仆役税，钢琴税是；省议会与省长核准之随意税，如戏院税，影戏院税是。

（六）杂收入

路役税。（连接路每年三日，乡村路每年一日，共四日）

郡公债。

法国中央监督机关，国务院之外，当推会计法庭。该法庭创自拿破仑第一时代。其职权在检查中央与各省岁出入之账目，如各郡及地方上公共团体每年度岁出在 30 000 佛郎以上者，其账目亦须经其审查。为便利执行职权起见，该法庭可惩罚或控诉官吏之抗缴查账时必要之证据者。其审计员皆终身供职，由大总统任命。每年须作关于全国中央与各省及郡之财政状况于国会，报告内可批评全国之财务行政及其改良之方法。各郡每年岁出在 30 000 佛郎以下者，虽不受会计法庭之节制，然须呈报其预算与账目于省长或参政院，请其核准与检查。如故意迟报，则惩小郡会计员以 10 佛郎至 100 佛郎之罚金，大郡会计员以 50 至 500 佛郎之罚金。

为欲合乎法律手续，省预算必须先呈报于内务部；经内务部之省会计局审查之后，再呈报国务院；国务院核准之后，内长始公布之。

　　法国各省，教育发达，交通便利，而玉成之者，则省债郡债也。此种地方公债，大抵借自半官式之放款银行。省议会对于省债之权限，若偿还期在 30 年内，而每年还本付利之数额，不超过该省每年度之经常与临时收入者，则可自由募集，毋庸中央之承诺；若偿还期超过 30 年者，则必须先得中央（国务院）之核准，始可募集。

　　市议会或郡议会对于募债之权限，颇似省议会：即市或郡债之偿还期不出 30 年；而每年还本付利之数额，不超过该市或郡每年度之临时附加税之最高率之收入，可自由募集；如超过此最高率者，则须先得省长之核准；若该债偿还期限超过 30 年，则须先得国务院之核准；如各省、郡、市欲发行有奖公债，则须先得国会之通过。

　　欧战期间，各省郡因入不敷出，多发行流通券，其性质颇似政府纸币。此种短期地方公债，发行时曾得中央之允准，1915 年国会正式承认之。至 1920 年该法律继续有效，但发行数额，必须先得国务院之认可。

　　日本之地方行政，颇似法国，故其中央与地方之财政系统，亦多效法此中央集权之法国，兹不赘述。

　　乙、德国　德国地方行政与地方财政，其制度似法国之处颇多，然而亦有不同之点。同点在二国之政治组织皆为官僚式；不同点在一为联邦帝国，一为单一民国。

　　1918 年，德改联邦帝国为联邦民国。联邦帝国为二十五半独立州，四王国，六大公国，五小公国，七君主领土，暨三自由市所组成。州之领土广狭，人口众寡，各有不同，而以普鲁士之土地为最广阔，且在行政上（1918 年前）执全德之牛耳。

　　联邦帝国之岁入，为：（一）间接税，如产销税、印花税、关税等行为税，与对物税是；（二）官业之净利；（三）行政上之收入，如各种手续费是；（四）各州之解款。解款之数额，视各州人口之多寡而定（每口约须纳 3 角），其用意本在补帝国政府岁入之不敷，故不得发还。但至年终结账，如帝国政府经常收入，超过必须之岁出时，则其余额，可依解款之多寡，分给各州。1879 年，德相毕斯麦采行保护关税政策，关税收入大增。于是国会议决；凡关税及烟税收入，数额超过 15 000 万马克者，即以其余数分给各州；一则偿还解款，一则补偿数税之让与。直至 1892 年，德国军备尚未扩张，此种布置，甚有益于各州。因解款与分余，两相抵销，每年平均计算，分余几超过解款 500 000 000 马克也。迨威廉二世欲与英国竞雄海上，大事扩张军备，岁出大增，分余之数，微乎其微，各州始啧有烦言。因为分余无定额，即各州财政不能常保持其均衡也。1906 年，方始立法来补救此缺憾。

至各州与其地方团体之财政关系，吾人可以普鲁士州为例，以概其余。

普鲁士除柏林为特别区域外，共分为 13 省，35 道，489 乡区，69 城区，1 263 城市，37 152 乡市，16 591 农村（前为诸侯之领地）。每一区之下，数市之上，设立数行政区。行政区就是司法之机关，或仅为警务之机关。省，区，市皆为中央行政，与地方自治之机关，各有其法人之资格。而道则完全为中央行政之机关，（司法与警务）并无法人之资格。

省之政治组织，可分中央行政，与地方行政二层述之。省长 1 人，由普王（亦即德皇）任命之。省政院一，由 7 人组成之，院长由省长充之，普鲁士内务部委任专门委员 1 人，任期无定限。余 5 人，由省议会所选之省政委员会中选之。省长与省政院，其职责偏于中央行政方面。至省议会，则地方行政之机关。议员多由区议会选出，任期 6 年。其立法之权限，在：（一）监督慈善，道路，实业等事业；（二）制定省法；（三）核定省赋税，配赋于各区。然省议会一切立法，必须先得普王之核准，否则作为无效。而于财政事项为尤然。遇必要时，普王可解散之。辅助省议会执行地方行政者，为：（一）省政委员会 7 人至 14 人，由省议会议员中互选之，任期 6 年；及（二）受薪政务官 1 人，执行种种议决案，由省议会选举之，但须得普王认可，任期亦 6 年。

区有区议会，为立法机关。区长 1 人，为区行政官。区政委员 6 人，为参议机关，辅助区长。区议员 25 人，任期 6 年，由三种选举团体选举之，即：（一）城市，（二）乡间大地主之纳重税者，（三）乡间小地主之纳轻税者及乡市议会之代表是。区议会之职权颇大，如：（一）直接或间接选举区、道、省之一切政治官吏，（二）产生地方官吏，（三）支配地方官吏之职务，（四）制定地方立法，及（五）表决区政府与省政府应用之税额。区长由区议会指名之，普王任命之，其职务为：（一）指导一般及地方行政事务，（二）管辖一区之警察事务，（故亦可称之谓区警察长。）（三）主席区议会及区政委员会。区政委员会由 7 人组织而成，除区长为主席外，余 6 人亦由区议会选出，任期亦 6 年。其职务为：（一）区长之咨询机关，（二）初级平政院。普之行政区，一如法之司法区，或选举区，完全为中央之行政机关，专管司法与警务。其表决行政区税也，亦是专为该区之行政及慈善经费。

市为普鲁士之最低行政机关，犹如法国之郡。市有二类，乡市与城市是。乡市之政治组织，其大略为：（一）市长 1 人，民选之，（二）市参议 2 人至 6 人，（三）市议会或有或无。小乡市区域狭小，人烟寥落，监督行政之机关，大抵为全民会议。这是因为并无遴选议会之必要。大乡市则不然，全民政治不适用，必须采行代议制度了。乡市大都短于财源，绌于人材，一切行政，无一不是先禀呈区长，得其认可与指导而后施行。城市之行政机关为行政委员会，立法机关，为市议会。行政委员会由数人组成之，委员长即为市长，总各部委员之成。行政委员均由市议会遴选，任期为 6 年，9 年，12 年，或终身不等。市议会由若干人组成之，皆民选，任期为 3 年至 6 年。

普鲁士地方行政之大概，既如上述。现在请一论其财政的系统。当 1893 年以前，普鲁士政府征收动产税（如阶级税，等级所得税，及商税）与不动产税（田赋，地税，房屋税）；各地方团体，仅征附加税。后因补助金之失败，及旧税制之不平，普政府乃于 1893 年，让一切动产不动产税与地方团体，而已则仅征收所得税，及一般财产税，以偿所失。市政府苟欲征收一新税，则须先得上级长官之核准。其每年预算，亦须先送呈上级长官备查。

1875 年以前，普鲁士地方自治未发达，省道大受普政府之补助。迨后地方自治渐发达，省道始全由省议会处理。

普鲁士辖下之地方债有 2 种，皆直接或间接借自普政府者。其一为地方政府得中央政府认可后，向半官式之金融机关缔结之借款；其二为中央政府以平时吸收之养老金，健康保险金，及残废保险金之一部，直接贷与地方政府之地方债，周息 4 厘至 4 厘半。

普国境内州、省、区、市等，具法人资格之地方团体，皆得在法律范围之内，募集公债。但施行此权之时，必须先呈请于上级管辖机关，得其核准。故乡市政府欲募集市债，必须先呈请区政委员会核准；城市政府及区政府欲募集市债及区债，必须先呈请道署核准；柏林特别市欲募集市债，必须先呈请省长核准；省政府欲募集省债也，亦必须先呈请普鲁士内务大臣核准。

至地方团体之收支账目，则不似法之有会计法庭，来巡回审查。普之会计法庭，是专为中央政府而设的。中央虽不查地方账目，然地方则必呈报备查。城市政府之市长，得每月定时或随时亲往检查市库。城市政府之大者，则聘政府认可之会计师，自行查账。

以上所述，为欧战前德国中央财政与地方财政之大概，及普鲁士中央与地方财政之情形。欧战后，革命军起，推翻帝国，改建共和，因之财政制度，亦廻与往昔不同了。兹以其为极端的中央集权制，较之法日两国为尤烈，所以不赘述了。

丙、美国　美国中央与地方之行政及财政制度，与德法二国大不相同，以其为联邦共和国也。联邦政府，仅享有宪法上列举之权。在政治上，各联邦（或州）既为半独立国，不受联邦政府之干涉；在财政上，又自有其财源，不受联邦政府之束缚。

美国联邦政府与各州政府之财政关系，为完全划分制。前者所享受者，大抵为各种间接税，如关税，产销税是。至近年来，国用日亟，始加征个人所得税，公司所得税，及遗产税。后者所享受者，大抵为直接税，如一般财产税，或所得税是。兹将各州之财源录之如左：

一、一般财产税与特殊财产税；

二、人头税；

三、所得税；

四、营业税（营业牌照税）；

五、执照税（犬税、车税、婚书税等）；

六、特殊课税；

七、手数料；

八、没收；

九、联邦补助金；

十、私人捐助金；

十一、岬金课税；

十二、通行税；

十三、官业收入；

十四、使用马路捐；

十五、其他岁入。

上列各州财源，其最可注意者，则为联邦补助金。按美国在1836年，以采行保护关税，联邦政府之岁入大增，羡余积至4 200万美金〔元〕。联邦政府不知如何处理，乃将羡余之一部，分配各州，名为暂贷，实则等于馈赠。此种补助金，不啻无的放矢，以视1914年来之联邦补助制，不可同日而语了。1914年联邦政府通过农业教育补助费案；1916年又通过驿路发达补助费案；翌年，通过职业教育补助费案；又翌年，又通过抵制花柳病补助费案。其进行甚为猛烈，然反对者之声浪，至今还是不息。

美国州政府与地方政府间之财政关系，为一部分的划分，其大要可列之如下：

一、州政府之财源　遗产税及公司税之数种。

二、地方政府之财源　不动产税、家宅税、犬税等。

三、州地方公共财源　一般财产税、所得税及公司税之又数种。

州政府与地方政府间之其他财政关系，为：（一）财务行政上，有时州政府为地方政府征收各税，有时地方政府为州政府征收各税；（二）地方政府常无条件的受州政府之补助，市政府亦无条件的时常受郡政府之补助；（三）地方债之募集，须在州宪法规定范围之内。

就晚近政治趋势言之，各州无不欲集财务行政之权于州税委员会或其他相似的机关之手；亦可见集权之趋势了。盖剥极必复，古有恒言。美国地方自治，久趋极端，几成为无政府之国，及今始图补救耳。至地方政府之账目，州政府不负检查之责。

丁、英国　中央与地方行政及财政制度，介乎集权制（法日德）与分权制（美）之间者，厥惟英制。请先述英国之地方制度。

全英分为 64 行政郡，74 特别市。郡又分为 672 乡区（威尔斯在内），15 000 教区（威尔斯在内），若干城区，及 400 镇。郡政府为一民选委员会 75 人所组织，分股办事，其职权为：监督郡属之财政、路政、卫生、教育、禽兽、官产及其辖下之地方团体。乡区有乡区议会及行政官数人，议员由人民选举，行政官由议会选委。乡区议会之职权，为：（一）厉行公众卫生法，（二）看管乡区道路，与（三）征收乡区税。教区有二种：其一为城市教区，并无行政上之意义；其二为乡都教区，其职权为：（一）看管该区路政，（二）征收慈善税；立法机关，或有或无，随区而异。城区为镇之过渡机关，行委员制，以监督该区之卫生及路政。镇之设立，须经代表英王之伦敦地方政府监督局核准，故具有法人资格。其政治组织为：（一）镇长 1 人，为一市之元首，由镇议会遴选之；（二）镇政院委员 6 人，由镇议会遴选之，任期 6 年；（三）镇议会议员若干人，民选之，以委员制分任各事，受伦敦地方政府监督局之节制。监督局可否认镇议会之议决案，而于公众卫生案尤甚，镇政府如欲募集镇债，必须先得中央政府之认可，如镇债已超过一定限度，即不准再募集。

64 行政郡之地方制度，既已如上述。尚有与镇相类似之 74 特别市，不可无一言以道及之。特别市者，其政治组织，大半与镇无甚差别。不过镇在行政郡属内，受郡政府节制；而特别市则疆域虽在郡区内，用人行政，丝毫不受郡政府之束缚的。按 1888 年英国《地方政府法》所规定，凡一镇人口一满 50 000 人，即可成为特别市，与郡政府脱离关系。

上述各级地方政府，对中央政府有两种关系：就行政上言之，则有（一）内务局之监督工厂检查与警务，（二）商务局之监督地方官营事业（如电灯厂电车等事业），（三）教务局之监督地方教育事业，（四）农务局之监督指导兽医等事务，与（五）地方政府监督局（该局欧战时改为卫生局）之监督慈善、卫生、及财政等事务；就财政上言之，则有中央补助金，以补政治组织上之缺憾。

请言英之中央补助金制度：补助金之用度，大抵为：（一）警费，（二）义务教育费，（三）职业教育及感化院费，（四）公众卫生费（包括救恤老残费，抵制梅毒肺病费，及产妇院育婴院经费），（五）失业委员会经费，（六）疯人院经费，（七）路政费，（八）慈善经费。当 1830 年，英国中央政府发给教育补助金时，其数不过 10 万镑耳；至 1880 年，补助金突增至 500 万镑；至 1921 年，其数忽超过 6 500 万镑。其进步之猛，洵属①可惊！

兹将英国 1888 年来，中央补助金之办法，录之如下：

（一）地方税会计项下之中央补助金　地方税会计，包括：（一）酒税附加税八成，（二）遗产税之一部，及（三）地方政府执照税，（如犬税，狩猎税，枪税，车马税，（电车汽车等，）纹章税，及男仆税。中央于此会计项下，可发给以下之补助金：（一）兽医费，（二）改良农业费，（三）都会警察费，（四）警察恤金，

---

① 　即实在是。

（五）检查律师费。（1908 年以后，征收地方执照税之权，移归行政郡，但郡政府须报告征收数额于地方政府监督局。）

（二）大藏部拨补会计　在此会计项下，火藏大臣对行政郡以及特别市发给以下补助金：（一）职业教育费，（二）都会临时警费，（三）卫生官经费，（四）施种牛痘经费，（五）慈善经费，（六）感化院教员薪俸，　（七）人民死生登记费，　（八）贫民学校经费，（九）其他一切劳务费。

（三）上列二项会计之外，中央对于地方慈善捐，亦有所补助。

1908 年以后，一切补助金不分会计，均归入总岁出账。

至于各级地方政府收支账目之检查，除镇外，必须经地方政府监督局每半年或一年审查一次；如有不合法不正当之用途，该局有否认之权，并可责令负支出之责者如数赔偿。镇政府账目，由该政府委 3 人自查之，镇长委 1 人，镇民选 2 人。此种查账员，大抵无相当之资格，且敷衍了事的。

其他中央政府对于地方财政之监督，为：（一）地方税税率之限制，（二）地方债之限制。凡一地方政府之欲举债的，必须先得中央之许可，有时还须经总投票之赞同。地方债之法律依据有二：其一为地方立法机关临时议决，其二为国会所通过之公众卫生法，教育法，及市政府法等之普通法。此种普通法，对于地方债之偿还，大抵有一定期限之规定。然亦大有伸缩余地，偿还期限之久暂，恒视举债目的以为断；大抵最久偿还期限，至早为 10 年，至迟为 60 年。

列强之中央与地方财政制度之可供吾人参考者，既如上述。然则吾国将取法那一国或几国呢？

法德政治与财政制度之特色为：（一）中央集权，（二）官僚主义，阶级主义，（三）地方自治之消灭，（四）行政效率之获得。美国政治与财政制度之特色为：（一）地方自治之充分发展，（二）地方行政之纷乱，无道与奢糜，驯至达于无政府状态。英国政治与财政制度之特色为：（一）地方自治之保存，（二）中央对于地方行政及财政之支配权，监督权，指导权颇发达。简言之，德法制，以效率牺牲自治；美制，以自治牺牲效率；惟英制，则既获效率，又得自治，有美制及欧陆制之长，而一无其短，洵调剂集权分权，自治效率，最良之方法也。

　　然则吾国政治与财政制度，究应采做①何国乎？愚以为欲效率，当师德法，欲自治，当法美，欲效率自治兼而有之，当采英制。

　　至于列强财政之划分，则亦国与国殊：法则中央与地方之财政，几完全统一；德在欧战前，中央与州，州与地方间之财政，几完全划分；美则中央与各州间之财政，几完全划分，而州与地方间之财政，则为一部分之划分。

　　然则吾国对于中央财政与地方财政划分问题，究应采取何种制度耶？愚以为我国疆土之大，管辖之难，远非法英二国可比，故二国之财政划分制度，可供吾国之采取者甚少；德制之可供吾效法者稍多，然亦未尽然也；其最可供吾法则者，其惟美制乎？

---

　　①　同"仿"。

第五章
与国地收支划分问题
有关的几个问题

　　与国地收支划分问题有密切的关系的，著者认为尚有三个重要问题是必须讨论和解决的。这三个重要问题不是别的，就是（一）地方自治的促进问题，（二）上级政府对于下级政府的补助费问题，和（三）地方各级政府间的收支划分问题。

　　甲、国地收支划分与地方自治之促进　国家收支与地方收支为什么要平均的划分呢？这是因为要促进地方自治。地方自治为何要促进呢？这是因为要实现孙中山先生的三民主义中的民权主义。中山先生所手定的国民政府《建国大纲》第三条有云："其次为民权（即建设的次要为民权之意，首为民生，三为民族），故对于人民之政治知识能力，政府当训导之，以行使其选举权，行使其罢官权，行使其创制权，行使其复决权。"民权的基础则在地方自治，所以《建国大纲》的第四条有云："在训政时期（即建国的第二时期，第一为军政时期，第三为宪政时期），政府当派曾经训练考试合格之员到各县协助人民筹备自治，其程度以全县人口调查清楚，全县土地测量完竣，全县警卫办理妥善，四境纵横之道路修筑成功，而其人民曾受四权使用之训练，而完毕其国民之义务，誓行革命之主义者，得选举县官，以执行一县之政事，得选举议员，以议立一县之法律，始成为一完全自治之县。"此外《建国大纲》条文之大有关地方自治及民权者亦甚多，兹特节录之如下：

第九条　一完全自治之县，其国民有直接选举官员之权，有直接罢免官员之权，有直接创制法律之权，有直接复决法律之权。

第十四条　每县地方自治政府成立之后，得选国民代表一员以组织代表会，参预中央政事。

第十六条　凡一省全数之县皆达完全自治者，则为宪政开始时期，国民代表会得选举省长为本省自治之监督。至于该省内之国家行政，则省长受中央之指挥。

第十七条　在此时期（即宪政时期），中央与省之权限采均权制度。凡事务有全国一致之性质者划归中央，有因地制宜之性质者划归地方。不偏于中央集权或地方分权。

第十八条　县为自治之单位，省立于中央与县之间，以收联络之效。

第二十三条　全国有过半数省份达至宪政开始时期，即全省之地方自治完全成立时期，则开国民大会，决定宪法，而颁布之。

第二十四条　宪法颁布之后，中央统治权则归于国民大会行使之；即国民大会对于中央政府官员有选举权，有罢免权，对于中央法律有创制权，有复决权。

第二十五条　宪法颁布之日，即为宪政告成之时，而全国国民则依宪法行全国大选举。国民政府则于选举完毕之后三个月解职，而授政于民选之政府。是为建国之大功告成。

纵观上列《建国大纲》条文，可知孙中山先生之促进地方自治和提倡民权主义的苦心，可谓至矣尽矣。吾侪后死，必须继续努力，以期在最短期间之内，达到地方自治，民权发达的目的才好。兹请再述我国应从速促进地方自治（包括省自治县自治等）的理由，以资补充与最勉。

一、地方自治这样东西为一种难能而可贵之物，无论何邦何民，是都应当以此为其政治生活之目标的。为什么呢？因为地方自治能够给我们许多好处。其一是能养成地方人民的责任心和公益心。其二是能给与地方人民一种政治教育。其三是能避免政党的分赃制

Spoils system。其四是能减少地方人民对于其政府之作一种过分的怨望，使他们自己也来尝尝当权者办事的痛苦和困难。其五是能消灭中央集权式的官僚政治和保守或守旧的倾向。其六是能增加各省各市各县等的竞争心，使政治或治绩都得日趋于光明之途。

二、地方自治这个方案是中国今日政治改革之惟一途径。中央集权制之在中国，不但于理论为违反民权主义，就是就事实讲，也是为不可能的。须知中央集权制只可行之于小国，如比利时、法国、日本、西班牙、希腊，及几个南美的共和国等是。俄国行之而造成布尔雪维克的革命流血，袁世凯行之而造成中国过去十余年的干戈扰攘。英伦三岛，其面积不敌我国之二三行省，尚且厉行地方自治，今且有人创英伦、威尔斯、苏格兰和爱尔兰四国会之说。德国的面积亦不过我国的四川一省耳，其地方政府，在行政上虽似受中央节制，但是在立法上实大有自由行动的地步。至于法国，在欧战后，亦颇悟中央集权的失策，所以也有爱国志士提议把法国 86 省划分为17 区域，每区域内厉行地方自治，现在的外交总长白利安 Briand 就是主张此说最力的一个人。世界上民权及地方自治的潮流并不受苏俄革命及意大利泛系党独裁的影响，中国应当知道走那条路哦。

三、地方自治本为我国人的固有的精神。我国人浸染于村落自治制者，已经有了数千百年的成绩。现在若能把这种村落自治的精神扩充到乡区自治，城市自治，县自治和省自治上去，岂不是驾轻车就熟路么？

四、地方自治发达之后，那么各种建设的人才可以各就本省县市等地方去发展，不致有汇集都会或首都的危险。

五、地方自治发达之后，那么各种人才有了用武之地，正可以地方为试验场和训练所，一俟经验充足，手腕灵敏，再行出来担当全国的大事，岂不养之有素，驾轻就熟吗？

六、即就经济学上"分工论"而言，那么地方自治也是中国今日所必不可少的一种政治改革。满清的时候，各省疆吏的权限，本来是极大的，其办事本来是也极自由的。袁世凯欲帝制自为，企图仿效法国式的中央集权制，卒致身败名裂，实可谓天下之至愚，以其不察国情一味蛮干也。中国疆域如此的辽阔，各省情形如此的悬殊，只有地方自治可以因地制宜，而比较的收统一的实惠，以发扬民权民力和民智。所谓集权制，所谓包办制，皆不识时务之谈也。要经济学上的分工论适用于政治上来，就是要把各级政府间的立法和行政的权限划得清清楚楚而已。纵观世界各国宪法，其惟坎拿大的均权政策为最适合乎吾国国情乎？

乙、补助费制度之商榷　世界上补助费制 Asystem of grants-in-aid 顶发达的国家当推英国，其鼓吹这个制度顶出力者亦当推英国一位费宾社会主义者 Fabian Socia-list（费宾二字就是缓进或稳健之意）韦勃西达耐氏 Sidney Webb。韦氏曾著了一书叫做《补助费》Grants-in-aid 行世。韦氏主张补助费制，有四个主要理由：就是（一）其一为要达到国内各地文化程度之至少限度 national minimum 起见，那么不可不有补助费制；（二）其二为要达到国内贫富各地的人民的租税负担的公平起见，那么不可不有补助费制；（三）其三为要调和自治与效率，集权与分权起见，那么不可不采行补助费制，庶几中央可以借补助费之手，以间接的方法，适当的手段，达到监督和指导各省地方行政的目的；（四）其四大概中央政府的人材与经验，终比省政府为优，省政府的人材与经验，终比县市区政府为优，如果有了补助费制，那么省政府就有利用中央的人材及经验的机会，而县市区政府亦有利用省政府的人材及经验的机会，那么中央政府或省政府既可避免干涉省政或县市区政之嫌疑，不伤各省或各县市区的自尊心，而同时又可以整齐划一全国或全省的行政。

以上是韦氏所提出的补助费制的理由。至于吾国呢，那么尚有一个理由可以做采行补助费制之助者，这就是根据向来的习惯。查前清时代各省有互相协济的制度，实在是很合乎租税负担公平的原则的，不过它的手续是不好的。现在我们要采行补助费制，就是要借用英国已行之而见大效的好方法来恢复我们中国历来固有的好制度。（按补助费制之最大作用即在调和集权与分权之利弊，与孙中山先生所手定的《建国大纲》上均权的主张，可谓相得益彰。）

采行补助费制的前提既定，那么我们可进而讨论如何实施补助费制的问题。实施补助费制问题中有三点是不可不注意的，就是

一、中央将以何款来补助省地方，省政府将以何款来补助县市地方耶？关于这个问题我们可以简单的回答说：中央可以遗产税和所得税的收入做补助费来源的大宗，各省可以田赋和中央补助费的收入做补助费来源的大宗。将来三民主义完全实行，那么国民经济一定是非常的良好，那么上列三种的收入一定是要作惊人的增加的。所以将来这三种税源一定是很靠得住不至落空的。

二、中央将以何种标准去补助省地方，省政府将以何种标准去补助县市地方耶？发给补助费的标准，本来是有公平的，有不公平的。有以补助费与各省（或各县市）的人口为正比例的，有以补助费与各省（或各县市）的疆域为正比例的，有以补助费与各省（或各县市）的不动产估价为正比例的，凡此三种标准，都是很不公平的，因为其违反平均人民租税负担的原则啦。（大概人烟稠密的地方，财政问题亦较容易解决些，今补助费与人口作正比例，是多助已经富足的地方也；大概疆土宽广的地方，财富亦比较的充裕些，今补助费与疆土作正比例，是亦多助已经富足的地方也；至以不动产估价为补助费的标准而且作正比例，那更是很显明的多助已经富足的地方了。）不过上列三种标准之不公道，是因为正比例的缘故，如果我们能易之以反比例，即人口多，疆土广，或不动产估价高的地方的补助费比较的少，而人口少，疆土狭，或不动产估价低的地方的补助费比较的多，那么虽不能说是尽善尽美，亦庶几乎可以稍合公平的原则了。

三、补助费制应如何管理执行乎？关于管理执行补助费制的原则甚多，兹可以列举数条以资参考：

（一）接收补助费的事业，必须具有利益普遍的性质才好，无论如何，补助费不应当用之于能直接增高某地方不动产价值的事业。（如果土地是国有了，那么另作别论。）

（二）补助费之管理监督，应当设立特别专责的机关去执行之，即如中央政府应当设立"各省财政监督局"去监督补助各省的经费，而各省政府亦应当设立"地方财政监督局"去监督补助县市等地方公共团体的经费。兹略述著者对于"各省财政局监督局"暨"地方财政监督局"的组织法和职责如下：

中央应设立各省财政监督局，其组织和职责如下：

一、组织

各财政监督局以委员 13 人组织之；除财政部长，教育部长，交通部长，工商部长，农矿部长，内政部长，卫生部长，审计部长为当然委员外，余以财政专家充之。

二、职责

（一）各省请求补助费时，派员调查各该省有无补助之必要。

（二）各省既领补助费之后，派员调查各该省对于补助费的条件有无实行。

（三）派员巡视各省，调查各省之其他财政状况。

（四）指导各省如何改良省财政。

（五）分析各省之财政报告书，汇编国内各省财政总报告书以饷国人。各省应设立地方财政监督局，其组织和职责如下：

一、组织

地方财政监督局以委员七人组织之；除财政厅长，建设厅长，教育厅长，民政厅长为当然委员外，余以财政专家充之。

二、职责

（一）地方（即县市等公共团体，下仿此）请求补助费时，派员调查各该地方有无补助之必要。

（二）地方既领补助费之后，派员调查各该地方对于补助费的条件，有无实行。

（三）派员巡视各地方，调查各地方之其他财政状况。

（四）指导各地方如何改良地方财政。

（五）分析各地方之财政报告，汇编省内各地方财政总报告书以饷国人。

（六）补助费数额，不应当完全预先决定。数额的多寡，应当看看接收补助费的事业的已经成就的效果以为断。如果成效大，那么补助额亦可较大；如果成效微，那么补助额亦须较小。这样，那么监督局的指导，才能发生极大的效力。

（七）补助费的分配，应绝对以公平为标准，这就是说，应绝对的着眼于各省各地的贫富状况之不同。终要使得富庶省份或地方抽来的租税，分一些给贫苦省份或地方用用才好。

（八）补助费的数额，宁少毋滥，只求其能够达到补助的目的就好了。监督局有时可以斟酌情形，嘱领受补助费的机关，自筹一部分的经费，以凑足补助费的不足。这样一来，那么庶几滥行请求补助费的毛病可以去掉。

丙、地方各级政府间的收支划分问题　要讨论这个问题，我们顶好先看一看目前省地收支划分的现状为如何。据上海西城商联会委员王文涛君所调查，上海特别市内的国税有 27 种，省税有 11 种，市税或地方捐有 23 种。27 种的国家税收就是地丁、漕粮、关税、盐税、烟照税、鱼税、印花税、船钞税、邮包税、烟酒税、二五附税、卷烟特税、货物税、煤油特税、煤类特税、糖类特税、油类特税、面类特税、箔类特税、汽水特税、纸类特税、奢侈特税、烟酒牌照税、丝织品特税、机织品特税、铁路厘金及棉类特税等。省税收 11 种就是契税、牛捐、牙帖税、落地税、牲畜税、屠宰税、船舶税、内河船捐、附加赈捐、带征河工捐及学堂捐等。地方捐收 23 种就是总捐、浦江船只捐、戏捐、清洁捐、广告捐、菜场捐、摊贩捐、招牌捐、卫生捐、栈房捐、蓬账捐、码头捐、教育捐、大便捐、建设特捐、各种车辆捐、建筑照会捐、露天秤牙捐、茶酒店枱子捐、食物店卫生捐、畜狗捐、赛马捐及水电捐等。三共 61 种捐税，可谓极细杂之致矣。本年 7 月的全国财政会议对于上述的杂乱无章的税收划分法，当然是很不满意的，所以有废除苛税杂捐及重新划分国地收支和裁厘等的议决案。对于收入划分问题，该会议亦不过仅仅规划到国地二方，而并未规划到省县市等各级地方政府间的划分。当时曾有董会员修甲提议划分省县市镇乡地方收支一案。其内容颇有精采，兹特节录其提案原文如左，以资参考：

"……其实省县市镇乡之收支，如不划分清楚，将来纠纷必多，即如去岁至今，上海及首都两特别市与江苏省政府间，因职权关系，发生种种误会，皆因市省间之收支，未能清分之故。盖收入未能清分，各级政府遇有经费困乏，概图扩充其收入；因图扩充自己之收入，难免不涉及别级政府之收入；因涉及别级政府之收入，误会于是乎生，争执因之亦起。支出未能清分，各级政府各谋自己事业之发展，毫不问他级政府已否举办同样之事业，故各级政府之行政中，难免叠床架屋之弊。今欲免除省县市镇乡各级政府间之无味的误会与叠床架屋的弊病，应从速划分四级地方政府之收入与支出。按划分四级政府之收入应以各级政府应有之支出为准，其支出较少者应少划分数种收入以归之，其支出较多者应多以数种收入划归之。大概办法，请分述于下：

一、支出

甲、省政府之支出　省政府所需之经费，除省政府行政费外，则省党务经费、省工程费、省教育费、省工商矿费、省垦殖费、省公益事业费、省防事业费等，为数甚大，划分收入时，应依上述事业之情形而决定之。

乙、县政府之支出　县政府之责任，在监督 20 万以下人口之镇乡自治行政（此次法制局所订之《普通市组织法》，规定 20 万人口以上之市为普通市）除县党务经费外，则有政府行政经费，并应对于市与市间，及市镇乡间之道路工程、公安、卫生等事业，筹划相当经费，但与省政府应办事业相比较，自然极少。划分收入时，亦应依上述之情形而决定之。

丙、市政府之支出　市政府除党务经费，政府行政经费外，应办事业最多，如工程、教育、卫生、警察、消防、公益、公用事业之经营等，均为各国城市普通办理之事业，需用经费奇大。划分收入时，似应多划数种，方不致或有经费缺乏之虞。

丁、镇乡政府之支出　镇乡政府之费用，除党务经费外，有行政经费、工程、公安、卫生、公益、教育等经费，但为数极少，即较县政府所需之经费，亦甚少也。故划分收入时，似应少划数种以归之，当可敷用。

兹谨依上述支出之标准，划分省县市镇乡之收入于次。

二、收入

甲、省收入

一、省有产业收入

二、省政府行政收入

三、市镇乡土地税　此税定为省政府最重要之税，即税率稍大，亦无不可，但不许别级政府于此税之上另征附税。

四、渔业税　因江河常经数县市以上，故将此税定由省政府征收之。

五、省特别估税　省筑省道时，地价亦可增长，征收此省特别估税，可以使私人不劳而获之利益，稍分若干于公家，以助其筑路费用之不足。

六、省营事业收入　如省铁路等

七、中央补助金

乙、县收入

一、县有产业收入

二、县政府行政收入

三、契税

四、屠宰税　屠宰场概系设在乡间，规定屠宰税由县政府征收，对于屠宰事业，易于监督。

五、县特别估税　县筑县道时，地价亦可增长，收此县特别估税，可使私人不劳而获之利益，略分若干于公家，以助筑路经费之不足。

六、国省政府补助金

丙、市收入

一、市产业收入

二、市行政收入

三、房捐（应规定房东房客各半）

四、营业税

五、普通商业注册税

六、车捐

七、船捐

八、码头捐

九、市特别估税

十、市公营事业收入

十一、市公用事业特许权税

十二、土地增价税

十三、市罚金

十四、国家或省政府补助金

丁、镇乡收入

一、镇乡产业收入

二、镇乡行政收入

三、镇乡房捐（主客各半）

四、镇乡车捐

五、镇乡特别估税

六、省县补助金

关于县政府及其以下的各级政府的收入问题，我们还可以节录《建国大纲》第十、十一和十二三条，以资遵循。

第十条 每县开创自治之时，必须先规定全县私有土地之价。其法由地主自报之地方政府，政府则照价征收，并可随时照价收买。自此次报价之后，若土地因政治之改良，社会之进步，而增价者，则其利益当为全县人民所共享，而原主不得而私之。（按此即县政府等涨价归公之收入）

第十一条　土地之岁收，地价之增益，公地之生产，山林川泽之息，矿产水力之利，皆为地方政府之所有，而用以经营地方人民之事业，及育幼，养老，济贫，救灾，医病，与夫种种公共之需。（按此即县政府等官产收入）

第十二条　各县之天然富源与及大规模之工商事业，本县之资力不能发展与兴办而须外资乃能经营者，当由中央政府为之协助。而所获之纯利，中央与地方政府，各占其半。（按此即县政府等官业收入）

附录
经济学丛书总目

（A）

《战后欧洲之经济》 　编著者侯厚培　平装一册定价　　角

欧战之后，欧洲经济界大起变化，划一新时代，本书目的，即详细记叙其中变化的历程。因材料丰富的缘故，本著分上下二卷。内容包含农业、工业、贸易、货币、劳动等各种问题。实为研究当代欧洲经济界必要的典籍。

《合作经济学》 　编著者寿勉成　平装一册定价 6 角

本书特点，在阐明三民主义与合作经济之关系。因为三民主义的经济政策，乃为国人公认是我国民生问题的解决法。经济政策实现之道，实在以合作经济，最为合宜。内容共有七章：第一章为绪论，第二章为消费者；第三章为生产；第四章为分配；第五章为消费；第六章为合作经济的实施方法；第七章为三民主义的方法与合作经济。

《经济学说史纲要》 　编著者安绍芸　平装一册定价 6 角

本书内容分八章。第一章为绪论，大概论述经济学的定义及起源等；第二章介绍重农学派；第三章为亚当·斯密及其原富；第四章，讨论马尔萨的人口论。第五章介绍李嘉图及其分配论；第六章介绍约翰密尔的身世及学说；第七章讨论历史学派；第八章讨论限界学派。

《19世纪经济史》 编著者侯厚培　平装一册定价7角

本书以时代为经，经济状况为纬，用简明的笔墨叙述，使读者得一目了然之乐。内容自工业革命起，至本世纪末止。19世纪的欧美经济，是一个重要时代；现代的经济状况，无一非起源于19世纪；所以要研究经济史者，尤其是研究近代经济史者，不可不一读本书。

《李权时经济论文集》 编著者李权时　平装一册定价8角

李权时博士，为国内著名经济学家，所著关于经济学的论文散登国内，著名杂志，搜集不易，兹经李先生亲自选辑其所著重要论文，汇为一册。从这册书中，可以博知经济上各种要点，从这册书中，又可窥知李先生研究经济学之方法。

(B)

《国地财政划分问题》 编著者李权时　平装一册定价6角

本著内容共分五大章：一、前清时代中央与地方间的财政关系；二、民国时代中央与地方间财的政关系；三、晚近国地收支划分运动之经过；四、列强的国地财政之划分；五、与国地收支划分问题有关的几个问题。讨论中国中央与地方的财政问题，理论精确，记述有序。中国的财政，是不可不研究的急务；本书是研究中国财政的重要著作。

《中国财政制度史》 编著者常乃德　平装一册定价　角

本书把中国的财政制度，上自财政制度起原始，以至封建时代的贡赋制度；古代政府的赋税制度，民生政策；汉唐历朝的财政、币制、税制、关税、漕运等；下及宋元明清的各种税制，货币制，田赋制。及历代的会计制度，财政官制。依代分章，详列靡遗；纲目清楚，序述有条，便于阅读。全书共二十七大章，都十万余言，最宜为学校的财政史课本或参考书。

《中国税制论》 编著者李权时　平装一册定价7角

木书共分三章：一、税制概论；二、中国现今中央政府的税制；

三、中国现今地方政府的税制。本书最大目的为：欲国人知道拿全体税制的眼光去批评中国现今的中央和地方的税制。

《货币价值论》　编著者李权时　平装一册定价　角

本书注重理论的讨论方面，关于货币价值的理论及货币价值的衡量等，讨论尤详。现在坊间所供给于研究货币学者，关于货币问题的实际或历史方面的参考书多，而讨论方面的书少，本书所负最大的使命，即在补救此种缺陷。这或者是研究货币问题者所乐闻的吧！

《中国货币沿革史》　编著者侯厚培　平装一册定价 7 角

本书记述中国货币的沿革，分三部份写：第一编专述金银币；第二编专述铜币；第三编专述纸币。因为这三种是中国主要的货币。全书材料丰富，引证确博。确为中国货币史的佳著。

《遗产税问题》　编著者李权时　平装一册定价 6 角

本书可与著者所编的"各国遗产税史要"并读。本书注重在理论方面。内容在遗产税的理论一章特别详细。这是在尚未实行遗产税的中国，一种鼓吹的先声。

《各国遗产税史要》　编著者李权时　平装一册定价 6 角

遗产税是孙中山先生所主张的民生主义中节制资本的一个方法。本书是介绍各国的遗产税史和税法的大要，使国人对于遗产税有一种确定的认识，并知道遗产税于国家的重要。内容共分九章：前二章概述泰西各国上古时代及中古时代的遗产税；第三、第四、第五、第六、第七、第八六章分述近世英、法、德、意、西班牙、葡萄牙、荷兰、比利时、瑞士、澳匈、丹麦、瑞典、那威、俄罗斯、日、美及其他中南美与巴尔干半岛诸国的遗产税；第九章为中国近年来对于遗产税之拟议。取材简要详备，述笔明快。

(C)

《票据法概论》　编著者谢菊曾　平装一册定价　角

本书内容对于汇票的性质；国内汇票国外汇票的分别；本票，

支票的性质，功用；及各种手续等关于票据法的问题，讨论綦详，分纲列目，又非常清楚；目的在供给研究票据问题及商界参考之用。

《商业之改造》 编著者许鸣达 平装一册定价 6 角

本书主旨在改良商业问题；改良商业问题，即所以改善经济问题。本著实为商业上最切要之著作。全书分六章，兹将章目录下：一、总论；二、消费和生产；三、现代经济组织下之罪恶；四、合作主义；五、网状经济协展主义。

《丹麦的农民合作》 编译者李锡周 平装一册定价 角

本书原著，为非特烈蒙博士生平的名著。全书共分十七章；内容关于丹麦的印象，国运的兴替，和平革命，合作运动，合作的利益，耕地所有权，以及农业学校等等，讨论特详；他如丹麦的农民政府的状况，以及地价抽税的办法等，亦均有追本寻源的论述。丹麦为农民合作的模范国家。欲知丹麦的近状者，致力于合作事业，及研究经济学者，本书实是绝好的参考书。